KB186509

明·淸 시대 湖廣 소수민족 지역의
土司와 국가 권력, 1368~1735

대우학술총서

632

明·淸 시대 湖廣 소수민족 지역의
土司와 국가 권력, 1368~1735

정철웅 지음

아카넷

서문

⁓⁓⁓⁓⁓

   2020년 벽두부터 전 세계를 휩쓸고 있는 코로나 사태는 참으로 혼란스럽고 어려운 시대를 살아가는 우리의 현실을 잘 보여준다. 지금도 여전히 맹위를 떨치는 코로나 19 바이러스는 우리 인류가 지금까지 이룩해온 수많은 업적을 단번에 무너뜨리고 있다. 이른바 세계화라는 단어를 지구상의 모든 국가가 금과옥조로 여긴 때가 어제 같은데, 코로나 사태로 선진국이건 후진국이건 가릴 것 없이 앞다퉈 빗장을 걸어 잠그고 있는 현실이 그 단적인 예다. 과거와 비교할 수 없을 정도로 선진적이며 과학이 발달한 시대에 살고 있다는 말을 우리는 얼마나 많이 들었던가? 이런 사실을 상기한다면 우리가 겪고 있는 현 상황은 참으로 절망적이다.

   우리가 이룩한 문명이 이토록 허약하다는 사실을 지금보다 더 확실히 확인할 수 있는 기회도 드물다고 하겠는데, 이런 와중에 역사 공부는 과연 무슨 소용이 있을까? 나아가 역사 속에는 매우 흥미로운 주제들이 널려 있으며, 그것을 확인하는 것만으로도 시간이 부족할 지경인데 이런 종류의 소수민족 관련 연구가 과연 어떤 의미가 있을까?

이러한 질문에 대한 명쾌한 대답은 당연히 쉽지 않다. 하지만 역사가의 중요한 임무 가운데 하나가 오랜 세월 속에 묻혀버린 존재나 사건을 들춰내는 데 있다고 한다면 漢族의 그늘에 가려진 중국 소수민족의 역사는 그 자체로서 대단히 흥미로운 주제다. 물론 그렇다고 해서 소수민족이라는 주제가 매우 특별하다는 사실을 새삼스럽게 강조할 의도는 전혀 없다. 나아가 우리나라 학계의 소수민족 관련 연구가 미진하다는 상투적인 얘기도 굳이 들춰내고 싶지 않다. 자기가 천착하는 주제가 중요하지 않다고 말하는 연구자는 없을 테니 말이다.

하지만 이 책을 통해 확인할 수 있는 湖廣 지역 소수민족의 역사적 의의는 제법 분명하다. 우선 소수민족이란 단어에서 느낄 수 있는 불평등에도 불구하고 호광 지역의 소수민족과 명·청 두 왕조는 묘한 균형감을 유지한 채 몇백 년을 공존해 왔다. 호광 지역 소수민족은 물론 서남 지역 전체 소수민족마저 중국 천하에 군림하는 왕조 건설에는 실패했지만, 土家族이나 苗族은 湖北省 서남부와 湖南省 서부 산간 지역의 엄연한 주인으로 존재했다. 거꾸로 거대한 군사적·정치적 실력으로 중국 본토를 호령한 명·청 두 왕조였지만, 소수민족 지역에서만큼은 항상 수세적인 입장에 설 수밖에 없었다.

그 가장 큰 이유는 궁벽한 산간 지역에 살던 소수민족이 자신의 생존과 권위의 확보를 위해 스스로 부단한 노력을 기울였기 때문일 것이다. 또한 쉽게 극복할 수 없는 언어 차이와 지형상의 어려움, 그리고 정복에 따른 막대한 경비 문제 등과 같은 걸림돌로 말미암아 명청 두 왕조는 호광의 소수민족 지역에서 마음껏 힘자랑할 처지는 아니었으며, 그 운신의 폭도 넓지 않았다.

둘째, 명·청 시대 호광 소수민족의 역동성이다. 앞에서 언급한 두 집단의 힘의 균형은 어느 한쪽의 강요 또는 자발적 선택으로 유지된

게 분명하지만, 그 와중에 발생한 호광 소수민족 사회의 능동적 변화는 중요한 역사적 의미를 지닌다. 무엇보다 명대 호광 지역을 호령한 大土司들의 위엄은 시간이 지날수록 희미해졌으며 반대로 土百戶와 같은 소토사가 부상했는데, 이는 기존부터 내려온 특정 유력 집단의 주도적 역할에 대한 저항이 소수민족 내부에서조차 존재했음을 잘 보여준다.

유력 정치 계층의 분화라 할 이러한 현상의 출현 배경에는 호광 소수민족 사회에 존재한 여러 집단 사이의 상호 경쟁과 아울러 경제적 성장이라는 역사적 현실이 분명하게 자리잡고 있었다. 소수민족 사회의 이러한 계층 분화로 말미암아 청 왕조는 소수민족 지역을 효율적으로 다스리는 데 한계를 느꼈을 것이다. 이처럼 소수민족 지역의 사회 구조가 명대보다 훨씬 더 복잡해진 점이야말로 오히려 청 왕조가 일거에 개토귀류를 단행할 수 있었던 중요한 원인이라는 가설도 가능하다. 그러므로 소토사 집단의 등장과 그에 따른 소수민족 사회의 변화, 그리고 이런 상황에서 단행된 개토귀류의 다양한 양상이나 의미 같은 거대하고도 흥미로운 주제는 소수민족 역사에 관심을 가진 또 다른 연구자의 몫이라고 생각한다.

1990년 내가 제출한 박사학위 논문의 제목이 「청대 長江 중류 지역의 농업발달과 상업 활동, 1644~1911」이라는 점을 감안하면 소수민족에 대한 연구는 나의 본래 출발점에서 한참 벗어난 것이다. 그러나 장강 중류 지역의 호북성과 호남성은 평야와 산지가 고루 분포되어 있다는 점에서 내가 이곳의 산악 지역에 관심을 가진 건 어찌 보면 필연일 수도 있다. 그러나 굳이 평야 지대에서 산악 지역으로 연구 대상 지역을 옮긴 이유를 말한다면 역시 명·청 시대 환경 문제를 고민한 덕분이라 할 수 있으며, 이 과정에서 자연스럽게 호북성과 호남성 산악 지역의 주인공인 소수민족이 눈에 들어왔다.

그렇다고 작심하고 소수민족 연구에 매진하기는 쉽지 않았다. 이런 내가 본격적으로 소수민족을 연구하게 된 계기는 역시 貴州省 錦屛縣 일대에서 발견된 淸水江文書 덕분이었다. 무엇보다 이 문서는 소수민족이 직접 생산했다는 점에서 대단히 유용한 자료라 할 수 있지만, 이러한 종류의 일차 사료에서만 볼 수 있는 현장성과 청대 소수민족 고유의 장구한 생활상은 사실상 충격으로 다가왔다. 나아가 청수강문서를 통해 오히려 나 자신이야말로 지금껏 소수민족을 차별적 시각으로 봐왔다는 점을 확연히 깨닫게 되었다. 청수강문서를 토대로 또 다른 연구를 진행하고 싶다는 미련을 버리지 못하는 이유도 여기에 있다.

대중들이 인문학을 외면한다는 말을 종종 듣는다. 하지만 사방에서 인문학 강좌가 수없이 열리는 모습을 어렵지 않게 마주칠 수 있는 현 상황을 고려하면 딱히 그런 것 같지도 않다. 이런 종류의 책을 쓰면서 독자들의 눈높이까지 고려하기란 여간 쉬운 일이 아니지만, 이 책의 주요 무대 중 하나는 우리나라 사람이 즐겨 찾는 중국의 관광지인 張家界 일대다. 소수민족 지역인 이 장가계를 후일 여행하고자 할 때 호광 소수민족 관련 이 묵직한 책을 한 번쯤 들춰본다면 여행의 품격을 높일 수 있지 않을까?

정말 여러 사람의 도움 덕분에 일반 대중들은 물론이요 연구자들조차 큰 관심이 없는 소수민족을 연구하고 그 결과를 이렇게 출간할 수 있게 되었는데, 그 중심엔 순수 인문학 분야를 40년 넘도록 지원해 오고 있는 대우재단이 존재한다. 내 개인적인 사정으로 원고가 매우 늦어졌음에도 진득하게 기다려준 점에 대해 먼저 깊이 감사드린다. 더구나 나는 일찍이 번역 분야에서도 대우재단의 지원을 받은 적이 있으니 대우재단에 이중으로 빚을 진 셈이다.

다음으로 한때 나와 함께 명청시대를 공부하고, 이제는 어엿한 전공자로 성장해 자신의 학문 활동을 하는 두 제자에게 정말 많은 신세를 졌다. 그중 湖北省 武漢 소재 華中師範大學에서 명청시대 질병사라는 독특한 주제로 박사학위를 받은 후, 질병 관련 논문을 활발하게 발표하고 있는 金賢善 박사는 湘西 지역 일대 소수민족 지역의 지도를 자세하게 그려줬다. 아마도 김현선 박사의 도움이 없었다면 이 귀중한 지도는 탄생하지 못했을 것이다.

또 한 제자는 역시 나와 함께 명대 운남성과 귀주성의 경계 지역에서 발생한 改土歸流와 革流歸土라는 대단히 흥미로운 주제로 석사학위 논문을 쓴 후, 현재 상해 復旦大學의 歷史地理研究所 박사과정생으로 입학해 소수민족을 연구 중인 李瑞賢 연구생이다. 본서에 수록된 호광 지역 각 토사들의 위치도는 이서현 연구생의 솜씨다. 다른 한편 코로나 발생으로 매우 어려운 상황에서도 한국에서 구할 수 없는 『辦苗紀略』, 『慈利縣土家族史料彙編』, 『容美土司史料文叢』(1~3집) 등과 같은 사료집을 보내줬을 뿐 아니라 원고를 성실하게 읽고 좋은 의견을 제시해 준 덕분에 이 책을 완성할 수 있었다. 이서현 연구생에게도 고마움을 전하고 싶다.

끝으로 매달 한 번씩 모여 청수강문서를 강독하는 귀주문서 연구회 회원들에게 깊은 고마움을 전하고 싶다. 게으른 내가 선뜻 소수민족 연구에 뛰어들 수 있었던 건 아무래도 이 연구회의 진지한 연구 분위기 덕분일 것이다. 특히 각자 석사와 박사학위 논문을 준비 중인 젊은 연구자들의 번뜩이는 지적과 통찰이 나에게 얼마나 많은 도움을 주었는지 모른다.

이 책을 완성하는 데 이처럼 직접 도움을 준 분들 외에, 딱히 특별한 능력이 없는 내가 지금까지 학문 활동에 전념할 수 있었던 건 오히려 보이지 않게 나를 지켜주고 응원한 사람들의 후원 덕분이다. 이런 존재 가운데 단지 가족이라는 이유만으로 늘 뒷전으로 밀린 내 가족이야말로 항상 나에게 버팀목이 되어줬다. 이 자리를 빌려 진심 어린 고마움을 전한다. 또한 거의 30년 가까이 고락을 같이한 명지대 사학과의 동료 교수와 학생들에게도 정말 많은 신세를 졌다. 그리고 명지대학교 도서관 사서 선생님들에게도 고마움을 표시하고 싶다. 한자가 많은 어설픈 문장을 잘 다듬어 좋은 책으로 만들어준 이하심 부장님 이하 아카넷 편집부에도 깊은 감사를 드린다.

이제 2020년 1월 9일 나에게 일어난 사사로운 일을 언급하고 싶다. 벌써 제법 커서 집안 식구들의 온갖 귀여움을 독차지하고 있는 외손녀 金婀絪이 이날 오후 3시 43분에 태어났으며, 장남으로서 변변히 효도 한번 못해 드린 어머님 李止海 여사가 역시 이날 저녁 10시 10분에 영면하셨다. 의식이 없으신 와중에도 새로 태어난 증손녀 아인이로 당신의 빈자리를 채워주시고 홀연히 가신 어머님의 마지막 사랑의 크기를 나 같은 불효자가 어찌 짐작이나 할 수 있겠는가? 그저 우리 외손녀 아인이와 같은 후세들이 2020년 발생한 코로나나 홍수와 같은 질병과 자연재해를 겪지 않고 평화롭게 세상을 살아갈 수 있도록 나 자신이 늘 기원하고 노력하는 일이 어머님의 은혜에 미력하나마 보답하는 길일 것이다.

독자 여러분의 애정 어린 관심과 비판을 기대한다.

2021년 3월 23일
명지대학교 1901호 연구실에서 저자 씀

차례

표 목차

지도 목차

* 면지와 본문 사이의 컬러 지도 출처: 譚其驤 主編, 『中國歷史地圖集』(元·明時期), 地圖出版社, 1982, 66~67쪽.

서론

연구 의의

현재 중국에는 주류를 차지하고 있는 한족漢族 외에, 모두 55개 소수민족이 존재한다. 하지만 이는 중국 정부의 자의적인 분류에 의한 것일 뿐, 실제로는 훨씬 더 다양한 소수민족이 살고 있다. 따라서 특정 민족으로의 강제적인 편입 자체를 거부하는 소수민족도 있다. 소수민족이라는 명칭이 말해 주는 것처럼, 그들은 소수일 뿐 아니라, 과거는 물론 현재까지도 중국 사회의 주류로 편입되지 못한 채 '변방인'으로 살아가는 게 현실이다. 오늘날 중국 관련 뉴스에 곧잘 등장하는 소수민족의 정치적 반항은 분명 장기간에 걸친 중국 정부의 소수민족에 대한 이런 차별 대우와 무관하지 않다.

한국과 중국은 공간적으로 매우 가까우며, 장구한 기간에 걸쳐 수많은 접촉을 해왔을 뿐 아니라, 동일한 한자 문화권에 속한 나라지만 중국은 엄연한 외국이다. 따라서 역사학 분야 중 외국사의 한 영역으로서 중요한 자리를 차지하는 중국사 관련의 다양한 주제를 많은 연구자들이 연구하는 건 지극히 당연하다. 그럼에도 현재 우리나라 중국사 분야에서 '소수민족'을 역사적 관점에서 다룬 연구는 극히 제한적이다.[1] 이렇게 현실적으로 소수민족에 대한 관심이 저조할 뿐 아니라 중국이라는 거대한 국가의 수많은 역사 관련 주제가 있음에도, 딱히 소수민족 문제를 거론하려는 이유는 무엇이며 그 연구는 어떤 의미를 지닐까?

우선, 중국 역사 자체가 단지 한족뿐 아니라 주변 국가 혹은 소수민족과의 끊임없는 갈등과 타협 속에서 전개되었다는 점에서 중국 고유의 민족 문제 자체를 고찰할 필요가 있다는 사실을 들 수 있다. 민족 국가에 기반을 둔 시민계급의 성장과 민주주의 전개가 오랫동안 동일시되어 온 서구 사회는 군주 및 귀족과의 투쟁에서 시민계층이 사회·정치적 권력을 개혁하기 위해 이데올로기로서 민족주의를 창출했고, 그 결과 시민계급의 헤게모니 아래 민족국가가 만들어졌다는 게 일반적인 주장이다.[2] 이는 민족이란 문제가 다른 무엇보다 정치적

---

[1] 필자가 조사한 바로는 우리나라의 대표적인 역사 관련 학술잡지인 『歷史學報』나 동양사 관련 학술잡지인 『東洋史學硏究』에 소수민족만을 온전하게 다룬 연구 논문은 발견하기 어려웠다. 동양사학회 창립 50주년을 기념해 작성된 '동양사학회 50주년 기념 회고와 전망'에서 이성규는 일찍이 동계연구토론회에서 거론된 주제를 일별하면서 연구 분야가 매우 다양화된 사실을 강조한 바 있다. 이성규, 「동양사학회 오십년과 동양사학」, 『東洋史學硏究』 133집, 2015, 10쪽 참조. 그러나 중국사 전반에 걸친 이러한 양적·질적 확대에도 불구하고 중국사학계 전체에서 소수민족 문제가 심도 있게 다루어지지 않고 있는 점은 아마 누구나 인정할 것이다. 그나마 동양사학회에서 '소수자에의 시선—아시아의 국가와 민족'이라는 주제로 2018년 2월 동양사학회 동계연토회를 개최하고 특집호(143집)를 출간한 게 본격적인 의미에서 거의 유일한 소수민족 관련 연구다. 이하 재인용한 저서나 논문은 저자, 연도 방식으로 표기하겠으나, 일부 편찬자와 출간 연도가 동일한 사료, 그리고 편찬 기관의 이름이 긴 경우는 자세한 서지 사항을 일단 기입하고 이후에는 서명과 연도만을 표기하기로 하겠다.

상황과 밀접하게 결부되어 실제 역사에서 대단한 효력을 발생시켰다는 의미를 지닌다.[3]

민족 문제가 지닌 역사상의 이런 실질적인 효력에도 불구하고, 한편에서는 민족이란 단어는 실재가 아닌 허구나 상상의 소산이라는 점을 강조하고 있다. 민족은 본래 '제한되고 주권을 가진 것으로 상상되는 정치 공동체'라는 유명한 명제를 남긴 베네딕트 앤더슨(Benedict Anderson)의 주장이 대표적이다.[4] 그러나 민족은 '우연성'에 불과하다는 이런 주장에도 불구하고 그 우연성에서 생겨난 '민족의식'은 분명히 존재한다.[5]

이처럼 민족과 관련된 기본적인 연구를 살펴보면 민족 문제는 엄연한 역사적 현상이라는 주장과 함께, 그 모호성이 동시에 강조되고 있는 게 현실이다. 그렇다면 민족 문제를 둘러싼 이러한 현실과 상상이 구체적으로 중국사에서는 어떻게 드러나고 있을까? 북방 민족이 세운 여러 왕조 국가는 물론, 이 책에서 다룰 소수민족 역시 장기간에 걸친 중국 역사에서 중요한 정치 세력으로 존재해 왔다. 현재 중국 학계의 '다민족 통일국가론'[6]은 그러한 역사적 현실을 대변하는 대표적인 입장일 것이다. 그러나 그 내면에도 소수민족의 존재라는 '현실'을 '화이관華夷觀'으로 포장한 일종의 '상상'이 포함되어 있다. 따라서 역

---

2 한스 울리히 벨러 저, 이용일 역, 『허구의 민족주의』, 푸른역사, 2007, 74쪽.
3 패트릭 J. 기어리 저, 이종경 역, 『민족의 신화, 그 위험한 유산』, 지식의풍경, 2004, 33쪽.
4 베네딕트 앤더슨 저, 윤형숙 역, 『상상의 공동체: 민족주의 기원과 전파에 대한 성찰』, 나남, 2002, 25쪽.
5 강상중 저, 임성모 역, 『내셔널리즘』, 이산, 2004, 31~33쪽.
6 다민족 통일론에 관한 최근의 저서는 왕가 저, 김정희 역, 『민족과 국가: 중국 다민족통일국가 사상의 계보』, 고구려연구재단, 2005를 들 수 있다.

사 시기 소수민족의 존재 형태에 대한 규명이야말로 위 질문에 대한 중요한 답이 될 수 있으며 또한 현실과 상상의 개념이 뒤섞인 중국의 소수민족 문제를 명확히 해줄 것이다.

둘째, '민족'이라는 일종의 막연한 주제를 좀 더 확연히 드러내기 위한 지역사적인 관점의 필요성 때문이다. 이 책의 제목이 말해 주듯이 연구에서 다룰 주된 시기는 명 왕조 성립 이후부터 개토귀류改土歸流 시행 직전까지다. 그런데 쉽게 짐작할 수 있듯이 이 시기 각 변방 지역에 존재한 다양한 소수민족의 행태는 일률적이지 않다. 일부 지역에서는 토사제도를 발판으로 토사들 고유의 권한이 강화되는 한편,[7] 그 의미와 효과가 제한적이었다 하더라도 명대에 이미 개토귀류가 시행된 지역도 적지 않았다.[8] 나아가 명 만력萬曆 17년(1589)에 발생해 만력 28년(1600)에 진압된 사천성 파주播州 토사 양응룡(楊應龍, 1551~1600)의 반란[9]이나 역시 명 천계天啓 2년(1622) 수서水西 지역의 안방언(安邦彦, ?~1629)이 나전왕羅甸王으로 자칭하면서 일으킨 반란[10] 등은 사실상 명 왕조의 쇠락을 재촉한 중요한 원인 중 하나였다.[11]

---

7 이러한 시각을 잘 보여주는 연구로는 John E. Herman, *Amid the Clouds and Mist : China's Colonization of Guizhou, 1200~1700*, Harvard University Press, 2007 참조.

8 널리 알려진 것처럼 명 왕조는 永樂 11년(1413)에 본래 都指揮司가 설치된 귀주 지역에 省을 설치했으며 1430년대와 1530년대 무렵에는 광서성의 7개 지역에 정규 지방 행정제도를 마련했다. 각각 클로딘 롱바르−살몽 저, 정철웅 역, 『중국적 문화 변용의 한 예: 18세기 귀주성』, 세창, 2015, 75~78쪽과 Leo K. Shin, *The Making of the Chinese State: Ethnicity and Expansion on the Ming Borderlands*, Cambridge University Press, 2006, p.95 참조.

9 谷應泰, 『明史紀事本末』, 三民書局, 1956, 691~698쪽.

10 동북아역사재단 엮음, 『明史外國傳譯註·6—土司傳·中—』, 동북아역사재단, 2014, 777쪽.

11 이를테면 이 반란을 진압한 후, 명 왕조는 1만 냥 이상의 자금을 들여 300여 리에

명대 호광 지역에서도 홍무제 초기 명 왕조와 우호적인 관계를 유지했던 토사들이 특히 정덕~가정正德~嘉靖 연간에 이르러 대대적인 반란을 일으켰다.[12] 아울러 개토귀류가 단행되고 중앙의 행정제도가 일률적으로 자리 잡은 후인 청 왕조의 전성기에도 호남성과 귀주성 일대에서 소수민족 반란이 대대적으로 발생한 사실은 이미 널리 알려져 있다.[13]

명대 서남 지역 소수민족들이 이처럼 대규모 반란을 일으켰지만, 명대 소수민족에 대한 역사 사실을 개괄하고 있는 『명사明史』 권310, 「호광토사湖廣土司」에 의하면 특히 호광 지역의 토사들은 명 왕조와 외견상 매우 친밀한 관계를 유지했다. 이를테면 운남이나 귀주의 토사들과 비교할 수 없을 정도로 빈번하게 명 왕조의 군사 징발에 적극적으로 응했으며 많은 전공을 세워 명조로부터 여러 차례 포상을 받았다. 다른 측면에서 본다면 인접한 귀주 지역에는 홍무 연간에 다수의 위소衛所가 설치된 한편, 영락 11년(1413) 성省이 설치되어 중앙 정부가 관할하는 행정 체제로 편입되었다. 그러나 호광토사 지역 대부분은 명대 내내 정식 행정 구역으로 개편된 곳이 매우 제한적인 반면, 위소는 귀주 지역보다 더 빨리 설치되었다.

그러므로 호광 지역은 토사제도가 온존된 한편, 명 왕조의 정식 군사제도인 위소의 출현이 오히려 다른 지역보다 앞선 양면성은 호광 소수민족 지역의 중요한 특수성이다. 다른 한편 이 지역 토사들이 명 왕조와 긴밀한 관계를 유지할 수 있었던 가장 큰 이유는 명 왕조 성

걸친 邊牆을 건설해야만 했다. 클로딘 롱바르-살몽 저, 정철웅 역, 2015, 84~85쪽.

12 乾隆 『辰州府志』 권13, 「平苗考」, 32쪽 하~39쪽 하 참조.

13 이 반란 양상과 그 진압 과정은 魏源, 『聖武記』, 中華書局, 1984, 권7에 수록된 「乾隆湖貴征苗記」와 「嘉慶湖貴征苗記」 참조.

립 이전부터 소수민족의 유력자들 다수가 주원장에게 귀부歸附한 덕분이다. 호남성 성보현城步縣 출신으로 묘군苗軍을 조직해 장사성(張士誠, 1321~1367)을 격파하는 데 커다란 공을 세운 양완자楊完者가 그 좋은 예다.[14] 특히 일찍부터 한족 문화와 접촉해 다수의 문인文人을 배출한 용미토사容美土司[15]는 다른 지역 토사에서 쉽게 찾아보기 어려운 예외적인 경우다.

위와 같은 일련의 상황을 고려하면 토사제도 자체에 대한 규명을 넘어 토사제도를 매개로 한 명·청 두 왕조와 토사 사이의 다양한 관계를 지역적 관점에서 파악하는 일은 소수민족 연구에서 중요하다. 간단히 말해 옹정 연간의 개토귀류는 물론이려니와 토사제도를 단지 단일성을 지닌 단순한 제도적 관점에서 파악하기보다 각 소수민족 지역에서 그것이 구체적으로 어떻게 작동되었는지를 살펴볼 필요가 있다.

셋째, 소수민족의 시각으로 소수민족 역사를 파악하는 작업이 절실하다는 이유를 들 수 있다. 이는 앞에서 소수민족 연구가 필요하다는 첫 번째 이유인 '소수민족의 존재 형태에 대한 규명'과 둘째 이유인 '토사제도 실상에 대한 지역적 접근'에 대한 구체적인 방법론이라 할 수 있다. 아마도 이처럼 새로운 방법론에 대한 고민이야말로 분명 소수민족 관련 기존 연구의 한계를 극복할 수 있는 방법일 것이다.

새로운 방법론을 동원해 소수민족을 연구할 경우 깊은 관심을 가져야 할 우선 사안은 바로 새로운 사료 발굴일 것이다. 널리 알려진 바와 같이 소수민족 연구에 사용되는 대다수 사료는 어쩔 수 없이 주

---

14 『明實錄』과 같은 正史類에 등장하지 않는 楊完者에 대한 설명은 伍新福, 『湖南民族關系史』(上), 民族出版社, 2006, 234~235쪽 참조.

15 이 점에 대해서는 容美土司 田氏 一家의 여러 詩를 편집해 해설하고 있는 陳湘鋒·趙平略, 『田氏一家言詩評注』, 中央民族大學出版社, 1999 참조.

로 한족이 작성한 사료다. 이런 점에서 소수민족 연구의 새로운 돌파구는 분명히 소수민족이 작성한 고유의 사료 발굴에 달려 있다. 근래 중국학자들은 물론 한국에서도 일부 연구자들이 깊은 관심을 갖고 연구하는 귀주성貴州省 금병현錦屛縣 일대에서 발견된 청수강문서淸水江文書[16]가 그 좋은 예다.

이런 사료집 외에, 특히 소수민족이 직접 작성한 족보나 소수민족의 시가詩歌와 같은 자료야말로 소수민족을 소수민족의 관점에서 연구할 수 있는 귀중한 자료다. 그러나 외국 학자들이 그러한 자료를 볼 기회가 사실상 제한되어 있다는 점을 염두에 둔다면 족보와 같은 자료의 입수나 열람은 쉽게 극복하기 어려운 과제일 것이다.[17] 결국 이런 물리적 한계를 극복하기 위한 차선책은 소수민족에 대한 기존의

---

16 1960년 초반 貴州省民族硏究所의 楊有賡에 의해 청수강문서의 존재가 세상에 알려진 이후, 唐立·楊有賡·武內房司 主編, 『貴州苗族林業契約文書彙編』(1763~1950)(3권), 東京外國語大學國立亞非語言文化硏究所, 2001, 2002, 2003과 張應强·王宗勛 主編, 『淸水江文書』(1~3집), 廣西師範大學出版社, 2007~2009와 같은 사료집이 등장했다. 금병현 일대 묘족과 동족의 杉木 재배에 따른 山場 소유권의 매매와 목재 판매 양상이 고스란히 들어 있는 청수강 문서를 현재 많은 중국학자들이 연구하고 있다. 아울러 우리나라에서도 이에 관련된 연구가 진행되고 있는데, 이승수, 「淸代 貴州省 錦屛縣의 少數民族社會와 栽手—淸水江文書의 林業租佃契約을 중심으로」, 『明淸史硏究』 49집, 2018과 정철웅, 「淸代 錦屛縣 加池寨의 經濟的 有力層과 少數民族 社會—淸水江文書의 加池寨 斷賣文書를 중심으로」라는 제목으로 『明淸史硏究』 52집, 2019와 『明淸史硏究』 54집, 2020에 각각 게재된 연구가 그것이다.

17 이 책에서 산발적으로 이용한 소수민족의 족보는 대체로 소수민족 관련 사료집에 등장하는 일부 자료다. 이런 단편적인 자료만으로도 기존의 연구에서 밝히기 어려운 사실을 적지 않게 확인할 수 있다는 점에서 소수민족의 족보는 대단히 유용한 자료라고 할 수 있다. 다만 貴州省 亮寨長官司의 龍氏 족보가 근래 龍文和·龍紹訥 編著, 龍澤江 點校, 『苗族土司家譜: 龍氏家乘迪光錄』, 貴州大學出版社, 2018에 출간되었는데, 이렇게 완비된 형태로 출간된 족보가 아니고는 외국의 연구자들이 소수민족의 족보를 입수하는 건 용이한 일이 아니다.

시각 대신 그들을 새로운 각도로 보는 것이다.

소수민족에 대한 시각

그렇다면 그들을 새로운 각도에서 볼 필요가 있다는 언급은 무엇을 의미하는 걸까? 앞에서 이미 언급한 것처럼 소수민족이라는 단어 자체는 분명히 차별적인 의미를 내포하고 있다. 더구나 특정 집단을 '소수자'로 규정하는 쪽과 '소수자'로 규정을 당하는 쪽이 존재한다는 건 당연히 정치 권력의 소유 여부와 관련이 있다. 그리고 이러한 현상은 현재 중국에서 발생하는 소수민족 관련 정책이나 사건에서도 손쉽게 확인할 수 있으며 결국 정치적 우세를 지닌 한족의 이러한 일방적인 시각이 현실 연구에 동원될 수밖에 없다.

하지만 소수민족이 '소수자'라는 점과 그런 소수민족이 한족과 비교해서 정치적 위력이 제한적이라는 이유를 들어 '소수민족'을 왜곡된 시각으로 바라보는 건 대단히 위험한 일이다. 앞의 연구 의의에서 지적한 것처럼 현재 중국에서 한족 이외의 민족을 소수민족이라고 부르고 있긴 하지만 그들 '소수자'로 구성된 민족 자체의 역량과 역사, 그리고 정치적 여정 등은 분명한 고유성을 지니고 있기 때문이다. 그러므로 '소수자' 자체의 역량과 역사 현실에 대한 충실한 접근을 통해 소수민족이란 용어에 포함되어 있는 편견을 차단해야 한다는 점에서 몇 가지 사안은 중요하게 고려할 필요가 있다.

첫째, 명·청 두 왕조의 정치 상황과 소수민족 정책과의 상관성이다. 명 왕조는 사실상 서남 지역의 방어보다 북쪽 몽골과의 대결이 왕조 내내 커다란 골칫거리이자 눈앞에 닥친 위협이었다. 거꾸로 청 왕

조는 북방 민족과의 군사적 대립이나 긴장이 완화된 반면, 오삼계(吳
三桂, 1612~1678) 반란 등에서 알 수 있듯이 왕조의 존립을 위협하는
서남 지역의 군사 세력과 대결해야만 했다. 단순하게 말하면 명 왕조
와 청 왕조의 군사적 관심 지역은 각각 북방과 서남 지역이었다.

결국 북변의 방어에 더 많은 관심을 둘 수밖에 없었던 주원장의 서
남 지역에 대한 전략은 원대元代 이래 이 지역에 유력자로 존재해 온
토사의 세력을 인정해 주는 것이었다. 이곳 토사들은 재지의 엄연한
유력자였기 때문이었다. 일례로 원말元末 호광 지역의 용미토사 등은
자못 세력이 강대했으며, 상당수 토사들이 주원장(朱元璋, 1328~1398)
에게 귀부한 원·명元·明 교체기 무렵에도 악서鄂西 토사들의 세력은
상당히 강력했다. 명 왕조가 그 설립 초기에 상당수 토사들의 지위를
격상시킨 이유는 소수민족 지역에서 실질적인 권력을 행사하고 있던
토사들의 권한을 인정했기 때문이다.[18]

반면 군사적 목표가 명 왕조와 달랐을 뿐 아니라 서남 지역에 대
한 군사적 정복을 활발하게 전개한 청조는 서남 지역에 대한 대대적
인 개토귀류를 단행했다. 그러므로 청 왕조의 소수민족 정책은 강압
일변도라고 할 수도 있지만, 실질적인 정책은 매우 조심스럽게 시행
되었다. 그 좋은 예 가운데 하나가 바로 소위 '묘례苗例'의 시행 방법과
그 적용 범위다. 묘례에 관한 일부 연구들은 묘족 사이에 소송이 발생
했을 경우 관법官法이 아닌 묘례에 따라 처분하도록 한 사실을 상기시
키고 있다.[19]

---

18 田敏, 『土家族土司興亡史』, 民族出版社, 2000, 52쪽.

19 Zhang Ning, "Entre 《loi des Miao》 et loi sur les Miao: le cas du trafic d'être
    humains dans le Guizhou au XVIII siècle," *Extrême-Orient Extrême-Occident*,
    no. 40, 2016, p. 84.

이런 묘례의 적용에서 단연 흥미로운 점은 일단 청 왕조의 법률은 숙묘熟苗가 관련된 송사訟事에만 적용되었을 뿐, 생묘는 여전히 그들 고유의 묘례에 따르도록 한 사실이다. 나아가 생묘生苗가 심각한 범죄를 저지른 경우, 그 범죄가 생묘들 사이에서 발생했는지 아니면 청 제국의 행정에 순응하는 주민들이 그 범죄의 희생자인지를 명확히 구분했다는 점이다.[20] 청 왕조의 이러한 법 적용 방식은 얼핏 그들이 생묘에 대한 차별적인 시각을 지녔으며, 소수민족의 행위가 제국의 이익에 부합하는지의 여부를 따졌다고 할 수 있다. 그러나 그 내면에는 자기방어적 성격이 존재함을 알 수 있다.

이런 점에서 청 왕조가 소수민족 그룹을 명확하게 구분했던 사실은 청대 엘리트 집단의 정치적 어젠더(elite political agenda)와 분명하게 결부되었다는 전제와 함께, 상서湘西 지역 묘족에 대한 자세한 구분은 산악 지대 주민들을 통제하기 위한 방법인 한편, 왕조에 대한 반항적 행위가 분명히 '타자(Other)'로부터 비롯되었다는 점을 알리기 위한 수단이었다는 한 연구의 지적[21]은 중요한 의미를 지닌다. 이처럼 소수민족을 타자로 인식한 청 왕조의 행동 방식 이면에는 확실히 소수민족과 힘의 균형을 고려한 흔적이 존재하기 때문이다. 그러므로 이런 일련의 정황은 명청 왕조가 소수민족을 단지 민족적 시각이 아닌 해당 지역의 정치적 상황에 입각해 파악했다는 사실을 말해 준다.

둘째, 명 · 청 두 왕조의 소수민족에 대한 분류의 시도가 지니는 의미다. 역사적으로 볼 때 중국은 송 왕조 이후부터 소수민족에 대한 개

---

20 Zhang Ning, 2016, p. 85.
21 Mary Rack, *Ethnic Distinctions, Local Meanings: Negotiating Cultural Identities in China*, Pluto Press, 2005, p. 128.

별적인 분류를 시도해 왔다.[22] 송대 이전 중국 왕조가 중국 내지의 다양한 종족을 모두 이족異族으로 간주하거나 진·한秦·漢 시대 이래 그들을 빈번하게 서남이西南夷나 묘·만·이苗·蠻·夷라고 통칭한 정황은 송대 이후 등장한 복잡한 분류와 커다란 대비를 보여준다.[23] 나아가 명·청대에 이르러서는 심하게 말해서 마치 특정 생물군을 분류하듯 소수민족에 대한 자세한 분류와 그 특성에 대한 언급이 매우 성행하기에 이른다.

그러나 단지 민족적 차별을 공고히 하기 위해 이러한 분류를 시도했다고 보기는 어렵다. 그 분류의 이면에는 오히려 문명화의 정도라는 요소가 내재해 있을 뿐, 결코 소수민족의 잠재력까지 무시하지는 않았기 때문이다. 더구나 청 왕조는 소수민족들도 인간의 기본적인 심성(人心)을 지니고 있다고 인정했기 때문에 위에서 언급한 법률의 차별적인 적용도 유연하게 운용되었을 뿐 아니라, 오히려 한족보다 묘족들에게 더 유리한 경우도 있었다.[24]

---

22 클로딘 롱바르-살몽 저, 정철웅 역, 2015, 241~242쪽. 아울러 그러한 분류가 얼마나 자의적이며 일방적인 시각으로 이루어졌는지는 貴州省文史研究館 點校, 民國『貴州通志』(貴州人民出版社, 2008), 「土司·土民志」의 1~4편을 통해 자세히 확인할 수 있다. 이 자료는 嚴如熤의 『苗防備覽』에 등장하는 서남 지역 일대 소수민족에 대한 분류와 소개보다 더 자세하다는 점에서 소수민족 연구를 위한 매우 귀중한 자료다.

23 이런 점에서 확실히 송과 명 왕조는 중국을 한족이 세운 왕조로 한정시키려 했다는 지적을 되새겨볼 필요가 있는데, 이러한 경향이야말로 소수민족에 대한 차별적인 시각을 형성하는 데 중요한 역할을 했다고 볼 수 있다. Ge Zhaoguang, *What is China: Territory, Ethnicity, Culture, and History*, The Belknap Press of Harvard University Press, 2018, p. 67.

24 이상의 언급은 Donald S. Sutton, "Violence and Ethnicity on a Qing Colonial Frontier: Customary and Statutory Law in the Eighteenth-Century Miao Pale," *Modern Asian Studies*, vol. 37, no. 1, 2003, p. 47 참조.

끝으로 특정 민족의 순수한 정체성을 어떻게 석출해 낼 수 있을까 하는 문제다. 민족은 상호 교류를 통해 민족 사이에 '변용'과 '융합'이 얼마든지 발생할 수 있다. 그러나 최근의 한 연구에 잘 드러나 있듯이 동일 묘족 내에서도 거주 지역과 언어, 그리고 경제·문화 등에서 현저한 차이가 나는 게 사실이다. 이를테면 묘족은 보통 산속에 거주하면서 옥수수나 감자와 같은 소위 잡량雜糧을 경작하는 것으로 알려져 있지만 벼농사를 짓는 경우도 빈번하며, 동일한 문화권에 속한 묘족임에도 치마 길이 등의 의복 스타일이 서로 다르다는 사실을 연구자들은 지적한다.[25]

이런 차이점과는 달리 구분 자체가 무용한 경우도 쉽게 상정할 수 있다. 예를 들어 천묘川苗는 곧 백묘白苗라고 할 수 있지만, 이들 천묘는 역시 동일한 천묘 계통에 속하는 운남의 소화묘小花苗나 귀주의 아작묘鴉鵲苗와 다른 부류로 알려져 있다. 더구나 아작묘는 한화漢化된 한묘漢苗 그룹으로 치부된다.[26] 특히 명대 이후 서남 지역 위소 군관이나 병졸들 상당수는 사실상 외부 지역에서 지속적으로 유입된 사람들이다. 그러므로 현재 귀주성 사람들은 진정한 귀주성 사람이 아니라는 사료의 설명[27]은 상당히 설득력이 있다.

지금까지 언급한 이러한 정황은 확실히 한족이 소수민족을 차별적

---

25 묘족 사이에서 확인할 수 있는 이러한 차이에 대한 개괄적인 설명은 Norma Diamond, "Defining the Miao: Ming, Qing, and Contemporary Views," in Stevan Harrell(ed.), *Cultural Encounters on China's Ethnic Frontiers*, University of Washington Press, 1995.

26 Nicolas Tapp, "Cultural Accommodations in Southwest China: The "Han Miao" and Problems in the Ethnography of the Hmong," *Asian Folklore Studies*, vol. 61, 2002, p. 80.

27 貴州省文史研究館 點校, 民國『貴州通志』, 「土司·土民志」(苗族), 146쪽.

으로만 파악하지 않았을 뿐 아니라, 소수민족 자체는 물론 한족과 소수민족의 구분도 매우 어려운 현실을 말해 준다. 그럼에도 소수민족에 대한 차별 의식이 존재하는 건 아무래도 소수민족의 정치적 허약성 때문일 것이다. 역사적 현실에 비춰봐도 명청시대 소수민족이 자신들의 정치적 역량을 결집해 명청 왕조에 버금가는 새로운 왕조를 건설하지는 못했다. 그러나 한 연구자의 지적[28]처럼 내지의 소수민족이 국가를 건설하지 못했다는 이유만으로 역사에서 제대로 대접받지 못하는 현실은 역사 연구자들마저 소수민족에 대한 편견을 가지고 있다는 사실을 보여준다.

따라서 한족과 여타 민족 사이에 전개된 역사적 사실을 기반으로 소수민족에 대한 연구를 진행하고자 할 경우, "근대 국가는 영토적 민족의 현실과 구체성을 생산해 낸다. 그러나 지방적·지역적·지구적 형성의 자원들은 민족적 형태의 가장 근본적인 긴장들을 늘 만들어왔고, 앞으로도 만들 것이다."[29]라는 프래신짓트 두아라(Prasenjit Duara)의 지적은 여전히 중요하다. 그렇다면 영토를 전제로 한 구체적인 근대 국가의 형태 외에, 명청시대 소수민족 지역에서 발생한 '지방적', '지역적' 긴장의 근원을 단지 소수민족과 한족의 대립으로만[30] 파악해서는 안 될 것이다. 따라서 아마도 작위적으로 규정된 '소수민족'이라는 특정 집단을 한족이나 만주족 왕조와의 비교나 대립적 구

---

28 김홍길, 「명대 彝族 정권과 토사」, 최소자교수정년기념논총간행위원회, 『동아시아 역사 속의 중국과 한국』, 서해문집, 2005, 388쪽.

29 프래신짓트 두아라 저, 한석정 역, 『주권과 순수성―만주국과 동아시아적 근대』, 나남, 2008, 29쪽.

30 예를 들어 호광 지역에 관한 이러한 종류의 연구는 田敏, 「論明代中後期鄂西土司 的反抗與明朝控制策略的調整」, 『湖北民族學院學報』(哲學社會科學版) 17권, 4기, 1999 참조.

도에서가 아닌, '특정 조건하에서 만들어지는 역동적 과정'[31] 속에서 파악할 필요가 있다.

연구 내용

위에서 언급한 사항을 전제로 이 책을 크게 4장으로 나눠 서술했다. 우선 호광토사 전반을 소개하는 성격의 제1장에서는 호광토사의 구성과 내력, 그리고 호광 소수민족 지역의 지리적 특성을 주로 다룰 예정이다. 굳이 소개라는 단어를 사용한 이유는 현재 우리나라의 대다수 중국사 연구가 한족 위주로 진행된 탓에, 소수민족이 지닌 특성이나 시대별 변화 등을 자세히 언급할 필요성이 있다고 판단했기 때문이다.[32] 이를 통해 호광 지역의 토사 구성이 다른 지역의 토사와 어떻게 다른지를 확인할 수 있을 뿐 아니라, 호광이라는 단일 지역 내에 존재했던 각 토사의 다양한 차이점도 동시에 파악할 수 있을 것이다.

소수민족 대부분이 평야 지대가 아닌 산악 지역에 살았던 사실은 한족에게 치명적인 한계로 작용했다. 교통이 불편하고 자원도 극도로 제한적인 산악 지역은 보통 장기瘴氣 혹은 여기癘氣라고 표현된 풍토병이 존재했다. 반란을 일으킨 소수민족이 관군官軍의 추적을 쉽게 따돌릴 수 있었던 것은 이런 이유 때문이었다.[33] 반면 관군은 이곳 지리

---

31 민족 연구에 대한 이러한 시각에 대해서는 김광억 외, 『종족과 민족』, 아카넷, 2005, 26~31쪽 참조.

32 이런 점을 감안하면 다바타 히사오 등 저, 원정식·이연주 역, 『중국소수민족입문』, 현학사, 2006은 중국 소수민족에 대한 기본적인 사항만을 소개하고 있지만 소수민족을 개괄하는 데 유용하다.

33 좀 더 자세한 연구가 필요하지만, 장기가 소수민족 지역에 대한 한족의 침입을 지

에 밝은 숙묘를 대동해야 소수민족에 대한 추격이 가능했던 탓에 제3장 소수민족 반란 부분에서 언급할 예정인 모공冒功의 구실이 빈번히 등장했다. 소수민족이 깊은 산속으로 숨어들어 시야에서 사라지면, 당시 관군들은 오히려 그들을 소탕했다고 진언하는 예가 빈번했기 때문이다.

또한 자원을 사이에 둔 갈등과 대립이 소수민족과 한족 사이는 물론, 소수민족 사이에서도 자주 발생했다. 산악 지역은 특히 일용품 조달이 매우 어려웠을 것이다. 더구나 채벌採伐이 나날이 어려워진 삼목杉木을 둘러싼 각 토사들 사이의 대립이야말로 자연 조건이 각 토사들의 존립과 세력 확대에 중요한 역할을 했던 사실을 잘 알려준다. 결론적으로 호광 소수민족 지역의 자연 지리에 대한 서술은 평야 지대라는 수평적 구조에서 거주하는 한족과 산악 지역이라는 수직적 구조에서 살았던 소수민족 사이의 차이와 그 대립 양상을 이해하는 데 유용하다.[34]

제2장에서는 위소衛所의 역할과 그 의미, 그리고 소수민족 지역의 이갑제里甲制를 통해 명대 국가 권력이 소수민족 지역에서 구체적으로 어떻게 작동되었는지를 다루고자 한다. 위소는 군사제도이며 이갑제는 향촌을 통제하는 민간제도라는 점에서, 일단 이 두 제도는 소수민족 사회에 대한 국가 권력의 침투 양상을 파악하는 데 중요한 소재다. 명 왕조가 군호軍戶와 민호民戶 등을 별도로 두었으며 군호는 세습

연시킨 건 사실이다. 貴州省文史研究館 整理, 民國『貴州通志』(貴州大學出版社, 2010), 「風土志·興地志」, 427쪽.

34 수평 구조인 평야 지대와 달리, 수직적 구조의 산악 지역에 대한 연구의 필요성을 강조한 사실은 上田信, 「中國における生態システムと山區經濟─秦嶺山脈の事例から」, 101쪽 참조. 溝口雄三 外編, 『アジアから考える(6): 長期社會變動』, 東京大學出版會, 1994 所收.

되었다는 사실은 이미 널리 알려져 있다. 그러나 실질적인 의미에서 토착세력이었던 위소 군관軍官의 구체적인 존재 양태는 물론, 토사土司와 위소와의 관계, 군호와 민호 사이의 부역 부담에 대한 연구가 거의 나와 있지 않다.[35]

더구나 소수민족 지역에서 시행된 이갑제와 그 실질적인 운용에 대한 연구는 사실상 존재하지 않는다. 하지만 호광 지역의 여러 지방지에는 소수민족 지역에도 명 왕조가 이갑제의 실시와 운용에 노력을 기울였던 증거가 다수 등장한다. 더구나 청 왕조도 개토귀류 단행 이전까지 소수민족 지역에 존재한 기존 이갑체제를 유지하려고 노력했다. 이러한 사실을 청초 이갑제 관련 흥미로운 사료가 남아 있는 호남성 마양현麻陽縣의 예를 통해 구체적으로 서술하고자 한다. 위 두 제도를 통해 명 왕조의 소수민족 지역의 통치 효율성이 높지 않았으며 반대로 소수민족이 거주한 지역은 토사, 위소의 군관, 소수민족이 매우 복합적으로 얽혀 있었다는 상황을 밝혀낼 수 있으리라 기대한다.

제3장의 주된 내용은 명대 소수민족의 반란 양상이다. 하지만 기존의 연구에서 흔히 볼 수 있는 단순한 반란 양상이나 정복 과정의 서술보다는 제2장에서 확인한 다층적 사회 구조가 반란 양상에 어떻게 구체적으로 투영되었는지를 살펴볼 예정이다. 단적으로 명대 '소수민

---

35 호광 지역 위소 관련 연구는 다른 지역에 비해 그 결과가 상대적으로 많지 않다. 초기 연구로는 范植淸, 「試析明代施州衛所世襲建制及其制約機制之演變」, 『中南民族學院學報』(哲社版) 3기, 1990; 同, 「明代施州衛的設立與漢族·土家族的融合」, 『華中師範大學學報』(哲社版) 5기, 1991; 戴楚洲, 「元明淸時期張家界地區土司及衛所機構初探」, 『民族論壇』 1기, 1995 등을 들 수 있다. 그러나 특정 지역의 위소를 집중적으로 다룬 연구 결과는 2000년대 이후에 등장했다. 孟凡松, 「澧州地區衛所變遷初探—淸胡廣衛所變遷個案硏究」, 陝西師範大學碩士學位論文, 2006과 彭立平, 「明淸九溪衛變遷硏究」, 吉首大學碩士學位論文, 2015 참조.

족의 반란'은 그 명칭과 달리, 토사들의 주도로만 발생한 것은 아니었다. 물론 토사가 반란에 참여한 경우도 있었지만 위소의 군관과 심지어 관군이 결탁했던 사례가 있는 걸 보면, 소수민족 사회를 소수민족과 통치자 혹은 소수민족과 한족으로 양분하는 게 실제로 불가능하다는 사실을 확인할 수 있다.

이는 제2장에서 확인한 소수민족에 대한 명 왕조의 통치가 매우 제한적이었으며 나아가 당시 소수민족이 지닌 정치 · 군사적 힘을 확인할 수 있는 계기를 제공해 줄 수 있을 것이다. 일부 관원들이 소수민족에 대한 유화책의 시행마저도 오히려 그들의 결정에 달려 있다고 한탄한 상황이 그 좋은 예다. 이런 점에서 3장에서 다룰 명대 소수민족 반란 양상이야말로 소수민족의 행정, 국가 권력, 소수민족의 존재 양태, 그리고 소수민족 사회의 특성을 보여주는 좋은 사례일 것이다.

제4장에서는 이미 연구가 많이 진척된 개토귀류 대신에 청 왕조가 개토귀류를 일시에 단행할 수 있었던 선행 조건과 그 관련 상황을 언급할 예정이다. 그러므로 굳이 말하자면 4장은 '개토귀류 전사前史'에 해당한다. 이 4장에서 개토귀류 문제를 의도적으로 다루지 않은 이유는 소수민족 자체에 대한 언급 외에 청 왕조의 개입이라는 또 다른 문제의 언급이 물리적으로 불가능하기 때문이다. 더구나 개토귀류 시행을 언급하기 위해서는 필연적으로 등장할 수밖에 없는 한족이라는 이질적인 요소가 역설적으로 명청시대 소수민족 문제의 고유성을 약화시킬 수 있다는 우려도 물론 작용했다. 이러한 외적 상황 외에 순치~강희順治~康熙 연간 호광 소수민족 지역의 상황은 명대부터 축적된 소수민족과 한족 사이의 대립과 갈등이 가장 첨예하게 부각된 시대라는 점도 고려했다.

이런 문제의식하에 4장에서는 먼저 현재 호북성에 해당하는 지역인 용미토사 일대에서 명말청초明末淸初 시기 소수민족과 한족 사이에 발생한 토지 분쟁 양상을 집중적으로 조명할 예정이다. 명대부터 이미 토지 경계의 획정은 이 지역의 중요한 사회경제적 문제였을 뿐 아니라, 장기간에 걸친 한인들의 이주로 청초淸初에 이르러서는 그 문제가 한층 더 복잡해졌다. 이러한 갈등을 조정하는 과정에서 드러나는 기존의 명대 토사 운용 양상과 새로 들어선 청 왕조 사이의 입장은 확연히 달랐다.

이어 강희 42년(1703) 호남 지역 진간鎭筸 일대에서 대대적으로 발생한 홍묘紅苗 반란 양상과 그 진압 과정을 살펴볼 예정이다. 명 왕조와 달리 청 왕조는 일사불란하게 군사 작전을 전개해 진간 일대 소수민족 반란을 진압했지만, 본문에서 확인할 수 있듯이 여전히 소수민족을 군사적으로 제압하는 건 용이하지 않았다. 그림에도 군사 작전에서 청 왕조는 궁극적으로 성공했다고 볼 수 있는데 그러한 성공의 기저에는 명 중엽 이후 발생한 소수민족 사회의 변화가 자리 잡고 있다.

이런 점에서 4장에서 마지막으로 다룰 개토귀류 전야의 용미토사의 정황은 홍묘 반란의 진압과 같은 군사적 작전에서 개토귀류라는 전혀 새로운 단계로 진입한 청 왕조의 정책 변화가 어떻게 발생했는지를 이해하는 단서가 될 수 있다. 이를테면 강희제는 오히려 대대적인 개토귀류 실시를 반대했으며, 적어도 용미토사의 경우만을 놓고 본다면 옹정제도 딱히 개토귀류를 온전히 찬성하지는 않았다. 그러므로 황제들의 이러한 온건한 태도에도 불구하고 옹정 말년에 소수민족 관련 대책이 급선회한 이유를 충분히 밝힐 필요가 있다. 나아가 본토 정복 이후 내지를 안정시켜야 한다는 정치적 압박감에 시달린 청초 황제들마저 그 시행에 미온적이었던 개토귀류 정책이 졸지에 시행된 정황을 살펴보는 건 적어도 청대 전체 시기 소수민족 정책을 이해하는 중요한 길잡이라 할 수 있다.

전체적으로 이 책에서는 기존 소수민족 연구에서 잘 다루지 않은 주제를 통해, 소수민족 자체의 역동적인 모습을 조명하고자 했다. 이를테면 소수민족 지역에 일률적으로 설치된 위소제도 운용의 실상, 그리고 위소 군관과 토사의 관계는 무엇보다 소수민족 지역이 명대 어느 시점부터 다층 사회로 전환되었다는 점을 잘 보여줄 수 있을 것이다. 더구나 명대 토사 지역의 이갑제 운용 문제 역시 기존의 연구에서 사실상 다루지 않은 주제로서 소수민족 지역의 통치는 곧 토사제도에 의해서만 진행되었을 것이라는 기존의 일률적인 주장을 재고하는 기회가 될 수 있다. 끝으로 소수민족 반란군과 관군 사이를 오간 변방인으로서의 토사 등에 관한 서술은 소수민족이라는 단어가 지닌 편견과 정체성에 근본적인 의문을 제기할 것이다.

다만 앞에서 언급했듯이 소수민족과 같은 특수한 주제에 관련된 연구는 무엇보다 새로운 사료의 발굴이 절실하다. 그리고 소수민족 연구에 필요한 새로운 자료란 결국 소수민족들이 생산해 낸 자료를 의미한다고 할 수 있다. 그런 점에서 이족彝族의 이문彝文, 수족水族의 수문水文, 납서족納西族의 동파문東巴文, 태족傣族의 태문傣文 등과 같은 종류의 자료는 확실히 소수민족 연구에 새로운 지평을 열어주는 중요한 자료다. 그러나 불행하게도 호광 지역의 소수민족들은 이러한 종류의 문자를 가지고 있지 않으며, 이곳의 대표적인 소수민족인 묘족이나 토가족土家族 등이 직접 남긴 사료도 매우 제한적이다. 이런 현실 때문에 기본적으로 명청시대 호광 지역의 지방지를 근거로 이 책을 서술했으며 근래 엄청난 양으로 계속 출간되고 있는 신편 지방지도 종종 참조했다. 또한 호광 지역의 각 현縣이나 부府 단위에서 편집·출간한 여러 종류의 사료집을 이용했다. 위 지방지와 사료집에는 다행히도 각 토사들의 전기傳記, 족보族譜, 비문碑文 등이 실려 있는 경우가 많아 그나마 사료의 편향성을 극복할 수 있다.

제1장

이질적인 세계:
明淸時代 湖廣 소수민족 지역의
자연 환경과 土司 구성

1. 湖廣 소수민족 지역의 자연 환경과 경제 활동

1) 호광토사 지역의 자연 지리

이 책에서 다룰 호광토사湖廣土司는 지역적으로 다음 두 곳에 집중적으로 존재했다. 우선 호북성 서남부에 위치했던 시남부施南府와 의창부宜昌府 남부 일대, 그리고 보통 상서湘西 지역이라 부르는 호남성 서부 일대가 그곳인데, 이 지역은 호광 지역의 가장 대표적인 산악 지역이기도 하다.

먼저 시남부에는 시남부 동쪽을 가로로 관통해 오른쪽 의창부로 흐르는 청강淸江이 존재한다. 일명 이수夷水라고도 불리는 청강은 사천성에서 출원해 건시현建始縣 동쪽에서 동북쪽으로 방향을 바꿔 의창부 장락현長樂縣으로 흘러 들어간다.[1] 청강 유역 일부는 경작이 가

---

1 同治『增修施南府志』권3,「地輿志」(山川), 6쪽 하~7쪽 상.

능했지만,[2] 하안河岸까지 가파른 산이 형성되어 있는 호북성 서남부 일대 지리적 특성상 경작은 대체로 활발하지 않았다. 다만 청강은 예로부터 뱃길이 험난한 삼협三峽을 피해 호광 지역으로 들어가는 중요한 관문 역할을 했다.[3]

대다수 호북 지역의 토사는 이러한 하천을 끼고 있었는데, 용미토사容美土司가 있던 학봉현鶴峰縣에는 누수濃水가, 선은현宣恩縣과 래봉현來鳳縣에는 백수하白水河가, 그리고 대전소大田所가 있던 함풍현咸豊縣에는 당암하唐巖河가 흐른다. 따라서 시남부 일대에서 가장 큰 분지가 형성되어 있는 곳은 은시현恩施縣, 래봉현, 건시현이었다.[4] 그러나 이러한 하천을 이용한 교통은 상당히 불편했다. 이 지역 대부분이 석회암 지대인 한편, 기후가 따뜻해 침식 작용이 활발했기 때문이다. 이처럼 활발한 침식 작용 탓에 침식된 저지대와 용동溶洞이 특히 발달했으며 실제 하천도 상당 부분은 지하로 흐르는 복류伏流였다.

사료의 설명에 의하면 이 지역의 가장 중요한 하천인 청강도 은시현 경내에서 복류로 약 30리를 흘러 목무촌木撫村이라는 곳까지 흘렀는데, 적어도 이천현利川縣에서 은시현 경계까지 복류로 흐르는 경우가 세 번이나 되었다.[5] 이처럼 석회암 지대의 하천들이 상당 부분 지하로 흘러 들어가는 탓에, 이 지역 일대는 전통적으로 수전水田 경작이 쉽지 않았다.

한편, 현재 호북성 신농가神農架 일대에는 2,000미터 이상의 고지대가 있지만 악서鄂西 남부의 시남부 일대 평균 고도는 약 1,000~1,500

2 同治『增修施南府志』권30, 「雜志」, 6쪽 하.

3 光緒『湖北輿地記』권17, 「施南府輿地記」(一), 9쪽 상.

4 唐文雅·葉學齊·楊寶亮, 『湖北自然地理』, 湖北人民出版社, 1980, 155쪽.

5 民國『湖北通志』권12, 「輿地志」(12), 533쪽 하와 536쪽 상.

미터 이내이며 서쪽이 높고 동쪽은 낮은 형세를 이룬다. 다시 말해 시 남부 동쪽 부분에 비교적 넓은 개활지가 형성되어 있는 반면, 서쪽과 남쪽 지역은 1,000~2,000미터 이내의 산악 지대다.[6] 그러므로 상대적으로 고도가 낮은 1,000미터 이하의 산지가 시남부 중심부와 래봉현 동남 지역에 형성되어 있어, 보통 800미터 이하 산지에서 경작이 가능한 차나 감귤 등이 산출된다.[7]

이런 탓에 호북성의 학봉현과 호남성의 상식현의 교통은 상당히 불편한 반면, 래봉현과 이웃한 호남성의 용산현龍山縣이나 영순부永順府와의 교통은 비교적 용이했다. 또한 시남부 동북부 일대 고도는 2,000미터 이상이기 때문에, 동북부를 통한 사천성과의 교류도 어려웠지만 그나마 시남부 남동쪽을 통한 사천성과의 교류는 상대적으로 쉬운 편이었다.

영순과 보정保靖 토사 지역의 경우, 북쪽 예주의 예수澧水, 영순부 남쪽 지역을 동서로 관통해 원수沅水로 흘러들어 가는 유수酉水, 그리고 마지막으로 귀주성에서 발원해 동정호洞庭湖로 유입되는 원수가 가장 중요한 하천이다. 귀주성 청수강淸水江과 연결되는 원수는 호남성 서남쪽 검양黔陽에 이르러 비로소 원수라 칭하며 하천 유역 면적은 8만 9,000제곱 킬로미터에 달해,[8] 호남 토사 지역의 가장 중요한 하천이다.

그러나 이곳 역시 작은 하천들이 종횡으로 흐르고 수세水勢가 빠를

---

6   예외적으로 鶴峰縣에 있는 大嶺山脈의 主峰인 鷹咀巖이 해발 2079.5미터, 馬鬃嶺山脈의 주봉인 雲蒙山이 해발 2054.2미터다. 湖北省鶴峰縣史志編纂委員會編, 『鶴峰縣誌』, 湖北人民出版社, 1990, 44쪽.

7   唐文雅·葉學齊·楊寶亮, 1980, 24쪽과 26쪽.

8   張朋園, 『湖南現代化的早期進展(1860~1916)』, 岳麓書社, 2002, 4쪽.

뿐 아니라 지형이나 강우 등으로 수심의 변화가 심해 하천의 이용이 쉽지 않았다. 일례로 진주辰州에서 보정현保靖縣 사이의 중요 교통로로 이용된 여계蒢溪의 경우 엄여익(嚴如煜, 1759~1826)의 표현을 빌리자면, "복건성福建省의 구룡탄九龍灘에서는 반드시 구룡탄의 본지 사람을 타사舵師로 고용해 배를 몰게 하는 것처럼, 이 지역에서도 그러하다. 물줄기가 험한 곳을 지날 때마다 수십 명이 매달려 배를 인위적으로 붙잡거나 끌어야 하므로 사람들의 힘쓰는 소리가 험한 물줄기 소리와 한데 어우러지는"[9] 풍경이 연출되었다. 따라서 배의 앞쪽은 넓고 크며 배의 뒷부분은 작고 뾰족한 형태의 작은 배들이 이 일대 하천을 운항했다.[10]

그러나 상서 지역의 평균 고도는 해발 1,000~1,500미터 정도로 시남부보다 낮다. 이는 싱서 지역 일대의 산들이 귀주성에서 시작되는 무릉산맥武陵山脈의 지맥支脈에 해당하기 때문이다.[11] 또한 영순부 일대 산지는 대체로 호북성 학봉현과 영순부 동북 지역에 위치한 상식현桑植縣에서 비롯되는 산지의 연장선상에 있다. 즉 학봉현에서 시작된 산맥 중 하나가 상식현으로, 다른 또 하나는 용산현으로 들어오며, 용산현에서 여러 산이 갈라지는 형태다.[12]

이러한 환경에서 다수의 소수민족이 살았는데, 가경嘉慶 원년~도광道光 30년(1796~1850) 사이에 편찬된 것으로 추측되는 『묘강둔방실록苗疆屯防實錄』에는 다음과 같은 기록이 등장한다.

---

9   嚴如煜, 『苗防備覽』 권7, 「道路考下」(水道), 12쪽 하~13쪽 상.

10 石啓貴, 『湘西苗族實地調査報告』, 湖南人民出版社, 2008, 7쪽.

11 朱羲農·朱保訓, 『湖南實業志』, 湖南人民出版社, 2008, 8쪽.

12 民國 『永順縣志』 권3, 「地理」(3), 1쪽 상~하.

... 이상 봉황鳳凰, 건주乾州, 영수永綏, 고장평古丈坪, 보정의 다섯 개 청 · 현廳 · 縣이 변방의 서쪽과 서로 접해 있다. (위 다섯 곳의) 동쪽, 남쪽, 북쪽의 삼면은 모두 중요한 요충지를 장악하고 있다. 그 지역 서쪽은 길이 가 200여 리이며 귀주성 동인부銅仁府와 송도청松桃廳 관할이다. 이 지역을 모두 합치면 주위가 1,000여 리이며 그 안쪽은 묘족苗族의 2,000여 채寨로 둘러싸여 있다. 100여 호戶가 한곳에 있기도 하고 수십 호 내지 수호數戶가 한곳에 있기도 하다. 모두 산과 바위에 의지해 거주하며, 평지는 매우 드 물다. 풍속은 논농사를 짓고 산을 일구는 것이며, 그 외에는 달리 먹고살 방도가 없다. **풍년이 들면 농사와 개간으로 각자 안주安住할 수 있지만, 흉 년이 들면 약탈이 발생한다.** 그 방어가 두루 미치지 못하면 몰래 내지內地 로 들어와 빈번히 말썽을 일으킨다.[13]

이 책이 청 중엽에 발간된 점을 고려하면 개토귀류 이후 상당한 세 월이 지났음에도, 상서 지역 일대에는 다수의 묘채苗寨가 산간 지역 곳 곳에 자리 잡고 있었다는 사실을 위 언급은 말해 준다. 더구나 소수민 족들의 내지 침범이 그들의 물자 부족 탓이었다는 사실도 알 수 있다.

구계위九溪衛 학정學政을 역임했으며 건륭 13년(1748) 악록서원岳麓書 院 원장을 지낸 왕문청(王文淸, 1688~1779)도 그의 「호남형승론湖南形勝 論」에서 이 지역의 험난한 지세를 다음과 같이 언급한 바 있다.

강우江右 원주袁州 일대가 옛 삼묘三苗의 지역이다 ... 사천四川은 천부(天 府, 물산이 풍부한 곳)의 지방이며, 영순부의 용산과 보정, 그리고 보경부寶 慶府의 성보城步와 서로 닿아 있다. 묘강苗疆의 옛 지역으로서 개토귀류가

---

13 『苗疆屯防實錄』, 岳麓書社, 2012, 39쪽.

된 곳이 영순부다. 영순 부성府城의 담벼락은 견고하며 그 해자는 깊으나, 좁은 길이 구불구불 나 있는 한편, 숲이 무성하게 우거진 (모습은) 옛날 그대로다. 진주辰州는 높은 산등성이와 겹겹의 고갯마루가 있으며 오계五溪가 한데 모이는 곳이다. 현재 진룡관辰龍關을 넘어 노계瀘溪를 건너면 오채五寨에 이를 수 있지만, 사람의 마음과 눈을 오히려 아찔하게 한다 ... 영순, 원주沅州, 진주, 보경, 영주永州는 깎아지른 절벽과 매달려 있는 듯한 바위 때문에 소수민족의 말조차 발을 헛디딜 수 있으며, 한 사람이 관關을 지키면 만 명이 (공격해도) 속수무책이어서 지키기 쉬운 곳이다 ...[14]

분명히 험한 산세에 대한 이런 감정을 단지 한족만 느끼지는 않았을 것이다. 사람의 발길이 닿지 않은 일부 지역은 그곳의 주민들마저 진입을 꺼릴 정도였다.[15] 전략적인 면에서 볼 때, 한족과 소수민족 모두가 쉽게 접근할 수 없었던 소수민족 지역의 산과 강이야말로 이중적인 의미를 지닌다. 근본적으로 험한 산지에 살던 소수민족에게는 그곳이 행정 중심지이자 방어 거점이었다. 한편 쉽게 접근할 수 없는 곳이었지만 소수민족을 점령하고 그들을 효율적으로 통치하기 위해서는 그러한 산지의 장악이 한족에게도 필수적이었다.[16]

---

14 王文淸, 「湖南形勝論」, 羅汝懷, 『湖南文徵』(3) 권24, 「論」(1), 34쪽 상~35쪽 하.
15 光緖 『古丈坪廳志』 권2, 「輿圖」(山水圖說2), 27쪽 하.
16 바로 이러한 상황을 학봉현에서 확인할 수 있다. 지방지의 설명에 의하면 이처럼 험난한 지역을 이용해 容美土司가 司治를 건설했으며, 개토귀류 이후 청 왕조도 동일한 이유로 司治가 있던 곳을 州治로 정했다. 道光 『鶴峰州志』 권3, 「山川志」, 5쪽 하.

2) 기후와 풍토병

현재 악서 지역 기후는 봄과 가을에도 소량의 비가 잦으며 상대적으로 습도가 높은 반면, 겨울에도 크게 춥지 않은 특징을 보여준다. 물론 1977년 함풍현의 최저 기온이 영하 30도까지 내려가는 믿기 어려운 상황도 발생했지만 대체로 극단적인 추위는 없다고 볼 수 있다.[17] 아울러 평균 기온 차이도 시남부 지역 전체가 9도 이하로 크지 않은 편이다.

그렇다면 명청시대 자료에 등장하는 이 지역의 기후는 어떠했을까? 명청시대 지방지에 등장하는 기후 관련 설명도 지역마다 차이를 보여준다. 예를 들어 래봉현의 기후는 상당히 따뜻해 2월 중에도 홑겹의 옷을 입고 부채질을 해야 했으며 입하立夏 이후에도 습기가 매우 많았다. 겨울 납월臘月에도 평지에서는 천둥소리를 들을 수 있다는 관련 자료의 언급으로 미뤄, 겨울철에도 비가 내렸다는 사실을 알 수 있다. 한편 고산 지대에서는 추운 날이 많은 반면, 더운 날이 적어서 한여름에도 솜옷을 벗을 수 없으며 아침저녁으로 불을 때야만 했다.[18]

또한 은시현도 래봉현과 큰 차이가 없음을 알 수 있다. 산으로 둘러싸인 이곳 역시 입하 이후에는 습기가 많고 매우 더웠다. 고산 지역에는 바람이 심하게 불었으나 평지에는 그처럼 매서운 바람이 부는 경우가 드문 대신, 습한 기운이 내내 존재했다.[19] 강우를 빌기 위한 기

---

17 호북성 전체가 아열대에 속하는 지역이기 때문에, 온도만 보면 가장 추운 시기의
   월 평균 기온이 1~4도, 연 평균 기온이 15~17도 정도다. 湖北省地方志編纂委員會
   編, 『湖北通志』(地理上), 湖北人民出版社, 1997, 363~364쪽.

18 同治 『來鳳縣志』 권28, 「風俗志」, 16쪽 상.

19 同治 『恩施縣志』 권7, 「風俗志」, 1쪽 하.

우문은 대체로 쉽게 찾아볼 수 있지만 맑은 날씨를 기원하는 기원문이 학봉현 지방지에 존재하는 걸 보면, 아마도 이 일대는 1년 중 맑은 날씨를 보기가 꽤 어려웠을 것이다.[20]

이처럼 계속되는 비와 그에 따른 추위를 우리에게 실감나게 전해주는 자료 중 하나가 바로 강희 연간의 인물인 고채(顧彩, 1650~1718)의 『용미기유容美紀游』다. 그가 청대 걸출한 문인 가운데 한 사람인 공상임(孔尚任, 1648~1718)의 편지를 휴대하고 용미토사를 향해 호북성 지강현枝江縣을 출발한 시기는 강희 43년(1704) 2월 4일이었다. 약 5개월의 여정을 마치고 같은 해 6월 25일 지강현으로 돌아오면서 적은 기록이 바로 『용미기유』다.

여기에는 모두 26차례의 날씨 기록이 등장한다. 이 가운데 비가 내린 날이 14번, 비바람과 추위가 닥친 날이 두 번, 매우 더운 날이 한 번이었으며, 심지어 눈이 내린 경우도 한 번 있었다. 또 용미토사에 체류한 1개월간 내내 비가 계속되었다는 그의 언급으로 미뤄[21] 대략 초봄부터 초여름까지의 여행 기간에 대부분 비가 내렸다고 해도 과언이 아니다.

현재 호남성의 기후 역시 호북성과 크게 다르지 않다. 호남성이 아열대 기후에 속하며 평균 기온도 16~18도 정도라는 점이 그러하다.[22] 상서 지역의 기후도 고지대의 경우 찬바람과 비가 비교적 많은 편이며 하늘을 가릴 정도로 많은 안개가 발생한다. 겨울에는 매우 추우며 얼음도 많이 언다.[23]

---

20 吉鍾穎, 「謝晴文」, 道光 『鶴峰州志』 권13, 「藝文」, 25쪽 상~하.

21 顧彩 著, 吳柏森 校注, 『容美紀游校注』, 湖北人民出版社, 1999, 320쪽.

22 林榮琴, 『淸代湖南的礦業: 分布·變遷·地方社會』, 商務印書館, 2014, 29쪽.

23 石啓貫, 2008, 11쪽.

강우에 관련된 기록을 월별로 자세히 남긴 도광道光『진계현지辰溪縣志』에 의하면, 이 지역 역시 1월부터 9월까지 내내 비가 내렸다. 물론 "다우多雨", "풍우風雨", "매우梅雨", "음우陰雨" 등의 표현으로 강우량의 차이를 표시하고 있지만[24] 상서 지역 일대 산간 지역에도 많은 양의 비가 내린다는 사실을 확인할 수 있다. 산이 많기로 유명한 지역 중 하나인 봉황청鳳凰廳[25]의 기후 역시 진계현과 크게 다르지 않다. 초여름부터 매우 무덥고 습기가 많아 저장된 곡식이 쉽게 상했다. 그러한 더위가 입추 후에도 계속되지만 겨울은 비교적 춥지 않다. 그러나 "비가 오면 춥고 해가 나면 덥다."는 지방지의 기록으로 미뤄,[26] 이 지역 역시 산지 특유의 냉기가 자리 잡고 있음을 알 수 있다.

호북성 한양현漢陽縣 출신으로 영수청永綏廳 동지同知를 역임했으며 청대 호광 지역 일대에서 20여 년 동안 관직을 역임한 단여림段汝霖은 상서 일대 묘족 지역의 기후를 다음과 같이 언급했다.

묘인苗人의 거주지는 모두 계곡과 산이 겹겹으로 막힌 곳에 있다. 지대가 높은 곳은 바람이 거세고, 계곡이 깊은 곳은 기온이 한랭하다. 따라서 여름에도 비가 오면 서늘하고, 겨울에는 추위가 더욱 심하다. 그러나 초남楚南 일대는 귀주성, 광서성, 사천성과 접해 있으며 대부분이 묘족 지역에 속하는 곳으로 그 범위가 1,000여 리에 걸쳐 있어 그 지역의 기후도 동일하지 않다. 대체로 산과 가까운 곳은 대부분 춥고, 평탄한 곳은 전반적으

24　道光『辰溪縣志』권1,「星野志」, 5쪽 상~6쪽 상.
25　실제로 봉황청 지방지「山川」의 서론은 자연 풍광이 좋아 시를 짓기 좋고 깊은 숲 속에 의거해 거처를 마련하기도 적당한 한편, 苗人을 장악하려고 고심하는 사람들을 위해「山川志」를 작성한다고 기술하고 있다. 道光『鳳凰廳志』권3,「山川志」, 1쪽 상 참조.
26　이상 봉황청의 기후는 道光『鳳凰廳志』권7,「風俗志」, 7쪽 하 참조.

로 온난하다.

영수청 한 곳을 언급하자면, 화원花園 일대는 평원 지대로서, 얼음이 얼고 눈 내리는 일이 오히려 적지만 70리 밖의 길다평吉多坪은 성城을 건설했던 곳으로서 **남기嵐氣가 무성하게 일어나며** 때때로 **독무毒霧가 발생한다.** 가랑비가 내리면, 1장의 거리도 분별할 수 없다. 한여름이라도 비바람이 치면 반드시 솜옷을 입어야 한다. 가을에는 갖옷을 착용한다. 겨울이 되면, 눈과 서리, 그리고 얼음이 얼어 그 맹렬한 추위가 대체로 북쪽 지역과 같다. (영수청)에서 30여 리를 가 건주청乾州廳의 순검평巡檢坪에 이르면 그러한 한기寒氣가 조금 누그러진다 … 한 주州, 한 읍邑 안과 수십 리 떨어진 사이에서도 기후가 지역마다 고르지 않다. 따라서 '1리만 떨어져 있어도 하늘(기후)이 같지 않다.'라는 속담이 틀리지 않다.[27]

단여림이 위 글에서 냉기와 더불어 언급한 남기는 내지 사람들이나 한족이 쉽게 산악 지역을 정복할 수 없게 만든 산악 지역 고유의 풍토병과 긴밀하게 연결되어 있다. 다음 엄여익의 글은 그런 사실을 잘 보여준다.

묘족 지역의 네 계절 기후는 내지와 다르다. 일단 흑무黑霧가 사방에 퍼지면 정오가 되어서야 비로소 차츰 걷히는데, 가는 비가 내려 흐린 날에는 사람과 가축이 서로 마주쳐도 알아보지 못하며 한 발자국도 걸음을 옮기기 어렵다. 봄과 여름에는 10일 혹은 여러 달에 걸쳐 비가 계속 내리기 (때문에) 항상 진흙탕이 되어 다니기 어렵다. 안개와 비가 완전히 사라지면 (이제는) 찌는 듯한 습기가 사람의 살갗과 뼛속으로 침입한다. 이곳의 샘물

---

27 段汝霖, 『楚南苗志』(岳麓書社, 2008), 권1, 46쪽.

은 산 동굴의 바위에서 나오는데 그 성질이 매우 차서 그것을 마시면 배탈
이 난다. 물과 토양이 열악해서 외부인들이 이곳에 거주하게 되면 늘 **여역
瘀疫을 앓고 말도 제대로 달리지 못한다**. 무계武溪[28]에 **장기가 많다**는 언급
은 이를 두고 하는 말이다.

가을과 겨울에는 서리와 눈이 일찍 내려 심산유곡에 수개월 동안 녹지
않은 채 쌓여 있다. 때때로 얼음이 민가民家까지 내려오며 물방울이 초가
집의 처마에서 지면까지 얼어붙어 있는데, 그 크기가 서까래만 하다. 긴
나무 작대기로 그것을 부숴야 묘인이 출입할 수 있는데, (그러한) 상황은
상륙리上六里가 더욱 심하다. 짐승과 조류도 추위를 피하는 (방법이) 다양
하다. (이제 이곳이) 개발된 지 오래되고 묘인도 나날이 향화向化되고 있는
탓에, 음우陰雨가 점점 사라지고 결빙結氷도 차츰 적어지고 있다 …[29]

단여림이 영수청 동지를 역임한 시기가 건륭 초년이며, 엄여익이
『묘방비람苗防備覽』을 발간한 시기가 가경 연간(1796~1820)임을 감안
하면, 이 지역 기후 관련 두 저자의 서술은 시간상으로 약 70~80년
정도의 차이가 난다. 한편 호광 지역에서 개토귀류가 실시된 시기는
호북성이 옹정 10~13년(1732~1735) 사이였으며 호남성은 옹정 4년
(1726)에 상식토사를 시작으로 역시 옹정 13년(1735)에 사실상 완성되
었다.[30] 그러므로 엄여익의 위 글은 개토귀류가 단행된 지 약 100년이

28 峒河라고도 불리며, 乾州廳으로 흐르는 걸 武溪라 칭한다. 일찍이 漢代 馬援 장군
   이 이 무계를 읊은 「武溪深」이라는 작품이 존재한다. 嚴如熤, 『苗防備覽』권7, 「道
   路考」(下), 8쪽 하~9쪽 상.
29 嚴如熤, 『苗防備覽』권8, 「風俗考」(上), 17쪽 상~하.
30 호북성과 호남성의 개토귀류 시기와 내용에 대해서는 각각 張建民, 『湖北通史』(明
   淸卷), 華中師範大學出版社, 1999, 182쪽과 伍新福 主編, 『湖南通史』(古代卷), 湖南
   人民出版社, 2008, 747~748쪽 참조.

경과한 후 작성되었다. 이 사이에 묘족 지역 일대의 개발로 기후가 서서히 변해간 점이 일단 흥미롭다.

다른 한편, 두 글에 공통으로 등장하는 단어가 바로 여기 혹은 장기라는 사실에 주목할 필요가 있다. 현대 연구자들조차 이러한 장기의 정확한 의미를 파악하지 못하고 있는데, "남부나 서남부 지역의 숲에서 발생하는 열기와 습기로서 인간에게 질병을 일으키는 기운"이라는 게 사전적인 설명이다. 명청시대 소수민족 관련 사료에도 장기에 관한 설명은 대체로 추상적이다.

> 묘족 지역은 바위와 산마루가 첩첩이 있으며 (산에서 나오는) 남무嵐霧와 무더위가 올라오고, 사시사철 맑은 날은 적고 비가 많이 오는데, 늘 습기와 **장려瘴癘의 기운** 때문에 고통을 당하며 (그러한 기운)이 쌓이면 **묘학苗瘧**이 된다. 이 지역 주민들도 쉽게 이 증상에 감염되며 이곳에 처음 오는 사람들은 더욱 심하다. 오한과 열이 생기는데, 하루에 한 번, 혹은 3~4일에 한 번씩 발생한다. 건장한 사람조차도 두세 번 묘학에 걸릴 수 있으며 그렇게 되면 사망에 이른다 … 내지인이 묘족 지역에 오는 경우, 많이 먹지 말고 옷을 따뜻하게 입어야 하며 청결을 지켜야 이 병을 물리칠 수 있다.[31]

이 설명에 의하면 장기의 원인은 단지 산에서 발생하는 안개와 무더위 때문이며, 오한과 발열 증상이 동시에 나타난다는 것을 알 수 있다. 옷을 따뜻하게 입어야 한다는 예방책으로 미뤄 아마도 추위에 민감한 사람들이 장기에 감염될 위험이 크다고 추측할 수 있다. 하지만 장기에 감염되는 구체적인 원인을 이 글에서 찾기는 어려우며 이런

---

31 段汝霖, 『楚南苗志』 권5, 「苗瘧」, 193쪽.

이유로 현대 병리학자들은 장기가 심리적인 요인으로 발생한다고도 언급한다.[32] 다만 청대에도 여전히 서남 지역에 존재한 이러한 종류의 질병은 서남 지역에 대한 경영 여부를 결정하는 가장 중요한 요소였을 뿐 아니라, 한족과 비한족非漢族의 경계를 가르는 기본 사항이기도 했다.[33]

호남성 진주부 원릉현沅陵縣 동쪽 130리에 있는 호두산壺頭山과 관련된 이야기는 내지인들이 더위 역시 쉽게 극복할 수 없었다는 사실을 말해 준다. 후한後漢 시기 이 지역을 정복하러 나선 마원(馬援, 기원전 14~기원후 49) 장군의 병사들이 역병으로 사망했을 뿐 아니라, 마원 자신도 병에 걸렸다. 이에 마원은 자신의 병을 치료하기 위해 바위를 뚫어 뜨거운 더위를 피했다는 언급이 바로 그것이다. 호두산의 높이는 100리 정도이며, 주변 약 300여 리 정도에 걸쳐 있는 산이다.[34]

결국 위에서 언급한 장기나 여기와 같은 소수민족 지역의 풍토병은 소수민족 지역의 기후나 환경과도 밀접한 관련이 있다는 사실을 암시하며 현대 연구자들 역시 이러한 사실을 대체로 인정한다.[35] 한편 산

---

32 鄧鐵濤 主編,『中國防疫史』, 廣西科學技術出版社, 2006, 179쪽. 한족들이 소수민족 지역에 대한 막연한 두려움을 가지게 된 중요한 원인이 바로 장기라 할 수 있지만, 그러한 태도를 일종의 심리적인 연유라고 할 수 있는 또 다른 원인은 거꾸로 묘인들이 내지로 거주할 때에도 비슷한 경험을 하고 있기 때문이다. 엄여익은 묘인들의 食水가 성질이 차지만 胎毒을 해소할 수 있으며 痘疹 발병의 걱정이 없는 반면, 묘인들이 내지에 3~4년 머물게 되면 痘症이나 볼거리가 생긴다고 지적한 바 있다. 嚴如熤,『苗防備覽』권8,「風俗考」(上), 12쪽 상 참조.

33 David A. Bello, "To Go Where No Han Could Go for Long: Malaria and the Qing Construction of Ethnic Administrative Space in Frontier Yunnan," *Modern China*, vol. 31, no. 3, 2005, p. 288.

34 乾隆『辰州府志』권4,「山川考」(上), 4쪽 상~하.

35 周琼,『淸代雲南瘴氣與生態變遷研究』, 中國社會科學出版社, 2007, 37~38쪽.

간 지역에는 이름 모를 독충[36]과 독초[37]도 존재했다. 일부 산간 지역에서는 초파일이나 단오에 독충이나 독사 등으로부터 피해를 입지 않도록 하는 기원을 올렸다. 호북성 학봉현에서 초파일에 불가에서 부처를 물로 닦고 부처님을 부르면서 독충을 막고자 했던 풍속이 그러한 예다. 이러한 행사를 통해 소수민족들이 실제로 종기와 독을 치료하려 했다는 지방지의 기록으로 미뤄 산악 지역의 독충이나 독사로 인한 피해는 단지 한족에게만 두려운 것은 아니었다.[38] 다음의 기록은 그런 사실을 잘 말해 준다.

> 시주施州와 검주黔州에는 흰 꽃뱀(백화사白花蛇)이 많다 … 위 두 곳에는 만료蠻獠가 연이어 (거주하고 있는데) 3월에 풀이 무성하면 뱀도 많아져 그것을 막아야 하며, 9월에 풀이 시들해지면 뱀이 겨울잠을 자러 가므로 (그것 또한 가을에 뱀을 막는다는 의미의) 방추防秋라 한다. 주민들은 독약을 만드는데 (그 방법은) 뱀을 잡아 거꾸로 매달아놓은 다음 (뱀)의 코 밑을 칼로 가른다. 그다음 흐르는 뱀의 피를 그릇에 담는데, 거기서 나온 첫 번째 핏방울을 독으로 사용하면 사람이 선 채로 사망한다. 따라서 둘째, 셋째, 넷째 독혈毒血 한 방울씩을 국수와 섞어 환약 네 개를 만든다.[39]

숲이 우거진 곳이나 예외적으로 날이 덥고 비가 많은 지역의 풍토

---

36 그러므로 소수민족 지역에서는 다양한 약초를 사용해 독을 물리치는 관습이 존재했다. 예를 들어 호남성 晃州廳 주민들은 菖蒲와 雄黃을 섞어 벽에 뿌리는 방법으로 독을 물리쳤다. 道光『晃州廳志』 권36,「風俗」, 10쪽 하.

37 귀주성의 예이긴 하지만, 田汝成도 소수민족 지역에는 많은 毒草가 자란다고 언급한 바 있다. 田汝成,「上巡撫陳公書」,『皇明經世文編』 권257, 2쪽 하.

38 道光『鶴峰州志』 권6,「風俗志」, 5쪽 상.

39 同治『增修施南府志』 권30,「雜志」, 6쪽 상.

가 일반적으로 평야 지대와는 다를 수 있다는 가정은 얼마든지 가능하다. 이런 점에서 당시 소수민족들도 해충의 등장 원인이 이 지역의 기후와 관련성이 있다고 생각했으며, 거꾸로 비가 많이 내려 생기는 피해의 원인이 동물에게서 비롯된다고 생각했다.[40] 청대 이후 산악 지역이 대폭 개발되고 인구가 증가함에 따라 장기를 만들어내는 자연 조건도 차츰 소멸해 장기 발생 지역이 대대적으로 축소되었다고 할 수 있지만,[41] 명청시대 소수민족 지역 고유의 풍토병은 극복하기 쉽지 않은 문제였다.

실제 한족들이 지금까지 언급한 소수민족 지역의 산세와 하천, 그리고 풍토병을 이질적인 세계로 인식했다는 가장 결정적인 증거는 소수민족들이 특정 지형을 자신들과 전혀 다르게 지칭하고 있는 점을 눈여겨봤다는 점이다.

상식현의 사방은 숭산준령崇山峻嶺으로 둘러싸여 있으며, 거주민들 대다수는 (자신의) 향리에 산의 이름을 덧붙인다. 산등성은 '강岡'이라 하며, (이곳의 마을은) '무슨 강某岡'이라 부른다. 산기슭은 '파坡'라 하는데, 역시 (자신의 마을을) '무슨 파某坡'라 부른다. 햇볕이 잘 드는 산자락은 '평坪'이라 한다.

산의 형태가 네모든 원형이든 간에, 산 아래나 위에 (모두) 거주가 가능하고 논과 길이 있으면 '낭㘚'이라 한다. 산꼭대기에 서로 왕래할 수 있는 지름길이 나 있는 곳은 '오㙹'라 한다. 높은 산이나 대파大坡가 없으며, (그

40 기후로 인한 해충의 출현과 피해가 蛟龍 때문이라는 생각에 대해서는 각각 道光 『鶴峰州志』 권13, 「藝文志」, 60쪽 상에 실린 何夢芝의 「蟲災後久雨」와 同書 권14, 「雜述」, 7쪽 상에 실린 기사 참조.
41 周琼, 2007, 299쪽.

사이에) 촌락이 불규칙하게 형성되어 있는 한편 하천이 굽어 흐르는 곳을 '용溶'이라 한다. 두 산 사이에 논이 있어 경작이 가능하고, 거주가 가능한 곳과 토지가 있는 곳을 '욕峪'이라 한다. 욕과 비슷하지만 (욕보다) 더 좁은 곳은 '충冲'이라 한다. 대파大坡가 있으나, 농사와 거주가 가능한 곳은 '탑塔'이라 한다.[42]

한족이 사는 내지에도 이런 종류의 지형이 존재할 테지만, 한족의 시선으로는 소수민족의 모든 자연 경관이 이처럼 달리 보였다. 물론 단지 처음 보는 경이로움 때문에 소수민족의 자연경관이 달리 보인 건 아니었다.

지금까지 설명한 호광 지역의 자연 환경이 중요한 이유는 명청시대 한족들이 소수민족들의 잦은 반란을 이처럼 험악한 지형 탓이라고 인식했기 때문이다. 이런 점에서 호남성 선화현善化縣 출신으로 청대 태상시경太常寺卿을 지낸 바 있는 당감(唐鑑, 1778~1861)의 다음 언급은 비록 그가 청 중엽의 인물이긴 하지만 매우 흥미롭다.

가파른 바위와 험준한 비탈길이 있는 데다가 매서운 질병마저 집중적으로 발생하는 탓에 그곳의 대다수 백성은 **반드시 완강하고 사나울 수밖에 없으니**, (이는) **천기天氣와 지형地形이 그러하기 때문이다.** (광동) 연산현連山縣 팔배八排가 사는 곳은 사방이 만산으로 둘러싸여 있으며 그 높이가 하늘을 찌르고 운무가 뒤덮인 것처럼 어두우며 높은 산과 봉우리가 마치 방패와 창처럼 늘어서 있다. 그 험한 모습을 예측하기 어려우니 **그곳에 사는 사람들이 어찌 야만스럽지 않겠는가?** 반호槃瓠의 일은 너무 오래전 시기

---

42 同治『桑植縣志』권2, 「都里」, 14쪽 상~하.

여서 (그 일을) 헤아리기 어려우나 (연산현) 요씨廖氏들 또한 거칠고 무례한 부류에 속하는데, 간단히 말해 시서詩書를 모르며 이理와 의義를 분별하지 못한다.[43]

연산 일대 소수민족은 송대 이래 요씨가 그 지역에서 세력을 형성한 이후 팔배묘八排苗가 된 사실은 이미 널리 알려져 있거니와,[44] 이런 요씨를 당감은 위 인용문에서 '요씨노廖氏奴'[45]로 표현할 정도로 소수민족을 경멸했다. 하지만 당감의 의도는 소수민족들이 사나울 수밖에 없는 중요한 원인이 바로 소수민족들이 사는 곳의 자연 환경 탓이라는 점을 밝히고자 하는 데 있다. 소수민족에 대해 한족이 뿌리 깊은 차별성을 가지고 있다는 점은 굳이 언급할 필요가 없지만, 놀랍게도 그들은 그 근원 중 하나가 자연 환경 때문이라고 생각했다.

3) 호광 소수민족 지역의 경제 활동

지금까지 언급한 소수민족 지역의 자연 환경을 염두에 둔다면, 소수민족들의 경제 활동이 매우 미약하고 그 수준도 낮았다고 추측할 수 있다. 그러나 다른 모든 사안을 제쳐두고라도 그처럼 후진적이며 접근이 쉽지 않은 산악 지역에 살던 소수민족이 명청 두 왕조와 장기간에 걸쳐 전쟁을 전개한 사실을 어떻게 설명할 수 있을까? 무엇보다 전쟁을 수행하기 위한 중요한 전제는 재정과 물자, 그리고 기술 자원

---

43 唐鑑, 「壬辰防猺五論」, 『湖南文徵』(3권) 권28, 「論」(5), 22쪽 상.
44 譚嘉偉, 「清代連山瑤・壯的源流・分布及相關歷史地理問題研究」, 暨南大學碩士學位論文, 2017, 13쪽.
45 해당 원문은 "槃瓠之事, 遠而難稽, 則以廖氏奴, 亦屬荒渺"다.

의 집중을 강화하는 데 있다는 지적을 상기하면[46] 소수민족이 후진 지역에서 장기간에 걸쳐 빈번하게 전쟁을 수행했다는 사실은 꽤 경이롭다. 더구나 소수민족 지역이 근본적인 물자 부족에 시달렸다는 사실을 감안하면 더욱 그러하다.

물론 전쟁 원인 중 하나는 특정 생산물이나 식량 등을 얻기 위한 것일 수도 있다. 이를테면 소수민족 지역에서 풍부하게 생산되지 않았던 소금[47]의 공급은 실제 모든 소수민족에게 매우 중요한 사안 가운데 하나였기 때문에, 소금 확보를 위한 쟁탈전이 전개되었다는 사실을 쉽게 짐작할 수 있다.[48] 그러나 앞에서 제기한 의문처럼 이러한 전쟁을 수행하기 위해서는 많은 물자와 인력 동원이 필수적이다. 그렇다면 전쟁 수행에 필요한 물적 자원은 어떻게 조달되었을까?

지방지의 기술과 기존의 연구 결과를 종합해 보면, 소수민족 지역의 경제는 개토귀류 시행 이후 확연히 발달했음을 알 수 있다.[49] 반면, 토사 시대 경제 활동에 관련된 사료가 매우 부족한 탓에 개토귀류 이전 경제 상황은 여전히 미개척 분야로 남아 있다.[50] 이런 일반적인 정황에도 불구하고, 명대 호광 지역의 일부 사료에는 토사 시기에도 수

---

46 마크 엘빈 저, 정철웅 역, 『코끼리의 후퇴』, 사계절, 2011, 제5장과 특히 186쪽 참조.

47 일례로 청대까지도 특정 지역 주민의 40~50%는 제대로 소금을 섭취하지 못했다. 同治 『巴東縣志』 권16, 「志餘」, 5쪽 하.

48 이 문제에 대한 간략한 언급은 彭春芳, 「明淸時期湘西苗疆"邊牆"硏究」, 廣西師範大學碩士學位論文, 2010, 25~27쪽 참조.

49 이 점에 대해서는 정철웅, 『자연의 저주—명청시대 장강 중류 지역의 개발과 환경』, 책세상, 2012, 제2장 1절 참조.

50 근래 이 주제에 관련된 가장 중요한 연구 성과는 胡炳章, 『塵封的曲線—溪州地區社會經濟硏究』, 民族出版社, 2014를 들 수 있다. 소수민족 지역의 청대 지방지에서 종이와 석탄, 유황과 철이 생산된다는 언급이 자주 등장하는 것으로 미뤄 확실히 소수민족의 특정 지역에서는 중요한 자원이 산출되었음을 알 수 있다. 湖南省少數民族古籍辦公室主編, 『湖南地方志少數民族史料』(上), 岳麓書社, 1991, 127쪽 참조.

전水田과 같은 선진적인 경작 방법이 존재했던 사실이 등장한다.[51] 이러한 수전 경작이 가능했던 가장 큰 이유는 산간 계곡에서 흘러나오는 물을 이용할 수 있기 때문이었다.[52] 수전 외에도 산간 지역에서는 밭 경작도 일찍부터 상당히 보편적으로 행해져, 산간 지역 곳곳에서 힘든 농사일을 했던 상황을 확인할 수 있다. 다음의 시는 그러한 상황을 잘 말해 준다.

> 청명淸明을 지나 4월로 이어지며, 여름이 되면 농사일로 바쁘고 논을 갈기 힘들다네.
>
> 아내는 밥을 지어 나르기 바쁘고, 모내기와 바쁜 일로 매일 잠을 못 자네.
>
> 두 다리와 두 손이 쉴 틈이 없으니, 언제나 집에 갈 수 있을까?
>
> 바쁜 농사일은 팔월이 제일 힘들지만, 곡식이 잘 익어 풍년이면 웃을 수 있으리.[53]

이 시가 기재된 『오계만도지五溪蠻圖志』를 편찬한 인물은 강소성 곤산昆山 출신으로 명 성화成化 연간(1465~1487)에 진주 교유敎諭로 재직한 바 있는 심찬沈瓚이란 인물이다. 그러므로 이 시는 명대 정황을 그대로 묘사한 것이라 할 수 있는데, 농사일로 바쁜 여름철의 정경을 매우 사실적으로 그려내고 있다. 문학작품이라는 점에서 과장도 있다고 생각할 수 있지만 대체로 논에서의 육체노동에 따른 피로감과 때맞춰

---

51 顧祖禹, 『讀史方輿紀要』 권81, 中華書局, 2005, 3826쪽에 등장하는 진주부의 紅旗洞 일대나 桃溪 일대 등을 그러한 예로 들 수 있다.

52 이를테면 鳳凰廳 서남쪽 50리에 위치한 馬鞍山 정상의 우물을 이용한 水田 경작이 그러한 예다. 嚴如熤, 『苗防備覽』 권4, 「險要考」(上), 7쪽 하 참조.

53 이는 石源科라는 사람이 지은 「四季歌」 중 여름 편에 해당하는 「咏農忙」이라는 시다. 沈瓚, 『五溪蠻圖志』, 岳麓書社, 2012, 2집, 「五溪風土」, 93쪽.

농사일을 해야 하는 시간상의 조급함이 이 시에 잘 드러난다.

토사가 다스리던 당시, 소수민족 지역의 농업이 제법 발달했다는 또 다른 증거 중 하나는 당시 토사들이 외부인들을 불러들여 토지를 개간한 점이다. 토사는 외부 개간자를 불러들여 은전을 약간 지급하는 대신, 모든 개간 비용은 외부인인 전호佃戶가 담당하는 게 일반적인 관례였다. 토사 소유의 관전官田은 전호와 반분半分했으며, 기존의 전호가 제대로 경작을 하지 않을 경우 다른 전호를 불러들이는 정발頂撥이라는 관행도 존재했다.[54] 이러한 양상은 이미 토사 시절부터 경작이 중요한 경제 활동이었으며, 토지 개간에 대한 관심이 존재했다는 사실을 의미한다. 후술하겠지만 개토귀류 이전에도 한족과 토사 간에 토지 분쟁이 호광 지역 소수민족 지역에서 광범위하게 전개된 점도 이러한 사실을 뒷받침해 준다.[55]

그런데 전호를 불러들여 토지를 개간했다는 사실을 언급한 앞 자료에는 토사들이 그런 전호로부터 받은 소작료를 병사들의 군량과 식량에 사용했다는 언급이 나온다. 이 사실은 앞서 제기한 소수민족들의 전쟁 비용 충당 방법에 대한 중요한 대답이 될 수 있다. 중국의 한 연구자의 설명에 의하면, 토사들은 묘민과 한족들을 구분하지 않고 경작을 시켰으며 한편으로는 농노農奴를 고용해 유사시에는 전쟁에 참여시키고 평시에는 농사를 짓도록 했다. 말하자면 소수민족은 경작과 침략을 위한 군사 행위라는 두 가지를 동시에 수행했던 것이다.[56]

---

54 湖南省少數民族古籍辦公室 主編, 『土家族土司史錄』, 岳麓書社, 1991, 151쪽.

55 그러한 토지 분쟁의 단적인 예 가운데 하나가 康熙 27년(1688) 長陽縣의 한족 주민과 토사 사이에서 발생한 토지 분쟁이다. 光緒 『長樂縣志』 권2, 「疆域志」, 2쪽 상~하 참조.

56 劉芝鳳, 『中國土家族民俗與稻作文化』, 人民出版社, 2001, 31쪽.

이런 점에서 묘동토사苗洞土司 제2대 수장인 향나야向喇喏의 아들로 정통正統 원년(1436)에 토사직을 계승한 향나오向那吾의 행적은 상당히 중요하다. 그는 정통 4년(1439) 양광兩廣 지역을 공격한 바 있으며 귀주의 호두관虎頭關과 비운채飛雲寨 일대를 평정했다. 아울러 그는 묘동 토사 일대에 "물이 흐르는 곳이 적지 않다."는 지리적 상황을 환기시 키면서 이 지역의 개간을 적극적으로 권장했다. 그러한 개간을 통해 그는 일반 백성들의 식량과 의복 수급 문제를 해결하려 했지만, 그러한 권고의 근본적인 목적은 분명 재원財源을 창출하는 데 있었다(開財源).[57] 그리고 이러한 재원이야말로 전쟁을 수행하기 위한 중요한 경제적 기반이 되었을 것이다.

다른 측면에서 소수민족 지역의 중요한 상품은 바로 남목楠木이나 삼목杉木이었다. 이러한 목재의 존재로 소수민족들끼리 잦은 갈등과 전쟁이 발생했던 한편, 거꾸로 목재의 조공은 토사가 자신의 권한을 확대할 수 있는 계기이기도 했다. 따라서 목재는 소수민족 지역의 경제 활동 가운데 가장 중요한 재원이자, 정치적 의미를 지닌 상품이라고 할 수 있는데,[58] 이 점에 대해서는 3장에서 좀 더 자세히 언급할 예정이다.

이런 사실과 관련해 귀주 일대 산간 지역에는 많은 목재와 단사丹

---

57 向那吾에 관련된 언급은 張興文·周益順·田紫雲·張震 注釋, 『卯峒土司校注』, 民族出版社, 2001, 각각 31쪽과 158쪽 참조.

58 소수민족 지역 전체를 고려하면, 목재 생산이야말로 소수민족의 가장 중요한 산업이었다. 이 책의 주제를 크게 벗어난다는 판단 때문에, 여기서는 아래 3장에서 목재를 매개로 형성된 명 왕조와 토사 사이의 정치적 관계를 언급하는 것에 그쳤지만, 목재업은 소수민족 지역의 존립과 그 정치적·경제적 활력의 기초였음이 분명하다. 앞으로 좀 더 심도 있는 연구가 기대되는 분야이며, 이런 점에서 그 초점은 확연히 다르지만, 소수민족 지역의 목재 산업을 정치하게 다룬 張應强, 『木材之流動─清代清水江下游地區的市場·權力與社會』, 三聯書店, 2006은 매우 유용한 길잡이다.

沙, 그리고 구리가 존재한다는 사실을 강조한 동인부銅仁府 출신 만사영萬土英의 언급은 시사하는 바가 크다. 가정~만력 연간의 인물로 추정되는 그는 "경술년(1550) 이후 각 묘인들이 거병에 실패해 깊은 산중으로 숨었는데 높은 곳이라도 안 올라간 곳이 없으며, 멀더라도 들어가지 않은 지역이 없을 만큼 깊은 산속까지 추격한 결과, 이런 나무들이 100그루 중 한두 그루 정도만 남아 있다."고 언급했다.

그는 이어 가정 말~만력 초嘉靖 末~萬曆 初 두 번에 걸친 중앙 정부의 목재와 구리에 대한 요청이 끝나는가 싶더니 이제는 나무를 연료로 사용해 다시 구리를 생산해야 하는 상황 때문에 백성들이 고초를 겪고 있다는 사실을 지적했다. 단사도 생명의 위협을 무릅쓰고 탄갱으로 들어간다 해도 획득량이 극히 적지만, 채굴자들이 아직 갱도에서 나오기도 전에 수매 담당 관리들이 들이닥치는 정황을 설명하고 있다.[59] 이런 일련의 정황이야말로 소수민족은 소수민족대로, 명 정부는 명 정부대로 이 지역의 천연자원을 두고 각축을 벌일 수밖에 없었던 사실을 말해 준다.

2. 明淸時代 湖廣 지역의 소수민족

1) 소수민족에 대한 인식

한대漢代에 이르러 중국의 역사 활동 무대가 남쪽으로 확대됨에 따라 자연스럽게 남쪽 지역 소수민족들의 정치·군사 활동도 증가했

---

59 萬士英, 「大木丹砂辨」, 萬曆 『銅仁府志』 권12, 「藝文」, 5쪽 하~6쪽 하.

다.[60] 따라서 진·한秦·漢 시대 이후에 비로소 지역에 기초한 소수민족 명칭이 등장하게 되어 고대 시기 막연하게 지칭된 삼묘三苗가 무릉만 武陵蠻이나 오계만五溪蠻 등으로 불리게 되었다. 이후, 호광 지역 소수 민족이 본격적으로 군사 활동을 전개한 기록이 위진남북조 시기에 등 장하며[61] 송대에는 소수민족의 수장이 반란을 일으키는 건 물론 지방 고위 관리를 조정에 무고하는 일이 발생할 정도로 정치·군사적 세력 이 크게 증가했다.[62] 송대에 이르러 소수민족을 통제하기 위해 의군義 軍을 조직한 건 그러한 소수민족들의 세력 신장과 무관하지 않다.[63]

따라서 송대가 되면 한편에서는 국가가 소수민족 지역에 직접 관리 를 파견했으며[64] 다른 한편으로는 해당 지역 소수민족의 수장에게 통 치 권한을 위임하는[65] 이중적인 정책이 시행되었다. 이런 과정에서 자 연스럽게 소수민족 지역에 관한 지리는 물론, 각 지역의 수장들까지 도 자세히 파악했던 정황이 등장한다.[66] 이런 덕분에 현재 알려진 다 양한 소수민족 명칭이 송대부터 본격적으로 등장했으며[67] 이 무렵 호 광 지역의 유력 토사 가문도 형성되었다.[68]

원대元代에 이르러서는 파주안무사播州安撫使 양방헌楊邦憲과 사주思

---

60 龍子建 外, 『湖北苗族』, 民族出版社, 1999, 49쪽.

61 同治 『增修施南府志』 권17, 「武備志」(兵事), 3쪽 상 참조.

62 그 대표적인 인물 가운데 한 사람이 施州의 覃汝翼이다. 同治 『增修施南府志』 권 17, 「武備志」(兵事), 4쪽 상~7쪽 하와 『宋史』 권397, 「列傳」(153)의 林栗傳 참조.

63 乾隆 『辰州府志』 권12, 「備邊考」, 3쪽 하.

64 段汝霖, 『楚南苗志』 권2, 91쪽.

65 송 太祖 乾德 원년(963) 猺人 秦再雄을 辰州刺史로 임명해 군사 훈련을 시킨 경우 가 그러한 예다. 乾隆 『辰州府志』 권12, 「備邊考」, 3쪽 상.

66 段汝霖, 『楚南苗志』 권2, 92쪽.

67 클로딘 롱바르-살몽 저, 정철웅 역, 2015, 248쪽.

68 대표적인 예로 이른바 施州八寨를 들 수 있다. 王瑞明·雷家宏, 『湖北通史』(宋·元 卷), 華中師範大學出版社, 1999, 474쪽.

州의 전경현田景賢, 호광의 향세웅向世雄 등에게 세습을 허락한 예[69]에서 알 수 있듯이 명대 운용된 토사제도 자체가 사실상 원元 왕조의 유산이라고 해도 과언은 아니다. 바로 이런 일련의 과정이야말로 소수민족과 한족 사이의 교류가 촉진된 중요한 계기며, 두 민족의 왕래도 자연스럽게 빈번해졌다. 일부 한족들이 아예 소수민족 성씨로 바꾼 예가 빈번했다는 점이 그 중요한 증거다.[70] 따라서 명대 여러 저술은 다양한 기준을 동원해 소수민족에 대한 구분을 시도했다.

그렇다고 해도 실제 사료에 등장하는 소수민족에 대한 구분은 대단히 피상적인 기준, 말하자면 의복, 장식, 특정 풍속 등을 기준으로 이루어지는 경우가 대부분이며 어떤 분류는 실소를 자아내게 하는 경우도 존재한다. 하지만 다른 측면에서 보면 소수민족에 대한 명확한 구분은 역설적으로 중앙 정부의 소수민족에 대한 시각이 어느 정도 정립되었다는 사실을 의미한다. 그렇게 볼 때 소수민족의 분류는 단순한 종족의 분류가 아닌 중국 왕조의 정치 상황과 긴밀하게 연결되어 있다. 나아가 거창하게 말하자면 시대에 따른 인간 자체에 대한 인식 변화까지도 포괄한다는 점에서 그리 단순한 문제는 분명 아니다. 물론 이러한 문제에 대한 논의는 이 책의 주제를 벗어나는 일이지만, 한족의 소수민족 분류 안에는 그들 자체의 '세력 부침'이라는 요소가 명확히 등장한다.

시주위施州衛 소속의 전씨田氏와 담씨覃氏 두 성은 송·원宋·元 시대 당시 서로 갈라지기 전, 그 세력이 매우 강했다. 따라서 누차에 걸쳐 변방 지역

---

69 『元史』 권8, 「本紀8」(世祖5), 12월 乙亥; 同書 권12, 「本紀12」(世祖9), 6월 辛亥.
70 民國 『漵浦縣志』 권14, 「氏族志」, 40쪽 상.

의 근심거리가 되었다. 명 영락 연간(1403~1424) 이래 두 성씨의 자식들이 갈라져 14사司가 되었으며 **후세로 내려올수록 차츰 소원해져** 마침내 원수 지간이 되었다. 그들의 세력이 나뉘면 근심거리가 적어진다 … 명대 관애 關隘를 세워, 그들 지역에 대한 경비와 (함께) 담을 세워 구분을 엄격히 하게 되자 현재는 오히려 **만족蠻族**들이 그 경계 밖으로 나오지 않게 되었으며, 한족들도 그곳(동峒)으로 가지 않게 되었다고 말한다.[71]

이 글은 시간이 지남에 따라 소수민족의 세력이 차츰 분산되는 상황이 들어 있다는 점에서 꽤 흥미롭다. 나아가, 명 정부가 소수민족 세력의 결집을 원하지 않았던 사실도 들어 있으며 한족과 소수민족의 철저한 분리 필요성도 강조되어 있다. 그런데 이 글에 등장하는 '만蠻'이라는 단어를 명대에는 어떻게 인식했을까?

이 질문에 유용한 답을 제공해 주는 글이 가경 13년(1808) 진사에 올라 영순부永順府 교수敎授를 역임한 손균전孫均銓[72]의 언급이다. 여기에는 '묘苗'에 대한 중국 역대의 인식 변화가 잘 드러나 있다. 편의상 번호를 붙여 그의 글을 구분했다.

①'묘' 또한 '만'이다. 그러나 '묘'는 실제로 '만'과 다르다. '만'을 대체로 '묘'라고 말할 수 있지만, '묘'를 대체로 '만'이라고는 말할 수 없다. 대체로 '묘'가 해害가 되었던 (경우는) 우虞 시대에 비로소 등장하며, (이후) **'묘'가 다시 화근이 되고 (그 화근이) 더 심해진 시기는 명대였다** … 『전국책戰國策』에서 말하기를 삼묘三苗의 나라는 오른쪽에 동정호가, 왼쪽에 팽려彭蠡가

---

71 童昶, 「擬奏制夷四款」, 同治 『咸豊縣志』 권19, 「藝文志」, 3쪽 상~하.
72 道光 『辰溪縣志』 권24, 「選擧志」, 3쪽 하.

있으며 문수汶水는 그 북쪽에, 형산衡山은 그 남쪽에 있다고 했는데, (그곳이) 현재 삼묘가 자리를 차지하고 있는 곳이다. 그 세력 (범위가) 매우 넓고 멀 뿐 아니라, 그 포악한 발호가 심했다는 (사실을) 알 수 있다. 따라서 순舜 임금이 요堯 임금을 도와 정사를 돌볼 당시 그들을 몰아냈으며 우禹 임금이 천명天命을 받게 되자 그들을 다시 정복했다. 이 무렵 백성들의 걱정거리가 된 건 '묘'였으며 '만'이 아니었다. **주周 나라 이후부터 '만'이 강해지고 '묘'는 약해졌으며 '묘'는 차차 '만'에 병합되었다. 따라서 당시에는 중국의 근심이 '만'에 있었으며 '묘'에 있지 않았다.**

② 또 살펴보건대, 일찍이 주 선왕(宣王, ?~기원전 782) 당시 형만荊蠻이 배반한 적이 있으며 노魯 나라 문공文公 시기 여러 '만'이 초楚 나라에 (대항해) 반란을 일으킨 적도 있고 진秦 나라 소왕昭王 때에는 백기(白起, ?~기원전 257)가 초나라를 정벌하고 여러 만(諸蠻)을 평정한 바 있다. 한漢 이후 '만'으로 인한 환란이 더욱 많아져 (후한 광무제光武帝) 건무建武 연간(25~55)에 마원(馬援, 기원전 14~기원후 49)과 송균(宋均, ?~76)이 차례로 '만'을 토벌한 바 있으며 (후한 환제桓帝) 연희延熹 연간(158~167) 풍곤진馮鯤陳이 (황제의) 명을 받들어 계속해서 그들을 굴복시켰다. 유송~제劉宋~齊 나라 시기에 '만'의 추장들이 봉작을 받은 후, 위魏 말엽에 이르러 그런 추장들이 함부로 후侯나 왕이라 자칭했다.

수대隋代에 진주辰州를 설치하고 그곳에 거주하도록 했으며 당나라 때에는 무巫, 금錦, 계溪, 부富, 서敍의 다섯 주州를 설치해서 그들을 나누어 예속시켰다. 당시 '만'의 대성大姓에는 팽씨彭氏, 서씨舒氏, 향씨向氏, 염씨冉氏, 전씨田氏가 있었으며 각각 토지를 나누어 여러 곳에 존재했다. 다섯 부류의 토추土酋가 있었는데, 그들은 석씨石氏, 롱씨隴氏, 오씨吳氏, 마씨麻氏 등의 성을 지녔으며 그들 역시 '만'에 의지했으니 '만'의 (세력이) 강했다는 사실을 알 수 있다.

③ 상황이 이미 그러했기 때문에, 진대晋代에 팽지철彭志悊이 대를 이어 토추가 되었으며 계주자사溪州刺史였던 그가 조정에 항명했다. 송초 토추 진재웅秦再雄을 진주자사로 발탁하자 (조정의) 은혜에 감사하게 되어 이때부터 차차 '만'이 귀부하게 되었다. 송 신종神宗 연간(1068~1085)에 진주의 평범한 백성인 장시張翅가 황제에게 글을 올려, 계속되는 재해로 여러 '만'이 귀화歸化를 생각하고 있다고 말했다. 이에 황제가 장돈(章惇, 1035~1105)을 보내 **호북찰방사湖北察訪使로** 삼고 여러 '만'을 통제하도록 했으며 석감石鑑이 호북을 통할하도록 하는 한편 진주 지주知州로 삼아, 마침내 **36개의 기미주羈縻州를 설치**하기에 이르렀다. 그리고 만추蠻酋 전씨田氏, 서씨舒氏, 향씨向氏, 소씨蘇氏, 양씨楊氏가 연이어 토지를 헌납했다. 부주富州의 향영오向永晤 역시 선대 왕조에서 받은 검인劍印을 헌납하고 무리를 이끌고 귀부해 왔다. 또한, 송 영종寧宗 가태嘉泰 3년(1203)에 조언려趙彦勵의 말에 따라 토호土豪를 택해 추장으로 세워 여러 '만'을 진무鎭撫하도록 했다. 이에 **호남계동총령湖南溪峒總領을 설치**하고 이른바 '**만으로 만을 제어**하게' 되니 (이는) 진실로 변방을 안정시키는 상책이었다.

④ 이를 계기로 원대에 이르러 **만추蠻酋가 모두 조정의 명령으로 선위사宣慰使, 안무사安撫使, 장관사長官使 등의 직책을 받게 되어 '만'으로 '만'을 제어할 수 있게 되었을 뿐 아니라, '만' 또한 서로 도와 다른 '만'을 토벌할 수 있게 되었다.** 만호萬戶 전영田榮의 조상 가운데 한 명이 박애동泊崖洞을 정벌하고 전만경田萬頃이 명계明溪의 적賊 노만축魯萬丑을 다시 멸망시킨 게 그러한 예다.

또한 이로 말미암아 명대에 이르러, 여러 '만'이 다투어 항복하거나 말을 바치면서 은혜에 보답하거나, 목재를 헌납하고 상을 하사받거나 정벌에 따라나서 공을 세웠으니 (이에) '만'으로 충분히 '만'을 제어할 수 있었을 뿐 아니라, **'만' 또한 서로 도와 '묘'를 공격할 수 있게 되었다.** 선위사 팽세영彭世英이 '묘'를 정벌해 승진했으며 팽세기彭世麒가 나아가 '묘'를 평정하고 칙서를 받은 게 그러한 예다. 대체로 이때부터 차츰 '만'의 무리가 '묘'가 일으킨 화근을 가라앉히게 되었다. (그러나) '만'의 세력이 약해지자 그때부터 '묘'의 해악이 많아졌다.

⑤ 그러므로 명대 이전의 근심거리는 '만'에 있었으며 '묘'에 있지 않았다. **명대 이후부터 근심거리가 '묘'에 있었으며 '만'에 있지 않았다.** '만'은 오히려 상하의 분별이 있으나, '묘'는 그들을 통할하는 일정한 법도가 없다. '만'은 조공괴 알현의 의미를 알고 있지만, '묘'는 흉아하고 완고한 습속에 젖어 있으니 '묘'가 '만'이 아니라는 사실은 본디 확실한 일이다.[73]

소수민족 역사를 이처럼 한 글에서 집약적으로 다룬 글을 보기 쉽지 않지만, 이 글은 '묘'와 '만'의 구분 기준을 명확하게 제시하지는 않고 있다. 이 글을 번역하면서 '만족蠻族' 혹은 '묘족苗族'이라는 단어 대신, 굳이 '만'과 '묘'라는 명칭을 그대로 사용했다. 그 이유는 '족族'이란 단어를 부가할 경우 자칫 한족과의 구분을 강조하는 결과를 초래해 결국 '만'과 '묘'를 한족과 대립적으로 파악할 우려 때문이다. 물론 손균전도 이 글에서 '족'이란 단어를 붙이지 않았지만, 그의 의도 속에는 분명 한족과 별개의 '민족'이라는 관념은 암암리에 들어 있었을 것이다.

---

73 孫均銓, 「苗蠻辨」, 道光『鳳凰廳志』 권11, 「苗防志」(1), 1쪽 하~3쪽 하.

긴 글이므로, 내용을 몇 가지로 간추려 보기로 하겠다. 첫째, 손균전의 글을 믿을 수 있다면, 적어도 명대 초엽까지 소수민족을 대표하는 명칭은 '묘'가 아닌 '만'이었다는 점이 우선 눈에 띈다.[74] ①~③의 언급에서 그것을 확인할 수 있는데, 물론 그는 '만'이라는 단어가 갑자기 '묘'로 바뀐 이유를 정확히 밝히지 않고 있다. 그러나 적어도 명대 이전까지 '묘'라는 단어는 매우 부수적인 존재였다는 사실을 그의 글을 통해 확인할 수 있다. 또한 그것이 무엇이든지 간에 각 소수민족들 사이의 민족적 차이가 한족에게는 크게 중요하지 않았다는 점도 이 글에 잘 드러나 있다.[75]

둘째, ①~⑤번의 글에서 잘 드러나듯이, '묘'와 '만'이라는 구분을 위한 중요한 기준은 그들의 정치 세력의 부침이었다는 점이다. 이러한 기준이야말로 소수민족에 대한 역대 한족의 시각을 잘 대변하는 사안이다. 이는 결국 소수민족이 한족과 평화로운 관계를 유지하거나 혹은 순응했을 경우, 사실상 소수민족에 대한 각별한 구분이나 기준을 들이대지 않았다는 사실을 의미한다.

따라서 손균전의 의도는 '만'이라는 단어를 통해 단지 민족 문제를 언급하는 데 있지는 않았다. 그것은 질서 유지의 문제였으며, 역사상 질서를 어지럽히는 무리는 바로 '만' 혹은 '묘'였다. 소수민족에 대한

---

74 다른 연구 결과를 통해서도 이 점을 확인할 수 있다. 예를 들어 元代 소수민족 관련 자료에도 '蠻'이라는 단어 외에 '苗'라는 단어가 등장하지만 그리 많지 않다는 지적이 그것이다. 伍新福, 2006(上), 176쪽 참조.

75 이 문제에 관한 가장 좋은 예는 戰國 시대 吳起의 "三苗之國, 左洞庭而右彭蠡"라는 말을 "三苗란 苗, 蠻, 夷의 三族을 의미하지만, 그들의 수효를 축약해서 부르는 말이며 그 안에는 다시 侗, 瑤, 僮, 僚, 儸, 黎 등의 여러 민족이 있다."라는 말로 해석한 것을 들 수 있다. 이는 다양한 소수민족을 지칭하는 별도의 명칭이 존재하지만, 이들을 한데 묶어 범칭하던 관례가 오래전부터 존재했다는 사실로 해석할 수 있다. 石啓貴, 2008, 33쪽.

명청시대 한족의 시각은 거꾸로 자신들의 정치 상황과 불가분의 관계에 있었다는 점을 서문에서 지적한 이유도 여기에 있다. 그러므로 팽세영과 팽세기가 '묘'를 정벌해 명 조정으로부터 인정을 받았다는 손균전의 기술은 상서와 귀주 일대 대다수 소수민족이 묘족이라는 사실을 감안할 때 매우 흥미로운 언급이다.

셋째, ⑤번 글을 통해서 판단하건대, 결국 중국적 제도에 익숙하고 그것의 충실한 수행 여부야말로 한족들이 소수민족의 '민족성'을 판단하는 중요한 기준이 되었다는 사실이다.[76] 따라서 손균전의 글이 중요한 이유는 명청시대 여러 저자들이 숙묘와 생묘를 구분할 때 사용한 기준을 잘 요약하고 있기 때문이다.

더구나 이 글이 가경 연간에 작성된 점을 감안하면 소수민족에 대한 한족의 시각이 명대 이래 수백 년간 계속된 사실도 알 수 있다. 정치·군사적 문제로 소수민족과 빈번히 대립했던 한족의 시각을 대표한다고 볼 수 있는 손균전은 양측 대립의 원인이 묘족 때문이라고 결론짓고 있으며, 이렇게 생각한다면 명청시대 호광 지역의 소수민족 문제는 곧 묘족의 문제라고 말할 수 있다. 이런 점에서 소수민족 지역을 통칭하는 묘강苗疆[77]이라는 말이 명 중엽 이후부터 등장한 사실[78]은 매우 상징적이다.

---

76 이런 점에서 일족을 통솔하는 수장의 존재 여부를 기준으로 '蠻'과 '苗'를 구분한 魏源의 시각은 매우 흥미롭다. 그가 일족을 통제하는 수장이 존재하는 민족을 '蠻'으로, 그러한 존재가 없는 민족을 '苗'로 구분했다는 점에서 내부의 질서 유지를 위한 유력자의 존재 여부도 소수민족 구분의 중요한 기준이었다. 魏源, 『聖武記』(中華書局, 1984) 권7, 「雍正西南夷改流記」(上), 283쪽.

77 넓은 의미의 묘강은 서남 소수민족 지역을 모두 통칭하는 말이며 좁은 의미에서는 상서, 귀주성 동남 지역과 동북 지역을 말한다. 方顯 著, 馬國君 等 審訂, 『平苗紀略研究』, 貴州人民出版社, 2008, 37쪽.

78 譚必友, 2007, 12쪽.

마지막으로 제일 중요한 사안을 담고 있는 글은 오히려 ②번이다. 손균전은 팽씨, 서씨, 향씨, 염씨, 전씨를 '당시 만족들 가운데 대성 大姓'으로, 다시 석씨, 롱씨, 오씨, 마씨를 '토추'라 각각 표현한다. 팽 씨 등의 다섯 성씨에 대한 구체적인 언급을 손균전은 하지 않았지 만, 이들도 분명히 이들 지역에 대대로 내려오던 유력자임이 분명하 다. 팽씨 성을 가진 토사인 영순과 보정선위사가 이에 해당하는데[79] 더 흥미로운 사실은 '토추'라는 별도의 유력자를 그가 언급하고 있는 점이다.

손균전은 위 글에서 이들 성씨가 바로 묘족의 조상이라는 부가 설 명을 한 바 있는데, 엄여익 역시 오씨를 포함한 위 네 성씨를 소위 진 묘眞苗라 하고, 양楊, 시施, 팽彭, 장張, 홍씨洪氏는 외부인들이 들어와 같이 살게 되면서 묘족의 풍습을 익혀 성족成族한 집단이라고 설명한 바 있다.[80] 손균전이 이러한 유력 집단을 별도로 구분해 서술한 것으 로 미뤄 이미 수隋 나라 이후 이 지역에는 다양한 토착 세력들이 존재 했으며 그들 내부에서 정치적 분화가 발생했다고 보는 게 타당하다.

명청시대 사료에 다양한 소수민족의 명칭이 등장하고 있지만, 손균 전의 ⑤번 글을 통해 알 수 있듯이 명대 이후 묘인들의 문제가 심각해 진 탓에 '묘'에 대한 설명과 그 구분이 사료에 가장 자세히 언급되어 있다. 강희 연간의 인물인 육차운陸次雲의 『동계섬지峒溪纖志』에 등장 하는 서남 일대 소수민족의 수효는 48개이며 그중 '묘인'을 설명하는 대목에서 다시 백묘白苗, 화묘花苗, 청묘靑苗, 흑묘黑苗, 홍묘紅苗 등으 로 각각 구분한 게 그것이다.[81]

---

79 土家族簡史編寫組編, 『土家族簡史』, 民族出版社, 2009, 29쪽.
80 嚴如熤, 『苗防備覽』 권8, 「風俗考」(上), 5쪽 상.
81 陸次雲, 『峒溪纖志』(叢書集成初編) 상권, 1쪽.

다른 한편, 명청시대를 통틀어 소수민족과 관련된 가장 자세한 자료를 남긴 엄여익 역시 그의『묘방비람』에서 묘족, 힐로족犵狫族, 토인土人, 요족猺族을 구분해서 각각의 언어를 기록해 놓았지만, 그가 이 지역 소수민족을 지칭할 때 주로 사용한 건 '묘'라는 단어였다. 요약하자면, 명청시대에 이르러 개별 소수민족을 지칭하는 명칭이 급증했지만 관리들이나 소수민족 관련 저자들이 소수민족 지역을 개괄적으로 설명하거나 대책을 논할 때는 단순화된 명칭인 '묘'라는 단어를 주로 사용했다.

2) 명청시대 호광 지역의 苗族

위에서 언급한 이유로 명청시대 호광 지역 소수민족을 서술하는 대부분의 자료에는 실제로 묘족이 주로 등장한다. 따라서 여기서는 명청시대 호광 지역 묘족의 대체적인 형성 과정과 그 분포 지역, 그리고 특성을 언급하기로 하겠다. 그렇지만 호광 지역의 경우 묘족 못지않게 빈번하게 등장하는 토가족 역시 무시할 수 없다는 점에서 토가족을 동시에 언급할 예정이다.

먼저 호광 지역의 묘족을 살펴보기로 하겠다. 청 중엽 엄여익은『묘방비람』권2,「촌채고村寨考」의 첫머리를 다음과 같이 시작한다.

변방 지역 곳곳에 묘채苗寨와 민촌民村이 서로 뒤엉켜 있지만, 각각 경계가 존재한다. (그 지역을) 엄히 방어해 간민奸民들이 함부로 묘족 거주지에 들어가지 못하도록 해서, 마구 뒤섞이고 사단이 발생하는 일을 막아야 한다. 이에 삼청三廳, 영순, 보정의 묘채는 따로 분명하게 경계를 구분하고 고장평古丈坪의 토채土寨[82]는 삼청의 민채民寨에 갖다 붙이며, 원릉, 진주,

노계, 마양廠場 인근의 묘촌과 묘장苗莊을 구분해서 상세히 기록해야 하고, 노계의 힐로는 묘채에 갖다 붙여야 한다.[83]

이 글을 인용한 목적은 상서 일대 지형을 설명하면서 그가 대체로 '묘' 혹은 '묘채'라는 단어를 사용했기 때문이다. 힐로라는 단어가 등장하지만, 엄여익의 판단에 의하면 그들은 그리 중요한 소수민족은 아니었다. 결국, 이 글로 미루어 보건대 청 중엽 상서 일대 주된 소수민족은 묘족이었으며, 명대에도 그 상황은 동일했다.

이 사실과 관련해, 중국 토사제도에 대해 많은 연구 결과를 내놓은 공음龔蔭의 지적을 재고할 필요가 있다. 그는 중국 전역 토사들의 구체적 인명, 세습 관계, 관련 역사 사실을 기록한 방대한 저서를 출간한 바 있다. 그리고 그는 호남성 고장평 일대 석씨石氏, 장씨張氏, 양씨梁氏만을 묘족으로 분류했을 뿐,[84] 나머지 호남과 호북 지역의 다른 모든 토사를 토가족으로 분류했다.

정말 공음의 연구대로 명청시대 호광 지역 토사들은 사실상 토가족이었을까? 공음은 그러한 구분의 근거를 제시하지는 않았으며, 앞서 지적한 것처럼 묘족이나 토가족으로 분류된 그 내부에는 다양한 소수민족이 존재했을 가능성도 배제할 수 없다. 나아가 공음의 연구

---

82 엄여익이 굳이 土寨라는 표현을 쓴 이유는 다소 모호하다. 토채가 토가족의 촌채를 지칭한다고도 볼 수 있다. 실제로 청 후엽 고장평에는 묘족 외에 章族, 客族, 土族 등이 존재했으나, 앞서 지적한 대로 청대에는 사실상 그러한 구분 없이 '苗'라는 단어를 일률적으로 사용했다. 이러한 사실은 光緒『古丈坪廳志』권9, 「民族第四」, 9쪽 상~25쪽 상에 언급된 내용 참조.

83 嚴如熤, 『苗防備覽』권2, 「村寨考」(上), 1쪽 상.

84 龔蔭, 『中國土司制度』, 雲南民族出版社, 1992, 1216쪽. 굳이 다른 예를 든다면, 筸子坪 장관사의 廖氏 정도를 묘족으로 분류했다. 同書, 1220쪽 참조.

가 현대의 민족 분류를 기반으로 하고 있다는 사실을 염두에 둔다 하
더라도, 호광 지역의 소수민족을 사실상 토가족으로 분류하는 건 지
나치게 획일적이다.

이 사실을 확인하기 위해 먼저 근·현대 시기 상서湘西 일대 인구
상황을 살펴보기로 하자.

〈표 1-1〉 民國 시기 상서 일대 묘족 인구(단위: 명)

지역	총인구 수	묘족 인구 수	묘족 인구 비율(%)	비고
保靖縣	126,996	23,882	19	18개 鄕 중 4개 향
乾城縣*	83,623	40,871	49	일부 지역 仡佬族
鳳凰縣	102,134	58,734	58	漢苗雜處 지역 포함
古丈縣	40,076	23,722	59	일부 지역 흘료족 포함
永綏縣	116,146	101,514	87	한묘잡처 지역 포함

* 건주청 일대를 말하며, 1953년 吉首縣으로 되었다가, 1980년 吉首市로 바뀌었다.
출처: 石啓貴, 「湘西苗族實地調査報告」, 湖南民族出版社, 2008, 2쪽

〈표 1-1〉의 자료는 건성현만 민국民國 27년(1938)을 기준으로 했으
며, 나머지는 민국 24년(1935)을 기준으로 작성된 것이다. 일부 다른
민족이 포함되어 있으며, 묘족과 한족이 동시에 거주하는 지역의 인
구도 묘족 인구에 포함되어 있다. 그런 통계상의 결점을 고려해도, 보
정현을 제외한 모든 지역의 묘족 인구가 거의 50%에 육박하거나 상
회한다. 이는 현대에 들어서도 상당수 묘족이 상서 일대에 살고 있다
는 중요한 증거다.

다른 한편, 생묘와 숙묘라는 통상적인 구분[85] 외에 강희 43년(1704)
에 설립된 건주청乾州廳의 인구가 민호民戶 2,557호, 묘호苗戶 1,900호

였다는 지방지의 기록[86]은 특정 지구에 관계없이 묘족이 꽤 광범위하게 존재한 사실을 말해 준다. 물론 앞서 언급한 손균전의 주장을 그대로 믿는다면, 구체적인 민족 구성에 관계없이 위 지역의 소수민족을 '묘족'으로 통칭했을 가능성도 존재한다. 그러나 실제 호광 지역 지방지에는 묘족 관련 언급이 단연 압도적이다.

그런데 학봉 지역의 묘족 조상은 호남과 호북성, 사천성, 귀주성의 묘족과 동일하며, 그중 상당수는 오계五溪 지역에서 이주해 왔는데 강희~옹정 연간 당시 학봉 일대에서 묘족 반란이 발생하자 진압을 피해 다시 마료천호소와 용미토사로 이주했다는 흥미로운 내용이 학봉현 지방지에 등장한다.[87] 따라서 묘족 자체의 수효보다는 명청 시기에 등장하는 호광 지역의 상당수 묘족이 이동을 통해 형성되었다는 사실에 주목할 필요가 있다.

소수민족 족보를 이용한 한 연구에 의하면, 건시현建始縣 묘족의 조상은 서강西江의 무릉만이었다. 옹정 6년(1728)과 동치 7년(1868)에 작성된 족보에 등장하는 건시현 묘족 용씨龍氏의 형성 과정을 살펴보기로 하자.

처음으로 이주한 조상 또한 그 이름을 알 수 없다. 그러나 일곱 형제가 계셨다고 전해지며, 그 가운데 한 형제는 호광 한양현漢陽縣 갈점葛店으로, 또 한 형제는 이릉彝陵으로 이주하셨다. 천관대天觀臺에 거주하셨던 한 분

---

85 管時敏,「題武溪驛」, 嘉靖『湖廣圖經志書』 권17,「辰州詩」, 9쪽 하. 중국학자들의 견해에 의하면 이러한 生苗와 熟苗의 구분은 永樂 3년(1405)에 처음 등장했다. 伍新福, 2006(上), 207쪽 참조.

86 『湖南地方志少數民族史料』(上), 1991, 401쪽.

87 湖北省鶴峰縣史志編纂委員會編, 1990, 94쪽.

은 파동巴東의 동라평銅羅坪으로, 한 분은 양산梁山의 용가충龍家冲으로, 또 한 분은 충주忠州 석보채石寶寨로, (마지막으로) 우리 시조께서는 건시建始 하마대下馬臺로 이주하셔서 아들 다섯을 낳으시고, 장수리長壽里의 이장이 되셨다. 우리 조상 찬공璨公께서는 본리本里의 7갑甲을 편성하시고 이장이 되셨으며 다시 황토계黃土溪로 이주하셨지만, 일정 지파支派를 형성하지는 못하셨다.[88]

이러한 이야기는 다음 두 가지 점에서 매우 흥미롭다. 첫째, 보통 서남 지역이나 여타 다른 산악 지역에 사는 거주민의 상당수가 소수민족이라고 알려졌지만, 다른 한편으로 보면 이들의 일부가 중국의 여러 지역으로 퍼져 나가 일족을 형성한 사실이다. 아울러 그 이동 범위도 상당히 넓었다. 이런 사실은 중국 내부의 종족 구성은 물론이고 좀 더 넓은 의미에서 본다면 흔히 거론되고 있는 민족의 정체성이라는 문제를 재고해야 할 필요성을 제시해 준다.[89]

둘째, 이주한 곳에서 소수민족들의 지위가 상당히 다양했다는 사실도 위 인용문을 통해 알 수 있다. 어떤 부류는 그 지역의 유력자로 성장한 반면, 어떤 부류들은 그렇지 못했기 때문에 소수민족이라고

---

[88] 龍子建 외, 1999, 55쪽에서 재인용. 이하 묘족의 이동에 대해서는 이 저서에 근거했음을 밝힌다.

[89] 소수민족의 이동과 이주 문제는 전문적인 연구가 많지 않지만, 그 중요성을 감안하면 앞으로 많은 연구가 필요한 분야다. 여하간 다른 지역의 경우를 통해서도 소수민족이 이주를 통해 구성된 점을 쉽사리 확인할 수 있으며, 그 횟수와 범위가 매우 빈번하고 광범위했다. 더구나 保靖縣에서 확인할 수 있듯이 동일 지역 내에서도 출신 지역이 다른 경우가 비일비재하다. 이를테면 保靖縣 呂洞 山區의 龍氏는 江西에서 常德을 거쳐 沅水를 거슬러 올라 정착한 姓氏며, 淸水坪 毛墹村의 尙氏는 명말 常德에서 이주해 왔다. 保靖縣民族事務局編, 『保靖縣民族志』, 民族出版社, 2015, 35~36쪽.

통칭된 그룹 내에 다양한 계서 관계가 존재했다는 사실을 짐작할 수 있다.

위에서 언급한 이 두 사실은 적어도 묘족의 일부 구성원은 토착민이 아닌 외부 유입자라는 점을 확인시켜 준다. 호북성 서남부 일대 묘족의 이러한 이주 관련 사실을 좀 더 서술하자면, 건시현 묘족 반씨潘氏는 호남성에서, 파동현 묘족 반씨는 호남성 보경부寶慶府에서, 은시현 묘족 왕씨王氏는 귀주성 동인부에서, 학봉현 묘족 용씨는 호남성 도원현桃源縣에서 각각 호북 지역으로 이주해 왔다.

이런 이동 양상은 명대부터 청 중엽 이 지역의 대대적인 묘민 반란이 일어날 당시까지 매우 다양하게 등장하는데, 일부 동일 성씨의 조상이 비슷한 점도 매우 흥미롭다. 이를테면 건시현의 묘족 반씨와 파동현 묘족 반씨의 조상 이름이 각각 반응룡潘應龍과 반응린潘應麟이었다. 그들의 구체적인 이주 시기와 원인, 그리고 이주 후 활동 양상을 확인하기는 대단히 어렵다. 그러나 두 반씨의 사례가 보여주듯이, 동일 묘족 내에서 분파했을 가능성이 충분하다. 그리고 다음 글은 당시 묘족의 그러한 분파나 대립 양상에 대한 훌륭한 증거를 제시해 준다.

신臣이 보기에 진간鎭箄에는 '진묘鎭苗'와 '간묘箄苗'의 구분이 있습니다. 진묘는 진계소鎭溪所의 관할하에 있으며 간묘는 홍묘紅苗로써 간자평장관사箄子坪長官司의 관할하에 있습니다. 이전 명대에는 진묘에 대한 책임을 영순사永順司가 맡았으며 간묘에 대한 책임은 보정사保靖司가 맡았습니다. 묘인은 그 반란과 복종을 늘 되풀이하지만 두 토사는 책임을 맡고 있다는 명목만 있을 뿐, 실제로는 전혀 도움이 되지 못합니다. 이후 진계 상육리上六里의 묘인들은 (그 위치가) 보정사와 가까운 탓에, 결국 보정사 관할하에 두게 되었습니다.

일찍이 강희 23년(1684) 묘인이 진계소에 와 알현을 청하면서 자신들의
본래 구역으로 복귀를 원했습니다. 진주부는 조사와 토론을 통해 육리六里
가 진계 (관할로) 복귀하려 한다면, 반드시 유관의 설치를 주청해야 하지만
아마도 (그들은) 본래대로 보정사 관할로 되돌아갈 수밖에 없었습니다. 다
시 강희 27년(1688) 영순사와 보정사 사이에 다툼이 발생하자 진주와 악주
岳州 두 곳의 관리가 함께 실시한 조사를 통해, 보정과 가까운 상육리 일대
를 보정사가 관할할 수 있도록 비준했습니다.[90]

이 글의 본래 출처는 조신교(趙申喬, 1644~1720)가 저술한『자치관서
유집自治官書類集』이며, 홍묘들이 완강하게 저항하고 있음에도 이미 귀
성한 모도당 등 140여 채에 대한 유화 조치를 언급한 것이다. 이 글
후반부 내용은 결국 해당 육리 묘족 지역을 건주乾州 동지同知 관할에
두고, 강희 3년(1664) 이 지역에 설치된 진원영정도辰沅永靖道가 통할하
는 것으로 귀결된다.

위 글에 관련된 내용 몇 가지를 첨부할 필요가 있다. 우선 여기 등
장하는 진계소는 명청시대 건주청 일대에 있던 위소 가운데 하나로
서, 홍무 28년(1395) 설치 당시에는 상덕위常德衛에 소속되어 있었다.
이 진계소는 강희 5년(1666) 폐지되었다가 강희 39년(1700)에 원주 유
격沅州遊擊을 오채사五寨司로 옮기도록 했는데 이것이 바로 진간이었
다.[91] 이 일대에 건주라는 초명峭名을 따서 건주청을 설치한 시기는 강
희 43년(1704)이었다.[92] 또한 간자평장관사는 영락 3년(1405) 진주위辰

90 「前偏沅撫都院趙題明六里苗民歸鎭溪所乾同知撫管疏」,『楚南苗志』권3, 145쪽.
91 『湖南地方志少數民族史料』(上), 1991, 355쪽.
92 光緒『乾州廳志』권1,「沿革」, 2쪽 하. 그러나 건륭 4년간본『건주청지』를 재인용한

州衛 지휘指揮 공능龔能이란 인물이 간자평 일대 35채의 생묘 요표廖彪 등을 초유招諭한 후에 설치되었다.[93]

위 글은 다음 두 사실을 알려준다. 우선, 상서 일대의 가장 큰 토사인 영순과 보정 선위사의 역할이 매우 제한적이었다는 점이다. 이 글의 시대 배경이 청초이며 일부 지역에서 막 시행되던 개토귀류 정책을 합리화하기 위해 이 글을 작성했다 하더라도, 각 토사들이 상호 경쟁 관계에 있었다는 사실을 위 글은 꽤 분명하게 전달해 준다. 다음 3장에서 언급할 명 중엽과 청초에 발생한 이 지역 반란에서 이런 상황이 어떻게 전개되는지를 주의해서 살펴볼 필요가 있다.

둘째, 명청시대 지방의 중요한 군사제도와 토사제도가 병렬관계였으며 묘족들은 그러한 역학 관계를 잘 이용하고 있던 점을 알 수 있다. 이런 상황을 이용해 묘족들은 서로 관할 지역을 바꾸려고 시도했다. 그러므로 특정 토사나 위소 관할에 있던 '묘'의 계층은 결코 균일하지 않았으며, 매우 다양한 이유로 소속을 바꿨다고 볼 수 있다. 이런 과정을 통해 새로운 지파를 형성해 이전과는 완전히 다른 부류가 형성되었다.

이러한 예를 상서 지역인 고장평 묘족을 통해 다시 확인할 수 있다. 앞서 설명한 바와 같이 오씨, 용씨, 석씨, 마씨, 요씨의 다섯 성이 이곳의 대표적인 묘족 성씨이자 소위 진묘였다.[94] 그런데 시씨施氏, 양씨楊氏, 팽씨, 장씨張氏, 홍씨 등은 '외지에서 이 지역으로 들어와 묘족의 습속을 오랫동안 따른 결과' 마침내 묘족의 한 부류가 되었다. 거

『湖南地方志少數民族史料』(上), 1991, 349쪽에는 강희 44년으로 되어 있다.

93 道光 『鳳凰廳志』 권10, 「兵防志」, 4쪽 하.

94 이하 고장평 묘족에 대한 언급은 『湖南地方志少數民族史料』(上), 1991, 319쪽에 근거한 것이다.

꾸로 고장평 일대 묘족들이 호북 지역의 은시현으로 이주한 사실도 확인된다.[95]

이런 일련의 사실이야말로 특정 지역 묘족이 외부 지역으로부터 유입을 통해 형성되었다는 중요한 증거이자, 동일 종족 혹은 지파로 불린 내부에 다양한 외부인들이 존재했을 가능성을 말해 준다. 제3장 소수민족 반란에 등장하는 토사나 소수민족들 사이의 치열한 각축은 바로 이런 이유 때문이라고 할 수 있으며, 결코 이 지역을 그저 단순하게 소수민족 지역이라고 부를 수 없는 이유이기도 하다.

이러한 묘족들은 각각 채장寨長이 있으며, 묘변苗弁이 관할했는데, 이들은 객화客話, 곧 한어漢語가 가능한 계층이었다는 점에서 그들 사이에 분명한 계층 분화가 이루어졌다는 사실을 알 수 있다. 그러한 계층 분화란 결국 경제적 토대에 기반한 것이라 할 수 있다.

이런 점에서 귀주 지역 묘족에 대한 언급이지만 부유한 계층은 호화로운 옷차림을 하는 한편, 운남에서 생산되는 구리와 주석을 운남성 관리들이 반입해 오면 그것을 마치 보물과 화폐처럼 생각한 상당수 묘족들이 그런 물자를 탈취하거나 약탈했던 16~17세기 정황을 눈여겨볼 필요가 있다.[96] 이 사실을 언급한 곽자장(郭子章, 1543~1618)의 말대로 이전 묘족의 풍습이 매우 질박했다는 점을 고려하면 경제적 불평등에 따른 계층의 차이가 묘족들 사이에서 분명히 존재했다.

한편, 청대 방현(方顯, 1687~1741)이 남긴 『평묘기략平苗紀略』에 의하면, 이러한 명청시대 묘족의 분포 지역은 상당히 광범위했다. 북쪽으로는 영순과 보정토사 일대, 남쪽으로는 마양현, 동쪽으로는 진주,

---

95 恩施縣의 滿氏 묘족이 그러한 경우다. 龍子建 外, 1999, 69쪽.
96 郭子章, 「題剿仲苗劫掠道路疏」, 『明經世文編』 권419, 19쪽 하.

서쪽으로는 사천의 평다平茶와 유양酉陽 토사, 동남쪽으로는 오채사, 서남쪽으로는 귀주성 동인부에 이르기까지 묘족이 존재했다.

3) 명청시대 호광 지역의 土家族

묘족에 대한 언급이 사서에 매우 다양한 갈래로 등장하는 탓에, 그 연원과 민족 구성, 특성에 대한 언급이 쉽지 않은 반면 사서史書에 등장하는 토가족 관련 언급은 비교적 단일한 편이다. 일부 학자들은 호광 지역에 고대부터 살던 파인巴人의 후예가 토가족의 시조라 생각하지만,[97] 토가족이 등장하는 시기는 매우 늦다. 사서에 명확하게 토가족을 지칭한 명칭이 등장하는 시기는 남북조 시대다. 당시 건평만建平蠻에 속한 향광후向光侯, 향진후向鎭侯, 전오도田烏度, 향종두向宗頭, 향오자왕向五子王, 향보승向寶勝 등이 청산淸山과 협강峽江 사이에 거주했으며, 향오자왕과 향보승이 북주北周에 패배한 후, 중앙 왕조에 귀순한 사실이 그것이다. 이 사건을 계기로 역사상 처음으로 시주施州라는 행정 구역 명칭도 등장하게 되었다.[98]

다른 소수민족과 마찬가지로 토가족 역시 시대마다 그 명칭을 달리 불렀지만, 대체로 오대五代 시기에 단일 공동체가 형성되어[99] 원·

---

97 이러한 주장은 대체로 호북 지역의 토가족 원류를 언급하는 데 가장 많이 등장한다. 이 사실을 언급한 대표적인 사서는 『後漢書』권86, 「南蠻西南夷列傳」이며, 이후 사서들도 대체로 『後漢書』의 설명을 따른다. 근래 토가족의 원류를 巴人으로 파악하는 대표적인 연구는 張正明·劉玉堂, 『湖北通史』(先秦卷), 華中師範大學出版社, 1999, 350쪽 참조.

98 鄂西土家族苗族自治州民族事務委員會編, 『鄂西土家族苗族自治州民族志』, 四川民族出版社, 1993, 12쪽.

99 吳永章, 『中南民族關系史』, 民族出版社, 1992, 271쪽.

명 시대에 본격적으로 역사 무대에 등장했다고 볼 수 있다.[100] 즉 원대 이래 사서에는 '토土'라는 단어가 빈번하게 등장하는데, '토병土兵', '토정土丁' 등의 호칭이 그것으로 이들이 바로 토가족에 해당한다. 선은현宣恩縣 지방지에 이 일대는 "토추土酋가 점거 중인 지역이기 때문에, 동향, 시남, 고라, 충동, 목책, 충건, 상애, 하애 각 토사를 설치하고 시주위에 예속시켰다."[101]라는 언급은 원대 이래 토가족이 이 지역에서 상당한 세력을 떨치고 있었다는 사실을 말해 준다.

그들이 적어도 당말~오대 이후 단일공동체를 형성해, 원·명 시기에 본격적으로 역사 무대에 등장했다는 구체적인 사실을 선은현 토가족의 하나인 담씨覃氏의 족보에서 찾아볼 수 있다.

우리 조상의 이름은 여선汝先이시며, 89세까지 사셨다. 순희淳熙 13년(1186) 사망하셔서 시주施州에 장사를 지냈다. 향씨를 아내로 맞아 아들 둘을 낳으셨는데, 큰아들은 백견伯堅, 둘째 아들은 백규伯圭였으며 이후 규공圭公께서는 호남의 첨평添平으로 이주하셨다. (따라서) 견공堅公께서 단독으로 가계家系를 이어 가셨다. 경원慶元 3년(1197) 오희(吳曦, 1162~1207)의 난을 평정해, 그 공로로 시주 행군총관行軍總管에 봉해지셨다. 원대 동만洞蠻을 정복하고 진남오로도독鎭南五路都督에 임명되어 군민부軍民府를 다스리셨다 ... 명 홍무 4년(1371), 원 왕조로부터 받은 금호부金虎符를 바치시고, 종 3품의 시주선위사가 되셨다 ... 영락 3년(1405) 을유乙酉, 조상 모아野毛께서는 병사 3,000을 이끌고 제3동第3峒의 묘왕苗王 담오譚鼇를 장악하셨으니, 이것이 곧 산모散毛다 ...[102]

100 游俊·李漢林,『湖南少數民族史』, 民族出版社, 2001, 31쪽.
101 同治『宣恩縣志』권1,「疆域志」, 1쪽 상~하.
102 宣恩縣 覃方澤의『覃氏族譜總序』와『覃氏族譜』. 鄂西土家族苗族自治州民族事務員

토가족의 주요 성씨 가운데 하나인 담씨의 『담씨족보覃氏族譜』에서 발췌한 위 인용문을 통해, 그들이 특히 원대 이후 두각을 나타냈던 정황을 알 수 있다. 또한 토가족이 다른 소수민족들을 정복하는 내용이 들어 있는 점도 주목할 만하다. 이는 앞에서 이미 언급한 것처럼, 소수민족 내에 지속적인 갈등과 경쟁이 존재했다는 사실을 다시 한 번 확인시켜 준다.

이런 경쟁에서 패배한 일부 소수민족들은 아예 자신의 성姓이 바뀌는 비운을 맞이하기도 했다. 산모사散毛司 수장의 본래 성씨는 '담譚'이었지만, 이 지역 유력자에게 패배한 후, 일족들이 사방으로 흩어지고 성마저도 '담覃'으로 바뀐 게 그러한 예다.[103] 이처럼 호광 지역 토가족 상당수는 다른 소수민족의 정벌 혹은 원·명 왕조의 군사 작전에 다수 참여했다는 사실을 알 수 있다.

이런 종류의 군사 작전 덕분에 많은 토사가 중앙 정부로부터 다양한 관직을 받은 사실을 여러 사료를 통해 확인할 수 있다. 그러나 다른 측면에서 보면, 소수민족들끼리의 분쟁으로 토가족과 같은 특정 소수민족의 지위가 강화되는 결과를 가져온 점도 매우 흥미롭다. 영락 연간의 산모장관사 담우량覃友諒의 일화[104]가 바로 그것인데, 만묘蠻苗 오면아吳面兒의 반란으로 시남과 산모 일대가 어지러워지자 옛 토관의 아들인 담우량이 만민蠻民을 불러들인 한편으로 치소治所의 설치를 요청했다. 이러한 요청에 따라 명 정부는 담우량을 산모장관사로, 담첨부覃添富를 시남장관사로 각각 임명했으며 영락 4년(1402) 시남과 산모 장관사를 예전처럼 선무사로 다시 승격시켰다.

會編, 『鄂西少數民族史料輯錄』, 1986, 61~63쪽에서 재인용.
103 『鄂西少數民族史料輯錄』, 1986, 66쪽.
104 同治 『來鳳縣志』 권27, 「土司志」, 6쪽 상.

여기에 등장하는 '만묘'가 구체적으로 어떤 종족인지는 명확하지 않지만, 추측하건대 묘족일 가능성이 크다. 따라서 묘족 반란으로 래봉현 일대가 매우 황폐해지자 토가족인 담우량이 이 지역 질서를 회복시킨 사실을 짐작할 수 있다. 이런 공로를 계기로 담우량은 다시 장관사를 제수받았으며 곧이어 영락제는 그를 다시 선무사로 승격시켰다. 아울러 담우량과 담첨부에게 동시에 토사직을 수여한 점을 눈여겨볼 필요가 있는데, 결국 소수민족 사이의 분쟁에서 승리한 소수민족들의 지위가 강화되었다는 사실을 알 수 있다.

원말~명초 호북 지역에서 이러한 일이 자주 발생한 것처럼 보인다. 호북 지역 이천현利川縣의 『전씨족보田氏族譜』에도 전씨의 조상인 전이모田耳毛가 시주 일대 묘만을 제압하고 선위사와 명위장군明威將軍의 지위를 하사받은 게 그러한 예다.[105] 이런 점에서, 명청시대 토사를 단지 중앙 왕조로부터 관직을 부여받는 수동적인 존재로 생각하는 건 한족과 소수민족의 관계를 지나치게 단편적으로 파악하는 것이다. 소수민족의 시각에서 본다면, 다른 소수민족의 정복은 중앙 정부로부터 자신의 세력을 인정받는 중요한 수단이자, 또 계기이기도 했다.

동일 소수민족 내의 이러한 세력 부침으로 앞서 거론한 예처럼 성씨가 바뀌거나, 특정 성씨 지파들이 아예 멸망하는 상황이 등장했다. 학봉현의 『향씨족보向氏族譜』는 학봉현 산양애山羊隘라는 곳에 관한 정황을 설명하면서, 이곳을 담당하는 천호千戶나 그 휘하의 관리들이 성은 동일하지만 그 조종祖宗은 다르다(姓同而宗不同)는 점을 지적하고 있다. 아울러 그 가운데 일부는 이 『향씨족보』를 발간할 당시 사실상 사라졌다고 언급하고 있는데 실제 관조천호管操千戶 탁씨卓氏, 순포천

---

105 『鄂西少數民族史料輯錄』, 1986, 81쪽.

호巡捕千戸 강씨剛氏, 앵도애櫻桃隘 정백호正百戸 유씨劉氏 등이 그러했
다.[106] 해당 사료는 특정 지파가 멸망한 원인을 따로 기록하지 않았다.
하지만 은시현『초씨족보焦氏族譜』에서 확인할 수 있듯이, 이런 경쟁에
서 살아남기 위해 당시 토사들은 척박한 지역을 옥토로 만드는 힘든
작업을 전개해 나갔다.[107]

　적어도 사료의 설명으로만 본다면, 묘족에 비해 토가족은 특히 다
음 두 방면에서 명성이 높았다. 하나는 그들의 군사적 용맹성이며 다
른 하나는 문학적 자질이다. 명 왕조는 초기부터 토가족 출신 병사를
이용해 광서성의 사주思州, 전주田州, 회원懷遠, 대등협大藤峽 일대와 귀
주성의 오개五開, 동고銅鼓, 보안普安 일대 정복에 나섰으며, 이외에도
호광 지역은 물론, 사천이나 하남 등 지역의 농민이나 소수민족 반란
군을 진압했다.[108] 영순토사 팽익남彭翼南이 왜군을 무찌르는 데 큰 공
을 세워 소의장군昭毅將軍을 제수한 일은 널리 알려진 사실이다.[109]

　한편 소수민족 가운데 토가족은 예외적으로 문재文才로 이름을 떨
친 사람이 많으며, 문화 방면의 업적도 다른 소수민족에 비해 매우 뛰
어났다. 토가족의 이런 문화적 발전에 관한 상당수 연구가 존재하지
만, 아직 토가족이 문화적으로 융성할 수 있었던 이유는 그 연구가
충분하지 않다.[110] 일부 연구에 의하면 그들이 일찍부터 한족의 중원

---

106 『鄂西少數民族史料輯錄』, 1986, 91쪽. 이 사료집에 실린『向氏族譜』가 현재 호광 지
　　역에 내려오는 네 종류의『向氏族譜』중 어느 것을 가리키는지 불분명한 탓에 이러
　　한 일련의 성씨가 정확히 사라진 시기를 가늠하기는 어렵다. 다만 이『向氏族譜』의
　　일부 내용이 개토귀류 전후 사회 변화를 담고 있는 점에서 18세기 초엽으로 추정
　　할 수도 있다.
107 『鄂西少數民族史料輯錄』, 1986, 98쪽.
108 土家族簡史編寫組編, 2009, 80쪽.
109 『明史外國傳譯註 · 5─土司傳 · 上─』, 동북아역사재단, 2013, 59쪽과 100쪽.
110 湖北民族學院의 주도하에 1999년부터『土家族研究叢書』라는 제목으로 토가족 전

문화와 접촉한 결과, 토가족 문화의 고유한 개방성이 상당히 증가했다는 지적이 우선 가능하다.[111] 그러나 굳이 토가족만이 한족 문화와 일찍부터 접촉했다는 주장은 그리 설득력이 있어 보이진 않는다.

다만, 문화의 융성은 기본적으로 해당 사회의 사회경제적 조건과 매우 관련이 밀접하다는 사실을 염두에 둔다면 토가족 고유의 경제 개발 방식이나 그 성과는 토가족 문화 발달의 중요한 전제 조건이라 할 수 있다. 따라서 토사 시기에 등장하는 우경牛耕, 농시農時에 대한 인식, 토양과 재배 작물 사이의 관련성에 대한 강조, 그리고 수리 시설의 발달은 토가족의 문화 융성에 분명히 커다란 역할을 했을 것이다.[112]

지금까지 언급한 사실로 보건대, 토가족은 명청시대 호광 지역의 가장 중요한 소수민족 집단으로서,[113] 다른 어떤 소수민족보다 역동적이었다. 아울러 적어도 그들이 송대 이후 호광 소수민족 지역으로 들

반에 관한 많은 저서가 출간되었으며, 이 중 상당수는 토가족 문화를 조명하고 있다. 朱興茂, 『土家族的傳統倫理道德與現代轉型』, 中央民族大學出版社, 1999와 朱炳祥, 『土家族文化的發生學闡釋』, 中央民族大學出版社, 1999 등이 그러한 예다. 그러나 대다수 저자들이 토가족 출신인 탓에, 지나치게 토가족 문화의 우월성 혹은 고유한 풍속을 서술하는 데 그친다. 다만 최근 출간된 蕭洪恩, 『土家族哲學通史』, 人民出版社, 2009는 일단 800여 쪽에 달하는 방대한 양도 그렇거니와, 토가족의 유학을 매우 정치하게 다룬 유용한 저서다.

111 蕭洪恩, 2009, 61~62쪽 참조.

112 이 문제에 대해서는 段超, 『土家族文化史』, 民族出版社, 2000, 101~102쪽 참조.

113 사실상 토가족이 명청시대 호북과 호남 지역 토사의 대부분을 구성하고 있었다. 즉 악서 지구의 容美宣慰司, 施南·散毛·忠建宣撫司, 東鄕五路·忠路·忠孝·金峒·龍潭·大旺·忠峒·高羅·沙溪安撫司와 함께 그 휘하의 18개 장관사, 그리고 隆奉·鎭遠·西坪·東流·臘壁峒蠻夷長官司가 토가족이었다. 한편 호남 상서 지역의 경우 永順·保靖·桑植宣慰司, 柿溪宣撫司, 慈利·茅岡安撫司, 그 휘하의 12개 장관사가 역시 토가족이었으며, 土知州에 해당하는 南渭州·施溶州·安定州·龍潭州·化被州 역시 토가족 토사였다. 『土家族土司史錄』, 岳麓書社, 1991, 2~3쪽.

어온 외부인들과 구분하기 위해 '토가'라는 단어가 본격적으로 등장했다는 일부 학설[114]을 받아들인다면 외부 한족과의 대립 구도 역시 다른 소수민족의 경우와 비교해 볼 때 훨씬 치열했다고 할 수 있다.

3. 明代 湖廣土司의 구성

1) 土司와 土官

그렇다면 지금까지 언급한 호광 지역 소수민족의 행정제도는 어떻게 구성되었을까? 명 정부는 소수민족 지역에 위소를 설치해, 그들을 군사적으로 통제하는 한편, 이이제이以夷制夷의 원칙에 따라 각 토관들의 규모와 그 세력에 따라 관직을 수여하는 이중 정책을 폈다. 그러므로 각 토사 명칭[115]에 대한 일단의 설명과 함께 그들의 품계를 먼저 소개할 예정이지만, 일단 다음 사항을 염두에 둘 필요가 있다.

우선 토사와 토관이란 명칭이다. 바로 앞에서 지적한 것처럼 토사라는 명칭이 북송 시기부터 등장하며 소수민족 지역을 다스리는 토관의 존재 역시 한대漢代부터 출현했다는 점에서 토사라는 명칭은 분명히 토관보다 시기적으로 늦게 등장했다. 이런 점에서 토사란 토관을 근간으로 하는 제도적 장치를 의미한다. 일부 이론이 있지만, 대체로

---

114 土家族簡史編寫組編, 2009, 11~12쪽.
115 "土司"라는 단어가 중국 사서에 처음으로 등장하는 시기는 『文獻通考』에 기재된 宋徽宗 崇寧 4년(1105)이다. 戴楚洲, 「淺論湖南土家族地區的土司和衛所制度」, 『民族論壇』, 4기, 1992, 71쪽.

이러한 토관들을 관리로 임용한 예는 이미 원대부터 존재했다.[116] 명 중엽 이후부터 토관이란 명칭 대신 토사라는 좀 더 광범위한 명칭으로 불리게 되었으며 토관이 특별한 공이 있을 경우 중앙 정부가 별도의 장려 차원에서 벼슬을 하사하면 관서를 세우고 그 지위를 세습하도록 했다.

한편 소수민족을 연구하는 학자들이 일반적으로 지칭하는 토사제도라는 단어는 기미 정책으로부터 유관을 파견하는 정책으로 이행되는 중간 단계에 존재한 일종의 특수한 제도라 할 수 있다. 말하자면 그것은 토사의 행정 구역과 그들의 영향력이 행사되는 지역을 담당하는 토사 정부를 중앙 정부가 관리하는 형태를 의미한다. 물론 이런 구분에도 불구하고 토관이 자신의 영역과 병력은 물론, 대대로 자신이 통치하는 백성들이 있으며 중앙 정부로부터 대대로 봉작을 받는 경우에는 사실상 해당 토관을 곧 토사라고 부를 수 있다. 바로 이런 점에서 토관의 실체를 살펴보는 게 중요한데, 다음 〈표 1-2〉는 『명사』에 나오는 토관의 품계를 정리한 것이다.

〈표 1-2〉를 통해, 특히 선위사는 중앙에서 정식으로 임명한 군 지휘관과 비교해도 결코 품계가 낮지 않았다는 사실을 알 수 있다. 이는 衛衛의 책임자인 위지휘사衛指揮使와 천호소의 책임자인 정천호正千戶의 품계가 각각 정3품과 정5품이었다는 점에서도 쉽게 확인할 수 있다. 아울러 품계의 높낮이가 말해 주듯, 선무사가 안무사를, 다시 안무사가 장관사를 각각 관장하는 형태로 되어 있었다. 하지만 이런 상하 질서가 일률적으로 적용되지는 않았으며 이 때문에 각 토사 사

---

116 吳永章, 1988, 132쪽. 이 저서를 통해 吳永章은 명대의 토사제도가 원대의 토사제도를 확대한 것이라는 기존의 주장 대신 원대에 토사제도가 이미 확립되었다고 강조했다.

이에 끊임없는 갈등과 전쟁이 발생했다. 그러나 호광 지역의 한 지방지는 토사 지위의 상하 관계를 다음과 같이 서술한다.

〈표 1-2〉 명대 土司官職의 명칭과 품계[117]

관직명 \ 수효와 품계	관직	수효	품계
宣慰使司	宣慰使	1	從三品
	同知	1	正四品
	副使	1	從四品
	僉事	1	正五品
宣撫使司	宣撫使	1	從四品
	同知	1	正五品
	副使	1	從五品
	僉事	1	正六品
經歷使司	經歷	1	從七品
	都事	1	正八品

---

117 얼핏 생각하면 명대 토관의 구성과 품계는 단순한 사실이라고 생각할 수 있지만, 오히려 명대 토사제도 운용의 근간을 알기 위해서는 이 단순한 사실에 대한 규명이 매우 절실하다. 물론 본서에서는 여러 제약으로 이 문제를 자세히 언급하지 않았다. 그러나 얼른 봐도 원대 토관의 품계보다 명대 그것이 낮아졌으나 청대에는 여전히 명대의 품계가 대체로 유지되고 있는 점, 명대 토지부의 품계가 정4품인 데 비해 명대 선위사의 품계는 종3품으로 더 높은 점 등은 명청시대 토사제도의 실상을 밝히기 위해 앞으로 규명해야 할 과제다. 끝으로, 제일 높은 토관 무직인 선위사와 제일 낮은 장관사의 수효가 압도적으로 많은 반면, 중간 지위에 해당하는 선무사와 안무사는 그 수효가 매우 적은 점도 흥미롭다. 원대~청대 각 토관의 품계와 수효에 대한 일목요연한 비교는 龔蔭, 『中國民族政策史』(下册), 雲南大學出版社, 2014 말미의 「全國土司總表」가 매우 유용하다.

수효와 품계 관직명	관직	수효	품계
按撫使司	按撫使	1	從五品
	同知	1	正六品
	僉事	1	正七品
	吏目	1	從九品
招討使司	招討使	1	從五品
	副招討	1	正六品
	吏目	1	從九品
長官使司	長官	1	正六品
	副長官	1	從七品
	吏目	1	–
蠻夷長官使司	長官	1	正六品
	副長官	1	從七品

출처: 『明史』 권76, 「職官(5)」, 1875쪽.

　　토사의 작위는 선위가 맨 위이며, 선무가 그다음이고, 안무와 장관이
그다음이다. **오직 선무만이 선위의 관할에 속하지 않는다.** 따라서 오봉안
무사五峰安撫司와 석량·수진石梁·水盡의 각 장관사는 모두 용미선위사에
예속되어 있다. 그 (지위)의 세습은 청초에 오히려 이부吏部 관할이었지만,
이후 병부兵部 관할로 바뀌었으며 오봉·수진·석량 각사各司 (지위)의 세습
은 용미선위사를 거쳐 (병부)에 자세히 보고했다.[118]

　　거의 모든 사료에 선위사 → 선무사 → 안무사 → 장관사로 이어지

---

118 光緒 『長樂縣志』 권16, 「雜紀志」, 3쪽 상.

는 상하 관계가 등장한다는 점에서 위 사료의 언급은 매우 예외적이다. 여하간 이 사료의 설명대로라면, 선무사는 선위사의 지휘를 받지 않는 별도의 존재로 파악된다. 이 점과 관련해 적어도 명대 호북 지역에는 선위사 대신에 선무사가 존재했으나,[119] 거꾸로 호남 지역에는 선무사가 없는 대신 영순과 보정의 선위사가 존재했다는 사실도 주목할 만하다. 이렇게 볼 때 전체 토사 관직 가운데 선무사와 선위사의 차이가 무엇이며 위 〈표 1-2〉에 등장하는 계서와 달리 왜 선위사보다 하위에 있는 선무사가 선위사의 지휘를 받지 않았는지에 대한 문제는 사료의 한계로 그 파악이 불가능하다.

그러나 여느 지위와 달리, 선위사와 선무사의 관할 지역에는 모두 유학을 설치하고, 종 9품의 교수를 두는 한편, 훈도訓導를 설치하도록 했으며, 위 직위에는 모두 유관을 임명했다. 이 사실을 언급한 지방지에 따르면 궁극적으로 토사의 통치는 "문무文武가 서로 이어지고, 토관과 유관의 참용參用"[120]으로 이루어졌다는 점에서, 명 왕조는 당초부터 토관만으로 토사제도를 운용하려 했던 것은 분명히 아니었을 것이다. 따라서 앞서 말한 대로 선무사 지위에 대한 구체적인 사료가 없지만, 아마도 선무사까지는 명 왕조가 개입했던 게 토사제도 운용의 대강이었을 것이다.

---

119 따라서 청대에는 토사의 구성이 약간 달라졌다. 가장 눈에 띄는 변화는 容美宣撫司를 容美宣慰司로 승격시키고 그 휘하에 施南·散毛·忠建·忠峒·忠路의 5개 선무사를 두었으며, 大旺·東鄕·忠孝·高羅·木册·金峒·臘壁·東流·唐崖·龍潭·沙溪의 11개 안무사를 두었다. 한편 명대의 搖把洞·上愛茶峒·下愛茶峒·鎭遠·隆奉·鎭南·劍南·盤順·中洞·思南·西關·西坪 등의 12개 소규모 토사를 폐지하고 沙溪·卯峒·漫水의 3개 토사를 설치했다. 胡撓·劉東海, 『鄂西土司社會槪略』, 四川民族出版社, 1993, 22쪽.
120 同治『來鳳縣志』 권27, 「土司志」, 2쪽 하.

어떤 기준으로 이러한 토사 등급에 차등을 두었는지는 명확하지 않지만, "노고와 공적의 많고 적음에 따라 존비尊卑를 분별해 차등을 두었다."라는 『명사』의 홍무 초년 언급으로 미뤄 명대 초기에는 해당 지역 소수민족의 충성도나 군공軍功에 따라 차등을 두어 토사를 설치 했음이 틀림없다. 그러나 선덕宣德 연간(1426~1435)에 이르러 "400호 이상인 곳은 장관사를 설치하고, 400호 이하인 곳은 만이장관사蠻夷 長官司[121]를 설치하도록 하자."는 병부의 건의를 받아들였다는 언급이 등장하므로, 홍무제 이후부터는 해당 지역의 사회경제적 토대가 중요 한 설치 기준이 되었음을 알 수 있다.[122]

한편, 보통 무직武職을 토관, 문직文職을 토사라고 하는 게 일반적 이며 그런 점에서 〈표 1-2〉에 등장하는 무관직 외에, 문직 토사가 다 수 존재했다는 점도 염두에 둘 필요가 있다. 『명사』에는 앞서 언급한 토사들의 지위 외에 다시 "군민부, 토주, 토현의 관직 설치는 (내지의) 부·주·현府·州·縣과 같이 한다."[123]라는 언급이 등장하는데 이들 토 주나 토현이 토사 관직 가운데 문직에 속했다.

끝으로 명대 전체 관료제도의 틀 안에서 토사제도가 운용되었던 한편, 소수민족 고유의 자율성을 유지하는 이중적인 운용방법이 고 정화되었다는 사실을 들 수 있다. 그리고 이 점이야말로 청대 개토귀 류가 단행되기 이전 시기 토사제도의 가장 큰 특징이라고 할 수 있다. 역대 토사제도의 변화와 명대 토사제도의 특징을 잘 요약하고 있는

---

121 屬官 구성만으로 長官司와 蠻夷長官司의 차이를 구분한다면, 吏目의 존재 여부다. 즉 장관사에는 이목이 설치되었지만, 만이장관사는 그렇지 않았다. 同治『來鳳縣 志』 권27, 「土司志」, 2쪽 상.

122 『明史外國傳譯註·5─土司傳·上─』, 동북아역사재단, 2013, 45쪽과 71쪽 참조.

123 『明史』 권76, 「職官5」, 1876쪽.

『속통지續通志』를 통해 위 문제를 살펴보기로 하자.

　송대에 설치한 안무사, 선무사 및 원대 선위사는 모두 그 반절을 조정 대신으로 임명했으며 군사와 민간 업무를 모두 다스리는 한편, 군·현郡· 縣에 예속되었다. 더구나 송대의 선무사는 군사 정벌을 감독했으며 (해당) 일이 끝나면 철수했다. 그러나 원대에는 변방에 (선무사)를 설치하고, 전적 으로 위무慰撫를 담당했다. 안무사는 당·송대에 처음 설치되었는데 당대 唐代에는 황제의 명령을 받들어 (해당 지역)을 순시하는 (임무)였으며, 송대 에는 군사를 통제하는 임무를 담당했고, 원대에도 변방에 설치해 선무사 와 동일한 임무를 수행했다. 선위사는 원대 관직이었고, 군사와 민간 업 무를 담당해 군·현을 통제하는 임무를 담당했으나 명대에 토관의 무직이 되었다. 그리고 안무사와 선무사 등도 명대에 여러 토관들에게 제수했다. 초토사 또한 송대에는 대신들이 그 직책을 담당했으며 토벌이 완료된 지 역에 설치했으나, 원대에는 변방 지역에 다수 설치했으며, 명대에 이르러 역시 토관들에게 설치했다.[124]

　송대와 원대에도 등장하는 토사의 여러 무직들은 대체로 일회성이 며, 그 자리를 실제 중앙관료가 담당했다는 사실을 위 사료는 알려 준다. 무엇보다 위 인용문을 통해 명대에 이르러 여러 토사의 직위를 중앙 정부가 제수하는 한편, 고정적인 지위가 되었다는 사실을 알 수 있다.

　뒤이어 홍무제가 호광 일대에서 군사 작전을 전개했던 당시에는 소 수민족들에게 원元 왕조가 수여한 지위를 그대로 계승하도록 했으며

124 吳永章, 『中國土司制度淵源與發展』, 四川民族出版社, 1988, 161쪽에서 재인용.

이후 정권이 안정되자 소수민족에 대한 통제를 일률적으로 병부가 관할하도록 했다.[125] 한편 여러 사료나 연구에 등장하는 것처럼, 그들은 세습에 관련된 사안을 중앙 정부에 보고해 승인을 받았으며 조공의 의무와 함께 중앙 정부의 군사적 요구에 순응하고 공물을 납부해야만 했다. 또한 명 왕조의 규정에 따라 그들에게 인장印章과 관대管帶가 하사되었다.

이처럼 소수민족 지역을 강력한 중앙 정부 통제하에 둔 가장 큰 이유는 역시 군사적 목적 때문이었다. 따라서 모기령(毛奇齡, 1623~1716)은 일찍이 "만족으로 만족을 다스리고, 만족으로 만족을 공격하게 하는 것이다. 만일 계동溪峒들이 서로 남몰래 군사를 일으키는 경우 소수민족과 명 왕조 모두 군사를 징집하기가 쉽고 힘을 발휘할 수 있다. 이 때문에 토병들이 서로 제어하는 법을 만들었다."[126]라고 언급한 바 있다.

그런 사실을 알려주는 또 다른 예는 다른 지역의 토사 수효다. 명대 중국 전체 토사 임명 수효를 보면, 단지 네 명의 무직만이 존재했던 광서성을 제외하면, 귀주 77명, 운남 52명, 사천 49명, 호광 41명이었다.[127] 아울러 호광 지역에는 토주土州나 토현土縣이 존재하지 않았다. 이는 오히려 일찍부터 호광 지역의 토사가 군사적으로 명 왕조에 충실했기 때문에 소수민족 지역에 대한 개토귀류를 실시하지 않

---

125 文職은 吏部에서, 武職은 兵部에서 관할하던 것을 洪武 30년(1397)에 모두 兵部에서 관할하도록 했다. 余貽澤, 『明代土司制度』, 學生書局, 1968, 7쪽. 이어 永樂 11년(1413)에는 土官의 조공은 禮部, 계승 문제는 吏部, 土兵은 兵部가 각각 관할하도록 정했다. 『明史外國傳譯註·6—土司傳·中—』, 동북아역사재단, 2013, 750쪽 참조.

126 毛奇齡, 『蠻司合誌』, 「序文」, 1쪽 하.

127 吳永章, 1988, 164쪽.

앉다는 의미로 해석할 수 있다. 그러므로 이것은 명 왕조가 소수민족의 충성도에 따라 통제의 강도를 달리했음을 보여주는 사례라 할 수 있다.

명 왕조가 토사제도를 이렇게 차별적으로 운행한 것이 얼마나 유효했는지는 쉽게 판단하기 어렵지만, 아래에서 언급할 정황을 보면 토사들이 자신의 병력을 동원해 주변 지역을 강점하거나 명 왕조의 결정에 쉽게 따르지 않았다는 점에서 토사제도의 정교한 적용은 현실적으로 쉽지 않았다.

선은현의 목책장관사 전곡좌田谷佐는 고라안무사高羅安撫司가 무력의 위세를 빌려 목책 관할 지역을 자주 침범한다는 사실을 선덕 9년(1434)에 상주한 예가 그런 사실을 잘 말해 준다. 전곡좌가 이 상주문을 올린 까닭은 조정의 개입을 통해 분쟁을 해결하려는 의도였다. 그러나 상주문을 올린 뒤, 명 조정이 이미 이 사안에 대한 평결을 내렸음에도 불구하고 두 토사 사이의 오랜 원한은 해결되지 않았다. 고라안무사의 폐해가 더욱 심해질 것이라고 우려한 전곡좌는 목책장관사의 관할을 시주위로 교체해 달라고 다시 요청했다. 당시 목책장관사는 고라안무사 관할이었다. 따라서 전곡좌의 뜻이 관철되어 관할이 시주위로 옮겨졌지만,[128] 문제 자체가 해결된 것은 결코 아니었다. 결국 중앙 정부는 물론이려니와 직접적인 관할 기구인 시주위도 토사 사이의 이러한 분쟁에 대해 묘책이 없었다는 사실을 이 사안은 잘 말해 준다.

---

128 이상의 내용은 同治『宣恩縣志』 권14, 「武備志」, 10쪽 하 참조.

2) 토사의 통치 체제

앞서 토사의 구성을 언급하면서, 토사제도 안에 다양한 관리가 존재했으며 그들의 품계가 결코 낮지 않다는 사실을 언급했다. 또한 무직과 문직이 존재했다는 점도 지적했다. 하지만 이러한 일련의 지위는 모두 중앙 정부에서 결정했다는 점에서 토관과 토사 자체의 관리들에 대한 설명도 필요하다. 이에 대한 전형적인 연구에 의하면[129] 양한兩漢 시기에 이미 대대적으로 출현한 토관이란 기본적으로 중앙 정부의 유관流官을 대신해서 소수민족 지역을 다스리는 사람들을 의미했다. 다만 그들은 해당 지역 출신자들이었으며 독립적인 관할 구역이나 아문이 없는 존재였다.

그렇다면 토사제도의 각 선위사 혹은 선무사 밑에는 어떤 관리가 존재했을까? 『명사』와 같은 정사류正史類나 개인 문집에서는 이 부분에 대한 구체적인 설명이 등장하지 않으며 대부분의 지방지에도 자세한 언급이 등장하지 않는다. 따라서 이 문제에 대한 연구가 미진한 편이다. 일단 한 지방지에 나오는 언급을 살펴보기로 하자.

용미토사는 토민土民을 강압으로 다스린다. 풍風, 운雲, 용龍, 호虎 등의 글자(로 나뉜) 성씨들이 기旗를 구성한다. 기에는 우두머리旗長가 있는데, 위로는 참장參將, 유격遊擊, 수비守備, 천총千總, 파총把總의 각 관원이 있으며, 밑으로는 대두목大頭目이 있어 (업무를) 분담해서 관할한다. 기장은 마치 천호와 같으며 이들 모두는 (증명서를) 지니고 있다. 오봉, 수진원, 석량

---

129 이하 土官과 土司의 구분에 대한 설명은 成臻銘, 『淸代土司: 一種政治文化的歷史人類學觀察』, 中國社會科學出版社, 2008, 22~25쪽에 근거했다.

의 각 토사 병사들은 용미토사의 징집에 응해야 하는데 젓가락을 가져오라 하면 식사를 대령하고, 빗자루를 가져오라 하면 모두 나가서 몇 번이고 청소를 할 정도다.[130] 고고촌高古村의 보제채菩提寨 서쪽 지역 모든 곳에 초대哨臺가 있어서, 비상사태를 알리는 봉화가 올라오면 사방에서 군사들이 모여 대응하는데, 반나절이면 (군사들이) 용미토사의 司治에 이른다.

토민들은 동장峒長을 도야都爺, 그 처는 부인夫人, 첩은 모고랑某姑娘, 어린 아들은 사인舍人, 여자아이는 관저官姐라 부르며, 자식과 형제 관련 일을 담당하는 사람을 총야總爺라 한다. 그리고 오봉, 수진원, 석량 등의 사민司民들은 현재 용미토사를 토왕土王이라 칭한다 ...[131]

위 인용문은 일단 당시 토사의 관제 구성 역시 무직과 문직으로 나뉘어 있다는 사실을 알려준다. 인용문 전반부에 등장하는 '기'의 구성은 분명히 토사의 무관들에 해당하는 내용이다. 토사에 등장하는 '기'와 위소제도에 등장하는 총기와 소기 등이 어떻게 기능하는지를 밝히기는 어렵지만 토사의 무직도 위소와 상당히 유사하다는 사실을 알 수 있다. 특히 참장이나 유격 등의 지위가 등장하는 사실은 그러한 유사성을 한층 더 분명하게 말해 주는데 그 명칭이 명대 무관의 지위인 참장, 유격 등과 동일한 점[132]도 매우 이채롭다.

---

130 이 부분의 해당 원문은 "... 各司兵, 皆聽容美調遣, 調以箸, 則飯者至, 調以帚, 則掃數全出 ..." 이다. 아마도 용미토사의 말 한마디에 휘하 토사들이 아무런 저항 없이 복종하는 상황을 묘사한 것으로 판단된다. 용미토사야말로 호광 일대에서 청초까지 가장 막강한 세력을 구축한 토사며, 그런 양상을 제4장에서 언급할 예정이다.

131 同治『長樂縣志』권16,「雜紀志」, 3쪽 하.

132 아마도 이 내용을 쓴 저자는 소수민족의 무직 관명을 한족의 관명과 대비시켜 서술했다고 판단된다. 용미토사의 무관직을 설명하면서 顧彩는 中軍은 宣慰使 지위를 계승할 수 있는 자가 관할하는데 그 지위가 "마치 副將과 같으며", 전후좌우의 四營은 田氏들이 관할하는데 그 지위가 "마치 參游와 같고", 그 밑의 48旗 長官은

그러므로 토사의 가장 중요한 병력인 이러한 '기'의 구성을 좀 더 자세히 살펴볼 필요가 있다. 당시 이러한 '기'의 실상[133]을 자세히 담고 있는 자료 중 하나가 민국 시기에 발행된 『영순현지永順縣志』이며, 이는 다른 연구자들도 빈번히 인용하는 자료 중 하나다.

(영순의) 세 지주知州와 6개 장관이 (다스리는) 지역은 58기로 나뉜다. (그 58개의) 명칭은 **진辰**, 이利, 동東, 서西, 남南, 북北, 웅雄; **장將**, 능能, 정精, 예銳, 애愛, 선先, 봉鋒; **좌左**, 도韜, 덕德, 무茂, 친親, 훈熏, 책策; **우右**, 약略, 영靈, 통通, 진鎮, 진盡, 충忠; **무武**, 적敵, 우雨, 성星, 비飛, 의義, 마馬; **표標**, 충衝, 수水, 전戰, 용湧, 상祥, 용龍; **영英**, 장長, 호虎, 표豹, 가嘉, 위威, 첩捷; **복福**, 경慶, 개凱, 선旋, 지智, 승勝, 공功이다. 일곱 글자를 (합하여) 구句라 하고, 각 글자가 한 '기'로써, 대체로 56기였지만, 이후 '청請'과 '모謀' 두 글자를 첨가해 모두 58기가 되었다.

이외에 다시 융戎, 엽獵, 양鑲, 묘苗, 미방米房, 고취수鼓吹手의 6개 '기'가 있어, 당칠기儅七旂(旗), 장천기長川旂, 산인기散人旂, 총관기總管旂를 수반하고 있다. 각각의 기에는 수장이 존재해, (해당 지역을) 관할한다. 사건이 발생하면 (각 기의 구성원을) 불러 모아 군사를 편성해 전투에 대비하며, 일이 없을 때에는 사방에 흩어져 일반 백성으로 살아가기 때문에 경작에도 능숙하다.[134]

그 지위가 "마치 都司와 같다."라고 서술한 점이 그 좋은 증거다. 顧彩 著, 吳柏森 校注, 1999, 304쪽.

133 여기서는 영순토사의 旗만 언급했지만, 보정토사가 16旗, 상식토사가 14旗로 각각 구성되어 있었다. 『湖南地方志少數民族史料』(上), 1991, 179~180쪽 참조.

134 民國 『永順縣志』 권24, 「武備志」(7), 2쪽 상.

'기' 일곱 개를 묶어 '구句'라고 표현한다는 설명을 근거로, 여러 기를 구분하기 위해 사료에는 없는 부호를 중간에 첨가했다. 이 글의 설명 뒤에 이씨李氏가 저술한 현지縣志의 방리편坊里篇이라고 출처를 밝히고 있는 것으로 봐 아마도 건륭 10년(1745) 이근李瑾이라는 인물이 편찬한 『영순현지』[135]에서 전재한 것으로 판단된다. 그리고 위 인용문에 등장하는 '기'에 관한 설명은 적어도 호광 지역에서 볼 수 있는 자료 가운데 가장 상세하다.

각 '기'의 명칭은 특정한 원칙에 따라 붙여진 것은 아니지만, 대체로 자연이나 방위 혹은 전쟁 관련 단어에서 차용한 사실을 금방 알 수 있다. 물론 수렵을 전적으로 담당하는 기는 '엽', 그릇 등에 장식을 담당한 기는 '양', 쌀을 도정하는 기는 '미방'이라는 이름을 붙인 예에서 알 수 있듯이 다양한 명칭 속에는 해당 기의 직능을 표시한 경우도 있다.[136] 가장 중요한 사실은 이러한 병사들이 당시 토사 휘하에 상당수 존재했다는 점이다. 위 인용문에서는 각 '기'의 수효에 대한 언급이 등장하지 않지만, 바로 뒤이은 영순과 보정토사에 관련된 언급에서 한 '기'가 16명으로 구성되어 있으며 총 24기의 인원이 384명이라고 기술하고 있다.

앞의 인용문에 등장하는 "세 '지주'와 여섯 개의 '장관사'가 다스리는 지역은 58개의 기로 나뉜다."라는 언급으로 미뤄 이는 영순선위사 휘하의 토주와 장관사를 지칭한다고 볼 수 있다. 이렇게 본다면 영순선위사 휘하에 적어도 1,000여 명에 이르는 병사가 존재했다. 이러한

---

135 中國科學院北京天文臺主編, 『中國地方志聯合目錄』, 中華書局, 1985, 664쪽 참조. 실제로 民國 『永順縣志』의 武備 관련 설명은 李瑾의 乾隆 『永順縣志』에서 인용했다는 점을 여러 차례 밝히고 있다.
136 『土家族土司史錄』, 1991, 5~6쪽.

병사와 함께 모든 토사의 성城에도 병사들이 존재했다. 모든 토사가 성城을 가지고 있지는 않았지만, 역시 민국『영순현지』의 설명에 의하면, 성에는 다섯 개의 군영軍營이 있으며, 군영 하나당 100명의 병정이 있다는 설명으로 미뤄, 다시 500여 명의 군사가 존재했다. 앞의 1,000여 명이라는 수효는 단지 58기만을 계산해서 나온 수치이기 때문에 58기 이외의 '기'가 가지고 있는 병력을 합하면 선위사 휘하에 적어도 1,500~2,000여 명의 병사가 존재했다고 볼 수 있다.

명 가정 34년(1555) 보정토사 팽신신彭藎臣이 왜구를 토벌하기 위해 휘하의 병력 3,000명을 소주蘇州와 송강松江에 파병한 적이 있다. 하지만 길이 멀고 병력이 부족해 왜구를 효과적으로 방어하기 어렵다고 판단한 그는 다시 토병土兵 1,000명과 자신의 아들 팽수충彭守忠의 가정家丁 1,000명을 더해 모두 5,000여 명의 병사를 보냈다.[137] 이러한 사실로 보아, 당시 토사가 거느렸던 병사의 수효는 앞에서 계산한 수치보다 훨씬 많았을 것이다.

한편, 적어도 위 인용문으로만 본다면 토사의 군사 지휘 체제가 일사불란하게 운용되었으며 유사시 사치司治에 모여 적에 대한 공동 대응을 모색했다는 사실도 추측할 수 있다. 전술 측면에서도 토사 군대들은 매우 질서정연한 진법陣法에 따라 전투를 수행했다는 사실을 알수 있다. 역시 영순과 보정토사에 관련된 기록[138]에는 진법 덕분에 두토사의 군사력이 막강하다는 설명과 함께, 전투 시에는 기두旗頭 한

---

137 『明史』권310, 「湖廣土司」에는 이 사건이 嘉靖 33년(1554)으로 기록되어 있다. 『明史外國傳譯註·5—土司傳·上—』, 동북아역사재단, 2013, 112쪽 참조. 이 사건의 시기를 嘉靖 34년(1555)으로 표기하고, 土兵과 家丁을 다시 파견한 사실에 대해서는 『土家族土司史錄』, 1991, 120쪽 참조.

138 民國 『永順縣志』권24, 「武備志」(7), 2쪽 상.

명이 맨 앞에 서며, 둘째 줄에 세 명, 다음 줄에 다섯 명, 그다음 줄에 일곱 명, 그다음 줄에는 7~8명이 가로로 대열을 만든다고 설명하고 있다. 그들은 앞줄이 무너지면 다음 줄에 있는 병사가 바로 앞의 진열을 보충하는 형태로 전투를 전개했다.

불행하게도 위 두 인용문에는 문직 관료들에 대한 자세한 언급이 등장하지 않는다. 다만 용미토사 관련 인용문에 도야와 총야라는 단어가 등장하는 것으로 미뤄 토사에도 분명 관료 계층이 존재했음을 알 수 있다. 이러한 관료들은 이른바 자설관직自設官職, 다시 말해 토사가 자체적으로 만든 정치 기구에 임명된 사람들이었다.

이러한 자설관직이 필요한 이유는 두 가지 때문이었다. 첫째, 토호土戶와 객호客戶를 구분해서 다스렸던 토사 행정의 특징을 들 수 있다. 특히 이러한 현상은 소수민족 지역으로 한족이 유입되면서부터 더 증가했는데 기본적으로 사소한 죄는 토지주나 장관이 다스렸지만 큰 죄는 토사가 자치적으로 판결을 내렸다. 아울러 객호의 범법 행위는 경력사經歷使가 담당했으며, 이 때문에 경력사를 객관客官이라 불렀다. 이런 상황은 당시 토사들이 해당 지역에서 발생하는 범죄를 직접 담당했다는 사실을 말해 준다.

둘째, 당연히 소수민족 지역 자체의 일상적인 행정 수요가 존재했다는 점 때문이다. 영순과 보정, 그리고 상식선위사는 관련 문서를 경력사로 보내야만 했다. 또한 각 '기'에 분산되어 소속해 있는 해당 토민들 역시 자식이 태어나면 호구책에 등재해야 하는 한편, 성인이 되면 부역을 담당해야만 했다.[139] 이러한 일상적인 행정 수요 때문에 토사

---

139 『湖南地方志少數民族史料』(上), 1991, 179쪽.

고유의 관리가 필요했는데, 주요 관리를 정리해 보면 다음과 같다.[140]

총리總理: 기고旗鼓라고도 하며, 토사 아문에서 가장 높은 관리다. 그들은 생사를 결정할 막강한 권한을 지녔기 때문에, 보통 토사의 형제가 담당했다.[141]

가정家政: 총리 다음의 지위에 해당하며, 이 역시 토사의 형제가 담당했다.

사파舍把: 간판사인干辦舍人으로도 불리며 문서, 소송, 상경上京, 차역差役에 관련된 일을 담당했는데 대체로 토사의 서자庶子 형제가 담당했다.

친장親將: 토사를 옆에서 호위하는 시위侍衛를 말한다.

기장旗長: 기두旗頭라고도 하며 토사 군대의 기본 단위인 '기'의 우두머리다. 보통 해당 지역의 대성大姓 혹은 명망이 높은 사람이 담당했다.

동장峒長: 다수의 채 혹은 대규모 채를 보통 '동峒'이라 불렀으며 그곳의 수장을 말한다. 보통 부세賦稅를 징수하는 책임을 맡았다.

채장寨長: 채의 수장을 말하며, 채장 역시 부세의 징수를 담당했다.

여기에 소개하는 관직들이 비교적 자주 등장하고 또 그 기능도 분명하지만 운남 토사의 예에서 볼 수 있듯이 지역에 따라 파사把事, 통사通事, 통파通把, 토사土舍, 토화두土火頭 등의 다양한 명칭이 나타난다. 아울러 사파舍把를 의미하는 사인舍人에도 호인사인護印舍人, 응습

---

140 토사 자설관직에 대한 설명은 『土家族土司史錄』, 1991, 4쪽에 근거한 것이다.
141 顧彩 著, 吳柏森 校注, 『容美紀游校注』, 湖北人民出版社, 1999, 304쪽에는 용미토사의 田氏 가운데 가장 현명한 자를 가려서 旗鼓로 선발한다고 기술되어 있다.

사인應襲舍人, 관대사인冠帶舍人의 명칭[142]과 함께 판사사인辦事舍人, 토관사인土官舍人, 파사사인, 보통토사普通土舍로도 등장하는 것으로 보아 동급의 직관 안에서도 그 기능과 출신이 달랐음을 알 수 있다.

기존의 연구에 따르면, 위에 등장하는 토사土舍는 한족의 "사舍"와는 달랐는데 호광 지역 토사土舍는 선위사 휘하에서 근무하면서 선위사의 녹봉을 받았던 사파 계층이 있었던 한편, 토사와 혈연관계에 있는 사람으로서 세습 토지를 지닌 일종의 귀족 토사 계층이 존재했다.[143] 또한 파사사인보다 지위가 높은 토관사인은 일정한 품계가 있었지만, 파사사인은 토사土司가 자의적으로 임명한 관리로서 품계가 없었으며 토사 사회의 가장 말단직에 해당했다. 용미토사 사인의 성씨는 전씨田氏, 당씨唐氏, 장씨張氏 등의 토사 성씨를 지닌 사람과 황씨黃氏, 담씨覃氏, 강씨剛氏 등 토사 성씨가 아닌 사람도 있었지만, 모두 토관이 될 수 있었으며, 토사의 보호를 받았던 계층이었다.[144]

지금까지 언급한 토사의 관리 구성을 통해 다음과 같은 사실을 알수 있다. 첫째, 대체로 토사의 통치는 군정과 민정이 합치된 형태로 운용되었다는 점이다. 앞서 등장한 군사 담당 기장들이 단순히 군사 업무만을 관장하는 것이 아니라 호구戶口 등재에 관련된 업무도 동시에 관장하고 있었던 게 좋은 예다.

더구나 오채초五寨哨의 경우를 보면 그곳을 장관사와 분담하는 한편 1명의 참장, 그리고 독비督備, 영반領班, 영대領隊, 관표管標와 같은

---

142 成臻銘, 「明淸時期湖廣土司自署官職初探」, 『吉水大學學報(社會科學版) 23권, 4기, 2002, 91쪽.

143 成臻銘·張連君, 「舍把身份初探」, 『湖北民族學院學報(哲學社會科學版) 19권, 2기, 2001, 35쪽.

144 葛政委, 「容美土司土舍階層硏究」, 『銅仁學院學報』 16권, 1기, 2014, 30쪽.

군사 관리와 함께 토관이나 이목吏目이 각각 1명씩 동시에 설치되었다. 초보哨堡와 같은 전략 요충지에 배치된 이러한 하위 군관 외에 의醫, 식識, 사舍, 건健, 타打, 개凱, 토土, 묘병苗兵이 784명 존재했으며 이들에게 매년 2,747냥이 지급되었다는 사실[145]도 토사의 통치 기구가 기본적으로 군사와 민간 업무를 동시에 처리하는 성격을 지녔다는 사실을 말해 준다.

둘째, 토사 휘하의 각 관원들 사이, 그리고 관원과 일반인들 사이에는 엄격한 상하 관계가 존재했다는 점이다. 우선 일반인들의 호구를 관장하는 기장은 각 주사州司에 예속되었으며 그 주사는 총사總司가 통할했다. 『명회전明會典』의 언급에 의하면, 파총 31명이 58기를 관장하며 유관 이목吏目과 토관 이목이 각각 1명씩 존재하는 한편, 두목동노頭目洞老 10명이 병사 8명을 휘하에 두었다.[146] 당연히 그 상층부에는 소수민족 스스로 본작本爵이라 불렀으며, 일반 주민들이 작야爵爺라 불렸던 토왕土王이 존재했다. 사파나 두목의 거주 방식과 건축 형식이 일반민과 다르다거나 토왕이 행차할 때 일반민이 길가에 엎드려 예를 표했던 상황[147]은 소수민족 사회의 엄격한 상하 관계를 알려주는 좋은 증거다.

3) 明代 施州衛 관할 토사

지금까지 토사 전반에 관한 사항을 언급했다. 그러므로 지금부터

---

145 『湖南地方志少數民族史料』(下), 1992, 121쪽.

146 『湖南地方志少數民族史料』(上), 1991, 176~177쪽에서 재인용.

147 戴楚洲, 「元明淸時期澧水流域土家族土司機構述論」, 游俊 主編, 『土司硏究新論—多重視野下的土司制度與民族文化』, 民族出版社, 2014, 452쪽.

는 호광토사의 구성과 그 변화 양상을 본격적으로 살펴볼 예정이다. 호광 지역 토사의 구성과 그 상하 관계, 그리고 시대에 따른 변화 양상은 앞으로 서술할 토사 관련 내용의 이해에 중요할 뿐 아니라, 적어도 명대 이래 개토귀류 시기까지의 호광 지역 토사들 전체에 관한 이야기이기도 하다. 즉 토사의 변화 자체가 바로 토사의 역사라 할 수 있다. 하지만 각 토사의 설치 시기나 관련 인물에 대해서는 여러 곳에서 자세한 연구가 나와 있으므로 여기서는 호북 지역의 시남부와 호남 지역의 상서 일대 상위 토사들에 대한 간략한 언급과 함께 호광 지역의 4대 토사라 할 용미, 영순, 보정, 상식의 네 토사의 세계도世系圖를 표기할 예정이다. 아울러 명대 호광 지역에 존재한 각 토사들의 위치를 확인하기 위해 〈지도 1〉을 작성했다.[148]

일단 호북 지역의 경우 만력 연간의 인물인 뇌사패雷思霈가 쓴 「시주위방여서施州衛方輿書」[149]는 시남부 일대 명대 토사의 변화와 구성을 알려주는 매우 중요한 자료다. 그러므로 호북 지역에 대해서는 뇌사패의 글과 동치同治『증수시남부지增修施南府志』[150]를 이용해 토사 상황을 설명하기로 하겠다.[151] 먼저 호북 지역 시주위 관할 토사를 한눈에 알아볼 수 있는 〈표 1-3〉을 작성했다.

---

148 이 지도는 譚其驤 主編, 『中國歷史地圖集』(元·明時期), 地圖出版社, 1982, 66~67쪽에 있는 '湖廣'을 바탕으로 작성한 것이다.
149 이 글은 同治『增修施南府志』 권2, 「沿革」, 19쪽 상~하에도 실려 있지만, 해당 글이 모두 기록되어 있지 않다. 따라서 湖北省人民政府文史研究館, 湖北省博物館 編, 『湖北文徵』(4권), 湖北人民出版社, 152~156쪽에 나와 있는 글을 동시에 참조했다.
150 시주위 관련 내용은 同治『增修施南府志』 권2, 「沿革」, 13쪽 상~28쪽 하에 기재되어 있다.
151 아울러 湖廣 지역 전체 토사에 관한 내용은 龔蔭, 1992, 1188~1281쪽에 잘 정리되어 있다.

〈지도 1〉 명대 호광 지역 토사의 위치

劍南司

施州衛

施 州 衛

忠孝安撫司

忠路安撫司

東鄕五路安撫司

施南安撫司

金洞安撫司

西坪司

龍潭安撫司

容美宣撫司

唐崖司

高羅安撫司

大田所

木冊司

忠洞安撫司

散毛宣撫司

忠建宣撫司

桑植安撫司

臘壁洞司

東流司

白崖洞司

安福所

大旺安撫司

下洞司

湖

上洞司

茅岡司

永順宣慰司

西陽宣撫司

永順宣慰司

平

臘惹洞司

驢遲洞司

保靖宣慰司

田家洞司

茶

水

平茶洞司

邑梅洞司

鎭溪所

保靖宣慰司

草子坪司

五寨司

貴 州

四 川

施 州 衛

湖 廣

漢 水

添平所

麻寮所

澧 水

九溪衛

澧 水

永寧衛

大庸所

水盡源通塔平司

五峰石寶司

石梁下洞司

圖例

- ■ 宣撫司
- ◉ 長官司
- ◎ 衛
- ▲ 安撫司
- ○ 所
- ● 宣慰司
- ━━ 省界
- - - - 府·州界
- ── 河流線

施州衛	宣撫司	安撫司	長官司
施州衛軍民指揮使司	施南宣撫司	東鄕安撫司	搖把洞, 上·下愛茶洞三長官司
			鎭遠·隆奉二蠻夷長官司
		忠路安撫司	劍南長官司
		忠孝安撫司	–
		金峒安撫司	西坪蠻夷長官司
		中峒安撫司	
	散毛宣撫司	龍潭安撫司	–
		大旺安撫司	東流·臘壁二蠻夷長官司
	忠建宣撫司	忠洞安撫司	
		高羅安撫司	思南長官司
	容美宣撫司	–	椒山瑪瑙長官司
			五峰石寶長官司
			石梁下峒長官司
			水盡源通塔平長官司
			盤順安撫司
	–		木册長官司
			鎭南長官司
			唐崖長官司

① 시주위

시주라는 명칭이 처음 등장한 시기는 후주後周 건덕建德 2년(573)에 향추向鄒 형제 네 명이 내부內附한 때다. 원대 지정至正 12년(1352) 이 지역의 동만峒蠻이 반란을 일으키자, 사천행성四川行省이 그들을 초무해서 항복시킨 연후, 시주를 시주등처초토사사도원수부施州等處招討使司都元帥府로 승격시켰으며, 원말 명옥진(明玉珍, 1329~1366)이 할거한 지역이 바로 이곳이었다. 명 홍무 4년(1371) 시주를 설치하고 건시현을 휘하에 두었으며, 기주부夔州府에 속하도록 했다. 홍무 14년(1381)에 이르러 이곳에 시주위지휘사사施州衛指揮使司가 설치되었으며, 호광도지휘사사湖廣都指揮使司에 예속시켰다. 그러므로 호광 지역에 본격적으로 이 지역이 편입된 시기는 홍무 14년이라 할 수 있으며, 시주위라는 명칭이 등장한 시기도 바로 이때였다.

이 당시 시주위는 천호소 셋, 군민천호소軍民千戶所 둘, 선무사 셋, 안무사 여덟, 장관사 일곱, 만관사 다섯을 거느렸으며, 용미선무사도 시주위 경내에 자리 잡고 있었다. 뇌사패가 시주위 휘하의 여러 토사들을 밝혔지만 지방지에 등장하는 서술은 약간 다르다. 즉 그가 기록한 소所 3개는 1개로, 선무사 3개는 4개로, 안무사 8개는 9개로, 장관사 7개는 13개로 지방지에 각각 기재되어 있다.[152]

② 시남선무사

시남선무사에 관한 기록은 대단히 복잡하며, 뇌사패의 글에도 매우 소략하게 등장하는데 각 사료마다 차이가 상당하다. 따라서 시남선무사 관련 사항을 비교적 많이 담고 있는 『악서소수민족사료집록鄂西少數民族史料輯錄』을 토대로 하고 다른 사료를 참고하는 방식으로 기술하기로 하겠다.[153]

시남선무사가 역사 무대에 본격적으로 등장한 시기는 북송 휘종徽

---

152 동치 『增修施南府志』 권2, 「地輿志」(沿革), 16쪽 하. 해당 부분의 지방지 서술에 의하면 이 내용은 『明史』 「地理志」의 내용을 인용한 것이다.

153 이하 시남선무사 관련 언급은 별도의 각주가 없는 한 『鄂西少數民族史料輯錄』, 1986, 19쪽을 근거로 한 것이다.

宗 숭녕崇寧 연간(1102~1106) 담도관마覃都管馬라는 인물이 납토納土하면서 세금을 바치자 그 지역 일대를 시주로 예속시킨 때부터다. 원대에 진변만호총관부鎭邊萬戸總管府를 설치했으며, 지원至元 23년(1286) 그것을 충의군민안무사忠義軍民安撫司로 고친 바 있다. 그러나 지정 2년(1342) 이곳에서 반란이 일어나자 도원수都元帥 뉴린紐璘이 그들을 초유招諭해 항복시키고 다시 시남선무사로 바꿨다.

이어 『악서소수민족사료집록』에는 명옥진의 사천 점거를 계기로 다시 선위사를 선무사로 바꾸었다는 기록이 등장하는데, 해당 기록을 믿을 수 있다면 지정 2년(1342) 시남도선위사사施南道宣慰使司를 설치한 사실[154]이 있으므로 지정 연간의 이 선위사를 다시 선무사로 바꾼 것을 언급한 것으로 추측된다. 명 홍무 4년(1371) 명군은 구당瞿塘 일대를 정복하고 중산후中山候가 황술黃述을 담대부覃大富에게 파견해 그에게 입조入朝를 권유하는 한편 장관사를 설치했다가 홍무 7년 다시 선무사로 승격시켰다.

그러나 명 홍무 14년(1381) 이 지역에 다시 반란이 발생했으며, 홍무 23년(1390)에 이르러서야 그 지역을 평정했다. 아마도 영락 2년(1404) 이곳을 장관사로 고친 이유는 일련의 반란 끝에 명 왕조가 이 일대 소수민족 유력자들을 위무했기 때문이다.[155] 이어 영락 4년에 시남선무사로 다시 승격되었으며 이 시기부터 시남선무사가 시주위에 속하게 되었다.[156] 시남선무사는 휘하에 동향오로東鄕五路, 충로忠路,

---

154 『鄂西少數民族史料輯錄』, 1986, 12쪽.

155 영락 2년 覃天富와 散毛司 覃野望의 손자 覃友諒은 蠻民들을 招致하는 대신 治所의 설치를 요구하자 시남과 산모의 두 장관사를 설치하기에 이르렀다. 『土家族土司史錄』, 1991, 49쪽.

156 선무사의 설치와 시주위로 예속된 시기가 사료마다 다른 이유는 정확히 알 수 없으나, 『明實錄』 권158, 홍무 16년 11월 16일 기사에는 선무사 설치와 시주위로의

충효忠孝, 금동金峒의 네 안무사를 두었지만 후에는 모두 시남선무사에 예속되어 있지 않았다. 명대 시남선무사는 홍무 4년 담이모覃耳毛로부터 시작되었다.[157]

③ 산모선무사

원 지원 30년(1293)에 산모동만이관사散毛峒蠻夷官司가 설치된 곳으로, 이어 지원 31년(1294) 입공을 계기로 산모부散毛府로 승격되었으며 사천행성四川行省에 소속되었다. 지정 6년(1346) 산모채등처군민선위사散毛砦等處軍民宣慰司로 되었다가, 명옥진이 산모선위사사도원수散毛宣慰使司都元帥로 개칭했다. 홍무 7년(1374) 산모연변선위사散毛沿邊宣慰司로 고쳐 사천 중경위重慶衛에 소속시켰으며 홍무 23년(1390)에 폐지했다. 홍무 23년 담대왕覃大旺 등 1만여 명을 남옥藍玉이 생포한 사건이 아마도 홍무 23년 선위사 폐지의 직접적인 원인이었을 것이다.

홍무 23년 사건 이후 이 지역에 대전군민천호소를 설치했다는 언급으로 미뤄 아마도 영락 2년(1400) 산모장관사를 설치할 때까지 이 지역은 다른 토사가 설치되지 않았음이 분명하다. 영락 4년(1402) 선무사로 승격시켜 시주위 관할하에 두었다. 산모선무사는 휘하에 용담안무사龍潭安撫司와 대왕안무사大旺安撫司를 거느렸다. 지원 30년(1293) 구답십용勾答什用이 귀순해 만이관을 제수받은 게 그 시작이다.[158]

예속 시기가 홍무 16년으로 기록되어 있다.
157 시남선무사의 世系圖는 다음과 같다. 覃汝先 → 覃伯堅 → 覃普諸 → 覃耳毛 → 覃川龍 → 覃大勝 → 覃添富 → 覃進 → 覃彦升 → 覃泰 → 覃興亮 → 覃圭 → 覃璋 → 覃良臣 → 覃宜 → 覃洪道 → 覃福 → 覃懋粲(담무자) → 覃彤(담동) → 覃龍光 → 覃禹鼎.
158 산모선무사의 世系圖는 다음과 같다. 勾答什用(원대) … 覃野旺 → 覃起剌 → 覃構

④ 충건선무사

충건선무사는 원대 충건군민도원수부忠建軍民都元帥府가 있었으며,
명옥진이 사천에 자리잡고 있던 시기에는 충건도독부忠建都督府였다.
홍무 5년(1372) 충건원수부의 원수元帥 묵지십용墨池什用이 아들 여오
십용驢吾什用을 보내 조공한 것을 계기로 충건장관사를 설치했으며,[159]
홍무 6년(1373) 선무사로 승격시켰다. 홍무 27년(1394) 안무사로 고쳤
다가 이내 폐지했으며, 영락 4년(1406) 다시 선무사로 고쳐 시주위에
예속시켰다. 휘하에 충동안무사忠峒安撫司와 고라안무사高羅安撫司를
두었다. 홍무 4년(1371) 전사준田思俊으로부터 시작되었다.

⑤ 용미선무사

호북 지역의 가장 강력했던 토사인 용미선무사는 전행고田行皐라
는 인물이 원화元和 원년(806) 고숭문高崇文을 도와 서천절도사西川節度
使 유벽劉辟이 일으킨 반란을 진압한 공로로 시·진·용·만초토파절
사施·溱·溶·萬招討把截使라는 지위를 받은 데서 비롯되었다.[160] 전선십
용田先什用 당시 그 세력이 크게 신장되어 지정 15년(1355) 사천용미동
군민총관부四川容米洞軍民總管府가 설치되었으며, 명옥진이 지정 23년
(1363) 호북 지역 일대를 장악하자, "상찰시국, 택선이종詳察時局, 擇善
而從"해야 한다고 생각한 전광보田光寶는 지정 26년(1366) 자신의 아우

→ 覃友諒 → 覃喧→ 覃本林 → 覃顯宗 → 覃斌 → 覃國珍 → 覃棻(계) → 覃玉鑒
→ 覃可達 → 覃靑霄 → 覃冲霄 → 覃勛麟 → 覃鴻基 → 覃煊.
159 『明實錄』 권71, 洪武 5년 正月 7일.
160 『鄂西少數民族史料輯錄』, 1986, 75쪽.

전광수田光受와 동지同知 팽건사彭建思를 파견해 주원장에게 귀부했다. 이를 계기로 전광보는 사천행성참정행용미등처군민선무사四川行省參政行容美等處軍民宣撫使라는 지위를 받았으며,[161] 이어 홍무 3년(1370) 선위사 지위를 하사받았다는 일부 기록[162]이 있으나, 다른 자료에는 홍무 7년에 설치했다가 이내 폐지되었으며 이것을 다시 영락 4년(1406)에 복치復置했다고 기록되어 있는 등,[163] 자료상의 불일치가 적지 않다. 더구나 『명실록』에는 사실상 명대 내내 선위사가 아닌 선무사로 표기된 사실을 염두에 둔다면 전광보부터 선위사로 불렸다는 『전씨세가田氏世家』의 기록을 전적으로 신뢰하기는 어렵다.

호북 지역 토사의 변화를 보면 그 지위의 승격과 하락이 매우 빈번했음을 알 수 있다. 이는 분명 명 왕조가 소수민족을 통치했다는 구체적인 실례라 할 수 있지만, 달리 생각하면 다양한 토사를 명 왕조가 일률적으로 통제하기 어려웠던 실상이기도 하다. 또한 명조 호북 지역 소수민족이 호남 지역의 소수민족에 비해 명 왕조에 순응했던 모습을 보여준다.

---

161 『明實錄』 권19, 丙午年 2월 15일.

162 이상 전광보의 행적에 대해서는 祝光强·向國平, 『容美土司槪觀』, 湖北長江出版集團, 2006, 20쪽과 『土家族土司史錄』, 1991, 42쪽 참조. 참고로 용미토사의 世系를 살펴보면 다음과 같다. 홍무 3년 자신의 아우인 전광수를 보내 명 왕조에 귀부한 田光寶를 시작으로 田勝貴 → 田潮美 → 田保富 → 田鎭 → 田秀 → 百俚俾 → 田世爵 → 田九宵 → 田九龍 → 田楚産 → 田玄 → 田霈霖 → 田既霖 → 田甘霖 → 田舜年 → 田旻如로 이어지며 田既霖부터 청대에 해당된다.

163 『鄂西少數民族史料輯錄』, 1986, 32쪽.

4) 明代 永順과 保靖 토사

호남 지역 토사 구성의 특징은 호북 지역 토사에서는 볼 수 없는
선위사가 존재하는 대신, 그 휘하에는 오히려 장관사만 존재했다는
점이다. 따라서 여기서는 영순과 보정의 두 선위사, 그리고 상식선무
사의 내력과 그 관련 내용만을 간략하게 언급하기로 하겠다.[164]

〈표 1-4〉 명대 永順·保靖宣慰司 관할 토사

宣慰司	安撫司	州·長官司
永順軍民宣慰使司	-	南渭州
		施溶州
		上溪州
		臘惹洞長官司
		麥著黃洞長官司
		驢遲洞長官司
		施溶洞長官司
		白岩洞長官司
		田家洞長官司
保靖州軍民宣慰使司	-	五寨長官司
		筸子坪長官司
		兩江口長官司
		茅岡冠帶長官司
九溪衛	桑植安撫司	上峒長官司
		下峒長官司

---

164 이 세 토사에 대한 언급은 龔蔭, 1992, 1190~1195쪽, 1204~1209쪽, 1211~1212
쪽을 바탕으로 했으며, 부가 설명을 한 경우에만 출처를 밝혔다.

〈지도 2〉 명대 永順·保靖 일대 토사의 위치

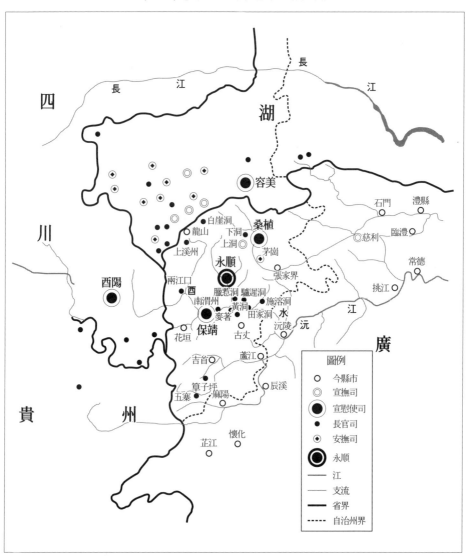

四川

貴州

湖

廣

長　江

長　　江

容美

白崖洞
龍山
上溪州
下洞
上洞
桑植
茅崗
永順
兩江口
西
朧惹洞 驢遲洞
南渭州 黃洞 施溶洞
麥著 田家洞
酉陽
古丈
保靖
花垣
蘆江
吉首
箟子坪
五寨 麻陽
辰溪
芷江 懷化

石門 澧縣
慈利 臨澧
常德
挑江
張家界
水
沅陵 沅
江

圖例
○　今縣市
◎　宣撫司
⬤　宣慰使司
•　長官司
◉　安撫司
⬤　永順
―　江
―　支流
▬　省界
----　自治州界

① 영순선위사

원 지대至大 3년(1310) 영순안무사가 설치된 후, 지정 7년(1347) 선무
사로 승격되었다. 홍무 2년(1369) 귀부했으며, 홍무 6년(1373) 영순선
위사가 설치되었다. 오대 후량後梁 개평開平 4년(910) 귀부한 팽감彭瑊
이 시조이며[165] 원대 연우延祐 7년(1320) 팽승조彭勝祖란 인물이 스스로
를 영순안무사永順安撫使로 칭하면서 영순 지역의 토사가 시작되었다.
명 홍무 5년 영순선위사 순덕왕륜順德汪倫과 당애안무사堂崖安撫使 월
직月直이 명하明夏 정권으로부터 받은 위인僞印을 상납하자 선물을 하
사해 주고 비로소 영순등처군민선위사사를 설치했으며 휘하에 주 셋
과 장관사 여섯을 거느리게 되었다.[166]

보정토사와 잦은 분쟁을 일으켰으며 청 순치順治 4년(1647) 15대 선
위사 팽홍주彭洪澍가 3개 주州, 6개 장관사 및 58족族과 380동峒의 묘
만苗蠻을 이끌고 청 왕조에 귀부했다.[167] 마지막 20대 선위사인 팽조
괴彭肇槐가 강희 51년(1712)에 습직襲職했지만, 이후 옹정 5년(1727) 진
간총병鎭箄總兵으로 있던 양개楊凱가 상식부장桑植副將을 대동하고 보
정을 진압할 당시 헌토獻土 의사를 밝혀 개토귀류가 단행되었다. 이후
자신의 조적祖籍이 강서 길수현吉水縣이라는 그의 주장을 받아들여 그
곳에 정착하게 되었다.

---

165 成臻銘, 『土司家族的世代傳承─永順彭氏土司譜系研究』, 民族出版社, 2014, 22쪽.
166 『湖南地方志少數民族史料』(上), 1991, 138쪽.
167 영순토사의 세계도는 다음과 같다. 彭師裕 → 彭允林 → 彭允殊 → 彭文勇 → 彭儒
猛 → 彭仕端 → 彭仕羲 → 彭仕晏 → 彭仕實(사안의 동생) → 彭福石冲 → 彭安國
→ 彭思萬 → 彭勝祖(사만의 동생) → 彭萬潛 → 彭添保 → 彭源 → 彭仲 → 彭世雄
→ 彭顯英 → 彭世麒 → 彭明輔 → 彭宗漢 → 彭宗舜(종한의 동생) → 彭翼南 → 彭
永年 → 彭元錦 → 彭泓澍 → 彭肇桓 → 彭肇相 → 彭廷椿 → 彭泓海 → 彭肇槐.

영순토사 지역에는 명 왕조의 승인을 받지 않은 채, 토사가 자체적으로 만든 자설토사自設土司인 마라동장관사馬羅洞長官司[168]가 존재한 사실은 흥미롭다. 이 부분과 관련된 설명이 사료에 충분하지는 않지만 가정 연간(1522~1572) 시용주施溶州의 토사土舍 전자田玆란 인물이 순변총관巡邊總管이 되어 장기간에 걸쳐 주변과 친선을 유지한 결과 주민들의 사랑을 받아 장관직을 제수받았다. 그러나 인장을 하사받지 못해 다른 6개 장관사와 나란히 서지 못했다는 기록이 그것이다.[169]

다른 또 하나는 팽씨가 영순 일대를 장악할 당시, 오씨吳氏 성을 가진 인물과 세력 다툼을 벌인 점이다. "선위토만오착송세업先爲土蠻吳着送世業"이라는 언급이 사실이라면 이 오씨들은 팽씨가 영순에 정착하기 이전부터 이곳에 살던 토착 세력이었을 것이다. 이어 오씨들은 이 지역으로 이주한 팽씨들의 협조를 받아 이곳을 다스렸지만 이후 팽씨들의 세력이 강성해져 결국 오씨를 축출하기에 이르렀다.[170] 호북 지역의 토사 관련 기록에는 등장하지 않는 이러한 사실에 비춰볼 때, 명 왕조가 각 지역에 토사를 인정해 줄 당시 특정 지역에는 다수의 유력 소수민족 세력들이 존재했다는 사실을 충분히 짐작할 수 있다.

---

168 白崖洞長官司와 함께 청대 龍山縣에 있었다.

169 이러한 현상은 양강구장관사에서 갈라졌다고 볼 수 있는 대라순검사를 실질적으로 '土舍'가 관장한 사실을 통해 알 수 있듯이 대체로 정덕 연간 이후가 되면 토관 외에도 막강한 권한을 가진 정치 세력들이 등장했다는 사실을 암시해 준다. 土舍 田玆가 영순선위사의 '飛'字 旗 지역에 마라동장관사를 세운 사실에 대해서는 成臻銘, 「論明淸時期的土舍」, 『民族硏究』 3기, 2001, 66~67쪽 참조.

170 위 두 상황에 대해서는 乾隆 『永順縣志』 권1, 「地輿志」(沿革), 27쪽 하~28쪽 상 참조.

② 보정선위사

보정은 당대唐代 계주溪州라 불렸으며, 송대에 이 계주 지역에 보정주保靖州를 설치했다.[171] 영순사와 동일하게 팽씨가 선위사로 있던 보정선위사의 기원도 오대五代 시기까지 거슬러 올라가는데 보정토사는 팽사수彭士愁의 둘째 아들로서 940년 안무사에 오른 팽사고彭師杲에서 시작되었다.[172] 최근의 자료에 따르면 원말 보정안무사 팽세웅彭世雄이 주원장에게 귀부한 후 선위사로 명칭이 바뀌었다고 기록되어 있다.[173] 홍무 6년(1373) 2대 안무사 팽만리彭萬里가 자신의 아들 팽덕승彭德勝을 보내 공물을 바치자, 선위사직을 하사했다.[174] 19대 선위사 팽어빈彭御彬의 폭정으로 옹정 5년(1727) 개토귀류가 단행되었으며[175] 옹정 7

---

171 乾隆『永順府志』를 근거로 작성된『湖南地方志少數民族史料』(上), 1991, 135쪽에는 본래 晉나라 天福 5년에 銅柱를 세워 강역의 경계를 구분할 당시 上·中·下溪의 3州와 함께 龍賜, 天賜, 忠順, 保靜, 感化, 永順 6州, 그리고 懿安, 遠洽, 來, 富, 寧, 南, 順, 高州의 11州가 있었다는 기록이 등장한다. 이 20개 주 가운데 '保靜州'가 元代에 '保靖'으로 바뀌었다는 점에서 보정은 영순에서 갈라져 나왔다고 보는 게 타당하다.

172 팽사호의 조부이자 江西省 吉水縣 豪族 출신이었던 彭瑊이 工人 1,000여 명을 이끌고 강서에서 이곳으로 내려와 辰州刺史를 담당했는데 당시 그의 세력 범위는 酉水 유역까지 이르렀다. 이후 그는 蠻人의 우두머리인 吳著冲과의 대결에서 승리해 자신의 세력을 溪州 지역까지 확대했으며 마침내 後梁 開平 4년(910) 팽함의 아들 彭士愁가 溪州刺史에 올랐다. 당시 계주는 현재의 영순, 보정, 芷江, 來鳳 일대를 의미했다. 保靖縣民族事務局編, 2015, 64쪽과 78쪽 참조.

173 保靖縣民族事務局編, 2015, 65쪽.

174 이 시기를 지방지나 공음의 저서에서는 홍무 6년으로 표기했지만(각각『湖南地方志少數民族史料』(上), 1991, 256쪽과 龔蔭, 1999, 1205쪽 참조),『明實錄』에는 홍무 원년으로 되어 있다.『明實錄』권35, 洪武 元年 9월 24일조 참조.

175 보정선위사의 世系圖는 다음과 같다. 彭師杲 → 彭允祿 → 彭文通 → 彭儒毅 → 彭仕隆 → 彭從雲 → 彭翼 →彭凌霄 → 彭邦宏 → 彭勇 → 彭泰定 → 彭師孔 → 彭定國 → 彭思善 → 彭本榮 → 彭齊賢 → 彭博 → 彭廷珪 → 彭世雄 → 彭萬里 → 彭

년 보정선위사 지역에 보정현이 신설되었다.

보정선위사와 관련해 흥미로운 부분은 대라사大喇司로도 불리는 양강구장관사兩江口長官司의 존재다.[176] 양강구는 보정현의 매수하梅樹河와 사천성 송도하松桃河가 만나는 지점으로서 수륙 요충지였기 때문에[177] 영락 6년(1408)에 순검사巡檢司를 설치했으며 유관순검流官巡檢 1명과 토인土人이 지키던 곳이었다.[178] 양강구장관사의 시작은 보정선위사 팽만리彭萬里의 동생 팽막고송彭莫古送(彭麥古踵)이 세운 전공 덕분에 양강구 토사土舍를 제수한 데서 비롯되었다.

이후 사료에 자세한 기록이 등장하지 않지만 정덕 14년(1519) 양강구의 토사土舍 팽혜彭惠와 보정선위사의 9대 선위사 팽구소彭九霄가 구원舊怨을 이유로 수년간 대립하는 사건이 발생했다. 당시 도어사都御史로 있던 오정거吳廷擧가 이 문제를 해결하기 위해 나서 두 토사의 관할 지역을 명확히 하는 한편, 추량秋糧 50석을 부과하고 군민을 12갑甲으로 편성했다. 또한 대강大江 우측의 다섯 채寨는 보정에, 대강 좌측의 두 채는 진주에 예속시키고 그곳에 대라순검사大喇巡檢司를 설치하도록 했는데, 이때가 정덕 15년이었다. 이 시기 이후 양강구장관사

勇烈 → 彭葯(藥)哈俾 → 彭勇杰(용렬의 아우. 팽약합비가 피살되어 후사가 없자 팽약합비의 뒤를 이음) → 彭南木處 → 彭顯宗 → 彭仕墾 → 彭翰 → 彭九霄 → 彭虎臣 → 彭良臣(팽구소의 둘째 아들. 형이 일찍 죽자 뒤를 이음) → 彭藎臣(팽구소의 셋째 아들. 팽양신이 후사가 없어 뒤를 이음) → 白氏(팽신신의 부인이며 팽신신의 큰아들 彭守忠이 병사하자 백씨가 대신 정무를 담당함) → 彭養正 → 彭象乾 → 彭朝柱 → 彭鼎 → 彭澤虹 → 彭御彬.

176 양강구장관사의 世系圖는 다음과 같다. 彭莫古送 → 彭可宜(彭大蟲可宜) → 彭忠 → 彭武 → 彭勝祖 → 彭世英 → 彭惠 → 彭志顯 → 彭啓忠 → 彭一正 → 彭應楚 → 彭兆景 → 彭澤永 → 彭御椿 → 彭御桔.

177 同治『永順府志』권1,「沿革」, 12쪽 상.

178 『明實錄』권77, 永樂 6년 3월 15일.

를 대라순검사로 불렀으며, 대라장관사에는 유관을 순검사로 임명했지만 팽혜는 여전히 토사土舍 자격으로 순검사의 일을 담당했다.[179]

이 사건에서 등장하는 토사를 순검사로 교체한 사실은 명대 호광 지역 토사 운영에서 꽤 흥미로운 사례라 할 수 있다. 한편, 청 옹정 13년(1735) 15대 토사土舍인 팽어길彭御桔의 토지 헌납을 계기로 순검사가 폐지되었지만 그 지역의 천호를 천총千總에, 백호를 파총把總에 세습시키고 팽어길을 세습파총에 임명시켰다. 이는 토사제도 운영에서 청 왕조가 명대 토사의 기득권을 인정해 준 사례로서, 이 점에 대해서는 제4장에서 다시 거론할 예정이다.

③ 상식안무사

〈표 1-4〉에서는 상식안무사로 표기한 것처럼, 원대 이곳에는 상식안무사가 있었으며 영락 4년(1406) 원대의 그것대로 다시 상식안무사를 설치하고 구계위에 예속시키는 한편, 토관 향사부向思富를 안무사로 임명했다.[180] 그러나 원대 자리현慈利縣 서쪽에 따로 시계주柿溪州를 설치한 바 있는데, 이 지역을 토관 향극무向克武가 점령하고 있었으며, 신첨갈만안무사新添葛蠻安撫司에 예속된 상상식上桑植과 하상식下桑植은 토사 향중산向仲山이 점거하고 있었다.[181]

제1대 상식안무사는 향중산이지만,[182] 그는 원말의 인물이며 명대

---

179 이상의 내용은 『明史外國傳譯註·5—土司傳·上—』, 동북아역사재단, 2013, 108~110쪽과 『明實錄』 권179, 正德 14년 10월 24일조 참조.
180 『明實錄』 권61, 永樂 4년 11월 8일.
181 同治 『桑植縣志』 권1, 「沿革」, 4쪽 하.
182 龔蔭, 1992, 1211쪽.

상식토사의 시작은 향중산의 아들인 향사부다. 향중산이란 인물은
원 왕조 원통元統 3년(1335) 군공을 인정받아 호광상식지방등처군민선
위사湖廣桑植地方等處軍民宣慰使를 제수받은 바 있으며 향사부는 홍무 7
년(1374) 군공을 인정받아 아버지가 지녔던 지위를 그대로 제수받았
다.[183] 향중산과 향사부가 이처럼 원대부터 선위사를 하사받은 것으로
되어 있지만,『명실록』에는 내내 상식안무사로 표기되어 있다. 상식안
무사에 대한 명대 기록은 대단히 소략하며 시계선무사와 함께 구계위
에 직접 소속되어 있었다는 특수성을 지닌다. 그러나 앞에서 거론한
향극무가 1대 시계선무사柿溪宣撫使였으며, 9대 향사금向仕金에 이르러
그의 두 아들인 향중현向仲賢과 향중귀向仲貴 사이에 세습을 사이에 둔
대립이 생겨 선덕 4년(1429) 다시 상동장관사上峒長官司(向仲賢)와 하동
장관사下峒長官司(向仲貴)로 갈라졌다.[184]

이상 각 토사를 매우 개략적으로 설명했다. 토사의 구성이 한족의
관부처럼 되어 있었다는 점은 이들이 각 할거 지역에서 사실상 독립
적인 정치를 실행했다는 좋은 증거다. 더구나 고유한 병력을 소유했
으며, 자신의 권력을 세습하는 데 필요한 관료 기구까지 갖추고 있었

---

183 『土家族土司史錄』, 1991, 37쪽.
184 『湘西土司輯略』, 岳麓書社, 2008, 347쪽 참조. 한편 상식안무사 世系圖는 다음과
    같다. 向仲山 → 向思富 → 向萬成 → 向永政 → 向寬 → 向世英 → 向經 → 向綏
    (向經의 동생) → 向仕祿 → 向宗政 → 向忠和 → 向承周 → 向一貫 → 向暹 → 向
    鼎(섬의 동생) → 向長庚 → 向國柱 → 向國棟(向國柱의 동생)이다. 한편 柿溪宣撫
    司의 세계도는 向克武 → 向萬明 → 向萬才(向萬明의 동생) → 向永通 → 向世祿
    → 向天福 → 向定安 → 向仕德 → 向仕金(向仕德의 동생)으로 이어지며 上峒長官
    司의 世系圖는 向仲賢 → 向世雄 → 向榮宏 → 向定邦 → 向遙長 → 向友芳 → 向
    世奇 → 向秉忠 → 向得祿 → 向國棟 → 向九鸞 → 向元欽(구만의 손자)이다. 끝으
    로 下峒長官司 世系圖는 向仲貴 → 向廣 → 向勇 → 向顯宗 → 向忠葵 → 向天爵
    → 向國用 → 向懷忠 → 向德隆 → 向化龍 → 向日葵 → 向鼎成 → 向良佐다.

다는 점에서 이들은 결코 무시할 수 없는 지방 세력으로 청대 개토귀류 전까지 남아 있었다.

다른 한편, 각 토사들의 세력 차이가 매우 뚜렷하다는 점도 호광 토사의 중요한 특징 중 하나라고 할 수 있는데, 여러 토사 중 호북 지역의 용미토사, 호남 지역의 영순, 보정, 상식토사의 세력이 상대적으로 강력했다. 그럼에도 호광토사 가운데 용미토사가 개토귀류 이전까지 청 왕조와 대립했던 점을 고려하면 동일한 대토사라 해도 국가와의 관계가 다양했다. 더구나 영순과 보정토사는 시기에 따라 행동 방식이 달랐지만 명 왕조에 적극적으로 협조했다는 사실까지도 염두에 둔다면 개별적으로 토사를 다뤄야 할 필요성도 매우 크다고 하겠다.

그런데 명 왕조는 호광 지역 토사를 단지 토사제도라는 틀만을 가지고 지배하려 하지 않았다. 이이제이라는 명목은 있었지만, 현실적으로는 매우 자의적이며 방임적인 성격을 지닌 토사제도에 더해 명 왕조는 위소를 설치하고 거의 대부분 지역에서 이갑제를 시행하려 했다. 그리고 이러한 두 제도가 토사제도와 한데 뒤섞이는 상황이 연출되어 이 지역은 오히려 훨씬 통제가 어려워졌다. 그러므로 다음 2장에서는 위소와 이갑제 실시 상황을 살펴볼 예정이다.

제2장

明~淸初 湖廣土司 지역의 국가 권력: 衛所와 里甲制

1. 衛所와 土司

1) 明初 호광토사 지역의 위소 설치

명대 가장 중요한 지방 군사제도인 위소衛所는 중앙의 오군도독부五軍都督府가 관할했으며 호광토사 지역의 위소는 오군도독부 중 하나인 전군도독부前軍都督府에 속했다. 대체로 위衛는 5,600명, 천호소千戶所는 1,120명, 백호소百戶所는 112명으로 각각 구성되었으며 도지휘사사都指揮使가 위소를 총괄했다.[1] 홍무 26년(1393) 당시 중국 전역에 도사都司 17개, 위 329개, 천호소 65개가 각각 설치되었다는 『명사明史』의 기록이 있지만, 명대 내내 위소의 통폐합이나 승강昇降이 빈번했으

---

1 이하 명대 위소제도에 대한 기본적인 사항은 『明史』(경인문화사 영인본) 권90, 「兵二」(衛所·班軍)에 근거했으며, 쪽수를 표시하지 않았음을 밝힌다.

므로 위소 수효 자체는 큰 의미가 없다. 다만 참고로 명대 호광 지역의 위소 수효를 살펴보면 호광도사湖廣都司 소속의 위가 22개, 호광행도사湖廣行都司 소속의 위가 8개, 흥도유수사興都留守司 소속의 위가 3개였으며, 소는 호광도사 관할 28개, 호광행도사 관할 9개, 흥도사 관할 1개가 있었다.[2]

호광 지역의 이러한 위소 가운데 토사 지역의 위소 설치와 그 배경은 명대 호광 지역의 소수민족 통치와 밀접한 관련이 있다는 점에서 자세히 살펴볼 필요가 있다. 일단 이 지역 일대 위소의 설립 시기를 확인하기 위해 『명실록明實錄』을 중심으로 다음 〈표 2-1〉을 작성했다.

〈표 2-1〉 명대 湖廣 토사 지역의 주요 衛所 설치 시기와 위치

명칭	설립 시기	治所	출처
辰州衛	吳 원년(1367)	沅陵縣	『明實錄』 권22, 吳 元年, 正月 27일
靖州衛	홍무 3년(1370)	靖州	『明實錄』 권50, 홍무 3년 3월 27일
施州衛	홍무 14년(1381)	恩施縣	『明實錄』 권137, 홍무 14년 6월 14일
永定衛	홍무 22년(1389)	慈利縣	『明實錄』 권195, 홍무 22년 2월 24일
平溪衛	홍무 23년(1390)	思州	『明實錄』 권200, 홍무 23년 3월 30일
九溪衛	홍무 23년(1390)	慈利縣	『明實錄』 권202, 홍무 23년 6월 29일
添平所	홍무 2년(1369)	石門縣	田敏, 2000, 89쪽
麻寮所	홍무 2년(1369)	慈利縣	『明實錄』 권43, 홍무 2년 7월 17일
大庸所	홍무 22년(1389)	永定縣	『明實錄』 권195, 홍무 22년 2월 24일
大田所	홍무 23년(1390)	大水田(咸豐縣)	嘉靖 『湖廣圖經志書』 권20, 「施州衛軍民指揮使司」, 3쪽 상. 『明實錄』 권201, 홍무 23년 閏4월 4일
安福所	홍무 23년(1390)	桑植縣	『明實錄』 권204, 홍무 23년 9월 4일
鎭溪所	홍무 30년(1397)	乾州廳	『明實錄』 권250, 홍무 30년 2월 12일

---

2 張建民, 『湖北通史』(明淸卷), 華中師範大學出版社, 1999, 40~43쪽.

다만 〈표 2-1〉에 등장하는 위소는 주로 호북의 서남 지역과 상서湘西 일대로 한정했음을 밝힌다.

〈표 2-1〉에서 확인할 수 있듯이, 명 건국 이전에 세워진 진주위를 제외하면, 호광 지역의 위소는 대체로 홍무 연간(1368~1398) 후반기, 특히 홍무 23년(1390) 무렵 집중적으로 설치되었음을 알 수 있다.[3] 즉 진주위, 첨평소, 마료소, 정주위는 명 왕조의 성립과 거의 동시에 설치됐으며, 예외적으로 시주위만 홍무 14년(1381)에 설치되었다. 따라서 각 시기별로 위소의 설치 과정을 살펴볼 필요가 있다.

『명사』의 설명에 의하면, 위소는 기본적으로 수도와 전국 군·현郡·縣에 모두 설치되었으며 외부 군현은 도사가, 수도는 오군도독부가 각각 통할한 명 왕조의 정규 군사 조직이었다.[4] 그러나 일률적으로 말하기는 어렵지만 대체로 호광 지역 대부분의 위소는 소수민족들의 반란 진압이나 귀부歸附 과정에서 설치되었는데, 그 실례를 살펴보기로 하겠다.

洪武 초기의 위소 설치 배경

우선 진주위는 오吳 원년元年(1367)에 그것을 설치했다는 간단한 기록이 『명실록』에 등장하는데,[5] 원대 만호부萬戶府가 있던 자리에 치소治所를 두었으며, 유선우劉宣祐[6]란 인물이 당시 지휘동지指揮同知로 있

---

3 이는 기존 연구의 지적처럼, 홍무 22~23년(1389~1390) 사이 발생한 대대적인 소수민족 반란을 통제하기 위한 것이다. 이 점에 대해서는 田敏, 『土家族土司興亡史』, 民族出版社, 2000, 82쪽 참조.

4 『明史』 권89, 「兵一」, 2175쪽.

5 『明實錄』 권22, 吳 元年 正月 27일.

6 劉宣祐는 『明實錄』 권48, 洪武 3년 정월 20일조 기사에 劉宣武로 표기되어 있다.

었다. 본래 진주위는 그 설치 당시 유선우가 고성古城 등의 묘채를 공략한 후 호이동湖耳洞과 담계동潭溪洞 일대의 관리들을 굴복시키자 이들이 원 왕조로부터 받은 인장을 헌납하기 위해 내조來朝하기에 이르렀다. 결국 호이, 담계, 구양歐陽, 고주古州, 팔만八萬, 양채亮寨 여섯 곳에 만이군민장관사蠻夷軍民長官司를 설치해 진주위에 예속시키고, 호이동동관湖耳洞洞官이던 양수영楊秀榮이란 인물을 비롯한 6명을 해당 지역의 장관사로 삼았다.[7] 이 무렵 진주부에는 진주위와 함께 홍무 원년(1368) 원주위沅州衛가 설치되었다.[8]

그러므로 진주위의 설치 과정은 원대부터 내려온 소수민족을 일단 무력으로 진압시키고 그들에게 장관사의 지위를 하사했다는 점에서 명 왕조 초기 소수민족에 대해 실시한 강온 양면 정책을 확인해 주는 시례다. 다만 『명실록』과 달리 지방지에는 진주위의 설치 시기가 서달(徐達, 1332~1385)이 진주 지역을 평정한 때인 지정至正 24년(1364)으로 기록되어 있으며 지정 26년(1366) 진주 지휘 유인劉寅이 위서衛署를 건립했다는 사실이 등장한다. 아울러 간자평동원수부箄子坪洞元帥府와 원주위가 지정 24년에, 숭산위가 지정 26년에 각각 설치된 사실도 지방지를 통해 확인할 수 있다.[9]

이처럼 각 위소 설치와 관련된 시기상의 불일치가 다수 발견되지만,[10] 청대 행정 구역상 원릉현沅陵縣에 있던 진주위, 봉황청鳳凰廳의 간자평동장관사, 그리고 맹동孟洞의 숭산위가 거의 비슷한 시기에 설

---

7 『明實錄』 권48, 洪武 3년 正月 20일.

8 『明實錄』 권29, 洪武 元年 正月 30일.

9 乾隆 『辰州府志』 권12, 「備邊考」, 21쪽 하~22쪽 상. 이 지방지의 설명에 의하면 숭산위를 바로 폐지하고 崇山千戶所를 개설했다.

10 실제로 乾隆 『辰州府志』의 언급과 달리, 『明實錄』에는 崇山衛의 설치 시기가 洪武 11년(1378)으로 되어 있다. 『明實錄』 권121, 洪武 11년 12월 13일조 참조.

치되었다는 사실은 명초 진주부 일대 소수민족에 대한 군사적 통제가 거의 동시에 이루어졌음을 말해 준다. 또한 명초에 진주 일대는 물론 보경寶慶, 정주靖州, 무강武岡, 신녕新寧 등 호남성 서남쪽 지역까지 정복이 폭넓게 이루어진 사실로 미뤄,[11] 당시 호남 일대에 대한 군사 정벌이 광범위하게 이루어졌으며, 진주위와 원주위 등은 그런 연장선에서 설치되었다고 볼 수 있다.

이런 군사 정복으로 위소가 설치된 또 다른 예는 대용소다. 본래 홍무 3년(1370)부터 시작된 담후覃垕의 반란을 주덕흥(周德興, ?~1392)이 진압하고 영정성永定城 내에 예주천호소澧州千戸所를 설치한 시기가 홍무 4년(1371)이었다. 이후 홍무 9년 예주천호소를 폐지하고 그곳에 대용위大庸衛를 설치했으며,[12] 당시 상덕위常德衛 지휘첨사指揮僉事인 장승張勝이 위衛의 업무를 담당했다. 이 대용위는 홍무 22년(1389) 하득충夏得忠의 반란을 진압한 후 대용소로 바뀌었다.[13] 이런 점에서 대용

---

11 이러한 점령 지역의 위소 설치 시기는 언급하지 않았지만, 徐達과 함께 荊州, 當陽, 澧州, 衡州, 潭州, 辰州 일대 소수민족을 정복한 胡海(1329~1391)의 戰功은 홍무 초년 소수민족 지역에 대한 군사 정복을 상징적으로 보여준다. 萬曆『湖廣總志』 권67, 「宦蹟(12), 2쪽 상 참조. 호남성 남부 일대 위소 설치 시기 및 과정에 대해서는 孟凡松, 「明洪武年間湖南衛所設置的時空特徵」, 『中國歷史地理論叢』 권22, 4기, 2007, 111쪽 참조.

12 萬曆『慈利縣志』(天一閣藏明代地方志選刊, 上海古籍書店, 1961~1966) 권10, 「公宇」, 13쪽 상. 이 대용위의 설치 시기에 대해, 양산위가 그 전신이라는 사실을 들어 홍무 9년이 아닌 홍무 4년이라고 주장하는 연구자도 있지만(田敏, 2000, 86쪽), 여기서는 지방지와 『明實錄』을 근거로 홍무 9년으로 서술했다. 『明實錄』 권105, 洪武 9년 4월 17일조 참조.

13 이 대용소 관련 설치 시기 및 그 과정도 매우 불분명하다. 이를테면 『明實錄』 권195, 홍무 22년 2월 24일조에는 하득충의 반란 당시, 구계위와 영정위를 설치하면서 大庸衛를 大庸所로 바꿨다고 기록되어 있다. 하지만 지방지의 설명은 약간 다르다. 홍무 2년 영순선위사 경내에 양산위를 먼저 설치했으나 험난한 지형 탓에 軍餉 공급이 어렵게 되자, 당시 지휘 黃常으로 하여금 治所를 옮기도록 하고 그 이름

소도 반란 진압 후, 명 왕조가 그 지역에 강제적으로 위소를 설립했던 예에 속한다.

또한 홍무 초년에 설치된 첨평소와 마료소도 진주위의 설치 과정과 비슷하다. 우선 마료천호소의 경우, 본래 자리현慈利縣 출신의 당용唐勇이라는 사람이 병사를 모아 마료채麻寮寨에 근거하고 있었는데, 오나라 원년(1367) 주원장의 군대가 예주澧州에 다다르자 자신의 무리를 이끌고 투항했으며, 당용에게 천호를 제수하면서 마료천호소가 설치되었다.[14] 또한 『명실록』에는 천평天平으로 표기된 첨평천호소添平千戶所는 애정채隘丁寨 토추土酋인 담순覃順의 투항을 계기로 천호소를 설치하고 담순을 천호로 임명했다.[15] 이런 점에서 첨평과 마료의 두 천호소가 설치된 계기는 모두 그 지역 토추의 투항이었다.

을 大庸으로 바꿨다. 이어 指揮 張勝이 築城한 시기는 홍무 4년이었으며, 홍무 31년 영정위로 그 이름을 다시 바꿨다. 이 영정위 휘하에 다시 左, 右, 中, 前, 後所 및 大庸守御千戶所를 거느리도록 했다. 지방지의 이런 기록으로 미뤄, 오히려 영정위의 전신은 大庸衛였으며, 대용위를 영정위로 바꾸고, 그 휘하에 대용소를 두었음을 알 수 있다. 따라서 지방지의 기록을 믿는다면, 대용소의 설치는 홍무 22년 (1389)이 아니라 홍무 31년(1398)이다. 이상의 내용은 康熙 『永定衛志』 권1, 「建置」, 25쪽 하~26쪽 상 참조. 다른 한편 『讀史方輿紀要』에도 대용위를 영정위로 고친 기록이 등장한다. 또한 "別置大庸所于衛城西桑溪關, 永樂初始遷今所. 城周二里有奇. 今亦置大庸所"라고 기록하고 있으므로 대용소는 확실히 영정위 휘하에 있었다고 할 수 있지만, 별도로 대용소를 건설한 시기가 영락 연간으로 등장한다. 이 점에 대해서는 顧祖禹, 『讀史方輿紀要』(中華書局, 2005), 권77, 3645~3646쪽 참조.

14 『明實錄』 권43, 洪武 2년 7월 17일. 이 부분은 앞서 자세히 설명한 바 있거니와, 다른 자료에는 唐勇이 唐涌으로 표기되어 있으며, 그가 마료 일대를 納土하고 歸附한 시기는 홍무 2년 夏 나라 明升의 잔여 세력이 이 지역으로 들어온 때다. 자세한 내용은 吳遠干·戴楚洲·田波 選編, 『慈利縣土家族史料彙編』, 岳麓書社, 2002, 43쪽 참조.

15 『明實錄』 권43, 洪武 2년 6월 2일. 『明實錄』에는 '添平千戶所'를 '天平千戶所'로 표기하고 있다.

한편, 위 〈표 2-1〉에서 확인할 수 있듯이 홍무 23년(1390)을 전후로 위소 건립이 증가한 이유는 당시 이 지역에서 대규모 반란이 다시 발생했기 때문이었다. 홍무 23년 윤사월 남옥(藍玉, ?~1393)은 시남施南의 충건忠建 선무사 세력의 반란을, 그리고 6월에는 봉상후鳳翔侯 장룡張龍을 파견해 도균都勻과 산모散毛 지역의 반란을 각각 평정했다. 또한 도지휘사 서개徐凱는 남옥과 함께 산모와 진남鎭南 일대 반만叛蠻을 진압했는데, 그는 산모의 토추 담대왕覃大旺을 비롯한 약 1만여 명과 시남의 토관 담대승覃大勝을 비롯한 820여 명을 각각 생포했다.[16] 이는 홍무 연간 후반부에 이르러 호북의 토사 지역에서 대대적인 반란이 일어났다는 사실을 알려준다.

이런 정황은 호남 지역도 비슷해서 유수천호소酉水千戶所의 천호 하득충이 구계만九溪蠻과 합세해 일으킨 반란을 제압한 후, 홍무 22년(1389)과 홍무 23년에 각각 영정위와 구계위가 각각 설치되었다.[17] 또한 천주소天柱所 역시 무강武岡과 정주靖州 일대 묘족들을 평정하고 설치되었으며,[18] 호남 지역의 대용大庸 일대 소수민족들이 반란을 일으키자 안복천호소가 그들을 평정했다는 홍무 18년의 기록[19]으로 미뤄 안복소는 홍무 18년 이전에 이미 설치되었다고 볼 수 있다. 다만 다른 사료에는 홍무 4년 유수酉水 북쪽에 안복소를 설치하고 대용위에 예속시켰으나, 홍무 23년 유수 서쪽의 와요강瓦窯岡으로 옮기고 구계위에 예속시켰다는 기록이 등장하므로 안복천호소도 홍무 초년에 설치

---

16 同治 『增修施南府志』 권17, 「兵事」, 8쪽 하~9쪽 상.
17 『明實錄』 권195, 洪武 22년 2월 24일. 또한 九溪衛指揮使司가 慈利縣에 설치된 시기는 홍무 23년의 일이다. 『明實錄』 권202, 洪武 23년 6월 29일.
18 湖南省少數民族古籍辦公室主編, 『湖南地方志少數民族史料』(上), 岳麓書社, 1991, 50쪽.
19 『明實錄』 권173, 洪武 18년 5월 21일 참조.

되었다고 할 수 있다.[20] 한편 귀주와 접경 지역에 존재한 평계위·청랑위·진원위平溪衛·淸浪衛·鎭遠衛, 그리고 편교위偏橋衛 역시 호광 일대 위소와 동일한 시기인 홍무 22년과 홍무 23년에 각각 설치되었다.[21]

施州衛 설치 배경

시주위를 별도로 언급한 이유는 제1장 〈표 1-3〉에서 확인할 수 있듯이, 토사와 위소가 단일한 지휘 계통에 있지 않았던 호남 지역과 달리, 호북 지역은 시주위 밑에 거의 30여 토사들이 존재했기 때문이다. 명말청초의 인물인 고조우(顧祖禹, 1631~1692)는 시주를 다음과 같이 설명한 바 있다.

> 오대五代에는 전촉前蜀과 후촉後蜀이 자리 잡았던 곳이며, 송대에 사천 지역을 평정하고 시주施州(淸江郡)라 불렀다. 송대의 행정제도를 그대로 따른 원대에는 기주로夔州路에 속했으며 지정 17년(1357)에 명하明夏 정권에 점령당했다. 명 홍무 4년(1371) 그대로 시주를 설치했으며 홍무 14년(1381) 시주위를 아울러 설치했으나, 홍무 23년(1390) 시주를 시주위로 합병해 시주위군민지휘사사施州衛軍民指揮使司로 고치고 호광도지휘사사에 예속시켰다. 휘하에 군민천호소軍民千戶所 하나, 선무사 셋, 안무사 여덟, 장관사 여덟, 만이장관사 다섯을 거느렸으며, 용미선무사도 시주위 경내境內에 있다.[22]

일견 평범한 위 사료를 직접 인용한 이유는 시주위 밑에 또 다른 천

---

20 顧祖禹, 『讀史方輿紀要』 권77, 「湖廣三」, 3647쪽.

21 嘉靖 『湖廣圖經志書』 권17, 「辰州府」, 25쪽 상~하.

22 顧祖禹, 『讀史方輿紀要』 권82, 「湖廣八」, 3856쪽.

호소가 존재하며 시남부 일대 대다수 토사들이 시주위에 예속되어 있던 사실을 보여주기 위함이다.

그렇다면 시주위의 설립 과정을 구체적으로 살펴보기로 하자. 시주 일대에서 본격적으로 소수민족이 반란을 일으킨 시기는 홍무 5년(1372) 무렵이다. 이러한 정황은 당시 등유(鄧愈, 1337~1377), 주덕흥, 오량(吳良, 1323~1381) 등이 산모 일대 여러 동만峒蠻을 평정했으며, 등유가 다시 산모, 시계柿溪, 적계赤溪, 안복安福 등 39동峒을 진압했다는 기록이 동시에 등장한다는 사실을 통해 확인할 수 있다. 이어 홍무 14년(1381) 다시 주덕흥이 수진원통탑평水盪源通塔平과 산모의 여러 동峒을 진압하고 비로소 시주위를 설치했으며[23] 본래 사천에 예속되었지만 바로 호광도사에 예속시켰다.[24]

이러한 일련의 정복 과정에서 공통적으로 등장하는 산모동은 원대에는 함풍咸豐과 내봉來鳳 지역 일대를 지칭했으며 명대에는 내봉 지역에 속한 곳이다. 그러나 당대唐代 이미 이 지역에는 7개의 토사가 존재했으며 그 가운데 산모가 우두머리였다는 기록으로 미뤄 산모사는 오래전부터 이 지역에서 가장 강력한 소수민족 세력이었음이 틀림없다.[25]

그런데 『명사』 「토사전土司傳」에 홍무 5년(1372) 담야왕覃野旺[26]이란 인물이 명하明夏 정권으로부터 받은 인장을 명조에게 바친 한편, 다시

---

23 이상의 내용은 同治 『增修施南府志』 권17, 「兵事」, 7쪽 하 참조. 아울러 『明實錄』 권 137, 洪武 14년 6월 14일에도 시주위 설치 기사가 등장한다.

24 『明實錄』 권140, 洪武 14년 12월 26일.

25 鄂西土家族苗族自治州民族事務委員會編, 『鄂西少數民族史料輯錄』, 1986, 67쪽.

26 앞 1장의 산모선무사의 世系圖에는 원대의 세계를 일부러 기입하지 않았는데, 원대 토사로서 '覃野旺'이라는 인물이 있다는 점에 유의해야 한다. 龔蔭, 『中國土司制度』, 雲南民族出版社, 1992, 1254쪽.

홍무 7년(1374)에 그가 영순선위사 순덕왕비順德汪備, 당애堂厓 안무사 월직십용月直什用과 함께 입공한 사실[27]이 등장한다. 그러므로 시주 지역 일대 광범위하게 존재했던 담씨 일가를 살펴볼 필요가 있다. 더구나 산모 담씨 외에도, 선은宣恩 담씨覃氏, 시남사施南司 담씨, 이천利川의 충로忠路 담씨, 함풍咸豐의 당애唐崖 담씨 등이 존재한다는 점에서 담씨가 시주 일대의 대성大姓이었음을 알 수 있다. 다만 각 지역의 담씨 족보는 대체로 그 시원을 달리 적고 있는 탓에, 위 지역의 담씨들이 동일 계통인지 여부는 가리기 어렵다.

그러나 명 왕조가 동일 성씨에게 서로 다른 토사 지위를 동시에 하사한 예가 있으므로 시주 일대 담씨는 분명히 이미 명초부터 사실상 여러 갈래로 지파가 나뉘었을 것이다. 이를테면 충로 담씨인 담대왕은 홍무 4년(1371) 산모장관사를 하사받았다.[28] 다른 한편, 홍무 7년(1374) 당시 담야왕이란 인물의 지위는 산모선위사로 기재되어 있다. 특히 담대왕은 홍무 24년(1391)에 폐지된 날야장관사剌惹長官司의 장관이었다가, 다시 충로안무사가 된 담세왕覃世旺과 동일인이라는 주장[29]도 존재한다. 그러므로 명 왕조 초기 특정 지역의 동일 성씨에게 서로 다른 지위를 하사했음이 분명하며, 이는 일찍부터 시주 일대 각 토사의 존재 형태가 매우 복잡했다는 사실을 의미한다.

말하자면 홍무 14년(1381) 호북 지역 일대 여러 동만峒蠻을 제압하

---

27 각각 『明史外國傳譯註 · 5—土司傳 · 上一』, 동북아역사재단, 2013, 65쪽과 『明實錄』 권89, 洪武 7년 5월 17일조 참조. 담야왕은 元末明初 明夏 정권으로부터 산모연변 선위사도원수라는 지위를 하사받았으나, 홍무 5년(1372) 등유에게 정복당했으므로 아마도 홍무 5년 명하 정권으로부터 받은 인장의 헌납은 이 정복 뒤의 일이었을 것이다. 이상의 내용은 向子均 等, 『來鳳縣民族志』, 民族出版社, 2003, 18쪽 참조.

28 『鄂西少數民族史料輯錄』, 1986, 70쪽.

29 龔蔭, 『中國土司制度』, 雲南民族出版社, 1992, 1249쪽.

고 시주위를 설치했다는 기록은 외견상 소수민족 집단을 무력으로 제압했다고 볼 수 있지만, 그 이면에는 명 왕조가 여러 소수민족 가운데 특정의 유력 소수민족 집단을 합법적으로 인정했던 과정이 존재한다.

大田軍民千戶所와 鎭溪軍民千戶所의 설치 배경

앞에서 언급한 위소는 주로 반란에 뒤이은 혼란을 안정시키기 위해 설치되었지만, 다음 대전군민천호소와 진계군민천호소의 설치 정황은 약간 다르다. 대전소 지역은 오대五代에 감화주感化州, 송대에는 부주富州라 불렸으며 원대에는 산모동散毛峒이었는데, 명 왕조가 그곳을 평정한 시기는 홍무 5년(1372)이었다.

그런데 홍무 23년(1390) 『명실록』의 기록에 따르면 일단 대전군민천호소는 남옥의 상주上奏로 설치되었다. 그는 산모, 진남鎭南, 대왕大旺, 시남施南 등의 동만洞蠻이 반란을 자주 일으키지만 검강黔江과 시주의 상주 병력은 그곳과 거리가 멀어 군사적 지원이 어려우므로 산모 지역의 대수전大水田과 여러 동만들이 인접한 곳에 천호소를 세워 이 지역 일대를 방어해야 한다고 상주했다. 그의 상주에 따라 천호 석산石山 등으로 하여금 유양酉陽의 토병土兵 1,500명을 데리고 대수전에 천호소를 설치하도록 했다.[30] 이 천호소의 명칭이 산모동천호소였는데 홍무 24년 이를 대전군민천호소로 고쳤으며[31] 휘하에 백호소

---

30 『明實錄』 권201, 洪武 23년 윤4월 4일.
31 이처럼 산모천호소에서 대전군민천호소로 명칭을 바꾼 사실은 『鄂西少數民族史料輯錄』, 1986, 11쪽에 기재되어 있으며, 『大明一統志』 권66, 「施州衛軍民指揮使司」, 29쪽 하에 의하면 산모천호소가 대전소에 합병되었다.

다섯.[32] 토관백호소土官百戶所 열, 그리고 날야剌惹 등의 삼동三峒을 거느렸다.

사료에 천호 석산의 기록이 상세히 나와 있지 않아 그의 자세한 이력을 알 수는 없다. 그러나 그가 유양 지역의 토병을 이끌고 왔다는 점에서 당시 그는 이 지역 일대의 유력한 토사였음이 분명하다. 더 중요한 사실은 대전군민천호소의 설치가 효율적인 징세와 결부된 점이다. 바로 이런 점에서 아래의 영락永樂 연간(1403~1424) 『명실록』의 기사는 상당히 흥미롭다. 먼저 해당 원문을 살펴보기로 하자.

영락 2년(1404) 산모와 시남 두 장관사를 설치하고 유관流官과 이목吏目을 한 명씩 두었다. 이곳은 옛날 원대에 모두 선위사가 있던 지역인데, 홍무 6년(1373) 그곳을 산모연변散毛沿邊과 시남의 두 선무사로 바꿨다. 또한 용담안무사龍潭安撫司를 설치해 산모연변선무사에 예속시켰다. (홍무) 23년(1390) 만인들이 말을 듣지 않아 (산모선무사를) 마침내 폐지했으며 이후 **산모연변선무사 지역에 대전군민천호소를 설치했다.** 설치 당시 이전 토관의 아들 담우량覃友諒 등은 매년 만민蠻民을 초치招致해 **세수를 납부했다는 이유를** 들어 (선무사) 치소治所의 설치를 요청하는 상주를 올렸지만, (그 지역의) 호수戶數가 많지 않아, **(산모선무사를) 장관사로 강등시키고 대전군민천호소에 예속시켰다.** 담우량을 산모장관사로, 전응호田應虎를 부장관사副長官使로, 담첨복覃添福(覃添富)을 시남장관사로, 담경覃敬을 부장관사로 각각 임명하고 인장印章을 주도록 했다.[33]

---

32 同治『增修施南府志』권2, 「沿革」, 20쪽 상에는 백호소가 한 곳으로 기록되어 있다.

33 『明實錄』권31, 永樂 2년 5월 5일.

산모선무사가 산모장관사로 강등되었다가 선무사로 다시 승격된 시기는 영락 4년(1406)이었으며, 이 당시 선무사는 동지, 부사 등의 속 관屬官과 아울러 용담龍潭과 대왕 두 안무사를 거느렸다.[34] 이 자료가 흥미로운 또 다른 이유는 명 왕조가 빈번하게 토사의 지위를 변경했 으며 의도적으로 토사를 위소에 편입시켰기 때문이다.

결국 대전소의 설치와 관련된 위 사실을 정리하면 홍무 23년『명실 록』의 기록은 남옥의 상주로 석산 등이 병력을 대동해 천호소를 설치 했다는 내용이며, 동치同治『증수시남부지增修施南府志』는 당시 대전소 일대에서 담대왕 등이 대규모 반란을 일으킨 사실을 기록한 것이다. 이어 영락 연간의『명실록』에는 또 다른 담씨 세력들이 거꾸로 주변의 만민蠻民들을 불러들여 세수歲輸를 납부하도록 했으며 그들 스스로 대 전소 휘하의 장관사직을 담당했다는 사실이 나온다.

이러한 일련의 사건을 통해 석산처럼 명 왕조에 동조해 위소 설립 을 주도한 인물, 위소 지역 일대에서 반란을 일으킨 토사, 그리고 담 우량처럼 위소 설치를 계기로 자신의 권한을 확대하려 했던 인물이 골고루 존재했다는 사실을 알 수 있다. 더구나 석산은 물론, 담우량 의 예에서도 보듯이 세금 징수를 위한 소수민족 사회의 통제도 위소 설치의 중요한 목적이었다는 사실을 확인할 수 있다.

이처럼 위소 설치가 소수민족 지역의 효율적인 징세를 위한 것이라 는 또 다른 사례는 진계군민천호소의 설치다. 해당 설명을 들어보기 로 하자.

홍무 초년, **조책造册을 거부하는 자들 때문에** 해당 현縣의 주부主簿 손

---

34 向子鈞 · 周益順 · 張興文,『來鳳縣民族志』, 民族出版社, 2003, 19쪽.

응룡孫應龍이 효렴孝廉으로 (이곳에) 부임해 동洞에 들어가 (그들을) 초무招撫했다. 각 묘족의 수장들은 아문의 부역이 과중한 반면, 이곳 묘족 지역은 모두 도경화종刀耕火種을 하는 탓에 세금을 부담하기 어려우며 묘족들이 바야흐로 반란을 일으킨다고 (손응룡에게) 절실하게 말하면서 별도의 아문衙門을 세워 (소수민족들을) 단속하고 부역을 경감해 주도록 상주해 달라고 간청했다. 손응룡은 수장 양이楊二 등을 대동하고 수도로 와서 **진계군민천호소의 설치**와 함께 본래 납부해야 할 전량錢糧 1만 3,000석 가운데 1만 석을 덜어달라고 상주했다.[35]

이 상주에 따라 홍무제는 진계소 일대 124채를 10리里로 나누고 양이를 백부장百夫長에 임명해 그곳을 관리하도록 했다. 또한 기령묘채崎零苗寨 132명은 토군土軍에 편입시켜 성지城池를 지키도록 했다. 이러한 일련의 정황은 분명 위소의 설치가 단순한 군사적 이유뿐 아니라, 특정 지역의 묘채를 이갑제로 편입시키기 위한 것이라는 점을 말해 준다. 묘족 지역의 이갑제는 뒤에서 언급할 예정이지만, 진계군민천호소가 설치된 홍무 30년(1397) 정도가 되면 이미 소수민족들의 다양한 반항으로 소수민족 지역의 효율적인 통치가 어려워졌다. 다음 언급에 그러한 정황이 잘 드러난다.

명초 정복을 두려워한 (소수민족들은) 정해진 부세賦稅를 잘 납부했다. 이후 그 지역을 관리하는 토관들은 군사 파견에 응한 후 과다한 지위를 탐하고 맡은 바 임무를 초과하는 벼슬을 받게 되었다. 따라서 해당 관리들의 법령 시행이 어려워졌으며, 아울러 제각각 마을로 내려가 몰래 재물

---

35 段汝霖 撰, 伍新福 校點, 『楚南苗志』(岳麓書社, 2008) 권3, 112~113쪽.

을 갈취했다. 해당 지역의 대다수 백성은 마침내 교활하고 함부로 행동하니, 비로소 난치難治 지역이라 불렀으며 (이 때문에) 정해진 공부貢賦도 납부하지 않았다.[36]

이러한 상황으로 보건대, 호광 일대 위소가 군사 기능을 제대로 수행했다고 보기는 어렵다. 명 중엽 위소 군관과 관병들의 행태는 다음 3장에서 살펴볼 예정이다.

끝으로 명초, 특히 진주부 일대 이러한 위소 설립과 더불어, 순검사巡檢司가 거의 동일 시기에 대대적으로 설치된 점도 언급할 필요가 있다. 즉 진주부 관할 지역 전체에 모두 15개의 순검사가 설치되었는데, 설립 시기가 불명확한 3개 순검사와 도어사 오정거吳廷擧가 설립한 대랄순검사大剌巡檢司를 제외한 나머지 11개는 모두 홍무 연간 초~중엽에 설립되었다.[37] 호북 지역에도 홍무 초년에 각각 연천관순검사連天關巡檢司와 석주관순검사石柱關巡檢司를 설치하고 여러 만인蠻人들의 출입을 통제해 백성들을 보호했다.[38]

지금까지 살펴본 호광 지역의 위소는 당연히 소수민족들을 군사적으로 제압하기 위해 설치된 탓에, 대부분은 특히 반란 발생 후 설치되었다. 그러나 대전군민천호소와 진계군민천호소가 보여주듯이, 군사적 압제 수단이 아닌 촌채 사회의 안정책을 목적으로 설치한 경우도 있었다. 특히 대전군민천호소의 사례는 해당 지역 사회의 많은 유력

---

36 『楚南苗志』 권3, 113쪽.

37 嘉靖 『湖廣圖經志書』 권17, 「辰州府」, 21쪽 하~25쪽 상.

38 同治 『巴東縣志』 권9, 「兵防志」, 21쪽 하. 아울러 홍무 연간 외에 成化와 弘治 연간 호북 지역 전체에 순검사가 약 30여 개나 증설되었는데 이는 분명히 秦巴山 지역 일대 유민들의 반란과 깊은 연관성이 있다. 張建民, 1999, 52쪽 참조.

자들이 위소 설치 초기부터 그 설치에 간여했다는 사실을 말해 준다. 하지만 무엇보다 위소와 순검사가 일찍부터 마련된 진주부나 영순부 일대가 오히려 시주위 지역보다 토사들의 반란이 명 중엽에 훨씬 격렬하게 발생했는데, 이는 명 왕조의 소수민족 통치가 출발부터 매우 불완전했음을 의미한다.

2) 호광 지역 위소의 築城과 屯田

築城과 위소의 구성

위소의 기본적인 역할은 소수민족 지역의 방어였으므로 주둔 병사들의 식량을 해결할 수 있는 둔전의 설치와 성지城池가 필수적이었다. 따라서 여기서는 이 두 사항을 중심으로 당시 호광 지역 위소 운용의 실제를 살펴볼 예정이다.

지방지의 언급에 의하면 호광 지역 위소는 그 설치와 동시에 성지를 건설하지는 않았다. 이를테면 영정위는 홍무 초 지휘 장승張勝이 토성土城을 수축한 바 있으며 대용소도 홍무 중엽 천호 무재武才가 축성했다는 기록이 지방지에 등장한다. 구계위 또한 홍무 초년에는 성지가 없다가 홍무 23년(1390)에 이르러서야 비로소 지휘 여성呂成과 한충韓忠이 성城을 쌓았다. 이처럼 홍무 초~중엽 무렵 축성한 위소가 있었던 한편으로, 마료소麻寮所나 첨평소添平所 같은 곳은 아예 성지가 없었다.[39]

각 위衛의 축성 계기를 모두 밝히는 건 불가능하지만, 구계위의 경

---

39 嘉靖『湖廣圖經志書』 권7, 「岳州府」, 27쪽 하.

우 홍무 24년 하득충의 반란이 발생하자 동천후東川侯(胡海, 1329~1391)에게 그것을 토벌하도록 하고 비로소 위치衛治를 건설했다는 기록[40]은 각 위소의 축성이 일단은 군사적 이유였다는 사실을 말해 준다. 다른 한편 영정위의 축성의 계기는 이런 구계위와 달랐다. 본래 영정위 지역에는 영순토사 경내에 있던 양산위羊山衛가 홍무 2년(1369)에 설치됐다. 하지만 이 양산위는 영순사 서쪽 80리에 위치한 탓에, 군향軍餉의 운반이 쉽지 않았다. 지휘 황상黃常이 이곳을 직접 둘러본 후, 자리현慈利縣 12도都 지역으로 위치衛治를 옮겼으며 그 이름을 대용위大庸衛라 했다. 이후 홍무 4년(1371) 상덕常德 지휘였던 장승이 이곳으로 부임해 본격적인 축성이 이루어졌으며, 홍무 31년(1398) 비로소 영정위라 불리게 되었다.[41]

영정위를 기준으로 축성의 규모를 살펴보면 그 주위가 2,010장丈에 9리 120보步였으며, 높이는 2장 4척이었다. 그 위에 낮은 담을 다시 올려 쌓는 치첩雉堞을 1,650장 길이로 쌓았으며 그 높이는 4척이었다. 이 치첩 위에 다시 와포窩舖 62개를 두었는데, 아마도 이것은 높은 곳에서 아래를 조망하는 망루였을 것이다. 한편 일반적으로 성城 밖에 파놓았던 해자는 총 길이 636장에 깊이는 1장 5척, 넓이는 2장 8척이었다.

이후 지속적인 증축이 이루어져 수비 주무창朱武昌이 치첩을 2,850장으로 증가시키는 한편, 만력 4년(1576) 수비守備가 다시 남북의 문루 두 곳을 수리한 바 있다. 그러나 명대 후기로 내려올수록 성지가 제대로 유지되지 못했으며 초기보다 그 규모가 매우 축소됐다. 이러한 사

---

40 袁實,「九溪衛之序」, 嘉靖『湖廣圖經志書』권7,「岳州府」(文), 117쪽 하.
41 이하 영정위 관련 내용은 康熙『永定衛志』권1,「地輿」(建置), 26쪽 상~하 참조.

실이 기재된 『영정위지永定衛志』가 강희 24년(1685)에 간행된 점을 감안하면 이러한 성지는 명말에 이르러 그 흔적을 찾기 어려울 정도로 훼손된 상태였을 것이다.

이러한 상황은 위소 군인들도 동일했다. 명 홍무 초년 당시 영정위 관할 다섯 개 소의 총기總旗는 10명, 소기小旗는 50명, 병력 수효는 5,548명이었으나 가정 초가 되면 이것이 각각 8명, 23명, 1,365명으로 축소되었으며 만력 연간에는 다시 병력이 1,217명으로 감소되었다. 만력 연간의 이러한 병력 수효는 대체로 위衛가 5,600명, 소所가 1,120명을 각각 유지해야 한다[42]는 명대 규칙과 비교하면 한 위의 병력이 겨우 1개 소의 규모에 불과했다는 사실을 알 수 있다.

이러한 위소는 대략 어느 정도의 주민들을 통치하고 있었을까? 이를 확인하기 위해 작성한 〈표 2-2〉는 가정 연간 당시 시주위 관할 인구 수치를 정리한 것이다.

〈표 2-2〉 施州衛 관할 인구와 賦稅

지역	戶數	口數	구수/호수	田土(頃)	賦稅(石)
동향오로	110	517	4.7	–	10(秋糧粟米)
용담	110	516	4.7	2(山地)	10(추량속미)
대왕	111	847	7.6	1.7(산지)	9(추량속미)
산모	153	1,231	8	3.1(산지)	17(추량속미)
충효	153	975	6.4		–
목책	187	892	4.8	–	8
당애	190	645	3.4	–	10
충동	220	1,375	6.3	–	6

---

42 光緖 『興山縣志』 권13, 「營汛志」, 1쪽 상.

지역	戶數	口數	구수/호수	田土(頃)	賦稅(石)
고라	220	916	4.2	–	3
진남	250	1,120	4.5	1	5
금동	273	1,531	5.6		15(추량)
충건	293	1,213	4.1	–	4(추량속미)
시남	330	2,957	9	–	65(秋糧)
충로	350	1,530	4.4		–
대전	2,078	3,306	1.6	155(둔전지)	1556(둔전량)
시주	2,931 (성화 8년)	15,530	5.3	141 (성화 8년)	1068
	3,333 (정덕 7년)	27,291	8.2	–	738 (정덕 7년)
총계	8,361	46,862	5.6	–	–

출처: 嘉靖『湖廣圖經志書』권20,「施州衛」, 17쪽 하~18쪽 하.

〈표 2-2〉는 호수가 많은 순서대로 작성한 것이다. 얼른 봐도 위 〈표 2-2〉에 등장하는 일부 수치는 동일하며, 애초부터 명 왕조가 소수민족 지역의 정확한 인구를 파악하려 했다고 볼 수는 없으므로 이 수치를 전적으로 신뢰하기는 아마 어려울 것이다. 이런 시주위는 주변 지역을 군사적으로 통제할 여력이 있었을까?

〈표 2-2〉에 나와 있는 것처럼 가정 연간 당시 시주위의 인구가 약 4만 7,000여 명에 달했는데, 이러한 인구 수효보다 시주위의 관할 범위가 동서로 1,400리에 남북으로 1,380리에 달했던 사실을 상기하면 4,600명의 병력으로 이 모든 지역을 효율적으로 통제하기는 사실상 쉽지 않았을 것이다.[43] 아울러 대부분의 토사 관할이 산악 지역인 점

---

43 특히 명 중엽 이후 施州衛의 군사적 약화에 대해서는 陳文元,「在國家和土司之間:

도 방어의 어려움을 가중시켰다.

이런 병력 수효는 귀주성의 여러 위소와 비교해도 상당히 적은 편이다. 이를테면 호광 지역의 가장 큰 위소인 시주위의 병력이 4,679명이었던 데 비해, 청랑위 6,244명, 편교위와 진원위鎭遠衛가 모두 5,600명이었다. 또한 동고위銅鼓衛는 1만 8,036명이었으며 위치衛治가 여평부黎平府의 부치府治와 같이 있었던 오개위五開衛는 3만 2,261명의 병력이 있었다. 더구나 시주위의 병력 수효는 동일 호광 지역에 있던 진주위의 병력 6,273명보다 더 적었다.[44] 그러므로 귀주, 사천, 호광 중 소수민족의 촌채가 가장 많은 곳이 호광성이라는 사실[45]을 상기하면 호광지역 위소들의 부담이 다른 지역의 위소보다 매우 컸다고 할 수 있다.

다른 한편 호광 지역의 위소가 홍무 초년부터 대대적으로 설치되었지만 위소 내 군관이나 관원들이 처음부터 일률적으로 마련되지는 않았다. 영정위와 구계위는 설립 초기에는 지휘만 존재했을 뿐 다른 무관들은 존재하지 않다가, 경태景泰 연간(1450~1456) 초년에 이르러 비로소 수비가 설치되었다. 이어 홍치弘治 연간(1488~1505)에 이르러 예주澧州 판관判官 1명을 대용소에 상주시켜 구계, 영정, 안복, 대용의 4개 위소를 감독하도록 했다.

정덕正德 10년(1515)에 이르러서야 호광순무 진금秦金이 주판州判 1명으로는 이 지역의 번잡한 사무와 군사 업무를 감당하기 어려우니 악주부岳州府에 통판通判 1명을 설치해 이곳의 병량兵糧과 소송 등을 관할하도록 해야 한다고 상주하자, 정덕 13년에 비로소 통판 1인이 증설되었다. 영정위보다 규모가 컸던 구계위에 통판이 설치된 시기가

衛所制度的變遷與轉型」, 『武陵學刊』 42권, 5기, 2017, 79쪽 참조.

44 萬曆 『湖廣總志』(四庫全書存目總書, 齊魯書社, 1996) 권29, 「兵防」(1), 14쪽 상.

45 陳珊, 「征苗議」, 萬曆 『銅仁府志』 권8, 「兵防志」, 18쪽 하.

만력 연간(1573~1620)인 점[46]을 감안하면 명 왕조가 위소의 관리 설치에 그리 관심이 크지 않았다는 사실을 확인할 수 있다. 명 중~후기에 이르러 이런 문관을 설치한 가장 큰 이유는 영정위의 예가 보여주듯 시간이 지날수록 위소의 행정이 번잡해졌기 때문이다.

이웃 귀주 지역의 상황은 호광 지역의 위소와 약간 달랐다. 그 이유는 아마도 귀주 지역의 위소가 기본적으로 '부위동성府衛同城' 혹은 '주위동성州衛同城' 체제로 출발했기 때문일 것이다. 물론 귀주 지역도 소수민족 반란으로 위소가 공격받은 사례가 사료에 빈번히 등장한다. 그러나 앞에서 거론한 평계위는 오히려 영정위보다 성의 규모가 작아서 높이 1장 2척과 넓이 1장 2척에 그 주위가 1,102장이었다.

이처럼 규모 자체는 작았으나 문루門樓 5개, 월성月城 3개, 전각루轉角樓 4개, 득승루得勝樓 1개에 더하여 7개의 수두水竇가 존재했으며, 성 밑은 마도馬道가 있어 순시가 편했다. 더구나 동북쪽으로는 산에 의지하고 서남쪽도 산을 넘어야 하는 지형 탓에 쉽게 이곳을 침범하지 못했을 것이다. 곽자장(郭子章, 1543~1618)이 이곳의 성원城垣이 견고하다고 피력한 이유도 바로 이러한 지형 때문이었다. 경태 연간(1450~1456) 평계위를 침범한 1만여 명의 홍강묘洪江苗를 물리칠 수 있던 건 이처럼 견고한 성벽 덕분이었으며, 명 왕조는 이 승리를 기념하기 위해 바로 이곳에 득승루라는 이름의 문루를 건설했다.[47] 호광 지역의 위소에 비해 평계위와 같은 귀주성의 일부 위소의 성이 좀 더 완비된 형태였다는 점을 확인할 수 있는 좋은 예는 융경隆慶 4년(1570) 사남부思南府의 부치府治를 아예 평계위로 옮긴 사실이다.[48]

---

46 康熙 『九溪衛志』 권1, 「職官志」, 5쪽 상.
47 郭子章, 萬曆 『黔記』 권5, 「輿圖志」(2), 102쪽 하.
48 『明實錄』 권43, 隆慶 4년 3월 18일.

융경 3년 귀주순무로 부임한 왕쟁王諍은 사남부의 부치가 지나치게 좁으며 그 일대 주민들이 적어 묘인들을 통제할 수 없다고 말했다. 이런 이유로 부치를 평계위로 옮겼을 텐데, 이런 점으로 미뤄 평계위는 묘인들의 방어와 통제에 적절한 성곽 체제를 갖췄다고 할 수 있다. 따라서 앞서 언급대로 귀주 지역 상당수 위소가 부위동성이거나 심지어 사위동성司衛同城 체제였다. 그리고 이 체제의 목적이 기본적으로 위소의 무력을 빌려 일반 백성들을 통제하기 위한 것[49]이었으므로 실토위소實土衛所 위주의 귀주성에 비해 호광의 위소는 그 규모나 기능이 그리 완전하지 못했다.

본래 명조는 안찰사와 도관都官 한 명이 매년 위소 지역을 순찰하고, 또한 어사도 위소 지역을 간헐적으로 직접 살피도록 했다. 영락 초년 형주荊州, 구당瞿塘, 구계九溪, 영징永定, 시주위에 수비를 설치해 역시 순찰하도록 했다. 이어 가정 45년(1566)에는 황중黃中의 반란으로 특별히 병비도兵備道를 설치해 이릉주彛陵州에 주둔시키고 시주위를 순찰하도록 했다. 그러나 장거정(張居正, 1525~1582)이 들어선 후 이를 철폐했으며 천계天啓 연간(1621~1626) 사숭명(奢崇明, 1561~1629)이 반란을 일으켜 중경重慶을 차지하자 이를 회복시켰다. 그러나 사숭명의 반란이 잠잠해지자 병비도를 다시 철폐했다.

병비도를 철폐하는 대신 형주부 통판에게 이 지역의 이족夷族들을 위무慰撫하고 시주를 전적으로 통제하도록 했으며 융경 3년에는 통판을 동지同知로 대체했다.[50] 장거정이 병비도를 폐지한 이유는 소위 '관

---

49 부위동성의 실상과 이에 따른 소수민족 통제의 문제점은 정철웅, 「明代 소수민족 통치의 一面—黔東南 邊六衛 운용의 실상과 五開衛 款軍의 반란—」, 『東洋史學研究』 143집, 2018 참조.
50 同治 『咸豐縣志』 권11, 「武備志」, 2쪽 하.

원이 많으면 백성들이 동요하고 비용이 많이 들어간다.'[51]는 매우 평범한 구실이었다. 따라서 장거정의 시각이 명 중엽 이후 이 지역에 대한 관원들의 일반적인 입장이었다는 점에서 관료들이 호광 지역 위소를 크게 중시하지 않았음을 알 수 있다. 물론 다른 지역과 비교를 통해서만 좀 더 보편적인 결론을 내릴 수 있겠지만, 적어도 장거정의 언급은 호광 지역의 위소가 소수민족 지역에 대한 일률적이고도 항구적인 통치에 관심을 둔 게 아닌, 일시적인 군사 목적에 대응하려 했던 성격이 강했다는 사실을 의미한다.

위소의 屯田

이런 점에서 호광토사의 둔전도 다른 지역을 압도할 정도로 넓은 면적은 아니었다. 둔전은 위소 군인에게 식량을 공급하는 가장 중요한 물적 토대인데, 구계위에서 명확하게 확인할 수 있는 것처럼 기본적으로 위衛와 둔보屯堡는 '자징자식自徵自食'[52]이 원칙이었다. 먼저 호광 지역 각 둔전 면적과 둔전량을 살펴보기로 하자.

〈표 2-3〉 명대 호광 지역 주요 위소의 屯田 면적과 屯糧

衛·所名	둔전 면적(頃)	둔량(石)
大庸所	175.99	993
施州衛	206.6	2,058
鎮遠衛	208.78	2,512
大田軍民守禦千戸所	250.6	1,556

---

51 張居正,「與湖廣巡撫議撤施州兵備書」, 同治『恩施縣志』권10,「藝文志」(文), 1쪽 하.
52 康熙『九溪衛志』권1,「建置沿革志」, 1쪽 하.

衛·所名	둔전 면적(頃)	둔량(石)
平溪衛	256.61	3,853
偏橋衛	282.24	3,793
安福所	320.19	2,143
銅鼓衛	354.75	4,653
淸浪衛	389.41	4,574
辰州衛	1,033.91	14,116
五開衛	1,251.43	16,598
九溪衛	1,467.25	6,795
永定衛	1,467.25	568

출처: 萬曆『湖廣總志』권29, 「兵防」(1), 16쪽 상~20쪽 상.

〈표 2-3〉은 둔진 면적의 크기에 따라 위소를 열거한 것이다. 이 표를 보면 무엇보다 시주위의 둔전 면적이 오히려 호광 지역 위소 가운데 좁은 축에 들며 당시 호광도사 관할 위소 중 둔전이 가장 넓었던 곳은 오히려 구계·영정위라는 사실을 알 수 있다. 심지어 첨평과 마료소처럼 아예 둔전이 없는 곳도 있었다.[53] 그러므로 각 위소는 지역 방어라는 기본적인 업무 외에 위소 일대를 간전해 둔전 면적을 증가시키는 데 많은 노력을 기울였으며,[54] 다음 서술에서 확인할 수 있듯

---

53 이 부분은 萬曆『湖廣總志』의 편찬자들이 누락시켰을 가능성이 크다. 그러나 영락 연간 千戸 覃文孫의 納土 당시 添平所의 土糧이 3,252석이라고 보고한 바 있다. 麻寮所도 慈利縣의 17都와 19都에 附屬되어 있는 곳은 그 錢糧을 '免七徵三'으로, 자리현 22도, 3도, 4도, 5도에 부속된 곳은 '免三徵七'로 했다는 규정이 있는 걸 보면, 징세 대상 田土가 존재했음을 알 수 있다. 容美土司文化硏究會編, 『容美土司史料文叢』(1輯), 中國文史出版社, 2019, 261~263쪽.

54 康熙『永定衛志』권2, 「田賦」, 40쪽 상. 여기서 언급하는 것처럼 대체로 위소는 병력의 30%가 방비를, 70%가 둔전을 경작했다.

이 이런 간전 노력이 토사 지역에 대한 침범으로 이어지는 경우도 빈번했다.

홍무 14년(1381) 시주위 지휘첨사로 부임한 주영朱永이란 인물이 시주위 동북 지역 일대를 개척해 군민軍民 수천 호가 편히 살 수 있었다는 기록이 그런 예[55]인데, 위소의 이러한 개간 노력은 다른 지역에서도 동일하게 발견된다.[56] 그러한 사실을 직접 확인할 수 있는 곳 중 하나가 바로 영정위다. 만력『호광총지湖廣總志』를 근거로 작성한 〈표 2-3〉에서 영정위의 둔전 면적이 약 1,467경頃으로 나와 있지만, 강희 『영정위지』에는 이 영정위의 본래 둔전 면적이 510경頃 70무畝로 기재되어 있다. 그런데 강희『영정위지』에 "이후 지속적으로 경작 면적이 증가했다."[57]라는 기록으로 미뤄, 본래 둔전 면적이 정해진 후 개간이 계속되었음을 알 수 있다. 다만 해당 개간 면적은 본래 둔전 면적과 별도로 파악했다고 볼 수 있는데, 이러한 정황은 각 위소가 개간을 통해 경작 면적을 확대하려고 노력했다는 사실을 의미한다.

그런데 개간이 지속적으로 이루어졌다는『영정위지』의 언급 바로 뒤에 다시 "본래부터 경종耕種해 온 자리현慈利縣의 기장奇莊 민전民田이 598경 46무"라는 언급이 등장하는데 이는 영정위 주민 일부가 자리현에서 경작했다는 의미다. 그 가장 큰 이유는 인근 주·현州·縣에 있던 영정위의 둔전은 영정위의 위치衛治에서 500~600리 떨어져 있었기 때문이며,[58] 결국 대부분의 둔전민도 자연스럽게 주변 주현에 거주

---

55 同治『恩施縣志』권4,「職官志」(名宦), 26쪽 상.

56 「屯田襄陽墾田」,萬曆『湖廣總志』권95,「雜紀」(1), 13쪽 상~하.

57 康熙『永定衛志』권2,「田賦」, 40쪽 상.

58 康熙『永定衛志』권1,「地輿」(建置), 29쪽 하.

하는 자들이었다.[59] 이처럼 둔전이 위소 지역과 멀리 있던 탓에 다음에서 설명할 부세賦稅의 할당과 징수 문제가 대두될 수밖에 없었다.

이런 일련의 정황을 고려하면 결국 둔전과 둔전민에 대한 체계적이며 일관된 관리가 사실상 불가능했는데, 명말에 이르면 위소의 잔존 군인들이 겨우 10~20%에 불과했던 이유도 여기에 있었다. 둔전의 이러한 피폐 상황을 강희『영정위지』는 다음과 같이 설명한다.

영정 지역은 사동司峒과 인접해, 그 방어가 반드시 엄해야 한다. 명초에는 당唐의 부병제府兵制를 본떠 관병官兵을 설치해 변방을 통제했다. (특별한) 사단이 발생하지 않으면 쟁기를 손에 들고 농사에 힘썼으며 사단이 생기면 무기를 들고 적을 방어했다. 곡식을 운반해야 하는 수고로움이 없었으며 병사의 감소로(병사를 다른 곳에서) 불러 와야 하는 걱정도 없었다 … 구계위와 영정위는 예주澧州에 둔조屯操를 설치하고 매년 상강霜降 이후 예주로 가서 훈련했으며 입춘 이후 커다란 열병식을 치르고 그 (훈련) 부대를 해산시켰다. (네 계절 중) 한 계절은 훈련하고 나머지 세 계절에는 농사에 힘썼기 때문에 백성들의 경작에 방해가 되지 않았다. 병졸 또한 장소를 옮겨 훈련을 받았으므로 본주本州의 군영은 마침내 호광 서쪽 일대의 최정예 부대가 되었다.

평화로운 시기가 오래 지속되자, 지휘와 천·백호千·百戶 등이 안일에 젖고 기旗와 이갑의 군인이 도망가거나 부역賦役을 회피하게 되어 둔전屯田이 황폐해지고 병향兵餉이 부족해졌으며, 무비武備가 해이해져 바로잡을 수 없게 되었다.[60]

---

59 康熙『永定衛志』권2,「田賦」(風俗), 51쪽 하.
60 康熙『永定衛志』권2,「田賦」(武備), 59쪽 하~60쪽 상.

토벌 작전이 전개되면 병향의 공급을 두고 호광성과 줄곧 갈등을 빚은 이웃 귀주성의 자료가 잘 보여주듯이, 호광성 위소도 각 둔전마다 나름의 책임자 및 경작자가 있었지만,[61] 이러한 도망자의 발생으로 위소의 가장 기본적인 구성 요소인 둔전 경영은 분명히 막대한 피해를 입었다. 따라서 후대로 내려올수록 전체 둔전 면적이 오히려 증가한 귀주성[62]과 달리 호광성 위소의 둔전 면적은 거꾸로 축소되었다.

그런데 이런 위소 책임자들 대부분이 해당 지역에서 오랫동안 유력자로 행세해 온 토착 세력이라는 점은 상당히 주목할 만하다. 더구나 호남 지역의 구계위와 영정위 일대 위소의 경우 소所는 물론 소 아래의 애관隘官도 해당 지역의 세습 토착 세력이었으며 그 구성과 군사적 능력 면에서 어지간한 위衛와 맞먹을 정도로 그 세력이 상당했다. 이런 애관은 물론 천총千摠이나 첨사僉事도 빈번히 재지의 토착 세력이었다는 점에서 위소를 구성한 다양한 계층을 살펴볼 필요가 있다.

3) 위소 軍官

위소의 토착 軍官

위소의 관군이나 병사들의 재지적 성향을 확인하기에 앞서 명 초기 대다수 위소 군관들은 오히려 외부 지역 출신자였다는 사실을 상기할 필요가 있다. 무직선부武職選簿를 이용해 이 문제를 정치하게 거론한 기존의 연구를 인용하면 명 제국 건설 당시 주원장의 부하로 전투에

---

61 乾隆『鎭遠府志』권20, 「軍制志」, 12쪽 상.
62 萬曆『黔記』권19, 「貢賦志」(上), 14쪽 하.

참여한 자를 의미하는 종정從征, 주원장에게 투항한 사람들인 귀부자歸附者, 죄를 지어 병사로 전락한 자로서 명초 위소 군병의 중요한 자원이 된 적발謫發, 일반 민호를 징발해 군호軍戶에 편입시킨 타집垜集 등의 방법을 통해 위소 병력을 구성했으므로 명 초기 위소 병사들의 상당수는 해당 위소 지역 출신자가 아니었다.

그러나 이런 외부 지역 출신자들이 해당 지역에서 장기간 거주했으며, 한편, 특히 군공軍功을 통해 무관에 진입한 경우가 지속적으로 증가했다. 가정 연간 첨사詹事 곽도霍韜는 홍무 초년 무직자武職者의 수효가 2만 8,000여 명이었으나 성화 5년(1469) 이 수치가 8만 1,000명으로 약 네 배가 증가했다고 언급한 바 있다. 정덕 연간이 되면 무관의 수효가 약 10만이라는 언급이 심심치 않게 등장하는 걸 보면 명 중엽 이후 위소 군관이 외부 출신자가 아닌 세습 부관 집단이었다고 할 수 있다.[63] 위소 군관의 이러한 재지성과 관련해 앞서 진계군민천호소의 설치에 중요한 역할을 한 손응룡을 사료에서는 다음과 같이 기록하고 있다.

(손응룡은) 진강부鎭江府 단양현丹陽縣 출신으로 효렴孝廉에 발탁되어 노계현盧溪縣 주부主簿를 담당했다. 홍무 28년(1395) 만묘蠻苗들의 겁탈이 반복되자, 손응룡은 친히 가서 (소수민족)을 초무했다. 진계천호소의 개설을 상주上奏했으며, 이어 응룡을 진무鎭撫로 삼아, 만이蠻夷를 초무招撫하고 관리하도록 했다.

---

63 이상의 무관 집단에 대한 언급은 梁志勝, 『明代衛所武官世襲制度研究』, 中國社會科學出版社, 2012, 45~73쪽과 94쪽에 근거한 것이다.

이런 서술과 함께 다시 해당 사료는 약간의 설명을 덧붙였다.

손응륭孫應隆은 『영수청지永綏廳志』에 손응룡孫應龍으로 표기되어 있다. 그는 당시 만이를 초무했다고 전해지는데, (초무한 이유는) 소수민족들의 약탈이 빈번해서가 아니라 그들이 호적戶籍에 편입되기를 거부했기 때문이다. 손응륭이 진계소진무鎭溪所鎭撫가 된 후 그 후손들의 가택과 토지는 모두 건주청乾州廳의 성성城域 동쪽에 있었으며, (후손이) 심히 번창했다. 현재 진계 마경유馬頸峪 및 희작영喜鵲營 각처에 사는 손씨는 모두 손응륭의 후손들이다.[64]

위 두 인용문은 앞에서 언급한 위소 설치의 또 다른 목적, 다시 말해 특정 지역의 이갑제 편성을 위해서 설치했다는 사실을 다시 한 번 확인시켜 준다. 그러나 손응룡이라는 인물이 저 멀리 장강 하류 지역의 진강부 단양현 출신으로 진계 일대 소수민족을 초무했으며, 그의 후손이 현재까지 그 지역에 뿌리내리고 있는 점도 흥미롭다.

기존의 연구 결과는 물론 앞의 손응룡의 사례가 보여주듯 명 초기 위소의 상당수 군관은 확실히 타지에서 이주한 한족 또는 관리들이었다. 이런 사실과 관련된 또 다른 예는 홍무 9년(1376) 예주천호소澧州千戶所를 없애고 대용위를 설치한 후, 상덕위 지휘첨사指揮僉事 장승을 책임자로 임명했던 경우다.[65] 또한 홍무 30년(1397)에 설치된 진계군민 천호소의 천호 단문段文 역시 강서성 건창建昌의 천호였으며, 귀주 오 살위烏撒衛 출신의 진아陳牙와 사천 노주위瀘州衛 출신의 송귀宋貴가 각

---

64 이상 손응룡 관련 두 인용문은 沈瓚 著, 伍新福 校點, 『五溪蠻圖志』, 岳麓書社, 2012, 144쪽 참조.
65 『明實錄』 권105, 洪武 9년 4월 17일.

각 진계소의 부천호副千戶를 담당했다.[66]

더구나 명대 시주 일대에는 현縣이 설치되지 않은 채, 시주위에 무이동지撫夷同知 1명, 유학교수儒學教授 1명, 훈도訓導 1명, 위경력衛經歷 1명을 각각 설치했기 때문에, 위소의 관리들이 일반 행정 업무도 관리했다. 그리고 이러한 위소 관리들도 사실상 외지인이었다.[67] 명 중엽 이후 위소제도의 운용이 원활하지 못한 경우가 많긴 했으나, 이들 외지인은 소수민족 사회의 안정에 크게 기여한 경우도 존재했다.[68]

다른 한편으로는 산모동 담씨 일가의 예가 보여주듯, 위소의 상당수 주요 관리들이 토사제도하의 토관과 마찬가지로 재지의 유력자 혹은 토추인 경우도 존재했다. 이를 입증해 주는 중요한 예 가운데 하나가 은시현恩施縣으로서 은시현은 강희 3년(1664)에 이르러 비로소 토착 지휘와 천백호를 폐지하고 수비와 전총千總을 유관으로 대체했다.[69]

물론 대다수 사료가 토사의 주요 토관만을 언급하는 탓에 위소 관리들의 실상을 추적하기가 쉽지 않지만, 다음 몇 가지 실례는 재지의 유력자들이 위소의 행정과 군사 업무를 담당했음을 보여준다. 이를테면 소위 세습위지휘사世襲衛指揮使나 세습위백호世襲衛百戶라는 명칭을 지닌 위소 군관이 존재했는데, 시주위의 주경세周經世란 인물이 20년 동안 세습지휘로 있었던 사실이 그 좋은 예다.[70]

이처럼 세습 지위를 가진 예를 좀 더 정확하게 파악할 수 있는 경

---

66 『湖南地方志少數民族史料』(上), 1991, 115~116쪽.

67 同治『恩施縣志』권4, 「職官志」, 11쪽 하.

68 同治『增修施南府志』권21, 「官師志」(名宦), 3쪽 하~4쪽 상에 등장하는 朱永이란 인물이 대표적인 예다. 鳳陽 출신으로 홍무 14년(1381) 施州衛 指揮僉事로 부임한 그는 軍民 數千家를 安集시킨 후, 廣東都指揮로 승진했다.

69 同治『恩施縣志』권4, 「職官志」, 9쪽 하.

70 同治『增修施南府志』권24, 「人物志」(行誼), 6쪽 상.

우가 시주 출신인 동창童昶이란 인물이다. 천순天順 연간 지휘첨사指揮僉事를 지낸 그는 사천 언본서鄢本恕의 반란과 광서성 단등협斷藤峽 일대 반란 진압에 혁혁한 공을 세운 것으로 널리 알려진 인물이다. 이러한 공로로 동창은 정주참장靖州參將과 회안총진淮安總鎭을 지내기도 했다.[71] 이후 동창의 둘째 아들인 동희익童希益 역시 토구土寇 황중黃中이 가정 연간에 반란을 일으키자 「안변십이책安邊十二策」을 올리는 한편, 군자금을 조달해 토벌에 참여했다.

이후 경력 왕택汪澤 등이 동희익의 전공戰功을 서훈하려고 하자, 그는 그것을 사양하는 대신 자신의 큰아들인 지휘 동양렴童養廉의 죄를 면제해 달라고 요구했다.[72] 동씨 일가의 행적은 다시 숭정 연간 거인舉人에 오른 동천열童天閱[73]을 끝으로 시남부 일대 지방지에 더 이상 등장하지 않지만, 시주위의 동씨 일가는 분명히 이 지역의 유력한 세력자였다. 동천열과 함께 시주위 세공歲貢이었던 동천구童天衢, 동희익과 더불어 등장하는 동희석童希賜[74]은 구체적인 증거가 불충분하지만, 사실상 일족이었을 것이다.

지방지 외에도, 당시 위소 군관의 상당수가 토착 세력이었다는 사실이 호광 지역 일대 족보에 다수 등장한다. 그 좋은 예 가운데 하나가 은시현의 초씨焦氏 일가다. 은시현의 『초씨족보焦氏族譜』는 다음과 같이 기록하고 있다.

---

71 同治『增修施南府志』권24, 「人物志」(鄕賢), 2쪽 하.
72 同治『增修施南府志』권24, 「人物志」(鄕賢), 3쪽 상.
73 同治『恩施縣志』권9, 「人物志」(行誼), 7쪽 하.
74 童天衢와 童希賜에 대한 기록은 각각 同治『恩施縣志』권9, 「人物志」(行誼), 7쪽 하와 同治『增修施南府志』권24, 「人物志」(鄕賢), 2쪽 하 참조.

명 태조 홍무 신유년辛酉年(1381) **호광 시주위에 발탁되어** 마자암磨子巖이란 곳을 지켰으며 그런 이유로 (이곳에서) 2년을 거주하다가 가업을 안정적으로 이어갈 곳을 사방으로 찾아다닌 끝에, 남향南鄕의 안락둔安樂屯과 초팔두焦八斗를 얻어, 갑자년甲子年(1384) 봄에 이곳으로 이주해 왔다. 아내와 자식들을 거느리고 함께 거주해 만력 연간까지 207년 동안 지내왔는데[75] 불행하게도 만력 9년(1581) 패잔병들의 소요로 서민들이 불안해하는 한편, 병사들은 강하고 백성들은 힘이 없어 안전한 삶을 영위할 수 없게 되자, 마침내 (다른 곳으로) 피신하기에 이르렀다. 다행히 당애토사唐崖土司 후성侯姓과 결혼해 길한 것을 따르고 흉한 것을 피할 수 있게 된 것이 수십 년이 흘렀다.[76]

위 언급을 그대로 믿을 수 있다면, 은시현의 조씨 일가는 안락둔과 초팔두라는 곳에서 적어도 200년 이상을 산 이 지역의 유력 가문이었다. 또한 전쟁과 같은 외부 압박으로 일족을 유지하기 어려운 상황이 발생하면, 외부 유력자와 통혼을 통해 자신들의 세력을 유지하려 했다는 사실도 위 인용문에 드러나 있다.

바로 이러한 사람들이 특정 지역 위소의 군관을 담당했는데 다시 시남토사의 『담씨가보覃氏家譜』의 일부를 살펴보기로 하자.

담우인覃友仁의 아들 서조緖祖와 서조의 아들 첨순添順은 원말 민란 발생으로 주군主君이 없어지자, 흉도를 차단하고 양민을 안정시키니 대중들

---

75 이 언급으로 미뤄 焦氏 일가들은 홍무 17년인 1384년부터 만력 19년인 1591년까지 이곳에 살았다고 추정할 수 있다. 이 기간 중 만력 9년(1581) 병란이 발생했던 것처럼 보인다.

76 『鄂西少數民族史料輯錄』, 1986, 98쪽.

이 귀부歸附하기에 이르렀으며 태의채台宜寨의 우두머리로 추대되었다. 명조가 흥기하자 첨순이 의병義兵을 이끌고 명 왕조에 귀부했다. 홍무 2년(1369) 첨평태정천호토관添平台正千戶土官을 설치하고 첨순을 무덕장군武德將軍으로 봉했는데 자손들이 (그 지위를) 세습하는 한편 **군軍을 관장하는 정천호正千戶를** 담당했다. 이것이 첨평소添平所의 담씨 일족이 현재 번창하게된 이유이며, 시주에는 또한 서조의 아우 복조福祖가 낳은 첨우添右가 있었는데, (그 둘은) 모강茅岡에 분거하면서 동장峒長을 맡았으며 그 후손들은 만력 연간에 **세습지휘첨사世襲指揮僉事를** 제수받았다.[77]

여기서 등장하는 담씨는 홍무 연간 오면아의 반란으로 여러 토사와 해당 지역에 많은 피해가 발생한 후, 영락 2년(1404) 다시 만민蠻民들을 초치해 치소 설립을 요구하자 시남과 산모 두 장관사의 설치를 허락받은 담우량覃友諒[78]의 선조들이다. 앞서 위소 설치 과정에서 이미 언급한 바로 그 담씨 일족인데 해당 족보가 언급하듯이, 시남의 담씨들은 이후 금동, 충로, 당애안무사 등을 역임했으며, 원대부터 존재한 담씨의 일부 후손이 첨평 일대의 세습천호를 담당했다.

흥미로운 사실은 이들 담씨도 족보의 기록을 믿는다면 담씨 가계가 시작된 이후부터 계속해 왕씨王氏, 전씨田氏, 향씨向氏, 팽씨彭氏, 염씨冉氏 가문 출신의 여자와 결혼한 점이다.[79] 거꾸로 이천 충효사의 전씨들이 지속적으로 담씨와 결혼한 사실[80]로 미뤄 일찍부터 호광 소수

---

77 『鄂西少數民族史料輯錄』, 1986, 64쪽. 한편 이 인용문에 등장하는 覃添順의 명 왕조 귀부 시기는 홍무 원년(1368)이었다. 『湖南地方志少數民族史料』(下), 1992, 501쪽.

78 『明實錄』 권31, 永樂 2년 5월 5일.

79 『鄂西少數民族史料輯錄』, 1986, 63~66쪽에 등장하는 施南司의 『覃氏家譜源流』 참조.

80 『鄂西少數民族史料輯錄』, 1986, 81쪽에 등장하는 利川 忠孝司의 『田氏族譜』 참조.

민족 지역의 소수민족들이 매우 복잡한 혼인 관계로 연결되어 있다는 점을 쉽게 짐작할 수 있다. 나아가 이러한 정황은 특정 지역의 위소 군관이 위소 설치 초기부터 이처럼 강력한 해당 지역의 토착 세력으로 충당되었다는 매우 중요한 증거다.

이런 점에서 명 왕조의 중요한 군사제도이자 특히 소수민족 지역에서는 토사제도와 함께 중요한 군사 업무를 담당하던 위소제도 자체를 달리 생각할 필요가 있다. 위소 군관의 상당수는 여기서 설명한 것처럼 해당 지역의 토착 세력이었기 때문이다. 이런 전제가 가능하다면 역시 전형적인 토착 세력인 토관과 위소 군관 사이의 구분이나 관계는 또 어떻게 설정해야 할까? 이런 점을 좀 더 명확히 하려면 더 많은 사례 연구가 필요하겠지만 실증적인 측면에서 아래에서 거론할 사항은 확실히 주목할 만하며 호광 지역 소수민족 사회를 살펴보는 내내 그것을 확인할 수 있으리라 생각한다.

그것은 명 왕조가 소수민족 사회에서 운용한 토사제도와 위소제도의 본래 목적과 전혀 무관하게 이 두 제도의 실질적 구성원들인 토관과 군관들은 매우 빈번하게 협력과 경쟁을 전개했다는 점이다. 물론 그들 사이의 협력이나 경쟁이 명 왕조에 긍정적인 영향을 끼치지 못했으며 오히려 명대 소수민족 사회를 동요시킨 경우가 대부분이었다.

그러나 그런 동요 자체를 소수민족 사회의 위기라고 규정하는 건 편견에 불과하다. 나아가 위소 군관과 병사들의 입장도 달랐다는 사실을 가정할 수 있다면 실제 위소 군관이 휘하 병력을 강력한 리더십으로 지휘할 수 있는 상황도 아니었을 것이다. 그러므로 소수민족 사회를 파악하고자 할 때, 우선 토사제도와 위소제도와의 관계, 이어 토관과 개별 소수민족, 그리고 위소 군관과 병사라는 세 축을 병렬적으로 볼 필요가 있다. 더구나 이 세 축에서 파생되는 다양한 관계를 다시 고려한다면 소수민족 사회를 단순한 민족 차원에서 파악하는 건 위험한 시각이다. 소수민족 사회의 그러한 복잡성을 단적으로 드러내는 게 바로 다음에서 설명할 애관이다.

위소의 隘官

시주위 일대 소수민족 대책을 언급한 동창童昶의 설명에 의하면, 명대 관애關隘를 세워 한족과 소수민족 지역의 경계를 엄하게 한 결과 현재 소수민족은 한족 지역을, 한족은 소수민족 지역을 모두 넘나들지 못한다고 지적한 바 있다.[81] 따라서 일종의 경계선이자 군사적으로 중요한 요충지대를 관애라 불렀다. 이런 점에서 관애는 분명 위소의 하위 군사 단위 또는 군사 지역이다.

그런데 이런 일련의 위소 안에는 애관隘官이란 명칭을 가진 또 다른 집단이 존재했다. 그러나 기존의 소수민족 관련 연구 가운데 애관을 별도로 다룬 연구가 극히 제한적이라는 점에서 애관과 애정隘丁에 대한 실상을 자세히 규명할 필요가 있다. 먼저 애관이 어떻게 시작되었을까 하는 문제부터 살펴보기로 하자. 이 점과 관련해 구계위를 집중적으로 다룬 기존의 연구에 따르면 구계위 휘하에 존재한 첨평소添平所와 마료소麻寮所는 본래 해당 지역에 있던 토사土司를 바꿔 설치한 것이다. 이를테면 마료소는 본래의 마료장관사麻寮長官司를 마료소로 고치고 이 지역의 토추를 천호나 백호와 같은 수장으로 임명했는데,[82] 이것을 기록한 사료는 '소所'와 '애隘'를 다음과 같이 기록하고 있다.

---

81 童昶, 「擬奏制夷四款」, 同治『咸豐縣志』 권19, 「藝文志」(文), 3쪽 상~하.
82 彭立平, 「明淸九溪衛變遷硏究」, 吉首大學碩士學位論文, 2015, 21쪽.

마료애정천호소麻寮隘丁千戶所는 구지舊志에 홍무 2년(1369)에 개설되었으며 그 지명은 앵도애櫻桃隘라고 기록되어 있다. (그곳은 자리현) 서북쪽 300리에 위치한 17도都에 있다. 이곳은 변경 지역과 매우 가까이 있어 가장 중요한 요충지이므로 **토추를 천호나 백호로, 토민土民을 애정隘丁으로** 임명하고 아울러 **한관漢官과 협력해 지키도록** 하는 (한편) 다시 백호로 하여금 여러 '애'를 분담해서 지키도록 했는데 (처음에는) 상덕위에 예속시켰지만, 이후 구계위에 예속시켰다.

그러한 관리들은 병사들과 마찬가지로 자신의 힘으로 식량 문제를 해결해야 했으므로 의복과 식량, 무기 등을 현관縣官으로부터 공급받지 않았으며, 오직 막직幕職은 예에 따라 구계위에서 봉급을 지급했다. 마료소에는 10개의 '애'가 있는데, 그것은 황가애黃家隘, 구녀애九女隘, 청산애靑山隘, 산앙애山羊隘, 매재애梅梓隘, 곡계애曲溪隘, 난도애攔刀隘, 앵도애櫻桃隘, 정안애靖安隘, 재소애在所隘이며 이런 **'애'를 백호 한 명이 애병隘兵을 거느리고 분담해서 지키도록 했다.**[83]

위소 휘하에 있던 애에 관해 흥미로운 내용을 담은 위 인용문은 다음의 사실을 알려준다. 첫째, 앞서 언급한 것처럼 해당 지역의 토추, 다시 말해 유력자를 천호나 백호로 임명했던 사실 외에도 한족 관리를 동시에 임명했다는 점에서, 매우 일찍부터 위소의 구성이 한족漢族과 소수민족의 연합체로 출발했다는 사실이다.

둘째, 이 인용문만을 토대로 한다면 위衛 이하 소所의 천호나 백호를 특정 지역에서 바로 애관이라 불렀으며, 그 명칭의 연원은 전략적으로 중요한 곳을 지칭하는 '애'라는 단어에서 비롯되었다는 점이다.

---

83 吳遠干 · 戴楚洲 · 田波 選編, 2002, 29쪽.

나아가 그런 애관은 한관漢官은 물론 심지어 자신을 보좌해 주는 막료幕僚를 거느리기까지 했는데, 이런 점으로 미뤄 각 애에는 별도의 통치 기구가 존재했음이 분명하다.

셋째, 이 인용문에서는 언급되지 않았지만 애관의 존재를 통해 명대 위소 구성원의 구체적인 수효도 알 수 있는데 이 점을 좀 더 자세히 살펴볼 필요가 있다. 여기서 등장하는 마료소를 예로 든다면 마료소에는 4청廳, 10애隘가 있었는데 여기에 정·부正·副 천·백호를 합해 모두 32명이 존재했다. 물론 애의 규모에 따라 부천호나 부백호 등을 2~3명 또는 3~4명씩 차등해서 설치했다. 천호는 한족과 소수민족의 구분 없이 임명되었으며, 1,120명의 군사가 자식기력自食其力, 즉 스스로 자신의 식량을 조달했다.[84] 네 청은 청군청淸軍廳, 관조청管操廳, 좌이청佐貳廳, 순포청巡捕廳으로 구성되었으며 이 기구의 수장은 부천호였다.

하지만 이런 일련의 상황보다 훨씬 더 흥미로운 양상은 위에서 언급했듯이 천호나 백호는 물론 애관 역시 이 지역에 대대로 내려온 토착세력이라는 점이다. 이런 상황을 좀 더 명확하게 해주는 언급이 학봉현鶴峰縣 산양애의 『향씨족보向氏族譜』에 등장하는데, 마료소의 주요 '애'를 두루 언급한 이 자료의 일부를 먼저 살펴보기로 하자.

산양애는 옛날 이족夷族의 땅이다. 홍무 연간에 마료채麻寮寨를 평정하고 이어 '소'와 '애'를 설치해 토묘土苗를 방어하다가, 마침내 마료소麻寮所로 바꾸고 10곳의 애를 예속시켰다. 그 10개의 애는 재소, 정안, 황가, 매재, 앵도, 청산, 구녀, 곡계, 난도, 산양이다. 소에는 세습천호가, 애에는 세

---

84 吳遠干·戴楚洲·田波 選編, 2002, 30쪽.

습백호가 각각 있는데, 애 한 곳당 정·부 (백호나 천호) 수명이 있는가 하면 1명만 있는 곳도 있어, 그 수효가 일정하지 않다. 예를 들어 마료소의 정천호는 당씨唐氏이며 좌이천호佐貳千戶도 당씨이고 청군천호淸軍千戶도 당씨지만 그 시조始祖는 다르다. 관조천호管操千戶는 탁씨卓氏, 순포천호巡捕千戶는 강씨剛氏이며, 앵도애의 정백호 유씨劉氏는 현재 멸족한 상태다. 부백호는 등씨鄧氏, 장씨張氏, 여씨黎氏다. 청산애의 정백호와 부백호는 모두 유씨劉氏다. 곡계애의 정백호와 부백호는 모두 오씨吳氏며, 매재애는 주씨朱氏, 조씨趙氏, 주씨周氏며, 재소애는 이씨李氏와 견씨甄氏, 정안애는 향씨向氏, 난도애는 진씨陳氏, 황가애는 당씨唐氏, 구녀애는 향씨向氏, 산양애는 향씨다. 이들 각각은 기정旗丁과 기군旗軍에 속해 있는데 관官으로부터 봉급을 받지 않으며 군軍은 양식을 지급하지 않는 대신, 본 지역에서 생산되는 (곡식으로) 양식을 충당한다. 각 소와 애의 군정軍丁은 한결같이 도경화종刀耕火種을 하는데 경작물은 오직 가을의 조와 용조곡龍爪穀뿐이며 부세는 추량秋糧을 낸다. 우각첨牛角尖 밖에 있는 애 다섯 곳은 (정액定額의) 50%를, 우각첨 안쪽의 애 다섯 곳은 30%를 (세금으로) 낸다.[85]

행정구역상으로 호남 지역에 위치한 구계위 산하 마료소의 자료가 학봉현 측 자료에 등장하는 이유는 정안애와 산양애가 호북 지역 용

---

85 출처가 『向氏族譜』인 이 인용문을 필자가 확인한 자료는 中共鶴峰縣委統戰部編, 『容美土司史料彙編』, 제5부분, 『其他』, 1984, 490쪽; 『鄂西少數民族資料輯錄』, 1986, 90~91쪽; 吳遠干·戴楚洲·田波 選編, 2002, 49쪽이다. 그만큼 이 자료는 호북 용미지역과 구계위 일대의 정황을 알려주는 귀중한 자료인데, 세 자료의 내용이 약간 차이가 나며 표점도 달리 찍혀 있다. 여기서는 출간이 가장 빠른 『容美土司史料彙編』과 가장 늦은 『慈利縣土家族史料彙編』을 기준으로 번역했다. 그러나 『鄂西少數民族資料輯錄』에 등장하는 "櫻桃隘之正百戶劉, 而今亡矣"에서 "而今亡矣"라는 말은 다른 두 사료집에는 등장하지 않지만 본문에 집어넣었다. 또한 『容美土司史料彙編』에 '細沙'라고 표기된 부분을 다른 두 자료에 근거해 '在所'라고 표기했다.

미토사와 그 경계를 이루고 있기 때문이며 그런 점에서 10애의 지역
적 통제 범위가 제법 넓었다고 볼 수 있다.[86] 여러 면에서 매우 흥미
로운 사실을 전달해 주는 위 인용문에서 가장 눈에 띄는 대목은 역시
각 애의 군정들이 특정 성씨로 구성되어 있으며, 그들이 애관의 지위
를 대대로 세습했던 사실이다. 따라서 마료소 휘하 10애의 이런 세습
정황을 좀 더 자세히 살펴보기 위해 다음 〈표 2-4〉를 작성했다.

〈표 2-4〉 麻寮所 十隘의 주요 姓氏와 구성 상황

隘名	지위	軍官의 성명	軍戶의 수효
靖安	正百戶	向慶遠	總旗 8명/각 小軍 12戶
	副百戶	唐邦彦, 覃聲貴, 向忠麟	
曲溪	副千戶	吳載盛	總旗 2명/각 小軍 7戶
	副百戶	駱聯爵	
九女	正百戶	向永年	總旗 2명/각 小軍 8戶
山羊	正百戶	向天齊	總旗 2명/각 小軍 14戶
梅梓	正百戶	趙景川	總旗 3명/각 小軍 18戶
	副百戶	周汝杰, 朱萬壽	
櫻桃	正百戶	鄧永爵	總旗 3명/각 小軍 15戶
	副百戶	黎之俊, 張文光	
青山	正百戶	劉漢文	總旗 2명/각 小軍 12戶
	副百戶	劉純奇	
在所	正百戶	李世祿	總旗 2명/각 小軍 18戶
	副百戶	黎定雲	

---

86 사료의 기록대로라면 마료소는 밖으로 石門, 慈利, 九溪, 永定 등을 방어하는 한
편, 안으로는 容美, 桑植, 永順의 18개 土司를 통제했다. 吳遠干·戴楚洲·田波 選
編, 2002, 33쪽.

隘名	지위	軍官의 성명	軍戶의 수효
黃家	正百戶	唐大戎	總旗 3명/각 小軍 21戶
	副百戶	趙世名, 覃楚政, 肯顯榮	
攔刀	正百戶	吳載韜	總旗 3명/각 小軍 12戶
	副百戶	周之達, 覃聲宣	

출처: 「九溪衛麻寮所土官唐德昌呈」과 「麻寮所編甲十隘旗軍戶口」, 吳遠干·戴楚洲·田波 選編, 「慈利縣土家族史料彙編」, 岳麓書社, 2002, 각각 37쪽과 40쪽.

출처에서 밝혔듯이 〈표 2-4〉를 작성하기 위해 인용한 두 사료 「구계위마료소토관당덕창정九溪衛麻寮所土官唐德昌呈」(A)과 「마료소편갑십애기군호구麻寮所編甲十隘旗軍戶口」(B)를 서술상의 편의를 위해 차례대로 각각 (A)와 (B)로 표기하기로 하겠다. 먼저 사료 (A)를 작성한 당덕창은 당용唐涌이란 인물의 14대 자손이다. 당용은 홍무 2년 서달(徐達, 1332~1385)과 등유(鄧愈, 1337~1377)에게 투항해 시주施州와 시남, 용미, 동향東鄕, 산모, 납야臘惹 일대 18토사를 복속시킨 공으로 무덕장군武德將軍에 봉해진 바 있다. 이 당덕창이 마료소의 천호직을 이어받은 시기는 청 강희 32년(1693)이었다.[87]

따라서 〈표 2-4〉에 등장하는 지위와 해당 군관들의 이름은 명청교체기 당시 인물들이라고 할 수 있는데, 당덕창 자신이 (A)에서 "10애는 각각 방어의 책임이 있으며, 모두 대대로 내려오면서 변방을 지킨 세습직이다."[88]라고 명확하게 밝히고 있는 만큼, 〈표 2-4〉에 등장하는 인물들이 청초에 새삼스럽게 부상한 건 결코 아니었다. 아울러 자료 (B)에서 확인할 수 있는 것처럼 이들 정·부백호 휘하에 총기라는 직위

---

87 吳遠干·戴楚洲·田波 選編, 2002, 46쪽.
88 吳遠干·戴楚洲·田波 選編, 2002, 36쪽.

를 가진 인물들이 존재했으며 총기 밑에 군호가 있었는데, 논리상 이들이 바로 애정 또는 앞의『향씨족보』에 등장하는 기군이었을 것이다.

그렇다면 마료소와 10애의 세습 상황과 그 재지적 성향은 구체적으로 어떠했을까? 우선 마료소의 수장으로서 이곳의 오랜 토착 세력이었던 당씨는 촉한蜀漢 장무章武 연간(221~222)에 당조선唐肇先이란 인물이 제갈량(諸葛亮, 181~234)의 정복에 따라나섰다가 전쟁이 끝난 후 마료에 머물면서 이곳을 방비하게 되었다. 이때부터 당씨들이 마료 지역에 정착했으며 명대 당용唐涌(勇)의 투성으로 세습 지위를 하사받았다. 이후 당용의 장자인 당현唐賢부터 12대 당종략唐宗略이 순치順治 4년(1647) 투성할 때까지 마료소의 수장 지위를 세습했다. 옹정 7년(1729)에 16대 당현성唐賢聖이 세습했으며 이후 옹정 13년 개토귀류로 17대 당유조唐維朝에 이르러 그 세습이 중단되었다.[89]

이러한 당씨 세력 외에 마료소 백호직을 대대로 세습한 오씨吳氏가 마료소에 존재했다는 점도 흥미롭다. 즉 이들 오씨 일가는 홍무 연간 오자인吳子仁부터 시작해 오장련吳長璉이 난도애 백호를 세습할 때까지 12대가 지속되었다. 오자인의 묘비명에는 오씨가 마료 일대에 터를 잡은 지 500~600년이 되었으며, 그 일족이 10만 명에 달했다는 기록[90]으로 미뤄, 분명히 당씨와 버금가는 세력이라고 추정할 수 있다.

또한 마료소 휘하의 구녀애 향씨는 옹정 13년(1735) 개토귀류까지 거의 200여 년 동안 그 지위를 세습했으며 정안애의 향씨 역시 1대 향량금向良金부터 16대 향조화向祚華까지 세습이 이루어졌다. 이런 종류의 언급이 상투적이거나 과장일 수도 있지만 자리慈利와 석문石門 일

---

89 吳遠干·戴楚洲·田波 選編, 2002, 46쪽.
90 吳遠干·戴楚洲·田波 選編, 2002, 54쪽.

대 애관에 관한 세습 기록이 사료에 고스란히 남아 있는 점[91]은 그러한 서술이 단지 조상을 찬양하기 위한 형식적인 언사에서 비롯되지 않았음을 말해 준다. 그러므로 청산애의 유씨가 북송 진종眞宗 대중상부大中祥符 6년(1014)에 벌써 안무직按撫職을 제수받았다는 등의 기록[92]을 단순한 과장으로만 치부할 수는 없다.

일찍이 홍무 2년 홍무제는 황가애 백호 조씨趙氏 일가에게 칙명을 내리면서 "품행이 단정하고 용맹하며 평소에 훈련을 열심히 하는 한편, 그 지역 사정에 밝다."는 칭찬과 함께 조흔趙炘을 황가애 백호로 임명한 바 있다. 명 왕조가 애백호에게도 이처럼 일일이 칙명을 내려 그 직위와 함께 세습을 인정해 준 이유도 그런 특정 성씨의 재지성을 인정한 결과라고 볼 수 있다. 이후 조씨는 18대까지 백호직을 세습했으며, 마지막 18대 조광전趙光典은 청 왕조로부터 위천총衛千總으로 임명되었다.[93]

다른 한편 마료소와 함께 역시 구계위에 속해 있던 첨평소의 유력자인 담씨覃氏도 이미 주周 나라 목왕穆王 당시에 존재했으며 이 담씨들은 이후 당대唐代 담여선覃汝先 → 송대 담사괴覃士魁와 담서조覃緒祖 → 명대 담순覃順으로 이어지는 토착 세력이라는 사실[94]을 보여준다. 명초 이 지역에서 반란을 주도한 담후覃垕가 자리현에 담가성覃家城을 축성築城했다는 지방지의 언급으로 미뤄 사실상 그들이 이 지역의 주요 통치자였을 것이다.

또한 안복천호소가 들어선 하가채夏家寨도 하극무가 장악했던 곳인

91 吳遠干·戴楚洲·田波 選編, 2002, 64~68쪽.
92 吳遠干·戴楚洲·田波 選編, 2002, 63쪽.
93 吳遠干·戴楚洲·田波 選編, 2002, 60~61쪽.
94 康熙『九溪衛志』권3,「添平所志」, 21쪽 하.

데 그는 명 성립 이전 하가채를 비롯한 삭구素口, 서우西牛, 무구武口, 예주의 5채 일대를 다스린 이 지역 소수민족의 유력자 중 하나였다.[95] 더구나 담후나 하극무가 명 왕조 성립 이전부터 벌써 주원장에게 두 차례에 걸쳐 조공한 점[96]도 그들이 이 지역의 유력자였음을 잘 보여준다. 이처럼 마료소와 첨평소에서 확인할 수 있듯이 위소 군관과 별도로 애관은 지역 사회의 방어에 중요한 역할을 했으며 그들 또한 재지의 토착 세력이었다.

이런 정황 외에도 애관의 세습 상황을 일목요연하게 확인할 수 있는 또 다른 내용이 광서光緒『석문현지石門縣志』에 기재되어 있는데, 다음 〈표 2-5〉는 그 내용을 정리한 것이다.

〈표 2-5〉湖南省 石門縣 十隘의 명청시대 세습 상황

隘名	世系	특기 사항
鶴兒	唐武 → 堅 → 經 → 世元 → 大安 → 宗憲 → 一舜 → 堯賓 → 文慰 → 明道	2世 唐堅, 有功
龍溪	鄭仁拳 → 禮英 → 智遠 → 綬 → 昊 → 欽 → 利益 → 恩眞 → 天正 → 誠道 → 之昌 → 奇常	2世 鄭禮英, 麓川에서 유공
長梯	賈券 → 秀芳 → 顯 → 洪 → 實鑑 → 雄 → 貴 → 日琦 → 恩 → 翊龍 → 遠琇	10세 賈翊龍, 貝勒 제수
磨崗	唐宗源 → 宗祿 → 裔 → 凱 → 浩 → 禮 → 世英 → 大振 → 之卿 → 九齡 → 宏漢 → 光宸 → 安稷 → 國佐	12세 唐光宸, 貝勒 제수
遙望	曾伏孫 → 安信 → 廣 → 壽 → 珊 → 憲奇 → 萬忠 → 臣佐 → 科 → 應 → 欽選 → 與賢	3세 曾廣, 廣西에서 유공
石磊	宋天榮 → 元 → 武 → 雄 → 世縲 → 仲政 → 明憲 → 之臣	2세 宋元, 罩子와 洪江에서 유공

---

95 이상의 내용은 萬曆『慈利縣志』권10, 「公宇」, 11쪽 하 참조.
96 『明實錄』권22, 吳 元年 2월 27일과 『明實錄』권23, 吳 元年 5월 2일.

隘名	世系	특기 사항
忠靖	陳祥 → 天錫 → 紹勳 → 賔 → 綱 → 覿 → 輔堂 → 明經 → 策 → 六鰲 → 九功 → 良忠 → 義伯	12세 陳九功, 蠻酋 생포 등의 유공
漁陽	鄧添禮 → 可亮 → 玉祥 → 伯瞻 → 朝 → 萬鍾 → 勇 → 明廣	4세 鄧伯瞻, 兩廣에서 유공
細沙	伍彦材 → 天禧 → 昱生 → 祖珠 → 宗緰 → 善慶 → 憲良 → 鳳 → 嶽孫 → 忠上 → 錫孝 → 國昌 → 世春 → 開代 → 萬岐	–
走避	王添寶 → 仁先 → 瓚 → 茂禮 → 廣 → 冠 → 世英 → 大昻 → 彬 → 忠臣 → 國卿 → 加祿 → 永膺 → 顯戎	3세 王瓚, 銅仁과 洪江에서 유공

출처: 光緒『石門縣志』 권1, 「沿革考」(土官世系), 6쪽 하~7쪽 하.

〈표 2-5〉에 대한 약간의 추가 설명을 하자면 일단 부백호는 제외했다. 또한 특기 사항의 경우 표 작성을 위해 관련 기록을 가능한 한 간략하게 적었다. 따라서 요아애처럼 단순한 군공만 있는 경우도 있으며 용계애와 요망애처럼 청대에 이르러 이들이 귀부하자 패륵貝勒의 지위를 하사했다. 다른 한편, 아마도 명대 시기로 추정되는 군공이 동시에 있는 경우도 있지만, 그 사실을 가능한 한 간략하게 기록했다.

중요한 건 그들의 공훈이 무엇이든지 간에, 명과 청 두 왕조는 백호나 부백호와 같은 지위를 이들에게 하사할 필요가 분명히 있었다는 점이다. 이를테면 앞서 언급한 담첨순이 첨평소 천호를 제수받을 당시 당무唐武, 정례영鄭禮英, 진상陳祥 등에게도 애백호隘百戶의 지위를 동시에 제수했다. 따라서 석문현에 존재했던 요아, 용계 등 10애의 애백호가 세습된 상황을 확인할 수 있다.[97] 이미 여러 번 강조한 것처럼 그 이유는 분명히 그들의 협력 없이는 소수민족 지역을 통치하기가

---

97   嘉慶『石門縣志』 권10, 「城池志」, 4쪽 상과 同書, 권11, 「關隘志」, 6쪽 상~하.

쉽지 않았기 때문이다. 물론 그것이 명대에는 주로 군사적인 이유였다면 청대에 이르러서는 오히려 일반 민간에 대한 통치를 잘 구현하는 데 더 많은 관심을 두었다는 차이는 존재한다.[98]

이런 애관의 존재가 명대 소수민족 사회에서 지니는 의미는 무엇일까? 앞에서 이미 지적했듯이 애관이나 애정에 관한 연구가 활발하게 진척되지 않았지만, 일부 연구자들이 '애'를 위소에 뒤이은 제3의 군사 세력이라고 지적한 점은 중요하다.[99]

이와 관련해 담첨순이 홍무 2년(1369) 무덕장군이라는 직함과 함께 정천호를 제수받을 당시, 그는 자신의 속관屬官으로 토관천호土官千戶 1명, 한관천호漢官千戶 2명, 10애의 토관백호 10명, 한관백호 1명, 진무사鎭武司 1명, 이목 1명, 통파通巴 5명을 거느렸다는 사실을 기억할 필요가 있다. 이와 동시에, 그는 해당 지역의 남정男丁 1,100명을 호적에 올렸는데 그들 모두는 이 지역의 토착민이었다. 담첨순은 이러한 병력을 이용해 용미 18洞의 소수민족을 방어했으며 유사시 애정이 병사로 동원되었다. "전쟁이 발생하면 그들을 동원하고, 전쟁이 사라지면 다시 원래로 돌아갔다. 명대 내내 서로 계승하면서 일족이 단절되지 않았다."라는 지방지의 표현대로 애정은 사실상 위소 휘하의 실질

---

98 光緒 『石門縣志』 권1, 「沿革考」(形勝志), 4쪽 하와 7쪽 하 참조. 특히 細沙隘의 副百戶 伍師昌의 경우처럼 이러한 애관들이 청대에 이르러서는 好施와 尙義 등을 했다는 이 지방지의 기술은 새로운 왕조가 들어선 후 소수민족 토착 세력의 존재 양태가 변화했다는 사실을 보여주는 좋은 예다. 여기서는 그 문제를 본격적으로 다루지 않았지만 청조의 등장이나 특히 개토귀류 이후 소수민족의 생존 전략에 대한 탐구는 앞으로 좀 더 관심 있게 살펴볼 주제다.

99 위소와 관련된 隘丁에 대한 연구는 거의 존재하지 않지만, 일찍이 자신의 논문에서 간략하게 隘丁의 존재를 언급한 戴楚洲는 隘를 위소에 이은 제3의 군사기구로 지칭했다. 戴楚洲, 「淺論湖南土家族地區的土司和衛所制度」, 『民族論壇』 4기, 1992, 74쪽 참조.

적인 병력이자 생산계층이었다.[100]

그러므로 애관과 애정은 위소제도 운용에 필수적인 집단이었지만, 다른 한편으론 그들 내부적으로 많은 갈등과 견제가 존재한 것도 사실이다. 담첨순 역시 애초 이 지역의 주요 세력이자 애관으로 나아간 당씨唐氏(요아애)나 진씨陳氏(충정애)와 격렬한 세력 다툼을 전개하다가 결국 명 왕조에 귀부한 사실은 주목할 만하다. 또한 멸족했다고 기록된 앵도애 유씨의 경우에서 알 수 있듯이, 특정 성씨는 아예 사라지기도 했다. 이런 사실은 소수민족 사회의 토착 집단 내부에 치열한 경쟁이 존재했을 가능성을 의미하는 것이다. 석문현 일대의 경우 명 중엽에도 여러 소수민족들 사이에 다툼이 매우 빈번했을 뿐 아니라, 명말에 이르면 그러한 세력 경쟁으로 후손들이 사실상 남아 있지 않았다는 지방지의 언급이 그러한 정황을 잘 말해 준다.[101]

다른 한편 마료소의 당씨와 오씨의 경우를 통해서도 동일 지역 내 유력 성씨들의 관계를 확인할 수 있다. 그 증거 중 하나가 오 나라 원년(1367) 사방에서 소수민족들의 반란이 발생하자 오자인이 당용과 더불어 그들을 굴복시켰다는 오자인 열전의 기록이다. 그런데 이처럼 서로에게 우호적이었던 그들이 거꾸로 대립적인 관계에 놓인 경우도 있었다는 사실은 의미하는 바가 크다.

오자인은 서달이 예주에 도착한 홍무 2년(1369)에 귀부했으며, 이후 홍무 4년에는 상·하 유주酉州를, 홍무 6년에는 연창鉛廠, 철문관鐵門關 일대에 대한 진압에 나섰다. 결정적으로는 홍무 22년(1389) 하득충이 반란을 일으키자 당용과 공조해, 호해(胡海, 1329~1391)와 주덕흥(周德

---

100 담첨순의 병력과 속관에 대한 기술은 光緒『石門縣志』권1, 「沿革考」(形勝志), 5쪽 하 참조.
101 光緒『石門縣志』권1, 「沿革考」(形勝志), 9쪽 상~하.

興, ?~1392)과 연합으로 그들을 물리쳤다. 이런 일련의 협조 관계에도 불구하고 오자인이 홍무 28년 재차 마료소의 정벌에 나섰으며 이후 애로 돌아와 병사했다는 그의 전기야말로 동일 지역 유력자들 사이에 협조와 대립 관계가 공존했던 사실을 알려주는 좋은 예일 것이다.[102]

마료소 지역에 두 유력자가 존재한 사실은 명 왕조의 의도와는 달리 호광 지역의 위소가 그 시작부터 갈래가 다른 토착 세력에 기반했다는 사실을 의미한다. 물론 한편으론 이런 토착 세력들에게 명 왕조가 모두 철권鐵券 등을 하사해 그 권위를 인정해 줬다는 점에서 명 왕조는 정권 초기에 그들의 경쟁 관계를 이용했으며 이이제이以夷制夷의 원칙을 따랐다고 할 수 있다. 하지만 이들이 재지성이 강한 토착세력이라는 점에서 거꾸로 그들 사이의 연합 가능성도 배제할 수 없는데, 실제로 3장의 소수민족 반란에서 그러한 양상을 확인할 수 있다.

일찍이 동창은 소수민족의 세력을 분산시켜야 그들로부터 비롯되는 근심이 적어진다고 언급한 바 있는데, 흔히 등장하는 다양한 토사 관직의 하사야말로 소수민족의 세력을 분산시킬 수 있는 좋은 방책이었다. 그리고 그러한 토사를 군사적으로 통제하기 위한 수단이 위소였다.[103] 이런 점에서 명대 소수민족에 대한 정책은 관직의 하사라는 유화적 정책과 무력을 상징하는 위소 설치가 병행되었다고 볼 수 있다.

이런 이중적인 정책에도 불구하고 위소 관군과 그 하부의 애관 역시 소수민족 지역의 강력한 토착 세력이라는 점에서 엄연한 국가제도인 위소제도의 구성원이 거꾸로 재지 세력이었으며, 그 운용마저

---

102 吳遠干·戴楚洲·田波 選編, 2002, 53~54쪽.
103 이러한 생각을 좀 더 잘 확인할 수 있는 글은 同治『咸豊縣志』권19,「藝文志」, 4쪽 하에 있는 梅拱宸,「大田所輿圖守禦文冊」참조.

도 그들 몫이었다는 사실은 매우 흥미롭기도 하려니와 한편으론 놀랄 만한 일이다. 결국 소수민족 사회의 통제가 국가 권력을 대변하는 위소에 의해 이루어졌다고는 볼 수 없으며 오히려 재지 성격이 강한 소수민족에게 그 통제를 위임했다는 가정이 얼마든지 가능하다. 그러므로 위소와 일반 소수민족 관계는 물론, 토사가 위소와 어떤 관계를 유지했는지를 살펴보는 일은 호광 지역 소수민족 사회의 실체를 밝혀주는 중요한 단서가 될 수 있다.

2. 衛所와 소수민족 사회

1) 위소의 賦稅

慈利縣의 邊糧

원대 주州였던 자리慈利 지역이 현縣이 된 시기는 담후覃垕가 반란을 일으킨 홍무 2년(1369)이다.[104] 그리고 이 자리현 일대에는 영정위, 구계위, 대용수어천호소, 안복수어천호소安福守御千戶所, 마료애정천호소麻寮隘丁千戶所, 첨평애정천호소添平隘丁千戶所가 있었다는 점에서, 자리현은 위소 사회의 단면을 살피기 좋은 지역이다. 따라서 여기서는 주로 자리현 위소의 운영 상황을 통해 위소와 지역 거주민들의 관계를 살펴보기로 하겠다. 다만 이러한 운영 상황이나 거주민과의 관계를 살펴볼 수 있는 단서가 제한적인 탓에, 중요한 사회경제적 지표라 할

---

104 萬曆『慈利縣志』권2,「建置」, 2쪽 상.

수 있는 부세를 통해 그 실상을 언급하고자 한다.

명대 자리현은 그 인구 수치로만 보면 꽤 번성한 곳이었다. 일단 명 홍무~융경 연간 자리현의 호수와 구수를 살펴보기로 하자.

〈표 2-6〉 명 洪武~隆慶 연간 慈利縣의 戶口數

시기	戶數	口數(명)	호당 구수
홍무 25년(1392)	8,100	37,709	4.6
영락 10년(1412)	9,289	39,917	4.2
영락 20년(1422)	9,316	46,756	5
선덕 7년(1432)	9,172	36,395	3.9
정통 7년(1442)	9,204	38,175	4.1
경태 3년(1452)	9,105	40,903	4.4
천순 6년(1462)	9,000	44,403	4.9
성화 8년(1472)	8,938	46,111	5.1
정덕 7년(1512)	8,952	51,416	5.7
가정 원년(1522)	8,952	48,632	5.4
가정 11년(1532)	9,150	40,200	4.3
가정 21년(1542)	9,502	11,642	1.2
융경 6년(1572)	9,039	48,632	5.3

출처: 萬曆 『慈利縣志』 권8, 「戶口」, 1쪽 하~2쪽 하.

명청시대 지방지에 나타나는 인구 수치 가운데 이처럼 일관된 수치를 지닌 지역도 많지 않다. 다만 거의 10년을 기준으로 인구 수치를 담고 있는 점이나, 가정 21년(1542)의 구수가 전체 인구를 기준으로 볼 때 전혀 일치하지 않는 점, 정덕 7년과 가정 원년의 호수가 동일한 점, 가정 원년과 융경 6년의 구수 역시 동일한 점에서 위 수치를 전적으로 신뢰하기는 물론 어렵다. 그러나 수치 자체로만 본다면 천순 6

년~가정 원년(1462~1522)이 자리현의 인구가 가장 많은 시기였다. 이어 가정 후반기에 이르러 감소하다가 16세기 후반에 이르러 회복세를 보여준다. 다른 시기에 출간된 지방지에서도 담후 반란 이후 영락 연간부터 명말까지 인구가 증가했다고 기록되어 있다.[105] 그런데 명 중엽의 인구 상황을 해당 지방지는 다음과 같이 설명하고 있다.

자리현은 담후와 하득충의 반란으로 호구가 많이 감소했다. 현재 인구의 태반이 줄어들었으니, 진정으로 백성들의 어려움을 덜 수 있도록 해야 한다. 그러나 내가 듣건대 자리현의 호구책戶口冊을 편찬할 당시, 세력 있는 간악한 무리가 그 과정에 강력하게 버티고 있어 본래 천정千丁을 가진 번족繁族이지만 그 호戶에는 수구數口만이 있으며, 한 사람도 남아 있지 않은 호는 호구책 안에 (거꾸로) 여러 명의 정丁이 등재되어 있다.[106]

자리현 일대 이러한 인구 변동을 추적한 한 연구에 의하면, 명 중·후기 원수沅水 유역 일대 인구가 지속적으로 증가해 성화 8년(1472) 28만 명에서 만력 6년(1578) 39만 명에 달했다. 그러나 명 홍무 24년(1391) 당시 상덕, 진주, 정주靖州 일대의 인구가 40만 명에 달했던 점을 고려하면 이 지역의 인구는 명 후반기로 내려오면서 사실상 하락했다.[107] 그리고 위 인용문은 바로 그러한 인구 하락의 중요한 한 원인을 잘 설명해 준다. 이 사실을 좀 더 적극적으로 해석하면 실제 인구는 극적으로 감소하지 않았지만, 부유층이 세금을 회피하기 위해 다양한 방법으로 구수口數의 등재를 누락시켰다고 할 수 있다.

---

105 同治『續修慈利縣志』권4,「戶口」, 1쪽 상.
106 萬曆『慈利縣志』권8,「戶口」, 3쪽 상.
107 羅運勝,「明代沅水流域的人口變遷」,『武陵學刊』5期, 2014, 124쪽.

결국 호구책에 부자와 가난한 사람들이 불균형하게 등재되는 바람에 그것이 일반인들의 세금 부담으로 고스란히 전가되었으므로 자연히 납세가 소수민족 사회의 중요한 문제로 대두되었다. 특히 위소의 세량 자체가 주변 지역의 일반민과 매우 밀접한 관계에 있었으므로 위소와 일반인들 사이의 갈등이 불가피했는데, 그러한 사실을 『영순부지』는 이렇게 설명하고 있다.

홍무 연간 유수천호酉水千戶 하득충이 북계동만北溪峒蠻을 선동해 반란을 일으키자 정녕후靖寧侯 엽승(葉昇, ?~1392)에게 그들을 토벌하라고 명령했으며, 성지城池를 만들고 안복수어천호소安福守御千戶所를 개설改設했다. 남과 북의 성省에서 지휘 1명, 천호 4명, 백호 20명을 징발해 (이곳에) 이르도록 했다. 3호를 편민編民하고 면양주沔陽州 경릉현景陵縣 군인들로 하여금 성城을 지키도록 했으며, 정인正印 1개, 백호인百戶印 20개, 창인倉印 1개, 동패銅牌 5개를 지급했다.

이목 1명을 두어 군민軍民을 단속하도록 하고 창리倉吏 1명을 두어 양미糧米를 수납하도록 했다. 이후 차츰 **군인들에게 둔전을 경작하라고 명령하자**, 예주 각처로 군인들이 흩어졌다. (또한) 각 관리들을 없앤 (결과), 소所에는 겨우 당방塘房 하나만을 설치해 구계영九溪營에 예속시켰다. **자리현의 백성을 불러들여 모든 둔전을 경작하도록 했으므로** 명대의 소所는 (사실상) 명대에 이미 폐지되었다고 (할 수 있다).[108]

위 인용문으로 보건대, 위소 개설 초기에는 둔전 경작의 책임을 위소 군인들에게 일임했지만 그 둔전을 실질적으로 직접 경작한 계층은

---

108 『湖南地方志少數民族史料』(上), 1991, 184쪽.

주변 지역 주민들이었으며, 안복천호소의 둔전은 결국 자리현 주민들이 경작했음을 알 수 있다. 따라서 위소의 둔전과 일반민들 사이에 세량의 문제가 자연스럽게 불거질 수밖에 없었는데, 바로 이 세금 문제와 관련해 만력『자리현지慈利縣志』에는 매우 흥미로운 언급이 등장한다.[109] 이 글에는 당시 위소, 애, 그리고 일반 백성이 세금 부담을 두고 발생한 갈등과 지방 정부의 해결 방법이 생생히 담겨 있다. 이 글 전체를 모두 언급하는 건 의미가 없으므로 축약해서 설명하되, 중요 부분은 직접 인용하는 방식으로 서술하기로 하겠다.

명대 부역 부과의 기초가 되는 황책법黃冊法이 홍무 14년(1381)에 전국적으로 시행되었다는 사실을 만력『자리현지』가 상기시키고 있는 점을 감안하면 자리현도 이 무렵 부역과 관련된 제반 제도가 시행되었을 가능성이 크다. 다른 지역과 동일하게 자리현에도 쌀로 내는 하세夏稅와 '부賦'에 해당하는 추량秋糧이 존재했는데, 본래 소맥으로 납부하던 하세를 쌀로 대체해 259석石이었으며, 추량은 관전官田과 민전民田 모두에서 거둬들인 쌀 1만 3,269석이었다.

이 추량 가운데 2두斗 이상의 기과起科 관미官米는 193석, 1두 이상의 기과 관미는 26석으로 모두 219석에 불과했으며 나머지 1두 이하 관미와 민미民米의 기과가 1만 1,295석이었으므로 자리현은 생산력이 그리 좋지 않은 곳이었다. 기과란 세금을 부과해서 거둬들인다는 의미이기 때문에 추량의 대부분은 1두 이하였다는 사실을 통해 그러한 정황을 알 수 있다. 그런데 자리현 추량의 관미 안에는 영정위의 군인들이 매입한 민전民田으로부터 거둬들이는 1,753석이 포함되어 있었

---

109 이하의 설명은 萬曆『慈利縣志』권8, 「田賦」, 3쪽 하~8쪽 하의 내용에 근거했으며, 별도의 쪽수는 표시하지 않았다.

다. 그러므로 이론적으로는 추량 중 관미가 1,972석이었으며, 그 나머지 1만 1,297석이 민전民田에서 거둬들이는 민미였다.[110]

그런데 영정위의 군인들이 민간으로부터 매입한 민전의 양미糧米 1,753석에 대한 양·차糧·差의 납부, 다시 말해 곡물과 차역을 군호軍戶들이 영정창과 대용위에 납부하는 방법은 다소 복잡했다. 일단 그 정확한 시기는 알 수 없지만 이 양차를 1석당 은銀 1냥 5전으로 환산해서 납부하기로 이미 결정되어 있었다. 그러나 이 환산 비율이 높았던 탓인지 군호와 호강豪強들이 납부에 저항했으며, 이 때문에 정해진 세금량을 채우지 못했다. 이에 지현知縣 하옥성夏玉成[111]이 상급기관과 협의를 통해 기존의 1석당 1냥 5전의 절은折銀 비율을 9전으로 낮춰서 세금을 내도록 했다.

그 결과 이 9전 중 차역을 제외한 순수 세량稅糧의 액수를 5전으로 정해 그 납량액이 은 876냥이었으며, 이 876냥을 본색미本色米 1,753석으로 환산해 군호가 영정창永定倉에 납부하도록 했다.[112] 그런데 앞서 언급한 것처럼 이 1,753석은 순수 세량에 해당하므로 사실상 차역差役에 대한 부담 액수는 들어 있지 않은 셈이다. 결국 9전 중 4전이 차역에 해당하는 부담액인데, 이것을 8두로 계산해 그 절차은折差銀이 701냥이었으며, 이 701냥에 해당하는 본색미本色米는 1,402석이었다. 이 가운데 739석을 영정창에, 663석을 대용창大庸倉에 각각 납부하도록 했다.[113]

흥미로운 점은 자리현 주민이 당연히 영정창과 대용창에 위 부역賦

---

110 자리현의 官田地塘은 10頃 70畝였으며, 民田地塘은 1,510頃 17畝였다.

111 夏玉成은 嘉靖 말엽 자리현 지현을 지냈다. 萬曆『慈利縣志』권13,「秩官」, 5쪽 하.

112 1,753석에 0.5(5錢)를 곱한 수치가 876냥이다.

113 萬曆『慈利縣志』권8,「田賦」, 4쪽 하.

役을 납부해야 한다는 기술과 함께 민미民米라는 단일 세금 조항 밑에 변량邊糧이라는 항목을 두어 이 두 창倉에 현물(본색本色)을 납부해야 한다는 언급이 등장한다는 점이다. 그리고 그 본색 양이 바로 1,402 석이었다.[114]

이 1,402석을 절은折銀한 701냥은 위소의 군호 및 호부·공부 등에 물료物料 등을 공급하는 데 사용되었다. 지방지의 설명에 의하면 5년 에 한 번씩 돌아오는 균요均徭와 10년에 한 번씩 돌아오는 이갑 차역 差役 등도 이 돈으로 충당해 일반 백성들은 미곡 운반에 따른 수고를 덜 수 있고 군인들도 별도의 비용을 지불하지 않게 됐다.

가정 말엽의 일을 기록한 이 사건을 통해 다음과 같은 사실을 추려 낼 수 있다. 첫째, 당시 세력 있는 군호들이 민전을 구입해 경작했던 점이다. 이러한 현상은 무엇보다 당시 위소 군관이나 위소 지역의 유 력자들이 상당한 경제력을 가지고 있었다는 의미로 해석할 수 있으며 그러한 경제력은 명 중엽부터 광범위하게 전개된 소수민족 사이의 전 투나 중앙 정부에 대한 반항의 중요한 경제적 기초가 되었을 것이다.

둘째, 이처럼 위소 군호가 지역 사회에서 유력자로 성장했기 때문 에, 지방 관리들이 그들을 쉽게 통제할 수 없었다는 사실도 확인할 수 있다. 당시 영정위 유력 군호들은 규정된 세금량의 3분의 1 정도를

---

114 아마도 위소가 일반적으로 산간에 자리 잡고 있었기 때문에, 위소의 병향 문제는 매우 주요한 사안이었다. 이런 이유로 弘治 연간(1488~1505)에 大庸所에 澧州 判 官 1명을 파견해 九溪, 永定, 安福, 大田 위소의 倉糧을 감독하도록 한 바 있으며 다시 正德 10년(1515) 巡撫 秦金은 이러한 위소의 위치가 매우 편벽하고 군인들이 드센 한편, 출납의 업무가 과다해 그것을 다하기 어렵다는 이유를 들어, 岳州府에 通判 1명을 증원시켜 倉糧 감독과 함께 여타 다른 일을 담당하도록 상주한 바 있 다. 진금이 요청한 통판은 정덕 13년(1518)에 설치되었다. 康熙 『永定衛志』 권1, 「建 置」, 27쪽 하.

납부하는 데 그쳤다. 그것도 다른 이유가 아닌 단지 군호들의 세금 납부에 대한 저항 때문이었다는 점을 고려하면, 당시 지방 정부가 위소의 유력자들에게 공권력을 제대로 행사할 수 없었다는 사실을 쉽게 알 수 있다.

끝으로 지적해야 할 가장 흥미로운 점은 위소에서 구입한 민전으로부터 거둬들이는 세금량이 날이 갈수록 줄어들었다는 점이다. 아마도 이 사실이야말로 위소 유력자들의 존재를 지적한 첫 번째 사항과 그들이 무시할 수 없는 세력으로 존재했다는 위 두 번째 정황을 종합적으로 말해 주고 있는 점이다. 두말할 나위 없이 이런 위소 지역 내의 세금 감소가 일반 백성들의 부담 증가로 전가되었으므로 위소와 일반인들 사이에 갈등과 충돌이 발생할 가능성이 매우 높았다.

위소와 隘糧

지금까지 이른바 변량을 언급했지만 만력 『자리현지』의 내용이 유익한 또 다른 이유는 애량隘糧에 관한 언급이 등장하기 때문이다. 말하자면 그것은 위소의 하급 단위인 관애의 정황과 함께, 위소 → 애 → 향리鄕里로 이어지는 당시 소수민족 사회의 단면을 파악하는 데 매우 유용하다. 홍무 초년 소수민족들의 반란으로 자리현 17도都에 마료토관천호소와 십애백호소十隘百戶所를 설치했다는 서술로 시작되는 이 자료[115]를 통해 당시 자리현에 속한 마료천호소나 백호소의 주요 군인들은 해당 향리鄕里에서 충원된 사실을 알 수 있다.

---

115 이 글의 제목은 萬曆 『慈利縣志』 권8, 「田賦」, 5쪽 상~8쪽 하에 나오는 「附隘糧議」다.

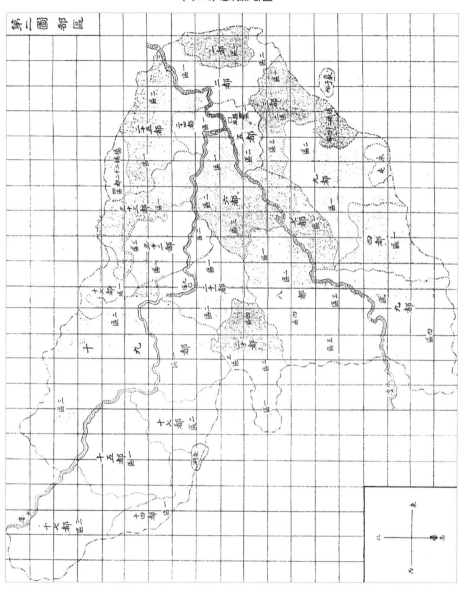

이 지방지에는 "각리各里의 백성들"로부터 토관의 애군隘軍, 원역員役, 좌애坐隘, 수파守把 등과 같은 다양한 군인들을 충원하며 바로 이들이 경작지를 개간하고, 세량稅糧과 차역差役을 담당한다고 기술되어 있다. 그러나 소수민족 지역 역시 균등한 세금 부과는 상당히 어려웠던 것처럼 보인다. 그런 점에서 이 지방지에 등장하는 천호 당용唐勇이란 인물이 성화成化 연간(1465~1486)에 언급한 다음의 내용은 상당히 흥미롭다.

① 17도都의 일도一圖와 이도二圖, 그리고 19도 삼도三圖[117]의 전지田地는 모두 도경화종을 하는 경작지이기 때문에 쌀을 매입해서 납세해야 하며, 따라서 잡역을 면제해 줘야 한다.

지방지의 설명에 의하면, 당용이 이렇게 주장할 당시 위 세 곳(1~3도圖)의 전량田糧은 96석에 불과했다. 이후 토관이나 사여舍餘, 그리고 부유한 사람들은 계속해서 토지를 사들였는데, 이처럼 부유한 사람들의 거주 지역인 20도都, 23도, 24도, 25도[118] 등 주민들의 민량民糧은 1,000여 석 정도였으며 이 또한 애량이라 불렸지만 이곳 주민들은 요역徭役, 다시 말해 민차民差를 담당하지 않았다. 아울러 자리현 인근의 간민奸民들과 구계위의 사여 또한 궤기詭寄의 방법을 동원해 차역을 회피했다.

---

117 17도와 19도는 모두 자리현 북쪽에 위치하며, 마료천호소는 앞에서 언급한 호북성 산양애 일대 지역과 정확히 일치한다. 萬曆『慈利縣志』권2,「圖里」, 6쪽 하와「險塞」, 7쪽 하.
118 이 가운데 25도만 자리현 동북쪽에 위치하며, 나머지 17도와 19도는 자리현 서북쪽 지역에 위치했다.

간단하게 위 서술을 요약하자면, 당용의 말처럼 생산성이 매우 낮은 지역은 세량과 요역을 동시에 부담한 반면, 생산성이 좋은 지역은 오히려 요역을 담당하지 않았다는 사실을 의미한다. 또한 자신의 땅을 타인 명의로 등재해 요역을 피하는 정황도 등장한다. 따라서 당시 도어사都御史와 분순도分巡道 부사副使는 이 문제를 동지同知에게 조사하도록 했으며, 다음과 같이 합의했다.

② 17도都의 1도와 2도, 19도都 3도의 경작지 중 도경화종을 하는 곳(의 경우) 이갑정역里甲正役을 제외한 잡역雜役은 면제해 주는데, 이를 전리애정全里隘丁이라 한다. 20도都, 23도, 24도, 25도 등의 애정隘丁은 한 호당戶當 6정丁의 (분량), 그리고 전량田糧의 경우는 1석당石當 3분分을 면제해 주기로 의논했다. (전량의) 나머지 7분과 (정丁의) 4정丁 (분량)에 대해서는 일반 백성들과 동일하게 납세하도록 했으며, 이를 민리애정民里隘丁이라 한다.

매우 난해한 이 언급을 좀 더 평이하게 말하자면 생산성이 낮은 17도都와 19도都의 일부 지역은 이갑정역을 부담하는 대신 잡역[119]은 면제해 주며 이를 전리애정이라 불렀다는 의미다. 반면 부유한 지역의 경우 정丁은 본래 양의 40%, 전량은 70%를 각각 부담하도록 했으며 이를 민리애정이라고 했다는 뜻이다.

여기서 민리애정에 나오는 6정과 4정의 개념을 언급하기 위해 약간의 설명을 첨부하자면 중국사에서 빈번하게 등장하는 '정丁'이란 단

---

119 里甲制 체제하에서 里長이 1甲에 해당하는 十戶를 거느리고 里甲 안의 일을 담당하는 것을 里役이나 正役이라 하며, 里甲正役 이외에 각 지방의 수많은 공적 업무를 이갑 구성원들이 담당하는 것을 雜役 또는 雜泛이라 한다. 梁方仲, 『梁方仲經濟史論文集』, 中華書局, 1989, 588쪽 참조.

어는 최소한 명대 이전까지는 당연히 노동력을 가진 16~60세 사이의 성인을 가리켰다. 그러나 일찍이 허핑티(Ho Ping-ti)가 명확하게 지적했듯이 명 중엽 이후 정이란 사실상 특정 인구층을 지칭하는 게 아닌 세금 단위라는 점을 염두에 둘 필요가 있다.[120] 그러므로 여기서 말하는 6정이란 어떤 가구가 부담해야 하는 요역의 60%를 의미한다.

여기서 주의해야 할 사안은 17도와 19도의 경우 차역에 관계된 부분만을 언급하는 반면, 20~25도는 차역과 세금 둘을 모두 거론하고 있다는 점이다. 즉 전자는 단지 이갑정역과 잡역에 대해서만 거론하고 있지만, 후자는 차역 부담을 의미하는 정丁과 세금 부담을 의미하는 전량田糧 모두를 거론하고 있다는 점에서 후자의 부담이 당연히 더 많다고 볼 수 있다. 그리고 민리애정의 전량이야말로 흔히 '면삼징칠免三徵七'로 표현되는 자리현 일대 세금 납부 관례와 밀접하게 관련되어 있는 사실을 알려준다. 이 점을 더 자세히 언급해 보기로 하자.

본래 마료소의 당용이 입공해 귀부한 시기가 홍무 7년(1374)이었는데, 그의 아버지 당청唐淸이란 인물이 오나라 원년(1367)에 자리 잡은 곳이 바로 자리현 17도都였다.[121] 명 왕조 초기 당용은 다양한 공물을 바치면서 명 나라의 환심을 사려고 애썼으며 이 과정에서 마료소 일대 징세 문제가 자연스럽게 거론되었다. 하지만 명 왕조로서는 마료소가 납토納土한 토지 가운데 어느 지역이 한족의 토지인지를 알 수 없는 상황이었으므로, 세금을 일률적으로 부과하라고 할 수밖에 없었다. 그러자 당용이 상주해 '소所'와 '애隘'의 토지 가운데 비옥한 곳은 '면삼징칠'을 시행하고 이를 '애량隘糧'이라 하며, 그 외에 척박한 곳은

---

120 이 점에 대해서는 허핑티 저, 정철웅 역, 『중국의 인구』, 책세상, 1994, 제2장 '丁의 본질' 부분 참조.

121 吳遠干·戴楚洲·田波 選編, 2002, 44쪽.

'면칠징삼免七徵三'을 하고 그것을 '애정隘丁'이라 부르자고 간청했다. 아울러 이 애량과 애정 외의 모든 잡역은 사실상 면제해 달라고 요청했는데 명 왕조는 당용의 이 요청을 승낙했다.[122]

위 인용문 ①과 ②, 당용의 요청, 그리고 애량 관련 다른 사료를 종합해 보면 다음과 같은 결론을 내릴 수 있다. 첫째, ①번의 인용문에서 확인할 수 있듯이 17도와 19도의 일부 척박한 지역은 생산성이 매우 낮은 곳이므로 그러한 어려움을 다소 상쇄시키기 위해 잡역을 면제해 줬다는 점이다. 둘째, 아울러 '소'나 '애'에 있는 군정軍丁들이 전적으로 도경화종을 했으며 그 경작물 역시 조粟와 같은 잡곡에 불과했으므로 어떤 형태로든 세량을 면제해 줬다는 점이다. 다만 그 면제 비율은 일률적이지 않아서 앞에서는 3 : 7의 비율로 징수와 면제가 이루어졌지만, 동일한 마료소 내에서도 산양애 같은 지역은 면제와 징수 비율이 '면오징오免五徵五'인 예도 등장한다.[123] 셋째, 당용의 상주에서 확인할 수 있듯이 이 지역에는 애량과 애정의 구분이 있었으며 이러한 구분은 바로 세량과 차역의 구분을 통해 세금 부담의 형평성을 도모하고자 했다는 점이다.

이렇게 볼 때 더 설명이 필요한 부분은 바로 세 번째 언급이다. 애량이 전량을, 애정이 차역을 각각 의미하는 것이라면 전자는 그나마 부유한 지역을, 후자는 척박한 지역에 관련된 사안이라고 할 수 있을 것이다. 따라서 민리애정이 전리애정에게 재산을 궤기해 전량을 면제받으려 한다는 만력 『자리현지』의 언급은 애관들이 전량을 회피하기 위해 자산을 타인 명의로 이전한 행태를 의미하는 것이다.

---

122 이상의 내용은 吳遠干·戴楚洲·田波 選編, 2002, 72~73쪽 참조.
123 吳遠干·戴楚洲·田波 選編, 2002, 49쪽.

물론 만력『자리현지』에는 이것과 반대되는 정황도 나온다. 다른 지역의 민량을 매입해 민리애정의 호戶로 편입시키는 행위가 바로 그것이다. 이는 분명히 1석당 3분을 면제해 주는 제도를 이용해 좀 더 많은 전량을 감면받기 위한 것이라고 할 수 있다. 그러므로 만력『자리현지』의 저자는 전자가 세금의 완전 면제(全免)를 위한 것이라면 후자는 세금의 반면(半免)을 위한 행위라고 지적했다. 굳이 덧붙일 필요가 없지만, 이러한 정황은 민리애정이 갖은 방법으로 세금을 회피하려는 수단을 기록한 것이다.

그 결과, 애량은 날이 갈수록 증가한 반면, 민량은 거꾸로 감소하는 현상이 발생했다. 다시 한번 지방지의 해당 기록을 인용한다면, "자리현 부근의 비옥한 땅은 모두 이들 민리애정이 매점買占했으며, 가장 많은 피해를 입는 백성들은 입을 닫은 채 말 한마디 못 하는" 정황이 발생했다. 그리고 이러한 현상이 발생하게 된 배후에는 당시 애관들의 세력 증가라는 현상이 자리잡고 있었다. "토관土官과 사여舍餘의 인구가 나날이 증가하고 가세家勢가 번창해, 나날이 교만·방자해졌다."는 만력『자리현지』의 설명이 그러한 상황을 잘 말해 준다.

또한 만력『자리현지』의 다른 곳에서는 "자리현의 비옥한 땅은 모두 애정들이 세습해서 경작한다."[124]라고 언급하는데, 이런 설명이야말로 지금까지의 상황을 잘 요약해 준다. 결국 토지의 약 50~60%는 경작이 불가능한 상황에서 그나마 비옥한 땅은 모두 애정隘丁이 차지했기 때문에, 일반 거주민의 사회경제적 지위는 매우 낮았을 것이다. 이 문제를 언급한 만력『자리현지』의 저자는 마지막으로 다음과 같이 덧붙였다.

---

124 萬曆『慈利縣志』권2, 「封域」, 6쪽 상.

자리현의 해악은 두 가지다. (하나는) 군인이 민전民田을 매입하는 것으로 기장耆莊이라 하는데, 무릇 관官에 저항하면서 세금을 납부하지 않는다. (다른 하나는) 세금을 내야 하는 애隘가 일반 백성들의 쌀을 거둬들이는 것으로 애량(이라) 하는데, (이것은) 궤기와 유사해 교묘히 세금을 면제받는 것이다.

대체로 (군인이) 군대에 있으면 매월 봉급을 받고, 작전 시에는 행량行糧을 지급받으니, (이는 다른 사람보다) 혜택을 더 많이 받는 게 지극하다는 (의미)다. 그런데 도리어 비옥한 땅을 사사로이 점령하고 공공연히 부세에 저항하는 게 가당한 일인가? 하물며 부세는 정해진 제도가 있는데, 오직 그 정공正供의 책임을 군軍이 담당하지 않는다면 (결국) 그것은 백성의 책임이 되니, 비옥한 땅에서 나오는 이익은 군軍에 귀속되고 배상의 부담은 백성들의 낯이 될 것이다. 만일 그렇게 된다면 백성들이 어찌 고달프지 않겠는가?

과거 자리현에는 전리애정과 민리애정의 구별이 없었다. 이후 관부官府가 이익을 보고자 괜한 은혜를 베풀고 서리胥吏들이 법을 왜곡해 사익私益을 취하면서 (그러한 구분이) 생겨났다. 대체로 애와 근접해 있는 17도都 3리里의 경우 전량田糧 명목으로 부과된 액수가 겨우 96석에 불과하고 그것을 애량이라 하는데, 그 면제를 요구하고 있다. 따라서 현재 쌓여 있는 곡식이 1,000여 석에 달한다. 그 양곡 (에 대해) 물으면 애량이라 답한다. 그러나 (그것이 생산되는) 전지田地가 어디 있느냐고 물으면, 23도, 24도, 25도에 있다고 말한다. (그렇다면) 이 세 도(23, 24, 25도)나 현내縣內에 가까이 있는 전지 또한 애전隘田이라 칭할 수 있는가?

기장에서는 장기적인 세금 체납이 존재하고, 애량은 교묘히 (부세가) 면제되는 탓에 수백 가지의 요역을 모두 가난한 사람들이 담당하고 있으니 정말 애석한 일이다. 그러나 그것을 바꾸고 고쳐 일반인들의 절박함을 해결하는 건 현리縣吏의 능력으로는 불가능하다. 반드시 고위 관리가 이 문제를 주재해야 비로소 가능할 것이다.[125]

위 인용문은 소수민족 사회라는 특수성이 오히려 퇴색된 느낌마저 들 정도로, 여느 내지 중국 사회에서 발생한 사회적 모순이 첨예하게 드러나 있다. 그렇다 해도 무력 위주의 사회에서 일반 백성들이 겪은 어려움과 경제적 불평등성을 위 언급은 생생하게 보여준다. 궁극적으로는 위소가 각 현縣에 부적附籍되어 있는 상황에서,[126] 이러한 세금 징수의 불균형성이 발생했다는 점은 당시 지방 정부의 위소에 대한 통제가 대단히 비효율적이었다는 사실을 훌륭하게 입증해 준다. 그렇다면 소수민족 사회에서 일종의 우월한 정치적 지위를 가졌던 위소와 토사 사이의 관계는 또 어떠했을까?

2) 위소와 토사 사이의 갈등

위소가 기본적으로 소수민족을 무력으로 다스리기 위한 중앙 정부의 기구이며, 토사는 필요 시 병사를 징발하기도 하지만 궁극적으로는 이 지역의 일반 소수민족을 다스리기 위한 정치 기구라는 사실은 두말할 필요가 없다. 하지만 토사가 기본적으로 중앙 정부가 지닌 정치적 권한을 소수민족 유력자에게 위임한 제도라면, 위소는 중앙 정부의 군권을 대변하는 제도다. 따라서 위 두 제도 사이의 관계 규명을 통해 명 왕조의 소수민족 통치에 대한 구체적인 사고방식을

---

125 萬曆『慈利縣志』권8,「田賦」, 7쪽 상~8쪽 상.
126 康熙『九溪衛志』권3,「麻寮所志」, 24쪽 하.

추적할 수 있을 뿐 아니라, 두 제도의 정치적 의미도 이해할 수 있을 것이다.

이 문제와 관련해 위소와 토사 사이의 토지 분쟁을 다룬 「명종기안銘鍾紀案」은 매우 실질적인 상황을 전해준다. 이 사료에 등장하는 함풍현咸豐縣 소재 산모토사散毛土司와 대전소大田所 사이에서 발생한 토지 분쟁의 서막은 대전소가 설치된 홍무 23년(1390)[127]에 전개되었다. 논지 전개를 위해 일부는 그 문장을 나눠 소개하기로 하겠다.

① (함풍)현의 관할 지역은 홍무 22년(1389)부터 **산모사 지역의 반을 할애한 것으로서, 대전소를 설치하고, 한족과 토민土民 출신의 천호와 백호 등의 관리**를 두었다. 유양과 검강黔江 등의 지역에 군량을 공급하기 위해 군사를 배치해서 군둔軍屯을 실시했다. (이곳은) 선은현, 내봉현, 함풍현, 이천현의 여러 토사의 관할 지역 사이에 위치한다. 명말까지 (이들 토사의 힘으로) 이곳을 충분히 통제할 수 있었다.

숭정崇禎 말년, 대전소의 장인천호掌印千戶 양정린楊正麟[128]과 천호에서 첨사僉事로 승진한 서상도舒相度가 (이 지역 일대의) 지도와 관군官軍의 (명부가 기록된) 문책文冊을 바쳤는데 (그 문책) 안에는 한족 천호 6명이 있었다. (그들은) 양정린, 서상도, 장기신張其紳, 장영진蔣永鎭, 장기창蔣其昌, 매원섭梅元燮이었다. 한족 백호 5명도 있었는데, 그들은 허천작許天爵, 서일광徐日光, 전유귀田惟貴, 상수인尙守仁, 손오달孫五達이다. 응습토천호應襲土千戶 8명이 있었는데, 양창조楊昌祚, 염첨개冉天開, 양국광楊國光, 염시옹冉時雍, 장세동張世棟, 전영충田永忠, 양국원楊國元, 정정유丁正惟가 그들이다. 또한 염

---

127 「銘鍾紀案」에는 홍무 22년(1389)으로 기록되어 있다.

128 楊正麟의 아들 楊天柱가 崇禎 9년 아버지를 따라 黔陽과 桂陽 일대 진압 작전에 참여한 적이 있다. 同治 『咸豐縣志』 권15, 「官師志」(武勳), 1쪽 상.

천명冉天明은 응습지휘應襲指揮, 염천제冉天梯는 응습백호應襲百戶이며, 형계
오邢啓鰲는 현재 차조差操를 담당하며, 전국의田國義는 현재 백호인百戶印을
관장하고 있다.

② (여러 '소所' 가운데) '소' 하나가 성城 동북 30리 청수보淸水堡의 장가
패蔣家壩에 자리잡고 있는데 (여기서) 다시 50리 떨어진 곳에 마호둔馬湖屯
이, 다시 50리 떨어진 곳에 용평보龍坪堡가 있으며 (이곳) 모두 천호 장영진
이 병사 100명을 거느리고 둔수屯守한다. 다시 50리에는 백사계白沙溪가 있
는데, 소관小關에 닿아 있으며, 대암패大巖壩의 파로토耙撈土에 바로 다다를
수 있고, 시남사施南司와 경계를 이룬다. 왼쪽으로는 석호관石虎關과 장각
포張角鋪가 있는데 구계원歐啓元이 병사를 데리고 둔수하는 곳이다. 그런데
**산모사가 청수보를 강제로 점유하고 그 명칭을 산모하散毛河로 바꿨다. 또
한 장가패를 강제로 점유하고 그 이름을 만채자蠻寨子로 바꿨다.** 시남사는
용평보, 백사계, 소관, 대암패, 석호관, 장각포, 토어당土魚塘, 삼불패三佛壩
등을 **강제로 점유했다.**

또 다른 '소' 하나는 성에서 동쪽으로 15리에 있으며, 토지관土地關이 있
고, 앞으로 수계水溪로 이어져 노아관老鴉關에 바로 닿는다. 이 길은 산모
사와 목책사木冊司를 지나 충보둔忠堡屯에 바로 이르는데, (여기에는) 천호
매공진梅拱辰이 병사 100명을 거느리고 둔수한다. (이 소의) 왼쪽으로는 적
수관滴水關이 있는데, 동류사東流司로 나아갈 수 있으며, 그 안의 마관둔馬
官屯에는 백호 마충馬忠이 병사 100명을 데리고 둔수한다.

이후, **산모사 토관 담옥감覃玉鑑[129]이 마관둔을 호시탐탐 노리다가, 장황**

---

129 산모사의 15대 宣撫使로서 아버지 覃棨가 黃中의 반란에 연루되어 隆慶 2년(1568)
湖廣按察司僉事 李堯德에게 죽음을 당한 후, 세직했다. 만력 28년(1600) 總督 李化
龍을 따라 播州 지역 반란 평정에 공을 세워 鎭遠將軍에 제수되었다. 龔蔭, 1992,

長荒에 새로운 길 하나를 만들고, (그곳을) 신개산新開山이라 명명했다. (이곳에서) 바로 적수관에 이를 수 있는데, **둔보屯堡를 강제로 점령해** 이름을 **고요동苦窰洞으로 바꿨다.** 이 지역을 관할하는 갑장甲長이 (이 사실을) 당로當路에게 보고했지만, 관아에 뇌물을 공여해 결국 이 사안은 묻혀버렸다.

또 다른 '소'는 성에서 30리 떨어져 있는데, 독락관獨樂關의 높은 산이 있으며, 보堡 안에는 독락평獨樂坪, 소차구小車溝, 만가둔萬家屯, 야묘둔野猫屯이 있고, 백호 조무신趙武臣이 병사 100명을 데리고 둔수한다. (그러다) 결국 **납벽동臘壁峒 토관 전기田琦가 독락평에 군사를 주둔시키고, 소차구小車溝, 당가구唐家溝, 만가둔, 야묘둔을 강제로 점령했으며,** 이 '소'가 있는 지역을 **가로로 차단**하는 바람에 통행이 단절됐다. 각 토사들이 (병사를) 출동시켜 이곳을 약탈하므로, 적수관과 독락관은 제일 중요한 요충지다.

또 다른 '소'는 성 정서正西 방향으로 80리에 자리잡고 있는데, 석아관石牙關에 해당되는 곳으로, 그 안에는 만왕패蠻王牌가 있으며, 천호 장기신張其紳이 병사 100명을 거느리고 둔수한다.

③ **이상의 모든 사안은 명대 일이다.** 갑신년(甲申年, 1644) 국가에 변란이 발생하자, 유관과 토관이 모두 (청을) 원수로 생각했으나, (복왕福王 주유숭朱由崧 시대인) 홍광弘光 연간부터 영명永明(계왕桂王 주유랑朱由榔과 정성공鄭成功 시기를 말함) 시기에 모두 청을 받들었으며 청 강희 3년(1664) 시주施州가 비로소 귀순했다. 강희 13년(1674) 오삼계(吳三桂, 1612~1678)가 운남에 자리를 잡자, 위소가 (오삼계에게) 귀부했다.

④ 강희 19년(1680) (청 왕조에) 귀순 후에, 다시 담홍譚宏에게 1년 동안

1255쪽 참조.

예속되었다. 강희 21년(1682) 소의 관원 모두의 세습이 혁파되고 군둔軍屯이 해이해지자, 토사와 호강豪強들이 백성들에게 더욱 해가 되었다. 강희 54년(1715) 12월, 대전군민수어소의 장인관掌印官 뉴정기鈕正紀는 한족과 토사土司들의 토지 분쟁으로 (발생한) 안건 가운데, 토사들이 자신의 위세를 빌려 강제로 토지를 점령했기 때문에 강점한 토지에서 나가라고 토사들에게 명령했고, 한인漢人들에게는 상응하는 돈을 주고 해당 토지를 소유하라고 명령했다.

⑤ (이 내용을 담은)「명종기안」이 현재 홍국사興國寺에 남아 있는데, 다음과 같이 새겨져 있다:「명종기안」을 만들어 해묵은 일을 (후세)에 전하고자 한다. 생각하건대 내가 병술년丙戌年 여름 부임한 이래, 이 지역의 상황과 일반 백성들의 어려움을 목도하고 심히 측은하게 생각했으며, (더구나) 일부 나약하고 의지할 곳 없는 백성들은 여러 토사들에게 둘러싸여 있으니 어찌 (그들로부터) 기만과 능멸을 당하고, 불법으로 토지를 빼앗기는 자들이 없겠는가? 그런 까닭에 **변경邊境의 전지田地가 시남, 당애, 산모, 목책, 납벽의 여러 토사들에게 점령당한 곳이 110곳 이상에 달한다.**

이전의 여러 지방관이 이 문제를 해결하려 했지만, 토사들이 강점한 토지 (문제는) 결국 미해결로 남아 있다. 나 스스로 덕이 없고 힘이 없음을 부끄러워하면서 밤낮으로 애를 태웠으나, 내가 이곳을 담당한 이상 어찌 기존의 관행이라는 구실로 (이런 상황을) 도외시할 수 있겠는가? 따라서 침점侵占당한 전지(에 대한 문제가) 말끔하게 해결되지 않은 사안 중, (어떤 경우는) 해당 토지에서 완전히 퇴출시킬 것이고, (해당 토지에 관한) 계약서가 있는 경우에는 상응하는 금액을 지불하도록 할 것이며, (소유를 증명할 증거)가 없는 곳은 역량에 맞게 개간하도록 할 것이니, 여러 토사는 모두 기꺼이 이 조치에 따라야 하며 추호도 원망해서는 안 된다. 점거한 토지에서

나간다는 증명서를 작성해, 관청에 해당 문서를 보내고, 영원히 변경하지 않는다.[130]

이 문건을 작성한 뉴정기란 인물은 본문에 등장하듯이, 스스로 이 지역에 부임한 시기를 병술년丙戌年으로 표시한 것으로 미뤄 강희 45년(1706)에 대전수어천호소의 천호로 부임한 것으로 판단된다.[131] 하지만, 또 다른 자료에서는 그가 강희 계년季年, 즉 강희 3년(1664) 천호로 부임했다고 기술되어 있어,[132] 그의 정확한 부임 시기는 단정하기 어렵다.[133]

①~②는 명대 위소의 현황을 자세히 알려주는데, 이 글 자체가 당시 위소의 역사라고 해도 과언이 아니다. ③~⑤는 청초 상황을 알려주는 동시에, 명대 촉발된 토지 분쟁의 해결책을 언급하고 있다.

꽤 긴 글을 인용한 이유는 무엇보다 뉴정기의 이 글이 당시 위소와 토사 사이의 관계를 알려주기 때문이다. 또한 각 토사의 자세한 양태 파악이 가능하다는 이유도 들어 있다. 간단히 말해서 이 글은 각 토사들이 위소의 관할 지역을 침범하거나 마음대로 점령했던 상황을 전달해 준다. 그리고 명말의 상황을 설명하고 있는 위 인용문을 통해 다음의 사실을 알 수 있다.

---

130 이 자료는 『鄂西少數民族史料輯錄』, 1986, 165~166쪽에 실려 있다. 이 내용을 담은 사료집에는 원출처를 民國 『咸豐縣志』라고 밝혔으나, 해당 지방지는 참조하지 못했음을 밝힌다.

131 鈕正己 자신의 언급 외에, 그의 부임 시기를 추정할 수 있는 단서는 同治 『咸豐縣志』 권13, 「官師志」, 2쪽 하에 등장한다. 그러나 다른 자료에 따르면 그는 옹정 7년(1729)에 천호로 부임했다. 同治 『增修施南府志』 권19, 「官師志」, 16쪽 하.

132 『鄂西少數民族史料輯錄』, 1986, 167쪽.

133 일부 지방지에는 그가 옹정 10년(1732) 施州衛守備를 역임했다고 기술되어 있다. 同治 『增修施南府志』 권19, 「官師志」(文職), 16쪽 하.

첫째, 위 인용문 ①에서 확인할 수 있듯이, '천호'를 구성하고 있는 계층들은 그 성씨로 미루어 대다수가 한족인 반면, 그 아래 '백호'의 구성원들은 이 지역 일대 토가족이었다는 점이다. 이는 명대 위소의 구성이 매우 다층적이었다는 사실을 다시 한 번 말해 준다. 이런 정황을 통해 명대 위소는 해당 지역 소수민족들과 대단히 밀접한 관련 아래에서 편성되었으며, 이런 위소야말로 군사적인 성격과 아울러 그 지역 소수민족의 민생을 안정시키기 위한 이중의 역할을 했다는 사실을 확인할 수 있다.

둘째, 명말의 정치적 혼란을 감안하더라도, 토사들이 자신의 이익이나 군사적인 목적 때문에 빈번하게 위소의 관할 지역을 침범했던 사실이다. 인용문 ②에 그것이 잘 드러나는데, 이는 위소를 통한 소수민족 지역의 통제가 경우에 따라서는 딱히 실효성實效性이 없었다는 사실을 보여준다는 점에서 위소의 세력 한계를 잘 입증해 주는 예라고 할 수 있다. 더구나 토사들의 점령 지역이 매우 광범위했으며 아예 점령 지역의 이름을 바꾼 상황을 통해 보건대, 토사들의 군사적 실력이 위소에 비해 월등했다는 사실도 짐작할 수 있다.

물론 이러한 세력 차이 외에도, 소수민족 지역의 자연 환경은 토지 분쟁이나 점령을 부추겼던 중요한 원인이었다. 토사나 위소가 설치된 지역은 지형이 험난해 경계의 확정이 쉽지 않았기 때문이다. 청대의 자료이긴 하지만, 호광총독湖廣總督 매주(邁柱, 1670~1738)가 시주 일대 지형을 설명하면서, "경계가 타성他省과 닿아 있으며, 토사 지역과도 서로 접해 있어, 전토田土 관련 송사가 다른 곳보다 배에 달한다."[134]라고 언급한 대목에서도 그러한 정황이 잘 드러난다.

---

134 同治『增修施南府志』권2, 「地輿志」(沿革), 28쪽 하~29쪽 상.

셋째, 역시 ②를 통해 확인할 수 있듯이 위소 설치가 토사들에게 직접적인 경제 손실로 이어졌다는 점이다. 자료의 설명이 과장되었다 하더라도, 산모사 지역의 상당 부분을 위소에 편입시키는 과정이야말로 당시 토사들에게는 적지 않은 손해를 끼쳤음이 분명하다. 이런 대전소의 설치와 관련해 명대 인물인 매공신梅拱宸은 다음과 같이 서술한 바 있다.

황제께서 남옥에게 명령을 내려 반란 세력을 완전히 없앨 필요는 없되, 다만 각 토사의 성명姓名을 취해, 선위사, 안무사, 장관사 등 모두 14토사를 나누어 봉하도록 했다. (이에) 초楚 지역에는 시주위를 세웠으며 촉蜀 지역에는 검강현과 팽수현彭水縣의 험난한 곳에 관애關隘를 설치하는 한편, 팔방八方이 모두 **소수민족으로 둘러싸인 (그들의) 중심지에 대전소를 설치해** 여러 토사들의 요충지를 장악함으로써 초와 촉을 잇는 중요한 도로로 삼아야 한다고 말씀하셨다.[135]

지방지의 서술에 의하면 이 명령이 내려진 시기는 홍무 18년(1385)이었다. 여기서 반란 세력이란 담후를 말하는데, 위 언급은 당시 남옥이 병사를 대동하고 명옥진(明玉珍, 1329~1366)을 제압한 데 이어 평다平茶, 읍매邑梅, 석야石耶, 지패地壩 등의 토사와 힘을 합해 산모사의 담후를 체포하고 조양동朝陽洞 일대를 평정하면서 발생한 지나친 살육을 경계하기 위해 한 언급이다. 그러므로 시주위의 설치는 명왕조가 이 지역을 평정하면서 소위 강온 양면의 정책을 구사하는 와중에 이

---

135 梅拱宸,「大田所興圖守御文册」, 同治『咸豐縣志』권19,「藝文志」, 4쪽 하~5쪽 상. 바로 앞에서 인용한「銘鍾紀案」에 등장하는 梅拱辰과「大田所興圖守御文册」을 쓴 인물인 梅拱宸은 동일 인물일 가능성이 크다.

루어졌다는 사실을 알 수 있다.

그렇다 해도 매공신의 이러한 언급은 당시 각 토사의 중요한 요충지를 장악해 시주위나 대전소와 같은 위소를 설치했음을 잘 보여준다. 따라서 대전천호소 설치 당시 충건忠建과 시남施南의 만족蠻族들이 집단으로 저항했다.[136] 결국 위 ①~② 자료는 명 왕조가 그러한 요충지에 군대를 주둔시켜 토사들을 장악하고 있는 정황은 물론, 그러한 지역을 거꾸로 토사들이 강탈한 사실을 동시에 보여준다.

넷째, 인용문 ④에 드러나듯이, 토사들이 정치적 환경 변화에 따라 빈번하게 자신의 태도를 바꿨던 사실도 짐작할 수 있다. 그러므로 적어도 명말의 상황만을 놓고 본다면 토사제도를 통한 소수민족 통치는 소수민족을 중앙 정부에 온전하게 복속시키지 못한 불완전한 제도였다. 명말 소수민족들이 남명南明 정권 → 청 왕조 → 오삼계 정권 → 다시 청 왕조로 네 번씩이나 그 추종자를 바꾼 사실이 좋은 증거다. 그러므로 다소 과장한다면 토사제도의 중요한 목적인 이이제이는 허울이었으며, 소수민족은 현실적인 상황에 따라 기민하게 자신의 입장을 결정했다.

뉴정기의 ④와 ⑤의 언급은 바로 이런 상황을 개선하기 위한 구체적인 조치를 담고 있는데, 이 두 부분의 인용문은 청초 호광 지역의 토사 상황도 명대와 크게 다르지 않았다는 사실을 보여준다. 일부 지역의 토사는 청 왕조에 귀부했지만 상당수 지역은 그대로 토사제도가 유지되었다. 특히 뉴정기가 말한 대로, 토사들 자신이 점령한 지역에서 스스로 물러나기를 기대하는 건 사실상 어려웠다. 오히려 용미토

---

136 同治『宣恩縣志』권1,「疆域」, 4쪽 하.

사의 통치 영역은 명대 내내 확대되었을 뿐 아니라,[137] 청초에 이르러서는 북으로 백리황百里荒과 야삼관野三關, 동으로 어양관漁洋關, 서쪽으로는 동향토사東鄉土司가 있는 사평沙坪, 남쪽으로는 마료천호소 일대로 확대됐다.[138]

이러한 종류의 사료가 존재하는 이유는 분명히 토사의 횡포를 알리는 한편, 청초 소수민족 지역 점령을 정당화하기 위해서다. 실제로이 사안은 토사들이 임의로 점령한 토지를 강제로 환수하고 한족들에게 되돌려주는 것으로 끝난다. 하지만 토사제도의 설치와 운용이 전적으로 중앙 정부의 의지대로 실현되지 않았다는 사실을 위 사료는훌륭하게 입증해 준다.

다른 한편, 토사들의 위소 지역 침입과 관련해 시주위와 용미토사가 첨예하게 대립한 석주관石柱關과 연천관連天關 일대의 정황은 토사들의 위소 지역 침입에 관한 또 다른 양상을 보여준다. 이 문제는 4장1절에서 좀 더 자세히 다룰 예정이지만 가정 13년(1534) 용미선무사 전세작(田世爵, 1499~1562)이 자신 휘하의 토목土目을 대동해 은시恩施, 장양長陽, 파동巴東 일대 토지를 강탈할 목적으로 침범했던 사실[139]은 거꾸로 토사의 잦은 침략을 위소가 방어하기에 급급했던 역설적인 정황을 보여준다.

이러한 일련의 사실은 가정 22년(1543)으로 표기된 이 등천익鄧天益이란 인물의 상주문을 통해서 명확히 확인할 수 있다. 즉 소수민족

---

137 이를테면 天啓 연간에 이르면, 百年關 以西 지역이 모두 용미토사 관할이 되었다.
    光緒 『長樂縣志』 권4, 「沿革志」, 2쪽 하~3쪽 상.
138 祝光强・向國平, 『容美土司槪觀』, 湖北人民出版社, 2006, 289쪽 지도 참조.
139 「鄧天益奏」, 『容美土司史料彙編』, 제1부분, 「奏章・文告」 1984, 1쪽. 동일한 내용이
    同治 『巴東縣志』 권9, 「兵防志」, 25쪽 상~하에 등장한다.

지역 내의 부유한 곳을 토사들이 공격했다는 그의 언급은 자연 조건이 매우 열악한 상황에서 가장 중요한 생산 수단인 토지의 확보에 당시 토사들이 많은 관심을 가졌던 정황을 말해 준다.

물론 상주문의 작성자인 등천익이 이러한 사실을 자세히 언급하지 않았지만 토사들의 침범 대상 지역이 당시 이 일대 생산성이 높은 곳에 집중된 점은 토사들의 경제적 부富도 토지에 주로 기반했던 사실을 알려준다. 그러므로 토지를 사이에 둔 위소와 토사들의 경쟁이 특히 첨예했다. 토사가 다스리던 시절에 토사들이 토사 영역 내 토지를 한족들에게 판매하는 것을 엄격하게 금지한 사실[140] 역시 이러한 점을 재확인시켜 준다.

3) 위소의 병력과 軍餉

그런데 이런 토사들의 군사적 침략에 효과적으로 대항할 수 있는 실질적인 군사력을 당시 위소는 갖추지 못했던 것처럼 보인다. 바로 앞에서 언급한 등천익의 상주문에 따르면 가정 연간 당시 전세작이 동원한 병력 수가 1,000여 명이었던 반면, 순검사의 지휘관 수효는 겨우 32명에 불과했다. 당시 위소가 소수민족 지역을 통제할 때 직면한 문제는 이처럼 병력이 적고 병향兵餉의 공급도 원활하지 않았다는 점이었다. 이 문제를 좀 더 구체적으로 살펴보기로 하자.

대전소가 설치된 홍무 23년(1390) 당시 대전소에는 병력 1,660이 있었으며, 한관漢官과 토관 지휘, 백호, 좌이佐貳, 총기總旗와 소기小旗의

---

140 이를테면 토사 시기 경제제도와 관련해 "竊照府屬山多田少, 當土司時不許與漢民"이라는 언급은 경작지가 매우 제한적이어서 외지인에게 토지 판매를 금지한 사실을 말해 준다. 鶴峰縣民族事務委員會編, 『容美土司史料續編』, 1993, 167쪽.

오등五等 군관이 모두 설치되어 총 35명의 군관이 존재했다.[141] 명 중엽 정도에 이르면 이 수효가 2,127명으로 증가했다.[142] 그러나 명말에 이르면 관군의 수효가 감소해, 한관천호 6명, 장인한관 천호 1명, 토관 천호와 백호가 10명으로 겨우 반절 정도에 그쳤다. 이는 명 중엽 이후 위소의 군사력이 현저히 약화됐다는 사실을 의미한다.

더구나 병력 수효 자체로만 본다면 명 왕조가 더 많은 관심을 기울인 지역은 호광성과 귀주성의 접경 지역에 설치된 위소였다. 이미 앞에서 귀주성과 호광성이 맞닿은 지역에 집중적으로 설치된 청랑위, 편교위, 진원위, 동고위, 오개위 등의 위소 병력을 언급한 바 있는데, 이런 귀주 지역 일대와 비교해 시주위 병력 4,679명은 호북 지역의 위소 병력이 상대적으로 적었다는 사실을 의미한다. 호남 지역은 병력 수가 더욱 적어, 4,633명의 병력을 가진 구계위를 제외하면 대용, 안복, 마료의 병력은 모두 1,000명 정도에 불과했다.[143]

이처럼 병력 수효가 매우 제한적이었지만 각 위소의 관할 범위는 상대적으로 넓었다. 건주청乾州廳 동북 10리에 있던 진계군민천호소만 하더라도 명초에 촌채 124곳을 관할했다.[144] 또한 시주위 위병의 수효는 4,679명이었는데 안찰사와 도사 소속의 관원 1명이 순회하는 한편, 어사御史도 위소 지역을 직접 살피도록 했다. 그러나 시주위의 병력과 그 관리를 위한 제도가 명대 내내 바뀌었을 뿐 아니라 시주위 관련 비용을 감소시키려는 시도가 중요한 사안으로 등장하는 걸 보면,

---

141 同治『咸豐縣志』권11,「武備志」, 2쪽 상~하.
142 萬曆『湖廣總志』권29,「兵防」, 14쪽 상.
143 이상의 설명은 萬曆『湖廣總志』권29,「兵防」, 12쪽 상~14쪽 상 참조. 좀 더 정확히 말하자면, 첨평소는 토관 백호 10명에, 土軍이 1,100명이었으며, 마료소는 官軍 1,110명이었다. 康熙『九溪衛志』권3,「附添麻二所志」, 각각 22쪽 상과 24쪽 상 참조.
144 乾隆『辰州府志』권7,「城池考」, 11쪽 하.

위소의 인원과 경비 문제는 해결이 쉽지 않았다.

결국 병력의 수효와 같은 물리적 문제는 당시 호광 지역 위소가 직면한 중요한 사안이었지만, 위소 병력 자체가 명초부터 그리 많지 않았다. 일례로 영정위는 홍무 23년 영순선위사 관할의 양안평羊岸坪으로 옮겼는데,[145] 그 이유는 지나치게 근접해 있는 영정위와 구계위 각각의 통제 영역을 좀 더 확대해서 소수민족을 통제하기 위한 것이었다.[146] 이는 통제의 효율성을 고려했다고도 볼 수 있지만, 달리 생각하면 역시 충분치 않은 병력 때문에 채택한 고육지책이었다. 따라서 청 강희 40년(1701) 시주施州 위학衛學 교수인 하희신夏熙臣이란 인물이 시주위의 상황을 "시주위 사방이 군장君長들에게 둘러싸여 있다."라고 읊은 건[147] 결코 우연이 아니다.

위소나 소수민족 지역의 군사 시설에는 이처럼 병력이 많지 않은 반면, 토사들의 군사력은 그대로 유지되었기 때문에 소수민족은 일부 군사 시설을 빈번히 장악하곤 했다. 그 정확한 시기는 알 수 없지만, 장씨張氏가 세력을 떨치던 오봉五峰의 장모관長毛關 일대에 배치된 지휘 1명이 용미토사에게 살해당해 용미토사로 합병되었다. 보제애菩隄隘 역시 순검이 설치된 곳이었지만 천계 원년(1621)에 용미토사의 반란으로 어양관으로 후퇴했다가 천계 7년(1627) 용미토사에게 합병되었다.[148]

병력 부족과 더불어, 위소의 또 다른 문제는 군량이었다. 청 도광 11~14년(1831~1834) 장락현 지현을 역임했던 맹등선孟登先이 「운병미

---

145 『明實錄』 권203, 洪武 23년 8월 25일.

146 田敏, 2000, 87쪽.

147 夏熙臣, 「施州衛寄所親」, 同治 『增修施南府志』 권28(上), 「藝文志」(詩), 18쪽 하.

148 光緒 『長樂縣志』 권5, 「關隘」, 18쪽 상.

가운병미歌運兵米歌」에서 "병미兵米가 운반되면 병사들은 기뻐하나, 병사들이 기뻐하면 백성들은 힘에 겨워 죽을 지경이 된다. 장양長陽에서 학봉까지 협로狹路로 된 촉지蜀地의 길이 500리다."[149]라고 읊은 것처럼, 군량 조달이 어려운 이유가 수송 때문이었으나, 반드시 그 문제만 존재한 건 아니었다. 일단 명대 위소의 병향 문제를 개괄적으로 언급하고 있는 한 지방지의 기술을 보기로 하자.

살펴보건대, 명 태조는 토사의 소요가 많아지자 위衛를 설치하고 광범위하게 둔전을 실시해 관리들이 군량을 수송하는 (수고를) 덜고 (백성들이) 스스로 전쟁을 치를 수 있도록 했다. 이후 병사들이 백성을 지키지 못하고, 반대로 백성을 빌려 병사를 지켰다. 또한 객병客兵을 빌려 위를 방어하니, 추유련(鄒維璉, ?~1635)이 편찬한 (위지衛志)의 서문에서 (그러한 정황)을 볼 수 있다. 이는 **위가 있으나 병사가 없는 정황**이다.

병향兵餉 공급이 10년 동안 이루어지지 않았는데, 주광조朱光祚가 액향額餉의 회복을 위해 논쟁한 (행적)을 기록한 비문碑文[150]에서 (이와 같은 정황을) 볼 수 있다. 이는 **병사는 있으나 병향이 없는 상황**을 말한다. 이외에도 태두兒頭가 포람包攬하고,[151] 관리들이 사사로이 이익을 취해 병사들이 굶는 여러 정황은 동씨童氏와 왕씨王氏가 (각각 편찬한) 지방지에 등장한다.[152]

---

149 光緒『長樂縣志』권12,「風俗志」, 15쪽 상.
150 아마도 이 비문은 각주 153)에서 다시 인용한 朱光祚의「施州衛爭復額餉永思碑」라고 판단된다.
151 원문은 "其他兒頭攬納, 官吏侵漁而兵枵複雜, 見於童志王志者"로 되어 있는데, 攬納은 분명 包攬을 통한 납부를 의미한다. 반면 兒頭라는 말의 의미는 분명하지 않지만, 아마 포함하는 자 가운데 우두머리라고 짐작된다.
152 同治『增修施南府志』권16,「武備」, 3쪽 상~하.

위 인용문은 명대 위소 관리의 허점과 한계를 매우 비판적으로 서술한 청대 지방지 편찬자들의 언급으로서, 실제로 위에 병사가 없고 그 병사들에게는 식량이 없었다는 사실을 적나라하게 보여준다.

그런데 위 인용문에 등장하는 동씨와 왕씨의 지방지는 찾을 수 없지만, 추유련과 주광조의 병향 관련 지적은 지방지에 등장한다. 이 가운데 병향 공급이 제대로 이루어지지 않았다고 말한 주광조의 지적을 몇 부분으로 나눠 살펴보기로 하자.

① 시주施州는 … 명 홍무 연간에 비로소 주州를 없애고 위衛로 편입되었다가 군민지휘사사軍民指揮使司로 바뀠으며 편호編戶는 3리이고 다섯 개의 소와 14개의 토사를 거느렸다 … (시주는) 대체로 한족과 이족夷族이 서로 뒤섞여 있으며 초·촉楚·蜀의 인후로서 사방 천리에 이르는 큰 중진重鎭이다. 따라서 병사를 주둔시켰으며 (그에 따라 당연히) 병향이 존재한 관례가 이미 오래되었다. 호공주(胡公胄, 1587~1672)는 (시주위 병향을) 회복해야 한다고 말했으며, (이어 이 문제와 관련된) 논쟁이 발생해 그 의견이 더욱 분분해졌다.

② 살펴보면, (시주위의) 위향衛餉은 연 3,558냥 4전에 이르며 (이를) 형주와 악주岳州 두 부府에서 징수해 공급했다. (그러나) 가정 연간에 (이르러) 사천성 중경重慶과 기주夔州의 조운을 위한 수송이 멀고 험하며 형주와 악주岳州가 시주의 병향을 공급하는 것 또한 매우 어려워 관官과 민간인 모두에게 병폐가 되었다. 당사자들이 상소해 의논하기를 **초楚(호북과 호남)가 사천四川의 조운漕運을 대신하고, 사천이 (초를 대신해) 시주의 병향兵餉을 공급하기로 했다.** 이는 (병향 실시) 초기부터 본래 사천이 (병향 공급에) 편했기 때문이었다.

③ 기주부慶州府의 지주 (사신謝宸이) 양도兩道의 (업무를) 자세히 구분해, 해당 문건을 상급 기관에 전달하자, 사천 순무 유공劉公이 흔쾌히 동의하기를, 3년 전대로 호북 지역이 사천을 대신해 조운을 담당하고, 사천은 시주의 병향을 책임지도록 했다. 기주부 소속 지역에서 2,537냥 6전을, 중경부 소속 충주忠州에서 1,020냥 8전을 (내도록 해) 시주에 공급하도록 하니, 번잡하게 (여러 지방의 손을 거치는) 일이 없었다. 이후 사천성에서 수십 년 동안 분란거리였던 옛날 규정이 비로소 복구되었으며 형주부에서 입이 마르고 붓이 닳아빠지도록 전개된 갈등이 비로소 종결되었다. 시주위의 관리들로서는 10년 동안의 탄식과 시름 소리가 사라지게 되었다.[153]

시주위 병향을 다룬 주광조의 글이 흥미로운 이유는 당시 기주부와 중경부의 상위 관리는 물론, 무이사撫夷司의 관원, 사천 순무, 수비守備, 위소의 관리 등이 골고루 등장하기 때문이다. 그만큼 시주위의 병향을 두고 특히 사천과 호북 지역의 이해관계가 첨예했다는 사실을 알 수 있는데, 이 인용문의 요지는 의외로 간단하다. 시주위 병향의 책임을 사천에 두느냐 혹은 호북에 두느냐의 문제였다.

인용문의 ①로 보건대, 가정 연간(1522~1566)에 규정된 사천의 병향 부담을 거의 천계 연간(1621~1627)까지 오히려 호북에서 담당했음을 알 수 있다. 만력 연간에 활동한 호공주가 제기한 문제는 바로 가정 연간의 규정에도 불구하고 시주의 병향을 호북 지역에서 담당한다는 점 때문이었다. 따라서 인용문 ②는 가정 연간의 규정을 다시 상기시키는 내용이다.

---

153 鄒維璉의 글은 同治 『恩施縣志』 권10, 「藝文志」(文), 15쪽 상~17쪽 상에 있는 「重修衛志原序」 참조. 아울러 同治 『增修施南府志』 권29, 「藝文志」(文), 4쪽 상~6쪽 하에 등장하는 朱光祚, 「施州衛爭復額餉永思碑」 참조.

이런 규정에도 불구하고, 만력 경신년庚申年(1620)에 이르면, 기주부 동지 담천상譚天相이 시주로 공급하는 병향의 역참을 중경으로 이전 시켰다. 그 이전 이유는 불명확하되, 결국 이러한 상황으로 중경부는 재정적 압박을 받게 되어 먼 곳에 있는 시주위에 병향을 공급하는 게 용이하지 않게 되었다. 다시 천계 연간에 이르러, 시주위가 병향의 공급을 재차 요구했지만, 이제는 호북 지역이 협향協餉을 제대로 납부하지 않았다는 이유로 그 청을 거절했으며, 그 결과 관리와 신사紳士들이 제대로 녹봉과 양식을 못 받는 한편, 병사들 역시 식량을 받지 못하는 지경이 되었다.

인용문 ③은 이러한 사태의 최종적인 결말에 해당하지만, 추유련이 이에 덧붙여 "객병을 빌려 위衛를 지키는 것 자체가 천하 군정軍政의 커다란 폐해"라는 언급은 만력 연간(1573~1620)을 지나 천계 연간에 이르러[154] 위소가 사실상 그 기능을 상실했다는 사실을 잘 보여준다. 추유련은 오히려 위소제도 자체를 반대하는 입장을 견지한 것처럼 보이며, 실제 위소의 병향 관련 언급은 보이지 않는다.

그러나 앞서 언급한 등천익이 가정 40년(1561) 용미토사의 침입에 대응해 파동현 서남쪽에 홍사보紅砂堡를 설치하고 원안현遠安縣의 천호 1명과 토사에서 차출한 기군 53명, 그리고 연천관連天關의 궁병弓兵이 서로 지키도록 했다는 사실을 기억할 필요가 있다. 또한 지휘나 천호·백호 등이 지역 주민에게 군사 훈련을 시키는 상황도 발생했는

---

154 鄒維璉은 천계 3년 魏瑠을 물리친 후, 施州衛에서 1년을 있다가 福建巡撫로 전임되었다. 同治『恩施縣志』 권9, 「人物志」(流寓), 47쪽 상. 그가 시주위에 있을 당시 많은 저작과 시를 남긴 것으로 미뤄, 『施州衛志』의 편찬은 이 무렵 이루어졌을 것이다.

데,[155] 이러한 일련의 정황은 명 후반기로 갈수록 소수민족 지역에서 군사적 수요가 증대했다는 사실을 의미한다. 이러한 군사적 수요 증대에 따라 병향의 수요도 증가했지만 시주위의 예에서 볼 수 있듯이 원활한 병향 공급은 쉽지 않았다. 이제 군사제도인 위소 문제를 뒤로 하고, 명대 가장 대표적인 향촌 체제라 할 수 있는 이갑제가 소수민족 지역에서 어떻게 운용됐는지를 거론하기로 하자.

3. 明末淸初 湖廣 소수민족 지역과 里甲制

1) 명대 호광 지역의 이갑제 실시 상황

널리 알려진 바와 같이, 홍무제는 홍무 14년(1381) 전국에 부역황책 賦役黃冊의 편찬과 함께 이갑제의 실시를 명령했다.[156] 이갑제가 명대 향촌 통치의 근간이라는 점에서, 이갑제의 의미와 지역적 특징에 대한 연구는 그 현황을 밝히는 일이 오히려 무용할 정도로 많은 연구가 발표되었다. 그러나 소수민족 지역의 이갑제 관련 연구는 의외로 대단히 미진하다.

아마도 그 이유는 소수민족 지역이라는 사실을 지나치게 의식한 나머지 내지와 다른 행정 체제가 운용되었을 것이라는 선입견 때문일 것이다. 또한 이갑제 자체가 내지에서는 일률적으로 실시된 반면, 토관이 다스리는 소수민족 사회에서는 설사 그 제도가 실시되었다 하더

---

155 同治 『巴東縣志』 권9, 「兵防志」(兵防), 22쪽 상.
156 『明史』 권77, 「食貨一」(戶口 · 田制), 1878쪽.

라도 그 영향이 매우 제한적이었을 것이라는 판단도 중요하게 작용했을 것이다.[157]

그러나 당시 호구를 민호民戶, 군호軍戶, 장호匠戶로 나눠 시행한 이 갑제에서 위소는 세습을 기본으로 하는 군호가 담당한 점을 상기한다면, 현저히 군사화된 사회이자 위소가 중요한 역할을 한 소수민족 지역의 이갑제 실시 현황과 그 실질적인 운용은 매우 흥미로운 주제다.[158]

그런데 호광 소수민족 지역에서는 의외로 편리編里에 관한 언급이 실제로 빈번하게 등장할 뿐 아니라, 일부 지역에서는 위소와도 밀접한 연관성이 있다는 사실이 확인된다.[159] 따라서 여기서는 호광 소수민족 지역에서의 편리 현황을 먼저 살펴보고, 이어 그 구체적인 운용 상황과 소수민족 사회에서의 이갑제 역할을 언급할 예정이다. 따라서 서술 목적상 지방지에 등장하는 이갑제 편성 현황을 주로 호북과 상서 지역을 대상으로 조사했으며, 그 결과를 다음 〈표 2-7〉로 정리했다.

---

[157] 물론 이런 선입견과는 상관없이 실제로 소수민족 지역의 경우 水西나 烏撒 등의 則溪 제도, 貞豊, 冊亨, 望謨, 羅甸 일대의 亭目制, 侗族 지역의 合款制, 묘족 지역 일대의 鼓社나 議榔制와 같은 향촌 제도가 존재했다. 나아가 귀주 일대에서는 장 관사 밑에 里를 설치해 세습 토관이 일반 소수민족들을 직접 통치하지 못하도록 하는 등의 실질적인 변화가 발생하기도 했다. 이상의 내용은 吳展淵, 「明代貴州基 層社會變遷與改土歸流」, 『黔南民族師範學院學報』 5기, 2009, 62쪽 참조.

[158] 따라서 張萬東, 「明淸王朝對渝東南土司統治研究」, 吉林大學博士學位論文, 2016, 68~71쪽에 등장하는 酉陽縣, 石柱縣, 秀山縣 일대 이갑제 실시 상황에 대한 언급 은 충분히 경청할 만한 연구다.

[159] 이런 점에서 이전의 행정 단위인 州를 없애고 衛로 편입시킨 이유는 소위 化民成俗 의 취지 때문이라고 주장한 鄒維璉의 언급을 상기할 필요가 있다. 분명히 당시 명 왕조는 소수민족 지역에도 내지와 동일한 정책을 시행하려 했을 것이다. 鄒維璉, 「重修衛志原序」, 同治『恩施縣志』 권10, 「藝文志」, 16쪽 상 참조.

〈표 2-7〉 명대 湖廣 소수민족 지역의 里甲制 실시 상황

현명	편리수	시기별 증감 현황	출처
長陽縣	3리	만력 9년 3鄕 증가/6리	同治『長陽縣志』권1, 「地理志六」, 1쪽 하
恩施縣	3리	청대	同治『恩施縣志』권2, 「建置志」(里甲), 14쪽 상
建始縣	7리	청대 4리 합병/3리	同治『建始縣志』권2, 「建置志」, 15쪽 상~하
辰溪縣	8리	명대 58리 →강희 28년 13리	嘉靖『湖廣圖經志書』권17, 「辰州府」, 2쪽 하/ 乾隆『辰州府志』권2, 「疆里考上」, 20쪽 상
巴東縣	8리	청대 9里 半	同治『巴東縣志』권2, 「輿地志」, 2쪽 하
黔陽縣	22리	강희 32년 24리	嘉靖『湖廣圖經志書』권17, 「辰州府」, 4쪽 상
石門縣	24리	강희 35년 24리	嘉靖『湖廣圖經志書』권7, 「岳州府」, 4쪽 상/ 嘉慶『石門縣志』권4, 「疆域志」, 13쪽 하
麻陽縣	39리	홍무 24년 24리 → 영락 원년 7리	康熙『麻陽縣志』권1, 「沿革」, 3쪽 하, 9쪽 하
沅陵縣	58리	강희 30년 66리	同治『沅陵縣志』권8, 「里社」, 16쪽 상
慈利縣	58리	-	嘉靖『湖廣圖經志書』권7, 「岳州府」, 4쪽 하

이갑제의 전제인 편리는 〈표 2-7〉에 등장하는 현縣 단위 외에, 각 토사 지역에서도 확인된다. 즉 시주위군민사사, 시남선무사, 대왕안무사, 금동안무사, 충동안무사, 당애장관사가 각각 편호 3리, 충건안무사와 고라안무사가 각각 편호 2리, 동향오로안무사, 충로안무사, 충효안무사, 산모선무사, 용담안무사가 각각 편호 1리였다.[160]

그런데 호북지역의 현縣은 모두 옹정 13년(1735) 시남부施南府가 설치된 후 등장했다.[161] 반면 호남 지역은 진주부 부곽인 원릉현이 지정 24년(1364), 본래 자리주慈利州였던 자리현은 홍무 2년(1369), 검양현·마양현·석문현이 홍무 9년(1376),[162] 그리고 진계현辰溪縣은 그 정확한

---

160 嘉靖『湖廣圖經志書』권20, 「施州衛」, 2쪽 하~10쪽 하.
161 張建民, 『湖北通史』, 華中師範大學出版社, 1999, 127쪽.
162 牛平漢 編著, 『明代政區沿革綜表』, 新華書店, 1997, 138~139쪽, 144쪽.

시기를 알 수 없지만, 오 원년(1364) 진주로辰州路를 진주부로 바꾸면서[163] 설치되었다고 판단된다. 따라서 사실상 호북 지역의 현縣 단위에 등장하는 편리수는 토사 지역의 편리수라고 해도 틀리지 않다. 이런 사실은 명 태조가 이갑제를 내지와 소수민족 지역에 무차별적으로 실시했음을 말해 준다.

또한 앞의 시주위의 편리에서도 알 수 있듯이, 이런 편리가 일부 위소에서도 존재했다. 비교적 구체적 증거가 있는 마료소의 경우 편호수가 7리였으며, 동서남북 4향鄕을 7도都로 나누어 각각 10갑甲을 두었다. 위소의 편리에서 흥미로운 부분은 편리와 함께 각 애隘마다 군호를 엄격하게 편제시켰다는 사실이다. 마료소의 10애에는 적게는 7호부터 많게는 21호까지 군호가 각각 배치되었다. 아울러 이 군호를 관리하는 진무鎭撫, 참당站堂, 이목, 통파通把를 합쳐 모두 47명이 존재했다.[164]

또한 석문현石門縣에 부적附籍된 첨평소添平所 역시 7리로 구성되었다. 더구나 만력 연간에 천호 담계훈覃繼勳이 청장淸丈을 요청해 세량稅糧을 증가시켰다는 기록이 남아 있는 걸 보면,[165] 위소 지역을 단지 이갑제로 묶는 데 그치지 않고 실질적인 운용을 권장했다고 볼 수 있다. 사료가 극히 제한적이지만, 다른 위소에서는 대대로 내려오는 둔병만을 언급하고 있다는 점에서[166] 위소의 편리는 분명 해당 지역의 주민 구성에 따라 그 방법을 달리했을 가능성이 크다.

한편, 〈표 2-7〉에는 단지 편리수만 등장하는데, 일부 지역은 편리

---

163 道光『辰谿縣志』권3, 「建置沿革志」, 4쪽 상.
164 『容美土司史料彙編』, 제5부분, 「其他」, 1984, 485~486쪽.
165 康熙『九溪衛志』권3, 「添平所志」, 23쪽 상.
166 康熙『永定衛志』권2, 「田賦」, 38쪽 하.

수의 변동이 꽤 복잡하다. 이를테면 자리현의 편리는 가정 『호광도경지서湖廣圖經志書』와 만력 『자리현지』에는 모두 58리지만,[167] 동치 『속수자리현지續修慈利縣志』에는 "구편호삼방상이십오리舊編戶三坊廂二十五里"라는 언급과 58리라는 수치가 동시에 기재되어 있다.[168] '방상'은 성시城市의 '이里'를 '방', 성시 부근의 '이'를 '상'이라 불렀다는 점에서 동치 연간 지방지의 언급은 아마도 성시 일대 편리수를 가리키는 것이라 하겠다. 다만 만력 연간 지방지에 따르면 자리현의 편리수는 61개였으므로[169] 명대 내내 자리현의 편리가 증가했다고 할 수 있다. 그러나 청 동치 연간의 지방지는 편리 수효의 변화를 다음과 같이 언급했다.

본래 (자리현)의 도都와 구區는 매우 넓어 1도를 2~3리 혹은 5~6리로 나눴는데 (그 수효가) 모두 58리이고 1리는 10갑으로 나뉜다. 명말 (발생한) 많은 변고로 (버려진) 토지는 많은 반면, 사람의 수효는 적어 **'이里'를 합병해 방상坊廂 3개에 25도가 되었다.** 옹정 13년(1735) 영정현永定縣과 상식현桑植縣, 그리고 호북의 학봉주鶴峰州 일대를 따로 떼어낸 외에, 현재는 3개 방상, 19개의 도, 45개의 구, 그리고 구계九谿와 영정의 두 둔전으로 되어 있다.[170]

위 문장은 분명히 명말의 상황을 언급하는 것으로서 명말청초 정치적 불안정 때문에 인구가 감소하자 편리가 축소된 정황을 확인할 수

---

167 萬曆 『慈利縣志』 권2, 「建置」, 2쪽 상.
168 25리와 58리라는 언급은 同治 『續修慈利縣志』 권2, 「疆域」, 각각 2쪽 상과 16쪽 상 참조.
169 萬曆 『湖廣總志』 권4, 「方輿志三」, 7쪽 하.
170 同治 『續修慈利縣志』 권2, 「疆域」, 16쪽 하.

있는데, 실제로 자리현은 청초까지도 인구 회복이 매우 완만했다.

한편, 검양현의 편리수는 홍무 연간 당시 58리였으나 영락 연간에 22리로 합병했으며, 청초 21리였다가 강희 32년(1693)에 3리를 증가시켜 24리가 되었다.[171] 이렇게 볼 때, 검양현의 편리 수효 역시 빈번하게 변했는데, 이처럼 편리수가 자주 바뀐 이유는 무엇일까?

첫 번째 이유는 토사 지역 일대의 반란 때문이었다. 건시현建始縣의 경우 방곽坊郭, 태안太安, 장수長壽, 경양景陽, 신롱信隴, 영복永福, 초당草塘의 7개 리가 있었지만, 명대 소수민족의 잦은 반란과 용미토사의 학정으로 사실상 사람이 존재하지 않은 지가 10여 년이 된다고 지방지는 기술하고 있다. 이런 과정에서 청강淸江 남쪽의 초당리와 같은 지역은 아예 용미토사에게 점령당했다. 강희 20년(1681) 이후에야 비로소 지역 사회가 안정되었지만, 그 당시에도 겨우 80호 정도로 편리를 단행할 수밖에 없었다. 옹정 7년(1729)에 이르러 사천과 호북의 문무 관원들이 그 경계를 다시 설정한 후에야 비로소 옛 영토를 회복하게 되었다.[172]

이 과정에서 청 왕조는 건시현을 방곽리 1갑과 2갑, 태안리 3갑, 장수리 4갑으로 편리했는데, 역시 지방지의 설명에 의하면 이 4갑이 바로 이전의 7리에 해당한다. 물론 청대 이르러 이갑제가 일률적으로 실시됐다고 하기는 어렵지만, 은시현 역시 적어도 강희 연간(1662~1722)까지 명대의 인구 수준을 회복하기 어려웠을 것이다. 강희 연간 당시 오삼계 반란의 여파가 이 지역까지 미쳤을 뿐 아니라, 이 기회를 틈타 많은 군사 지도자들이 은시현 일대 혼란을 부추겼던 상황은 은시현

---

171 同治『黔陽縣志』권6,「輿地圖」(鄕都), 5쪽 상.
172 同治『建始縣志』권4,「食貨志」, 1쪽 하~2쪽 상.

인구 회복이 더딘 중요한 원인이었다.

강희 13년(1674) 오삼계 일당이 이 지역을 점령해 기존의 현縣과 그 경계를 자의적으로 획정했으며 이른바 위령僞令, 위총병僞總兵, 위부장僞副將들 사이에 잦은 군사 활동이 전개되었다. 이 이야기가 기록된 지방지가 청대 발행된 탓에 당시 이 지역의 문무관원들을 '거짓' 지위라고 명명했지만, 실제 이들은 수개월 동안 이 지역을 실질적으로 다스린 인물들이자 세력을 다툰 당사자들이다. 이를테면 위부장 황공문黃孔門이 건시현에 주둔하면서 위령 장공극張拱極을 참수하려 했지만 그 음모가 발각되어 결국 황공문은 철병했다. 이후 황공문은 패주했지만, 장공극은 옥황각玉皇閣이라는 곳에 2년을 머물면서 당시 청 정부에서 파견한 조건번祖建藩이라는 인물을 잡아 가두고 오삼계 잔당을 풀어주는 등, 그 행패가 심했다. 결국 장공극은 저잣거리에서 참수당했으나, 이러한 일련의 사태는 명말청초 소수민족 지역이 극심한 치안 부재 상황에 놓여 있었다는 점을 잘 말해 주는 사례다.[173]

이와 유사한 상황은 호북 지역의 파동현巴東縣에서도 발생했다. 지방지에서는 그 정확한 시기를 밝히지 않았지만, 이곳 역시 소수민족 반란이 평정된 이후에도 호구수가 많지 않아 100호 중 1호도 남아 있지 않았다. 이런 정황을 언급하고 있는 파동현 지방지의 설명을 들어 보기로 하자.

편호는 8리이며 전사리前四里 … 와 후사리後四里 … 가 있다. 현재 (부역) 전서全書가 말하는 9리里 반半 (안에는) 신흥리新興里가 포함되어 있지만, 신

---

173 일련의 과정에 대해서는 同治『建始縣志』권1,「方輿志」, 23쪽 하~24쪽 상과 同治『增修施南府志』권17,「武備志」(兵事), 14쪽 하~15쪽 상 참조.

홍이라는 명칭은 이전에 이곳에 존재하지 않았다. 대체로 신흥리는 가정~융경嘉靖~隆慶 연간 사이에 비로소 생겼다. 비록 1리 반이라는 명칭의 (편리)를 만들긴 했지만, 부역이 많지 않아 전리前里에 부적附籍했으며, 곧 삭제되었다. (부역) 전서는 만력 연간을 기준으로 한 것이기 때문에, 9리 반半이라고 하는 건 사실상 전후前後 팔리八里에 불과할 뿐이다. **유구流寇가 평정된 후 계속 백성들을 불러들였지만, 100호당 1호도 남아 있지 않아 전사리를 1리로 축소시켜 전리前里라 했으며 … 후사리도 1리로 축소시켜 후리後里라 했다.**[174]

파동현의 상황은 아예 4리가 1리로 축소되는 과정을 생생히 보여준다는 점에서, 앞의 건시현의 경우보다 편리수의 변동을 좀 더 정확하게 확인할 수 있다. 그런데 위 인용문에 등장하는 1리 반의 관행은 내지의 이갑제에서는 좀체 찾아보기 어려운 단어다. 다만 산악 지역에 자리잡고 있는 위소에서는 이러한 관행이 존재한 것으로 미뤄, 대체로 추가로 1리를 편성하기에는 인구가 희박한 곳에서 1리 반이라는 제도를 시행했다고 추정된다.[175] 이러한 정황과 관련해『명실록』성화 연간의 한 기사에는 다음과 같은 언급이 등장한다.

---

174 同治『巴東縣志』권2,「輿地志」, 2쪽 하~3쪽 상.

175 이러한 정황을 알려주는 좋은 예가 貴州省 淸水江 유역에 있는 加池寨다. 가지채 姜氏의 始祖 姜大興이 明 天順 3년 가지채로 전입해 온 이래 강희 연간까지 호구가 매우 적어 '九戶半'이었다는 설명이 그것이다. 또한 가지채 주변의 文斗寨와 岩灣寨의 頭人이 黎平府에 호구를 신고할 당시 知府가 어찌 '半家'가 있느냐고 묻자 과부 한 명을 半家로 계산했다고 대답했다는 일설로 미뤄 山地가 대부분인 소수민족 지역처럼 인구가 희박한 지역에서는 이러한 관행이 분명히 존재했다고 할 수 있다. 각각 傅慧平,『錦屛加池苗寨文書的社會人類學考察』, 知識産權出版社, 2019, 61쪽과 王宗勛 主編,『鄕土錦屛』, 貴州大學出版社, 2008, 184쪽 참조.

처음 호광湖廣 원안천호소遠安千戶所를 설치할 당시, 양양부襄陽府 원안현은 만산萬山 가운데 있어 군위軍衛와 멀리 떨어져 있으며 그 **편호編戶는 1리 반에 불과하다.** 유민流民의 수효가 많아 대다수가 변란을 일으키기 쉬우므로, 순무巡撫와 도어사都御史 등의 관원들이 형주위荊州衛 대관호위帶管護衛의 많은 나머지 군사들로 천호소를 세워야 한다고 청했다.[176]

이처럼 인구가 희박한 산간 지역에서는 1리 반으로도 편호를 했던 것처럼 보인다. 하지만 위 『명실록』의 언급이 중요한 이유는 이처럼 편리 과정에서 호수가 적은 곳은 천호소로 변환시켰다는 사실 때문이다. 결국 이런 정황은 향촌 통치의 기본인 이갑제가 지역 상황에 따라 군사 시설로 전환된 사실을 말해 준다는 점에서, 소수민족 지역 이갑제 실시의 중요한 단면을 일깨워준다.

둘째, 위소 지역의 행정 관할이 자주 변경되었기 때문이다. 청대에 이르러 위소가 있던 지역을 대폭 변경하는 바람에 편리의 수효가 변경된 경우가 확인된다. 호남성 원릉현이 그러한데, 진주위의 둔량屯糧을 각 주·현州·縣으로 병합시키는 과정에서 편리수가 오히려 대폭 증가했다.[177] 아마도 명대로 추정되는 시기에 원릉현의 편리수는 58리였다. 그런데 강희 원년(1662) 진주위와 그 둔량을 없애 각 주·현으로 환원시키면서 원릉현에 새로 둔장屯莊을 두었으며, 그 결과 강희 30년(1691) 원릉현의 편리수가 66리로 증가했다.

셋째, 앞의 두 이유를 종합해서 생각한다면, 결국 명대 호광토사 지역이 매우 다양한 계층이 공존한 복합 사회 혹은 다층 사회였다는

---

176 『明實錄』 권40, 成化 3년 3월 19일.
177 이하 원릉현 編里數에 관한 설명은 同治 『沅陵縣志』 권8, 「里社」, 16쪽 상 참조.

점도 편리수가 변한 중요한 이유다. 이 설명에 대한 가장 좋은 증거를 호북 지역의 은시현에서 발견할 수 있는데, 해당 지방지는 편리를 설명하면서 다음과 같이 언급했다.

부지府志에 의하면 (은시현의) 편호編戶는 3리里인데, 동쪽의 숭녕리崇寧里, 남쪽의 시곽리市郭里, 서북쪽의 도정리都亭里가 그것이다. 각 리의 100호마다 향약鄕約과 보정保正 각 1명, 패두牌頭 10명을 설치했다. 편호와 분리分里에 관련해 부지府志 및 이전 시기 여러 지방지에는 모두 자세히 언급되어 있지 않다. 은시현을 실제 살펴보면, 이전 명대부터 **위衛를 설치하고 둔전을 진흥시켜, 이적里籍 외에 다시 둔적屯籍이 존재했다.** 여러 지방지에 기재된 사람들은 모두 토착민으로서 (호적)에 등재되어 있으며, 징발당해 (은시로) 이주한 사람들은 둔적이다.

현재까지 (은시현)에서 해마다 징수하는 읍량邑糧에는 아직도 둔적과 이적의 구분이 있는데 이량里糧은 비교적 적어 둔량의 3분의 1 정도다. 선거지選擧志의 언급에 의하면, 송대 이래 진사進士와 도정향都亭鄕 외에 상평常平, 도정道政, 남암南巖 등의 향명鄕名이 있는데, 이곳에는 **둔적과 이적 외에 다시 향적鄕籍이 존재한다.** 부지府志의 연혁沿革 부분에는 명대 시주위가 5리를 관할해, (시주위 밑에) 이里를 배치하도록 했다고 기록되어 있다. 또한 숭녕, 시곽, 도정, 3리의 경우, 숭녕이 전적으로 동쪽에, 시곽이 전적으로 남쪽에, 도정이 전적으로 서북쪽에 속했지만, 현재 강역과는 일치하지 않는다.[178]

〈표 2-7〉에서 은시현의 편리 수효는 청대의 것이다. 그러나 위 인

---

178 同治『恩施縣志』권2, 「建置志」(里甲), 14쪽 하~15쪽 상.

용문의 설명으로 미뤄, 은시현 지역 일대 역시 명대 편리를 단행했으며 시주위 경내도 그러했다는 사실을 알 수 있다. 위 인용문에 등장하는 향적이 구체적으로 어떤 계층을 가리키는지는 불분명하다. 그러나 은시현이 당말오대唐末五代~송대에 인구의 많은 증가로 풍속이 매우 사치스러워졌으며, 원대가 되면 소위 '호성강양豪姓强梁'의 계층이 점차 번성했다는 지방지의 기록은 유념할 필요가 있다.

특히 명대 시주위를 설치해 소수민족들을 통제했지만, 토사의 세습이 지속되고 토사들이 생사여탈권을 가질 정도로 위세가 있을 뿐 아니라, 조정에서도 이 지역을 '요외徼外' 지역으로 인식했기 때문에 명대에 이르러서는 유명 정치인이나 세력가들이 유배가 아니면 이 지역에 오지 않았다는 언급[179]도 향적과 관련된 중요한 단서라 할 수 있다. 결국 위의 설명은 오대~원대 중앙의 유력자들이 이 지역으로 이주해 왔다는 사실을 암시한다. 그러므로 향적이란 당시 은시현 일대로 이주해 온 유력자들을 의미한다고 볼 수 있다.

따라서 명대 은시현에서 편리를 단행할 당시, 이곳에는 둔적, 이적, 향적이라는 세 종류의 호가 존재했다는 사실을 위 인용문은 명확하게 보여준다. 이처럼 주민의 형성이 다양했으므로 편리 과정이 복잡했으며 변동도 잦았던 사실을 쉽게 추측할 수 있다.

2) 明末清初 麻陽縣의 이갑제 상황

그렇다면 소수민족 지역의 구체적인 이갑제 실시 상황을 좀 더 자세히 살펴볼 필요가 있을 것이다. 왜냐하면 위에서 언급한 이갑제 실

---

179 이상 鄕籍과 관련된 설명은 同治 『恩施縣志』 권7, 「風俗志」, 7쪽 상 참조.

시 현황에서 드러난 정황이 매우 단편적일 뿐 아니라, 단지 편리수의 증감만으로는 소수민족 지역의 이갑제 특성을 파악하기는 어렵기 때문이다. 이런 점에서 이갑제 시행 관련 내용이 비교적 충실하게 담긴 강희『마양현지麻陽縣志』[180]는 매우 유용한 사료다.

굳이『마양현지』를 토대로 마양현을 조명하려는 이유는 다음과 같다. 우선 각 시대별로 비교적 충실하게 지방지가 존재한다는 점 때문이다. 이런 점에서 마양현은 초기 토사제도부터 개토귀류 시행까지의 전 과정에 대한 추적과 함께, 개토귀류 이후 사회 변화를 확인할 수 있는 좋은 지역이라 할 수 있다. 둘째, 일부 연구자들이 강희 24년간본刊本『마양현지』가 초기 토사제도를 연구하는 데 매우 중요한 내용이 포함되어 있는 사실을 상기시키고 있는 점이다.[181] 물론 그런 지적

---

180 강희 연간에만 강희 9년(1670), 강희 11년(1672), 강희 24년(1685), 강희 33년(1694)에 각각『麻陽縣志』가 출간되었으며, 이후 건륭 12년(1747)에『續麻陽縣志』가, 동치 13년(1847)에『新修麻陽縣志』가 각각 출간되었다. 中國科學院北京天文臺 主編,『中國地方志聯合目錄』, 中華書局, 1985, 663~664쪽 참조. 이 가운데 강희 9년간본과 강희 11년간본은 모두 陳五典이란 인물이 纂修한 걸로 미뤄, 내용이 크게 다르지 않다고 추정되지만, 두 간본 모두 참조하지 못했다. 다만 강희 24년간본은 1992년 北京 書目出版社에서 간행한『日本藏中國罕見地方志叢刊』에 수록되어 있으며, 강희 33년과 건륭 12년간본은 中國國家數字圖書館에서 열람이 가능하다. 또한 동치 13년간본은 2002년 江蘇古籍出版社에서 발간한 지방지 총서『中國地方志集成』중『湖南府縣志輯』권65에 실려 있다. 여기서는 강희 24년간본의『麻陽縣志』를 집중적으로 분석할 예정이며, 그 밖의 강희 33년, 건륭, 동치 연간의 판본을 보충 자료로 활용했다.

181 이런 점을 강조한 가장 대표적인 연구자는 謝曉輝다. 그는 자신의 학위논문인「延續的邊緣—從宋到淸的湘西」, 香港中文大學歷史系博士學位論文, 2007, 특히 71쪽에서 토사제도 연구에 있어『麻陽縣志』의 사료적 가치를 강조한 바 있으며, 그 후 발표한「只願賊在, 豈肯滅賊?—明代湘西苗疆開發與邊牆修築之再認識」, 魏斌 主編,『古代長江中游社會研究』, 上海古籍出版社, 2013, 354쪽에서도 동일한 언급을 하고 있다. 물론 이 연구는 마양현의 이갑제를 다루고 있지는 않다.

에도 불구하고 여전히 마양현과 같은 특정 지역을 토대로 한 토사제
도 연구의 지역사적 접근은 본격적으로 이루어지지 않고 있다.

특히 앞의 둘째 이유는 이 글의 전체적인 논지는 물론, 토사제도의
중요한 양상과 연결되어 있다는 점에서 자세히 언급할 필요가 있다.
앞서 지적했듯이, 상서 지역의 가장 중요한 대토사인 영순과 보정 토
사의 관할 범위는 매우 제한적이었으며 더구나 이들은 토가족土家族인
반면, 마양현 일대는 묘족苗族 지역이었다.[182]

명 가정 연간(1522~1566) 지속적으로 반란을 일으킨 묘족들[183] 대부
분은 바로 봉황청鳳凰廳, 고장평청古丈坪廳, 납이산臘耳山 일대의 소위
생묘生苗였으며, 이들의 거주 범위는 이웃 사천성의 송도청松桃廳이나
귀주성 동인부銅仁府까지 걸쳐 있었다. 마양현 역시 이러한 지역 가운
데 하나로서, 안으로는 묘·요苗·瑤의 인후에 해당하는 시익이사 밖
으로는 진주·원주沅州와 순치脣齒 관계에 있는 곳이었다. 또한 마양
의 서북쪽은 진계鎭溪와 간자평竿子坪 일대와 서로 닿아 있는 한편, 묘
족과 이족彝族이 뒤섞여 산 지역이었다.[184]

위 설명은 마양현이 보정선위사 휘하에 있던 오채와 간자평 장관사
지역에 해당한다는 사실을 알려주는 대목이지만, 위 두 장관사의 관
할 지역이 매우 광범위한 탓에 그들의 정치적 영향력은 사실상 매우
제한적이었다. 그러한 실상을 귀주부사貴州副使를 지낸 왕세륭王世隆은
이렇게 언급했다.

---

182 彭武一, 「明清年間湘西的土家與苗家─初論土家族苗族歷史上的和睦友好關系」, 『吉
　　首大學學報』(社會科學版) 1기, 1987, 16쪽.

183 道光 『鳳凰廳志』 권12, 「苗防二」 부분 참조. 이 지역 일대에서 발생한 소수민족 반
　　란에 대해서는 제3장에서 자세히 다룰 예정이다.

184 『湖南地方志少數民族史料』(下), 1992, 107쪽. 아울러 戴敏, 「築石城記」, 同治 『新修
　　麻陽縣志』 권10, 「藝文」, 7쪽 상 참조.

... 오직 호광 진간鎭후의 여러 묘족 근거지만 초楚의 서남단에 존재하고 있으며, 귀주의 동인, 사천의 파주播州, 개리凱里[185]의 여러 묘족 및 토관의 땅과 서로 닿아 있다. 그들의 관계는 마치 나무의 줄기와 뿌리처럼 서로 얽혀 있으며 세력을 규합해 서로 의지하고 살인으로 원수를 갚는 한편, 토지와 성채城砦를 (빼앗으려) 다투며 다른 사람을 사주해 변심하도록 하니, (마치) 도요새와 조개가 서로 다투다가 결국 어부가 그 둘을 다 잡아가는 형상이다.[186]

왕세륭의 설명처럼 마양현 일대는 여러 지역의 묘족이 한데 어우러진 곳이자, 그들 사이에 치열한 다툼이 존재한 지역이었다. 이러한 상황 때문에 명 왕조는 이 지역에 많은 영초營哨를 세울 수밖에 없었지만, 명대 내내 묘족의 소요를 방지하기는 쉽지 않았다.[187]

---

185 이 문장으로 보면 凱里가 사천에 속했다는 인상을 받을 수 있지만, 모두 播州 지역이었던 이곳은 楊應龍 반란 진압 후, 파주를 둘로 나눠 遵義를 사천에, 平越을 귀주에 예속시키는 한편(谷應泰, 『明史紀事本末』, 三民書局, 1956, 698쪽 참조), 萬曆 29년(1601) 平越衛 지역에 平越軍民府의 설치와 동시에, 淸平衛 관할이던 개리를 평월군민부에 예속시켰다. 牛平漢 編著, 『明代政區沿革綜表』, 新華書店, 1997, 289쪽.

186 王世隆, 「平苗題名己」, 『湖南地方志少數民族史料』(下), 1992, 113쪽.

187 각각 康熙 24년 『廊陽縣志』 권1, 「方輿志」, 2쪽 하와 「廊陽縣志舊序」, 1쪽 하 참조. 강희 24년간본에 실린 이 「舊序」의 연대는 萬曆 18년(1590)이며, 저자는 隆慶 11년(1577) 辰州知府를 지낸 趙健이란 인물이다(乾隆 『辰州府志』 권21, 「秩官三」(郡守下), 13쪽 하 참조). 이 만력 간본은 분명히 萬曆 41(1613)년에 마양현 지현으로 부임해 12년 동안 이 지역을 다스린 蔡心一의 주도로 편찬되었을 것이다. 강희 『廊陽縣志』 권4, 「秩官志」, 4쪽 상. 이하 강희 24년간본의 표기는 『廊陽縣志』로 하며, 인용문이나 특정 사안 외에는 별도의 출처를 표기하지 않았음을 밝힌다.

마양현의 編里와 稅役

마양현이란 명칭이 처음 등장하는 시기는 唐 무덕武德 연간 (618~626)이며, 북송 희령熙寧 연간(1068~1077)에 원주沅州에 예속되어 명대까지 내려왔다. 북쪽 변장邊牆 밖에 묘족들이 다수 존재했던 이 지역에는 토사제도를 실시하지 않고, 대신 명 홍무 14년(1381) 이갑제 시행을 위한 편리를 단행해 39리를 편성했지만, 홍무 24년(1391)에 24 리로 축소되었다. 이처럼 편리 수효가 급감한 이유는 묘족들의 빈번 한 침입으로 거주민들이 도망한 탓이었다.

따라서 영락 원년(1403) 절호絕戶를 규합해 평계, 청랑, 편교, 진원, 진주, 원주沅州[188]의 6개 위에 둔전민으로 배속시켰다. 아울러 둔전 지 역은 토지가 비옥해 많은 무적자武籍者들이 몰려든 반면, 오히려 마양 현의 편리수는 겨우 7리에 불과했다.[189] 이처럼 편리수가 변한 당시 정 황을 강희『마양현지』는 다음과 같이 설명한다.

마양은 예로부터 암읍巖邑이라 불렸다. 현縣의 영역 가운데 전지田地가 비옥한 곳은 모두 평계, 청랑, 편교, 진원, 진주, 원주의 군전軍田이 되었으 며 현의 도갑都甲이라 불리는 곳은 그 침체 정도가 서로 달랐다. **저쪽 도都 에 속한 갑甲이 이쪽 도에 들어가 있는가 하면, 이쪽 도에 속해 있는 전호田 戶가 저쪽 도에 속한 경우도 있다.** 또한 6개 위衛의 둔전이 서로 뒤섞인 경 우가 이 작은 지역에 얼마나 많이 있는지 알 수 없을 (정도)다. 작은 지역의 강역이 어찌 되어 있는지 알아볼 수가 없다. (이런즉) 7리 전량田糧의 불평

---

188 진주위와 원주위는 각각 吳 나라 원년(1367)과 홍무 원년(1368)에 설치되었다.『明 實錄』권22, 吳元年 정월 27일조와『明實錄』권29, 洪武 元年 정월 30일조 참조.
189 『麻陽縣志』권1,「沿革」, 3쪽 상~하.

218

등이 매우 심한데, (어떤) 일갑一甲은 그 정량丁糧이 100여 석에 달하는 곳이 있으며 (어떤) 일갑은 정丁 수명數名에, 그 세량稅糧도 수석數石에 불과해, 매번 그렇게 차이가 크게 나니 그 불평등이 가장 심하다.[190]

위 인용문에서 오히려 주목해야 할 부분은 마양현의 비옥한 토지 대부분이 위소에 편입되어 있었다는 점이다. 더구나 이갑제의 근간인 도갑都甲의 경계가 매우 불분명하다는 사실 역시 위 글을 통해 쉽게 확인할 수 있다. 이처럼 일반인들의 전지田地가 위소에 편입되고, 그 경계마저 불분명해진 이유는 앞에서도 언급했듯이 이 지역이 빈번한 묘족들의 침입을 받았기 때문이다. 따라서 적어도 명 홍무 연간부터 두 지역의 주민들이 서로 뒤섞여 살게 되었다.

이처럼 홍무 연간 묘족 반란으로 백성들이 경작지를 버리고 도망가는 혼란이 발생하자, 당시 마양현 지현 제백량齊伯良이 6위衛의 군인을 불러들여 경작을 시켰으며, 일반인들은 위군衛軍이 생산한 곡식에 크게 의지했다. 다른 한편, 홍치弘治 원년(1488) 역시 묘족들의 반란으로 일반인들이 농업을 포기하고 전란을 피해 도망가자, 그 기회를 틈타 둔병屯兵이 일반 경작지를 점령하는 사태가 발생했다.[191] 적어도 이렇게 둔전과 민전, 그리고 군인과 일반인들이 뒤섞인 상황 속에서 형성된 이갑제가 수백 년 동안 지속되었으며, 그것을 개선할 여지는 많지 않았다.[192]

특히 군인과 일반 백성이 뒤얽혀 있던 명대 상황을 오히려 동치『신

---

190 『麻陽縣志』 권1, 「都甲」, 9쪽 하~10쪽 상.

191 각각 『麻陽縣志』 권4, 「秩官志」, 2쪽 상~하에 기록된 당시 知縣 齊伯良과 季勝 관련 설명 참조.

192 『麻陽縣志』 권1, 「都甲」, 21쪽 하~22쪽 상.

수마양현지新修廊陽縣志」는 좀 더 자세히 전해준다. 이 지방지의 언급을 살펴보기로 하자.

이전의 상황을 살펴보면, 39리里가 축약되어 7리로 되었다. 또한 7리가 증가해 9리가 되었으며 9리 외에 다시 4둔屯이 증가되었다. 마양현의 도비都鄙와 강역疆域은 대체로 명초 묘족들에 의한 참화가 가장 극심했을 당시 절호絶戶의 전지田地를 할애해 둔전으로 편입시켜 확정되었다. 일반 백성들이 생산한 (곡식은) 군인들의 식량으로 이송되었다. 전田은 이미 **군전軍田과 민전民田으로 구분되어** 도갑都甲의 형세가 일률적이지 않았으며, 각 도에는 또한 **성갑盛甲과 말갑末甲의 차이가 존재한다.** 이러한 상황 때문에 정량丁糧이 (한쪽은) 지나치게 많고 (한쪽은) 지나치게 적은 폐해가 존재하자, 균발지법均撥之法을 실시해야 한다는 의견이 등장했다.

현치縣治와 가까운 **시도市都, 사기도四旗都, 석야도石惹都, 석거도石渠都를 상사리上四里로 하고, 일도一都, 이도二都, 삼도三都는 현치에서 멀어 하사리下四里로** 했다. (위 두) 지역의 **경작 면적과 세량을** 살펴보면 **상리上里는** (경작면적과 세량이 많은) **하리下里의 그것에 미치지 못한다.** 그러나 **곡물** (생산)**이 풍부한 곳은 오직 상리라고 할 수 있는데** (그 이유는 상리가) 석교石橋, 서피西陂, 석룡石龍, 공계龔溪의 사수四水 부근에 있으며 서쪽으로는 황천晃泉의 수원水源이 길게 (흐르고), 당언塘堰이 넓게 형성되어 있어 가뭄과 홍수에 대비할 수 있는 한편 비옥한 땅이 많기 때문이다.[193]

위 지방지에서 말하는 가장 중요한 사실은 마양현 이갑 부담의 불평등이 묘족 침입으로 인한 전토의 혼란에서 비롯되었다는 점이다.

---

193 同治『新修廊陽縣志』 권1, 「疆域」(村莊), 18쪽 하~19쪽 상.

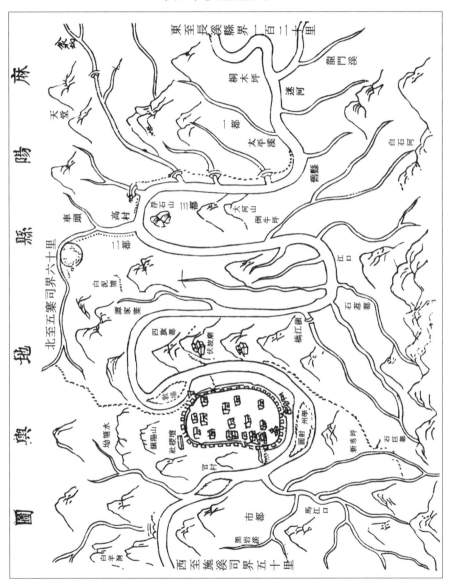

바로 이런 이유로 경작 면적, 곡물 생산량, 그리고 여기서는 거론되지 않았지만 인구 수효에 따른 성갑과 말갑이 존재하기에 이르렀다. 따라서 소수민족 지역이라는 마양현 고유의 특수성이 이갑제의 실제 운용에 깊은 영향을 끼쳤다고 할 수 있다.

결국 인용문을 통해서 보건대 성갑盛甲은 미곡 생산이 풍부한 상리를, 말갑末甲은 경작 면적이 많음에도 상대적으로 미곡 생산이 적은 하리를 각각 의미한다고 할 수 있다. 그러므로 여유가 있는 상리가 하리의 부담을 안아야 하는 문제가 발생했으며 바로 이런 문제에 관련된 자세한 내용이 강희『마양현지』에 등장하는데, 이를 바탕으로 당시 이갑제의 상황과 그 의의를 살펴보기로 하자.[195]

마양현의 이갑제 운용과 朋充

마양현의 이갑제에서도 이른바 정량강다자丁糧强多者, 즉 부유층은 자신의 힘을 바탕으로 경제적 취약 계층들을 핍박하고 겸병兼倂을 자행한 반면, 일반인들은 도망가는 수밖에 없었다. 따라서 마양현의 이

---

194 이 지도는 同治『新修麻陽縣志』卷首,「疆域志」, 4쪽 하~5쪽 상에 나오는 지도를 근거로 만든 것이다. 민국 시기 출간된 지방지에는 식별이 가능한 지도가 종종 들어 있지만, 명청시대 지방지에 실린 지도는 거의 식별이 불가능하다. 동치 연간 마양현 지방지의 지도도 식별이 쉽지 않으며, 더구나 두 면으로 분리되어 있다. 따라서 이 지도는 동치 연간 마양현의 지도를 편집해서 작성했다.

195 이 사건이 본격적으로 불거진 시기는 강희 6년이라고 판단되며, 본문에서 언급한 것처럼 황지장이 강희 20년에 본격적으로 이 문제에 개입한 것으로 판단된다.『麻陽縣志』권1「都甲」, 10쪽 하에는 이갑 부역의 문제점을 제기한「均糧詳文」이 강희 6년에 작성된 것으로 나온다. "勘得均糧一案"이란 문장으로 시작해 "憲批另行知照繳"로 끝나는 이 문장은 다시 同治『新修麻陽縣志』卷3,「都甲」에 등장하지만, 동치『新修麻陽縣志』에는 강희 20년 당시의 정황이 들어 있지 않다.

갑 문제를 거론하는 글은 이갑제의 "정량丁糧이 어느 한쪽은 지나치게 많고 어느 한쪽은 지나치게 적은" 단점이 있다는 말로 시작한다.[196] 이 갑제의 이런 일반적인 정황을 감안하면 아마도 마양현의 유력 주민으로 추정되는 정상위鄭上偉와 장종오張宗吾란 인물이 강희 7년(1668) 지적한 다음과 같은 문제점은 오히려 다른 지역에서도 일상적이었을 것이다.

예를 들어 3도都[197] 4갑甲의 정丁은 11명에 세량稅糧은 3석에 불과하지만 (동일 3도의) 7갑은 정이 90여 명에 세량은 108석이다. (또한) 시도市都 2갑의 정은 5명에, 세량은 1석 7두인 반면, (동일 시도의) 7갑은 정이 75명에 세량은 76석이다.

이러한 정황은 분명히 각 도나 갑에 따라 부역과 세량의 차이가 많다는 의미로 해석할 수 있다. 그렇다면 실제 마양현 이갑제하에 있는 실제 각 도都와 갑甲의 실질적인 세량의 편차를 좀 더 자세히 확인해볼 필요가 있다.

앞서 인용문에 등장하는 3도와 시도의 정丁 및 세량 수치와 〈표 2-8〉에 등장하는 수치 사이에 약간의 차이가 있지만, 시도 7갑은 거의 75정에 가까운 반면 시도 2갑은 겨우 5정에 불과할 정도로 동일 지역 내에서 요역 부담의 차이가 컸다.

---

196 『麻陽縣志』 권1, 「都甲」, 10쪽 하.
197 마양현은 市都, 石渠都, 石惹都, 四旗都, 一都, 二都, 三都로 구성되어 있었다. 『麻陽縣志』 권1, 「沿革」, 9쪽 하.

〈표 2-8〉 淸初 麻陽縣 각 都·甲의 賦役量[198]

都名	甲	丁糧(丁)	稅糧(石)
一	3	73.5	60
	4	85.5	74
	6	62.5	60
三	7	96.5	100
石渠	7	37	46
市都	6	38.5	46
	7	74.5	73
三	4	11	3
	8	21	9
四旗	1	7.5	3
	5	19	9
石惹	6	10.5	7
石渠	1	20	8
	2	13.5	8
	5	14	5
市都	1	18	6
	2	5	1
	4	15	9
	10	9	2

황지장黃志璋이 강희 19년(1680) 마양현 지현으로 부임한 당시 마양현 7리의 전체 민량民糧은 1,673석이었기 때문에, 매리每里당 238석에 매갑당 23석 정도가 평균 부담액이었다.[199] 그러나 황지장의 언급에

---

198 『麻陽縣志』 권1, 「都甲」, 16쪽 하~17쪽 상.
199 『麻陽縣志』 권1, 「都甲」, 21쪽 하.

따르면 예를 들어 1도는 130여 석, 3도는 50여 석이 각각 남아도는 한편, 반대로 석야는 60석, 시도의 10각은 각각 20석이 모자라는 상황이 발생했다. 따라서 황지장은 세금 부담 차이에서 발생하는 이런 폐해를 다음 여섯 가지로 요약했다.

첫째, 세금 부담이 많은 지역 사람들은 자신의 위세를 빌려 세금을 적게 내는 지역의 주민을 능멸하고, 세금 독촉에 제대로 응하지 않으며, 세량이 적은 곳은 반대로 세금을 아예 납부하지 않아 결국 전량이 모자라게 된다. 둘째, 약갑弱甲은 가산을 팔아 징수에 응해야 하며, 호강豪强은 그 납부의 완급을 따져 겸병을 일삼아, 결국 시간이 오래 지나면 강갑强甲은 더욱 강해지고 약갑은 더욱 약해지는 상황이 발생한다. 셋째, 약갑의 인민들이 납세를 못 하고 도망가는 바람에 전지田地가 황폐화된다. 넷째, 차역差役의 경중輕重이 발생하면, 당연히 사람들은 그 부담을 줄이기 위해 화비花飛나 궤기詭寄를 일삼아, 결국 토지 조사에 많은 비용이 들어간다. 다섯째, 빈부격차가 발생해 풍속이 와해된다고 말한 게 그것이다.

황지장은 이런 폐해와 더불어 다시 마지막으로 여섯 번째 폐해를 거론했는데, 이 부분은 좀 더 자세히 살펴볼 필요가 있다.

이갑제하에서는 10년에 한 번 역役을 담당한다(排年). 비록 1년간 수고하고 9년을 편히 지낸다고 하지만 현재 10리 가운데에는 일부 말갑末甲이 존재하기 때문에 배년이 되면 (해당 역을) 견뎌내기 어렵다. (역을 견디기 어려운 그들이) 도망갈지 몰라, **부득이 여러 사람이 의논해 붕당朋黨으로 그들을 돕도록 했다.**

대체로 붕당이란 여러 사람이 힘을 합칠 경우 그 실행이 쉽지만 실제로는 그 노고와 어려움이 끊이지 않으니, 이것이야말로 이갑의 (역役이) 불평등하다는 걸 (의미한다). (이런) 불평등으로 말갑이 어려워지고, 성갑盛甲 또한 고통을 받는다. 많은 양의 세량과 함께 해마다 담당할 붕당의 노고가 끊임이 없으니, 만약 수석數石을 따로 할애하여 말갑에 줌으로써 붕당을 면한다 하더라도 1년의 부담으로 9년을 편하게 지낼 수 있겠는가? 이는 이갑의 불평등으로 말미암아 (결국) 붕당을 시행하는 것이니 그것이 여섯째 폐해다.[200]

황지장의 위 언급은 이미 국내에도 그 연구 결과가 나와 있는 소위 붕충朋充에 관련된 지적이다. 이 연구는 붕당을 "붕충의 형식으로 역役을 감당하는 것"이라고 규정한 바 있는데,[201] 결국 위 관행도 이갑제 하의 역役을 여럿이 분담해서 수행한 붕충을 의미한다. 그리고 위 글에서도 잘 나타나 있듯이, 결코 붕충의 관행이 당시 역의 부담을 완화하지도 못했다.

이런 붕충의 관례에 대한 황지장의 언급을 계속해서 확인해 보기로 하겠다. 그는 결국 이갑제 시행상의 불균형성을 완전히 해소하기란 사실상 불가능하다고 전제한 뒤, 일반인들의 정서에 부응하는 게 중요하다고 역설했다. 그의 언급을 다시 인용해 보기로 하자.

성갑盛甲의 양糧과 정丁이 많은 자들은 말갑자末甲者를 붕충해야 한다. ① 만일 (성갑 구성원들이) 동족同族에 대한 (붕충만을 원하고) 타성他姓을 위한 붕충을 원하지 않을 경우, 두 갑甲 혹은 세 갑甲으로 나눠 (붕충의 부담을) 균등하게 한다면 정량丁糧이 균일하게 되어, (부담을) 배척하는 폐해가

200 이상 황지장이 거론한 여섯 가지 폐해는 『郿陽縣志』 권1, 「都甲」, 15쪽 하~16쪽 상 참조.
201 권인용, 「明末淸初 徽州 里役의 朋充」, 『明淸史硏究』 16집, 2002, 40쪽 참조.

없어질 것이다. ② 다른 이里나 갑甲에게 붕충하고자 한다면, 그것을 허락해야 한다. ③ 자립自立이 불가능한 말갑의 경우에는 두 개의 갑을 하나로 혹은 갑 세 개를 하나로 묶되, 해당 이호里戶 중 가장 가난한 자(정량단말지극丁糧單末之極)가 (스스로) 하갑호下甲戶가 되기를 원한다면, (그 하갑호를 새로운) 갑甲으로 만들고, (그 하갑호로) 말리末里를 보완해 (불균형을) 조절해야 한다.[202]

다소 복잡한 황지장의 대책을 좀 더 명확히 하기 위해, 번호를 첨부해 그의 주장을 구분했다. 그가 ①번에서 언급한 사항은 여러 갑들이 공동으로 부역을 담당할 수 있는 길을 열어놓은 것이라 할 수 있다. 그런데 인용문 ①번에서 관심을 가져야 할 사안은 본문을 그대로 옮긴다면 "약이위동족지친, 불원붕충타성若以爲同族之親, 不願朋充他姓"이라는 언급이다. 물론 이 문장은 여러 갈래의 해석이 가능하겠지만, 청초 마양현의 이갑 구성이 말 그대로 동족을 토대로 이루어졌다는 중요한 사실을 말해 주는 것이다.[203]

한편 ②번의 항은 붕충하되, 부역의 감당이 어려운 가난한 갑과 공동으로 붕충할 수 있다는 논지다. 마지막으로 ③번은 아예 여러 개의 갑을 하나로 묶어 공동으로 부역을 담당할 수 있다는 의미다. 앞의

---

202 『麻陽縣志』 권1, 「都甲」, 17쪽 하~18쪽 상.
203 이 문제는 앞으로 좀 더 연구가 진행되어야 할 사안이다. 다만 마양현과 같은 소수민족 지역에서도 이갑제 내에 유력 계층이 존재했을 가능성이 충분히 있다는 사실을 알려준다. 구체적인 증거가 더 필요하지만 『麻陽縣志』 권3, 「建置志」의 水利 부분에 등장하는 塘堰의 건설자들이 1도에서는 滿氏, 3도는 滕氏, 市都는 田氏와 楊氏 등이 상당수를 차지하는 점과 함께, 실제로 『麻陽縣志』 권1, 「都甲」, 52쪽 하~71쪽 상에 등장하는 각 도갑의 구성원을 살펴보면 劉氏, 張氏, 黃氏, 譚氏, 田氏, 鄭氏, 滕氏, 向氏가 다른 성씨에 비해 빈번하게 등장한다.

①번 항이 기존의 이갑체제를 유지한다는 전제라면, ③번 항은 여러 이갑을 하나로 묶어서 공동으로 부역을 담당하는 형태다.

하지만 황지장의 대책은 부역 자체의 균등성을 달성할 수 있었지만, 여러 갑을 공동으로 묶을 경우 각 이갑의 원근 문제는 해결하기 어려운 단점이 있었다. 아마도 황지장 자신도 이 사실을 염두에 두었던 것처럼 보인다. 따라서 황지장은 다음과 같이 언급했다.

마양현의 읍도邑都는 오직 7리로 구성되어 있는데, 현치縣治에 가까운 곳이 상사리며, 현치와 멀리 떨어져 있는 곳이 하삼리다. 상사리의 편리수가 넷이지만 세량稅糧은 적고, 하삼리의 편리수는 셋이지만 세량은 오히려 많다. 이제 이갑의 편리編里와 세량을 균등하게 하려 한다면, 어쩔 수 없이 하심리의 어유분을 덜어 상사리의 부족분을 채워야 한다. 대체로 많은 (곡식의 일부를) 덜어 부족한 쪽에 보탤 수는 있지만, 멀리 있는 토지를 가까운 곳으로 옮길 수는 없으며, 때맞춰 담당해야 할 **윤역輪役(의 수행 지역이) 원격지遠隔地인 탓에 발생하는 어려움을 면할 수 없으므로**, 이는 불편할 것이다.

따라서 상사리에서 이역里役을 담당해야 하는 자가 하사리에서 (이역을) 담당한다면, (해당) 인호人戶가 멀리 가서 부역하는 수고로움이 있을 것이다. 그러므로 거리가 멀어 발생하는 어려움이 오히려 붕충을 하지 못하는 것보다 낫다고 할 수는 없다. (그러나 먼 거리로) 말호末戶의 부역 이행이 어렵긴 해도 연대 보상을 하지 않아도 되므로, 이로운 점은 많고, 해로운 점은 적을 것이다.[204]

---

204 『麻陽縣志』 권1, 「都甲」, 18쪽 상∼하.

결국 위 황지장의 언급은 마양현 7리 이갑의 정량과 세량을 가능한 한 균등하게 해야 한다는 점을 주장하고 있다. 이 과정에서 발생하는 거리상의 문제는 크게 고려할 사항이 아니며, 붕충을 통해 약갑들의 과다한 부담을 덜어줄 수 있다고 생각했다. 황지장은 강희 10년(1671)에 마양현 지현으로 부임한 인물이며,[205] 그가 이처럼 소위 균평이갑均平里甲의 문제에 많은 관심을 가진 이유 중 하나는 순치 15년(1658) 청 왕조가 운·귀雲·貴 지역을 공격할 당시 소요된 많은 군향으로 각 이갑 사이의 형평성이 더 악화되었기 때문이라고 추정된다.[206]

마양현 均平里甲 논쟁의 결말

지방지에 나와 있는 지방관들의 업적이 다소 형식적이고 과장된 측면은 있지만, 황지장은 후임 왕시태王時泰가 강희 27년(1688)에 부임할 때까지 17년 동안 지현으로 재직하면서 이갑 문제 외에도 역참 등에 관련된 마양현의 폐해를 개선시키는 데 많은 노력을 경주했던 인물이다.[207] 지금까지 언급한 황지장의 균평이갑의 주장도 분명히 그런 연장선상에 있을 테지만, 강희『마양현지』에는 황지장의 개혁에 대한 문제점을 지적하는 언급 역시 등장한다. 다만 이 문제점을 시작하는 글의 첫머리에 "전임 지현知縣 장씨張氏"라는 언급이 등장하는데, 적어도 지방지에서 확인할 수 있는 한, 황지장의 전임 지현 가운데 장씨 성을 가진 인물은 순치 15년(1658)에 부임한 장서린張瑞麟이 유일하다.[208]

---

205 同治『新修麻陽縣志』 권6, 「秩官志」(文秩), 12쪽 상.
206 『麻陽縣志』 권1, 「都甲」, 18쪽 하.
207 同治『新修麻陽縣志』 권6, 「秩官志」(宦績), 39쪽 상.
208 同治『新修麻陽縣志』 권6, 「秩官志」(文秩), 12쪽 상. 張瑞麟 이후 順治 16년에 부임

이런 전후 사정으로 미뤄, 아마도 황지장은 부임 이후 이전 지현들이 채 해결하지 못한 이갑제 문제의 개선을 시도했다고 추정된다. 아울러 다음 문장은 황지장 이전의 지방관들도 마양현의 이갑제 문제에 관심을 가졌다는 사실을 알려준다. 따라서 다음 글은 아마도 순치 말엽과 강희 초엽의 상황이 뒤섞였을 가능성이 크다.[209]

또한 순치 15년(1658) 대규모 병력이 운남과 귀주로 진격하게 되자 (물자) 공급이 매우 많고 번거로워졌으나 이갑里甲의 강약强弱이 균일하지 않아, (세량) 재촉에 따른 납부가 이루어지지 못했다. 일찍이 (편원순무偏沅巡撫) 원곽우袁廓宇가 유지를 받들어 이갑을 균평均平하게 했는데, 전임 지현 장서린은 이 균평 정책을 살펴본 (후) 단점이 있다고 생각했다. (그 이유는) 양액糧額이 균등할 경우 매 갑甲의 액수를 고정시켜 (각 갑 사이에) 한 푼도 차이가 나지 않도록 할 것이며 (이를 위해) 결국 성갑의 정량丁糧을 나눠 각 갑에 산부散附시킬 것이기 때문이다.

일가一家의 부자父子와 형제兄弟들이 서로 흩어져 여러 갑에 붕충朋充한다면, 그 분산과 균열 (양상이) 특히 심해지고, 결국 호강豪强들이 균분均分을 달갑게 여기지 않게 되어 여러 핑계를 대면서 고소하거나, 윗사람과의 연줄을 동원해 균등한 이갑 부역의 징수에서 벗어나려 할 것이므로, 이내 이전 제도로 돌아가게 되어 다시 옳고 그름을 따지게 되면 이갑 (부역이)

한 蔣雲龍 → 康熙 원년에 부임한 陳五典 → 黃志璋 → 王時泰 순으로 마양현 知縣에 부임했다.

209 다만 이 인용문의 서두에 "曾經前院袁奉旨"라는 말과 함께, "偏撫部院"이라는 언급이 중간에도 등장하는 점에 근거하면, 아마도 이 글은 順治 11~18년 사이 偏沅巡撫였던 袁廓宇의 상소에 대한 순치제의 명령이며 당시 장서린이 따랐을 가능성이 크다. 원곽우는 순치 18년(1661) 지병으로 偏沅巡撫職을 사임했다. 『淸實錄』 권4, 順治 18년 윤7월 12일조 기사 참조.

평등해지지 못할 것이다.[210]

위 인용문에 등장하는 산부는 말 그대로 이갑 부역상의 형평성 유지를 위해, 정량丁糧이 많은 호戶를 정량이 적은 호에 분산시키는 것을 의미한다. 이 글의 가장 놀랄 만한 양상은 마양현의 유력자들이 이런 균평이갑 정책에 적극적으로 반대했다는 사실이다. 이는 소수민족 지역 역시 지역 사회에서 우월한 사회경제적 지위를 가진 계층이 지방 정부의 세제 개혁에 거세게 저항했다는 의미다. 호강들이 염려했던 건 자신의 일족이 분산되어 다른 이갑에 소속될 경우 발생할 세력 약화였다. 강희 20년(1681) 9월에 작성된 이 글에서 황지장은 이런 단점에도 불구하고, 비정상적인 적폐積弊를 근절시켜야 한다고 강력하게 주장했다.

이러한 황지장의 입장에 대해 당시 호남 포정사布政使로 있던 설주두薛柱斗가 내린 강희 20년 10월의 조치에는 다시 매우 흥미로운 견해가 등장한다. 그의 언급을 들어보기로 하자.

① 만약 **정丁과 양糧이 많은 일호一戶가 있을 경우**, 다만 그 호를 여러 갑으로 나눠 (그 호가 속한) 갑의 차역差役을 담당하도록 한다면, 부자 형제를 별도로 분리해서 각 갑에 산부할 필요가 없을 것이다. ② 만일 어떤 **한 호의 정량丁糧이 한 갑에서 (이행해야 할) 부역량을 충당할 수 있는 경우**라면 해당 호 단독으로 본갑本甲의 (차역을) 충당하도록 하되, 방호幇戶를 뽑아 다른 갑(의 차역)을 보충하도록 한다. ③ 오직 **말갑의 말호末戶가 단독으로 한 갑의 (차역을) 담당할 수 없을 경우**만, 부득불 (그들을 합쳐) 1갑으로

---

210 『麻陽縣志』 권1, 「都甲」, 18쪽 하~19쪽 상.

만들든지, 혹은 2갑을 1갑으로, 또는 3갑을 1갑으로 합병해야 한다. 그 요지를 말한다면, (이런 과정을 통해) 세량과 차역이 균등해질 경우 정·량丁·糧이 적은 데서 비롯되는 어려움이 없어지므로, 그 이로움이 이미 많게 될 것이다.[211]

위 인용문에 등장하는 방호란 기존 이갑체제 내로 새롭게 편입된 사람들을 말하며, 보통 기존 이갑호로부터 많은 푸대접을 받았던 사람들을 말한다.[212] 사료에 구체적으로 그 명칭이 등장하지는 않지만, 대체로 ①은 한 이갑 내에서 이른바 '정량다자丁糧多者'를 가리킨다고 할 수 있으며, ②는 아마도 자경농일 가능성이 크고, ③은 사실상 기령호畸零戶에 해당한다고 할 수 있다. 그리고 적어도 위 인용문으로만 본다면, 동일 이갑 내의 이처럼 다양한 계층에 대한 부역과 세량 징수 방법을 각각 별도로 상정했다는 사실을 알 수 있다. 더구나 ①에서 거론된 계층의 경우, 한 호를 다시 여러 개의 갑으로 나눈 부분과, ③에서 알 수 있듯이, 가난한 계층을 다시 새로운 갑으로 편성하는 관례를 통해 소수민족 지역의 이갑제 시행이 매우 탄력적으로 운용되었다는 사실도 짐작할 수 있다.

그런데 뒤이은 설주두의 언급은 황지장이 붕충을 언급할 때 염려한 거리상의 문제에 대한 명쾌한 해답인 동시에, 향후 균평이갑의 문제가 장차 어떻게 해결될 것인지에 대한 실마리를 제공해 준다. 그의 언급을 계속해서 들어보기로 하자.

---

211 『麻陽縣志』 권1, 「都甲」, 22쪽 상~하.
212 『麻陽縣志』 권1, 「都甲」, 23쪽 하.

① 하리下里의 양호糧戶로서 상리上里에 발보撥補된 자가 직년直年이 되어 이역里役을 수행해야 한다면 본디 거리가 떨어진 데서 생기는 번거로움이 있다. ② 그러나 하리의 양호糧戶가 직년이 되어 (그 이역을) 상리가 이행할 경우, 상리가 이역을 수행하기 위해 가는 곳은 (결국) 현치縣治 부근이다. 이는 비록 (외견상) 원격지로 가는 수고로움이 있는 것 같지만, (사실상 그런) 수고로움은 존재하지 않는 격이다. ③ 만약 상리의 양호가 직년을 맞이해 (그것을) 하리 양호가 이행해야 한다면, 상리의 양호는 본래 정·양丁·糧이 많지 않으므로, 한쪽의 여유분을 덜어 다른 쪽의 부족함을 더해줄 수 있다. (따라서) 이미 세량이 균등해졌으므로, 어찌 이역 수행에 있어 원격지라는 점을 구실로 삼을 수 있겠는가?[213]

위 인용문을 정확하게 이해하기 위해서는 세량稅糧이 많은 하삼리가 현치와 멀리 있는 반면, 상사리는 그 세량이 많지 않지만 곡물 생산이 풍부하고 현치 부근에 있다는 사실을 다시 한 번 상기할 필요가 있다. 한편 여기서 등장하는 직년이란 이갑제에서 10년에 한 번씩 담당했던 이갑정역이 돌아오는 이른바 배년排年을 말한다.

①번의 언급은 이갑제가 규정한 여러 이역을 서로 다른 지역에서 수행할 때 발생할 수 있는 번잡함을 거론한 것이다. 그러나 ②번에서는 하리 양호糧戶들의 이역을 상리 양호들에게 맡길 경우 상리는 현치 부근에 있으므로 거리상의 불일치가 있는 것처럼 보이지만, 실제는 그렇지 않다(雖有隔遠之形, 而無隔遠之勞)고 언급하고 있다. 그리고 그 이유를 ③번에서 밝히는 것처럼, 상리가 하리의 세량 납부를 도와줄 여력이 있기 때문이라는 사실을 들었다.

---

213 『郿陽縣志』권1,「都甲」, 22쪽 하.

따라서 균평이갑의 최종 결말을 당시 편원순무로 있던 한세기韓世琦의 언급에서 명확하게 확인할 수 있다. 그는 호강豪强은 물론 부자 형제와의 친근함을 이유로 균평이갑에 반대하는 것은 자신의 이익만을 증대시키기 위한 것이기 때문에, 결국 공익公益에 동참해야 한다고 전제한 뒤 다음과 같이 지적했다.

> **오직 세량의 액수(양액糧額)만 균등하게 할 수 있으며, 정수丁數는 균등하게 하기 어렵다.** 대체로 사람들의 빈부貧富가 동일하지 않아, '양糧'은 많은데 '정丁'은 적은 사람이 있는가 하면, '정'은 적은데 '양'은 많은 경우가 있다. '정'은 마땅히 '양'을 따라가는데, 예를 들어 어떤 호戶의 '양'이 제 일갑一甲에 있으면 그 '정' 역시 당연히 해당 일갑에 있어야 하고, 또한 어떤 호의 '양'이 제 이갑二甲에 있으면 그 '정' 역시 그 이갑에 있어야 하는 것은 사실상 어려운 일이다. 그 '정'이 많다고 해서 (정)의 일부를 덜어 다른 갑으로 귀속시키기도 사실상 어렵다. 또한 '정'이 적다고 해서 다른 갑의 '정'을 빼서 보충하기도 어렵다.[214]

한세기의 이러한 언급은 본래 이갑제가 가진 약점, 다시 말해 세량보다 차역의 문제가 복잡하며, 그 모순을 해결하기 어렵다는 기존의 연구 결과[215]를 재확인시켜 준다. 이런 상황 때문에, 그는 이갑제 내의 이역里役과 세량稅糧 부담에 대해 다음과 같이 생각했다.

> 국가의 부세는 양糧과 정丁에 근거해 과세를 계산하며 이갑 정·양丁·

---

214 『廊陽縣志』 권1, 「都甲」, 30쪽 하.
215 梁方仲, 『梁方仲經濟史論文集』, 中華書局, 1989, 45~46쪽 참조.

糧의 다과多寡는 획일적이지 않지만, 본래 불균형의 폐해가 있는 건 아니었다. 다만, 군사상軍事上의 필요가 있으면 잡역이 많아질 수 있으므로, 그 많고 적음에 따라 (부역 부담을) 싫어하거나 기꺼이 받아들이는 구분이 발생한다. 전체적으로 본다면, 필요할 때마다 정·양의 (액수)를 근거로 부세賦稅를 계산해야, 한쪽만 부담이 많아지는 폐해를 없앨 수 있을 뿐이다.[216]

위 언급 속에는 명청시대 부세제도에 대한 일반론에 입각해, 결국 상황에 부응해 부세제도를 탄력적으로 운용할 수밖에 없다는 현실 인식이 담겨 있다. 다만 군사軍事가 많아져 잡역이 증가할 수 있다는 지적은 마양현, 나아가 명말청초 소수민족 지역의 특수성을 반영한 언급이라 할 수 있다. 그 점을 살펴보기로 하자.

진·원辰·沅의 두 위衛가 (마양현에) 귀속될 당시 그 둔량은 70석 8두에 불과했다. 지난해 귀속 초기(의 상황을) 조사해 보니, (마양현의) 각 갑甲에 산부散附된 자들 가운데 본래 둔량屯糧이 있는 자들이 귀속된 경우가 있으며, 본래 둔량 없이 귀속된 사람도 있었다. 본래 (위衛에서 마양현으로) 발귀撥歸되어 어떤 갑甲에 살면서 (해당 지역의) 습속에 익숙해져 서로 편안하게 된 지가 이미 오래되었으니, 대체로 그 (부역의) 많고 적음이 존재했지만, 이전의 예를 따랐다.

요컨대, 일반민과 둔민 액량額糧을 균등하게 계산해, 둔량屯糧을 각갑各甲에 골고루 산부한다면, 해당 양수糧數와 (부역을 담당하는) 인호人戶가 많지 않을 것이다. 만약 모든 갑이 평등하도록 (둔량)을 나눠 예속시키고자 한다면, (갑甲의) 인호가 반드시 갈라져 그 상황을 제어하기 어려울 것이므로 이

---

216 『麻陽縣志』 권1, 「都甲」, 31쪽 상.

전의 기준에 따르는 게 타당하다. 또한 둔량屯糧에 속한 양수糧數가 많다고 해도, 민호民戶에게 소작을 줘 경작하도록 하고, 세금 부과 역시 민호와 동일한 기준에 의거하면 둔량과 민량의 구분이 애초부터 나뉘어 있지 않았으므로, (전토를) 반드시 나눠 각갑各甲에 예속시킬 필요도 없을 것이다.[217]

위 글은 둔민을 마양현의 일반 이갑제 내로 편입시킬 때 발생할 수 있는 문제를 열거하고, 그 대책을 제시하고 있다. 특히 마양현 이갑제의 문제가 묘족 반란에 따른 편리수編里數의 혼란뿐 아니라, 주변 지역에 존재한 위소의 둔민·둔전과도 매우 밀접한 관련이 있다는 사실을 위 인용문은 잘 보여준다. 한세기는 사람 수를 기준으로 편정하고 (안인편정按人編丁) 다시 그것을 기준으로 세량을 정한다면(여수량과與隨糧科), 이쪽 갑에서 저쪽 갑으로 인정人丁을 옮겨야 하는 일이 불가피하므로, 수량과정隨糧科丁의 방법을 채택해야 된다고 말했다.[218]

수량과정 혹은 조량충차照糧充差의 방법에 대해 황지장은 마양현이 잦은 병란兵亂으로 이갑 내 인호人戶의 차이가 심지어 수십 배 난다는 점을 들어 반대했지만,[219] 결국 세량에 따라 정수丁數를 정하고, 그 정한 정수에 따라 이역里役을 담당하게 되었다. 이후 강희 35년(1696) 소호小戶가 특정 갑甲에서 벗어나 이리를 다시 설립할 수 있도록 한 결과, 영성도永盛都와 흥덕도興德都라는 두 개의 이리가 다시 생겨 마양현은 9리가 되었다. 첨부하자면, 옹정 7년(1729) 귀주의 옥병玉屏, 청계靑溪, 진원鎭遠, 시병施秉 네 현縣의 둔호屯戶와 전량田糧을 모두 마양현에 귀속시킨 결과, 결국 마양현이 이곳 지역의 둔량屯糧을 담당하게

---

217 『麻陽縣志』 권1, 「都甲」, 31쪽 상~하.
218 『麻陽縣志』 권1, 「都甲」, 32쪽 하.
219 『麻陽縣志』 권1, 「都甲」, 41쪽 상.

되었다.[220]

명말청초 호광 소수민족 지역의 이갑제 문제를 이처럼 자세하게 언급한 강희『마양현지』는 분명 중요한 사료다. 그리고 지금까지의 논의를 다음 세 가지로 요약할 수 있다.

첫째, 소수민족의 잦은 반란과 청초 정복 과정에서 소수민족 지역의 이갑제 편리가 매우 혼란스러워졌다는 점이다. 둘째, 이런 이갑 편성의 혼란을 해결하기 위한 방법의 하나로서 붕충의 관행이 소수민족 지역에서도 등장했다는 점이다. 좀 더 많은 연구가 필요하지만, 붕충 관행이 대체로 이갑 부담을 평등하게 하는 데 있다는 점에서 내지와 소수민족 지역의 붕충은 동일하다고 할 수 있다. 그러나 마양현의 붕충은 아예 갑수甲數 자체를 조정하려 한 의도가 있었다는 사실은 흥미롭다. 셋째, 세량과 이역을 충당해야 하는 문제에 대해 특히 청 왕조는 세량의 중요성을 더 강조했다는 점이다. 특히 이 마지막 사실은 소수민족 지역에서 명대부터 빈번하게 발생한 반란으로 소위 인호人戶의 체계적인 관리가 사실상 불가능했으며, 그런 명대의 유산을 청 왕조가 고스란히 떠맡은 사실을 의미한다.

본래의 이갑에 속하지 않은 방호幇戶가 도망가면, 그 책임이 모두 주호主戶에게 돌아갔기 때문에, 청 정부는 주호의 파산 방지를 우선 고려할 수밖에 없었다. 그러므로 양호糧戶는 재산의 다과로 순번을 매겼지만, 해당 양호가 담당해야 할 차역은 그런 차별 없이 일률적으로 적용되었다.[221] 더구나 경태景泰 연간 묘족의 침입으로 주민의 반절이 도망간 상황에서 평계平溪, 청평淸平, 편교, 진원, 동고의 수졸戍卒들

---

220 이상 강희 연간과 옹정 연간의 변화에 대해서는 同治『新修麻陽縣志』권1,「疆域」 (村莊), 18쪽 하 참조.

221 『麻陽縣志』권1,「都甲」, 47쪽 상.

이 그 기회를 틈타, 전지田地를 모두 점령해 버려, 전란 후 복귀한 일반민의 반은 세량稅糧은 있지만, 전지田地는 없는 상황이 되었다.[222] 그런 상황이 분명 청초까지 지속되었으므로 청 왕조는 이 지역의 생산력 회복에 관심을 두지 않을 수 없었을 것이다.

하지만 가장 특기할 만한 사항은 청초 강희 연간까지 청 왕조는 소수민족 지역에서 이갑체제를 유지하기 위해 이처럼 많은 노력을 기울였다는 점이다.[223]

3) 이갑제와 명대 호광 소수민족 사회

부역의 징수

지금까지 언급한 마양현의 사례는 당연히 명말청초의 이갑제 운용 실태를 자세히 언급한 사료가 남아 있기 때문에 서술이 가능했다. 그런 점에서 마양현의 이갑제 상황이 예외적인 것이라고 할 수도 있다. 실제로 다른 지역의 이갑제 실시에 관한 사료는 풍부하지 않으며, 설사 언급이 있어도 매우 단편적이어서 구체적인 실상을 파악하는 데는 한계가 있다. 이처럼 사료가 풍부하지는 않지만 호광 지역의 이갑제와 관련된 단편적인 증거를 통해, 명대 소수민족 지역의 이갑제 실시에 대한 전반적인 상황도 파악이 가능하다.

---

222 顔參, 「邑侯季公去思記」, 『麻陽縣志』 권9, 「藝文志」, 22쪽 하.
223 이러한 상황은 호광 지역 소수민족 지역에서 다수 확인할 수 있는데, "考康熙雍正年間, 納糧應差, 編爲五里, 一曰宣化, 二曰市坊, 三曰長樂, 四曰興賢, 五曰福寧. 後又在五里中, 增一里, 曰榮盛, 共爲六里"라는 기록이 남아 있는 沅江縣 같은 경우가 그러하다. 嘉慶 『沅江縣志』 권4, 「坊鄕」, 4쪽 상~하.

중국의 한족 왕조가 소수민족을 구분할 때 동원했던 기준은 매우 다양하다. 복식은 물론, 그들의 풍습, 심지어 피부색이 구분을 위한 기준으로 등장하기도 했다. 그런데 이런 분류 외에, 부역 납부 여부도 소수민족의 구분에 중요한 기준이었다. "건주乾州, 영수永綏, 봉황鳳凰의 삼청三廳 지역에 사는 소수민족을 홍묘紅苗라 하며, 요인猺人들은 산의 계곡 사이에 거주하는데, 부역을 납부하지 않는 부류를 요인이라 한다."[224]라는 지방지의 기술은 그러한 사실을 잘 보여준다.

이러한 언급은 결국 명 왕조가 소수민족 지역에도 이갑제를 통한 징수 체제를 염두에 두고 있었다는 사실을 간접적으로 시사해 준다. 그렇다면 실제 이갑제 내에서 명 왕조의 수취 체계는 어떻게 운용되었으며, 그런 국가의 중요 업무와 소수민족 사회의 연관성은 어떠했는지를 먼저 살펴보기로 하겠다. 이런 사실을 확인할 수 있는 지역 중 하나가 바로 검양현黔陽縣이다.

청초淸初 검양현에는 성방城坊(1리), 1도都(1리), 2도(2리) 외에, 원신향原神鄉(1리), 순복향順福鄉(2리), 공홍향供洪鄉(4리), 자제향子弟鄉(7리), 석보향石保鄉(2리), 태평향太平鄉(1리)이 있었으며, 다시 강희 32년(1693)에 영흥리永興里, 영녕리永寧里, 영정리永定里를 더해 모두 24리가 존재했다.[225] 하지만 앞서 지적했듯이 홍무 연간 검양현의 편리수는 58리였으나, 영락 연간에 이르러 22리로 축소되었다.

검양현 각 향鄉의 상황을 모두 설명할 필요는 없지만, 여느 지역과 마찬가지로 각 향의 경제적 차이가 심하고 소수민족과의 관계도 일률적이지 않았다. 성방城坊의 유계柳溪, 성방 1도의 황송黃松과 연계烟溪

---

224 同治『黔陽縣志』권10, 「山川考四」, 1쪽 하.

225 이하 검양현 이갑제 관련 설명은 同治『黔陽縣志』권6, 「鄉都考」, 5쪽 상~9쪽 상에 근거했으며, 예외적인 경우를 제외하고는 쪽수 표기를 따로 하지 않았다.

가 검양현에서 경제적으로 가장 풍요한 지역이었다. 또한 공홍향 공일리供一里에 속한 다릉계茶陵溪, 화양계花洋溪, 공이리供二里의 여계黎溪 일대는 인구 밀도가 높을 뿐 아니라, 토양이 가장 비옥한 지역이었다. 반면 현치縣治를 중심으로 동북쪽에 위치한 태평향은 동쪽으로 서포현漵浦縣, 서쪽으로 무강현武岡縣에 인접해 있으며 미곡 수송이 어려운 지역으로 항상 가난에 시달린 지역이었다.

『검양현지』의 지도를 보면, 검양현의 현치縣治는 서쪽으로 약간 치우쳐 있으며, 공홍향은 현縣의 거의 중심 지역에 위치했다. 그리고 태평향은 주위 500리에 걸쳐 있는 나옹산羅翁山 동쪽에 있었는데 이곳은 송대에도 이미 토호土豪 서광민舒光民과 요인猺人들이 서로 세력을 다투던 곳이었다.[226] 바로 이 태평향의 상황을 검양현 지방지는 이렇게 설명하고 있다.

> 태평향은 1리인데, 승평리昇平里가 그것이다. 7갑의 주씨周氏와 5갑의 소씨蕭氏 외에 다른 성씨들은 모두 성씨를 바꿨다. 이전 (검양현) 지방지의 기록에 의하면, 5갑의 남과학藍科學 한 호戶가 병란으로 사라졌으며 전지田地는 사실상 무강武岡의 요민獠民 소만량蕭萬良 등이 다른 사람에게 소작을 줘 점거했다. 남씨藍氏 호戶 (소유의) 전지는 소씨에게 귀속되었는데, … 또한 현縣에서 200여 리가 떨어져 있는 탓에 부역(의 징수)가 관원들에게 실로 부담이었다. 강희 4년(1665) 지현 장부익張扶翼이 비로소 법을 마련하고 (사람들을) 초유招諭해 소씨가 세량稅糧(의 액수를) 근거로 세금을 내도록 했으며 요역獠役을 감해줘 비로소 부담이 사라졌다.[227]

---

226 同治 『黔陽縣志』 권7, 「山川考一」, 3쪽 하.
227 同治 『黔陽縣志』 권6, 「鄕都考」, 8쪽 상.

남과학이란 인물에 대한 추적은 불가능하다. 하지만 아마도 명말 청초 무렵, 그가 소유한 전지를 소만량이라는 인물이 탈취했다는 사실을 알 수 있다. 아울러 소만량은 자신이 탈취한 전지가 현치로부터 멀리 있는 점을 이용해 부역에 응하지 않은 정황도 파악할 수 있다. 결국 청 왕조는 강희 연간에 소만량을 위무해 세금을 거둬들였다. 이러한 내용이 좀 더 이른 시기의 옹정『검양현지』에도 거의 동일하게 등장하는데, 동치『검양현지』에 없는 사실을 더 살펴보기로 하겠다.

태평향의 위치를 더 자세히 언급한 옹정『검양현지』에 의하면 태평향은 동쪽으로 서포현의 용담사龍潭司에, 서쪽으로는 무강의 소평小坪과 접하고 있었다. 그리고 태평향 5갑甲에 속한 소평은 무강 사람들과 검양현 사람들이 뒤섞여 있던 곳으로서, 이 5갑의 남과학은 바로 소평에 거주했던 인물이다. 그리고 앞서 언급한 강희 연간의 검양현 지현 장부익은 이곳 소평의 상황을 이렇게 언급했다.

태평향은 현縣과 200여 리 떨어져 있으며 요산猺山의 한가운데 위치한다. 물을 거슬러 서쪽으로 가면 유난히 (이 지역만) 요인이 무리를 이루고 있으며 패덕悖德 (행위)가 잦다. 또한 이곳의 지기地氣 때문에도 그러하다. 이곳을 다스리는 방법은 너그럽게 그들을 위무하는 데 있다. 부형父兄 가운데 현명한 사람과 능력 있는 자들을 뽑아 그들로 하여금 (백성들을) 감독하고 따르게 한다면, 백성들 역시 감히 법을 위반하지 않고 비속한 짓을 저지르지 않아 효과가 있을 것이다.[228]

결국 장부익 언급의 요지는 지역 주민들을 유화적으로 대해야 한

---

228 雍正『黔陽縣志』권3,「坊鄉論」, 8쪽 하.

다는 데 있다. 아울러 그의 그러한 언급은 소만량의 문제를 처리하는
방법에서도 확인할 수 있다. 물론 다른 지역에서도 이런 유력자가 존
재했는데 호戶가 크고 세량稅糧이 많은 유력자들은 늘 전세田稅가 부
역보다 많은 반면 약자들은 부역이 전세보다 많았다. 결국 유력자들
은 겸병兼併을 통해 많은 부역 부담을 회피한 반면, 가난한 약자들은
자립이 불가능했다. 따라서 차역을 부담할 수 없는 약자들은 도망가
고 유력자들은 차역을 내지 않고 빈번히 관官에 저항했다.[229]

이런 사실로부터, 소수민족 지역에서 이갑제를 통해 부역을 징수하
려 했던 명 왕조는 소수민족들의 교묘한 저항뿐 아니라, 해당 지역 유
력자들의 저항에도 직면했던 사실을 알 수 있다. 그리고 이는 앞서 언
급한 마양현의 실상과도 일치한다. 이런 현실적인 어려움에도 불구하
고 앞서 거론한 마양현은 물론, 검양현의 경우에서 알 수 있듯이 명
왕조는 가능한 한 소수민족 지역 내에 이갑제를 두루 실시하려 했으
며, 이갑제를 통한 징수 체제를 확립하고자 했다. 이 점과 관련해 다
음 건주청乾州廳의 사례를 살펴보기로 하자.

① 손응룡孫應龍은 홍무 연간 … 노계현盧溪縣 주부主簿를 담당했다. 현
縣 접경接境의 많은 지역은 묘지苗地였으며 호적의 등재를 거부하는 자들
이 있었다. 손응룡이 동洞에 들어가 (그들을) 초무하자, 거수渠首가 간절하
게 호소하기를 '관청의 부역이 지나치게 많고 묘민苗民들은 도경화종을 하
므로 (부세 납부에) 응하기 어려우니, 별도의 관리와 관청 설립을 해달라는

---

229 雍正『黔陽縣志』권3,「坊鄉論」, 3쪽 하~4쪽 상. 거의 동일한 내용을 언급하고 있
    는 강희 26년간본『黔陽縣志』에는 남과학이 사라진 후 소만량이 점령한 토지의 '세
    량은 남과학의 戶가 부담하지만, 전지는 소만량에게 귀속시킨다.'(糧在藍戶, 田則
    歸蕭)고 언급했다. 湖南省少數民族古籍辦公室 主編, 1992(하), 68쪽.

상주를 올려달라.'고 간청했다. 손응룡은 거수를 대동하고 남경南京으로 올라가, 부세량이 본래 약 1만 3,000석이라고 상주하자, (황제는) 1만 석을 감하고 진계군민소鎭溪軍民所를 설립하는 한편, 천호 1명, 부천호 2명을 두어 그 지역을 영원히 다스리도록 했으며 손응룡을 진계소진무鎭溪所鎭撫로 승진시키도록 명령했다. 이때가 홍무 30년(1397)이었다. 손응룡과 천호 단문段文은 진계로 가서 관서官署를 세우고 제도를 수립해, **124채를 나눠 10리로 (편성)했으며 거수渠首를 백부장百夫長으로 임명해** 그곳을 단속하도록 했다. **기령채호畸零寨戶는 토군土軍에 충당**시켜 성곽을 지키도록 해 (그들을) 진휼하고 변방 지역에 대한 대비를 두루 갖춰, 그 후손이 편안하도록 했다.[230]

손응룡에 관련된 내용은 이미 위소제도를 설명하면서 언급했지만, 다음의 기사는 위 상황에 대한 부가 설명이라 할 수 있다.

② 명 홍무 초년, 무계溪溪를 노계현에 예속시키고 야랑夜郎을 바꿔 숭산위진崇山衛鎭을 설립했다. 또한 고암순검사古巖巡檢司를 세워 교역이 가능하도록 했다. (홍무) 23년(1390), 병향兵餉 운송이 어려워지자, 다시 (행정단위를) 개편해 숭산천호소崇山千戶所를 설치했다. (홍무) 28년(1395) 노계현 상오도上五都 만민蠻民들을 10리로 나눠 진계군민천호소鎭溪軍民千戶所를 설치하고 상덕위常德衛에 예속시키는 한편, 정천호 둘, 부천호 둘을 두어 서로 일을 관장하도록 했다. (또한) 양이楊二를 백부장百夫長에 임명하도록 했다. 호戶를 구성하지 못하는 **기령호畸零戶 132명**은 지량토군支糧土軍에 편입시켜 **유사시에는 징발에 응하도록 했다.** (유사시 이렇게) **모이면 군인이 되**

230 光緒『乾州廳志』권9,「名宦志」, 28쪽 하.

고, (전투가) 끝나 **복귀하면 흩어져 일반민이 되므로 군민소軍民所라 불렀다**. 정덕 8년(1513) 수비를 다시 설치해 건주乾州를 방어하도록 했으며, 아울러 토관土官을 통제하도록 했다.[231]

먼저 ①번 인용문에서 가장 주목할 사안은 기존의 촌채를 바탕으로 이갑을 편성했으며, 이장호의 역할 역시 소수민족의 수장들에게 일임한 점이다. 또한 검양현의 소만량의 경우와 비교하면, 상대적으로 양이와 같은 백부장은 명 왕조와 타협적이었다. 분명한 사실은 검양현과 노계현의 두 경우 모두 명 왕조는 소수민족을 앞세워 이갑 부역과 세량을 징수했다는 점이다. 다른 한편, 소수민족 지역의 이갑제 역시 내지와 동일하게 기존 소수민족의 수장들이 지닌 권한과 권위를 그대로 인성해 주는 연장선에 있었다고도 할 수 있다.

또한 ①번 인용문을 보면 이갑이 편성된 소수민족 지역의 생산성이 그리 높지 않았다는 사실을 알 수 있는데, 이런 상황에서 이갑민들이 군사 업무도 수행했던 정황을 ②번 인용문은 전달해 준다. 물론 소수민족 지역이 기본적으로 군사적 성격이 강했다는 사실을 염두에 둔다 해도 이런 정황 때문에 세금을 원활하게 징수하기가 상당히 곤란했을 것이라는 추측도 가능하다. 이 점을 좀 더 언급해 보기로 하자.

많은 연구자들이 지적하는 것처럼, 실제로 토관들은 휘하 주민들을 꽤 빈번히 수탈했던 것처럼 보이며 이런 종류의 수탈을 호광 지역 지방지에서도 광범위하게 확인할 수 있다. 지방지의 자료에 의하면 토사들은 보통 자신의 산과 전지田地를 소작인에게 경작시켰는데, 그러한 전호佃戶들은 사실상 노복奴僕 취급을 당했다. 나아가 일반인들

---

231 『湖南地方志少數民族史料』(上), 1991, 355쪽.

은 토사 소유의 위장圍場에 함부로 들어갈 수 없었을 뿐 아니라, 외래인들 역시 토사 지역을 경작하기 위해서는 소금이나 쌀과 같은 선물을 보내야만 했다.[232]

더구나 위 인용문 ①번과 ②번에 공통으로 등장하는 기령호의 존재는 명대 소수민족 사회 역시 사회경제적으로 계층화가 뚜렷했다는 사실을 잘 보여준다. 물론 ②번에 등장하는 양이와 같은 백부장은 외견상 폭정을 자행했다고는 볼 수 없으나 명대 토사 지역에서 백호와 채장寨長의 권한은 상당히 강력했다. 이를테면 청 왕조가 개토귀류를 단행한 후, 백호와 채장을 한인漢人으로 임명했지만 권한의 행사는 대단히 제한적이었다. 따라서 청 왕조는 다시 사리에 밝은 묘인으로 그것을 대체했는데, 이는 역설적으로 묘족 사회에서 그들의 권위를 말해 주는 사례다.[233]

이런 상황에 더해, 명대 소수민족 지역의 전지는 토양의 비옥을 구분하지 않은 채 단지 그 면적만을 헤아렸기 때문에,[234] 대체로 일반인들의 부담이 더욱 컸다. 명말 진계소의 주민들이 사실상 전혀 남아 있지 않던[235] 이유는 낮은 생산성, 강력한 재지 세력들의 횡포, 그리고 일률적인 과세 기준 때문이었다.

---

232 이 부분은 각 지방지에서 해당 사항을 잘 선별해 실은 羅維慶·羅中 編, 『土司制度與彭氏土司歷史文獻資料輯錄』(下), 民族出版社, 2014, 403~406쪽 참조.

233 畢沅, 「部覆苗疆緊要善後事宜咨」, 光緒『乾州廳志』 권7, 「苗防一」, 44쪽 하~45쪽 상.

234 예를 들어 만력 13년(1585)에 淸丈이 실시된 麻陽縣에서는 山鄕과 水鄕, 그리고 영락 연간에 구분했던 中田과 下田의 관례를 무시하고 상중하를 구분하지 않은 채, 단일한 기준으로 세량을 책정했다. 康熙『麻陽縣志』 권5, 「食貨志」, 1쪽 하~2쪽 상.

235 同治『麻陽縣志』를 인용하고 있는 『湖南地方志少數民族史料』(下), 1992, 124쪽 참조.

소수민족 지역의 행정 체제와 이갑제

그런데 지금까지 언급한 이갑제 부역 징수상의 문제점 외에도, 소수민족 지역의 이갑제는 소수민족 지역이 지닌 행정 운용상의 특수성 때문에도 많은 제약이 뒤따랐다. 이갑제 운용을 위해 명 왕조가 재지의 소수민족 세력을 이용한 건 사실이지만, 본질적으로 이갑제의 효율적인 운용을 위해서는 효율적인 행정 체제가 반드시 필요하다는 점도 사실이다. 이렇게 본다면, 과연 소수민족 지역에서도 이갑제 시행을 위한 일률적인 행정제도가 마련되었을까 하는 의문을 가질 수 있다. 물론 토사의 실질적인 운용은 소위 '토류겸치土流兼治'가 기본이었다. 따라서 소수민족 지역에 명대에도 유관流官이 존재했다는 사실을 염두에 둔다면 동치 『래봉현지』에 등장하는 다음 언급은 꽤 유용하다.

홍무 초년 서남이西南夷의 귀부자는 그 업적과 공로의 많고 적음에 따라 존비尊卑에 차등을 두었으며 부·주·현府·州·縣의 명칭도 그 사이에 종종 존재했다. 제도가 확립된 이후, 부·주·현 등의 관리는 험봉驗封(淸吏司)에 예속시키고 포정사布政司가 관할했으며, 선위宣慰와 초토招討 등의 관원은 무선武選(淸吏司)에 예속시키고 도지휘사都指揮司가 관할했다. 험봉청리사에 예속된 자는 360명이며, 무선청리사에 예속된 자는 133명이었으나, 이후 선위사宣慰司 11명, 선무사宣撫司 10명, 안무사安撫司 19명, 초토사招討司 1명, 장관사長官司 173명이 되었다. 부·주·현의 정이속관正貳屬官, 토관과 유관 역시 이러한 예에 따랐다. **선위사와 선무사 등에는 모두 교수와 훈도를 설치하고 유관을 임명했다. 문관과 무관이 서로 연계되고 토관과 유관을 참용했다.** 서로 의견 대립이 발생하면, 상소를 올려 천자의 명령에 따르도록 했다.[236]

246

위 글은 소수민족 지역의 관원 임용에 대한 가장 기본적인 사항을 언급하고 있는데, 이론적으로는 내지와 동일하게 부·주·현의 관리가 존재하는 한편, 토관 외에 상당수 유관이 존재했다는 사실을 잘 말해 준다. 실제로 선위사나 선무사에 존재한 동지同知, 경력經歷, 도사都事, 이목吏目, 유학儒學, 교수教授 등의 토사 속관은 원칙적으로 유관을 임명했다.[237] 따라서 토관을 임명할 당시부터 아예 유관을 참용한 경우도 자주 확인된다.[238] 토관도 능력을 세심하게 헤아려 임명했음은 두말할 나위가 없었는데, 호광성 경계 지역의 사천성 석주토사石柱土司 관련 다음 언급을 통해 그런 사실을 확인할 수 있다.

공公(마극용馬克用)께서는 명령을 내려 동성同姓은 사인舍人이라 하고 이성異姓은 이인里人이라 했으며, 관官이 부리는 관리는 파인把人이라 부르도록 했다. 사·리·파舍·里·把로 삼족三族을 구성하고 총명함과 재지才智가 있는 자를 선택해 정무政務에 참여시키도록 권고했는데, 이를 관사管事라 불렀다. 삼가三家를 동시에 등용했지만 오직 현명한 사람만을 취했다.[239]

그렇다면 이러한 원칙적인 언급이 구체적으로 어떻게 적용되었을까? 앞서 언급한 대로 보통 토사 지역 행정은 토사와 그 속관 혹은 부·주·현의 지방관이 다스리는 이원 체제였기 때문에, 관련 사료 역시 위 두 계층에 대한 언급이 압도적이다. 하지만 주·현의 지방관과

---

236 同治『來鳳縣志』권27,「土司志」(總攷), 2쪽 상~하.
237 同治『來鳳縣志』권32,「雜綴志」, 6쪽 상.
238 그러한 예 가운데 하나가 담대왕이 홍무 4년 산모장관사 지위를 하사받을 당시 내린 流官參用의 조치다.『覃氏族譜』를 인용한『土家族土司史錄』, 1991, 49쪽 참조.
239 『土家族土司史錄』, 1991, 86~87쪽.

는 별도로 토사 지역 내부의 유관에 대한 행적은 명확하게 밝혀진 바
없으며 토사 사회의 기층에서 위 두 계층이 어떻게 연결되어 있는지
도 여전히 불분명하다. 이런 점에서 호북 지역의 장양현長陽縣에 대한
다음 언급은 명대~청초 토사 지역의 행정 상황을 알려주는 좋은 자
료 중 하나다.

원대에 이르러 세력이 강성해진 용미동容米峒의 동주峒主 전선십용田先什
用은 12개 동峒의 토관과 연합해 장양에서 두 번에 걸쳐 병사를 일으켜, 원
왕조의 통치에 저항했다. 원 왕조는 이들에 대한 토벌과 위무를 같이 실시
했는데, 시주施州와 용미容米 등 5동은 조정朝廷에 귀항했으나, 나머지 7동
은 진압당했다. 원 왕조는 12개 동의 반란을 평정한 후 장양 남북 지역에
백석白石, 사초梭革, 구관보舊關堡, 건가원蹇家園, 어양漁洋, 장모長茅, 백년百
年, 보제애菩提隘 등 매자팔관梅子八關을 설치해 토가족을 엄격하게 통제했
으며, 이와 동시에 악서남鄂西南 지구에 이이제이以夷制夷를 위한 토사제도
土司制度를 실시했다.

원대 토사제도의 건립 시기부터 청대 옹정 13년 개토귀류가 실시될 때
까지 장양의 경내에는 세 종류의 정황이 존재했는데, 현縣 서쪽 청강淸江
이남과 청강 이북 지역은 **용미토사에 속하며 옥강玉江, 마율麻栗, 시도施都
등의 토사를 관할했다.** 현 서북쪽은 명 융경 연간에 설치한 **백리황천호소
百里荒千戶所의 관할**이었다. 현縣 동쪽은 **중앙 정부의 유관이 다스린 지역에**
속했는데, 이런 상황에서 명말부터 강희 3년(1664)까지 전체 현을 수진水盡
토사 당진방唐鎭邦이 점거하고 있었다.[240]

---

240 『容美土司史料續編』, 1993, 101쪽.

장양현의 이러한 정황은 참으로 기묘하기까지 하다. 토사, 위소, 유관이 서로 중첩된 채로 일정 지역을 다스리고 있는 상황도 그러하거니와, 명말에 가서는 결국 토사 1인이 다스리게 된 점도 그러하다. 이처럼 일정 지역을 여러 종류의 정치 책임자가 나눠 통치한 이유와 그 실상을 알려주는 사료는 매우 제한적이지만, 다음 몇 가지 사실은 명 왕조가 소수민족 지역 내에서도 그 고유한 특성에 따라 통치 방법을 달리했다는 사실을 알려준다.

첫째, 지형상의 문제다. 매자팔관은 청강을 기준으로 강북과 강남에 각각 네 곳이 존재했다. 건륭 원년에 이르러 청강 남쪽에 있던 네 곳을 합쳐 장락현을 설치했는데,[241] 강남에 위치한 네 곳은 건가원, 어양관, 백년관, 보제애다. 한편 강북에 있던 구관보, 사초관, 백석관은 그 지형이 매우 험한 곳으로서, 구관보와 사초관에는 명대 각각 순검사가 설치되었으며 백석관은 이 일대에서 가장 험한 곳이었다. 실제 이 지역의 지방지에도 매자팔관을 제외한 이 지역의 가장 험한 곳은 모두 서쪽과 북쪽에 집중되어 있었다.[242] 결국 지리적으로 매우 험한 곳은 유관이 아닌 토사나 순검사의 관할 지역으로 두었다고 할 수 있다.

둘째, 이처럼 지리적으로 험난한 곳은 사실상 소수민족 세력들이 매우 강력했다는 사실을 들 수 있다. 다음 두 언급을 통해 그러한 정황을 확인할 수 있다.

그 장모사長茅司 밖은 옛날 장양 등의 현지縣地였지만 토사가 종종 토지를 매입해 관리하고 침탈이 행해졌다. 당시 장모사와 백록장白鹿庄 등은 용

---

241 同治『長陽縣志』권1,「地理志五」(關隘), 1쪽 상.
242 이상의 내용은 同治『長陽縣志』권1,「地理志五」(關隘), 1쪽 하~3쪽 하 참조.

미의 전씨田氏, 현성縣城 일대는 오봉五峰의 장씨張氏, 백일白溢과 맥장麥庄 등의 지역은 수진水盡의 당씨唐司, 석량사石粱司 일대는 석량의 당씨唐氏 지역에 속했으며 그 안에는 속관屬官의 땅도 뒤섞여 있다. 그 가운데 오직 백년 관百年關 밖은 예전대로 장양 등의 지역인데, 이곳은 옛날 장양 일대 지역으로 남아 있지만, 옛날 장양 일대의 이곳도 토사가 잠식한 곳이 많았다.[243]

일단 위 인용문에 등장하는 모든 지역의 위치는 장양현 서쪽, 청강의 남쪽 지역이며, 오봉사, 석양사, 수진사와 오히려 가까운 곳이다. 아울러 이 지역은 앞서 언급한 매자팔관 가운데 청강 남쪽에 위치한 지역과 일치한다는 점도 흥미롭다. 이렇게 볼 때 토사나 위소가 다스린 지역은 지형적으로 험하며 그 지역 일대에 소수민족 세력이 강력한 곳이었다는 사실을 알 수 있디. 한편 다음 글은 명대에 소수민족 지역에 대한 출입 금지를 담고 있다.

협주峽州와 장양현長陽縣에는 신안新安과 장양이라는 두 채砦가 있으며, 장양 동북쪽은 이릉夷陵과 의도宜都가 방어 역할을 한다. 구관보, 사초관, 보제애 등은 모두 동료峒獠 지역과 접해 있어서, 명대 세 순검사를 설치하고, 궁자弓子를 더 선발해 관애關隘를 지키도록 했다. 토만土蠻은 자신의 지역을 벗어나서는 안 되었으며 한인漢人이 동峒에 들어가서도 안 되었다. 천계 원년(1621) 토사가 소란을 일으켰으나, 보제애 순검사의 병사 수효가 적어 어양관漁洋關으로 철수했다. 천계 7년(1627) 어양관 순검사를 폐지하자, 토·료土·獠들의 출입과 약탈을 더욱 통제할 수 없게 되었다.[244]

---

243 光緒『長樂縣志』 권2, 「疆域志」, 1쪽 상~하.
244 同治『長陽縣志』 권1, 「地理志五_(關隘), 3쪽 상~하.

어양관이야말로 지금까지 언급한 토사 지역의 동쪽에 위치한 곳으로서, 상대적으로 소수민족의 활동이 적은 지역이었다. 위 두 인용문에서 공통적으로 확인할 수 있는 사안은 토사들의 한족 지역에 대한 침략이 명대 후반으로 내려올수록 빈번해진 점인데, 그러한 사실을 수진 토사 당진방이 잘 확인시켜 준다. 당진방은 청 순치 연간에 청왕조로 귀순했지만,[245] 적어도 명말 그는 이 지역 일대의 토지를 차지하고 있던 주요 인물 가운데 하나였다.[246]

명 왕조가 매자팔관 일대에 서로 다른 행정 체제를 적용한 이유는 분명히 소수민족 세력들이 강한 지역은 그들에게 행정을 위임한 반면, 상대적으로 소수민족이 적은 곳에는 유관을 통해 다스리고자 했기 때문이다. 하지만 명대 후반기에 들어 소수민족 세력이 유관이 통치한 지역을 빈번하게 침입했으며, 이러한 현상들은 앞서 위소 부분에서 언급한 토사들의 위소 지역 침입 현상과도 놀랍게 일치한다.

다른 한편, 일부 족보 자료에는 거꾸로 해당 지역의 관원이 토사를 탄압한 경우도 발견되는데, 장모장관사가 그러했다. 본래 장양현에 있던 장모장관사의 실질적인 세력가는 장씨張氏 성을 가진 지휘였는데 그가 토관을 탄압하자, 이후 전씨田氏에게 합병되었다.[247] 이러한 두 예는 명대 소수민족 지역에서 토관과 유관이 상당한 갈등 관계에 있었다는 사실을 잘 말해 준다.

토관과 유관이 공존하고, 심지어 일정 지역의 통치를 토사, 위소,

---

245 『淸實錄』 권87, 順治 11년 12월 13일.
246 이를테면 唐鎭邦은 숭정 17년(1644) 반란을 일으켜, 장양현을 약탈했지만, 순검사의 병력이 적어 관군이 어양관으로 후퇴했던 양상이 천계 7년(1627)에 이어 다시 한 번 등장한다. 同治 『長陽縣志』 권6, 「兵防志一」(兵事), 4쪽 상.
247 『土家族土司史錄』, 1991, 46쪽.

유관이 동시에 다스린 상황이야말로 이갑제와 같은 중요한 정책을 명 정부가 효율적으로 실시할 수 없었던 중요한 요인이었다. 따라서 다음 두 예는 다층적 행정 체계로 이갑제의 운용이 얼마나 빈번하게 바뀌었으며 또 관리가 어려웠는지를 잘 말해 준다. 그 첫 번째 예는 금동안무사金峒安撫司 지역에 관한 짤막한 기사다.

> 금동金峒은 옛 만이국蠻夷國이었다 ... 원대에는 시주施州에 속했으며, 명 옥진明玉珍이 오로총관부五路總管府로 삼았다. 홍무 4년(1371) 명에 귀부했으며 (홍무) 22년(1389) 그 지역을 평정했다. **영락 5년(1407) 안무사**를 두었으며 선덕 5년(1430)에는 서평만이장관사西坪蠻夷長官司를 거느렸으나, 5년 만에 없애고 (그곳을) **3리로 편성했다.** 융경 3년(1569) (그곳을) 빼앗아 **동장峒長을 임명**했으며 하위 지파가 그 동장을 계승하도록 했으며 그곳을 **지라백호소支羅百戶所 지역에 예속**시켰으나, 본조本朝(청조)에 이르러 위衛에 귀속되었다. [248]

위 인용문을 약간 보충한다면, 호북성 함풍현에 위치했던 금동안무사는 홍무 4년(1371) 담이모覃耳毛의 귀순으로 시작되었으나 이내 반란을 일으켜, 홍무 22년(1389)에 평정된 사실은 위 내용과 동일하다. [249] 다만 위 글이 등장하는 『토가족토사사록』에는 "선덕오년영서평만이장관사, 오년생宣德五年領西坪蠻夷長官司, 五年省"으로 되어 있어 서평만이장관사를 거느렸다가, 아마도 5년 후에 그것을 없앴다고 할 수 있다. 그러나 다른 기록에 의하면, 선덕 3년(1428)에 석관동장관사石關

---

248 『土家族土司史錄』, 1991, 55쪽.
249 지방지에는 홍무 23년(1390)에 이 지역을 평정했다고 기록되어 있다. 同治『增修施南府志』 권2, 「沿革」, 22쪽 하 참조.

峒長官司와 서평만이장관사를 거느리게 되었으며 시남선무사施南宣撫司
에 예속되었다. 이어 융경 5년(1571) 토사土舍 담벽覃璧이 자신의 형을
살해하고 반란을 일으키자, 지라백호소에 편입시켰다.[250]

　이러한 일련의 반란과 행정 개편을 통해 이 지역은 장관사 → 편리
단행 → 동장峒長의 통치 → 위소로의 편입 과정을 거쳤다는 사실을
알 수 있다. 앞서 석주청의 예를 인용하면서 통치자들이 사인, 이인,
파인으로 구성되었다는 사실을 언급한 바 있는데, 이갑리의 편성과 그
주민 역시 동일하게 동성同姓, 서성庶姓, 관官에 종사하는 사람들로 구
성되었던 정황[251]은 분명히 이갑제의 시행과 부역 징수의 강제가 획일
적이지 않았다는 사실을 알려준다. 이갑 행정 운용에서 바로 이런 획
일성의 부재를 잘 확인할 수 있는 또 다른 사료가 강희 18년(1679) 파
동현 지현으로 부임한 제조망(齊祖望, 1645~1703)의 「(자)이명고제(咨)移
明古制」라는 글인데 이 부분은 4장에서 다시 다룰 예정이다.[252]

　지금까지 명대와 청초 호광 소수민족 지역의 이갑제 실시 현황과
그 한계를 살펴봤다. 명 왕조는 소수민족 지역의 효율적인 통치를 위
해 군사제도인 위소제도와 민간의 향촌 질서를 재편한 이갑제를 실시

---

250 이상의 내용은 同治『增修施南府志』권2,「沿革」, 22쪽 하와 龔蔭,『中國土司制度』,
　　雲南民族出版社, 1992, 1252쪽 참조. 이 반란은 巡撫 劉慜, 參政 馮成能, 副使 張
　　大業 등이 나서 융경 6년(1572)에 진압되었다.『明實錄』권70, 隆慶 6년 5월 1일.
251 道光『補輯石柱廳志』를 인용하고 있는 四川黔江地區民族事務委員會編,『川東南少
　　數民族史料輯』, 四川大學出版社, 1996, 156쪽 참조.
252 실제로 부역 관련 연구는 매우 많지만, 소수민족 지역의 부역에 관련된 연구는 사
　　실상 전무하다. 다만, 孟凡松,「賦役制度與政區邊界—基于明淸湘鄂西地區的考察」,
　　『中國歷史地理論叢』2기, 2012가 거의 유일하게 호광 소수민족 지역의 부역제도를
　　다루고 있으며, 바로 이 글에서 제조망의 「(자)이명고제」를 언급한 바 있다. 제조망
　　의 글은 同治『巴東縣志』권15,「藝文志」(咨), 36쪽 상~39쪽 하에 있으며,『容美土
　　司史料彙編』, 제1부분,「奏章·文告」, 1984, 10~12쪽에도 실려 있다.

했다. 이갑제 편리수의 잦은 변동은 이 지역이 지닌 군사적 성격, 다시 말해 빈번한 반란과 소요 때문이라고 할 수 있지만, 명 왕조는 그런 물리적 압력을 감수하면서까지 이갑제의 틀을 유지하려 애썼다.

그러나 마양현의 예가 명확히 보여주듯이, 위소, 둔전, 둔민, 둔량의 존재와 함께, 재지 유력자들의 방해로 이갑제의 효율적인 실행은 늘 난관에 부딪혔다. 또한 소수민족 지역이 매우 다양한 행정 단위로 구성되고 군호와 민호가 빈번히 뒤섞여 있던 상황 또한 이갑제 시행의 중요한 걸림돌이었다.

이런 논의를 종합하면 토사제도로 대표되는 명대 소수민족 지역의 지배는 결국 효율적인 무력 사용이나 통제 정책 상의 한계도 있었지만, 통일적인 행정 체제의 부재도 중요한 요인이었다. 그리고 청 왕조는 아마도 그러한 사실을 분명히 인식했던 것처럼 보인다. 결국 4장에서 다룰 전순년과 제조망 사이의 갈등은 단순한 영토 분쟁이 아닌, 효율적이고 강제적인 행정 시행을 사이에 둔 대립이라 할 수 있다. 청초 토사와 청 정부의 행동 방식이 흥미로운 이유는 그런 대립의 결과가 개토귀류로 이어졌을 것으로 판단할 수 있기 때문인데, 이 점은 4장에서 상세히 거론할 예정이다.

제3장

다층 사회의 모순과 충돌:
明代 湖廣 지역의 소수민족 반란

1. 명대 토사 세력의 성장

앞의 2장에서는 명 왕조가 소수민족 지역을 통치하기 위해 마련한 위소제도와 이갑제 운용의 실상과 한계를 언급했다. 물론 어떤 제도라도 그 실질적 운용에는 많은 제한과 의외의 변수가 있을 수 있다. 하지만 그런 일반론을 떠나, 토사제도가 완비된 시기라고 알려진 명대만 하더라도 평균 20년에 한 번씩 소수민족의 반란이 발생했다. 특히 선덕宣德 6년(1431)과 가정嘉靖 연간(1522~1566)에 발생한 반란을 진압하기 위해 명 왕조는 10만 명이 넘는 군사를 동원해야만 했다.[1]

이런 명대의 상황은 청 정부하에서도 동일하게 발생해 옹정雍正 연간(1723~1735)의 개토귀류改土歸流를 통해 소수민족 지역에 대한 행정

---

1 譚必友, 「苗疆邊牆與淸代湘西民族事務的深層對話」, 『中南民族大學學報』(人文社會科學版), 1기, 2007, 32쪽.

재편과 군사적 장악에 성공했지만, 건륭乾隆 연간(1736~1795)에 다시 명대 반란에 버금가는 대규모 반란이 발생했다.[2] 이런 일련의 반란 발생은 명청 두 왕조가 실시한 토사제도나 개토귀류와 같은 정책에도 불구하고 소수민족 지역을 완벽하게 장악하는 데는 여전히 한계가 있었다는 사실을 말해 준다.

『명사明史』 권310, 「호광토사湖廣土司」의 내용은 다시 한 번 토사의 이런 행태를 잘 확인시켜 준다. 상서湘西 지역의 대토사大土司인 영순선위사永順宣慰司와 보정선위사保靖宣慰司는 토사로서의 임무를 충실히 수행하는 한편, 명 왕조를 도와 왜구나 다른 토사들의 반란을 무찌르는 데 혁혁한 공을 세운 기록이 「호광토사」에 빈번히 등장한다.[3] 그러나 만력萬曆 47년(1619) 영순선위사의 팽원금彭元錦이 명령을 거역해 명 왕조가 막대한 피해를 본 사실을 비롯해, 영순과 보정토사 사이의 장기간에 걸친 다툼도 등장한다.[4] 이러한 양상을 보건대 명대 소수민족의 존재 양태가 단일하지 않았으며 대토사와 중앙 정부와의 관계는 물론, 각 소수민족 사이의 갈등이 복잡했음을 알 수 있다.

그러므로 앞의 2장에서 소수민족 지역에 대한 명 왕조의 통치 실상을 주로 다뤘다면, 여기서는 명 중엽 장기간에 걸친 소수민족 반란을 조명할 예정이다. 이를 통해 명대 호광 소수민족 사회의 변화와 각 토사 사이의 관계는 물론, 장기간에 걸쳐 전투를 전개할 수 있었던 그

---

2 이 점에 대해서는 클로딘-롱바르 살몽 저, 정철웅 역, 『중국적 문화변용의 한 예—18세기 귀주성』, 세창, 2015, 4장 2절 참조.

3 이런 이유로 기존 연구는 명 왕조에 대한 호광토사들의 충성심이 높았으며, 상대적으로 그들의 품계도 높았던 점을 강조한다. 吳永章, 『中國土司制度淵源與發展史』, 四川民族出版社, 1988, 166쪽.

4 각각 동북아역사재단, 『明史外國傳譯註·5—土司傳·上—』, 2013, 102쪽, 110쪽, 113~114쪽 참조.

들의 경제력을 살펴볼 것이다. 무엇보다 이런 사실을 통해 거의 한결같이 피지배자로 인식돼 온 소수민족 고유의 역량과 정체성을 확인할 수 있을 것이다.

1) 토사에 대한 통제력의 약화

용미토사를 관할한 시주위施州衛의 개설 초기에 약 3만 명에 달하는 위소 군병과 그 가족들이 이주해 왔는데, 도작稻作과 같은 선진 농업 기술을 도입해 물산이 매우 풍부했다.[5] 그러나 선덕宣德 연간(1426~1435)에 이르러 위소제도가 서서히 제 기능을 상실해 갔으며 정통正統 연간(1436~1449)에 이르면 중국 전역의 총 군사 수효의 3분의 1에 해당하는 120만 명의 위소 군인이 도망하는 상황[6]이 등장한 걸 보면 사실상 명대 위소제도는 꽤 일찍부터 제 기능을 하지 못했다.

영락 2~5년(1404~1407) 사이에 악서 지역에 19개의 크고 작은 토사가 들어섰지만[7] 이들 대부분은 이전부터 존재한 토사를 다시 설치한 것이다.[8] 영락 연간에 이어 검남장관사劍南長官司(충로안무사 관할),

---

5 楊洪林, 陳文元, 「論明末淸初施州衛的政治選擇及歷史影響」, 『西南民族大學學報』(人文社會科學版), 5기, 2014, 223쪽.

6 楊晨宇, 「明中後期的衛所"民化"」, 『三峽論壇』, 1기, 2014, 9쪽.

7 田敏, 『土家族土司興亡史』, 民族出版社, 2000, 97쪽.

8 이를테면 홍무 14년(1381)에 폐지한 椒山碼磹長官司, 五峰石寶長官司, 石梁下峒長官司, 水盡源通塔坪長官司를 영락 5년(1407)에 다시 復置했다. 容美土司文化硏究會編, 『容美土司史料文叢』(1輯), 中國文史出版社, 2019, 118쪽. 이하 이 자료는 『容美土司史料文叢』으로 표기함. 아울러 역시 영락 5년 시주위 指揮 孫演이 覃興 등을 초무한 후, 담흥이 來朝해 홍무 초년 土酋 向添福이 초무에 응하지 않은 탓에 鎭南長官司가 폐지되었다는 말과 함께 진남장관사의 復置를 요청하자 이를 허락한 예에서 알 수 있듯이, 영락 5년에 다수의 장관사가 鄂西南 지역에 설치되었다. 『明實錄』 권63, 永樂 5년 정월 21일 참조.

요파동장관사搖把洞長官司와 상·하애다동장관사上·下愛茶洞長官司(동향 안무사 관할) 등이 선덕 3년(1428)에 지속적으로 개설되었다.[9] 그러나 이는 토사 세력이 확산되자, 명 왕조가 택한 일종의 피동적인 정책이 었다. 따라서 명초부터 토사제도의 틀을 위협하는 상황이 빈번하게 발생했다.

대체로 토사제도 전반에 관한 여러 규정은 영락 연간(1403~1424)에 자세히 마련되었다는 게 일반적인 통설이다.[10] 그러나 영락 연간에도 전광보田光寶의 아들 전승귀田勝貴 휘하 동만洞蠻 향천부向天富가 반란 을 일으켜 영락 3년(1405)에 이를 초무招撫했으며[11] 선덕 6년(1431)에도 진간鎭筸 일대 묘채苗寨가 귀주 동인銅仁의 평두묘平頭苗와 결탁해 수 장首長 용삼백龍三白이 용로호龍老虎와 석토고石討姑 등과 함께 반란을 일으켰다. 당시 도독都督 소수蕭授가 이 반란을 신압하기 위해 한·토 병漢·土兵 20여만 명을 동원했다는 기록[12]을 보면 소수민족을 토사제 도 안에 일률적으로 편입시키는 건 당초부터 무리였을 것이다.

더구나 토사제도를 효율적으로 운용하기 위한 무력 체제인 위소의 규모 역시 토관의 군사적 위세를 사실상 따라가지 못했다. 한 연구에 따르면 명대 시주 위소의 둔전과 방어 지역 일대 인구가 4만 명 정도 인 반면, 이천利川, 은시恩施, 장락長樂에 1만 4,000여 명, 함풍咸豊, 래 봉來鳳, 선은宣恩, 학봉鶴峯 일대에 4만 8,000여 명, 선은 남부 일대가 1만 8,000여 명으로 모두 6만 2,000여 명 정도였다.[13] 물론 이 수치는

---

9 『明實錄』 권43, 宣德 3년 5월 27일.

10 田敏, 2000, 96쪽.

11 『容美土司史料文叢』(1輯), 2019, 221쪽.

12 萬曆 『湖廣總志』 권31, 「兵防」(3), 18쪽 상~하.

13 朱聖鍾, 「明淸鄂西南土家族地區民族的分布與變遷」, 『中國歷史地理論叢』, 17권, 1 기, 2002, 143~144쪽.

선덕 3년 용미토사 일대 검남장관사劍南長官司 등을 임명하면서 400호 이상 지역에는 장관사長官司를, 400호 이하 지역에는 만이장관사蠻夷 長官司를 설치한다는 규정[14]에 따라 장관사 지역을 일률적으로 400명 기준으로 계산한 것이므로 대단히 불완전한 수치다.

그러나 현실적으로 명대 시주위의 병력이 2,679명에 불과해 여기에 대전천호소大田千戶所의 병력 2,127명을 합친다 해도 7,000명이 채 되지 않았다.[15] 그러나 가정 34년(1555) 왜구 토벌 당시 용미선무사가 파견한 병력이 1,000여 명이었으며, 만력 28년(1600) 파주播州 양응룡楊應龍 반란 진압에 파견한 병사가 2,000여 명에 달했다.[16] 또한 비슷한 시기인 가정 33년에 역시 왜구 토벌에 나섰던 영순 선위사 팽익남彭翼南이 3,000여 명, 팽명보彭明輔가 각각 2,000여 명의 병사를 파견[17]한 걸 보면 위소의 무력이 각 토사를 압도할 정도는 분명히 아니었다. 실제로 그 시기를 정확하게 알 수는 없지만 개토귀류 이전 영순토사의 인구가 4만여 명에 달했다는 언급[18]도 토사가 장악한 지역의 인구가 결코 적지 않았음을 말해 준다. 실제 만력 25년(1597) 요동 정벌에 참여한 영순토사의 병력은 기록상 1만여 명에 달했다.[19]

널리 알려진 바와 같이 용미, 영순, 보정토사는 명 왕조의 요구에 따라 여러 지역의 정벌이나 반란 진압에 나섰다. 그러나 그 실상을 보면 명 왕조도 토병의 징발과 그 사후 대책이 쉽지 않았으며 그러한

---

14 『明實錄』 권43, 宣德 3년 5월 27일.

15 萬曆 『湖廣總志』 권29, 「兵防」(1), 14쪽 상.

16 『容美土司史料文叢』(1輯), 2019, 226쪽.

17 湖南省少數民族古籍辦公室 主編, 『土家族土司史錄』, 岳麓書社, 1991, 120쪽.

18 乾隆 『永順縣志』, 「卷首」, 27쪽 상.

19 만력 25년 彭元錦이 요동 지역 정벌에 나설 당시의 정황이다. 乾隆 『永順縣志』 권1, 「地輿志」, 22쪽 상.

상황은 명대 후반기로 내려올수록 오히려 더 심각해졌다. 앞서 언급한 만력 25년 당시 군사의 파견을 자청한 영순토사 휘하 군인들이 중도에 악행을 저지르는 한편, 실제 관에 도착한 병력은 700여 명에 불과하다는 병부의 보고[20]는 토사 병력의 동원이 여의치 않았다는 사실을 의미한다. 보정선위사 역시 상황은 비슷해서 만력 48년(1620) 요동으로 출병한 토사 병력 가운데 유일하게 "솔사근왕率師勤王"한 부대는 보정선위사였다는 『팽씨종보彭氏宗譜』의 언급[21]과는 달리, 이 부대를 지휘한 팽상건彭象乾이 탁주涿州에서 병을 얻게 되자 야밤에 도망간 병사들이 3,000여 명에 달했다.[22]

명 중엽 이후 소위 북노남왜北虜南倭의 군사적 위협과 위소 병력의 기능 저하[23]로 명 왕조는 유사시 토병에 의존할 수밖에 없었지만, 그들에 대한 효율적 통제는 사실상 불가능했다. 명 가정 연간(1522~1566) 연천관連天關 순검巡檢 왕득인王得仁이 상주를 올려 용미의 토사土舍 전구룡田九龍이 변민邊民을 학살한다[24]는 하소연이나 오봉안무사의 장세영張世瑛이 전세작의 횡포를 견디지 못해 현재 학봉 지역인 북가평北佳坪을 버리고 장양현長陽縣의 지마평芝麻坪으로 옮긴 예[25]는 오히려 사소한 에피소드에 불과하다.

이처럼 토사들이 정부의 통제를 벗어난 구체적인 양상은 소수민

20 동북아역사재단 엮음, 『明史外國傳譯註·5—土司傳·上—』, 동북아역사재단, 2013, 102쪽.
21 『土家族土司史錄』, 1991, 124쪽.
22 龔蔭, 『中國土司制度』, 雲南民族出版社, 1992, 1208쪽.
23 瞿州蓮·瞿宏州, 『金石銘文中的歷史記憶—永順土司金石銘文整理研究(1)』, 民族出版社, 2014, 213쪽.
24 『容美土司史料文叢』(1輯), 2019, 122쪽.
25 『容美土司史料文叢』(1輯), 2019, 133쪽.

족의 조공 행태에 잘 드러난다. 적어도『명실록明實錄』을 기준으로 볼 때, 용미토사가 규정을 위반하지 않고 조공한 예는 홍치弘治 3년(1490) 용미와 충동의 두 안무사, 그리고 용미 관할의 수진원, 통탑평, 초산 마뇌의 세 만이장관사가 각각 두목頭目이나 파사把事를 보내 말을 바친 것으로 종식된다.[26] 뒤이어 홍치 8년 조공에서는 용미선무사가 두목을 보내 강향降香과 말을 진상했지만, 강향은 규정된 양에 미치지 못하고 말은 중도에 사망한 탓에, 명 왕조는 하사 물품을 반으로 축소했다. 좀 더 큰 문제는 이들이 조공 사실을 사전에 포정사에게 기별해야 하는 규정을 무시했다는 점이었다.[27]

토사들이 이처럼 중앙 정부의 조공 규정을 무시한 사례는 정덕正德 연간(1506~1521)에 이르러 훨씬 더 빈번해졌다. 정덕 4년(1509) 용미선무사와 초산마뇌 장관사의 통사通事 유사조劉思朝가 조공을 위해 경사京師로 오는 도중에 연변의 주민들로부터 강제로 물건과 돈을 갈취한 사건[28]도 그렇지만, 가정 7년(1528) 용미선무사와 용담안무사龍潭安撫司가 자그마치 1,000여 명의 인원을 대동하고 조공한 사건은 다른 소수민족의 조공에서 쉽게 찾아볼 수 없는 예외적인 사례다.[29] 당시 봉양도어사鳳陽都御史 당룡唐龍이 이 사건을 전해 듣고 내린 후속 조치는 거꾸로 당시 악서남鄂西南 지역 일대 토사들이 중앙 정부의 규칙을 서슴지 않고 위배했다는 사실을 적나라하게 보여준다.

---

26 『明實錄』권41, 弘治 3년 8월 11일.
27 『明實錄』권107, 弘治 8년 12월 12일.
28 『明實錄』권56, 正德 4년 10월 7일. 그러므로 홍치 연간을 기점으로 토가족 토사들의 조공 횟수가 현저히 감소했다. 그 후 만력제의 48년 통치 기간 동안『明實錄』에 등장하는 이들의 조공 횟수는 몇 차례에 불과했으며, 조공 명목도 그리 명확하지 않았다. 田敏, 2000, 116쪽 참조.
29 『明實錄』권91, 嘉靖 7년 8월 18일.

이 사건을 계기로 명 조정은 각 토사의 조공 인원은 세 명을 초과하지 않아야 하며 3년年 1공貢의 원칙과 함께, 선위사 등의 조공 인원을 100명이 넘지 않도록 조치했다. 물론 조공품에 대한 수량을 정하는 한편, 적절하지 않은 조공품이나 규정 인원을 초과하는 등의 상황이 발생하면 조공 사절을 되돌려 보낸다는 규칙도 제정했다. 그러나 이러한 조치에도 유난히 호광토사만 조공을 위해 거리낌 없이 왕래한다는 지적을 상기할 필요가 있다. 조공의 사례는 아니더라도 영순토사 역시 명 왕조의 요청으로 파병된 군대가 연변에서 갖은 악행을 저지른다는 기사가 자주 등장하는 것으로 미뤄, 앞서 지적대로 최소한 천순天順 연간(1457~1464) 이래 토사들은 중앙 정부가 손쉽게 다룰 수 있는 존재는 더 이상 아니었다.

조공뿐 아니라 토사제도의 중요한 근간인 승습承襲 문제에 대한 실질적인 간여도 가정 연간 이후 사실상 무력해졌다고 보는 게 타당하다. 호광성이 아닌 귀주성의 예이긴 하지만, 가정 6년(1527) 귀주 순무 도어사 웅일영熊一瑛은 귀주성의 재해를 극복하기 위해 토사 승습자들에 대한 납속納粟의 실시를 주장했다. 그는 6품 이상은 200석, 7품 이하는 100석을 납속하면 승습을 인정해 주는 한편 북경에 가지 않아도 되도록 했다. 그 결과 승습에 관련된 규정과 제도는 거의 폐지되다시피 했다.

더구나 이런 관행이 오랫동안 지속된 결과 누가 진정한 승습자인지를 구분하기도 어려워졌다. 명 중엽 빈번하게 등장하는 승습을 둘러싼 토사들의 분쟁은 분명히 이런 명 왕조의 정책과 관련성이 있는데, 토사 입장에서 본다면 얼마간의 곡식 납부로 굳이 명 왕조의 눈치를 보지 않고 자신의 뜻대로 승습을 결정할 수 있는 상황이 되었다.[30]

이처럼 토사들의 세력이 신장된 탓에, 자연스럽게 명 정부가 토사들 사이에 발생한 분쟁을 조정하는 것도 쉽지 않았다. 토사들은 이웃 토사와의 결혼으로 자신의 세력을 확대하거나 일종의 보장을 받았던 경우가 빈번했는데, 그 전형적인 예 중 하나는 영순선위사의 팽현영彭顯英, 팽세기彭世麒와 팽세린彭世麟, 팽명보가 3대에 걸쳐 양강구兩江口장관사와 혼인한 경우다.

이러한 사실을 전해주는 명대 영순토사 지역의 두 비문碑文[31]에 의하면 양강구장관사[32] 팽무彭武의 둘째 딸인 태숙인太叔人 팽씨彭氏는 영순의 7대代 선위사였던 팽현영과 결혼해 장남 팽세기와 차남 팽세린을 낳았다. 이어 그녀의 두 아들은 모두 납야동장관사臘惹峒長官司 향씨向氏의 딸을 아내로 맞아들였으며 장남 팽세기의 아들인 팽명보의 두 딸은 각각 상식안무사 향수向綬와 납야동장관사 향사롱向仕瓏과 결혼했다. 또한 팽세린은 양강구장관사의 두 딸 팽씨 및 위씨爲氏와 결혼했으며 그의 딸은 하동동장下峒峒長 향천작向天爵과 결혼했다.

이 결혼에 등장하는 양강구장관사의 설치 시기는 다소 모호하다. 명 정통 연간에 설치가 이루어졌다는 주장이 설득력을 얻고 있지만,[33] 명 정덕 15년(1520)에 팽혜를 순검사로 임명했다는 기록[34]과 함께, 정

---

30 납속에 대한 관행은 王杰,「議條陳軍民利病事略」, 嘉靖『貴州通志』(貴州人民出版社, 2015) 권10,「經略」, 486쪽 참조.

31 「誥封明故太叔人彭母墓志銘」과「仁房夫人墓志銘」으로 이 두 비문의 원문은 瞿州蓮·瞿宏州,「從土司通婚看土司之間的關系變化」,『雲南師範大學學報』(哲學社會科學版) 44권, 2기, 2012, 81쪽에서 재인용한 것임.

32 양강구는 보정현과 용산현의 교계 지역에 있는 隆頭鎭이라는 곳으로서, 酉水가 영순현 경내로 들어와 洗車河와 만나는 지역을 말한다. 方濤,「"兩江口事件"與明代永順·保靖土司管區的變化」,『文藝探究』, 8기, 2016, 174쪽.

33 田敏,「元明淸時期湘西土司的設置與變遷」,『中南民族大學學報』(人文社會科學版) 31권, 1기, 2011, 81~82쪽.

34 『土家族土司史錄』, 1991, 34쪽.

덕 14년(1519) 『명실록』의 기록[35]에도 여전히 양강구의 7대 수장인 팽혜彭惠를 토사土舍로 지칭하고 있으므로 장관사의 수여는 훨씬 뒤의 일로 추정된다. 일찍이 양강구 2대 수장인 대충가의大蟲可宜(팽가의彭可宜)와 보정의 4대 선위사 팽약합비彭藥哈俾의 갈등으로 결국 팽약합비가 사망하고 대충가의의 후손들이 양강구 일대를 점령했다.

이러한 두 토사의 적대관계로 이후 정덕 연간 초기에 선위사에 오른 보정선위사 팽구소彭九霄[36]와 팽혜가 수년간 서로 반목했는데, 결국 영순선위사 팽명보가 팽혜 편을 들어 병력을 지원했다. 명 정부는 이 분쟁의 조정을 당시 도어사 오정거吳廷擧에게 맡겼는데, 일단 그는 "팽혜의 죄는 마땅히 주살誅殺해야 하나 토이土夷는 법만으로는 모든 것을 다스리기 어렵다."고 전제한 후, 결국 팽구소가 자신의 돈으로 양강구 고지故地를 매입하도록 했다. 또한 대강大江 우측의 다섯 채寨는 보정사에, 대강 좌측의 두 채는 진주辰州에 속하도록 조치하고, 대랄순검사大剌巡檢司를 설치해 유관순검 1인을 두어 그곳을 담당하도록 했다.

팽혜를 다른 곳으로 보내지 않고 타보陀步라는 곳에 그대로 머물도록 허락하는 한편, 토사土舍의 지위라는 명목으로 유관순검流官巡檢의 일을 같이 돌보도록 했다. 끝으로 군사를 일으켜 팽혜를 도운 팽명보는 정벌에서 공을 세웠으므로 그의 죄를 묻지 않아야 한다는 영순 만민蠻民들의 상주를 받아들여 그의 죄도 묻지 않았다.

영순과 보정토사 관련 언급에서 빈번하게 등장하는 이 양강구 사

---

35 『明實錄』 권179, 正德 14년 10월 24일.

36 그의 아버지인 彭翰이 홍치 17년(1504)에 광서 思恩府 土知府 岑浚을 토벌하러 나섰다가 홍치 18년에 사망했으므로, 아마도 팽구소는 정덕 원년에 선위사직을 계승했을 것이다. 龔蔭, 『中國土司制度』, 雲南民族出版社, 1992, 1206쪽.

건의 결말은 명 중엽 이후 토사에 대한 명 정부의 권력 행사가 형식에
그쳤다는 사실을 잘 말해 준다. 나아가 명대 토사제도 운용의 전반적
인 특징도 파악할 수 있는 좋은 단서라 할 수 있다.

우선, 팽혜가 토사의 직함을 가지고 유관순검의 일을 동시에 수행
한 사실이 그러한 정황을 잘 말해 준다. 이는 명 왕조가 토사제도의
운용을 기본적으로 토사에게만 일임하지 않았다는 증거다. 거꾸로 위
소의 구성원들도 그 지역의 소수민족이었다는 사실[37]까지 상기한다면
토사제도는 그 시작부터 관리와 재지 세력의 결합으로 출발했다는 점
을 충분히 짐작할 수 있다.

둘째, 양강구 사건이 말하는 흥미로운 사실은 토사 지역 주민들의
상소로 팽명보 자신이 사죄赦罪를 받은 점이다. 물론 지역 주민들이
든 면죄 사유는 팽명보가 세운 군공이었다. 현재 토사와 토사 지역 주
민들 사이의 교감이나 토사를 중심으로 한 정치적 정체성에 관련된
연구가 매우 부족한 상황이긴 하다.[38] 더구나 대부분의 사료에는 토사
가 일률적으로 억압만을 행사했다고 강조하는 탓에 토사와 거주민들
사이의 관계 역시 적대적으로 묘사되어 있다. 일견 영순토사 주민들
이 일종의 강압에 의해서 팽명보의 면죄를 요청했을 것이라는 가정도
가능하다. 그러나 관련 증거가 매우 단편적이지만, 일부 자료가 보여
주듯이 토사도 주민들에 대한 선정善政을 분명히 고심했다.[39]

끝으로 팽혜가 소위 '개과자신改過自新'하거나 명 왕조의 군대 동원

---

37 田文相, 「長樂縣建置沿革紀略」, 光緒 『長樂縣志』 권14, 「藝文志」, 54쪽 상~하.

38 馬大正, 「深化中國土司制度硏究的幾個問題」, 游俊 主編, 『土司硏究新論—多重視野
下的土司制度與民族文化』, 民族出版社, 2014, 57쪽.

39 일례로 보정토사 지역에 존재한 摩獅子란 풍속은 보정선위사가 주민들의 질병을
치유하기 위해 고안해 낸 중요한 문화행사였다. 同治, 『保靖縣志』 권2, 「輿地志」(風
俗), 72쪽 상~하.

에 응해서 군공을 세운다면 토관부순검土官副巡檢의 지위를 주겠다고
한 당시 정덕제의 언급도 충분히 주목할 만하다. 이러한 언급이야말
로 토사들에 대한 통제가 비교적 강력했던 명초와 사뭇 다른 정황을
보여주는 것이며, 토사 지역에 대한 통제를 오히려 해당 지역 유력자
들에게 위임한 정황이기도 하다.

이런 정황과 관련해 홍무 연간만 하더라도 시주 토관 향천부가 반
란을 일으키자 각 토관의 품계를 한 계급씩 낮췄을 뿐 아니라, 오봉
안무사五峰安撫司를 장관사로 강등시키는 등의 조치가 취해진 점을 기
억할 필요가 있다. 그러나 "만력 연간 파주토사 양응룡을 진압하기
위해 군사를 동원한 덕분에 무략장군武略將軍에 봉해졌으며 다시 안무
사직을 회복했으니, 토사 가운데 중흥을 이뤘도다!"라는 언급이 바로
등장하는 걸 보면 확실히 명 중·후반기에 이르러 토사에 대한 명 정
부의 통제는 느슨해졌다.[40]

유관순검에서 토관순검으로 전환된 양상 역시 흥미롭다. 물론 실
제로 팽혜를 순검으로 임명했는지의 여부가 『명실록』에는 등장하지
않는다. 그러나 기본적으로 순검 역시 토관과 완전히 동일한 업무를
관장했다는 점[41]을 염두에 둔다면, 영토 문제로 오랫동안 분쟁을 겪고
있는 지역마저 명 왕조가 유관이 아닌 토순검을 설치한 정황은 명 중
엽 이후 토사제도가 이완된 중요한 증거 중 하나다.

일찍이 토사제도의 특징을 언급하면서 "대성大姓이 서로 지위를 물
려주고 대대로 쌓아온 위력에 근거한 통제를 행사하고 있으니, 비록
일정 지역에 같이 편입되어 있지만 주인과 예속인의 구분이 정해진

---

40 喬守中, 「題瑞應泉序」, 光緖 『長樂縣志』 권14, 「藝文志」, 41쪽 상.
41 李良品·羅婷, 「論明淸時期西南民族地區巡檢制度」, 『三峽論壇』, 4기, 2015, 45쪽.

지 오래되었다. (명) 왕조는 이처럼 이미 정해진 구분을 단지 하사하거나 거둬들일 뿐이니 조정의 제도를 빌려 그들을 서로 기미하도록 하는 것에 불과하다."라는 모기령(毛奇齡, 1623~1716)의 지적[42]은 토사제도의 이러한 취약성을 잘 드러낸 말이라 하겠다.

왕수인(王守仁, 1472~1529)이 "그들을 제압하고자 한다면 내지의 군현제郡縣制를 채택해야 하고, 그들을 묶어놓고자 한다면 유관을 설치해야 그들을 울타리 안에 가둬둘 수 있다."고 지적한 이유[43] 역시 아마도 그가 토사제도의 취약성과 위험성을 알고 있었기 때문일 것이다.

2) 토사의 물질적 토대: 토사 지역의 木材

이 책의 3장과 4장의 중요한 주제 중 하나는 호광 일대 소수민족 지역에서 발생한 반란이다. 그런데 소수민족 반란 양상을 살펴볼 경우, 그들이 수많은 병력을 동원해 중앙 정부와 장기간에 걸쳐 반란을 전개할 수 있었던 물적 토대는 과연 무엇이었을까 하는 궁금증을 떨쳐내기 어렵다. 전쟁 수행을 위해서 막대한 인적·물적 자원의 동원이 필수적이라는 점을 굳이 강조할 필요가 없지만, 자원이 극도로 제한된 산악 지역에 거주하던 소수민족은 과연 그러한 전쟁 비용을 어떻게 충당했을까? 이렇게 생각하면 이 문제는 소수민족 세력의 자체적 성장은 물론 그들의 존재 형태를 규명할 수 있는 중요한 주제다. 하지만 이 문제를 심도 있게 다룬 기존의 연구는 매우 제한적이다.

늘 강조되어 온 것처럼, 소수민족의 물적 토대라는 주제 자체의 중

---

42 毛奇齡, 『蠻司合誌』(史料總編, 廣文書局, 1966), 「序」, 1쪽 하.
43 王守仁, 「處置平復地方以保久安疏」, 『明經世文編』 권131, 36쪽 상~하.

요성에 비해 기존 연구에서 이 문제가 중요하게 다뤄지지 않은 가장 큰 이유는 역시 관련 사료의 부족 때문이다. 그러나 일부 단편적인 증거는 명대 유력 토사들의 경제력을 결코 무시할 수 없다는 사실을 말해 주는데, 현재 영순현永順縣 용채진龍寨鎭 파자하把子河 동안東岸에 위치한 종령산鍾靈山에 명 가정 4년(1525) 가을에 세워진「수속收粟」이란 비석의 존재가 그러한 예다. 거기에는 용호장군龍虎將軍의 칭호를 부여받은 영순선위사 팽세기가 무리를 이끌고 이곳에 당도해 곡식 1만 칭秤을 거둬들여 백성들을 구제했다는 내용이 들어 있다.[44] 이러한 사실이야말로 명대 토사들의 경제적 실상을 말해 주는 중요한 정황 중 하나다.

물론 팽세기의 이러한 시혜가 가능하도록 해준 소수민족들의 경제적 배경은 여러 가지로 추측할 수 있다. 아마도 소수민족 지역에서 산출되는 소금, 지하자원, 특정 약초 등은 그들의 중요한 자원이었을 것이다. 그러나 금동안무金峒按撫 담언룡覃彦龍이 경내境內에서 생산되는 삼목杉木을 팔아 3,000냥을 보관하고 있었는데, 자신의 사후 발생할지도 모를 분쟁을 우려해 그 돈을 공부工部에 바치려 했다는 기록[45]은 분명히 토사들의 그러한 경제적 토대의 일부가 목재 판매로 형성되었다는 사실을 말해 준다. 거꾸로 명 왕조 측에서는 일찍부터 호광 일대 소수민족 지역에서 삼목을 세금으로 받아왔던 한편, 소수민족 반란 등의 이유로 목재가 제대로 공급되지 못하는 경우도 종종 발생했다.[46]

따라서 호광 일대 소수민족 지역에서 명청시대 생산된 목재는 소수

44 魯衛東,『永順土司金石錄』, 岳麓書社, 2015, 37쪽.
45 『明史外國傳譯註 · 5—土司傳 · 上—』, 2013, 75쪽.
46 『明實錄』권203, 景泰 2년 4월 22일.

민족이 장악하고 운용했던 물질적 토대를 규명하기 위한 소재로 충분하다. 물론 소수민족의 목재 문제를 정치하게 거론할 정도의 사료가 남아 있지는 않다. 그러나 호광, 사천, 귀주 일대 지역은 명청시대 가장 중요한 목재 생산지였다는 사실[47]과 함께, 일부 사료에 등장하는 단편적인 기록을 통해서 보건대 소수민족 지역에서 생산된 목재의 정치적·경제적 가치는 여러 면에서 주목할 만하다. 뒤에서 자세히 서술하겠지만 호광토사들이 대목大木을 헌상한 기록이 빈번하게 등장하는 한편, 호광의 소수민족 지역에서 목재가 풍부하게 생산되었기 때문이다.[48]

그런데 명청시대 호광 소수민족 지역에서 생산된 목재 문제를 구체적으로 거론하기 위해서는 앞서 서론에서 언급한 청수강 문서의 존재를 다시 언급할 필요가 있다. 1960년대 초 귀주성민족문제연구소貴州省民族問題研究所의 양유갱楊有廣이 귀주성 금병현錦屛縣 일대 현지 조사를 통해 처음으로 주목을 받게 된[49] 일명 청수강문서淸水江文書는 청대 청수강 유역 소수민족들이 삼목을 재배했던 산장山場의 매매買賣, 임차賃借, 조전租佃 등에 관련된 계약문서로서 순수하게 소수민족의 손

---

47 『明實錄』 권136, 正德 11년 4월 18일. 명 萬曆 연간의 관료인 王德完(1554~1621)은 단적으로 "대목은 내지에서 산출되지 않고 소수민족 지역에서 산출된다."고 언급한 바 있다. 王德完, 「四川異常困苦乞賜特恩以救倒懸疏」, 『明經世文編』 권444, 6쪽 하 참조.

48 서남 지역 전체 소수민족이 어느 정도 大木을 생산했는지는 대단히 밝히기 어려운 문제지만, 일부 사료에 의하면 대목 생산은 귀주보다 호광이 훨씬 유리했다. 嘉靖 연간의 인물로 추정되는 蔣信은 "귀주가 산이 많고 척박하며, 계곡의 물도 급격히 불어나는 한편 그 물길도 구불구불해서 설사 大木 한 그루를 획득해도 그 비용이 湖廣과 四川에 비해 5~6배에 이른다."고 언급했다. 蔣信, 「贈臬僉施昱應觀序」, 嘉靖 『貴州通志』 권11, 「藝文」, 581쪽.

49 龍令洌, 『錦屛文書: 走向世界的杉鄕記憶』, 錦屛縣檔案局(館), 2015, 14쪽.

으로 작성된 것이다. 현재 중국에서는 이 문서를 바탕으로 열거할 수 없을 정도로 많은 연구가 쏟아져 나오고 있으며, 우리나라에서도 일부 연구자들이 청수강문서 관련 연구를 활발하게 진행 중이다.

청수강문서에 관한 다양한 연구를 주목해야 하는 이유는 전형적인 소수민족 지역인 금병현 일대의 소수민족 유력자들이 적어도 명대 이래 대대로 내려오면서 삼목을 팔아 수천 냥에 달하는 자금을 운용한 사실 때문이다.[50] 산이 많은 매우 척박한 지역에서 일부 유력층이 이처럼 엄청난 부富를 소유할 수 있었던 중요한 기반은 분명히 삼목 판매 덕분이었다. 그리고 그처럼 삼목을 팔아 많은 돈을 보유할 수 있었던 중요한 원인은 바로 삼목에 대한 수요가 막대했기 때문이다.[51]

명청 시기 경제 발달에 따른 생활 수준 향상으로 호화로운 저택을 짓는 일이 잦아지자 자연스럽게 민간에서도 목재 수요가 증가했다. 더구나 이러한 목재 수요가 단지 건축 분야에만 국한된 것은 결코 아니었으며, 연료, 관목棺木, 야철冶鐵과 제염製鹽에 필요한 연료, 양조업 등의 분야에도 광범위하게 사용되었다. 아울러 조선업에도 당연히 많은 목재가 소요되었는데, 한 연구에 의하면 명초 1,000료千料 정도의 중형 선박을 제조하는 데 삼목 302그루를 포함해 모두 513그루의 목재가 소요되었다.[52]

---

50 이 점에 대해서는 정철웅, 「淸代 錦屛縣 加池寨의 經濟的 有力層과 少數民族 社會 —『淸水江文書』의 加池寨 斷賣 文書를 중심으로—(1)」, 『明淸史硏究』 52집, 2019 참조.

51 북변의 예이긴 하지만, 永樂~正統 연간까지는 山木을 함부로 벨 수 없었으나, 成化 연간 이후 만연한 사치풍조로 관원과 백성들 모두 저택을 짓기 시작해 목재의 가격이 비싸졌다는 언급은 충분히 경청할 만하다. 馬文升, 「爲禁伐邊山林木以資保障事疏」, 『明經世文編』 권63, 21쪽 하.

52 趙岡, 「中國歷史上的木材消耗」, 『漢學硏究』 12卷, 2期, 1994, 130쪽.

호광도사湖廣都司 소속의 무창위武昌衛 등 11개의 위소衛所도 천선淺船 1,012척을 건조해야 했는데, 이 가운데 삼목으로 건조한 배는 10년에 한 번, 남목楠木으로 만든 배는 7년에 한 번, 그리고 소나무로 만든 배는 5년에 한 번씩 다시 건조해야만 했다. 이러한 비용을 위소 군인들이 30%, 일반 백성들이 70%를 각각 부담해야 했지만, 군인들의 경우 매월 지급받는 식량에서 배 건조에 필요한 비용을 제외했기 때문에 배를 부실하게 건조할 수밖에 없었다. 문제는 1,012척의 배 가운데 7년에 한 번씩 건조해야 하는 남목을 기준으로 생각해 본다면 매년 144척의 배를 건조해야 하며 소요 비용 역시 매년 1만 3,077냥이나 되었다는 점이다.[53]

이런 일련의 목재 소비 분야 가운데 단기간에 집중적으로 목재가 필요했던 분야는 특히 명대 빈번하게 진행된 궁정 건설이었다. 황목皇木 채판採辦에 관한 한 연구에 따르면 명대 영락 4년(1406)부터 시작된 황목 채판은 명말 숭정 연간까지 약 20차례나 시행되었다.[54] 더구나 널리 알려진 바와 같이 궁중에서 사용하는 목재는 특정 규격을 갖춰야 했는데,[55] 이런 점에서 소수민족 지역에서 생산되는 목재와 그 채취의 어려움을 명 만력 연간의 인물인 왕사성(王士性, 1547~1598)은 잘 기록하고 있다. 그는 "나무를 (찾기가) 어려운 게 아니라, 그것을 채취하는 게 어려우며, 벌목伐木이 어려운 게 아니고 그것을 (산) 밖으로 내보내기가 어렵다."고 전제한 뒤 다음과 같이 언급했다.

---

53 唐龍, 「儹運糧儲疏」, 『明經世文編』 권189, 11쪽 하~12쪽 하.
54 藍勇, 「明淸時期的皇木採辦」, 『歷史硏究』, 6期, 1994, 87쪽.
55 정철웅, 『자연의 저주─명청시대 장강 중류 지역의 개발과 환경』, 책세상, 2012, 262~263쪽.

자연에서 나는 남목柟木은 오로지 궁정의 기둥과 용마루에 사용되는 것처럼 보인다. 대체로 나무는 굴곡이 있거나 모양이 좋지 않으며 나뭇잎과 가지가 무성해서 삼목이나 남목이 아닌 경우에는 모든 나무가 곧지 않다. 비록 좋은 삼목이라도 모두 밑둥은 굵고 위는 가늘어 위아래가 같지 않지만, 오직 남목만은 그 길이가 수십 장丈을 넘으며 길고 곧다. 또 밑은 (잔)가지가 없으며, 다만 나무 윗부분만 나뭇잎이 듬성듬성 있어, 마치 우산이 버티고 있는 것과 같다. 밑부분의 크기가 2장이면 윗부분도 2장으로 비슷해 아래위가 서로 균일하며 크기 차이가 심하지 않기 때문에, 생장할 때의 모습은 비록 볼품이 없어도 큰 건물의 용도에 적합해, 궁정의 (수요가 없다면) 그 목재를 모두 다 사용할 수 없을 것이다.[56]

간난하게 말해 궁정용 목재는 일정 규격 이상의 나무로서 그 밑둥과 위의 굵기가 같아야 한다는 게 왕사성 언급의 요지다. 그리고 궁전 건축에 필요한 일정 정도 이상의 대목 규격은 5등급(五號)으로 나뉘는데, 둘레가 1장 6척 이상 2장 1척에, 길이는 6장 이상 7장에 달하는 목재가 1호에 해당했다.[57] 그런데 명대에는 다른 왕조에 비해 궁전 건설이 유난히 잦았다는 사실을 왕사성의 언급에 대입시켜 생각하면, 명 왕조로서는 궁전 건설을 위해 엄청난 양의 대목이 절대적으로 필요한 입장이었다. 명 왕조가 영락 4년(1406) 북경의 궁전 건설을 시작으로 선덕 원년(1426) 남경의 천지·산천단天地·山川壇을 짓기 위해 이부시랑 황종재黃宗載와 오정용吳廷用을 호광 지역에 파견한 게 그러한 예다.

특히 가정 연간은 궁전 건축이 빈번했던 탓에 그 채벌探伐 지역이

56　王士性, 『廣志繹』(中華書局, 1997) 권4, 「江南諸省」, 96쪽.
57　彭宗孟, 『楚臺疏略』 권2, 「酌議大木」, 5쪽 상.

호광뿐 아니라 귀주나 사천 일대로도 확대되어 관리를 빈번히 파견하기에 이르렀다.[58] 가정 3년(1524) 승천부承天府의 궁전 건설에 필요한 목재를 조달해야 했으며, 가정 20년(1541)에는 종묘宗廟의 화재로 명 왕조는 황목皇木을 징발했다. 이후 가정 25년(1546), 가정 26년(1547), 가정 37년(1558)에 궁정 건설 등에 필요한 목재를 구하기 위해 사천이나 호광 지역으로 연이어 관리들을 보냈다.[59] 그리고 황목을 이처럼 호광이나 사천 지역에서 구했던 정황은 명말까지 지속되었다.

명 왕조의 이러한 황목 채판은 호광은 물론 사천과 귀주 지역 일대 주민들에게 커다란 부담이었는데[60] 채벌에 따른 어려움도 어려움이지만, 더 큰 문제는 가정 연간 정도에 이르면 앞서 언급한 1호나 2호 정도의 대목은 사실상 사라져, 그런 목재를 구하기 어려운 지경이 된 점이다.[61] 이를테면 총독호광천귀채목總督湖廣川貴採木이자 도찰원좌부도

---

58 이를테면 嘉靖 20년 5월 工部右侍郎 潘鑒과 都御史 戴全을 호광, 사천, 귀주 일대에 대목을 채판하기 위해 파견했으며, 이들이 돌아온 시기는 嘉靖 22년 12월이었다. 貴州省文史研究館校勘, 『貴州通志・前事志』(2), 貴州人民出版社, 1987, 258쪽과 262쪽.

59 승천부 궁전 건설과 가정 연간의 연이은 관리 파견에 대해서는 馮祖祥・漆根深・趙天生, 『湖北林業史』, 中國林業出版社, 1995, 113~114쪽 참조.

60 황목의 규격에 맞는 목재를 구하기도 어려웠지만, 황목 자체가 일반 민간에서는 함부로 사용할 수 없는 금지 물품인 까닭에 官에서 그것을 매입하지 않는 이상 시장에 함부로 내다 팔 수도 없어서 백성들의 피해가 더욱 컸다. 만력 연간의 인물인 張養蒙이 사천 지방에서의 채목 어려움을 언급하면서 "채목량의 부과에 따른 어려움은 그리 크지 않으나, 채벌한 목재의 검사에서 비롯되는 어려움이 매우 크다."고 한 이유는 그 때문이다. 張養蒙, 「爲川民採木乞酌收餘以寬比累事」, 『明經世文編』 권427, 2쪽 상~하.

61 적절한 규격의 목재 구하기가 어렵게 된 한편, 목재 채벌로 생명을 잃는 경우도 빈번했다. 이런 정황은 명・청 시대 사료에 자주 등장하는데, 만력 25년(1597) 刑部侍郎으로 있던 呂坤(1536~1618)이 採木으로 많은 사람이 사망한다는 언급이 그러한 예다. 아울러 여곤은 일단 벤 나무라도 1,000명의 인부가 매달려 겨우 그 나무

어사都察院左副都御史 이헌경李憲卿은 가정 36년(1557) 상주上奏에서 사실상 궁정용 규격에 맞는 대목은 없다고 일찍이 언급한 바 있다.[62]

이처럼 대목이 감소하거나 아예 사라진 정황이 명 중엽 이후 소수민족 지역 관련 사료에 빈번히 등장하는데,[63] 명 만력 연간 호광 감찰어사 팽종맹彭宗孟의 언급은 물론 왕사성 역시 호광과 사천은 모두 채목採木을 하는 지역이지만 해당 목재는 사실상 호광이나 사천 지역에서 생산되는 것이 아니라 모두 귀주에서 산출된다고 지적하는 걸 보면,[64] 명 중엽 이후 호광 지역의 목재 생산은 한계에 도달했다고 봐야할 것이다.

이런 점에서 만력 12년(1584) 귀주순무를 제수받아 호북과 천동川東 일대 군무軍務를 담당한 서응룡舒應龍[65]과 당시 순안어사巡按御史 모재毛在의 만력 12년 4월 2일의 상소문은 최소한 가정~만력 연간 채판의 실상을 가장 정확하게 알려주는 귀중한 글이다. 이 두 관원은 상소문에서 명대 전 시기 중 채목량이 가장 많았던 가정 36년(1557)을 먼저 상기시키면서, 당시 귀주 지역에 할당된 채목의 양이 4,709근이며 해당 목재의 가격과 관련 비용이 모두 72만 4,661냥에 달한다고 언급했다. 그러나 귀주성 내의 이용 가능한 예산액은 겨우 1만 4,976냥에 불과해 광동에서 10만 1,805냥, 운남에서 14만 1,295냥, 강서에서 9만

를 운반할 수 있으므로 황목의 규격을 하향 조정하고 징발 양도 축소한다면 사천, 귀주, 호광 일대 백성들의 인심을 수습할 수 있다고 주장했다. 『貴州通志·前事志』(2), 369쪽.

62 彭宗孟, 『楚臺疏略』 권2, 「酌議折幫大木疏」, 2쪽 하. 李憲卿이 3년 동안 湖廣川貴採木總督으로 있다가 回京한 때는 嘉靖 40년이다. 『明實錄』 권501, 嘉靖 40년 9월 22일.

63 정철웅, 2012, 263쪽 참조.

64 王士性, 『廣志繹』 권4, 「江南諸省」, 95쪽.

65 『明實錄』 권145, 萬曆 12년 정월 25일.

276

냥, 산서에서 3만 5,000냥을 각각 갹출해 채목에 필요한 비용에 충당했다.

둘째, 관청의 입장에서 볼 때, 나무 가격을 일률적으로 정하기가 어렵다는 사실을 두 관원은 지적했다. 이미 만력 연간 정도가 되면 국가와 관원 주도의 채목이 상인으로 전환되었으며,[66] 따라서 서응룡과 모재 역시 이웃 사천과 호광 등지에 문서를 발송하고 소상인들에게도 알려 목재 가격을 알아보려 했다. 그러나 각 지역에서 올라온 보고는 귀주성의 이전 가격과 달라, 어떤 경우는 1.5배가 더 비싼 반면, 어떤 경우는 3분의 1 혹은 4분의 1에 불과한 경우도 있었다. 따라서 사천이나 호광에서 올라온 가격으로 정하려 했지만, 이 두 성省마저 가격 차이가 커 어느 지역을 기준으로 가격을 정할지 어려운 실정이었다.

셋째, 앞에서 언급한 것처럼 산에 더 이상 나무가 없어 채벌 자체가 어렵다는 점을 두 관원은 절박하게 언급했다.

가정 36년(1557) 채운采運으로부터 지금까지 겨우 20여 년밖에 지나지 않아, 새로 심은 나무들은 아직 거목이 채 되지 않았으며, 이전에 (나무를) 찾아다닌 지역에는 이미 나무가 없습니다. 사도司道가 소속 관원들을 독려해 상인을 불러서 (나무가 있는 지역으로) 직접 가 채벌하라고 했지만, 상인들은 **나무를 찾기 어렵고 운송 비용도 이전의 백배에 달한다**고 말하고 있는데, (이는) 분명 거짓이 아닙니다.[67]

---

66 이 점에 대해서는 김홍길, 「명대 皇木採辦과 木商」, 『歷史敎育』, 125집, 2013, 270~271쪽 참조.

67 舒應龍과 毛在의 상소문 내용은 萬曆 『貴州通志』(貴州大學出版社, 2010) 권19, 「經略志(1)」, 344~345쪽에 있는 舒應龍·毛在, 「大木疏」에 근거한 것이다.

이 내용으로 미뤄 명 정부 역시 식목 사업을 전개했다고 볼 수 있지만, 위 내용대로라면 식목의 효과는 크지 않았다. 만력 연간에도 궁정 건설을 위해 호광과 사천 등지에서 남목과 삼목을 구하는 데 930만 냥 정도가 소비되었는데, 이는 오히려 가정 연간의 경비를 훨씬 초과한 것이었다.[68]

만력 연간 파주 양응룡 반란 진압에 커다란 공을 세운 이화룡(李化龍, 1554~1612)이 귀주, 사천, 호광 지역의 병력 증원에 따른 비용 부담을 언급하면서 귀주는 본래 재정이 넉넉하지 않아 포정사고布政司庫에 있는 겨우 7,000냥 정도를 동원할 수 있는 반면, 사천은 이전에는 자못 사고司庫가 충실했지만 매년 시행된 채목採木으로 사고가 텅 비어버렸다는 언급은 만력 연간에도 채목을 위해 많은 자금을 탕진했다는 사실을 말해 준다.[69]

실제로 만력 25년(1597) 왕원한(王元翰, 1565~1633)의 상소에 따르면 소위 삼전三殿의 공사를 진행하기 위해 호광, 사천, 귀주에서 남목과 삼목을 채벌하라고 명령했는데, 그 비용이 가정 연간의 두 배에 달하는 930여만 냥이었다. 당시 사천에는 대목으로 만든 판방板枋 2만 4,601근을 위한 비용 420만 냥, 호광은 1만 9,970근을 채벌하는 데 필요한 420만 냥, 귀주는 1만 2,298근을 채벌하는 데 필요한 109만 7,091냥이 각각 소요되었다. 그러므로 삼성三省에 부과된 채벌량이 약 5만 6,000여 근 정도였는데, 왕원한의 지적에 의하면 대현大縣에는 100여 주株, 소현小縣에는 20~30여 주의 나무가 할당되고, 다시 채벌 비용으로 대현에 3,000~4,000냥, 소현에 1,100여 냥이 각각 가파加派

---

68 馮祖祥 · 漆根深 · 趙天生, 1995, 114쪽.
69 李化龍, 「請內帑增將兵疏」, 『明經世文編』 권423, 8쪽 하.

되었지만 대현에 부과된 은량을 모두 사용해도 대목 한 그루조차 사기 어려운 실정이었다.[70]

바로 이처럼 목재 구하기가 어려운 정황이었다는 사실[71]을 염두에 둔다면, 목재가 산출되는 지역에서 안정적인 통치권을 행사하던 토사들로부터 대목이나 삼목 등을 조공으로 받는 건 명 왕조에 여러 면으로 유리했다. 정덕 10년(1515) 토관에서 이미 퇴임한 영순의 팽세기가 직접 운반을 감독해 친히 북경으로 와서 대목 30그루와 차등次等 규격의 나무 200여 그루를 바쳤다는 기록[72]이 그러한 정황을 잘 보여준다. 명 왕조로서는 토관이 이처럼 직접 목재를 운송해 오는 것이야말로 입수가 매우 어려운 지경이 된 물자[73]를 가만히 앉아서 공급받을 매우 훌륭한 기회였기 때문이다.

서응룡과 모재의 이 상소문은 명 중엽 이후 채판이 지닌 모순을 적나라하게 담았다는 점에서 별도의 논의가 필요할 정도로 귀중한 가치가 있지만, 그들의 상소문이 한층 더 흥미로운 이유는 목재 생산과 획득을 언급하는 내용에 토사가 빈번히 등장하기 때문이다. 이 점을 다음에서 좀 더 자세히 살펴보기로 하자.

---

70 王元翰, 「乞停三殿工程疏」, 『貴州通志 · 前事志』(2), 370쪽.

71 따라서 호광, 사천, 귀주 모두가 가정 연간 무렵이 되면 대목의 채벌이 매우 어려운 지경이었다. 이 점에 대해서는 蔣信, 「贈臬僉施昱應觀序」, 嘉靖『貴州通志』 권11, 「藝文」, 581쪽 참조.

72 『明史外國傳譯註 · 5—土司傳 · 上—』, 2013, 96쪽.

73 앞서 각주 58)에서 언급한 工部右侍郎 潘鑒이 남목과 삼목판 1만여 근을 얻는 데 필요한 돈이 57만 냥에 달하지만 현재 겨우 7만 냥만을 가용할 수 있다고 상주한 걸 보면 명 왕조가 직접 대목을 채벌하는 건 일단 비용 면에서 엄청난 부담이었다. 『明實錄』 권257, 嘉靖 21년 정월 6일.

3) 소수민족 지역의 목재 생산과 明 왕조

앞의 서응룡과 모재의 글에는 총 다섯 번에 걸쳐 채판과 관련된 소수민족이나 토사의 역할이 등장한다. 우선 하천으로 목재를 수송하기 위해 만든 뗏목을 나르는 인부의 모집을 작년에 각 위소와 토사들의 협조로 해결한다는 언급, 둘째, 대목은 매우 귀중한 재료여서 대다수가 토이土夷들의 계동溪洞에서 생산된다는 점, 셋째, 민이民夷의 추장酋長과 한토漢土의 관상官商들이 경쟁적으로 산지山地로 들어가 목재를 찾아다닌다는 사실, 넷째, 본성(귀주성) 관원과 군인 봉량俸糧의 70%는 인근 성省에서, 나머지 30%는 귀주성의 이민夷民들로부터 나온다는 점, 다섯째, 작년에는 귀주성 관상들이 채벌해서 사남思南과 영녕永寧의 하천을 동해 운송했으나, 올해에는 파주선위사播州宣慰司와 영녕선무사永寧宣撫司가 대목이 있는 산으로 가서 직접 채벌해야 한다는 점이 그것이다.

이러한 일련의 언급은 당연히 호광 지역은 물론 사천과 귀주의 대목 채벌을 소수민족이 빈번히 담당했다는 사실을 말해 준다. 명 중엽 용미, 시주, 영순, 묘동卯峒에서 생산된 상당수 삼목과 남목이 황궁 건설에 사용되었다는 사실[74] 등은 이미 널리 알려져 있거니와, 상당한 양의 대목을 요구한 가정 37년(1558)에도 첨사僉事 최도崔都를 용미(학봉, 오봉, 장양)에, 부사副使 황종기黃宗器를 시주施州(은시, 건시), 금동金峒(함풍), 묘동卯峒(래봉)에 각각 파견해 대목을 구해 오도록 했다.

당시 이들이 사천, 호광, 귀주 일대에서 둘레 1장 이상의 남목과 삼

---

74 歸有光(1507~1571)의 『歸震川先生文選』 권5에 나오는 「通議大夫都察院左副都御史李公行狀」 참조. 鶴峰縣民族事務委員會編, 『容美土司史料續編』, 1993, 58쪽에서 재인용.

목을 2,000여 주, 그리고 1장 4~5척에 달하는 대목 역시 117주를 얻어 모두 1만 1,289주를 채벌했다는 사서의 기록[75]이야말로 소수민족 지역의 대목 생산의 중요성을 잘 보여준다.

그러므로 앞에서 인용한 바 있는 귀유광(歸有光, 1507~1571)은 가정 연간에 행해진 대목 채벌의 실상을 언급하면서 대목의 생산 지역을 열거한 바 있는데, 유계儒溪, 파주, 건창·천전建昌·天全, 진웅·오몽鎭雄·烏蒙 등과 같은 사천과 귀주 일대의 생산 지역과 함께, 용미지목容美之木, 시주지목施州之木, 영순지목永順之木, 묘동지목卯峒之木 등을 동시에 거론한 걸[76] 보면 확실히 호광 일대의 토사 지역은 명대 가장 중요한 대목 생산지였다.

목재의 수량, 운송 거리의 원근 등을 고려해 명 왕조가 주요 목재 생산 지역에 목창木廠을 설치하고 독목도督木道 1명과 독목동지督木同知 1명을 두어 목재를 생산하도록 한 건 널리 알려졌지만,[77] 목재의 직접 생산자는 결국 해당 지역의 일반 주민 혹은 소수민족이었다. 보통 총갑總甲 등이 목재 채벌에 필요한 인부와 해당 인부의 식량 등을 담당했다.[78]

---

75 馮祖祥·漆根深·趙天生, 1995, 114쪽.
76 嘉慶『四川通志』권71, 「食貨」(木政), 5쪽 하.
77 이러한 督木과 督木同知의 업무는 嘉慶『四川通志』권71, 「食貨」(木政), 13쪽 상 참조.
78 「長勝石洞口明代采伐楠木石刻」, 張浩良, 『綠色史料箚記』, 雲南大學出版社, 1990, 79쪽. 이 비문의 기록에 의하면 永樂 4년 8월 13일의 聖旨에 따라 總甲 馬廷史가 당시 채벌한 양이 楠木 10筏이었다. 이 남목을 채벌한 白崖 산장이란 곳은 四川省 保寧府 洪口關 부근인데, 이곳은 명대 목재 운송이 활발하던 通江과 가깝다. 당시 통강의 木筏 하나가 400~600근으로 만들어졌다는 기존의 연구가 정확하다면, 이미 영락 연간에도 한 지역에서 4,000~6,000근의 남목을 중앙으로 운반한 셈이다. 木筏의 양에 대해서는 馮祖祥·張萊特·姜元珍, 「明代采木之役及其弊端」, 『北京林業大學學報』7권, 2기, 2008, 49쪽 참조.

가정 20년(1541) 진주부辰州府 동지를 역임한 서산(徐珊, 1487~1548)[79]
이란 인물을 통해 그런 정황을 확인할 수 있다. 그는 묘동 토사가 있
던 사천과 호북 경계 지역의 반순盤順 중리中里라는 곳에서 중앙 정부
로 운송할 목재의 채벌을 감독했다. 그는 묘동 토사에 약 2년간 머물
렀는데 중앙에서 파견한 다른 채판 책임자와 달리, 자신이 토사 지역
으로 직접 들어가 채판을 감독한 건 그만큼 당시 명 정부의 대목 수
요가 긴박했기 때문이다.[80] 더구나 대목이 삼성교계 지역에 있는 탓에
채목을 두고 호광과 사천에 파견된 관련 관원들 사이에 갈등이 생길
여지가 있다는 가정 연간의 대학사大學士 엄숭(嚴嵩, 1480~1567)의 지
적[81]을 상기한다면 서산처럼 아예 소수민족 지역에 들어가 채목을 하
는 게 훨씬 효과적이었다.

서산 또한 채목의 어려움을 모두 일곱 조항으로 나열하고 있다. 그
일곱 개 조항 안에는 앞서 언급한 목재의 부족 등과 같은 정황이 등
장하므로 재론할 필요는 없을 것이다. 그러나 그의 『묘동집卯洞集』에
는 당시 소수민족의 목재 채벌에 관한 중요한 언급이 등장한다. 우선
그는 채벌 당사자들을 다음과 같이 묘사했다.

이익을 보고 쫓아가는 건 사람의 인정人情이다. 채벌採伐의 역役은 반드
시 가장家長을 통해야 하고 가장은 산장山場에서 (채벌) 작업을 하는데, 모
든 호戶는 관련 사항을 관官에 보고해야 하므로 자신의 이익을 잃을 수 있

79 乾隆『辰州府志』권21, 「秩官表(2)」(郡守下), 8쪽 상.
80 徐珊, 「與劉前江書」, 『卯洞集』권1, 1쪽 하. 실제로 그는 현장에서 조금만 비가 와도
    물이 새는 草屋에 머물면서 채벌 작업을 감독했다. 徐珊, 「忠敬堂記」, 『卯洞集』권1,
    4쪽 상~하.
81 『明實錄』권447, 嘉靖 36년 5월 11일.

을 뿐 아니라, 채벌에 관련된 독촉도 수반된다.[82]

이 글에 등장하는 가장이 구체적으로 어떤 사람인지는 알 수 없으나, 아마도 채벌을 전문으로 하는 가구의 수장일 가능성이 크다. 이렇게 전제하면, 소수민족 지역의 채벌은 특정 호戶가 담당했음을 알수 있다. 서산 자신도 '목호木戶 송득부宋得富'와 같은 표현을 사용하는데[83] 이들 목호야말로 어느 산에 나무가 많으며 나아가 어느 산에쓸 만한 나무가 있는지를 아는 존재였다. 거꾸로 상인들은 목호와 달리 대목의 소재지를 결코 알 수 없으므로[84] 소수민족 지역의 목호는효율적인 채벌에 절대적으로 필요한 존재였다. 그러므로 서산의 언급대로라면 서산과 같은 관원은 일차적으로 목호에 의지했으며 이 목호는 다시 가장을 대동해 산속의 대목을 찾아 나섰으며, 가장마저 나무를 찾지 못하면 토인들을 동원했다.[85]

서산이 당시 독목도에게 보낸 공문에 따르면 그가 험지에서 많은고생 끝에 일차로 채벌한 나무가 대목 21근根이라고 보고한 걸로 미뤄 소수민족 지역에서도 대목의 채취가 여전히 쉽지 않았다는 사실을알 수 있다. 서산의 언급에 따르면 위 21근 외에, 본래 할당된(원파原派) 1장丈 규격의 나무는 64근, 9척 규격의 나무는 76근이었으나 이전시기에 미처 반출하지 못한 1장 규격의 목재 71근과 9척 규격의 목재93근이 있었다.

물론 서산이 언급한 '이전 시기'를 확인할 수 없지만, 이미 반출해

---

82 徐珊, 「與劉前江書」, 『卯洞集』 권1, 2쪽 하.

83 徐珊, 「宿西巖記」, 『卯洞集』 권1, 14쪽 상.

84 徐珊, 「呈督木道」, 『卯洞集』 권2, 2쪽 하.

85 徐珊, 「報採木箚」, 『卯洞集』 권2, 5쪽 상.

야 할 목재를 아직 반출하지 못했다는 서산의 언급으로 보아 서산이 대목을 구하러 들어간 묘동 일대도 당시 목재가 풍부한 것은 결코 아니었다. 그러므로 서산은 1장 규격의 목재 39근과 9척 규격의 나무 35근을 재파再派해 채택採擇에 대비하도록 했다. 서산이 '채택'이라는 말을 거론하는 한편, 일상적인 채취량보다 더 많은 목재의 채벌에 힘써야 한다는 점을 강조한 것으로 미뤄 정해진 할당량보다 더 많은 나무를 잘라 그 안에서 적절한 규격의 목재를 '채택'했을 것이다.[86]

따라서 서산의 언급대로라면 그는 분명히 본래 할당된 나무 수효를 초과해서 채벌했을 것으로 판단되지만 이른바 두호頭號 또는 1호에 해당하는 궁정용 목재는 이 지역에서 발견되지 않았던 것처럼 보인다. 그가 두호를 찾지 못해도 그 죄를 묻지 않아야 한다거나 2호에 해당하는 대목은 6근을 찾았으되, 1호는 아예 찾지 못했다는 언급이 그것을 증명해 준다.[87]

서산의 글이 흥미로운 이유는 이러한 채벌 작업과 당시 이 지역의 토사와의 구체적인 관련성을 알려주기 때문이다. 예를 들어 두호인 대목의 운반을 위해 1,000여 명이 동원돼도 부족한 지경이지만, 가장이 모을 수 있는 인원은 300~400명에 불과했다. 이런 정황하에서 결국 소수민족을 동원할 수밖에 없었지만, 그들은 대목 운반을 위한 예정 기일이 임박해지면 더 많은 수송비를 요구하곤 했다. 따라서 토관들에게 도움을 청해야 하는 상황이 빈번하게 발생했는데, 이마저도 그들에게 양식과 물자 등을 줘야 비로소 때맞춰 모였다. 따라서 서산은 가장이나 상인들이 얻을 이익이 결국 영순토사에게 넘어가 버린다

---

86 이상의 原派와 再派에 관한 부분은 徐珊, 「呈督木道」, 『卯洞集』 권2, 1쪽 하 참조.
87 徐珊, 「呈督木道」, 『卯洞集』 권2, 2쪽 상과 3쪽 상.

고 한탄했다.[88]

서산의 언급에 의하면 3장丈 이상 5장 사이의 목재를 운반할 경우 필요한 인원이 100~300명인데, 각 개인에게 6푼을 지급했으며 통상 10일 정도의 기일이 소요된다는 점을 감안하면 대목 채취는 운송만으로도 비용이 많이 들었다. 서산의 경험이 한층 더 흥미로운 까닭은 채벌을 사이에 둔 토사 사이의 갈등 양상을 확인할 수 있기 때문이다.

양향糧餉의 문제를 처리해 (채판採辦에 필요한 인부들이) 부족하지 않도록 해야 한다. 채판의 방법은 (채벌採伐을 할 수 있는) 무리를 모으는 게 우선이며 (그러한) 무리를 모을 방법은 식량을 풍족하게 하는 게 근본이다. **작년 채판 당시 영순永順의 쌀을 동원해 공급했으나** 현재 영순 각 채寨의 피해가 심각해 (쌀 공급을) 기대하기 어려우며, 대왕사大旺司 등 역시 모두 (생산이) 보잘것없는 곳이다. 올해 입산자入山者가 많아 식량이 분명 모자라겠지만 본부本府로의 식량 운송은 계곡과 하천이 험하고 멀어, 급한 때 (식량) 공급이 어려운 경우가 여러 번 있었다.

하물며 보정선위사保靖宣慰使 팽신신彭藎臣은 대대로 나라의 은혜를 입었으나, 은혜에 대한 보답을 생각하지 않으며 채판의 수고를 한 적이 없으므로 마땅히 협제協濟에 나서야 하는바, 목가木價를 지불하는 게 적합하다. 관은官銀 400냥을 해당 관청에 보내 쌀 1,000석을 사도록 하고, 사람을 파견해 묘동卯洞으로 운반하도록 해야 한다. (이어) 본관이 (그 쌀의) 품질을 조사한 연후 그것을 지급할 것이다.[89]

---

88 徐珊, 「論木政箚子」, 『卯洞集』 권2, 8쪽 하~9쪽 상.
89 徐珊, 『卯洞集』 권2, 10쪽 상~하.

전후 문맥으로 미뤄 위 인용문에 나오는 영순은 분명히 영순토사다. 또 본부本府는 아마도 묘동토사를 가리키는 것일 텐데, 이 글의 요지는 사정이 어려운 영순토사 대신 이번에는 보정토사가 미곡의 공급을 담당해야 한다는 것이다. 그러나 다른 시각으로 보면 당시 토사들에게도 대목의 채취가 상당히 어려웠다는 사실을 쉽게 짐작할 수 있다.

바로 이 점에서 기존의 연구가 자주 거론한 남목 관련 각 토사의 분쟁 원인을 이해할 수 있다. 이를테면 가정 21년(1542) 유양토사와 영순토사가 채목을 사이에 두고 원수가 되어 서로 살상했던 상황[90]은 채목 자체도 문제였지만, 위와 같은 비용 부담의 문제도 중요하게 작용했다. 더구나 팽세기가 헌목할 무렵인 정덕 5년(1510)에는 영순과 보정 두 토사 사이에 영토 분쟁이 발발해 미처 해결이 안 된 상태였다.

그런데 형 팽량신彭良臣에 뒤이어 가정 6년(1527) 선위사에 오른 팽신신은 가정 39년(1560)에 사망했으며, 당시 영순토사도 공교롭게 가정 6년 팽명보가 선위사에서 물러나고 그의 아들 팽종한彭宗漢이 뒤를 이었다. 즉 위 인용문에 등장하는 팽명보·팽종한과 팽신신은 굳이 채목 문제가 아니더라도, 선대부터 내려온 토지 분쟁으로 그 앙금이 서로 가라앉지 않은 상황이었다.

결국 당시 중앙 정부, 각 토사, 토사 휘하의 특정 가호의 가장들은 각기 다른 입장에서 목재를 채벌했지만, 소수민족 지역에서 산출되는 목재는 이 지역의 가장 중요한 생산물이자 갈등의 초점이 된 상품이었다. 그런 점에서 이미 앞에서 언급한 금동토사金峒土司 담언룡覃彦龍

---

90 乾隆『永順縣志』권1,「地輿志」(沿革), 21쪽 상과『明實錄』권260, 嘉靖 21년 4월 2일조 참조.

이 목재를 팔아서 생긴 3,000냥의 처리가 곤란해 국가에 헌납하려 했던 사례를 이해할 수 있다. 나아가 이런 물적 토대는 소수민족들의 전쟁 수행을 위한 중요한 자금이 되었을 것이다.

가정 35년(1556) 호북분수도湖北分守道로 부임한 유진득游震得이 주사硃砂 채취와 채벌로 많은 고통을 겪었던 진주부 주민들의 부담을 덜어주기 위해, 주요 채목 지점의 험로를 하나하나 그림으로 표시해 제출했다는 일화[91]는 명 정부와 소수민족 모두에게 채벌이 경제적 부담과 수혜를 동시에 지녔다는 사실을 의미한다. 이를테면 가정 36년 공부시랑工部侍郎 유백약劉伯躍이 상주해 토사들의 궁정에 필요한 목재를 진상했을 경우 죄를 면제해 줘야 한다고 말한 바 있다.[92]

팽세기와 팽명보의 대목 헌상도 그것이 지닌 정치적 의미를 잘 설명해 준다. 이들 부자는 이러한 대목의 헌상으로 팽세기의 도지휘사 승격, 하사품 망의蟒衣 세 벌, 팽명보에게 정삼품의 산관散官 제수와 함께 비어복飛魚服의 하사라는 대가를 명 정부로부터 받았다. 그런데 팽세기의 대목 헌상과 관련된 『명사』, 「토사전土司傳」의 기록에 따르면 이 대목 헌상 이후 그들의 정치적 권위가 상승했음은 물론, 당시 보정사와 전개된 양강구 사건에 대한 팽명보의 죄를 묻지 않았다.

그러므로 토사들로서는 조공 자체도 그러했지만, 이러한 대목의 헌상 역시 상당히 중요한 정치적 의미를 지닌다. 팽세기의 묘비명에서조차 팽세기의 대목 헌납을 기록한 사실[93]이 그러한 정황을 잘 말해

91　乾隆 『辰州府志』 권34, 「名宦傳二」, 13쪽 상~하.

92　譚慶虎·田赤, 「明代土家族地區的皇木采辦研究」, 『湖北民族學院學報』(哲學社會科學版) 29권, 2기, 2011, 11쪽.

93　「宣慰使彭世麒墓志銘」, 魯衛東, 2015, 67쪽.

준다. 영순토사의 목재 헌납은 청대까지도 지속되었으며[94] 유양토사와 같은 다른 토사들의 헌목 수량이 대부분 20여 그루에 그쳤지만,[95] 영순토사는 헌목량이 많았다는 점에서 영순토사야말로 목재를 이용해 자신의 정치적 입지를 다진 대표적인 토사였다.

헌목獻木이 지닌 이러한 정치적 의미는 물론, 죽목竹木은 식량 구입에 이용될 만큼[96] 본디 귀중한 자원이었으므로 일찍부터 토사들은 식목에 많은 관심을 두었다. 정통~경태 연간 묘동선무사를 지낸 향나오向那吾가 주민들에게 "개간과 식수植樹에 힘쓰지 않으면 토지가 황폐해져 재원財源을 마련할 수 없다."고 강조하면서 "개간과 식수에 힘써 재원을 창출할 생각을 하지 않는 자는 농관農官의 처벌을 면할 수 없으며, 본사本司도 결코 관대할 수 없다."[97]는 언급이 그것을 잘 말해준다.

가정 34년(1555) 용미선무사 전세작田世爵이 승천부承天府의 공사에 필요한 대목 50근을 헌납하자 가정제는 조공품에 대한 의례적인 하사품 대신 은 20냥을 하사했으며,[98] 앞서 서응룡과 모재의 상소문에 남

---

94 康熙 20년(1681) 영순선위사에 오른 彭廷椿은 당시 太和殿 건축에 필요한 대목을 辰州府로 운송했다. 民國『永順縣志』 권15, 「職官志」(土司), 10쪽 하. 앞서 지적했듯이 청수강 문서는 확실히 청 왕조 성립 후 이 지역 일대 삼목 생산 지역의 비약적인 확대와 그에 따른 사회 변화를 잘 보여준다. 청 왕조 성립 후 청 왕조와 청수강 일대 삼목 무역 증가의 상관관계는 林芊, 「淸初淸水江流域的"皇木采辦"與木材貿易—淸水江文書 · 林契研究」, 『原生態民族文化學刊』 8卷, 2期, 2016에 잘 요약되어 있다.
95 『明史外國傳譯註 · 6—土司傳 · 上一』, 동북아역사재단, 2014, 340쪽.
96 萬曆『湖廣總志』 권31, 「兵防」(3), 1쪽 하.
97 向那吾, 「廣墾植告示」, 『卯峒土司志校注』 권6, 「藝文志」, 31~32쪽.
98 『明實錄』 권421, 嘉靖 34년 4월 17일. 또한 만력 연간 양응룡이 대목 70근을 헌납하자 조정이 飛魚服의 하사와 함께 그의 직함을 승급시켜 준 바 있는데 당시 이것은 전례에 비춰 지나치게 후한 상을 내렸다는 비판이 제기되기도 했다. 『明實錄』 권185, 萬曆 15년 4월 11일.

목 1~2호와 삼목 1~2호의 가격이 100냥 이상이면 일률적으로 가격을 100냥으로 정하는 대신, 은 5냥을 상으로 내려주도록 한 기록[99]은 대목이 지닌 실질적인 가치를 대변해 준다. 즉 이는 대목 1~2호의 당시 가격이 100냥 이상이었다는 좋은 증거다.[100] 이처럼 엄청난 가치를 지닌 상품이 명대 호광성 소수민족 지역에 존재한 점이야말로 소수민족들이 장기간에 걸쳐 중앙 정부와 대결할 수 있었던 중요한 경제적 바탕이었다.

2. 明 중엽 湖廣 지역 소수민족의 반란 양상

1) 明 왕조의 소수민족 대책과 반란 발생의 전제

호광 지역이나 기타 지역의 소수민족 관련 사료를 보면 소수민족에 의한 크고 작은 반란이 명대에 빈번하게 발생했다는 사실을 쉽게 알 수 있다. 그렇지만 의외로 호광 지역 소수민족의 반란을 자세히 다룬 연구가 많지 않으며, 주로 개토귀류 이후 청 건륭~가경乾隆~嘉慶 연간에 발생한 반란의 연구가 주류를 이룬다.

소수민족 반란에 대한 연구가 중국에서조차 정치하게 이루어지지 않는 가장 큰 이유는 아마도 그것이 민족적 대립이라는 해묵은 문제와 직결될 수 있기 때문이다. 더구나 소수민족 반란이 대체로 명청 두

---

99 舒應龍, 毛在, 「大木疏」, 萬曆『貴州通志』 권19, 「經略志(1)」, 345쪽.

100 成化 연간 초년 辰州 教諭를 지낸 沈璨의『五溪蠻圖志』2집, 「五溪風土」, 115쪽에도 數百金을 줘야 비로소 楠木를 살 수 있다는 기록이 등장하는데, 그 역시 이 나무를 구하기가 매우 어렵다는 사실을 강조하고 있다.

왕조의 강력한 군사적 정복으로 귀결되었다는 점에서, 그 대립의 결과가 명확하게 드러나 있는 탓에 소수민족 반란이라는 주제 자체가 크게 흥미롭지 않을 수도 있다. 소수민족 반란과 관련해 근래 중국에서 발간된 가장 자세한 연구 성과라고 할 전민田敏의 연구도『토가족토사흥망사土家族土司興亡史』라는 제목이 말해 주듯이 토가족 반란의 궁극적인 실패 여정을 다룬 점이 그러한 사실을 뒷받침해 준다.[101]

매우 일찍부터 중국 소수민족에 많은 관심을 가진 서양학자들의 연구마저 한족과 소수민족 사이의 그러한 군사적 대립보다는 문화적 차별성이나 민속에 더 많은 관심을 둔 게 사실이다. 또 서양학자들이 반란에 관심을 가졌다 하더라도 명대보다 개토귀류가 진행된 이후 특히 청 제국의 문화적·정치적 확장에 더 많은 관심을 가진 건 분명해 보인다.[102]

더구나 시기가 다소 오래되긴 했지만, 2000년에 나온 소수민족 관련 서구 학자들의 주요 업적을 다룬 수잔 D. 블럼(Susan D. Blum)의 논문[103]을 일별해도 서구 학자들의 연구 가운데 소수민족의 반란을 본격적으로 다룬 논문이나 저서를 쉽게 찾긴 어렵다. 물론 최근 포의족布衣族이 거주하는 귀주성 남롱부南籠府 지역의 반란을 다룬 흥미로운 연구가 출간되긴 했다. 그러나 반란의 발생 시기가 개토귀류가 진행

---

101 田敏, 2000, 229~233쪽 참조.

102 이를테면 문화인류학적 측면이 아닌 역사적 관점에서 본격적으로 소수민족을 연구한 Harold J. Wiens, *China's March Toward the Tropics*, Shoe String Press, 1954를 대표적으로 꼽을 수 있으며 초창기 서구 소수민족 연구의 고전으로 알려진 클로딘 롱바르-살몽의 저서 역시 이러한 범주에 속한다. 클로딘 롱바르-살몽 저, 정철웅 역, 2015 참조.

103 Susan D. Blum, "Margins and Centers: A Decade of Publishing on China's Ethnic Minorities," *The Journal of Asian Studies*, vol. 61, no. 4, 2002.

된 지 한참 후인 가경 2년(1797)일 뿐 아니라, 반란의 배후에 도사린 소수민족 사회의 특성을 온전하게 보여주지는 않고 있다.[104]

하지만 명대 반란에 관련해 개토귀류改土歸流로 설치된 유관流官을 혁파하고 토관을 다시 임명한 이른바 '혁류귀토革流歸土' 양상을 명대 진웅부鎭雄府의 사례를 들어 정치하게 전개한 우리나라 젊은 연구자의 최근 연구는 많은 점에서 대단히 흥미롭다.[105] 무엇보다 이 연구는 토사제도의 일반적인 관행인 승습 문제 때문에 토관을 없애고 유관을 설치해 망부芒部를 진웅부로 고쳤음에도, 한편으론 여전히 장관사라는 토관을 둔 일종의 토류겸치土留兼治를 시행했다는 사실을 잘 밝히고 있다. 이 연구가 지적하듯이 유관의 임명 후 이 지역에 반란이 일어나자 결국 다시 토관을 임명한 진웅부의 사례야말로 명 왕조가 토관을 임명하고 인정해 줄 수 있을지언정, 명 조정이 그 권한을 주도적으로 사용하는 데는 한계가 있다는 점을 잘 보여준다.

위 연구를 통해 확인할 수 있듯이 개토귀류에서 혁류귀토로 이어지는 과정에서 발생한 명대 반란 양상의 이면에는 명 왕조의 소수민족에 대한 권력 행사가 제한적이라는 사실이 도사리고 있다. 그러므로 명대 소수민족 반란을 단지 토사제도의 틀 안에서 발생한 소수민족과 중앙 정부 사이의 대결로만 볼 수 없다는 가정이 가능하다.

나아가 명대 대규모 반란의 구체적인 양상과 진압, 그리고 그 사후 대책에 대한 언급은 다음 4장에서 기술할 청 강희 연간(1662~1722) 동일 지역의 묘족 반란과 사후 대책을 비교할 수 있다는 점에서 두 왕조

---

104 Jodi L. Weinstein, *Empire and Identity in Guizhou: Local Resistance to Qing Expansion*, University of Washington Press, 2014, p. 116 참조.

105 이서현, 「明代 土司制度 운용의 실상―鎭雄府의 改土歸流와 革流歸土를 중심으로―」, 『明淸史硏究』 51집, 2019 참조.

의 소수민족 정책에 대한 좋은 비교가 될 수 있다.

위에서 설명한 의의를 염두에 두고 명대 호광 지역 소수민족의 반란을 언급하고자 할 때 특히 상기해야 할 사안은 무엇일까? 아무래도 명초는 왕조 설립이라는 정치적 특징상 소수민족이 반란을 일으킨 시기라기보다 오히려 명 왕조의 일방적인 진압이 압도적으로 많았다. 그러므로 호광 지역에서 소수민족들이 대대적인 반란을 일으킨 시기는 명 중·후엽이었다. 그렇다면 상대적으로 진압의 성격이 강했던 명초에서 명 중·후엽으로 넘어가는 시기 호광 일대 소수민족 지역에서 시행된 통치 방법은 어떤 특징이 있으며, 그것은 반란의 양상과 어떻게 연관되어 있을까?

첫째, 2장의 위소제도 부분에서 이미 설명했듯이 일찍부터 명 왕조가 소수민족을 방어하기 위해 설치한 위소의 주요 지위는 외부인들이 차지했다는 점을 들 수 있다. 홍무 30년(1397) 진주辰州 일대 여러 동만洞蠻이 반란을 일으키자, 당시 위국공衛國公 등유(鄧愈, 1337~1377)가 이를 진압하고 진계천호소鎭溪千戶所를 설치한 일은 널리 알려진 사실이다. 그러나 이 반란 발생 이전인 홍무 28년 묘인들이 편호編戶 시행에 불복해 반란이 발생하자, 노계현 주부 손응룡孫應龍이 동민洞民들을 효유曉諭하는 한편 세량稅糧의 축소를 정부에 요청해 허락을 받은 바 있다. 당시 명 정부는 이러한 조치에 이어 강서江西 건창수어천호소建昌守禦千戶所의 정천호正千戶 단문段文을 진계천호소에 세습시킨 점은 주목할 필요가 있다. 단문뿐 아니라 귀주貴州 오살위烏撒衛의 진아陳牙와 노주부瀘州衛 송귀宋貴라는 인물을 부천호副千戶에 임명했다.[106]

물론 명대 지방의 가장 중요한 군사제도가 위소이며, 위소 병력이

---

106 光緒『乾州廳志』권8,「苗防」(2), 5쪽 상~하.

다른 지역 출신으로 충당되는 건 외견상 당연한 일이다. 더구나 적어도 명초에는 위소가 제대로 운용된 덕분에 일례로 운남 지역 위소의 한 병사가 사망하자 2,000킬로미터나 떨어진 하남성河南省에서 그 병사를 충원할 정도였다.[107] 문제는 원격지에서 온 이 위소 군인들이 외부 사람들과의 결혼, 위학衛學의 설립 등을 통해 정착 당시에는 타향에 불과했던 정착지가 사실상 위소 군인들의 고향으로 전환되었다는 사실이다.[108]

다른 한편 위소 군인은 아니지만 앞 2장에서 언급했듯이 대부분의 애정隘丁은 세습되었는데, 위소 군인들도 위와 같은 과정을 거치면서 지역 사회와 매우 밀접한 관계를 형성해 사실상 토착화된 재지 세력으로 변했다. 그러므로 실제 군호軍戶라는 명칭과 달리 대다수 위소 군인들이 소수민족 방어보다는 자신의 생업을 위해 오히려 농업에 종사했다는 사실은 지역 사회에서 그들의 역할을 잘 말해 주는 상징적 현상이다.[109] 그러므로 명 중엽 반란에서 이들 위소의 역할을 주의 깊게 살펴볼 필요가 있다.

둘째, 명 중엽의 반란 양상에서 잘 드러나듯 이미 명초부터 토사들의 반란 진압에 토사들의 병력을 이용하는 경우가 매우 빈번했다는 점을 들 수 있다. 홍무 18년(1385) 홍무제의 명령에 따라 남옥(藍玉, ?~

---

[107] Michael Szonyi, *The Art of Being Governed: Everyday Politics in Late Imperial China*, Princeton University Press, 2017, p. 42.

[108] 마이클 소니는 복건성 위소 군인들이 자신의 정황에 유리한 충군 전략을 선택했으며, 고향을 떠난 후 정착한 지역 사회에서의 동화 과정을 훌륭하게 서술하고 있다. Michael Szonyi, 2017, 4장 참조.

[109] 이러한 사실은 진계군민천호소의 설립 취지를 "반란이 발생하면 군인 역할을 하지만, 반란이 진압되면 흩어져 일반 백성이 되기 때문에 軍民所라 한다."는 지방지의 설명을 통해 충분히 짐작할 수 있다. 光緒 『乾州廳志』 권8, 「苗防」(2), 5쪽 하~6쪽 상.

1393)이 명옥진(明玉珍, 1329~1366) 세력을 소탕할 당시, 이웃 유양酉陽, 평다平茶, 읍매邑梅, 석야石耶, 지패地壩 일대 토사들의 병사와 함께 작전을 개시한 바 있다. 이 전공 덕분에 이 일대 토사들이 선무사 등의 지위를 하사받았다. 명 왕조의 이러한 전략으로 말미암아 거꾸로 토사들이 연합해서 반란을 일으키는 한편, 그러한 반란을 진압하기 위해 다시 토병을 동원하는 악순환이 이미 명초부터 존재했다.

영락 12년(1414) 간자평箪子坪의 오자니吳者泥가 묘왕苗王을 자칭하며 반란을 일으키자 총병관 양복梁福이 그를 진압했지만,[110] 그의 아들 오담죽吳擔竹이 다시 묘인 오아마吳亞麻와 귀주의 답의答意 등을 선동해 반란을 일으켰다.[111] 선덕 7년(1432)에도 소수가 진주만辰州蠻을 토벌하자 그 잔여 세력 중 하나인 오불이吳不爾 등이 간자평으로 들어가 용부등龍不登과 결탁해 다시 반란을 일으킨 사례에서 보듯이 소수민족이 자신의 세력을 합쳐 관군에 대항한 일은 빈번했다. 바로 이 선덕 7년 정벌에 명 왕조는 한군漢軍과 토병土兵 12만 명을 동원했으며,[112] 앞서 언급한 홍무 18년(1385) 남옥이 반란을 진압한 당시에도 유양과 평다의 병사 1,110명을 파애把隘로 삼아 토사들의 반란을 진압했던 한편, 시주위의 한족 관병官兵 550명도 이 임무를 동시에 수행하도록 했다.[113] 이러한 정황으로 보건대 명 왕조가 한쪽 지역에서 반란이 발생하면 다른 쪽 토병을 빌려 진압하던 상황을 쉽게 짐작할 수 있다.

이러한 이이제이 전략으로 명 왕조는 소수민족 지역을 보다 신속하게 안정시키고, 군사 비용도 분명히 절감했을 것이다. 그러나 현재 봉

---

110 『明實錄』 권155, 永樂 12년 9월 16일.
111 乾隆 『辰州府志』, 권13, 「平苗考」, 30쪽 상.
112 段汝霖, 『楚南苗志』(岳麓書社, 2008) 권3, 114쪽.
113 梅拱宸, 「大田所輿圖守禦文册」, 同治 『咸豐縣志』 권19, 「藝文志」(文), 4쪽 하~5쪽 상.

황현鳳凰縣 간자평에는 토가족이 묘족을 대포로 공격한 장소로 알려진 포루산炮樓山이 존재하는데, 토가족 등장 후 묘족들이 쫓겨나고 이후 들어온 한족이 다시 토가족과 결탁해 묘족을 압박했다는 영순현 주민의 회고[114]는 굳이 근래의 이야기만은 아닐 것이다. 그러므로 이런 적대적 감정과 갈등 관계의 형성이 명 중엽 소수민족 반란의 중요한 원인이었음이 분명하다.

셋째, 위소제도의 성격을 앞의 첫 번째 대목에서 언급했는데 위와 소 가운데 특별히 소所에 속한 천호나 백호는 군인이 아닌, 사실상 토관에 가까운 사람이었다는 점도 상기할 필요가 있다. 앞 2장에서 이미 명대 위소제도의 제도적 한계를 언급했는데, 천호나 백호의 이러한 성격이야말로 토사제도는 물론 위소제도마저 애초부터 재지 세력을 그대로 인정했다는 사실을 말해 준다. 이는 결국 일찍부터 토사제도가 중층적인 구조로 시작되었다는 의미도 될 텐데, 이 점은 이미 마료천호소麻寮千戶所와 관련된 기록을 통해 앞에서 자세히 밝힌 바 있다.

물론 지역적으로 시행 범위는 넓지 않지만, 명 왕조가 애초부터 소수민족 지역에 유관을 설치한 예도 있다.[115] 그런데 마료천호소에 나타나듯이 천호나 백호를 임명하면서 한인 관료들과의 협조를 아울러 언급한 점은 일종의 토류겸치다. 이러한 토류겸치 상황과 별개로, 마료소의 경우 원말元末에 그 시조인 당국정唐國政이 장사성(張士誠, 1321~1367) 반란을 진압한 공로로 진국장군鎭國將軍의 호칭을 받은 후,[116] 명대에 들어서 당용唐涌부터 12대 당종도唐宗韜까지, 그리고 청

---

114 陽盛海 編, 『湘西土家族歷史文化資料』, 湖南人民出版社, 2009, 78쪽.

115 『土家族土司史錄』, 1991, 145쪽.

116 마료소 唐氏는 이미 蜀漢 炎興 2년(264) 諸葛亮이 서쪽 지역을 정벌할 당시 唐超라는 인물이 이 정벌에 참여했다가 이곳에 머물게 되어 세습이 시작되었다. 中共鶴峰

대에 이르러 당종략唐宗略부터 마지막 17대 당유조唐維朝까지 마료소 천호직을 세습했다.[117]

그러므로 마료소의 천호 당씨는 명과 청 두 정부로부터 토관과 마 찬가지로 고명誥命이나 칙서勅書를 받았는데, 원말 당국정의 세 아들 중 각각 마료소 정천호와 부천호를 담당한 큰아들 당용과 셋째 당청 唐淸이 홍무 2년(1369) 홍무제로부터 고명을 받았으며, 이어 옹정 7년 (1729)에 천호를 습직한 당현성唐賢聖도 옹정 13년(1735) 개토귀류 단 행 후 청 정부로부터 칙서를 받았다.[118]

좀 더 흥미로운 사실은 소所 밑의 애관隘官마저 자리현 일대에서 대 대로 행세한 유력 계층으로서 이들 역시 토관과 마찬가지로 승습과 고명 등을 명청 왕조로부터 받았다는 점이다. 마료소 휘하 10애 중 하나인 구녀애九女隘에 관련된 다음 『향씨족보向氏族譜』의 내용을 살펴 보기로 하자.

구녀애는 자리현慈利縣 서북 옛 이지夷地에 속하는데, 향씨가 이곳을 차 지해 지키게 된 (정황을) 살펴보면, 촉한蜀漢 장무章武 연간(221~222) 명덕 공明德公이 부장部長으로서 제갈량을 도와 남만南蠻을 정복할 당시, (향씨 를) 토관土官으로 봉해 애구隘口를 지키도록 한 데서 시작되었으며, 진대晉 代와 수대隋代를 거쳐 당·송·원대唐·宋·元代에 이르기까지 대대로 위인偉 人들이 존재하는바, 그 자세한 내용이 현지縣志에 기록되어 있다. 명초 맹

縣委統戰部編, 『容美土司史料彙編』, 제5部, 「其他」, 1984, 481쪽.

117 『容美土司史料彙編』, 제5部, 「其他」, 1984, 471~473쪽. 청 순치 4년(1647)에 청 왕 조에 投誠한 唐宗略은 唐宗韜의 아버지인 唐國禎의 둘째 아들이며, 명대 마지막 천호였던 당종도는 당국정의 큰아들이다.

118 吳遠干·戴楚洲·田波 選編, 『慈利縣土家族史料彙編』, 岳麓書社, 2002, 40~41쪽.

상공孟祥公이 (명조를) 도와 왜구를 정벌하고 해적을 토벌한 공을 세웠다. 홍무 시洪武時 차권箚券, 동부銅符를 하사받았으며 천호직을 제수해 영원토록 구녀애를 지키도록 했다. 청 옹정雍正 13년(1735)에 이르러 각 토사에 대해 모두 개토귀류를 실시하자 인장을 납부하고 직위에서 물러났으나, 다시 천총千總의 직함을 명령받아 자손들이 세습하도록 해, 지금 200년이 되었다.[119]

앞의 인용문으로 미뤄 위소체제를 통해 소수민족을 다스린다는 명 왕조의 제도는 단지 명목에 불과할 뿐, 오히려 소수민족 지역의 방어도 실제로는 그 지역의 다양한 유력자들이 담당했음을 알 수 있다. 나아가 난도애攔刀隘 토관 오씨만 하더라도 오씨 한 성姓이 10만 명에 달한다는 『오씨족보吳氏族譜』의 기록[120]을 믿는다면 애관의 정치적·경제적 힘[121]은 상당했다고 추정할 수 있다.

---

119 「麻寮所九女隘記略」, 吳遠干·戴楚洲, 田波 選編, 2002, 47쪽.

120 「吳恭亨明千戶吳君墓表」, 吳遠干·戴楚洲·田波 選編, 2002, 54쪽. 이와 관련해 명 말청초의 인물인 談遷(1594~1658)은 영순토사 휘하에 51旗가 있으며, 各旗마다 300~1,000명이 존재한다고 한 언급도 상기할 필요가 있다. 談遷, 『北游錄』(中華書局, 1981), 「紀聞(上)」, 331쪽.

121 앞서 토사 지역의 대목과 관련된 토사들의 경제력을 언급했거니와, 숭정 4년(1631) 7월 6일자로 된 吳一極의 유촉의 내용은 소수민족의 경제적 토대를 다시 한 번 알려준다는 점에서 매우 흥미롭다. 난도애 여덟 번째 세습천호인 오일극은 죽기 전 큰아들 吳國藩과 둘째 아들 吳國緯에게 유황이 생산되는 磺峒 때문에 두 아들 사이에 분쟁이 생길 걸 우려해 두 아들에게 해당 지역을 나누도록 한 유촉을 남겼다. 제사와 營墓 비용을 제외한 나머지 비용은 서로 동일하게 나눠야 한다는 이 유촉으로 미뤄 유황이 이 지역의 중요한 생산물이었을 것이다. 「吳一極磺廠遺囑」, 吳遠干·戴楚洲·田波 選編, 2002, 52~53쪽. 建始縣이나 酉陽 일대에도 유황이 산출된 기록이 존재하는 것으로 미뤄 소수민족 지역의 생산물 중 유황도 중요한 지위를 차지했다고 볼 수 있는데, 이런 부분에 대한 연구가 좀 더 진행될 필요가 있다. 각각 同治 『建始縣志』 권4, 「食貨志」(開採), 16쪽 하와 乾隆 『酉陽州志』(『古宮珍本叢

다른 한편, 마료소 천호와 천호 휘하 진무사鎭撫司와 관련된 명 태조의 정책도 되새겨볼 필요가 있다. 마료소의 탁문덕卓文德이 이 지역 일대 치안을 안정적으로 유지하고 명군에 병량兵糧을 지원한 공로로 마료소 관조부천호管操副千戶의 직함을 받은 시기가 홍무 2년 6월 6일인데, 그보다 앞선 4월 21일 그의 동생인 탁문상卓文庠에게도 마료소 현신교위顯信校尉라는 직위를 하사했다. 그러므로 탁문덕은 부천호로, 탁문상은 진무사의 백호로 각각 세습 지위를 유지했다.[122]

지금까지 언급을 요약하면 명 왕조가 소수민족 통치를 위해 동원한 방법은 각 지역에 존재한 토착 세력을 그대로 인정해 온존시킨 것에 불과했다. 반면 소수민족의 권력 구성은 외부 출신의 위소 군관, 토착화된 위소 병력, 역시 토착 세력인 소所와 각 애隘의 군관, 각 소 휘하 고위 관리 등으로 구성된 다층 사회라는 점을 쉽게 알 수 있다.

이런 상황에서 명 왕조는 반란이 발생하면 빈번하게 다른 토사의 병력을 이용했다. 그러나 위소 군관의 출신 배경이 완전히 달랐던 사실은 위소의 군사적 능력을 저해하는 중요한 요소였다. 더구나 다른 토사의 병력을 빌려 반란 토사를 빈번히 진압한 예는 분명 토사 사이의 반목을 키우는 계기가 되었으며, 탁문덕과 탁문상의 예에서 보듯이 토착 세력 사이에 경쟁이 전개될 여지도 많았다. 따라서 이처럼 다층적이며 토착 세력과 외부 세력이 공존하던 호광 지역 소수민족 사회에서 일어난 반란은 단순히 국가 권력에 대한 소수민족의 도전뿐 아니라 명대 호광 소수민족 지역의 지역적 특성을 드러내는 것이기도 하다.

刊』 권1, 「酉陽州」(物産), 21쪽 상 참조.
122 吳遠干·戴楚洲·田波 選編, 2002, 55~56쪽.

2) 弘治~正德 연간(1488~1521) 호광 지역 소수민족의 반란

홍치~정덕 연간부터 반란 양상을 언급하는 이유는 무엇보다 홍무 연간을 지나 비로소 홍치 연간(1488~1505)부터 대규모 반란이 발생했을 뿐 아니라, 이 시기 반란 양상이야말로 가정 연간(1522~1566)의 장기간에 걸친 반란을 암시하는 전초적 성격을 지니기 때문이다. 하지만 홍치~정덕 시기 반란에 대한 설명에 앞서 정통~성화 연간(1436~1487)에 발생한 일부 반란의 양상은 별도로 언급할 필요가 있다.

먼저 정통 13년(1448) 시주施州에서 담사벽譚師壁이 70여 곳을 동시에 공격해 이 지역 일대가 크게 동요된 사건을 들 수 있다. 당시 어사御史 장성蔣誠과 부사副使 형단邢端이 지휘 동보童輔와 함께 그들을 토벌했다.[123] 아울러 정통 14년 6월에는 정주묘靖州苗가 반란을 일으켜 진계辰谿를 공격하자 지휘 고량高亮이 토벌에 나섰으나 전사하고 말았다.[124] 『명실록』의 기록에 의하면 이들 반란 세력은 다시 황주청晃州廳 일대까지 계속 공격했지만, 고량의 사망으로 적절한 대처가 어렵게 되자 무창武昌과 형주위衡州衛 소속 군인들을 동원해 그들을 진압하려 했다.[125] 거의 비슷한 시기에 이 정주묘 반란의 여파로 귀주묘貴州苗가 다시 반란을 일으켰지만, 당시 군사들이 진·원辰·沅 지역으로 진격하지 못했다고 지방지는 적고 있다.

명 왕조의 이런 군사적 무능을 염두에 두면 소수민족의 반란 규모가 날이 갈수록 커진 건 오히려 자연스러운 일일지도 모른다. 이런 점에서 정통 14년(1449)과 그 이듬해인 경태 원년(1450)에 발생한 귀주

---

123 同治『來鳳縣志』 권18, 「武備志」(兵事), 4쪽 하~5쪽 상.
124 乾隆『辰州府志』 권13, 「平苗考」, 31쪽 상.
125 『明實錄』 권179, 正統 14년 6월 2일.

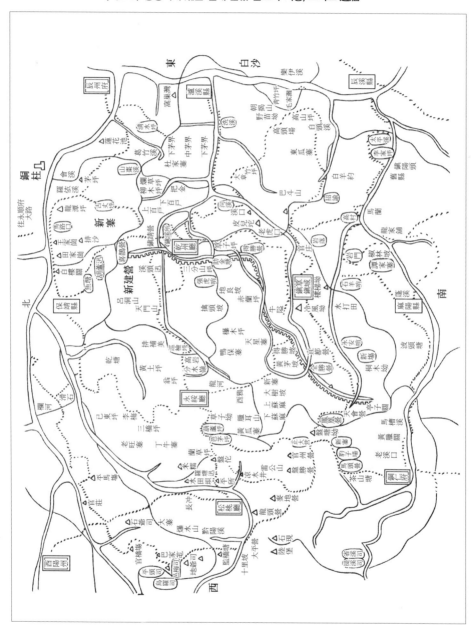

〈지도 5〉 명청시대 湘西 일대 苗寨 분포와 지형, 그리고 邊牆[126]

묘 위동열韋同烈의 반란은 많은 의미를 지닌다. 그 반란의 범위가 동쪽으로 원주沅州, 서쪽으로 용리龍里, 남쪽으로 파주播州, 북쪽으로 무강武岡에 이르는 매우 넓은 지역에서 발생했으며 가담자가 20만 명 이상이었다는 점에서 그러하다.[127] 이들 역시 평월위平越衛를 1년 넘게 포위하고 있자 순안어사巡按御史 황호黃鎬의 주청으로 보정백保定伯 양보梁珤, 도독都督 방영(方瑛, 1416~1460)이 호광총독湖廣總督 후진(侯璡, 1397~1450)과 함께 그들을 물리쳐 평월위의 포위를 풀었으며, 80여 채를 공격했다.

지방지의 이러한 묘사와 달리『명실록』에는 당시 방영이 용장龍場으로, 도독 진우陳友 등이 만호산萬湖山으로, 역시 도독 모복수毛福壽가 중안강重安江으로 각각 나누어 이들을 공격해 300여 채채寨를 파괴하고 200여 채를 초무하는 한편, 2,200명을 사로잡았다고 기록되어 있다. 따라서 지방지와『명실록』의 기록이 약간 차이가 나지만 두 사료의 기록을 보건대, 20만 명 이상의 소수민족이 반란을 일으켜 최소 2,200여 명 정도가 생포된 엄청난 규모의 반란이었다. 그런데 방영과 호광총독의 군사들은 합세했지만, 보정백 양보의 군대는 전투 현장에 도착하지 않았다는 지방지의 설명을 믿을 수 있다면, 제법 이른 시기부터 명 관군官軍의 지휘 체계가 효율적이지 않았다고 할 수 있다.

정통~경태 연간에 이어 성화 원년(1465) 시주施州 일대에서 발생한

---

126 호광, 귀주, 사천의 경계가 맞닿은 지역은 이 3장에서 다룰 소수민족의 격렬한 반란이 발생한 곳이다. 그러나 이 지역 일대 지형이나 묘채를 확인할 지도는 매우 드물다. 따라서 三省 일대를 매우 자세히 그리고 있으나 명대시대 생산된 다른 지도처럼 식별이 어려운 嚴如熤,『苗防備覽』권1,『輿圖說』(苗疆總圖), 2쪽 하~3쪽 상의 지도를 대폭 수정·보완해서 이 지도를 작성했다.

127 乾隆『辰州府志』권13,「平苗考」, 31쪽 하.『明實錄』에는 그 가담자가 數萬 명으로 기록되어 있다.『明實錄』권203, 景泰 2년 4월 17일조 참조.

사건도 주목할 필요가 있다. 이는 사천에서 반란을 일으킨 세력들이 시주위 일대로 들어와 소요를 일으킨 사건으로, 당시 첨사僉事 욱문박 郁文博이 지휘指揮 동종童鍾과 시남선무사 담언승覃彦昇에게 명령해 이 잔당의 우두머리 손거사孫居士와 호청胡淸을 비롯해 30여 명을 사로잡 은 일이다.[128] 홍치 이전에 발생한 이러한 반란의 면모를 주목해야 할 이유는 그것이 홍치 이후 가정 연간 사이에 발생한 반란 양상을 고스 란히 담고 있기 때문인데, 그것을 정리하면 다음과 같다.

첫째, 정통 14년(1449)과 경태 원년의 반란이 잘 보여주듯 반란이 다른 지역이나 다른 소수민족 종족들과 결합해 연속적으로 발생한 점 이다. 정통 14년 반란을 일으킨 귀주묘는 평월위를 반년 넘게 점령했 는데, 같은 해 사천 후동後洞의 흑묘黑苗가 초당묘草塘苗의 용유보龍惟 保와 합세해 역시 평월을 점령한 세 그러한 예다.[129] 뒤에서 살펴볼 가 정 연간의 연속적인 반란에서는 이처럼 반란 세력이 여러 지역으로 옮겨 다니거나 여러 지역의 다른 소수민족과 연합한 정황이 빈번히 등장한다.

둘째, 반란 진압에 나선 명 군사들의 무력한 행태다. 시주위나 상 서 지역 일대 군사력으로는 대규모 반란을 사실상 진압하기 어려웠는 데 이미 이 시기부터 관군의 협조가 잘 이루어지지 않은 점은 특기할 만하다. 가정 24년(1545) 순무귀주도어사巡撫貴州都御史로 부임한 오유 악(吳維嶽, 1514~1569)[130]이 서남쪽의 호광, 사천, 귀주의 경계가 서로 들쑥날쑥하며 토관과 유관이 혼재하고, 일반민과 소수민족이 섞여 있

128 同治『增修施南府志』권17, 「武備志」(兵事), 9쪽 하.

129 사천 後洞의 黑苗와 草塘苗의 반란은 萬曆『貴州通志』권12, 「合屬志(10)」, 220쪽
　 참조.

130 萬曆『貴州通志』권2, 「省會志」, 20쪽.

는데도 삼성三省의 무신撫臣들 사이에 서로 협조가 잘 이루어지지 않는 사실을 통렬히 비판[131]한 이유가 바로 여기에 있었다.

끝으로 성화 원년(1465)의 사건에서 알 수 있듯이 잔여 세력이 다른 지역으로 이동해 가면서 연속적으로 반란을 일으킨 양상은 명 중엽 이후에 이르러 소수민족 반란이 보편화된 정황을 의미하는 것이다. 단적으로 명 중엽 이후 소수민족 반란은 그 규모가 매우 컸을 뿐 아니라 여러 지역과 연계되어 수년에 걸쳐 발생한 반면, 이에 대응하는 명 왕조의 군사력은 날이 갈수록 오히려 초라해졌다. 그리고 홍치 이전의 반란에서 확인할 수 있는 이런 양상들이 홍치 이후 가정 연간까지의 소수민족 반란에서 좀 더 명확히 드러난다.[132]

아마도 홍치 연간 소수민족 반란의 서막은 시주위 관할 숭녕리崇寧里의 이민里民 향왕삼向旺三이 상자만桑柘蠻 백자비白粊俾를 도와 홍치 5년(1492)에 일으킨 반란인데, 거의 비슷한 시기에 숭교채崇敎寨 채민寨民 요옥문廖玉文도 반란을 일으켰다.[133] 향왕삼의 반란은 참정參政 이종李琮, 부사副使 진자陳孜, 도지휘都指揮 하사기夏仕麒, 지휘指揮 만선滿瑄이 5,000명을 이끌고 나가 향왕삼 등 30여 명을 사로잡고 그들이 잡아간 약 2,000여 명을 귀향시켰다.[134] 요옥문 사건 역시 참정 임광林鑛,

---

131 吳維嶽, 「提督都御史題名記」, 萬曆 『貴州通志』 권21, 「藝文志(1)」, 379쪽.

132 홍치~가정 연간 소수민족의 전반적인 반란 양상에 대해서는 정철웅, 「"陽順陰逆, 乘隙出劫"—明 嘉靖 연간 湘西 지역의 苗族 반란과 국가권력」, 『동북아역사논총』 58호, 2017 참조.

133 廖玉文 반란의 정확한 시기는 사료에 언급되어 있지 않다. 그러나 이 반란 진압자 중 한 사람인 鄭岳이 홍치 6년에 進士에 올라 湖廣僉事로 옮겨 왔다는 지방지의 서술로 미뤄 요옥문의 반란도 홍치 6년 즈음에 발생했다고 볼 수 있다.

134 향왕삼과 요옥문 사건은 同治 『增修施南府志』 권17, 「武備志」(兵事), 9쪽 하~10쪽 상 참조. 아울러 이 사건이 『明實錄』 권69 弘治 5년 11월 11일 기사에 등장하므로 그 발생 시기가 홍치 5년이라고 볼 수 있다. 다만 지방지에는 夏士麒를 守備로, 『明

첨사 정악鄭岳, 도지휘동지都指揮同知 번화樊華 등이 구당瞿塘, 충주忠州, 장녕長寧 일대 위소 관군을 동원해 진압했다.

홍치 연간 시남부 일대에서 발생한 반란에 대한 기록은 더 이상 남아 있지 않다. 그러나 향왕삼이 토관을 살해하고 그 인장을 탈취하려는 계획을 세운 점과 여전히 위소 군인들을 동원해 반란을 진압한 사실은 기억할 만하다. 이러한 양상들이 후대로 내려오면서 어떻게 변모하는지를 추적할 필요가 있기 때문이다. 그렇다면 홍치 연간을 지나 정덕 연간 호광 지역에서 발생한 반란 중 제일 중요한 착계묘錯溪苗 롱마양龍麻羊과 동인묘銅仁苗 롱동보龍童保의 반란을 살펴보기로 하겠다. 지방지는 다음과 같이 기록하고 있다.

① 홍치 연간(1488~1505) 착계묘 롱마양과 동인묘 롱동보가 무리를 모아 간자평竿子坪을 공격했으며, **백부장百夫長 롱증龍蒸과 함께 모의해 사방으로 나아가 약탈하니**, 일대가 매우 혼란스러웠다.

② 정덕 6년(1511) 묘추苗酋 롱마양, 롱강서龍江西, 롱성주龍成酒, 롱살강龍殺强, 롱동보 등이 사천, 호광, 귀주 교계 지역에서 소란을 피우며 모여들었다. (이에) 명령을 내려 귀주순무貴州巡撫 위영(魏英, 1459~1517)을 보내 호광과 사천을 겸제하고 병사를 일으켜 (그들을) 진압하도록 했다. 얼마 지나지 않아 (위영이) 자리에서 물러나자 바로 도어사都御史 양무원楊茂元이 대신하도록 하는 한편, 자문咨文을 보내 호광순무湖廣巡撫 유병(劉丙, ?~1518)이 직접 진주辰州에 도착하도록 했다.

實錄』은 도지휘로 각각 표기하고 있으나, 여기서는 『明實錄』의 표기에 따랐다. 또한 백자비란 인물 역시 지방지에는 白觜, 『明實錄』에는 白觜俾로 표기되어 있는데, 역시 『明實錄』의 표기를 따랐다.

이에 앞서 지부知府 대민戴敏, 지휘 고훈高勳과 왕작王爵은 위무에 나서 진간묘 롱마양 등 632명을 쫓아냈으며, 중죄인 82명은 감후監候에 처했다. 나머지 (병력은) 성省을 출발해 원주沅州로 다시 내달려 양무원이 징발한 삼성三省의 한·토병漢·土兵과 합세한 후, 참의參議 장계張繼, 병비兵備 서담徐潭, 첨사僉事 전지田墀에게 병영에서 (한·토병을) 감독하도록 했다. **묘민苗民 롱진隴眞을 향도嚮導로 삼아** 고암평高岩坪과 폭목평檏木坪으로 진격해 병영兵營을 세우고 아추亞酋, 회보回保, 맹동孟洞, 속나束那, 미나米那, 장병마張兵馬 등의 채채를 공격해서 파괴했으며 758명을 참수하고 342명을 사로잡았다.[135]

『명실록』에 의하면 ①번의 홍치 연간은 홍치 8년(1495)으로 나와 있으므로[136] 롱마양의 반란은 정덕 6년(1511)까지 7년 동안 지속된 셈이다. 그런데 이 사건을 언급한『명실록』에는 다음과 같은 흥미로운 내용이 등장한다.

첫째, 롱마양과 롱동보는 각각 진계천호소와 동인銅仁 지역의 인물로서 이미 여러 차례에 걸쳐 살인과 약탈을 자행했음에도 토관 이춘李椿, 가앙假昂, 전종새田宗璽 등은 그러한 행태를 내버려 두었을 뿐 아니라, 간자평 백부장百夫長 롱증隴燕(용진龍眞)은 그들과 공모해 토사를 핍박했다는 점이다. 이런 상황에서 진순관鎭巡官도 오직 그들을 회유하는 데 힘쓸 뿐, 군사적인 제압을 시도하지 않았다.

둘째, 이 사건이 일단락된 후 도어사 소충蕭翀과 어사御史 광약鄺約

---

135 道光『鳳凰廳志』권12, 「苗防(2)」, 7쪽 하~8쪽 하.
136 이하 롱마양 반란 관련 내용은『明實錄』권126, 正德 10년 6월 24일조 참조.『明實錄』에는 龍麻陽과 龍童保로 표기되어 있으나, 여기서는『候志』라는 책을 근거로 작성된 지방지의 표기를 따랐다.

이 롱동보의 가족은 물론 설사 유약자라도 모두 반란법에 의거해 처단해야 한다고 했지만, 오히려 롱증은 이 지역의 유력자로서 많은 무리들이 그를 추종한다는 이유로 롱증의 석방을 요청했다는 점이다. 결국 이춘과 진계소鎭溪所 백호 손계훈孫繼勳은 반란죄를 적용했으며 롱동보 등은 효수梟首에 처했다.

이런 반란의 경과와 명 정부의 대처를 통해 무엇을 확인할 수 있을까? 우선, 소수민족 통제 체제의 동요를 들 수 있다. 해당 사료에 홍치 8년(1495)의 반란 원인이 구체적으로 등장하지 않지만, 『명실록』에 의하면 각 토사들이 다른 관할 지역을 빈번하게 침입했음을 알 수 있다. 반란의 주도자가 묘민과 묘두苗頭였음에도 토관土官들은 별다른 조치를 취하지 않은 한편, 반란 세력들은 토사부土司府마저 압박했다. 이런 점은 이미 향왕삼의 반란에서도 등장하는 상황으로서, 명 중엽에 이르러 토관을 이용한 소수민족 통제가 더 이상 효력을 발휘하지 못했다는 좋은 증거다.

이어, 롱증의 위상은 명 중엽 소수민족 지역의 또 다른 일면을 보여준다. 그는 반란 세력과 공모했다는 점에서 분명히 범법자였지만, 명 왕조는 그가 재지의 유력자라는 이유로 그의 죄를 용서했다. 이는 거꾸로 토관 대신 해당 지역의 유력자들이 그 지역에서 중요한 역할을 담당했다는 사실을 의미한다. 이는 앞서 지적대로 '불복조책자不服造冊者'의 문제를 해결하기 위해 손응룡이 당시 지역의 유력자인 양이楊二 등에게 통치를 위임한 홍무 초년의 상황을 연상시킨다. 그러므로 토사제도는 애초부터 고정적인 제도라기보다 일종의 위임 통치 성격이 강했는데, 롱증의 예는 그런 현상이 후대로 내려올수록 더 강화되었음을 말해 준다.

또 소수민족 반란이 제한된 범위가 아닌 상당히 광범위한 지역에서 발생했으며 그 지속 기간도 상당히 길다는 사실도 주목할 필요가 있다. 소수민족 반란이 '사시매월四時每月' 발생한다는 전영산田英産의 지적[137]이 바로 그러한 정황을 말해 준다. 더구나 롱마양 등의 반란이 사천, 귀주, 상서 일대를 아우르는 넓은 지역에서 발생한 사실은 이후 명 왕조가 병력 동원에 많은 어려움을 겪을 수밖에 없었던 전조라 할 수 있다.

끝으로 병력 동원의 문제를 짚어볼 필요가 있다. 반란 가담자를 향도로 내세워야 할 정도로 상서 남부의 간자평장관사와 마양현 경계에 이르는 지역은 민채民寨와 묘채苗寨, 그리고 순검사巡檢司와 초보의 구분이 어려울 정도로 관할 경계가 혼란스러웠다. 이를테면 마양현 경계에 있던 오채장관사五寨長官司의 앞은 오채초五寨哨가, 뒤로는 산 하나를 넘어 황랍동애黃臘洞崖가, 좌로는 계곡을 넘어 장충초長冲哨가 있었으며, 그것에 딸린 작은 성 밑으로 철당채鐵塘寨와 그 위로 맹수채孟叟寨가 각각 존재했다. 그리고 이러한 지역에는 모두 묘족이 살았다.[138] 따라서 지리에 밝지 못한 관군들은 효율적인 작전 전개가 어려웠으며, 평지에 비해 병력도 많이 필요했다.

이런 상황 탓에 명 왕조로서는 각 성省 사이의 협조는 물론 토병들의 도움도 절실했지만, 향도의 고용은 역효과를 가져오는 경우가 오히려 많았다. 결국 홍치~정덕 연간 반란의 특징을 반란 참여자들의 다양성, 광범위한 반란 발생 지역, 그리고 반란 기간의 장기성으로 요약할 수 있는데, 다음에서 언급할 가정 연간의 반란 양상이야말로 그러한 세 정황을 첨예하게 보여준다.

---

137 田英産,「平苗議上督師楊閣部」, 羅汝懷,『湖南文徵』(岳麓書社, 2008) 권11, 46쪽 상. 이 글은 崇禎 13년(1640)에 작성되었다.

138 萬曆『湖廣總志』권31,「兵防」(3), 27쪽 하.

3) 嘉靖 연간 湘西 일대 隴母叟 · 隴求兒 · 隴許保의 반란

호광 지역 토사들과 소수민족의 존립 형태는 물론 그 반란 양상에서 가정 연간은 분명히 전환기에 해당한다. 다른 무엇보다 소수민족들의 반란이 호광의 거의 전역에서 발생했을 뿐 아니라, 이후 그 반란이 소수민족 사회에 끼친 영향도 매우 크기 때문이다.

가정 초기 그 전조를 알리는 반란도 악서鄂西 지역에서 먼저 발생했는데, 가정 원년(1522) 산모선무사散毛宣撫司의 담빈覃斌이 충건안무사忠建按撫司의 전본田本을 죽이고 그 지역을 탈취한 사건이 그것이다.[139] 그런데 『명실록』에는 전본이 충건선무사 토사土舍 전본충田本忠으로 등장하며 오히려 그가 모반을 획책했다고 기록되어 있다.[140] 이 사실을 정부에 보고한 토관이 산모사의 담빈과 대왕안무사의 전정田正이었는데, 『명실록』에 이처럼 전정田正으로 표기된 이 인물은 대왕사의 다섯 번째 토관인 전정田政이 분명하다.[141] 그러므로 『명실록』의 내용을 믿는다면 이 사건은 토관이 토사土舍를 고발한 것으로서, 당시 전본충은 토관의 인장을 실제로 탈취했다.

이어 가정 9년(1530) 황마료黃馬了가 사천 동부의 운양雲陽, 만현萬縣, 봉절奉節 등지를 약탈했으며, 가정 28년(1549)에도 황곡黃犕이라는 인물이 무산巫山, 건시建始, 귀주歸州, 파동巴東, 봉절, 만현 일대를 다시 약탈하자 지휘 두우杜遇가 그들을 격파했다.[142] 이러한 예는 홍치

---

139 이하 시남부 일대 명대 반란 상황은 同治 『恩施縣志』 권12, 「兵事志」(兵事), 6쪽 하참조.

140 『明實錄』 권10, 嘉靖 元年 정월 26일.

141 鄂西土家族苗族自治州民族事務委員會編, 『鄂西少數民族史料輯錄』, 1986, 83쪽.

142 同治 『恩施縣志』 권12, 「兵事志」(兵事), 6쪽 하.

연간에 이어 가정 연간에 이르러서도 한 곳에서 발생한 소수민족 반란이 다른 이웃 지역으로 확대되고 당연히 그 양상도 복잡해졌다는 사실을 암시하는데, 가정 15년(1536)에 시작되어 가정 31년(1552)에 이르러서야 비로소 진정된 룽모수隴母叟·룽구아隴求兒 반란을 통해 그런 양상을 좀 더 분명하게 확인할 수 있다.[143]

嘉靖 15~19년(1536~1540): 반란의 시작

가정 18년(1539) 간자평竿子坪 오패채烏牌寨의 룽모수가 시작한 반란은 상서 지역의 최대 소수민족 반란으로 번졌는데, 그 사건의 단초는 가정 15년(1536)으로 거슬러 올라간다. 가정 15년 동인부銅仁府 단령채旦逞寨의 묘인苗人 오랑공吳朗拱이란 인물이 술에 취해 전호佃戶를 포박한 사건이 동인부 지부知府 위문魏文[144]에게 보고되어 오랑공이 장형杖刑을 받고 사망하자 그의 아들 오류구吳柳苟가 반란을 일으켰다.

당시 사석도思石道의 병비兵備 전여성(田汝成, 1503~1557)과 수비守備 구서苟瑞[145]는 사천四川 평다사平茶司 토관土官 양재현楊再顯과 동인사銅仁司 단계段契에게 그들을 초무招撫하도록 했으며 위문상은 그 노고勞苦의 대가로 반묘叛苗 지역의 토지를 주리라 약속했으나 귀주순무[146]

---

143 가정 연간 룽구아와 룽모수의 반란은 道光『鳳凰廳志』권12, 「苗防」(2), 8쪽 하~12쪽 하를 바탕으로 그 전모를 밝힌 정철웅, 2017에 자세히 등장한다. 여기서는 다른 자료를 참조해 사건을 재구성했다.

144 道光『鳳凰廳志』권12, 「苗防」(2), 9쪽 상에는 魏文으로 표기되어 있지만, 萬曆『銅仁府志』권4, 「秩官志」, 8쪽 상에는 魏文相으로 표기되어 있으므로 이하에서는 魏文相으로 표기했다.

145 동인 지역의 수비는 정덕 연간에 비로소 설치되었으며, 鎭遠衛 출신의 苟瑞는 정덕 10년(1515)에 부임했다. 萬曆『銅仁府志』권4, 「秩官志」, 33쪽 하와 34쪽 상 참조.

146 당시 귀주순무는 가정 15년(1536)에 부임한 汪珊이었다. 『明實錄』권186, 嘉靖 15

는 이를 허락하지 않았다. 따라서 위문상이 양재현에게 1,000냥의 지급을 제안하자 이를 탐탁하게 여기지 않은 양재현도 뒤이어 반란을 일으켰다.

이어 가정 16년에는 매우 흥미로운 상황이 전개된다. 구서에 이어 부임한 수비 소감邵鑑[147]은 동평묘銅平苗가 약탈한 재물을 간자평의 롱노흡朧老恰과 롱당수朧黨叟의 채내寨內에 숨겨놓았다는 사실을 호광湖廣 묘인들로부터 들었다는 거짓을 늘어놓았다. 다른 한편 진간수비鎭筸守備 진표陳表[148]는 이 두 사람을 유인해 압송하도록 토사土司 전흥작田興爵을 부추겼으며, 진원병비辰沅兵備는 그들을 감후監候에 처했다. 결국 롱노흡이 옥사獄死하자, 그의 아들 롱모수는 전흥작에 대한 원한으로 반란을 일으켰다.

지방지에는 이런 원한으로 용모수가 반란을 일으킨 가정 18년(1539)에 다시 진계鎭溪 아유채鴉酉寨의 묘두苗頭 롱구아가 동평묘銅平苗를 규합해 평두平頭 일대를 약탈하는 사건이 등장한다. 그러자 청랑위淸浪衛 지휘 주의朱衣와 진간鎭筸 수비가 진계소鎭溪所 토병土兵 600명을 징발해 그들에 대한 진압에 나섰다. 당시 주의 등과 합세해 롱구아를 진압한 인물이 전응조田應朝였는데, 이렇게 공격이 시작되자 반란 가담자들은 자신들이 우마牛馬를 내놓을 테니 병력을 철수해 달라고 요청했다.

이 사건을 기록한 당시 사료는 반란 주동자들의 이런 요청이 관군

년 4월 17일.

[147] 淸平衛 출신인 邵鑑은 구서와 柳廷用에 뒤이어 가정 6년(1527)에 수비로 부임했다. 萬曆 『銅仁府志』 권4, 「秩官志」, 34쪽 상.

[148] 그는 가정 15년(1536)에 鎭筸守備指揮僉事로 부임했다. 道光 『鳳凰廳志』 권13, 「職官志」(武職), 11쪽 상.

에 대한 두려움 때문이라고 기록하고 있지만, 반란 세력의 그러한 요청은 오히려 작전상 후퇴를 위한 것이었다. 이듬해 가정 19년(1540) 오채묘五寨苗 후답보侯荅保가 간자평과 귀주 단령묘 등을 규합해 마양麻陽을 공격하고, 아유묘 롱유비隴劉比도 반란을 일으켰기 때문이다. 적어도 지방지 기술에 의하면 가정 15년과 16년의 반란이 일시적인 소요로 끝났다면 이 가정 19년 반란의 규모는 제법 컸다.

영순과 보정 토병을 징발한 진원병비부사辰沅兵備副使 이유李瑜는 평계위 지휘 고강봉高岡鳳에게 보정 토병 600명을, 원주沅州 지휘 주보周寶에게 영순 토병 400명을 각각 분배해 배나排那, 맹수孟叟, 아보鴉保, 회암구回巖口 등 11채를 진압하도록 했다. 이런 작전 와중에 묘두苗頭 롱원隴遠과 오득구吳得狗 등이 반란 진압에 동참할 뜻을 내비친 건 매우 의미심장하다. 여하튼 이 작전을 통해 반란 주모자 롱답이隴荅已 등 77명을 생포하고, 52명을 사로잡았다. 후답보도 생포해 진원도辰沅道로 압송했으며, 병비부사 이유는 여세를 몰아 진주위辰州衛 고강봉과 함께 진주위 수비 우흠尤欽과 부계충傅啓忠에게 병사 1,000여 명을 줘 납이산臘爾山 일대를 공격하도록 했다. 이 진압 작전으로 묘수苗首 29명이 참수당하고, 나머지 묘족들에 대한 초무招撫가 실시되었다.

전후 정황으로 미뤄, 이유가 납이산에 동원한 병사 1,000여 명은 이미 배나 일대의 진압에 동원된 병사일 가능성이 큰데, 아마도 이유가 주도한 이 작전에서 배나 등지에서 참수한 반란 주모자 77명과 납이산 일대에서 참수한 묘수 29명을 제외하면 나머지 가담 세력들은 사실상 모두 방면했다고 봐야 한다.

嘉靖 21년(1542) 隴求兒의 반란

가정 21년 간자평 오패채의 롱모수가 롱구아 및 동평묘를 규합해 다시 마양현을 공격할 수 있었던 건 가정 19년 반란에 대한 명 왕조의 사후 대책이 느슨했기 때문일 것이다. 가정 21년 반란을 일으킨 롱구아는 가정 22년 칭왕稱王해 롱모수와 롱자현隴子賢과 인척을 맺는 한편, 남쪽으로 귀주의 요족, 서쪽으로 사천의 소수민족과 연합해 3개 성省에서 여러 차례 반란을 일으켰지만, 지방지의 기술대로 관병官兵은 그들을 제압할 수 없었다.

그런데 지방지에는 가정 21년 당시 마양현 지현 주숭방朱崇芳[149]이 '우집지계遇執之計', 다시 말해 묘인들을 마주칠 때마다 그들을 잡아들이는 계책을 사용해 이들을 물리쳤으며 이 반란 사건이 조정에 보고되어 마침내 이듬해인 가정 22년 도어사 만당(萬鏜, 1485~1565)을 파견했다고 기록되어 있다.[150]

그러나 『명실록』에는 롱구아가 칭왕稱王한 가정 22년(1543) 정월 평두묘平頭苗 롱자현隴子賢과 진간鎭筆의 묘수苗首 용과상龍科橑이 호광과 마양현 일대를 돌아다니면서 소란을 일으킨 기록과 함께 주숭방이 '우집지계'를 시행했다는 언급이 다시 등장한다.[151] 그러므로 간자평의

---

149 그는 가정 19~23년 사이 마양현 지현을 역임했다. 康熙 『麻陽縣志』 권4, 「秩官志」 (武職), 3쪽 상~하.

150 『明實錄』 권272, 嘉靖 22년 3월 11일.

151 『明實錄』 권270, 嘉靖 22년 정월 16일. 이 기록을 보면 롱자현 등의 거병 당시 이 일대 守備와 分巡官이던 李英, 李義壯, 楊雷 등이 반란 제압에 실패했음을 알 수 있다. 그런데 반란에 앞서 수비 李英 등이 새로 歸附한 묘인들을 그 善惡에 따라 구분하자 묘인들이 그 정책에 의심과 두려움을 동시에 느껴 반란을 일으켰다는 점을 기록하고 있다. 그러므로 이런 상황이야말로 명 왕조가 소수민족 사회의 실상을 파악하려는 지속적인 노력 대신, 토사제도를 통한 위임 통치에 맡긴 결과라는

롱모수와 평두묘인 롱자현이 가정 22년 동시다발적으로 반란을 일으켰다고 봐야 한다.

　가정 22년 주승방의 계책이 큰 성과를 거두지 못했기 때문인지 그해 3월 반란 세력이 마양현을 다시 공격했다. 이에 만당은 호광순무 차순車純과 함께 그들을 초무剿撫하는 한편, 같은 해 6월 지휘 이용李勇, 참장 고강봉, 진계 토사 전응조 등을 보내 롱구아 등 50여 명을 촌채 밖으로 불러내도록 했지만, 그들은 응하지 않았으며 나머지 세력들은 여전히 약탈을 자행했다. 따라서 만당은 영순과 보정의 토병 및 귀주와 호광의 관병官兵 1만 1,700여 명을 징발하는 한편, 이 병력을 우흠과 지휘 오산吳山 등이 통솔하도록 해 영순의 팽종순彭宗舜과 전응조田應朝가 고암高巖 일대를, 수비 철관鐵冠은 팽신신彭藎臣과 전흥작田興爵을 통솔해 폭목평을 각각 공격하도록 했다. 또한 수비 주실周實은 오채와 마양 등의 토병을 통솔해 아랍관鴉拉關을 지키도록 했다.

　그러나 당시 반란 세력들은 식량을 풍부하게 저장하고 있는 한편, 요새를 근거지로 삼아 항거했기 때문에 진압이 쉽지 않았다. 가정 22년 12월에 이르러서야 팽종순과 팽신신이 팔귀捌鬼, 몽롱朦朧, 와섭瓦聶 일대 동채洞寨를 비로소 점령했다.

　이어 가정 23년(1544) 팽종순이 납이산, 뇌공산雷公山, 나당糯塘, 암구巖口 등을 계속 공격했지만 지방지의 기록으로 미뤄 이 공격이 단번에 성공을 거두지는 못했던 것처럼 보인다. 가정 23년 3월에 이르러 납이산에 대한 재공격이 시도되고, 이후 목엽산木葉山과 치고治古의 여러 동채를 점령했다. 진압군은 770명을 참수하고 79명을 생포했으며, 223명을 포로로 잡았다. 이 가정 23년에야 비로소 롱모수가 나와 항

사실을 오히려 잘 보여준다.

복했으며, 그를 법에 의거해 처단해야 한다는 만당의 상주에 따라 롱모수를 요동으로 보냈다.

그러므로 가정 16년(1537) 전홍작에 대한 원한으로 시작된 롱모수의 반란은 가정 23년(1544) 롱모수의 항복으로 일단락되었으며 이를 편의상 가정 연간 상서 지역의 1차 소수민족 반란으로 지칭할 것이다. 1차 반란에서 확인할 수 있는 소수민족 사회의 변화 및 소수민족 사회 유력자들의 행동 방식에 대해서는 후술하겠지만, 롱모수 반란은 물론 롱구아와 후답보 반란 등의 진압 과정에서 사실상 명 관군의 역할은 매우 제한적인 반면, 팽종순과 팽신신이 이끈 토병의 역할이 중요했다는 사실은 일단 기억할 필요가 있다.

이처럼 명 관군이 소수민족을 완전히 제압할 수 없었던 상황 때문에 연이어 반란이 발생했으며 가정 25년(1546) 만당이 진주辰州로 다시 와 묘족의 토벌을 나선 이유도 거기에 있었다. 만당의 입장에서만 본다면 가정 25년(1546)은 그가 영욕榮辱을 동시에 맛본 시기였는데, 여기에 관련된 만당의 기록은 지방지와 『명실록』 사이에 약간의 차이가 있다. 가정 25년 만당이 진주로 복귀해 묘족들의 토벌에 나서는 한편 이 무렵 어사 무문룡繆文龍으로부터 탄핵을 당했다는 지방지의 설명과 달리, 『명실록』에는 가정 24년 도어사 무문룡으로부터 탄핵을 받은 그가 가정 25년 정월에 병부좌시랑으로 발령을 받았다고 나온다. 물론 만당이 탄핵을 당하지 않은 채 병부좌시랑의 발령을 받은 건 당시 무안관 차순의 비호 덕분이었는데,[152] 가정 연간의 반란과 만당의 역할은 다음에서 언급할 예정이다.

---

152 이 두 사실에 대해서는 각각 『明實錄』 권307, 嘉靖 25년 정월 10일과 『明實錄』 권 297, 嘉靖 24년 3월 21일 참조.

嘉靖 24년(1545) 隴許保의 반란

롱허보隴許保와 오흑묘吳黑苗란 인물이 다시 반란을 일으킨 시기가 지방지에는 가정 25년으로 나오지만, 그것은 가정 24년의 일일 것이다. 말하자면 가정 23년 롱모수의 항복으로 이 일대 소수민족 반란이 가라앉을 것이라는 예상과 달리 연이어 반란이 일어났으며, 당시 만당에 대한 탄핵 상주를 올린 어사 무문룡 등은 이러한 반란의 재연이 그의 유화책 때문이라고 생각했다.

어사 무문룡이 만당을 탄핵해야 한다고 주장한 근거인 유화책이란 과연 무엇이었을까? 이와 관련된 정황이 지방지에 잘 드러나 있는데, 가장 중요한 장면은 당시 만당이 묘추 롱자현을 소환하자, 롱자현이 소환에 응하는 조건으로 만당에게 오히려 인질을 요구한 점이다. 이에 만당은 천호千戶를 인질로 보내는 한편 만당의 소환에 응한 롱자현을 만당이 주살하자, 묘인들 또한 그 보복으로 인질로 온 천호를 살해했다. 이런 사태가 발생하자, 감사監司를 적진으로 보내 그들에게 음식 등을 베풀어주고 우두머리 중 하나인 롱허보에게는 관대冠帶를 하사하도록 하는 회유책이 거론되었다. 결국 진묘辰苗가 병란으로 어려움을 겪고 있는 한편, 귀묘貴苗들은 반란 움직임이 아직 없는 정황이었기 때문에 조정은 그러한 회유책의 시행을 허락했으며, 이에 따라 만당도 병력을 해산시키고 조정으로 복귀했다.[153]

이런 회유책으로 관대까지 하사받은 롱허보가 가정 25년 다시 반란을 일으켰으므로 어사 무문룡 등이 만당을 탄핵한 건 오히려 자연

---

153 실제 이 회유책의 실시를 허락한 인물은 가정 22년(1543) 귀주 포정사로 부임한 石簡으로서 이 내용은 후술할 예정이다.

스러운 일이다. 오흑묘와 함께 일어난 롱허보의 반란에 대한 기록은 지방지보다 『명실록』에 좀 더 자세히 등장한다. 가정 27년(1548) 『명실록』의 기록에 그들의 세력이 나날이 거세지고 있다는 서술[154]로 미뤄 반란 발생 후 2년이 지나도록 그들을 제압하지 못했음이 분명하다. 이 반란의 심각성을 인식한 명 조정이 도찰원都察院 우도어사右都御史인 장악(張岳, 1492~1553)을 호광, 운남, 귀주, 사천의 군무를 총괄하는 총독으로 임명한 시점이 바로 가정 27년이었기 때문이다.

가정 18년 롱모수의 반란이 가정 23년까지 6년간 지속된 상황과 동일하게 가정 25년에 발생한 롱허보 반란도 가정 30년(1551)까지 6년간 지속되었다.[155] 그런데 가정 30년 롱허보 생포 당시 『명실록』의 기록에 따르면 본래 귀주 지역 출신인 롱허보와 오흑묘가 사주부思州府를 공격한 후, 다시 진당을 규합할 당시 호광의 납이산묘臘爾山苗도 그들과 합세했다. 또한 바로 이 무렵 평두사平頭司가 석천부石阡府를 공격하려 했던 사실도 아울러 등장한다.

한편 『명실록』과 지방지에 모두 롱허보의 생포 정황이 간략하게 등장한다. 지방지의 가정 30년 기록에 의하면 롱허보와 오흑묘가 진간으로 몰래 들어와 여러 묘인들을 규합해 사주부를 공격하자 장악은 영순과 보정의 토병과 함께 토벌에 나섰다. 전응조가 유양酉陽의 병사들과 합세해 평다平茶를 공격한 시기도 바로 이 무렵이었는데, 오히려 장악은 전응조의 숙부인 전면田勔을 먼저 장살杖殺하고, 영순선위사의 요청으로 전응조마저 참수했다.

전응조는 가정 18년(1539) 롱모수 반란 당시 토지휘土指揮로 등장하

---

154 『明實錄』 권337, 嘉靖 27년 6월 4일.
155 롱허보는 가정 30년(1551) 귀주에서 효시되었다. 『明實錄』 권374, 嘉靖 30년 6월 18일.

는 인물로서 가정 18년과 가정 22년에 롱구아 반란 진압에 나섰으며, 더구나 가정 22년에는 팽종순과 함께 반란을 진압한 바 있다. 그러므로 가정 30년 당시 반란 주모자는 오직 롱허보만 남아 있었는데, 이에 참장參將 석방헌石邦憲이 마득반麻得盤이라는 무묘撫苗를 매수해 롱허보의 소재지를 정탐하고 이어 술에 취해 있던 그를 포박할 수 있었다. 이런 지방지의 기술을 좀 더 보완할 수 있는 내용이 장악의 글에 등장한다.

장악의 서술에 의하면 롱허보는 지략이 뛰어나고 다른 사람을 압도할 정도로 무력이 대단한 인물이었기 때문에 여러 묘인들을 압박해 쉽게 세력을 확장시켰다. 지방지에는 명 관군이 마득반이란 인물을 매수했다고 기록되어 있지만, 마득반을 비롯한 마순麻順, 오단령吳旦暹, 오로록吳老犖이 자원해서 관아에 출두해 "수년 동안 이 지역의 재앙은 모두 롱허보 한 사람에서 비롯된 것으로서 우리 묘인들은 편안히 살 수가 없었다. 만일 롱허보가 죽지 않는다면 그 폐해가 우리에게 내내 붙어 다닐 것이니 우리의 몸과 가족을 지키기 어렵다."는 말과 함께 롱허보의 체포에 적극적으로 나섰다.

장악은 그가 성계省溪, 인강印江, 석천, 사주思州 일대의 아문衙門을 공격하고 관원을 공격해서 인장을 탈취했을 뿐 아니라 창고를 공격하는 한편, 사람들을 포로로 잡아가 인질로 삼는 등의 악행을 저질렀다고 언급했다.[156] 당시 순묘順苗 마득반의 고발과 장악의 설명으로 미뤄 분명히 롱허보는 많은 악행을 저지른 대표적인 인물임이 틀림없다. 그러나 향건鄕健 이종일李宗一, 양춘수楊春秀, 오영부吳永富 등을 동원해 순묘 마득반 등을 수소문했다는 사실로 미뤄 롱허보와 같은 반란의

---

156 「擒獲首惡龍許保疏」, 『小山類稿』 권5, 「奏議(5)」, 18쪽 상과 20쪽 상~하.

주모자를 관군 단독으로 찾아내기란 사실상 불가능했다. 그만큼 소수민족 사회는 외부 한족 세력이 쉽게 파악할 수 있는 무대가 아니었다. 나아가 룽허보가 소란을 일으킨 지역 역시 호광, 귀주, 사천 삼성에 걸쳐 있다는 점에서 명 중엽 반란 세력의 규모가 매우 확대된 사실도 확인할 수 있다.

3. 湖廣 소수민족 지역의 반란과 明 왕조

1) 다층 사회의 형성

홍치 연간 룽마양 반란으로부터 가정 30년(1551) 종식된 룽허보 반란에 이르는 명 중엽 상서 지역의 반란은 호광 지역 소수민족 반란 가운데 가장 규모가 컸으며 그 기간도 길었다는 점에서 중요한 의의를 지닌다. 그러나 이 반란이 중요한 이유가 반드시 그 규모와 기간 때문만은 결코 아니다. 가정 32년 『명실록』에는 룽허보와 오흑묘의 반란 진압에 공을 세운 여러 지방관에 대한 서훈 기록이 장황하게 등장하지만,[157] 상서 지역의 내막을 자세히 들여다보면 소수민족 반란에서 등장하는 일련의 정황이 결코 단순하지 않다는 점을 쉽게 짐작할 수 있으며, 나아가 군사적 진압만이 근본적인 대책일 수 없다는 사실도 일깨워준다.

---

157 『明實錄』 권405, 嘉靖 32년 12월 29일.

土官과 土兵

군이 명 중엽 상서 지역 반란뿐 아니고 토병들이 여러 전투에 동원된 사실은 널리 알려져 있는데, 상서 지역의 반란 진압에도 영순과 보정사의 토병은 혁혁한 공을 세웠다. 나아가 지방지의 기록을 좀 더 확대해 보면 반란이 발생한 소수민족 지역에 직접 당도해 실제 작전을 전개한 군인은 관병이 아닌 토병이었다. 가정 22년(1543) 묘족들이 많은 식량을 지닌 채 요새에 근거해 저항을 계속하고 있을 당시 팽종순과 팽신신이 동채峒寨를 점령했다는 기록이 그러한 예다.

명 중엽 이후 병력의 감소는 이러한 토병 동원의 중요한 원인이었다. 전여성의 지적에 따르면 명 초엽 20만 명에 달했던 수졸戍卒의 수효는 16세기에 이르러 그 수효의 10~20% 정도만 남았으며, 일반 병사는 물론 지휘관조차 제대로 훈련하지 않은 오합지졸인 탓에 소수민족의 반란 토벌에 토병은 필수적인 요소였다.[158] 물론 동원 과정에서 일부 토병들이 소요를 일으킨 경우도 있지만, 왜구 진압에 나선 후 각 지역에서 동원된 병사들의 특징을 기록으로 남긴 호종헌(胡宗憲, 1512~1565)의 지적대로 영순과 보정의 병사들은 말 그대로 '천하막강天下莫强'의 병사였다.[159]

그렇지만 롱허보가 한창 기세를 올린 가정 27년(1548) 귀주순무로 부임한 이의장李義壯은 관부의 명령대로 토병이 움직이지 않는다는 사실을 지적했다. 그는 영순, 보정, 평다 등의 토사들은 묘족 지역과 맞닿아 있는 덕분에 소수민족 지역에서의 행동 요령을 잘 터득하고 있

---

158 田汝成,「上巡撫陳公書」,『明經世文編』권257, 3쪽 하.

159 胡宗憲,『籌海圖編』(『中國兵書集成』, 解放軍出版社 · 遼沈書社, 1990) 권11,「經略 (1)」(愼募調), 965쪽.

음에도 팽명보, 팽신신, 속관屬官 장문헌張文憲 등은 "양순음역陽順陰逆"의 행태를 보이면서 상부의 명령을 받들지 않는다고 비난했다. 또한 이들 때문에 기존에 마련된 군사비가 소진되었으며 반란 진압도 어렵다고 언급했다.[160] "양순음역"이란 겉으로는 관부의 명령에 따르는 척하면서 안으로는 몰래 배반을 도모한다는 뜻이다.

그러므로 관원은 토병의 통제에 상당한 어려움을 겪었는데, 이런 연장에서 명 중엽이 되면 토병을 동원하기 위해 선물 공세가 빈번해졌다. 상서 지역 반란에서도 이미 동인부 지부 위문상魏文相이 반란 세력을 초무하는 대가로 반란 발생 지역의 토지를 평다사 토관 양재현楊再顯[161]에게 주겠다고 약속하는 한편, 롱허보에게도 음식 등을 베푼 사례가 그 좋은 증거다. 상서 지역 반란에도 등장하는 롱허보와 전흥작에 관련된 소경少卿 주홍조周弘祖의 다음 언급은 이런 정황을 잘 설명해 준다.

> 묘환苗患 이래 (묘인을) 제어하기 위한 좋은 방법을 언급한 것이라곤 무撫(위무), 초剿(토벌), 전戰(전투)에 불과한데, 이 세 방법은 모두 옳은 것 같지만 사실상 일의 형편에는 맞지 않으니 (그 까닭은) 무엇인가? 가정 24년(1545) 묘적의 세력이 창궐하자, **포정사布政使 석간石簡이 직접 동인銅仁에 와 그들을 초무招撫하면서 생선과 소금을 지급하고 홍화紅花 및 소와 술로 그들을 대접했다.** (또한) **두목 롱허보에게는 관대冠帶를 하사하고** 유묘幼苗

---

160 『明實錄』 권337, 嘉靖 27년 6월 4일.
161 제13대 平茶長官使였던 양재현의 행적을 자세히 알기는 어렵다. 그러나 그는 한때 전공을 세운 명목으로 武略將軍에 봉해졌으며(龔蔭, 1992, 443~444쪽 참조), 嘉靖 25년『明實錄』 기사에 그 이름이 다시 등장하는 것으로 미뤄, 가정 18년(1539) 반란 당시 처벌당하지 않았던 사실을 알 수 있다. 『明實錄』 권315, 嘉靖 25년 9월 19일조 참조.

를 생원生員으로 선발했을 뿐 아니라, 적들이 갖고자 하는 것을 모두 주었으니 (이는) 마치 사랑하는 자식을 떠받드는 것 같았다. (그들이) 양식과 포상을 손에 쥐게 되면 즉시 (다른 적들의) 포획에 나선다. (그러나) 채 1년이 안 돼 그 기세가 방자해지고 태도가 변해 양식을 얻을 수 있어야 (병사를) 움직일 수 있다고 하면서 초무招撫에 응하지 않으니, 이는 초무가 뚜렷한 효험이 없다는 것이다.[162]

주홍조는 이어 관군이 모여 적진에 들어가면 적들은 흩어져 도망가고, 관군이 철수하면 그들은 다시 출격하기 때문에 용병用兵도 소용이 없다고 언급했다.

그러나 관군의 무력 진압이 제대로 시행되지 못한 건 정부의 이런 유화책에 더해 토관들에게 진압의 대가로 직접 금품을 나눠줬기 때문이다. 전쟁에 참여한 병사들에게 전공에 따라 상을 내리는 관례는 어제오늘의 일이 아니지만, 이런 논공행상과 관련된 문제점을 당시 장악은 명확하게 지적한 바 있다. 토관들의 논공행상에서 수급首級을 가져오는 게 수공首功이었으며 포로를 직접 관아에 데려오는 건 차공次功에 해당되었다. 그러므로 각 토관들은 싼값으로 묘인들을 구매했다가 관군의 토벌이 시작되면 묘인들의 머리를 베서 자신들의 공을 조작하는 한편, 단순히 포로의 수효가 많은 건 수급首級보다 당연히 상금이 적은 탓에 진압 후 그들을 도륙하는 상황이 빈번하게 발생했다.

이런 문제점을 해결하기 위해 내놓은 장악의 다음 대책은 당시 반란 진압에 동원된 토관들의 관심이 결국 금전에 있었다는 사실을 역설적으로 보여준다. 장악은 남녀와 장유長幼의 구분 없이 한 명당 3냥

---

162 周弘祖, 「議處銅苗疏略」, 萬曆 『貴州通志』 권20, 「經略志二」(釐弊類), 357쪽.

을 토관들에게 지급해 준다면 1,000냥으로 대략 300여 명을 구할 수 있으니 이는 적은 비용으로 많은 사람을 살릴 좋은 계책이라고 강조했다. 그는 수급首級으로 군공軍功을 논하는 예는 이미 오래전부터 시행돼 온 사실을 상기시키면서도 수급과 포로를 합산해서 토관들에 대한 논공을 실시해야 한다고 주장했다.[163]

이처럼 반란 세력의 토벌에 나선 토관들은 오직 금전상의 이익 여부만을 살폈던 게 명 중엽의 상황이었다. 바로 이런 이유로 장악은 일찍이 "토관들이 군영의 높은 곳에 앉아 참전 일수에 따른 은량의 수입만을 계산하는 탓에 적이 존재하기만을 바랄 뿐, 어찌 그들이 적들을 없애려 하겠는가?"라고 하면서 토관들의 행태를 맹렬히 비난했다. 가정 25년(1546) 귀주 순안어사로 부임한 소단몽(蕭端蒙, ?~1554)도 토관들의 이런 행태를 장악과 마찬가지로 지적한 사실을 상기하면 토관들을 이용한 반란의 진압은 그리 실효성이 없었다.[164]

이런 토관들의 행태와 관련해 가정 16년(1537) 롱모수 반란 발생의 직접적 계기를 제공한 전흥작의 행태를 볼 필요가 있는데, 그에 관련된 좀 더 구체적인 상황을 앞서 언급한 주홍조의 글을 통해 확인할 수 있다.

제 짧은 소견으로는, 이러한 (정황)은 묘족苗族이 광서廣西의 요족·동족 猺族·僮族과 같지 않다는 의미인데 본래 (토관은) 자신의 관할 (지역)이 있

---

163 「乞立存活被虜人口賞格疏」, 『小山類稿』 권5, 「奏議」(5), 1쪽 하~2쪽 하.
164 토관의 이러한 행태를 구체적으로 언급한 張岳과 蕭端蒙의 글은 정철웅, 2017, 47~49쪽 참조. 아울러 장악의 "只願賊在, 豈肯滅賊"이라는 말을 논문 제목으로 원용해 작성된 논문인 謝曉輝, 「只願賊在, 豈肯滅賊?"—明代湘西苗疆開發與邊牆修築之再認識」, 魏斌 主編, 『古代長江中游社會研究』, 上海古籍出版社, 2013도 매우 유용하다.

고 인신印信과 문책文册이 있으며, 이전에 (이미) 정한 전량錢糧 (액수)가 있습니다. (그러나) 지난해 초 토관으로부터 (사단이) 발생했습니다.[165] 이후 호광湖廣의 진·간鎭·章 이사二司의 초무招撫에 응한 묘인들에게는 **각자가 모두 자신의 토관을 알아서 정한 후 그 토관에게 자신의 주인이 되도록 간청해** 주살誅殺을 면할 수 있도록 했습니다.

이를테면 간자평箪子坪의 묘인苗人들 또한 (자신들이) 토관으로 (정한) 전흥작에게 촌채로 와달라고 청해 소를 잡고 땅에 술을 뿌리며 (존경을 표하는 한편), 처자妻子들은 나열해 절을 하면서 아문衙門의 건립과 구치舊治의 재건을 간절히 애원한 바 있습니다. 대체로 전흥작이란 자는 과거에 진주辰州의 감옥에 갇혀 있었는데 이 당시에는 묘인들이 아직 반란을 일으키지 않았습니다. (그러나 지금은) 묘인들이 사사로이 서로에게 말하기를 '우리들의 부모님과 같은 분(전흥작)이 관청에 오랫동안 구금되어 있으니, 당연히 그분을 구해야 한다.'고 합니다.

주홍조가 언급한 전흥작 관련 상황은 지방지에도 고스란히 등장하는데,[166] 주홍조와 지방지의 설명에 의하면 묘인들은 감옥에 구금된 전흥작의 석방을 위해 십시일반으로 모은 돈으로 옥리를 매수해 그를 방면시켰다. 그러나 묘인들의 도움으로 감옥에서 풀려난 전흥작은 묘인들을 대상으로 착취를 일삼고 여자들에게 행패를 부리는 등의 만행을 저질렀다. 이런 이유로 전흥작 휘하 묘인들이 반란을 일으키게 되었다.

---

165 해당 원문은 "先年之初, 起於土官"인데 선년의 시기를 가늠하기는 어렵다. 이 글을 쓸 당시 주홍조의 직위가 少卿으로 되어 있으며 그가 太常寺 少卿에 오른 시기는 만력 12년(1584)이었으나(『明實錄』 권151, 萬曆 12년 7월 26일), 이 시기 전후로 주홍조가 언급한 진간사의 내용은 등장하지 않는다. 아마도 가대형의 가정 27년 언급이 주홍조의 설명과 일치한다고 판단된다.

166 道光 『鳳凰廳志』 권12, 「苗防」(2), 11쪽 하.

전흥작의 행패 때문에 상서와 귀주 일대 묘인苗人들이 반란을 일으킨 점보다 묘인들이 그에게 자신의 수장이 되어달라고 간청한 사실이야말로 오히려 중대한 의미를 지닌다. 이는 명 왕조 출범 이래 시행해 온 토사제도가 명 중엽에 이르러 근본적으로 변화했다는 사실을 알려주는 매우 중요한 단서다. 그 시기를 정확히 확정하기는 어렵지만, 명 중엽 이후 명 왕조가 정식으로 습직을 인정해 준 토사 외에 그 지역 유력자들 역시 토관의 지위와 맞먹는 역할을 하고 있었다는 점을 위 전흥작의 예는 정확히 보여준다. 그리고 이는 분명 토사제도가 변화 혹은 와해했다는 사실을 의미한다.

토관은 본래 인구와 세량, 그리고 영역이 본래 정해져 있다는 사실을 주홍조가 상기시킨 이유도 그가 살던 당시에 이미 그러한 정황이 변했기 때문일 것이나. 그러므로 주홍조의 언급을 조금 확대해서 해석한다면 자신의 관할 영역이나 인구는 물론, 관련 토지대장이나 호적 등은 없지만 소수민족 사회에서 나름의 능력을 바탕으로 우두머리 행세를 한 인물들이 명 중엽 이후 호광 지역 일대에 속속 등장했다고 볼 수 있는데, 전흥작이 바로 그런 인물이었다.

이런 사실을 확인시켜 주는 또 다른 예가 가정 27년(1548) 호광 순안어사巡按御史 가대형賈大亨의 전응조田應朝에 대한 언급이다. 그도 최근 10년 동안 반란 진압을 위해 두 번씩이나 병사를 일으켜 국고가 탕진되고 많은 사람이 희생되었지만, 반란이 평정되지 않은 이유는 바로 토관과 토군이 명령을 제대로 따르지 않기 때문이라는 점을 일차적으로 지적했다.

이어 그는 과거에는 토관이 소수민족 지역의 사정에 밝아 소수민족을 제어할 수 있으며, 세습 지위와 토지에 기대 외번外藩으로 행세했으나 현재는 "부귀를 누리면서, 관원으로서의 도리를 망각하고 직분을 팽개쳐 비단 묘인을 다스릴 수 없을 뿐 아니라, 묘인을 그대로 방치하는 악행을 저지르며 묘인을 위협하는 죄가 중하다. 더구나 묘인을 무력으로 제압할 수 없는 지경이며, 묘인을 위무할 때는 교활한 행동으로 이익을 탐내는 일이 빈번하다."고 맹렬히 비난했다.

묘인들을 복종시켜 반란을 다시 일으키지 않도록 하기 위해서는 오직 토관에게 그 책임을 부여하는 방법밖에 없다고 결론을 내린 가대형의 다음 언급은 위 주홍조의 지적과 일맥상통한다.

간자평 각 촌채의 묘인을 나눠 보정선위사 팽신신彭藎臣이 단속하도록 하고, 진간 각 촌채의 묘인은 영순선위사 팽명보가 단속하도록 하되, 토지휘土指揮 전응조를 아울러 감독해 단속하도록 해야 합니다. 이후 개별 묘인 중 (행여) 단속을 받지 않는 묘인이 있다면 그가 어느 촌채 (관할)인지를 조사한 (후), 그 묘인을 감독할 (책임이 있는) 토관에게 묘인을 방임한 죄를 적용하는 (한편), 토관의 파면과 설치를 쉽게 한다면, 자연스럽게 묘환苗患이 적어질 것입니다.

이런 말과 함께 가대형은 현재 팽신신과 전응조가 다시 일어나 묘이苗夷들을 고용해 살상을 일삼고 있으나 일단은 "처벌을 가볍게 하고 본래대로 유화책"을 시행하되, 여전히 반란을 일으키면 법에 따라 엄히 처벌해야 한다고 상주했다.[167]

이러한 정황도 영순과 보정토사들이 이미 다스리는 지역을 넘어 사방에 흩어져 있는 묘인을 단속하는 것이었는데, 토지휘土指揮인 전응조도 팽명보와 함께 이러한 일을 담당하고 있었다. 이는 정식 토관이

---

167 이상 賈大亨의 상주는 『明實錄』 권341, 嘉靖 27년 10월 2일조 참조.

아닌 전응조가 휘하에 묘인을 거느렸다는 의미로 해석할 수 있다. 장악이 나열한 전응조의 죄상 가운데, 그가 가정 28년(1549) 7월 평다장관사를 유린하고 아마도 양재현의 일족인 토사土舍 양정숭楊正崇과 서자庶子 양통일楊通一을 토관으로 세운 사실이 등장한다. 장악의 언급대로 전응조가 양재현의 수족이나 다름없었으며 양재현이 다른 지역을 공격할 때 먼저 전응조와 협의한 사실[168] 모두 새로운 유력자가 명중엽 이후 상서 지역에 등장했다는 중요한 증거다.

가정 22년(1543) 만당이 롱구아 세력을 진압하러 나설 당시 전응조는 영순의 팽종순과, 전흥작은 팽신신과 함께 출정한 예[169]도 토사의 존립 형태가 결코 단일하지 않았다는 사실을 명확히 확인시켜 준다. 그러므로 정덕 16년(1521) 귀주순무로 부임한 탕목湯沐이 이미 "현재 토사土舍들이 사사로이 지위를 세습하는 탓에 그 지계支系가 불분명해져 쟁탈 양상이 발생한다."고 지적한 건[170] 전응조가 양정숭 등을 토관으로 세운 사실과 동일 연장에 있다.

衛所 군인과 土官

이미 여러 차례에 걸쳐 언급했듯이, 토병과 함께 소수민족 지역의 방어를 담당했던 중요한 축은 이 지역의 위소였다. 그리고 정덕 6년(1511) 묘추苗酋 롱마양 등이 반란을 일으켰을 당시 관군은 묘민苗民

---

168 「參究主苗酉陽宣撫再玄疏」, 『小山類稿』 권5, 「奏議」(5), 24쪽 하~25쪽 하.

169 실제로 진간묘와 간자묘를 통제하는 책임이 있었던 영순과 보정토사는 매년 호광포정사와 진주부에 관련 사실을 보고해야 했으며, 말썽이 발생하면 그에 대한 책임을 져야 했다. 姚金泉, 「明淸統治者對湘黔邊苗民的政策及其影響」, 『中央民族大學學報』(哲學社會科學版) 29권, 3기, 2002, 49쪽.

170 湯沐, 「議處土官軍伍疏略」, 萬曆 『貴州通志』 권20, 「經略志二」(釐弊類), 358쪽.

롱진隴眞을 향도嚮導로 삼아 반란 진압에 나선 사실을 앞에서 인용한
바 있다. 이 롱진은 롱마양 반란 당시 토관 이춘, 가앙, 전종새 등과
함께 사부司府를 핍박한 인물로서, 당시 지위는 간자평 백부장百夫長이
었다.

『명실록』에는 이춘 등이 처벌을 받았으나, 롱진은 이 지역의 유력자
로서 많은 사람들이 추앙한다는 이유로 죄를 면제해 줬다고 기록되어
있다. 다만 반란자들을 풀어준 이유로 당시 진계소鎭溪所 백호 손계훈
孫繼勳은 이춘과 함께 처벌되었다.[171] 이보다 앞선 정덕 4년『명실록』의
기록에는 진계소 동묘洞苗가 무리를 결성해 촌채를 공격하고 살육한
다는 사실을 알리는 사천 유양선무사酉陽宣撫司의 호인관대사인護印冠
帶舍人 재정새再廷璽와 중경위重慶衛 관할 읍매장관사邑梅長官司 토관 양
수선楊秀璿의 상주가 등장한다.[172]

롱진은 물론이려니와 손계훈이나 진계소 관할 동묘들이 인근을 공
격한 정황은 모두 소수민족 지역의 방어를 담당하는 위소와 구성원들
이 반란을 일으키거나 방조했던 사실을 말해 준다. 이런 점에서 다음
의 지방지 기사는 위소 역할과 위상의 변화를 잘 보여준다.

　　호광의 시주 위소가 관할하는 산모散毛, 시남施南, 당애唐崖, 충로忠路,
충건忠建, 충효忠孝, 용미容美 등의 토사와 사천 중경重慶과 기주부夔州府의
소所가 관할하는 검강黔江, 무륭武隆, 팽수彭水, 충·부忠·涪, 건시建始, 봉
절奉節, 무산巫山, 운양雲陽, 만현萬縣 등 10개 주·현 지역의 경계를 조사해
보니 어떤 곳은 서로 떨어져 (그 구분이 어렵고) 어떤 곳은 마치 개의 이처

---

171 『明實錄』 권126, 正德 10년 6월 24일.
172 『明實錄』 권51, 正德 4년 6월 28일. 다만 이 기사에 나오는 '再廷璽'라는 인명은 아
　　마도 '冉廷璽'일 것이다. 이는 酉陽宣慰司 '冉氏'를 잘못 기입한 게 분명하다.

럼 (그 경계가) 들쑥날쑥합니다.

조정이 본래 주州와 위衛를 설치할 당시, 그중 한 곳이 각 토사를 (모두) 통할하지 않았으나, 이전에는 위관衛官들이 오히려 국법國法을 두려워해 법령을 준수하고 이민夷民과 한족漢族을 통제하는 한편, (그 둘의 상호) 출입을 허락하지 않아 지방이 안정을 얻을 수 있었습니다. 정덕 연간 남·언藍·鄢(남정서藍廷瑞와 언본서鄢本恕)의 반란 (이후)부터, 토병을 징발해 그들을 토벌했습니다. (토병은) 사천 도로의 험난한 곳과 편한 곳을 알며, 주·현 촌락의 (정황을) 숙지하고 있어 세력을 결집한 후 불시에 출몰하는 피해가 발생하고 있습니다. (토병은) 지방을 떠돌아다니며 사람을 죽이고 재산을 약탈하는 한편, 부녀자들을 겁탈하는데, 마침내 약탈한 여자들과 재물을 시주위 관원들에게 나누어 보내기까지 합니다. 결국 토관土官들은 (위소衛所 관원官員과) 항상 표리表裏를 이뤄 법을 어긴 채 결맹하고, 심지어 우호 관계를 맺은 탓에 마음대로 약탈하고 변고가 발생해도 거리낌이 없습니다. (그러므로) 명색은 본관本管이지만, 실제로는 도둑의 우두머리입니다.

사단이 발생하면 상급 관청은 위소 관원들에게 그 조사를 위임하지만, 해당 위관衛官은 미적거리며 (진상을) 밝히지 않을 뿐 아니라 일당을 위해 애써 (그 사안을) 은폐하고 날조한 문서를 상부에 보내 그들을 보호합니다.[173]

위 인용문은 비록 시주위의 정황을 그린 것이지만, 명 중엽 이후 토병과 위소 관원의 유착 정황을 잘 보여주는 중요한 사료다. 다만 위 인용문에 등장하는 토병들은 토관이 자체적으로 거느리고 있던 병력만은 아니었을 것이다. 호광 지역 위소가 일찍부터 토사제도와 결합

---

173 「欽差巡撫都御史劉大謨題設守備疏」, 『鄂西少數民族史料輯錄』, 1986, 159쪽.

된 형태로 출발했기 때문이다.[174] 실제 원대부터 존재한 신첨갈만안무사新添葛蠻安撫司는 홍무 22년(1389) 신첨천호소新添千戶所로 되었다가, 홍무 23년 신첨위新添衛로 바꿔 귀주도사에 예속시켰으며 홍무 29년 (1396)에 군민지휘사사로 승격시킨 바 있다.[175]

이런 제도적 측면도 그렇지만, 인용문에서도 잘 드러나듯이 당시 토관들은 약탈 등의 범법 행위를 은폐하고 자신을 비호하기 위해 위관들에게 많은 선물을 보냈는데, 이런 선물 가운데 부녀자들도 포함된 사실은 자못 충격적이다. 아울러 위관들 역시 상급 기관에 토사들의 범죄 사실을 제대로 보고하지 않은 채 오히려 그것을 적극적으로 은폐했다는 점에서 위소 병사는 물론 토관과 토병들의 군사적 효용성을 사실상 기대하기 어려웠다.

이러한 정황이야말로 반란 진압에 나선 토관과 위소 병력을 명확하게 구분하기 어려웠다는 사실을 상기시켜 주는데, 가정 11년(1532) 귀주순무로 부임한 서문(徐問, 1480~1550)의 지적은 이것을 잘 확인시켜 준다. 귀주의 지방관으로서 그의 염려는 당연히 귀주 지역에 관련된 것이지만, 귀주성의 사남思南, 오살烏撒, 영녕永寧, 도균都匀 등의 위소, 사천의 오살부烏撒府, 영녕과 파주선무사播州宣撫司, 광서 남단南丹의 사성泗城, 운남의 점익주霑益州, 호광의 진간鎭箄 지방은 서로 근접해서 토관이 설치된다 하더라도 대다수는 통제를 벗어나 마구 날뛰고 있으며, 토관에게 식량과 말을 바치는 경우가 있지만 그런 사람들도 대부분 생묘生苗라고 말했다.

---

174 戴楚洲, 「湘鄂川黔土家族地區衛所制度初探」, 『湖北民族學院學報』(社會科學版) 12권, 3기, 1994, 21쪽.

175 成臻銘, 「論湖南元明時期的土司─兼與新添葛蠻安撫司在湖南論者商榷」, 『民族研究』, 5기, 1996, 72쪽.

서문이 염려한 사안은 이처럼 토관들이 제멋대로 행동하는 와중에 이곳의 토관이나 위소 군관들이 외부 토관이나 토인들과 결친結親해 왕래하거나 서로 내통하는 한편 경작지를 매매하는 관행이었다. 따라서 서문은 "광서, 운남, 사천, 호광의 무안관撫按官과 그 신하들은 각 도道의 수순관守巡官과 합심해 귀주성의 위소 군관軍官과 군인들이 토관과 결친하거나 경작지를 매매하지 않도록 엄금해야 한다고 주장했다.[176]

더구나 앞서 여러 차례 언급했듯이 명대 위소 군인들이 해당 지역의 토착 세력이라는 사실도 상기할 필요가 있다. 따라서 이들은 관군의 편이 아닌 반란 세력에 가담하는 예가 빈번했는데, 상서 지역 반란에 등장하는 전응조田應朝가 그 전형적인 예다. 가정 22년 만당이 상서 지역 반란 토벌 당시 실제로는 궁여지책으로 전응조를 포도관捕盜官으로 삼아 토벌 작전을 시행하려 했지만, 오히려 그는 매우 방자한 태도로 악행을 일삼으며 관군의 반란 진압을 방해하기까지 했다.

이후 만당이 롱자현을 소환할 당시 롱자현이 인질을 보내야 자신이 출두할 수 있다는 말을 하자 인질로 천호를 보낸 바 있다. 출두한 롱자현을 만당이 살해하자 묘인들도 인질로 온 천호를 살해해 보복했다.[177] 롱자현 사건과 관련해 만당이 롱자현을 소환한 이유 등에 관한 기록이 더 이상 등장하지는 않지만, 묘인이 천호를 스스럼없이 살해한 정황은 그만큼 천호의 지위가 소수민족 사회에서 열악했다는 사

---

176 이상 서문의 언급은 徐問, 「議處地方事宜疏」, 『明經世文編』 권173, 2쪽 하~3쪽 상 참조.

177 전응조와 롱자현 관련 두 사건은 道光 『鳳凰廳志』 권12, 「苗防」(2), 11쪽 하에 가정 25년의 일로 기록되어 있으며, 萬曆 『銅仁府志』 권11, 「經略志」(2), 9쪽 상~하에 등장하는 공부상서 雷禮의 글 「嘉靖中大征紀略」에도 등장한다. 다만 뇌례의 글에는 만당을 보러 온 묘인이 롱자현이 아닌 龍果로 되어 있다.

실을 의미한다. 오채묘烏寨苗의 용아칠龍亞七 등이 진계소의 천호 송흠
宋欽을 사로잡은 사건[178]도 그 좋은 실례 중 하나다.

전응조 관련 기록은 가정 30년(1551)에 재등장한다. 당시 반란 진
압 작전을 지휘한 장악은 전응조가 실제로는 그의 숙부 전면田勉을
등에 업고 악행을 일삼는다는 사실을 간파해 일단 그의 숙부를 처단
했다. 전면의 처형에 대해서는 도광『봉황청지鳳凰廳志』를 바탕으로 이
미 앞에서 서술했지만, 당시의 정황을 알려주는 공부상서 뇌례(雷禮,
1501~1581)의 글은 뉘앙스가 조금 다르다.

뇌례의 언급에 의하면 전면의 처형으로 겁을 먹은 전응조가 묘채로
숨어들어 움직이지 않자, 장악은 속죄贖罪를 권유했으나 응하지 않았
다. 이에 장악은 그의 포도관 지위를 혁파하고 전응조의 일족도 그를
더 이상 신임하지 않자 비로소 스스로 몸을 묶어 장악 앞에 출두했다.
그럼에도 장악은 그의 태도가 돌변할지 모른다는 판단 때문에 그에
게 일단 장형杖刑을 내린 후 그를 석방해 반란 진압에 참여하도록 했
다.[179] 장악의 이런 조심스러운 태도야말로 역설적으로 위소 군인들의
위험성을 말해 주는 좋은 사례다.

그러므로 전체적으로 본다면 일련의 세심한 작전과 장기간의 대치
끝에 토지휘 전응조를 생포해 처형시킬 수 있었다.[180] 따라서 뇌례의

---

178 『明實錄』 권420, 嘉靖 34년 3월 19일.
179 雷禮, 「嘉靖中大征紀略」, 萬曆『銅仁府志』 권11, 「經略志」(2), 12쪽 하. 참고로 萬曆
　　『銅仁府志』는 출판 시기가 오래되어 쪽수 표기가 다소 불명확하다. 즉 여기서 인용
　　한 12쪽에 이어 '又十二'라는 쪽수 표기가 연이어 등장하는데, 여기서 인용한 12쪽
　　은 萬曆『銅仁府志』 권11에서 맨 처음 등장하는 12쪽을 의미한다.
180 따라서 田應朝는 嘉靖 30년(1551)에 처형되었으며, 이 사건이 종결된 嘉靖 31년
　　(1552)에 張岳은 다시 12哨를 설치하는 한편, 沅州府를 개설했다. 『湖南地方志少數
　　民族史料』(上), 1991, 384쪽.

언급이 중요한 이유는 그의 글이 전응조가 체포된 후에야 비로소 반란 세력을 소탕할 수 있었다는 맥락으로 서술됐기 때문이다.

苗人과 漢人

토관이나 위소의 군사력이 제 기능을 발휘하지 못했기 때문에 반란뿐 아니라 일반 묘인들의 통제도 쉽지 않았다.[181] 만력 44년(1616) 당시 호북분수도湖北分守道로 있었던 채복일蔡復一이 이미 "현재 묘인苗人은 군장君長이 없으며, 큰 뜻을 가지지 않은 채로 오직 재산을 겁탈하고 사람을 생포해 취속取贖만 한다."[182]라고 지적한 것처럼, 소수민족들 역시 불법적인 행위로 돈을 버는 데 골몰했다. 이런 정황은 대체로 소수민족이 거주하는 산간 지역에까지 명 중엽 이후 중국 사회가 경험한 경제 발전의 여파라고도 해석할 수 있다. 이런 정황과 관련해 소수민족의 반란이 자주 발생한 명 중엽 이후 호광 일대 산간 지역은 후가지侯加地의 지적처럼 인구가 급증했으며[183] 그런 인구 증가가 다시 치열한 생존경쟁으로 이어졌음을 당시 사료는 전해준다.

따라서 어느 사이에 산간 지역에서도 식량 확보가 중요한 문제로 대두되었는데, 이런 점에서 채복일이 숙묘熟苗와 생묘生苗를 식량에 대한 접근성에 따라 구분한 건 매우 흥미롭다.

---

181 여기서는 자세히 언급하지 않았지만, 이를테면 嘉靖 33년(1554) 龍潭安撫司 黃俊과 黃中 부자의 반란이나 隆慶 초년 금동토사 담벽의 반란 역시 시주위 군사력의 약화에서 비롯되었다. 陳文元, 「在國家和土司之間: 衛所制度的變遷與轉型—對鄂西南施州衛的再認識」, 『武陵學刊』42권, 5기, 2017, 79쪽 참조.

182 蔡復一, 「與燕中知門言鎮箄事」, 『遯菴全集』(『四庫禁燬書叢刊』, 北京出版社, 1997) 권11, 「楚牘」, 73쪽 하.

183 侯加地, 「邊哨說」, 光緖 『乾州廳志』 권7, 「苗防志」(苗防1), 4쪽 상.

진·원辰·沅에서 북으로 진계鎭溪에 닿아 있는 곳과 남으로 동인銅仁에 이르는 일대를 진간鎭竿이라 하는데, 이곳은 사천, 호광, 귀주 묘인들이 모두 모여 있는 소굴로서 그 부류의 수효가 6~7만 정도다. 한·토병 6,000여 명을 두고 영초營哨를 설치했는데, (그 영초에서) 멀리 있는 자를 생묘生苗라 하고 그곳 근처에서 식량을 얻을 수 있는 자를 숙묘熟苗라 한다. (이 둘 중) 약탈을 자행해 큰 해가 되는 자들을 보면 생묘가 아닌 숙묘다.[184]

채복일의 이런 주장에도 불구하고 당시 상서 지역 일대뿐 아니라 서남 소수민족 지역에서는 아마도 생묘와 숙묘가 뒤섞여 살았다고 보는 게 타당하다. 그리고 채복일과 다른 기준으로 생묘와 숙묘를 구분할 경우 대체로 생묘는 사납고 탐욕스런 반면 숙묘는 교활하고 위험하다는 식의 언급이 일반적이다.[185] 또한 당시 채복일이나 후가지와 같은 관리들은 한결같이 생묘보다 숙묘의 위험성을 더 심각하게 인식했다.

그러나 식량과 같은 일종의 자원에 대한 접근성을 따져 생묘와 숙묘를 구분한 채복일의 언급은 확실히 일반 묘인이 경제 문제에 많은 관심을 가졌다는 중요한 방증이다. 이를테면 채복일은 생묘의 소굴은 본래 산으로 둘러싸인 먼 곳에 존재하며 숙묘가 그 사이사이에 거주하는데 숙묘는 어느 촌락에 재물이 많으며, 어느 영초의 방위가 허술한지를 잘 파악하고 있다는 사실을 강조한 바 있다. 이는 숙묘가 재산 등을 약탈하기 위해 향도 역할을 했다는 사실을 뜻한다.[186]

---

184 蔡復一, 「與梁撫院」, 『遯菴全集』, 권11, 「楚牘」, 47쪽 하.
185 侯加地, 「邊哨疆域考」, 光緖 『乾州廳志』 권7, 「苗防志」(苗防1), 5쪽 상.
186 채복일의 「撫治苗疆議」라는 이 글은 『湖南地方志少數民族史料』(上), 1991, 371~372쪽과 乾隆 『辰州府志』 권40, 「藝文纂」(議), 18쪽 하 참조.

묘인의 이러한 행태에 다시 외부 범법자들도 가세한 정황을 후가지는 다음과 같이 언급했다.

묘인들의 인구가 증가했으며 그들의 동정은 마치 (사람을 해치는) 귀신과 같다. 아울러 외성外省의 도망자들과 여러 간악한 무리들이 무역을 빌미로 묘인의 근거지까지 깊숙이 들어와 여러 묘인과 교류한다. 묘인은 그들을 이용해서 정탐꾼으로 삼아 촌장村莊을 사방으로 돌아다니며 부유한 가구들을 파악한 후, 묘인의 무리를 선동한다. 미리 향도를 보내고 야밤을 틈타 노략질을 하는 까닭에 변민邊民들이 피해를 입어 평안한 날이 없다.[187]

후가시의 이러한 설명은 확실히 당시 소수민족이 외부로부터 물자를 확보하기 위해 많은 관심과 노력을 기울인 사실과 함께, 외부 출신의 한족도 가담했다는 사실을 말해 준다.

일찍이 홍무 13년(1380) 호광湖廣의 정주위靖州衛 일대 군량을 대기 위해 시행된 납속중염納粟中鹽 이후 들어온 상인의 존재는 이 지역에 본격적으로 한인이 들어오는 계기가 되었다. 또한 토관이 유민을 불러들인 정황[188]도 존재한 사실을 염두에 두면 한인들의 소수민족 지역의 출현은 차라리 일상적인 일이었을 것이다. 결국 소수민족 지역이 오히려 한족의 활동 무대가 되어버린 상황이 전개되었다.[189]

---

187 侯加地,「邊哨說」, 光緒『乾州廳志』권7,「苗防志」(苗防1), 4쪽 상.
188 김홍길,「苗糧에서 苗牆으로―明代 後期 苗族의 저항과 明朝의 대책―」,『明淸史研究』48집, 2017, 431쪽.
189 譚必友,「苗疆邊牆與淸代湘西民族事務的深層對話」,『中南民族大學學報』(人文社會科學版) 27권, 1기, 2007, 33쪽.

이런 점에서 비록 귀주 지역의 예이긴 하지만, 만력 21년(1593) 귀주 순무에 부임한 임교상林喬相이 한인들이 소수민족 지역에 들어가 그들의 재물을 속여서 빼앗고 있으나, 묘인이 감히 해당 관청에 고발할 수 없는 탓에 그 분노를 마구 터뜨리게 된다는 지적도 후가지의 의견과 동일한 맥락이다. 묘족들이 이러한 과정에서 잡은 인질들을 돈과 교환하기 위해 인질의 친속과 교섭할 때, 그 일을 전담하는 중매인까지 존재한다는 임교상의 언급[190]으로 미뤄 한인과 묘인이 결탁해 불법 행위를 저지르는 일이 상당히 만연했다.

그런데 임교상의 언급에는 이러한 인질 교섭 과정에서 포초관이 해당 범법자의 죄를 묻지 않는 대신 몰래 뇌물을 받는다는 사실이 들어있다. 그러므로 당시 관군들도 다양한 불법 행위를 자행했다고 볼 수 있다. 바로 이런 점에서 "근래에 이르러 초병哨兵들이 빈번히 반란을 일으키고 있음에도 사실상 통제할 수 없는 지경이며, 따라서 방묘防苗만을 논한 과거와 달리 이제는 방병防兵을 논해야 하며, 궁극적으로는 병兵과 묘苗의 문제를 동시에 논의해야 한다."는 후가지의 지적[191]을 이해할 수 있다.

이상의 상황을 보건대 명 중엽에 이르면 호광 지역 소수민족을 기존의 토사제도라는 틀만으로는 다스릴 수 없는 지경이 되었다. 토관들의 반심과 횡포, 위소 군인들의 이탈, 한인들의 불법 활동 등은 단순히 명 왕조의 권위를 실추시킨 것에 그치지 않고 토관을 중심으로한 이 지역 전체 질서를 동요시키는 역할을 했다. 무엇보다 전흥작과 같은 소위 가토관假土官의 등장이야말로 토사제도가 명대 완비되었다

---

190 林喬相, 「議處苗孽疏」, 萬曆『貴州通志』권20, 「經略志(2)」, 373쪽.
191 侯加地, 「邊哨疆域考」, 光緒『乾州廳志』권7, 「苗防志」(苗防1), 5쪽 하.

는 기존의 주장을 무색하게 만드는 전혀 다른 양상의 출현이었다.

이런 정황과 더불어 후대로 내려올수록 반란의 주동자는 물론 그 진압 과정에서 중요하게 등장한 요소가 소위 물질적 문제라는 점은 특기할 만하다.[192] 앞서 언급한 정통 연간의 담사벽譚師璧, 홍치 연간 향왕삼과 요옥문 등의 반란에서 공통적으로 등장하는 양상은 인장의 탈취요 소위 '자상구살自相仇殺'의 행태였지만, 가정 연간으로 내려오면서 반란의 와중에 식량, 물품의 하사, 인질, 전토田土, 금전 등이 빈번하게 등장하는 것을 알 수 있다. 이런 양상이야말로 명 중엽 이후 발생한 소수민족의 반란에 경제적 색채가 강해졌다고 말할 수 있는 중요한 단서다.[193]

---

192 따라서 후가지가 그의 「邊哨說」에서 소수민족들이 관군들의 수효가 많은 것을 두려워하는 게 아니라 넉넉한 軍糧을 두려워한다고 언급한 점은 의미하는 바가 크다. 후가지의 지적대로 이는 소수민족의 전략적 측면, 말하자면 풍부한 군량으로 자신들을 장기간 봉쇄할 수 있는 수단이 되지만 다른 한편에선 군량 수송로를 차단한다면 거꾸로 관군이 커다란 피해를 볼지도 모르는 양면성이 있다. 그러나 다른 한편에서 보면 관군의 풍부한 식량을 소수민족이 부러워한 건 확실해 보인다. 光緖 『乾州廳志』 권7, 「苗防(1)」, 3쪽 하 참조.

193 彭春芳, 「明淸時期湘西苗疆"邊牆"硏究」, 廣西師範大學碩士學位論文, 2010, 25~27쪽. 토사 시기 湘西 지역의 경제 발전에 대한 연구는 아직 제한적이며, 그나마 영순 토사에 관련된 연구가 대부분이다. 陳廷亮, 「土司時期湘西土家族地區社會經濟形態簡論」, 『吉首大學學報(社會科學版) 2기, 2006 참조. 다만 귀주 수서 지역의 토사들이 적극적으로 한족의 기술과 경작체제를 받아들였다는 기존의 연구로 미뤄, 상서 지역 역시 토사가 경제 발전에 역점을 두었을 가능성은 충분히 있다. John E. Herman, *Amid the Clouds and Mist: China's Colonization of Guizhou, 1200-1700*, Harvard University Press, 2007, p. 145 참조. 아울러 영순토사의 경우이긴 하지만, 胡炳章, 『塵封的曲線─溪州地區社會經濟硏究』, 民族出版社, 2014, 214~215쪽 참조.

2) 明 왕조의 방어 대책과 소수민족 사회

명 왕조는 이런 반란을 어떻게 극복하려 했을까? 바로 앞에서 설명한 것처럼 명 중엽 상서 지역의 소수민족 반란은 호광 지역 소수민족 통치 제제의 근간을 뒤흔든 사건이었다. 명 왕조로서도 당연히 더 이상의 반란이 발생하지 않도록 군사제도 개편과 함께 방비를 강화할 군사 시설을 건설하는 게 시급했다. 그러나 다른 한편에서 본다면 소수민족 반란이 한 지역에서만 집중적으로 발생한 것이 아니라 여러 지역에 걸쳐 발생한 탓에 군사 통제의 효율성도 심각하게 고려할 필요가 있었는데 여기서는 그러한 정황을 살펴볼 예정이다.

巡檢司와 弓兵의 설치

가정 연간 상서 지역 반란 이후 군사 시설의 축조와 진간 일대 전반적인 방어 체제에 관해서는 이미 상당량의 연구가 존재한다.[194] 그러나 이런 기존의 연구들 대다수가 상서 지역의 변장 설치에 관심을 보인 반면, 가정 연간 이후 연속적으로 발생한 군사 체제의 변화에 대한 언급은 상대적으로 소략하다. 그러므로 여기서는 상서 반란 이후 만력 연간까지 이 지역의 군사제도 변화를 언급하고자 한다. 이 지역 군사제도의 변화가 중요한 이유는 그것이 토사제도의 와해 현상뿐

---

194 가정 연간 상서 지역 군사 시설의 대략적인 축조 상황에 대해서는 정철웅, 2017을 참조할 수 있으며, 특히 상서 지역의 변장 설치에 대해서는 張應强, 「邊牆興廢與明清苗疆社會」, 『中山大學學報(社會科學版)』 41권, 2기, 2001; 伍新福, 「明代湘黔邊 "苗疆""堡哨""邊牆"考」, 『貴州民族研究』 21권, 3기, 2001; 譚必友, 2007 등의 연구를 들 수 있다.

아니라, 호광 소수민족 사회의 변화에 대한 명 왕조의 인식과 대응과
도 매우 밀접한 관련성이 있기 때문이다.

호광 지역에 대한 명 왕조의 본격적인 군사 대책은 선덕 연간
(1426~1435)에 시작되었다. 당시 간자평장관사 오필랑吳畢郎이 반란을
일으키자 총병관總兵官 소수蕭授가 24보堡를 쌓아 그 지역 일대를 방어
하고자 했다. 그 방어 범위는 현재 북쪽으로는 귀주 송도현松桃縣, 화
원花垣 일대에서 시작해 남으로 마양현에 이르렀는데, 사실상 봉황현
을 완전히 감싸는 형태였다.[195] 이런 탓인지 도광『봉황청지』에는 24보
의 축보築堡를 시작으로 가정 31년(1552) 장악의 새로운 축보 사실이
비교적 자세히 등장한다.[196] 다만 여기서는 그 내용이 좀 더 자세한 엄
여익嚴如熤의『묘방비람苗防備覽』에 근거해 그 시대별 군사 시설 축조와
함께 군제 변화를 일별해 보기로 하겠다.[197]

아마도 명대 전체 병제兵制 변화에서 첫 번째 중요한 시기는 진주부
일대에 순검사를 설치해 소수민족을 제압하려 한 홍치 연간이다. 적
어도 상서 지역의 경우 명 정부는 홍치 연간 이후 원릉현沅陵縣 동북
쪽의 지봉순검사池蓬巡檢司와 고암高嵓순검사를 비롯해 노계현, 진계
현, 서포현, 원주, 검양현, 마양현 일대에 모두 16곳의 순검사를 설치
했기 때문이다. 아울러 엄여익의 설명에 따르면 홍치 2년(1489)에 민
장民壯을 뽑아 순검사巡檢司에 두고 이들을 궁병弓兵이라 불렀다.

하지만 『명실록』에는 이 민장이 이미 선덕 연간부터 본격적으로 등

---

195 伍新福, 2001, 99쪽.

196 정철웅, 2017, 43쪽 참조.

197 이하 嚴如熤의 설명은 嚴如熤,『苗防備覽』권15,「述往錄(中)」, 12쪽 하~18쪽을 근
거로 한 것이다.

장하는 것[198]으로 보아 순검사의 설치가 홍치 2년에 비로소 이루어
진 게 아니라 그 이전부터 호광 지역에도 분명히 존재했으나, 홍치 2
년에 대대적으로 증설한 것으로 보는 게 옳다. 그리고 신시행(申時行,
1535~1614)이 편찬한 『명회전明會典』에 의하면 진주부에는 진주부의
대라순검사를 포함해 7개, 영주부에는 6개, 정주에는 8개의 순검사가
존재했다.[199]

그러나 『명사』의 기록에는 상서 반란의 주요 무대였던 진주부에 14
개, 이어 남쪽의 영주부永州府에 12개, 정주靖州에 7개의 순검사가 각
각 설치된 것으로 나타난다.[200] 물론 이것은 호남 지역에 한정된 수치
이며 호광의 거의 모든 지역에 순검사가 설치된 점을 감안하면 명 후
반기에 이르러 호광 소수민족 지역의 순검사 설치는 분명히 증가일로
에 있었다.

홍치 연간 이처럼 순검사를 대대적으로 설치한 가장 중요한 이유는
역시 토사와 위소 등을 기반으로 한 소수민족 지역의 방어 체제가 해
이해졌기 때문이다. 명초 경사京師와 변방 지역에 도독부, 도지휘사사
및 위소를 설치해 병사를 통할하도록 했지만, 세월이 흐르면서 무비
武備가 해이해졌다. 특히 정통 연간 이후 환관이 군 업무를 전담하게
되자 그러한 현상이 악화되어 이미 민장을 모집하고 향병을 훈련시켜
야 하는 상황이 전개되었다.[201] 결국 정통 이후 만력 연간이 되면 경영

---

198 『明實錄』 권113, 宣德 9년 10월 13일. 당시 사천의 松潘 일대 소수민족을 토벌하고
시행한 償賜 내역에 민장이 등장한다.
199 申時行, 『明會典』(中華書局, 1989) 권138, 「兵部(21)」, 710쪽.
200 『明史』 권44, 「地理(5)」, 1090~1095쪽.
201 正統 3년(1437) 兵部 통계에 의하면 당시 전국 군인의 3분의 1에 해당하는 120만
명의 위소 군인이 도망한 상태였는데, 이렇게 도망간 군인들 대부분은 건장한 청
년인 반면, 남은 군인들은 모두 허약한 사람들이었다. 楊晨宇, 「明中後期的衛所"民

京營은 물론 그 밖의 위소도 제 기능을 상실했으며 모병募兵에게도 병향兵餉을 지급할 수 없는 정황이었다.[202]

모병에 대한 병향 지급마저 어려운 상황이었지만 정통 연간 이후 지방의 방어는 사실상 모병에 의지할 수밖에 없었으며 아마도 순검사의 설치는 이런 상황의 타개책이었을 것이다. 토순검사土巡檢司가 행정 업무를 담당한 사실[203]은 순검사를 통해 해당 지역의 행정과 함께 해당 지역의 토착 세력을 포섭하려는 명 왕조의 의도를 보여준다. 하지만 순검사가 거느린 병력의 수효가 대략 100명 정도에 불과했으며 평시에는 단순한 순찰 업무만을 했기 때문에 실제 전투력도 보잘것없었다는 점[204]에서 순검사에 의한 소수민족의 통제는 기대하기 어려웠다.

다른 한편 엄여익의 지적처럼 이러한 순검사에는 궁병이라 불린 민장民壯을 두었다. 이들 궁병은 평소에는 생업에 종사하다가 반란이 발생하면 전투에 나섰는데, 지방지의 언급으로 미뤄 이들 궁병의 담당은 분명 요역徭役의 일환이었다. 그러므로 부민富民들이 이 요역의 감당을 원하지 않을 경우, 관청에서 궁병을 따로 모아 요역에 충당시키는 일이 빈번했다.[205] 나아가 계동순검사溪峒巡檢司의 예로 보건대 홍무 연간 설치 당시 궁병의 수효가 겨우 30명 정도였으므로 이 경우 역시 압도적인 전투력을 보장받기는 어려웠다.

민장도 이처럼 딱히 효력이 없음에도 홍치 2년 상서 지역 일대에 민장을 세웠다는 사실을 새삼스럽게 지방지가 언급한 점[206]은 홍치 연간

化”, 『三峽論壇』, 1기, 2014, 9쪽.

202 이상의 설명은 道光 『辰溪縣志』 권17, 「兵制志」(兵制), 8쪽 상~하 참조.

203 李良品·羅婷, 2015, 45쪽.

204 施劍, 「試論明代巡檢司之性質」, 『歷史長廊』, 11기, 2013, 118쪽.

205 乾隆 『辰州府志』 권12, 「備邊考」, 26쪽 하~27쪽 하.

206 乾隆 『辰州府志』 권12, 「備邊考」, 26쪽 하.

에 이르러 그만큼 이 일대 소수민족 반란 상황이 심각해졌기 때문일 것이다. 이어 정통 연간이 되면 민장 관련 언급이 제법 빈번하게 등장하는데, 적어도 『명실록』의 기록으로만 보면 특히 상서 일대는 정통 연간에 예외적으로 민장 관련 언급이 자주 등장한다.

그 첫 번째 언급이 호광순안어사湖廣巡按御史 후작侯爵의 상주에 등장하는 상황이다. 정통 14년(1449) 정주靖州와 오개五開, 동고銅鼓 등지에서 소수민족 반란이 발생했음에도 지휘 장충張翀 등이 핑계를 대면서 제압에 선뜻 나서지 않자 후작은 그들에 대한 처벌을 상주했다. 장충 등은 사죄死罪를 받은 한편 명 왕조는 관군과 민장을 동원해 이 반란을 진압했다.[207]

이어 역시 정통 14년 병부상서 왕기(王驥, 1378~1460)가 귀주 일대 묘적들의 반란을 채 진압하지 못하자 역시 참장參將 곽영郭瑛과 장선張善 등으로 하여금 호광과 귀주의 토병과 민장을 징발해야 한다는 기사가 역시 『명실록』에 등장한다.[208] 왕기가 이러한 말을 꺼낸 시기가 정통 14년 4월 13일이었는데, 그 이후에도 이 일대 반란은 완전히 진압되지 않았던 것처럼 보인다. 당시 참장 장선 등이 묘적苗賊들의 이러한 반란에 대해 자신들은 겨우 성보城堡를 지킬 정도의 병력만 지니고 있을 뿐, 적들을 완전히 소탕하기 위한 병력은 절대적으로 부족하다고 언급했기 때문이다.

따라서 왕기는 사천과 운남의 두 도사都司로부터 병력 2만 8,000의 징발을 상부에 요청했다. 이러한 요청에 대해 황제는 운남의 병사를 동원시킬 필요는 없으며, 사천에서만 1만의 병력을 차출하고 호광

---

207 『明實錄』 권176, 正統 14년 3월 26일.
208 『明實錄』 권177, 正統 14년 4월 13일.

지역에서는 토병土兵과 민장 병력 2~3만을 다시 차출하라고 명령했다.[209]

이러한 정통 연간의 상황으로 미뤄 민장은 분명히 그들이 머무는 지역은 물론이려니와 다른 지역으로도 차출되던 병력이었음을 짐작할 수 있다. 그러나 홍치 연간 무렵이 되면 민장에 대한 훈련과 징세가 효율적으로 이루어지지 않았을뿐더러[210] 지나치게 그 수효가 증가했으며 도망이나 병든 자들이 많아[211] 명 후반기로 가면서 그 실효성實效性은 감소되었다.

민장의 이러한 군사적 쇠퇴와 더불어 노계현 서남쪽에 위치했던 현장평순검사縣場坪巡檢司에 관한 지방지의 기사는 매우 흥미롭다. 정통 연간 읍인邑人 양문거楊文擧가 순검사巡檢使의 지위를 세습해 26명을 휘하에 거느렸으며 이들 궁병은 관청에서 봉록이나 식량을 받지 않는 마치 토관과 같다는 언급이 그것이다. 더구나 동일한 지위라 하더라도 그 설치 시기에 따라 성격이 달라질 수밖에 없다는 해당 지방지의 언급은 홍치 연간 설치된 궁병이 초기에는 관의 통제를 받았으나, 이후 서서히 토착 세력의 한 부류로 변질되어 간 사실을 확인시켜 준다.

아울러 일부 지역의 경우 애초 만병蠻兵으로 구성된 민장이 가정 연간에 이르면 다시 한민漢民으로 편역編役된 정황[212]도 확인된다. 이런 일련의 사실로 미뤄 무엇보다 민장 자체의 편성이 결코 쉽지 않았으며 그들의 전투 능력도 우수하지 않았다는 사실을 짐작할 수 있다.

---

209 『明實錄』 권179, 正統 14년 6월 12일. 민장은 기본적으로 지방 군사지만, 보통 다른 지역으로 동원되기도 했다. 杜志明, 「明代民壯層級管理體制初探」, 『前沿』, 357 · 358期, 2014, 212쪽.

210 『明實錄』 권188, 弘治 15년 6월 2일.

211 『明實錄』 권180, 弘治 14년 10월 20일.

212 이상의 내용은 乾隆 『辰州府志』 권12, 「備邊考」, 27쪽 하와 28쪽 상 참조.

그러므로 홍치 시기를 지나 정덕 연간 정도에 이르면 명 왕조마저 토관들이 이미 정부의 통제를 사실상 벗어났다고 생각했음이 분명한데, 이런 상황에서 명 정부가 소수민족을 군사적으로 통제하기 위한 선택의 폭은 넓지 않았다. 이를테면 정덕 8년(1513) 순무 유병여劉丙與, 병비부사兵備副使 서담徐潭, 진주지부辰州知府 대민戴敏이 진간 일대 묘인의 반란을 평정한 후 거론한 수비의 증설 요청은 그러한 사실을 상징적으로 보여준다. 수비를 증설해 진간과 건주乾州 일대를 통제하고 토관을 탄압해야 한다는 그들의 주장 이면에는 "묘인이 (조정의 권위를) 두려워해 복종한 지 10여 년이 지나자 토관들은 통제와 황제의 명령을 거스르려 획책하며, 이에 수비의 권한이 가벼워져 여러 토관이 차츰 저항하기에 이르렀다."[213]는 상황이 존재했기 때문이다.

이처럼 수비의 권한이 크지 않았으며 특히 여러 토사가 서로 대결하고 소위 마구 날뛰는 행태가 심해져 가정 연간에 이르러서는 소수민족들의 대반란으로 이어졌다고 건륭『진주부지辰州府志』는 기록하고 있다.[214] 결국 명 중엽 즈음에 이르러서는 소수민족에 의한 소수민족의 통치라는 토사제도의 본래 의도가 퇴색했으며, 다양한 형태의 지역 병사에 의존해 방어하는 것도 어렵게 되었다.

營哨의 설치

홍치 연간의 대대적인 순검사 설치가 상서 지역의 1차 군제 변화였다면, 상서 묘족 반란의 주모자인 롱허보가 처형된 가정 30년(1551)

---

213 嚴如熤,『苗防備覽』권15,「述往錄(中)」, 14쪽 상~하.
214 乾隆『辰州府志』권12,「備邊考」, 27쪽 하.

이듬해인 가정 31년 장악의 조치는 상서 지역 일대 소수민족 방어를 위한 2차 변화를 시도한 것이었다. 당시 장악이 축조한 군사 시설과 군제의 변화는 중요한 의미가 있으므로 자세히 살펴볼 필요가 있다. 이에 관련해 도광『봉황청지』는 다음과 같이 기록하고 있다.

① (가정 31년) 조정의 의논을 (통해) 삼변총독三藩總督을 설치하기로 하고, 장악을 유임시켜 (이 지역 일대를) 진무鎮撫하도록 했으며 원주부沅州府를 개설했다. 이어 장악은 상소를 올려 만계灣溪 등의 둔병을 없애고, 건주乾州, 강호強虎, 간자竿子, 동구洞口, 청계淸溪, 오채五寨, 영안永安, 석양石羊, 동신銅信, 소파小坡, 수당요水塘坳, 수전영水田營 및 진계소鎮溪所의 13초哨를 다시 건설해, 매 초마다 토병, 힐만犵蠻 및 타수打手 등 수백 명을 모집해 지키도록 했다. 또한 참장參將을 증설해 마양에 주둔하면서 진수하고, 수비를 (참장)에 귀속시키도록 했다. 장악은 병비부사兵備副使 고현高顯, 참장 손현孫賢을 보내 (반란 이후) 적절한 대책을 마련하도록 하자 (이에) 변방 지역이 다소 안정되었다.[215]

그런데 위 지방지 기사를 보완하는 좀 더 자세한 내용이 엄여익의 『묘방비람』에 등장한다.

② 장악은 부사 고현, 참장 손현과 함께 주변의 형세를 고려해 만계 등의 보堡를 없애고 다시 12개 초哨의 설치를 상소했다. (12초는) 오채, 영안, 청계, 하구河口, 간자, 건주, 강호, 석양, 소파, 동신, 수당요, 수전영이며 진계소와 더불어 모두 13개였다.

---

215 道光『鳳凰廳志』권12,「苗防(二)」, 12쪽 하.

각 영초營哨에는 성城, 누루樓, 교장郊場, 애문隘門, 관위官衛, 사창社倉을 두도록 했으며, (지역을) 나눠 방어하는 자들은 독비督備, 영반領班, 영대領隊, 영정領征, 관표管標, 관창管倉, 이목吏目을 두었고, 토관이 관할하는 두목頭目, 사인舍人, 식자識字, 건보健步, 타수打手, 향鄕, 토土, 파播, 개凱, 힐묘犵苗 등의 병사를 두었다. 무릇 관군이 6,000여 명 정도 있었는데, 참장參將이 표영標營을 거느리도록 하고 수비와 서로 양면 작전을 전개할 수 있도록 하는 한편, 진계위辰溪衛와 원주위沅州衛를 돌아가며 지키도록 했다.

③ 관군은 모두 6,600명 정도인데, 원주沅州 부고府庫에서 매년 향은餉銀 3만 89냥 정도를 지급하고, 마양麻陽, 검양黔陽, 건주乾州의 군향창軍餉倉과 진계소鎭溪所의 추량秋糧으로 걷은 창미倉米 3만 1,890냥을 지급하도록 했다.[216]

지방지와 엄여익의 언급에서 차이가 나는 점은 영초의 시설과 해당 관원들에 관련된 부분이다. 지방지가 특정 사안을 자세히 기록하는 예가 많지 않은 점을 감안하면, 엄여익의 서술은 가정 31년 군제 개편의 요체를 잘 말해 주는 것으로서, 쉽게 알 수 있듯이 장악이 설치한 영초는 단순한 군사 시설이 아닌 일종의 행정 부서라는 느낌이 대번에 든다. 더구나 이전에 없던 관원과 군관을 새롭게 설치하고 토관이 관할하는 병사의 종류가 매우 다양해진 점도 흥미롭다.

이듬해인 가정 32년(1553)에 장악이 사망했으므로 그의 대책이 실행되지는 못했다. 그러나 가정 42년(1563) 귀주순무가 호북과 천동川

---

216 ②번과 ③번 인용문은 嚴如熤, 『苗防備覽』 권15, 「述往錄(中)」, 14쪽 하~15쪽 상에 근거한 것임.

東 일대를 동시에 통제하도록 하는 한편 원주에 병비를 설치하고 파播, 개凱, 힐묘犵苗 등을 모집해 둔수하도록 해야 한다는 상주문을 엄여익이 기록한 것[217]으로 미뤄 장악이 주창한 영초가 부분적으로나마 설치되었을 가능성이 크다.

결국 장악의 대책이 지니는 의의는 다음 세 가지다. 첫째, 군사 시설에 행정 기능을 추가했다는 점에서 반란 이후 이 지역에 대한 민간 행정을 강화하고자 했다고 볼 수 있다. 그러나 이는 거꾸로 그만큼 가정 연간 상서 반란 이후 이 지역의 질서가 무너졌다는 증거이기도 하다. 특히 호광 지역의 상당수 위소가 설치 당시부터 아예 성곽이 없었다는 점[218]을 감안하면, 장악이 영초에 성城과 문루門樓를 설치하려 한 건 분명히 영초를 명실상부한 통제 중심지로 계획했음을 의미한다.

더구나 상서 일대 현縣 가운데 노계현盧溪縣은 적어도 가정 연간까지 성이 아예 없었으며,[219] 특히 진계현辰溪縣은 정통 연간 묘인들의 침입으로 성지城池가 훼손되었을 뿐 아니라 남아 있는 거주민이 겨우 20~30%에 불과했다는 기록[220]으로 미뤄 상서 지역 일대 행정이 늘 불안했다고 볼 수 있다.

둘째, 그가 기존의 민장이나 토병을 동원하는 대신 타수나 건보 등과 같은 전혀 새로운 무장 집단을 불러들인 점이다. 타수와 건보, 그

---

217 嚴如熤, 『苗防備覽』 권15, 「述往錄(中)」, 17쪽 상.

218 이를테면 永定衛, 大庸守禦千戶所, 九溪衛 등이 홍무 연간에 축성을 마쳤던 반면, 麻寮千戶所나 添平千戶所 등은 내내 城이 없는 채였다(嘉靖 『湖廣圖經志書』 권7, 「岳州府」, 25쪽 하). 더구나 내지에 있던 위소도 축성 이후 그것이 파괴된 점을 감안하면(李穆, 「常寧中千戶所公署記」, 嘉靖 『湖廣圖經志書』 권12, 「荊州府」, 58쪽 상), 확실히 장악의 영초 설계는 이 일대 행정과 군사제도를 일신하려는 의도가 들어 있는 것이라고 봐야 한다.

219 嘉靖 『湖廣圖經志書』 권17, 「辰州府」, 17쪽 상.

220 □脩, 「縣治記」, 嘉靖 『湖廣圖經志書』 권17, 「辰州府」, 29쪽 상.

리고 식자 등의 구체적인 성격이나 그 기원을 알려주는 사료는 존재하지 않는다. 그러나 파, 개, 힐묘는 설명이 가능하다. 이 가운데 힐묘는 상서 일대 지역에 묘족과는 다른 형태로 존재한 또 다른 소수민족이다.

일찍이 엄여익은 노계와 건주에 사는 그들은 "묘족도, 토착인도 아닌 별도의 부류"로서 그들의 촌락이 백 수십 곳에 달한다고 언급했다. 장씨張氏가 제일 많고 부씨符氏가 그 뒤를 잇고 있으며, 그 외에 담覃, 양楊, 사謝, 유씨劉氏의 성을 지니고 있는데, 송대 강서의 장씨章氏 형제 두 명이 이곳에 둔장屯長으로 온 이후 자손이 번성했다고 엄여익은 설명한다. 이들의 일부는 노계의 서포漵浦에서 무역을 하는데 그들은 객화, 즉 한어를 할 수 있는 자들이라고 덧붙였다.[221]

다시 엄여익의 설명을 인용하면, 힐로족이 사는 상오도上五都에는 대장大章, 소장小章, 대서大西, 노연老烟, 죽평竹坪이, 하오도下五都에는 육보六保의 동정산洞廷山 등의 촌채와 건주의 하계구下溪口, 철침암鐵枕巖, 파포把布, 파금把金, 상하백호上下百戶 등이 있었다. 분명히 '파播'와 '개凱'는 파주播州와 개리凱里를 의미하는 말로서, 이 지역 출신 민장을 동원했다는 사실을 말해 준다. 이어 엄여익은 다음과 같은 설명을 덧붙였다.

명대 변방 지역에 24영초를 설치하고, 매초마다 파와 개(지역 사람들) 수십 명을 불러들였는데, '파'는 준의遵義 여러 부府의 토민土民이며, '개'는 대장과 소장 사람이다 … 예로부터 변방 지역에 사단이 발생하면 일찍이 그들을 모집해 군의 선봉으로 삼았는데, 가정 연간 영순과 보정 토병과 함께

---

221 嚴如熤, 『苗防備覽』 권9, 「風俗考(下)」, 5쪽 하~6쪽 상.

그들을 징발해 왜구를 토벌할 당시 왕강경王江涇의 전투에서 커다란 전공을 세웠다.[222]

이러한 설명은 장악이 영초를 설치하면서 날랜 병사들을 주변 지역에서 모집했다는 사실을 의미한다. 장악의 상서 반란 진압 당시, 평다장관사 토관 양화원楊和原이 귀제채鬼提寨의 묘적 용로과龍老課와 용동龍董 등을 불러들이고, 다시 납이산의 도묘逃苗 용각마龍角馬 등과 결탁해 그 일대에서 악행을 저지른 사실[223] 등을 고려하면 진압 당사자였던 장악이 토관에게 다시 이 지역 방어를 위임했을 리 없다. 따라서 토병을 민병으로 대체하고자 했던 게 장악의 중요한 목표 중 하나였다.

셋째, 소수의 축보 범위가 대체로 봉황청 일대에 국한되었다면 장악이 설치한 영초의 지역 범위는 이후 채복일이 세운 변장의 지역 범위와 거의 근접한다는 점을 들 수 있다. 단적으로 봉황청 남쪽의 마양현 일대까지 영초가 설치되었는데, 봉황청 서쪽 15리에 있던 강호초強虎哨를 넘어 마양현 동북쪽의 석양초石羊哨[224]까지 24보堡보다 훨씬 남으로 내려왔으며, 영안초永安哨도 동인부와 근접한 곳에 있었다.[225]

---

222 嚴如熤,『苗防備覽』권9,「風俗考(下)」, 8쪽 하.
223 張岳,「論湖貴苗情幷征剿事宜疏」,『小山類稿』권4, 6쪽 하.
224 强虎哨와 石羊哨의 위치는 嚴如熤,『苗防備覽』권12,「城堡」, 각각 10쪽 하와 7쪽 상 참조.
225 소수의 24보에 비해 장악의 13초의 영역이 결코 작지 않다는 사실은 張振興,「從哨堡到邊牆: 明代對湘西苗疆治策的演遞─兼論明代治苗與土司制度的關系」,『吉首大學學報』(社會科學版) 35권, 2기, 2014, 121쪽 참조.

蔡復一의 邊牆 築造

바로 앞에서 설명한 대로 장악이 설치하려 한 영초는 군사적 기능에 더해 소수민족 지역의 행정적 통제를 동시에 고려한 것이다. 이처럼 군사 시설이 일종의 다기능 역할을 한 사실을 잘 보여주는 예가 바로 변장이다. 만력 43년(1615) 진원병비辰沅兵備 참정參政 채복일이 변장을 설치한 일은 이미 잘 알려져 있는데, 변장과 관련된 기존 연구를 종합하면 변장의 가장 중요한 기능은 "민民과 묘苗", "한漢과 묘苗", 혹은 "생묘와 숙묘"를 구분하는 기준선 역할을 했다는 점이다.[226]

그러나 이러한 한묘의 구분과 함께 변장은 이 일대 서북부의 납이산 지역과 동남부의 계하溪河를 구분하는 자연 지리적 경계인 동시에 변장 안쪽은 직접 통치 지구로, 변장 밖은 묘민이 사는 교화 지역으로 설정했다는 주장도 존재한다.[227] 그러므로 변장 밖의 생묘를 봉쇄하고 변장 안의 숙묘를 적절히 통제하는 일석이조의 효과를 기대했다고도 볼 수 있다.[228]

그런데 상서 일대 군사 시설에 대해 이러한 연구 결과를 내놓은 세 연구자의 글을 보면 변장은 역시 군사 시설이라는 사실을 알 수 있다. 우선 가정 35년(1556) 호북분수도湖北分守道로 부임한 유진득游震得이 토병 징발에 따른 폐해를 지적한 글에서 정덕 8년(1513) 진간鎭箄 수비와 동인銅仁 수비의 설치와 함께 진간에 미량영湄亮營과 아랍관鴉拉關을, 동인에 아채관亞寨關 등을 각각 설치한 사실을 상기시켰다. 이

---

[226] 張應强, 「邊牆興廢與明淸苗疆社會」, 『中山大學學報』(社會科學版) 41卷, 2期, 2001, 76쪽.

[227] 張振興, 2014, 122쪽.

[228] 彭春芳, 2010, 33쪽.

어 그는 이러한 일련의 군사 시설이 묘채와 매우 가까운 곳에 설치된 덕분에 묘인을 통제할 수 있었다고 언급했다.

그러나 그는 가정 31년(1552)에 축조된 소파동小坡峒과 신수전信水田 등의 영초는 아랍관과 20여 리, 동구洞口와 간자평 영초는 미량영과 50여 리가 각각 떨어져 있으며 그 중간에 있는 황엽荒葉과 오채五寨 지역도 그 범위가 50여 리 정도 된다는 사실을 상기시켰다. 그가 이 점을 상기시킨 이유는 이러한 시설이 묘인들과 멀리 있을수록 군사 시설의 확충이 더 필요할 수밖에 없으므로 형세가 분산될 뿐 아니라 자연스럽게 병사 수효도 증가시켜야 한다고 생각했기 때문이다.[229] 따라서 유진득은 오히려 묘인과 가까운 지역에 군사 시설을 설치해야 한다고 주장했는데, 유진득의 이런 견해야말로 명 왕조가 이 일대를 군사적으로 장악할 의도가 있었다는 사실을 보여준다.

이어 유진득의 이러한 주장이 등장한 지 약 100년 뒤인 만력 38년(1610) 진주부 추관推官인 후가지가 변장을 다시 언급했다. 그는 앞에서도 인용한 「변초설邊哨說」에서 초병들의 진압 소식이 전해지기만 하면 묘인들이 사방으로 흩어져 숨어버리는 바람에, 초병들이 오히려 놀고먹는 시간이 많다는 점을 지적했다. 아울러 그는 관군의 이런 행태 탓에 묘인들이 관군을 무시한다고도 말했다.

다른 한편 그는 「변초강역고邊哨疆域考」에서 진간 오채 일대의 지역적 범위를 열거하면서 그곳의 영보營堡가 사방 약 800여 리에 걸쳐 설치된 사실을 강조했다. 이처럼 지역 곳곳에 14개의 초哨, 4개의 영營, 1개의 소所가 존재하지만, 숙묘의 사주를 받은 생묘가 향도 역할을 하는 한편 만력 연간 당시에는 심지어 초병哨兵마저 창궐한다는 사실

---

229 游震得, 「邊防議」, 光緒 『乾州廳志』 권7, 「苗防志」(苗防1), 1쪽 하~2쪽 상.

도 지적했다. 그럼에도 그는 소수민족 지역에 존재하는 군사 시설물이 무용하다거나 너무 많다고 할 수는 없다는 점을 애써 강조했다.[230]

「변초설」과 「변초강역고」에서 말하는 후가지의 뉘앙스가 약간 다르지만, 전체적으로 볼 때 그는 초병들의 태도를 문제 삼았을 뿐, 군사 시설의 유용성을 부정하지는 않았다. 또한 유진득의 입장도 후가지와 동일하다는 점에서, 명조 관료들이 상서 일대 군사 시설물의 축조를 전혀 반대하지 않았다고 할 수 있다. 변장이 세워지기 전 이 지역 관리들의 이러한 생각을 통해 추측하건대 변장 축조의 가장 큰 목적은 군사상의 이유라고 할 수 있다. 물론 앞에서 지적한 것처럼 그러한 군사상의 목적이란 게 결국은 한족의 영역과 소수민족의 영역을 구분하는 것에 그치는 소극적인 것이긴 했지만 말이다.

변장이 지닌 그런 소극적인 성격을 염두에 둔다면 변장이 치밀한 계획하에 시종일관하게 축조되지 않았을 가능성도 있다. 상서 지역은 청 왕조가 들어선 이후에도 한족의 관병과 소수민족 사이에 치열한 접전이 발생한 지역이었는데, 강희 19년(1680) 진주부 지부로 부임한 유응중劉應中[231]이 이 지역 일대 정황을 살피면서 한 채로寨老에게 변장에 관해 물어보자, 해당 채로는 변장을 다시 수리하려면 무엇보다 그 수리 비용에 대한 논의가 절대 필요하다고 언급했다.[232]

이러한 언급은 확실히 변장 축조에 많은 돈이 소요되었다는 사실을 암시해 준다. 변장은 그 높이가 8척, 기단의 두께가 5척, 그 윗부분은 3척에 달했으며 전체 길이가 300여 리에 이르렀다. 이를 축조하

---

230 각각 光緒 『乾州廳志』 권7, 「苗防志」(苗防1), 「邊哨說」, 4쪽 하와 「邊哨疆域考」, 6쪽 하 참조.

231 건륭 『辰州府志』 권21, 「郡守下表」, 23쪽 상.

232 劉應中, 「邊牆議」, 光緒 『乾州廳志』 권7, 「苗防志」(苗防1), 12쪽 상~하.

는 데 소요된 비용이 4만 냥이었음에도『명사』나『명실록』에 한 줄 기
록이 나오지 않는 점을 고려하면, 변장은 기존의 영초 등을 부분적으
로 연결한 시설물일 가능성도 있다.

여하간 변장 설치의 주인공이자 만력 42년(1614) 호북분수도로 부
임한 채복일의 다음 주장에는 상당히 흥미로운 사실이 들어 있다.[233]

① 이전 시기 **식량을 줘서 묘인을 위무**慰撫**했는데, 이를 파로**把路라 하며
그 수효가 100여 명 정도에 불과했다. 이후 나날이 (그들의) 수효가 증가하
게 되었다. 병사들이 전투를 할 수 없는 (지경이) 되자, 악묘惡苗에게 미끼
로 (식량을) 줘 기미羈縻에 이용했다. (또한) 병사들이 방어를 할 수 없을 경
우 (식량을 줘서) 순묘順苗를 양성해 (적을) 방어하는 데 이용했다 … 전체를
계산하면 영초營哨의 병사 1,000여 명이 해마다 병향兵餉의 20%를 (이렇게)
나눠준다. 이 외에 또 **협무지량**挾撫之糧**이 있는데, (이는) 초관**哨官**이 타수**打
手**와 개병**凱兵**에게 나눠줘야 할 (식량)**을 주지 않는 것이다.

② 또한 현재 생묘를 끌어들여 우리들의 변방을 약탈하고 있다. 관량官
糧 외에도, 위협으로 어떤 촌에 대한 방어를 (자처해서) 차지한 후, 강제로
(식량을) 취하는 게 나날이 상례가 되고 있는데 이를 연화전煙火錢이라 한
다. 이미 (정부가) 관官에 식량을 공급하고, 백성 또한 그것을 먹는데, 졸지
에 **순묘가 그 식량을 차지하고** 또한 졸지에 **생묘가 그것을 약탈하고 있으
니, 이는 그들 둘(순묘와 생묘)에게는 이롭지만, 우리 둘(관과 민)에게는 해가
된다.**

---

233 蔡復一,「撫治苗疆議」, 光緒『乾州廳志』권7,「苗防志」(苗防1), 8쪽 하~11쪽 상.

③ 또한 간민奸民, 요역 회피자, 그리고 죄를 지은 도망자들이 묘채苗寨로 들어와서 토지를 개간해 농사를 짓는 자들이 있다. **처음에는 숙묘가 생묘와 내통하지만,** (이러한 정황이) **오래되면 생묘와 숙묘 모두를 약탈로 내몰 수 있는 좋은 형세**가 되므로 소수민족 지역은 물론 변경 지역의 커다란 해가 된다. 이후 참장, 수비, 초관哨官은 (이러한 정황을) 엄히 조사해, 무릇 묘족 지역과는 가깝지만 영초營哨와 먼 곳에 집을 짓고 거주하는 자들은 (그 집을) 불태우고 쫓아내야 하며, 묘채의 백성 중 묘인에게 약탈이나 살해를 당한 자들에 대한 (조치에) 그르침이 없어야 한다. 평시에도 함부로 내지內地에 들어와 허실虛實을 몰래 탐지하지 못하도록 해야 하며, 귀향歸鄕을 원하는 자들은 초관哨官에게 고해 허락을 받도록 한 후, 차례대로 원적原籍으로 돌려보내야 한다.

④ (현재) **영순은 진묘鎭苗를 단속하고, 보정은 간묘竿苗를 단속하고 있는데,** 매년 담승擔承 실행에 대한 (확인) 결과를 (관련) 부部에 보고하도록 해야 한다. 영초에는 본래 묘인을 위무하고 방어하는 사파舍把와 두목頭目을 설치하고 매달 식량으로 정부의 곡식을 올바르게 분배하고 있는바, 이것이 이곳 변방 지역의 법도다. 현재 (이 모든 게) 단지 허문虛文에 불과해 실효實效가 전혀 없다. 그중에서도 간묘竿苗의 창궐이 더욱 심해, 그 (실상을) 보면 겨울과 봄 두 계절의 입범자入犯者 중 **셋은 진묘요, 일곱이 간묘다.**

⑤ 청하건대 격문을 선포하고 두 선위사에게 전달해 이전의 그릇된 일에 대한 책임은 용서해 주는 (대신), 장차 나라의 은혜를 갚는 (길은) **승답한 묘인의 촌채를 잘 통제하는 데 있다**는 점을 깨우치도록 해야 한다. 만일 (묘인)의 습격이 발생하면, 명령을 받들어 체포하고 병사를 출동시켜야 한다. 포로를 정관正官에게 헌납한 자들에게는 상을 내리고, 직분을 다하지 못한

자는 경계를 줘 타일러야 한다. (공적과 잘못이) 현저한 자는 황제에게 보고해 각각 상과 벌을 가중해야 한다. 오채와 간자평의 두 장관사, 활석순검사滑石巡檢司는 영초營哨와 서로 뒤섞여 있는데, 모두 법을 받드는 데 전력을 다해야 하며 **간자평이 관할하는 48채寨**에 대한 책임은 더욱 무겁다.

채복일이 위 인용문을 쓴 당시의 지위가 분수도였으므로 이 글은 분명히 만력 42년 이후 것이다. 나아가 변장의 축조가 만력 43년에 시행된 사실을 상기하면 이 글은 그의 부임 직후나 아니면 변장의 축조가 진행될 당시에 작성되었다고 할 수 있다.

지금까지 언급한 채복일의 의견은 어찌 보면 변장의 설치와 긴밀한 관계가 없어 보이며, 그런 탓인지 변장에 관한 기존 연구에서는 이 부분을 중요하게 다루지 않았다. 채복일의 문장을 모두 번역하시는 않았지만, 이 글은 책임 한계를 분명히 해서 묘인의 침범을 차단해야 한다는 군사적 측면, 묘량苗糧을 엄히 단속해서 반란자들을 징계해야 한다는 경제적 측면, 그리고 승담을 책임지도록 해 그 실질을 견실하게 해야 한다는 일종의 정치적 측면의 세 부분으로 나뉘어 있다.

여기서는 군사와 영초와 관련된 초반부를 제외한 "묘량을 엄격하게 단속해 반란을 징계해야 한다."라는 부분과 "담승擔承을 책임지도록 해 그 명목과 실질을 밝혀야 한다."라는 부분을 거론했다. 일단 ①과 ②의 인용문을 통해 만력 연간 즈음에는 상서 지역에 파로把路, 협무지량挾撫之糧, 그리고 연화전이라는 종류의 관례가 폭넓게 존재했던 사실을 알 수 있다. 인용문대로 파로란 묘인들을 위무하고 달래기 위해 관량官糧을 지급하는 것이었으며, 그 분량은 병향의 20%에 달했다. 이것과 별도로 타수 등의 식량을 묘인들에게 나눠주는 협무지량이 있었으며, 사실상 초병들이 착복했던 연화전도 존재했다.

물론 위 글을 변장과 결부시켜 논할 경우 제일 중요한 부분은 인용문 ③이다. 인용문 ③에서는 외부인이 묘채로 들어와 개간으로 일군 토지를 경작한 정황과 더불어, 외부인이 자신의 거주지에 사는 묘인들과 결탁해 말썽을 부리는 일을 경계해야 한다고 채복일은 주장한다. 따라서 묘인이 내지로 들어와 내지의 경비 상황이나 약탈할 대상을 물색하는 행위 등을 차단하고, 묘인 지역에 들어간 사람들 중 귀향을 원하는 사람들을 귀가시켜야 한다고 역설했다. 이렇게 볼 때 변장의 설치 목적이 내지와 소수민족 지역 혹은 한족과 묘족의 경계를 가르는 역할에 있었다는 걸 짐작할 수 있다.

　마지막으로 인용문 ④와 ⑤는 이른바 영순과 보정토사의 담승제도에 관한 것이다. 이는 이미 설명한 것처럼 영순과 보정토사가 진계와 간자평 일대를 각각 통제하도록 하는 제도다. 인용문 ④와 ⑤ 역시 상서 일대 정황을 알려주는 귀중한 정보는 물론, 그 안에는 변장의 설치 이유를 알려주는 단서가 존재한다. 채복일이 다시 이 지역의 식량 문제를 거론하는 한편 진묘보다 간묘가 훨씬 더 빈번히 내지를 침범하는 사례가 많다는 사실을 강조했다. 그런 연장에서 그는 진계보다 간자평장관사의 책임이 더욱 크다고 언급했는데, 채복일의 논지대로 이런 막중한 책임을 명 왕조는 결국 관군이 아닌 보정토사에게 맡긴 것이다.

　그런데 채복일 스스로 이들 두 토사는 "이전에 이미 그릇된 일"을 자행했다고 언급하고 있음에도 결국 치안이 제일 불안한 곳을 보정토사에게 일임한 상황을 인용문 ⑤는 보여준다. 하지만 인용문 ⑤의 전체적인 맥락은 두 토사들에게 구체적이며 강압적인 조치를 통해 이 지역을 안정시키려 한 게 아닌, 사실상 그들의 협조와 상벌에 의지하고 있는 걸 보면, 담승제도는 명목뿐인 허구였다.

간단하게 말해 변장 설치의 이면에는 명 중엽 이후 소수민족 지역이 당면한 식량 문제가 도사리고 있었다. 결국 채복일을 비롯한 당시 관료들은 진계 일대를 확보하는 대신, 납이산 일대는 사실상 소수민족에게 일임해 각자의 생업을 보장해 준 것이다. 이렇게 본다면 변장의 설치는 오히려 잦은 반란 끝에 명 왕조가 자신의 전선을 내지 쪽으로 후퇴시켜 상서 일대에서 일정 정도의 지역을 확보하고자 하는 타협책의 산물이었으며 반대로 상서 지역 서쪽에 대한 통제를 포기한 것이었다.

바로 이런 점에서 장악보다 시대가 앞선 인물인 우겸(于謙, 1398~1457)이 경태 원년(1450)에 제시한 귀주 지역 묘족의 반란 대책은 경청할 만한 가치가 있다. 그는 홍무 연간 이후 영락 연간까지 단지 칙서를 통해 상을 하사하고 대신人臣 한 명으로 이 지역을 충분히 방어할 수 있었다고 말했다. 이어 소수민족 지역은 그 지형이 험난하고 그 지역을 자세히 알고 있는 사람도 드물어 반란의 완전한 진압이 사실상 어렵다고 주장하면서 초무招撫가 소수민족 반란을 진압하는 좋은 방법이라고 강조했다.[234]

우겸과는 약간 결이 다르지만 역시 동일 연장에 서 있던 또 다른 인물이 바로 왕수인王守仁으로서 그 역시 소수민족 지역의 형편에 따라 유관과 토관을 적절히 설치해야 한다고 주장했다.[235] 이런 일련의 견해가 만력 24년(1596) 귀주도어사로 부임한 강동지(江東之, ?~1599)의 주장에서 극단적으로 표출되는데, 그는 치묘治苗의 요체를 바로 "불치치지不治治之"라 주장했다.[236]

---

234 于謙,「兵部爲懷柔遠人疏」,『明經世文編』권34, 17쪽 상~18쪽 하.
235 王守仁,「處置平復地方以保久安疏」,『明經世文編』권131, 35쪽 상~하.
236 江東之,「別功罪以示激勸疏」,『瑞陽阿集』(『四庫全書存目叢書』, 齊魯書社, 1997) 권

강동지의 주장은 소수민족 지역을 안정시키기 위한 명 왕조 노력이 한계에 이르렀다는 사실을 잘 보여주는데, 채복일마저 이 지역 일대 식량 공급의 한계를 지적한 건 군사 전략적 측면보다 훨씬 더 현실적인 고민 때문이었다.[237] 만력 39년(1611) 식량 부족으로 수천 명의 병사들이 굶주렸다는 그의 지적이야말로 명대 후반 이 지역의 사회경제적 피폐상을 의미한다는 점에서 변장의 설치는 역설적으로 상서 지역 일대에서 명 왕조가 패배했다는 사실을 자인한 증거다.

분명한 사실은 유응중의 예에서도 확인할 수 있듯이, 청 왕조가 들어선 이후에도 이 지역은 여전히 군사적으로 매우 위험한 곳으로 남아 있었으며 결국 그러한 긴장감이 청 강희 연간에 발생한 반란으로 분출되었다는 점이다. 또 그런 긴장감의 근원 중 하나가 변장의 설치에도 불구하고 만력 연간 이후 지속적으로 변장 밖으로 한인들이 넘어 들어가 경작을 했던[238] 탓이라는 점에서 한족과 소수민족의 경계를 명확히 하려 했던 변장 건설의 당초 목적마저도 희석되어 갔음을 알 수 있다.

3) 군사 동원과 통제의 문제: 湖廣과 貴州

湖廣과 貴州의 행정 관할

이미 앞에서 살펴본 바와 같이 상서 지역의 반란은 단순히 상서 지역에서만이 아닌 주변의 귀주성이나 사천성 지역과 빈번히 연계되어

3, 18쪽 상.

237 따라서 채복일은 辰·沅 지방을 다스리는 요체는 오직 足兵과 足食뿐이라고 서슴지 않고 말했다. 蔡復一, 「按院稟啓」, 『遯菴全集』 권11, 「楚牘」, 62쪽 상.

238 鄂海, 『撫苗錄』(『中國少數民族古籍集成』, 四川民族出版社, 2003), 21쪽 상~하.

일어났다. 따라서 이런 반란 발생의 근거지와 그 발생 지역은 서로 맞닿아 있는 경우가 많았다. 이렇게 볼 때 상서湘西 지역과 접한 귀주성은 반란 세력과 관군 모두에게 중요한 전략 요충지였으며 그러한 사실을 당시 사람들도 인식했던 것처럼 보인다.

고주古州 출신인 청대 엄사훈嚴嗣勛은 일찍이 "귀주성은 천하의 극변지極邊地이며, 여평부黎平府는 사실상 귀주성 전체의 극변지고, 고주는 다시 여평의 극변지다."라고 전제한 후 "고주가 평안하면 여평이 평안하고, 여평이 평안하면 귀주가 평안하며, 이어 천하가 평안하다."라고 언급한 바 있다.[239] 그가 고주 → 여평 → 귀주성 → 중국 천하로 이어지는 전략적 연계성을 강조한 사실을 단순히 수사적인 언사로만 치부할 수는 없다. 이런 지역적 연계성으로 말미암아 호광과 귀주 지역의 일부 행정 체계는 싱딩히 독특했다. 오개위五開衛와 동고위銅鼓衛의 영역이 지리적으로는 귀주성 여평부에, 편교위偏橋衛와 진원위鎭沅衛는 진원부鎭沅府에, 청랑위淸浪衛와 평계위平溪衛는 사주부思州府에 각각 속했지만, 이 여섯 개의 이른바 변육위邊六衛의 행정 관할은 호광성湖廣省이었다는 사실이 그것이다.

이처럼 호광과 사천의 행정 분할이 한데 뒤섞인 주요 원인은 무엇일까? 그 첫 번째 원인은 원대부터 귀주성 일대가 호광행성에 귀속되어 있었기 때문이다. 지원 16년(1279) 선위사 탑해塔海가 서남팔번西南八番 나씨羅氏 등과 함께 원 왕조에 귀부했는데, 당시 규모가 상동上洞의 1,620채寨, 서남 오번五番의 1,086채, 서남번의 315채, 대룡번大龍番 360채 등 모두 3,381채였으며, 그 호수戶數가 19만 569호에 달했다.

---

239 嚴嗣勛, 「古州廳去思碑文」, 道光 『黎平府志』(方志出版社, 2014) 권40, 「藝文志」(3), 954쪽.

이러한 귀부 이후 지원 28년(1291) 양승楊勝의 요청에 따라 이 팔번동 만八番洞蠻을 사천행성에서 호광행성으로 예속시켰다.

그러나 지원 30년(1293) 사천행성의 관원들이 사주思州와 파주播州 일대 지역은 본래 사천에 속한 지역이었지만 근래 호광으로 편입시키자 사주와 파주의 주민들이 본래대로 사천 관할에 있기를 원한다고 상주했다. 이러한 요구의 진상을 확인하기 위해 원元 왕조는 관원을 파견했는데, 귀주의 전씨田氏와 양씨楊氏는 호광 쪽의 도로가 경사京師로 가기에 편리하며, 주민들 또한 호광과 가까운 곳에 거주하는 한편, 이미 역참이 완비되어 있다는 이유를 들어 사천이 아닌 호광 관할로 남기를 원했다.[240]

원 왕조는 지원至元 13년(1276) 중경(中慶, 현재 운남성 昆明)-오몽(烏蒙, 현재 귀주성 昭通)-서주(敍州, 현재 사천성 宜賓)를 잇는 교통로 개설과 함께, 지원 28년 중경-귀주(귀주성 귀양貴陽)-진원鎭遠-진주辰州로 이어지는 교통로를 개설했다. 이후 진원에서 악주(岳州, 호남성 岳陽)를 잇는 수로인 원수沅水 연변에 24개의 수참水站을 다시 건설했다. 그 결과 귀주성은 운남, 사천, 호광을 연결하는 요충지가 되었으며, 그러한 전략적 중요성 때문에 귀주성 관할을 놓고 주변의 여러 성省 사이에 일종의 쟁탈전이 전개되었다.[241] 앞서 언급한 서남팔번 지역의 관할을 사이에 둔 잦은 행정 구역 변경은 분명히 귀주성의 그러한 전략적 중요성 때문이었다.

둘째, 호광성이 이미 홍무 9년(1376)에 설치된 데 비해 귀주성은 영

---

240 『元史』권63, 「地理志」(15), 1539쪽.
241 方鐵, 「蒙元經營西南邊疆的統治思想及治策」, 『中國邊疆史地研究』 12권, 1기, 2002, 22쪽.

락 11년(1413)에야 비로소 설치되었다는 점[242]에서 귀주성 행정의 정비가 상대적으로 늦은[243] 이유도 겸제兼制 체제가 등장한 중요한 원인이었다. 홍무 18년(1385) 오면아吳面兒의 반란을 계기로 명 왕조는 오개위를 설치하고, 다시 홍무 30년(1397) 고주만古州蠻 임관林寬의 반란을 진압한 후 동고위를 설치해 모두 호광성 정주靖州에 예속시켰다.[244] 나아가 진원부와 사주부에 설치된 네 위衛도 홍무 연간에 설치된 사실[245]을 감안하면 이 변육위를 호광도사 관할로 둔 건 오히려 자연스러운 일일 것이다.

특히 만력 연간까지 파주 지역에 강력한 세력으로 남아 있다가 마침내 반란을 일으킨 양응룡(楊應龍, 1551~1600) 세력의 근거지 해룡돈海龍囤을 만력 28년(1600) 6월에 정복한 후 내린 조서에서 만력제는 "이제 가장 큰 악의 무리가 이미 소멸했으니 협종자脅從者들의 죄를 용서하고 유민들을 초치히는 한편 호강豪強의 겸병兼併을 용인하지 않아야 하며 진휼을 실시해 새롭게 평정한 곳을 안정시켜야 한다."[246] 라고 밝힌 바 있다. 만력제의 이러한 조서를 통해 알 수 있듯이 귀주

---

242 명대 귀주성 설치에 대한 전반적인 사항에 대해서는 김홍길, 「명대 귀주성의 설치와 토착민의 저항」, 『동북아역사논총』 58호, 2017 참조.

243 이를테면 영락 11년(1413) 貴州省이 설치될 당시 貴州布政使는 都指揮와 함께 이 지역을 다스렸다. 『貴州通志 · 前事志』(2), 68쪽 참조. 아울러 귀주성의 행정 정비가 명말까지도 제대로 이루어지지 않았던 정황에 대해서는 蕭端蒙, 「條陳邊省吏治四事疏」, 『明經世文編』 권285, 11쪽 상~12쪽 하 참조.

244 道光 『黎平府志』 권37, 「武備志」(2), 888~889쪽. 일명 林小厮라고도 불린 임관이 홍무 30년 3월에 일으킨 반란을 진압할 당시에도 楚王 楨, 湘王 栢 등은 물론 總兵官 직을 맡은 楊文과 都督 顧成 등이 귀주의 병사와 함께 이들을 무찔렀다는 사실을 상기할 필요가 있다.

245 진원위가 홍무 22년(1389)에 설치되었으며, 나머지 평계위, 청랑위, 편교위는 홍무 23년(1390)에 설치되었다. 吳才茂, 「明代衛所制度與貴州地域社會形成研究」, 西南大學博士學位論文, 2017, 46~47쪽.

246 郭子章, 萬曆 『黔記』 권13, 「止榷志」(下), 12쪽 상.

성이 설치된 이후에도 양응룡처럼 명 왕조에 대항했던 대토사 세력이 내내 존재한 정황은 호광성에 속한 영순과 보정토사들의 행태와 판이하게 달랐음을 말해 준다. 또한 황제조차 양응룡의 거점 지역을 새롭게 평정된 곳이라고 부를 정도로 명 왕조의 귀주성에 대한 장악력은 매우 제한적이었다.

셋째, 귀주성의 행정 체제가 이처럼 명말까지도 불완전한 탓에 상대적으로 위소 세력이 강력했다는 점도 호광성의 군사적 겸제가 강화된 중요 원인이었다. 명대 귀주성 경내에 존재하던 31개 위소[247] 중 상당수의 위衛는 행정관청인 부府와 군사 문제를 담당하는 위가 한 성城에 동시에 자리 잡고 있는 부위동성府衛同城[248] 형태로 존속했다.

이 변육위 가운데 청랑위와 편교위는 부위동성의 형태가 아니었다. 그러나 홍무 22년(1389) 개설된 진원위만 하더라도 당시 위성衛城의 주위가 927장에 높이가 1장 3척, 그리고 타구垛口가 1,872개인 데 비해 정작 진원부 자체는 귀주성이 설치된 후 한참 지난 가정 26년(1547) 진원부 지부로 부임한 정절程㒤[249]에 의해 비로소 축성이 이루어졌는데, 그 길이가 45장에 타구가 76개에 불과한 보잘것없는 형태였다.[250] 더구나 평계위의 경우 오히려 융경 4년(1570) 귀주순무 왕쟁王諍의 상주로 사주부의 성城을 평계위로 이전했던 상황도 확인할 수 있다.[251]

---

247 唐莉, 「明代貴州省建置硏究」, 中央民族大學博士學位論文, 2016, 27~28쪽.

248 귀주성 衛所의 독특한 형태라 할 수 있는 府衛同城에 대해서는 鍾鐵軍, 「釋明代貴州之"州衛同城"」, 『中國歷史地理論叢』 19권, 1집, 2004; 정철웅, 「明代 소수민족 통치의 一面—黔東南 邊六衛 운용의 실상과 五開衛 款軍의 반란—」, 『東洋史學硏究』 143집, 2018 참조.

249 郭子章, 萬曆 『黔記』 권29, 「守令表」, 34쪽 하.

250 郭子章, 萬曆 『黔記』 권5, 「輿圖志」(2), 59쪽 하~60쪽 하.

251 『明實錄』 권43, 隆慶 4년 3월 18일.

다른 한편 오개위는 휘하에 16개의 소所, 258개의 둔전, 주둔군이 3만 여에 달하는 대규모 위衛로서 강희 연간까지 그 토지와 호구가 여평부의 수배에 달한 강력한 군사 조직이었다.[252] 홍무 30년(1397)에 설치된 동고위 역시 휘하에 12개 소가 있었으며, 48채寨를 관할한 대규모 위였다.[253] 이러한 정황은 귀주성 동부 일대야말로 오히려 위소의 위력威力이 부府나 현縣보다 훨씬 강력했다는 증거[254]이며, 그러한 위소들이 호광성 관할인 탓에 결국 행정 문제가 발생하면 호광성의 입김이 훨씬 강력할 수밖에 없었다.

　　이처럼 위衛의 세력이 강했으며, 홍무 초기 귀주와 호광을 잇는 지역에 설치한 평계위, 청랑위, 진원위, 편교위 등의 위소 군인 대부분은 호광 지역에서 차출된 병력이라는 사실 역시 귀주성에 대한 호광성의 군사적 통제가 가능했넌 중요한 원인이었다.[255] 따라서 호광성의 토사들이 호광도사 휘하에 속해 단일한 행정 체제로 운용된 데 비해, 위소 설치 당시 아직 성省이 설치되지 않은 귀주 지역은 성省이 설치된 영락 11년 이후에도 행성行省-부府-토사土司 혹은 도사都司-위소衛所-토사, 행성-토사와 같은 다양한 권력 체제가 형성되어 있었다.[256]

　　이런 정황에도 불구하고 귀주성 관리들은 여섯 개 위衛를 귀주성

252 吳春宏, 「五開衛建置硏究」, 『銅仁學院學報』 16권, 3기, 2014, 109쪽.
253 道光 『黎平府志』 권2, 「地理志」(1), 254~255쪽.
254 이런 사실은 소수민족 연구자들이 빈번하게 인용하는 王士性, 『廣志繹』 권5, 「西南諸省」, 133쪽에 등장하는 "귀주성이 개설된 초기에는 衛所만 있었으며 이후 차츰 改流되어 郡邑이 세워졌는데, 그러한 군읍이 모두 위소 가운데 세워져 위소가 주인이고 군읍이 오히려 客人이다."라는 언급을 통해 충분히 확인할 수 있다.
255 任柳, 「略述洪武二十二年湖廣練兵與貴州部分衛所旗軍來源」, 『貴州文史叢刊』, 1기, 2017, 40~42쪽.
256 溫春來, 『從"異域"到"舊疆"─宋至淸貴州西北部地區的制度·開發與認同』, 社會科學出版社, 2019, 131쪽.

관할로 두어야 한다는 주장을 끊임없이 제기했는데, 그 대표적인 인물 중 하나가 융경 원년(1567) 귀주순무도어사로 부임한 두증杜拯이다. 그는 원주沅州와 정주靖州, 평계위, 청랑위, 진원위, 편교위, 동고위와 오개위는 호광과 멀고, 유양, 파주, 영녕永寧의 세 토사도 사천과 멀어 그 거리가 2,000여 리에 달한다고 전제한 뒤, 이 지역이 사천과 호광에 속해 있음에도 귀주성 역시 이 지역을 동시에 통제하고 있는 탓에 민정民情과 정치 체제가 모두 불편하다고 지적했다.

따라서 두증은 육위六衛를 귀주성 관할로 하면 그 편리함이 10가지에 달한다고 역설했다. 그 10가지의 편리함이란 백성들이 먼 곳에서 하던 부역을 가까운 곳에서 할 수 있어 비용 절감이 가능하다는 점, 군현郡縣이 오직 한 지역에만 전념할 수 있어 이쪽과 저쪽의 정황을 고려할 필요가 없는 점, 군인과 일반 백성들의 역역力役이 편중되지 않는 점, 과공科貢이 한 성省에서 이루어질 수 있는 점, 정령政令에 대한 책임이 명백해져 함부로 다른 성省에 책임을 전가할 수 없는 점, 부府와 위衛가 서로 통제 가능하므로 사나운 병사나 호민豪民들이 함부로 그릇된 일을 할 수 없는 점, 세수歲輸 징수의 완급을 헤아릴 수 있으며 도적이 출몰해도 쉽게 체포할 수 있는 점, 세력이 강한 토추土酋가 서로 견제할 수 있으므로 방자하게 날뛸 수 없는 점, 먼 변방 지역에 해마다 감사監司가 와서 관원과 백성의 애로 사항을 물어 그것을 바꿀 수 있는 점, 같이 통제한다는 구실에서 벗어나 전적으로 한곳에서 실질적인 정치를 한다면 통제 체제가 서로 편해지며 일에 막힘이 없는 점이다.[257]

이처럼 두증은 귀주성 행정의 단일화로 얻을 수 있는 소위 '십편十

---

257 杜拯, 「議以楚衛屬貴州疏」, 乾隆 『開泰縣志』(方志出版社, 2014) 冬部, 「藝文志」, 109쪽.

便'을 거론했는데, 이 글 안에서 그가 단지 이성겸제 체제의 문제점만을 거론하지 않았다는 사실을 알 수 있다. 그는 각 성省에는 성성省城이 있으며 부와 현이 동시에 설치되어 있을 뿐 아니라, 관원이 주재하고 있음에 비해 오직 귀주성만 그런 체제를 갖추지 못했다는 사실을 매우 안타까운 어조로 지적했다. 이를테면 그는 군인과 민간인들의 소송, 요역徭役의 편심編審, 마부馬夫의 배치, 도적의 체포 등을 현재 포정사와 안찰사가 실질적으로 처리하지 못하고 있으며, 과거 이런 문제를 삼사三司[258]의 수령, 지휘, 선위사 관원에게 위임했다고 언급했는데, 이런 그의 언급으로 미뤄 귀주성 행정 체제의 정비가 매우 완만하게 이루어진 사실을 짐작할 수 있다.

나아가 두중의 언급에 의하면 삼사의 수령은 관직에 이르기까지의 경력이 서로 다르고 일 처리가 일관되지 않을 뿐 아니라, 정치의 요체에도 밝지 못해 정사政事가 이치에서 벗어나는 경우가 빈번했다. 그러한 행동 방식은 지휘나 선위사 관원들이 더욱 심한데 지휘는 사심私心을 품고 있기 때문에 주변 지역에 대한 경비가 제대로 이루어지지 않아 오히려 해가 되며, 선위사 관원들 역시 방자하게 남을 헐뜯고 징벌만을 강조해 가정을 파괴하고 인명을 살상하는 경우가 있다는 사실을 지적했다. 이처럼 두중이 특히 위소 군관이나 토관들의 행태를 문제 삼은 이유는 그들이 귀주성을 통치하는 데 중요한 역할을 담당하고 있지만 그만큼 부작용도 심했기 때문이었다.

물론 두중이 삼사의 수령, 지휘, 선위사 관원의 폐해를 지적한 또 다른 이유는 겸제의 문제와는 별도로 정번부程番府의 부치府治를 성성

---

258 두중이 여기서 언급한 三司는 都指揮使司, 承宣布政使司, 提刑按察使司를 의미하는 게 아닌, 酉陽, 播州, 永寧의 세 토사(三土司)를 줄인 말이다.

省城으로 이동시키고 귀죽貴竹과 평벌平伐 두 장관사를 개류改流해야 한다는 주장 때문이었다.[259] 따라서 두증은 호광의 원주沅州, 정주靖州, 변육위와 사천의 유양과 파주 등을 모두 귀주로 귀속시키고 귀죽과 평벌을 개류시켜야 한다고 강력하게 건의했지만 두 장관사에 대한 개류는 실시한 반면, 변육위 등을 귀주로 귀속시키는 문제는 좀 더 논의를 거쳐야 한다는 대답이 돌아왔다.

이런 점을 고려하면 명 왕조는 끝내 귀주 지역 일대의 위소를 호광성 휘하에 두려 했다고 할 수 있는데 그 이유는 무엇일까? 귀주성에 대한 호광성의 통제와 그 문제점에 대한 언급은 사료에 빈번하게 등장하는 반면 그 당위성을 명쾌하게 설명해 주는 사료는 많지 않다.

이런 사료의 한계에도 불구하고 일단 명 왕조가 특히 군사적인 측면에서 사실상 호광성과 귀주성을 거의 동일한 지역으로 인식했다는 사실은 꽤 분명해 보인다. 정통 14년(1449) 귀주안찰부사 이예李睿의 상주에 따르면 묘인들이 귀주와 호광을 잇는 도로의 변성邊城과 둔보屯堡를 따라 반란을 일으키고 있다는 지적과 함께, 귀주의 관군 수효가 적으므로 사천, 운남, 호광의 관군과 토병이 결집해 그들을 소탕해야 한다고 언급한 바 있다.[260] 이처럼 귀주와 호광이 군사적으로 연결되어 있다는 사실은 이미 앞에서 살펴본 정통~가정 연간 상서 일대 반란을 통해서도 확인할 수 있는데, 특히 롱허보의 반란은 그런 양상을 잘 보여준다.

---

259 杜拯, 王時擧, 「議聯近屬移府治疏」, 萬曆『貴州通志』권19, 「經略志」(1), 338쪽. 융경 원년(1567) 순무로 부임한 두증과 역시 융경 원년 순안어사로 부임한 왕시거가 동시에 올린 이 글과 바로 앞 두증의 「議以楚衛屬貴州疏」는 내용 면에서 매우 유사하지만, 두 사람 이름으로 작성된 「議聯近屬移府治疏」가 좀 더 자세하다.
260 『明實錄』권177, 正統 14년 4월 21일.

둘째, 군사 문제가 이처럼 삼성三省에 걸쳐 발생한 반면 귀주성 고유의 독특한 환경 탓에 이 지역을 쉽게 다스리기 어려웠던 점도 귀주성이 호광성 관할로 남았던 중요한 이유였다. 귀주성의 전반적인 경제 상황을 잘 요약한 곽자장(郭子章, 1543~1618)은 그의 『검기黔記』에서 이런 사실을 누차 강조했다. 귀주성을 설명할 때 빈번히 등장하는 "3일 내내 하늘이 맑은 적이 없으며, 평지가 3척에 달하는 곳도 없다."라는 유명한 속언에서도 알 수 있듯이 귀주성은 본래 경작지가 풍부하지 않은 곳이다.

이처럼 척박한 자연환경 외에, 소수민족을 제대로 통제할 정도의 병력이나 관원이 귀주성에는 존재하지 않았다. 일찍이 곽자장이 귀주성이 보유한 관병官兵만으로는 귀주성 자체의 방어도 부족한 지경이며, 관리들의 역량도 부족해 소수민족이 자행하는 노략질을 충분히 감시하지 못한다고 언급한 이유는 병제와 행정의 정비가 그만큼 완비되지 못했기 때문일 것이다.[261]

셋째, 귀주성의 이런 군사적·경제적 취약성에도 불구하고 귀주성은 운남과 호광을 잇는 중요한 교통로일 뿐 아니라, 막대한 물자를 내지로 나르는 중간 매개지 역할을 했다는 점이다. 그러므로 명 왕조는 귀주성이 지닌 경제적 가치를 좀 더 확실하게 장악하기 위한 대책을 강구할 수밖에 없었다. 귀주성이 중요한 교통로였다는 사실은 기존의 연구에서도 빈번하게 등장하지만,[262] 귀주성의 풍부한 천연자원에 대한 관심은 아직 활발하지 않은 편이다.[263] 그러나 곽자장의 『검

---

261 郭子章, 『黔記』 권13, 「止榷志」(上), 3쪽 하와 7쪽 하.
262 唐莉, 2016, 41~42쪽.
263 청대의 예이긴 하지만 운남성의 구리와 귀주성의 납에 대한 생산과 운반을 다룬 최근의 연구에 의하면 건륭 2년(1737) 무렵 이른바 黔鉛의 생산량은 약 400만 근에

기』에 등장하는 다음 언급은 귀주성의 형세와 산출 자원의 다양성을
잘 보여준다.

　대체로 귀주는 이전의 나시귀국羅施鬼國 지역이며 모두 만이蠻夷가 삽니
다. 산에는 숲이 우거지고 동굴에는 물이 끊임없이 흐르며 토지에서는 딱
히 재물이 산출되지 않습니다. 민둔民屯은 겨우 14만 석이며, 천하에서 가
장 가난한 곳으로서 관원과 군인들의 세봉歲俸은 모두 호광과 사천에 의지
하니, 대체로 (귀주성은) 본디 번화한 곳이 아니며 이전부터 명 왕조의 통
치 영역에 포함되지 않았습니다. 그러나 (명 왕조가) 운남성(과의 왕래를 위
해) 귀주성에서 길 하나를 빌려 왕래하기에 이르렀지만, 그 길 외부는 사
실상 모두 만이蠻夷의 동채洞寨입니다. 그들 만이가 세력을 확장해 졸지에
공격하면 (이 일대가) 동요되기 쉬우며 안정을 찾기 어렵습니다.
　현재 수은水銀, 동銅, 연鉛, 주사硃砂, 웅황雄黃, 백랍白蠟 등이 생산되어
매년 3만 5,000냥의 세금과 명마名馬 40필을 부과할 수 있다고 하나, 이치
상으로 보건대 그럴 일이 전혀 없으므로 신臣은 감히 믿을 수가 없습니다.
설사 징세를 할 수 있다 하더라도 (그러한 광물은) 또한 만이 (지역에서) 나
오는데, 현재 만이들이 전토를 빼앗고 상품을 탈취하고 있습니다.[264]

　이 인용문을 통해 알 수 있듯이 귀주성 일대는 구리, 납, 수은 등은
물론 양마良馬의 산출지로도 유명했는데,[265] 이러한 물자는 호광을 통

<hr>

　달했다. 馬琦, 『國家資源: 淸代滇銅黔鉛開發硏究』, 人民出版社, 2013, 262쪽.
264　郭子章, 『黔記』 권13, 「止榷志(上)」, 9쪽 상~하.
265　앞서 밝힌 대로 서남 소수민족 지역의 천연자원에 대한 개발 양상과 자원에 대한
　　명청 두 왕조의 관심은 이제 막 연구가 시작되었으며 본문의 주제를 벗어난다는
　　점에서 자세히 다루지는 않았다. 그러나 思州府의 都坪司에서 鉛, 鐵, 蠟 등이 산
　　출된 사실은 『黔記』의 인용문과 정확히 일치한다. 萬曆 『貴州通志』 권16, 「合屬志」

해 중국 내지로 운반될 수밖에 없었다. 그러나 이러한 운반과 자원의 개발이 귀주 지역의 반란으로 중단되는 일이 발생했으므로[266] 결국 명 왕조 입장으로서는 귀주성을 호광성 휘하에 두는 게 분명히 유리했을 것이다. 그렇다면 군사적 측면에서 두 성의 관계는 어떠했을까?

三省 관할의 總督 설치와 兼制

앞에서 설명한 사정으로 호광과 귀주는 행정 · 군사적으로 겸제를, 경제적으로 협제協濟를 서로 시행했다. 겸제와 협제의 성격은 서로 비슷하지만, 전자가 주로 군사적 · 행정적 측면의 협조를 의미하는 반면, 협제는 특히 두 성省 사이의 미곡 수급을 의미한다. 물론 이 겸제와 협제는 경우에 따라 동전의 양면과 같은 성격을 지닌다고 볼 수 있는데 행정이나 군사적 측면의 겸제는 물론, 명대 두 성 사이의 협제 양상도 확인 가능한 중요한 단서 중 하나가 삼성三省 지역에 특별 상황이 발생한 경우에만 설치한 총독천호귀주군무도어사總督川湖貴州軍務都御史라는 직함이다.

삼성의 군무를 총괄하는 이 지위는 전적으로 반란 진압을 담당했으며 사태가 진정되면 본래 지위로 되돌아간 임시직이었다. 이를테면 가정 연간 어사 숙응린宿應麟의 요구로 군무총독이 원주沅州에 머물면서 삼성을 통제했지만 바로 없앴으며, 만력 22년(1594) 양응룡의 반란

---

(14), 287쪽 참조. 또한 귀주성의 말도 매우 유명했는데, 귀주성 養龍坑에서 산출된 名馬에 대한 명초 宋濂의 글이 널리 회자된 사실도 상기할 필요가 있다. 宋濂, 「龍馬贊」, 萬曆 『貴州通志』권23, 「藝文志」(3), 459~460쪽 참조.

266 正統 元年 귀주성 銅仁府의 금광이 소수민족 반란으로 폐쇄된 예가 그러하다. 『貴州通志 · 前事志』(2), 101쪽. 또한 명 왕조는 광세의 징수에도 매우 신중한 태도를 보였다. 李化龍, 「請罷開礦疏」, 『明經世文編』권423, 4쪽 하~5쪽 상.

을 계기로 다시 총독 1명을 사천에 주둔시키고 삼성을 절제하도록 했다. 물론 양응룡 반란의 진압과 그 사후 대책을 시행하기 위해 설치한 만력 연간의 총독도 곧바로 폐지되었다.[267] 이렇게 볼 때 총독이란 지위는 확실히 잠정적인 지위에 불과했지만, 호광과 귀주의 통제 문제에 관해 많은 사실을 알려준다는 점에서 자세히 살펴볼 필요가 있다.

물론 다른 한편으로 생각하면 명대 한 개 성省을 관할하는 순무에 비해 호광성과 귀주성을 동시에 관할한 이러한 종류의 총독이 심지어 7개 성을 관할한 경우도 있었다[268]는 점에서 총독의 존재가 호광성과 귀주성의 겸제 양상을 대변하지는 않는다. 더구나 양광兩廣, 삼변三邊, 계·요薊·遼에도 이런 총독이 설치되었으므로 굳이 총독 임명만으로 서남 지역의 특수성을 거론하는 게 다소 무리일 수 있다.

그러나 명 왕조가 정통 14년(1449) 정원백靖遠伯 왕기(王驥, 1378~1460)를 귀주총독으로 임명한 이래 숭정 11년(1638) 이약성李若星까지 약 190년 동안 모두 33명을 호광과 귀주의 군무를 총괄하는 총독으로 임명한 사실[269]은 이 지역 일대에서 총독의 중요성을 상기하기에 충분하다.

명대 삼변과 양광 총독이 각각 새외민족이나 왜구의 침략을 저지하기 위한 것이라면 서남 지역의 총독은 전적으로 소수민족의 반란을 진압하기 위해 설치되었다. 그 가운데 총독이 가장 빈번하게 임명된

---

267 郭子章, 『黔記』 권18, 「職官志」, 4쪽 하~5쪽 상.

268 關文發, 「試論明代督撫」, 『武漢大學學報』(社會科學版), 6기, 1989, 88쪽.

269 호광, 귀주, 사천 총독을 연구한 두 편의 논문 중 黎小龍, 「明代西南總督與民族社會衝突調控」, 『民族研究』, 4기, 2005, 66~67쪽에서는 총독의 수효를 33명으로, 吳海麗, 「明代貴州督撫의 設立及其區域軍事調控研究」, 西南師範大學碩士學位論文, 2003, 12쪽에서는 24명으로 기록하고 있다. 전자의 논문이 후자의 논문을 보완했다는 점에서 여소룡의 언급을 따랐다.

시기는 역시 가정 연간이며, 이후 만력 연간에는 파주 지역의 반란 진
압을, 천계 연간에는 안·사安·奢의 난을 진압하기 위해 각각 총독이
설치되었다. 그렇다면 이런 총독의 실질적인 역할은 어떠했을까?

호광과 귀주 일대가 아닌 운남 녹천麓川 지역의 반란을 제압하기 위
해 왕기가 군무총독의 직함을 받은 시기는 정통 6년(1441) 2월의 일이
었다.[270] 하지만 이 시기 그의 군무총독은 병부상서와 대리시를 겸한
탓에 실제 엄격한 의미에서 총독의 성격은 아니었다. 그러나 정통 14
년(1449) 4월 호광과 귀주 일대 묘인들이 반란을 일으켜 그 세력이 동
쪽으로 호광의 원주沅州, 서쪽으로 용리龍里, 남쪽으로 파주, 북쪽으
로 무강武岡에 이르렀으며 그 반란 가담자도 20만이 넘었다. 이어 정
통 14년(1449) 12월 무렵이 되면 진원묘鎭遠苗와 파주 지역의 위동렬의
반란 기세가 걷잡을 수 없이 확대되자 명 정부는 다시 왕기를 평만장
군平蠻將軍으로 삼아 총병관總兵官에 임명했다. 그런데 이런 정황에서
왕기는 "나는 녹천을 정복하라는 명을 받은 것이지, 묘인을 평정하라
고 명을 받은 것은 아니다."라고 말했다.[271]

왕기가 이처럼 강한 불만을 터뜨린 이유는 정통 14년 4월부터 9월
까지 약 반년 동안 도망한 관병의 수효가 9,000여 명에 달했을 뿐 아
니라, 군량도 이미 바닥이 났기 때문이었다. 왕기가 정통 14년 6월 상
주를 올려 운남과 사천 두 도사都司에게 2만 8,000의 병력을 동원해야
한다고 한 이유는 분명히 그러한 병력 감소 때문이었다.[272]

삼성 일대 거의 최초의 군무총독이라고 할 왕기의 이러한 불만과
군사들의 도망, 병향兵餉의 부족은 총독의 지위 행사가 대단히 제한적

---

270 『明實錄』 권75, 正統 6년 正月 17일.
271 『貴州通志·前事志』(2), 112쪽.
272 『明實錄』 권179, 正統 14년 6월 12일.

일 수 있다는 사실을 예고하는 것으로서, 실제로 다음 몇 가지 사안이 그러한 정황을 뒷받침한다. 그 첫 번째는 바로 다른 지방관들과의 갈등이다. 앞서도 말했듯이 왕기의 가장 큰 불만은 병력 부족이었다. 정통 14년 4월 21일 귀주안찰부사 이예李睿의 상주에 따르면 귀주 일대 묘인이 연합해 그 수효가 1만에 달했지만, 관군의 수효는 적어 사천, 운남, 호광의 관군과 토병, 도사都司의 관군을 모으고 도지휘都指揮 3~4명을 선발해 왕기, 총병관 궁취 등이 연합해서 그들을 무찌르도록 조치했다.[273]

한편 왕기는 정통 14년 6월 12일 다시 상주를 올려 운남과 사천의 두 도사의 병력 2만 8,000의 징발을 요청했지만, 오히려 호광에서 토병과 민장 병력 2~3만을 징발하도록 한 일은 민장 관련 설명에서 이미 언급했다. 이런 정황으로 미뤄 당시 중앙 정부의 대신들이 왕기 등의 지속적인 원군 요청에 적극적으로 응하지 않았던 사실을 알 수 있다.

둘째, 왕기를 봐도 당시 총독에 오른 사람들의 자질이 일률적이지 않다는 점을 들 수 있다. 왕기 자신의 말처럼 그가 묘인 평정에 적극적으로 나설 의향이 없었던 탓이었는지는 몰라도 도독 궁취宮聚와 함께 무리하게 작전을 전개하는 한편 자신의 사욕을 챙긴 정황[274]으로 미뤄 총독의 자리에 오른 왕기의 자질이 우수하다고 보기는 어렵다. 나아가 왕기가 도독 궁취를 탄핵한 점[275]을 보면 총독이 일사불란하게 휘하 군관과 병사를 지휘하지도 못했다.

결국 삼성을 아우르는 권한을 가진 총독과 중앙의 협조 부재, 휘하 장수에 대한 일사불란한 지휘 능력의 부족, 총독의 부실한 자질 등으

---

273 『明實錄』 권177, 正統 14년 4월 21일.
274 『明實錄』 권179, 正統 14년 6월 19일.
275 『明實錄』 권183, 正統 14년 9월 29일.

로 삼성의 효율적인 겸제와 협조를 총독으로부터 기대하는 건 당연히 무리였다.

이러한 정황을 악화시킨 더 큰 이유는 귀주성의 통치 방법을 두고 명대 내내 관원들 사이에 갈등이 빈번히 표출되었기 때문이다. 따라서 귀주성과 호광성 사이의 겸제나 협제가 잘 이루어지지 못한 이유가 단순히 제도 때문만은 아니었다. 경태 원년(1450) 이부좌시랑에 오른 하문연(何文淵, 1385~1457)과 당시 병부상서 우겸(于謙, 1398~1457) 사이의 의견 대립은 정통~경태 연간 명 왕조의 총독에 대한 인식과 아울러 호광성과 귀주성의 지역적 차이점을 적나라하게 보여준다.

당시 이부시랑인 하문연은 다음과 같이 상주했다. 귀주총병관이 사단을 일으켜 변고가 발생한 게 이미 여러 번입니다. 현재 병사들은 피로하고 백성들은 곤궁한데 다시 남쪽을 정벌해야 하는 즈음에 호광, 운남, 사천 세 포정사의 전운轉運(미곡)이 공급되지 못하고 있습니다. 귀주는 산이 높고 험준해 본디 방비(의 설치가) 어려우며 만인蠻人들의 반란과 복종이 일정하지 않으니, 바라옵건대 병부兵部의 논의를 거쳐 적들이 불태우고 훼손한 관사官舍를 다시 건설하지 못하도록 하고 포정사와 안찰사 및 그 이하 각 부府의 대소 관리 및 진압에 나선 관군 모두를 철수시키도록 해야 합니다. 다만 **홍무 연간의 예에 따라 선위사를 설치해** 그 관할 토인들을 관리하도록 해야 합니다. 도사와 지휘 등을 설치하고 군위軍衛를 단속하도록 해 대장大將이 (해당 지역을) 진수鎭守하는 데 편리하도록 해야 합니다.

대다수 관원은 하문연의 이러한 상주가 옳다고 말했지만, 오직 우겸만은 다음과 같은 이유를 들어 반대 의견을 개진했다.

태조고황제太祖高皇帝께서 (귀주성)을 이전에 개창하셨으며, 성조成祖 문황제文皇帝께서 이후 그곳을 경영해 이제 100여 년이 되었습니다. 법제法制가 이미 정해져 그 기세를 변경할 수는 없습니다. 근래 변방에서는 (여러 사안에 대한) 대처가 법도에 어긋나고 더구나 남쪽을 정벌하는 병사들의 잦은 출정으로 마침내 적들이 반란을 일으켜 병사들이 수고롭게 원정을 했습니다. 따라서 1년 사이에 각 지역의 성지城池가 비록 포위를 당해 곤란한 지경이 있었지만, 관원과 장수가 사수死守해 심한 변고는 없었습니다. 현재 총독, 총병總兵, 참장參將, 삼사三司의 관원 등이 당초 이곳을 포기할 수 있다는 말을 하지 않았으며 병사와 병향兵餉을 요청하고 있지만, 이 지역이 지키기 어려운 곳이라고 언급한 적도 없습니다.

대저 토지란 조종祖宗의 토지이며, 백성들이란 조종의 백성이므로 한 가지라도 부족한 사항이 있다면 오히려 그것을 보완해 고쳐야 합니다. 현재 포정사와 안찰사가 당당히 귀주성을 관할하고 있는데, 작은 저항이 있다고 해서 그 포기를 거론한다면 강역이 날마다 100리씩 줄어들 터인데, 그것을 누구의 잘못으로 돌리겠습니까?[276]

이 내용이 『명실록』에 등장하지 않는 탓에 정확한 시기를 단정할 수는 없지만, 왕기 대신 양보梁珤가 총병관에 임명되어 귀주의 반란을 진압한 때가 경태 원년(1450)이므로 이 두 사람의 논쟁이 발생한 시점은 경태 원년이라고 보는 게 타당하다. 따라서 귀주성이 설치된 영락 11년(1413) 이후 37년이 지난 시점에 하문연이 새삼스럽게 '혁류복토革流復土'를 주장한 이유는 그만큼 귀주성 일대의 통치가 어려웠기 때문

---

276 이하 두 사람의 의견은 『貴州通志·前事志』(2), 118쪽에 동시에 등장하며, 于謙의 의견은 별도로 于謙, 「兵部爲懷柔遠人疏」, 『明經世文編』 권34, 16쪽 상~18쪽 하에서 다시 확인할 수 있다.

일 것이다. 거꾸로 귀주성을 경영하고 통치한 지 이미 100년이 지났으며 법제 역시 이미 정해져 이제는 그러한 정황을 되돌릴 수 없다는 사실을 상기시킨 우겸의 주장은 당연히 매우 현실적인 판단이라 하겠다.[277]

물론 두 사람의 이런 입장 가운데 어느 주장이 당시 귀주성 현실에 부합하는지 여부는 판단이 어렵지만 앞서 언급했듯이 귀주 지역에 성省이 설치된 지 벌써 100년이 지난 시점이라는 점을 감안한다면 명 왕조가 정식 관원을 통한 귀주성의 통치를 마다할 이유는 없었다. 그런 점에서 우겸은 총독과 같은 차관差官보다 삼사의 역할과 그 효율성을 암암리에 강조했다고 볼 수 있다. 이런 우겸의 주장 바탕에는 경태 연간 당시만 해도 묘족의 반란 형세가 그리 드세지 않았으며, 일부 논자의 지적처럼 소수민족 통치의 주조가 토벌보다는 위무慰撫에 있었다는 점[278]도 한몫했을 것이다. 포정사와 안찰사를 없애자는 하문연의 상주를 허락하지 않은 대신 경태 원년(1450)에 왕순王恂을 처음으로 귀주순무에 임명한 것도 동일한 연장이었다.

따라서 소수민족을 직접 다스린다는 측면에서 본다면 포정사와 안찰사와 함께 삼사를 중심으로 한 통치가 명 왕조의 일률적인 행정 제도와 부합되지만, 이런 이상과는 달리 일시적인 지위인 총독이 나서서 사실상 명대 내내 호광과 귀주를 통제했다. 특히 소수민족 반란이 극심하던 가정 연간에는 가정 7년(1528) 3월에 운남, 사천, 귀주, 호광의 제독군무提督軍務로 임명된 오문정伍文定을 시작으로 가정 40년

---

277 우겸의 이런 현실론과 달리 이 지역에 대한 통치를 토사에게 맡기는 것은 명 왕조의 위신 문제라는 주장을 편 왕기의 의견도 하문연의 주장을 반박하는 데 동원된 논리였다. 王驥, 「覆何文淵疏」, 『明經世文編』 권28, 7쪽 상~하.

278 黎小龍, 2005, 70쪽.

(1561) 9월 호광, 사천, 귀주 총독군무에 임명된 나숭규羅崇奎까지 모두 9명의 총독이 존재했다.

이들 9명의 총독 가운데 가장 오랫동안 총독에 머무른 인물은 장악으로서, 그는 가정 27년(1548) 6월부터 가정 32년(1553) 정월까지 약 4년 8개월을 총독으로 재직하면서 상서와 귀주 일대 묘인의 반란을 진압했다. 장악이 총독으로 부임한 배경은 3장 2절에서 밝힌 바와 같이 가정 16년(1537) 발생한 롱모수隴母叟의 반란에 이어 그 잔여 세력인 롱허보隴許保가 가정 24년(1545)에 다시 반란을 일으켰기 때문이다.

이러한 현상은 내지의 행정 체제로는 아직 귀주성을 제대로 통치하기 어려웠다는 사실을 보여주는 것이다. 나아가 대규모 반란에 직면한 당시 명 왕조가 정규 행정 제도로도, 총독과 같은 임시방편의 특별 관리로도 그것을 제대로 통제하지 못한 사실을 확인할 수 있는데, 다음의 정황은 그 구체적인 예다.

롱허보의 반란 초기 그 진압에 나선 인물은 가정 24년 귀주순무로 부임한 왕학익(王學益, ?~1561)이었는데, 그에 관련된 다음 두 사실은 겸제의 문제점을 잘 보여준다. 그 첫 번째 사안은 왕학익 자신이 가정 25년에 올린 상주문이다. 다시 반란을 일으킨 호광과 귀주 일대 묘인에 대한 대책을 담은 이 상주문의 마지막 부분에서 왕학익은 다음과 같이 언급했다.

… 겸제兼制를 명확히 해야 합니다. 호광의 호북湖北 일도一道 및 사천의 유양, 평다, 읍매 등의 토사 지역은 서로 근접해 있는 탓에 귀주성 만이蠻夷의 정황과 군사 업무는 모두 서로 연관되어 있으므로 구칙舊勅에는 귀주성이 겸제하도록 되어 있습니다. (그러나) 현재 호북의 관원들은 문서전달과 협조를 하지 않고 있으며 유양과 평다의 수장首長은 각자 객병客兵으로

자처하니 군령이 집행되지 못하고 있습니다. (따라서) 마땅히 거듭 칙유를 밝혀 사천과 호광의 각 관원들은 귀주가 병사와 병향을 징발하고 (이곳 일대) 묘인의 정황과 관계되는 일이 있다면 (귀주의) 절제節制를 받도록 해야 합니다.[279]

두말할 나위 없이 왕학익은 이 글을 통해 당초 겸제의 주체는 귀주성임에도 호광성이 적극적으로 나서지 않는 무성의를 꾸짖고 있음을 확인할 수 있다.

이어 두 번째 사안은 이처럼 호광과 귀주 사이의 협조가 잘 안 된다고 불평한 왕학익 자신이 오히려 언관言官의 탄핵을 받아 경사로 압송되었다는 점이다. 그가 탄핵당한 이유는 호광과 귀주의 무진관撫鎭官들이 합심해서 반란을 진압해야 한다고 강조한 황제의 명령을 무시한 채 왕학익 등이 군사 동원을 늦춰 회병會兵의 기일을 어겼기 때문이었다.[280] 왕학익의 이런 이중적인 태도야말로 특히 호광과 귀주 사이의 실질적인 협조가 이루어지지 않았던 정황을 잘 보여준다. 이러한 사태 끝에 왕학익의 뒤를 이어 가정 27년(1548) 귀주순무로 부임한 이의장李義壯이 삼성을 모두 통솔할 총독의 설치가 필요하다는 상주를 올린 시기가 가정 27년 6월이었으며,[281] 장악이 같은 해 9월에 총독

---

279 『明實錄』 권315, 嘉靖 25년 9월 19일.
280 『明實錄』 권327, 嘉靖 26년 9월 9일.
281 『明實錄』 권337, 嘉靖 27년 6월 4일. 이 부분에 대해서는 李義壯의 上奏에 뒤이어 총독으로 부임한 장악과 앞에서 언급한 王驥를 다소 혼동할 수 있을 것이다. 그러나 왕기의 정식 직함은 총독군무로서, 호광, 사천, 귀주, 운남뿐 아니라 南京 및 直隷를 담당했다는 점에서 이른바 삼성총독군무라고 할 수는 없다. 왕기 이후 명칭이나 통제 지역을 달리하는 총독이 있었으며, 장악에 이르러서야 비로소 삼성을 전담하는 총독이 등장했다.

으로 부임하게 되었다.

하지만 총독 설치의 필요성을 강조한 이의장마저 장악에게 오히려 탄핵을 당해 가정 28년에 다시 임철任轍로 교체된 것을 보면[282] 호광과 귀주 일대 지방관들의 처신이 쉽지 않았던 건 물론, 그들 사이에 많은 갈등이 존재했음을 알 수 있다. 더구나 널리 알려진 것처럼 호광과 귀주 총독에 가장 오래 있었으며, 롱허보 반란을 실질적으로 진압한 장악마저 탄핵당한 걸로 미뤄 이 일대 관리들의 갈등 배후에 단지 행정적 차원의 문제만 존재했다고 볼 수는 없다.

그렇다면 가정 연간 당시 이 지역 지방관과 총독 사이에 발생한 갈등의 또 다른 원인은 무엇일까? 롱허보가 사주부 일대를 공격하고 지부知府 이윤간李允簡을 사로잡았다가 석방시킨 시기가 가정 30년(1551) 4월 무렵이다. 이렇게 석방된 이윤간이 이내 사망하자 자연스럽게 장악에게 그 책임을 물어야 한다는 논의가 제기되었다. 그런데 장악은 이미 가정 28년(1549) 6월 7일 첨사僉事 범애范愛의 보고를 통해 오흑묘吳黑苗와 롱허보가 주변 촌채는 물론 호광의 납이산과 냉수冷水, 그리고 사천 유양 관할 소평다小平茶, 붕잠崩岑, 용정龍簪 일대의 묘인 400여 명을 규합해 사주부와 인강현印江縣, 그리고 낭계사朗溪司 일대를 공격하겠다고 공공연하게 떠들어 댔던 사실을 알고 있었다.[283]

그러므로 장악은 롱허보 일당의 움직임을 자세히 파악했다고 볼 수 있다. 이어 장악이 "거병擧兵 이래 채 1개월도 되지 않았지만 사로잡아서 참수한 인원이 약 1,800명이며, 오직 우두머리 롱허보만 잡지 못했을 뿐입니다."라고 상주했지만, 가정 30년 사주부 지부 이윤간이

282 『貴州通志 · 前事志』(2), 268쪽.
283 張岳, 「極陳地方苗患幷論征剿撫守利害疏」, 『小山類稿』 권4, 「奏議」(4), 17쪽 상.

반란 세력들에 의해 생포되고 결국 사망에 이르는 사태가 발생한 것이다.

당시 롱허보와 오흑묘 등은 그들이 규합한 잔여 묘인 7,000~8,000명을 위장시키기 위해 영순과 보정토사 휘하 병사들의 옷을 입혔으며, 이윽고 초소를 나와 사주부를 진압했다.[284] 이 사건에 대한 보고를 받은 순안어사巡按御史 동위董威는 호광과 귀주 일대를 지키는 도어사都御史 임철任轍, 총병관總兵官 심희의沈希儀, 참의參議 유망지劉望之, 첨사僉事 유충俞沖, 참장參將 석방헌石邦憲 등에 대해 모두 죄를 물어야 한다고 주장했는데, 이 사안과 관련해 당시 대학사大學士 엄숭(嚴嵩, 1480~1567)의 언급을 자세히 살펴볼 필요가 있다.

대학사 엄숭이 또 말하기를 총독 장악이 이전에 의논을 통해 한족과 토인土人의 관병官兵 10만을 징발하고 삼성三省이 함께 모여 각 초소별로 나아가 (롱허보 일당을) 토벌하기로 약속했다고 했습니다. 또한 (장악이) 상주하기를 귀주 묘인은 이미 토벌되었으며, 호광의 묘인들은 위무를 받아들였으니 아마도 별 탈이 없을 것이라 했습니다. (그러나) 현재 (상황이) 이러한 건, 동위董威의 상주에 의하면 이는 장악의 위무 실시가 잘못된 데서 비롯된 것입니다. 대체로 묘구苗寇가 호광과 귀주로 나뉘어 있으나, 사실상 그들의 소굴은 서로 통해 있으므로 반드시 두 성省을 동시에 토벌해야 묘인이 도망할 곳이 없어져 비로소 반란이 진압될 수 있습니다. 현재 호광의 묘인은 당초 위무가 되었다고 했지만 불시에 나와 영채營寨를 공격하고 있으며, 귀주의 묘인도 토벌되었다고 말했지만 우두머리인 롱허보 등은 아

284 장악의 上奏와 롱허보의 思州府 침략 정황에 대해서는 『貴州通志·前事志』(2), 281쪽 참조.

직 체포되지 않은 상황입니다.[285]

적어도 가정 연간 묘인들의 반란 상황을 보면 엄숭의 이러한 언급은 당시 현실을 매우 정확하게 지적한 것이다. 그러나 위 엄숭의 글에 나타나 있듯이, 장악은 특별한 근거도 없이 진간 일대 묘인이 위무를 수용하고 토관들이 그들을 단속하고 있으므로 굳이 토벌이 필요 없다고 생각했다. 반대로 귀주의 동평銅平 묘인은 나날이 그 행태가 교만해진 탓에 반드시 그들을 무력으로 진압해야 하며, 무력 진압 이후에야 비로소 위무가 가능하다고 역설했다.

그러므로 엄숭의 지적대로 장악은 반란 진압에 있어 귀주와 호광 묘인들을 달리 취급했으며, 이 틈을 타서 상서 지역의 납이산 일대로 근거지를 옮긴 롱허보가 사주부를 공격했던 것이다. 바로 이런 이유를 들어 엄숭은 장악의 체포를 주장했지만, 서계(徐階, 1503~1583)의 반대로 장악은 우도어사右都御史 직함을 박탈당한 채, 병부시랑 자격으로 총독군무직을 수행하게 되었다. 장악은 가정 32년(1553) 정월에 사망했으며, 도대산屠大山이란 인물이 그 지위를 대신하게 되었는데, 바로 이 시기부터 호·귀·천湖·貴·川을 총괄하는 삼성총독三省總督이 정식으로 출발하게 되었다.[286]

앞에서 언급했듯이 총독은 비록 임시직인 차관差官의 성격이지만 당연히 황제권을 대변하는 직함이다. 하지만 여기서 언급한 정통 연

---

285 『明實錄』 권372, 嘉靖 30년 4월 12일.
286 『貴州通志·前事志』(2), 285~286쪽. 혼동을 피하기 위해 부연하자면 가정 32년 이전까지의 총독은 앞서 밝힌 대로 總督湖川貴軍務都察院右副都御史란 직함의 임시 직이었으며, 가정 32년 이후 이른바 삼성총독이란 직함으로 鎭巡官 이하를 통제하는 상설 지위로 바뀌었다. 물론 이 지위도 가정 40년에 폐지되었다가 만력 연간에 부활했다.

간의 왕기는 물론 가정 연간의 장악이 그런 총독으로서의 효율적인 직무를 수행하지 못한 가장 큰 이유는 바로 대규모 반란에 직면한 명 왕조나 지방 관원들이 진압과 위무慰撫 사이를 오간 정책상의 방황 때 문이었다. 이는 당시 명 정부와 특히 일선의 지방관들이 진압과 위무 가 가져올 효과를 정확히 가늠할 수 없었기 때문이며, 그런 점에서 명 왕조는 사실상 장기적인 전략을 갖추지 못했음이 분명하다. 하지만 그런 예측이 불가능할 정도로 상서 지역의 소수민족 사회가 이제 다 변화되고 반란의 규모도 커져, 총독과 같은 단순한 지위의 설치로는 이 지역에 대한 효율적인 통제가 사실상 불가능했음을 말해 준다.

군사적 협조 부재와 위무책의 등장

이처럼 총독의 설치가 군사적으로 큰 효용성이 없었지만, 반란의 효율적인 진압을 위해서는 당연히 호광성과 귀주성의 군사적 협조가 매우 절실했다.[287] 하지만 이미 살펴본 대로 각 성 사이의 실질적인 군 사 협조는 원활하게 이루어지지 않았다. 이를테면 호광과 귀주의 진 순관鎭巡官들이 관군과 토병을 동원해 진압한 롱동보와 롱마양의 반 란[288]은 물론, 가정 18년 발생한 롱모수 반란 진압 당시에도 두 성省 사이의 협조가 잘 이루어지지 않았다.

그런 점에서 가정 23년(1544) 호광도어사 차순車純과 일부 관원들이

---

287 이러한 정황은 비교적 이른 시기부터 등장했는데, 景泰 3년(1453) 貴州巡撫로 부 임한 王來의 「王來捷疏」에는 귀주성의 병력 수효가 적다는 사실과 함께 부총병 방 영이 운남과 사천의 병사들을 통솔해 귀주에 머물지만 적들을 압도하지 못하는 반 면, 총독이 거느리는 호광 방면 군사들의 위세에 눌려 귀주의 반란 세력들이 흩어 지고 있다고 상주한 바 있다. 『貴州通志·前事志』(2), 146쪽.

288 『明實錄』 권99, 正德 8년 4월 5일.

380

"롱구아와 롱모수가 이미 생포되었지만 롱자현이 다시 반란을 일으키는 한편 만당이 염현艸玄을 포획할 계책을 세우고 있음에도 여전히 생포하지 못하고 있다."라고 하면서 다음과 같이 언급한 점은 의미심장하다.

> (롱구아 등의 반란)은 귀주에서 발생했지만 그 권한은 사천에 있으니, 반드시 삼성三省이 그 일에 대한 권한을 한곳으로 합해서 그들에 대한 위무나 토벌을 해야 (그 어느 것이든) 성공을 거둘 수 있다. 병부가 또 언급하기를 삼성三省은 모두 조정의 봉강封疆이므로 이편과 저편을 나누는 것은 합당하지 않으며, 총병과 여러 신하들이 모두 (봉강을) 방어할 책임이 있다고 했다.[289]

이처럼 차순은 물론 병부도 삼성이 그 권한을 하나로 통일하고 합심해서 반란을 진압해야 한다고 주장했지만, 현실은 그렇지 않았다.

가정 24년 귀주순무로 부임한 왕학익이 귀주사貴州司와 호광의 진간묘가 다시 반란을 일으키자 조정에 올린 6개 항목의 대책은 그러한 정황을 잘 보여준다. 군령을 엄격히 해야 한다는 말로 시작되는 왕학익의 대책 마지막 항목에는 앞서 지적했듯이 절실한 협력이 필요함에도 귀주와 호광의 협조가 잘 이루어지지 않는 사실을 언급했는데, 이런 종류의 예는 사료에 상당히 빈번하게 등장한다.

가정 26년 상서 지역 일대에서 반란이 지속적으로 발생해 그 일부 세력이 원주沅州와 마양麻陽 일대를 약탈하는 한편 청랑참장淸浪參將 양흠楊欽을 포로로 잡고 원주위沅州衛 백호 진은陳恩 등을 살해하는

---

289 『明實錄』 권293, 嘉靖 23년 12월 8일.

등, 그 피해가 막심해지자 호광도어사湖廣都御史 강의姜儀는 자신을 탄핵하는 상소를 올렸다. 당시 병부兵部는 묘구苗寇의 악행이 사방으로 전파되고 있으므로 두 성省이 협동해서 토벌해야 한다고 분명히 언급했음에도, 앞에서 등장하는 귀주순무 왕학익과 도어사 강의는 물론, 사천 참장 백현白泫, 풍성후豐城侯 이희李熙 등이 모두 제때 군사를 출병시키지 않아 묘인이 마구 날뛰었다.[290] 그러나 명 왕조의 의도와 달리 호광성과 귀주성의 유기적인 협조는 기대하기 어려웠다.

그러므로 장악의 부임 전후 사정과 그에 대한 탄핵을 염두에 둔다면 당시 각 성 관원들 사이에 갈등이 첨예하게 불거졌을 텐데, 장악에 앞서 이 지역 반란 진압에 나선 만당萬鏜의 다음 글은 의미하는 바가 크다.

만당萬鏜이 상소해서 다음과 같이 말했다. 이전 시기인 **선덕 6년**(1431) 병사 12만을 사용해 이들 만이蠻夷를 9개월 동안 포위해서 공격한 끝에 **과반의 적을 토벌한 바 있습니다. 정덕 7년**(1512)에는 병사 5만을 동원해 4개월을 포위해 공격했는데, **토벌은 적고 위무가 많았습니다**. 현재 일단은 병사 6만을 이용해 6개월 기한으로 공격을 하려고 합니다. 신이 납이산과 같은 적의 소굴 각각을 직접 가본 (사람으로부터) 들어보니 (그곳은) 삼성三省과 서로 접해 있으며 매우 험해서 날이 어두워지면 한 사람만 지켜도 100명이라 해도 (앞으로) 나아갈 수 없는 곳입니다. 이런 곳에 많은 병사(를 동원시켜) 모험을 감행해 속히 (토벌)하고자 하는 잘못을 범한다면 (그것은) 병사 수효를 줄여 군량을 비축하고 지구전을 전개하는 효과에 미치지 못합니다. 그러므로 병사의 (수효)를 3만으로 줄인다면 대체로 **토벌의 위엄으**

290 『明實錄』 권327, 嘉靖 26년 9월 9일.

로 위무의 은전恩典을 행하는 것이 될 것입니다.[291]

이 글을 통해 명 왕조의 소수민족 반란에 대한 진압 대책이 시간이 지남에 따라 토벌에서 위무로 전환된 사실을 분명하게 확인할 수 있으며, 적어도 이 글만으로 본다면 만당마저 대규모 병사 동원을 지극히 꺼린 사실을 알 수 있다. 만당이 올린 이 상주문의 본 출처는 고염무(顧炎武, 1613~1682)의 『천하군국이병서天下郡國利病書』다. 그런데 위 인용문 뒤에 등장하는 "만당의 의도는 전적으로 방어와 수비에 있었으며 정복에 나서지 않는 것이었다. 이후 정미년丁未年(가정 26년) 결국 대병을 동원했지만 두 성省의 소동을 (진압하는 데) 성공하지 못했다." 라는 언급이 그러한 사실을 뒷받침해 준다.

만당이 주장한 병사 동원의 축소는 마치 동전의 앞뒤처럼 위무와 깊은 관련성이 있는데, 이처럼 귀주성이 군사 동원을 꺼리게 된 중요한 이유는 무엇이었을까? 첫째, 귀주성이 호광성에 비해 성省 설치가 늦었던 탓에 귀주성의 토사 휘하 이민夷民들의 부담이 이전보다 훨씬 증가했기 때문이다. 즉 영락 연간 이전 호광성에 예속되어 있던 당시 이민들은 겨우 추량秋糧과 역마驛馬를 부담하는 정도였지만, 성省이 설치된 이후에는 조근朝覲, 공차公差, 잡범雜泛 등과 같은 새로운 종류의 부담이 발생했으며, 이러한 부담의 증가가 빈번하게 반란으로 이어졌다.[292] 그러므로 크고 작은 반란 진압에 동원된 토병들[293]은 이러한 부담의 증가로 오히려 반란에 가담하는 일이 잦았으며, 결국 귀주성 자체의 병력 동원이 쉽지 않았다.

---

291 萬鏜, 「節載萬鏜處置臘爾山事略」, 『貴州通志 · 前事志』(2), 263쪽.
292 『貴州通志 · 前事志』(2), 135쪽.
293 『貴州通志 · 前事志』(2), 69쪽.

둘째, 뒤에서 언급할 군량 공급 문제도 귀주성에 대한 군사 파견이 제한적이었던 중요한 원인이었다. 일찍이 성화 15년(1479) 귀주순무 진엄陳儼이 파주의 묘적苗賊 재과齋果 등을 진압하기 위해 호광, 사천, 광서의 병력 5만 5,000을 징발해 자신이 지휘할 수 있도록 해달라고 상주했지만 명 조정이 그것을 허락하지 않은 경우가 그러한 예다. 당시 병부상서 여자준(余子俊, 1428~1489)은 해당 사건이 사천에서 일어났음에도 귀주의 수신守臣이 군사의 통제를 자청한 건 자신의 공을 부풀리기 위해서라고 비판했다. 이어 여자준은 5만의 병사가 반년을 버티는 데 필요한 군량이 13만 5,000석에 수송 인부만 해도 20만 명이 필요하다는 이유로 진엄의 요청을 거부했다.[294]

위와 같은 제약에도 불구하고 지역 특징상 두 성이 연합해 반란을 진압한 사례도 물론 등장한다. 일찍이 홍희洪熙 원년(1425) 소수가 귀주총병관일 당시 공수장관사邛水長官司의 오동묘奧洞苗가 반란을 일으키자 호광의 도지휘都指揮 장명張名이 소수의 작전에 부응해 주모자 은총銀總을 체포하러 나선 경우[295]는 물론, 정통 4년(1439) 귀주 계사묘計砂苗의 총패總牌 김충金蟲 등이 반란을 일으키자 총병관 소수에게 호광성과 귀주성의 관군官軍과 토병土兵을 징발하도록 해 그들을 진압한 예[296]가 그러하다.

이처럼 협조가 이루어진 사례가 있지만, 만당이 구체적인 수치까지 들어가면서 거론한 반란 진압의 주조가 토벌에서 위무로 차츰 바뀐 이유는 명 왕조의 자의적인 선택이 아닌 어쩔 수 없는 현실 때문이었다. 이런 점에서 앞서 언급한 도어사 강의姜儀가 자신을 탄핵하면서

294 『明實錄』 권197, 成化 15년 11월 19일.
295 『明實錄』 권2, 洪熙 元年 6월 17일.
296 『明實錄』 권51, 正統 4년 2월 8일.

지방 관원들과 함께 진압에 나선 토관土官 전흥방田興邦이 일을 그르쳐 진압에 실패했으므로 마땅히 그 죄를 물어야 한다는 언급에 주목할 필요가 있다.

기본적으로 명 왕조가 소수민족 반란을 토벌할 때 토사들의 병력에 의지했다는 사실은 여러 번 언급했다. 그러나 적어도 정덕 연간(1506~1521) 무렵이 되면 이제 토관은 물론 토관 휘하의 소수민족들이 명 정부의 통제를 벗어나 자율적으로 움직이는 사례가 빈번했기 때문에 여러 관원의 지적처럼 소수민족을 이용해 다른 소수민족 반란을 진압하는 '이이제이' 정책은 실효를 거두기 어려웠다.

만당은 당시 반란 진압의 어려움을 지리적인 어려움, 날씨에서 비롯되는 어려움, 당시 형세에서 비롯되는 어려움, 교활한 묘인들의 행태를 파악하기가 어려운 점, 마지막으로 어려운 일을 혼자서 감당해야 하는 어려움으로 나눠 언급한 바 있다. 그 가운데 그는 사세의 어려움(사세지난事勢之難)을 다음과 같이 피력했다.

이전의 토관土官은 법을 잘 지켜 통제가 쉬웠으며, 묘이苗夷는 우둔해 그들을 쉽게 이용할 수 있었다. **정덕 연간 이후** 변방邊方에 많은 변고가 발생하자 토관이 (병사를) 징발해 동원했는데, 모두 묘이를 고용해 선봉先鋒으로 내세우면서 (고용한 묘이를) 이용해 능히 적을 이길 수 있으며 강병强兵이라 칭했다. 근래에 이르러 토관들 각자가 이들 묘이에게 돈을 후하게 주면서 (다른 묘이를) 공격해 죽이는 것을 돕도록 하자, 이 때문에 불화가 생겨 반란이 발생한다. 이런 정황으로 말미암아 토인土人과 묘인苗人이 서로 혼인 관계를 맺기도 하지만, 평소에는 서로 견제가 매우 심하며, 또한 (상대방)의 기량을 탐지한 적이 두려움이나 거리낌 없이 (상대방을) 격파한다. 하물며 호광과 귀주의 관군 (수효는) 모두 부족한 상황이다. 호광성(의 경우) 영순과 보정을 제외한 나머지 토사들이 동원 가능한 병력 (수효는) 수천도 되지 않는다. 귀주성의 경우, 유양과 평다의 병사를 제외하면 (그 수효가) 더욱 적어서 (병사의 동원)이 (더욱) 어렵다. 다른 성省에서 병사를 동원해야 할 경우, (그 병사들은) 지리에 어두워 그 성공을 장담하기 어렵다. 그리고 (다른 성省의 병사들이) 지나가는 도로 연변에서 소요를 일으키고 (그 때문에 피해가 발생하는 건) 더 말할 필요가 없으니, 함부로 (다른 성의) 병사를 동원하는 일도 결코 쉽지 않다. 사세事勢의 어려움이 이러하다.[297]

위 글에서 만당이 지적하는 점을 두 가지로 요약하면 소수민족 사이의 경쟁과 갈등이 정덕 연간 이후 심해진 점과 반란 진압에 필요한 토병들의 동원이 어렵게 되었다는 점이다. 반면 명 가정 연간에 이르러서는 소수민족이 여러 성省을 수시로 오기면서 반란을 일으키고 있던 건 엄연한 현실이었다. 이런 상황에서 각 성省 사이의 군사적 협조가 필수적이었지만, 만당의 언급처럼 토관 휘하의 병력 동원이 어려웠으므로 군사 작전을 통한 진압보다 위무가 명 왕조로서는 좀 더 현실적인 방법이었다.

위무책에 대한 비판: 蕭端蒙과 張岳

그러나 가정 연간 당시 명 왕조의 위무 정책에 대한 통렬한 비판이 함께 제기된 사실도 거론할 필요가 있다. 이를테면 가정 25년(1546) 귀주순안어사로 부임한 소단몽(蕭端蒙, 1521~1554)은 가정 연간 묘인들의 반란 이래 거의 모든 사람이 위무를 주장해 왔으나 사실상 그것

---

297 萬鏜, 「與中朝人士書」, 『貴州通志·前事志』(2), 261쪽.

은 명 왕조가 주도적으로 실시한 위무가 아니라 묘인들의 일방적인 결정을 따른 것에 불과하다고 비판한 바 있다. 나아가 그의 주장대로라면 위무는 '상하上下를 모두 기만하는 일'이자 '여러 묘인들이 전투에 싫증을 느껴 수개월 동안 출몰하지 않는 것을 마치 자신의 공으로 돌리고 방비를 느슨하게 하는 것'에 불과했다.[298]

따라서 소단몽은 명목뿐인 위무 대신 토벌의 실시를 강력하게 주장했으며, 강력한 토벌을 위해서는 한 사람이 호광과 귀주성을 아우르는 군사 통제권을 지녀야 한다고 역설했다. 부원部院의 중신重臣 1명을 특별히 설치해 만이蠻夷의 정황과 군사 업무를 총괄하도록 해야 하며, 현재 동평과 진간에 소요가 발생한 만큼 일단 총독을 원주沅州에 주차시켜 여러 정황을 살피도록 해야 하지만, 사태가 잠잠해지면 귀주에 머물도록 해야 한다는 게 소단몽의 입장이었다.

그는 총독의 관할 업무는 물론 그가 통제할 지역적 범위도 상당히 광범위하게 설정했는데, 그의 이런 설명이 흥미로운 이유는 각 지역이 지닌 특수성을 거론하고 있기 때문이다. 그는 일단 호광의 진주와 상덕, 정주靖州의 세 부·주府·州, 영순과 보정의 두 선위사 및 각 위소는 납이산과 매우 가까운 이른바 묘환苗患의 땅이라고 규정했다.

이어 천동川東과 천남川南의 유양과 평다, 읍매는 병사를 징발하고 수비를 하는 곳이며, 파주와 영녕永寧의 두 토사, 오살, 오몽烏蒙, 동천東川, 동웅銅雄의 네 부府는 그 전량錢糧을 귀주성에 납부하는 지역이고, 운남 안보도安普道 소속 곡정曲靖과 광서성 남단南丹과 사성泗城 등

---

298 소단몽의 이 주장은 「條陳地方事宜四事疏」, 『明經世文編』 권285, 1쪽 상~2쪽 하와 아울러 이 내용을 좀 더 자세히 소개한 정철웅, 「"陽順陰逆, 乘隙出劫"—明 嘉靖 연간 湘西 지역의 苗族 반란과 국가권력」, 『동북아역사논총』 58호, 2017, 48~50쪽 참조.

은 그 토지가 서로 인접해 시도 때도 없이 서로 살생이 발생한다는 지적과 함께 이 모든 지역을 총독아문의 통제하에 둬야 한다는 게 그의 지론이었다.[299] 이를 종합하면 그가 생각한 총독은 단순한 군무 총독이 아닌 위험 지역에 대한 관찰, 세량의 징수, 경비, 병사의 동원 등을 다루는 매우 폭넓은 권한을 지닌 관원이었다.

소단몽이 귀주 지역에 이러한 중신이 없는 것은 아니나 그 책임을 온전하게 지지 않으며 권한이 하나로 귀결되지 않아서 설사 군에 명령이 내려진다 해도 그것을 온전하게 행사할 권한이 없다[300]고 절절하게 언급한 걸로 미뤄 가정 연간의 소단몽은 확실히 강력한 총독의 지휘 아래 반란 세력의 진압을 주장한 강경파였다. 결국 토벌을 주장하는 쪽이 총독의 설치를 더 선호했으며 소단몽도 그런 입장이었지만, 그는 성내省內 일상적인 업무를 담당하는 귀주순무에게도 상낭한 권한이 있어야 한다는 점을 강조했다.

이런 토벌론과 비교하면 가정 연간 가장 중요한 군사 책임자인 장악의 의견은 소단몽과 뉘앙스가 다소 다르다. 명 왕조가 장악을 총독으로 임명한 이유는 귀주 지역에 악묘惡苗들이 창궐하자 인근의 관병官兵을 징발해 그들을 소탕하려고 했지만, 일사불란한 지휘 계통의 부재로 군사 작전이 비효율적이라는 당시 귀주 무안관撫按官들의 상주 때문이었다. 따라서 그들은 총독을 추가로 설치해 그로 하여금 군무를 처리하도록 한다면 모든 사안이 한곳으로 귀결될 수 있다고 주장했다.[301]

그런데 가정 28년(1549) 7월 장악은 상주를 올려 "귀주의 여러 묘족

---

299 蕭端蒙, 「特建總督重臣疏」, 『明經世文編』 권286, 3쪽 하~4쪽 하.
300 蕭端蒙, 「問貴州」, 『明經世文編』 권286, 13쪽 상.
301 張岳, 「論湖貴苗情并征剿事宜疏」, 『小山類稿』 권4, 「奏議」(4), 7쪽 상~하.

들이 위무를 해도 오히려 반란을 일으키며, 이 때문에 호광 묘족들이 배반하려는 마음을 품으니, 만약 귀주의 묘족들을 주살誅殺하지 않으면, 호광 묘족에 대한 위무는 견고하지 못할 것입니다."[302]라고 말했다. 장악의 이 언급은 토벌의 주된 대상이 호광의 묘족이 아닌 귀주의 묘족이라는 점을 명확히 한 것으로서, 그는 다른 곳에서도 당시 상서와 귀주 일대 묘환苗患은 귀주가 매우 위중한 반면, 호광과 사천은 아직 절박하지 않아 이해관계와 완급緩急에 따라 반란 진압에 대한 방법도 달라져야 한다는 점을 강조했다.[303]

결국 장악의 의견은 지역의 상황에 따라 진압 작전을 달리 전개해야 한다는 말로 요약할 수 있으며 장악의 그러한 생각은 귀주에 대한 집중적인 진압 작전으로 표출되었다. 그는 동평묘銅平苗에 대한 진압 방법을 언급하면서 다시 한 번 포정사布政使 석간石簡이 채택한 위무가 전혀 무익하며 반란 세력을 양성하는 결과를 가져왔다고 비판했다. 아울러 주요 전략 지역을 방어하는 전략(守) 역시 반란 세력의 본거지와 멀리 떨어져 있을 뿐 아니라, 병향 공급의 어려움 때문에 결국 철수할 수밖에 없다고 지적했다.

소수민족을 통제하는 가장 대표적인 위무(撫)와 방어(守)의 한계를 이렇게 전제한 뒤, 그는 "동·평銅·平 두 곳의 무리는 2,000이 채 안 되니, 만약 병사를 동원해 그 소굴로 바로 쳐들어가 주모자들을 섬멸한다면, 나머지 무리 역시 분명히 두려워 떨게 될 것이고, 이때 비로소 유랑자나 도망한 사람들을 불러 모아 생업에 종사하도록 해야 한다."고 언급했다. 장악은 이렇게 해야 오히려 위무가 제대로 유지되고, 방

<hr />

302 『貴州通志·前事志』(2), 270쪽.
303 張岳, 「論湖貴苗情幷征剿事宜疏」, 『小山類稿』 권4, 「奏議」(4), 9쪽 상.

어가 견고해진다고 덧붙였다. 장악 스스로 이러한 방책 외에 자신이 할 수 있는 일이 없다고 말한 걸 보면,[304] 분명히 장악은 특정 지역에 대한 집중적인 공격을 먼저 상정했으며, 위무와 위험 지역에 대한 성공적인 방어의 전제는 다름 아닌 성공적인 공격이라고 생각했다.

따라서 소단몽이 적극적인 진압을 주장한 반면, 장악은 귀주 지역에 대한 집중적인 토벌과 호광 지역에 대한 위무라는 선별적인 방법을 제시했다. 그런데 호북도湖北道의 무묘우참정撫苗右參政 왕숭王崇과 병비부사兵備副使 도흠기陶欽夔가 장악에게 보낸 정문呈文은 장악의 이런 선별적인 방법의 시행이 쉽지 않다는 사실을 잘 말해 준다. 그들은 다음과 같이 말했다.

"진계소와 간자평장관사 관할 묘채의 여러 묘인은 모두 본디 위무가 된 상태여서, 교역과 농사가 문제없이 이루어지고 있습니다. 또한 저희가 의논해 살펴본바 귀주의 묘인들은 사나워 본디 주살誅殺해야 마땅하지만, 그 가운데 선한 자와 악한 자, 그리고 순응하는 자와 반역하는 자가 동일하지 않으므로 만일 (그러한 차이를) 구분하지 않은 채 모두를 주살한다면 아마도 허물이나 잘못이 없는 자들에게까지 (그 피해)가 미칠 것입니다. 조항條項으로 된 포고문을 호광과 귀주 두 성省의 묘채에 선포해 이미 위무를 받아들인 자들은 이전의 (규칙에) 따라 안주하도록 하고, 위무를 아직 받아들이지 않은 자들은 과오를 뉘우치고 스스로 일신日新하도록 해 모두 위무를 받아들이도록 해야 합니다."[305]

---

304 이상의 내용은 張岳, 「進討銅平疏」, 萬曆 『貴州通志』 권20, 「經略志」(2), 367쪽 참조.
305 張岳, 「極陳地方苗患幷論征剿撫守利害疏」, 『小山類稿』 권4, 「奏議」(4), 16쪽 상.

위 인용문이 중요한 이유는 귀주는 토벌을, 호광은 위무를 통해 반란을 진압할 수 있다는 장악의 주장에도 불구하고 마땅히 토벌할 지역에도 충분히 순종적인 묘인들이 존재하며, 거꾸로 위무할 지역에도 토벌해야 할 사람들이 존재한다는 점을 일깨워주기 때문이다.

이러한 일련의 정황은 적어도 가정 연간 무렵 이후부터 소수민족 사회 및 그 구성원들의 존재 양태가 매우 다양해졌다는 사실을 다시 한 번 알려준다. 더구나 앞서 지적한 것처럼 전반적으로 소수민족의 세력 자체가 명초에 비해 신장되었기 때문에 행정 당국은 물론 진압에 나선 일선 관리들조차 통제나 위무를 일률적으로 시행하기 어려웠다. 그러므로 진압의 형태가 위무든 토벌이든 간에 그것을 결정한 건 역설적으로 명 왕조나 일선 관리들이 아니라 오히려 토벌 대상인 묘인이었다.

그런 사실을 확인할 수 있는 또 다른 예가 귀주성과 호광성의 무관武官의 설치다. 이미 언급한 바와 같이 여러 차례 지위 명칭과 그 기능이 바뀐 총독 자체는 물론, 순무직만을 수행한 귀주순무가 경태 원년(1450)에 설치되지만 이런 순무의 지위도 설치와 폐지가 반복되었다. 특히 총독은 그 주재 장소가 원주沅州에서 사천으로 바뀌었는데, 이런 변화를 좀 더 잘 확인할 수 있는 지위가 바로 호광과 귀주의 참장이다.

귀주성에는 본래 참장參將이란 지위가 없었으며, 다만 청랑위에 참장이 존재했는데 그는 호광성에, 그리고 영녕위 참장은 사천성에 각각 속해 있었다. 가정 연간 묘족 반란으로 동인 참장을 설치했으나 뒤이어 논의를 거쳐 총병總兵을 동인에 주둔시키고 참장을 폐지했으며, 참장 대신 수비를 설치했다. 또한 만력 27년(1599) 파주 지역 일대를 정복할 당시 흥륭興隆, 무천婺川, 필절畢節에 각각 참장 1명을 두었으나 정작 양응룡 반란이 진압된 이후에는 흥륭에만 참장을 두었다.

그리고 만력 29년에 이르러서야 평계, 청랑, 편교, 진원의 네 위衛가 비로소 귀주성에 속하게 되었으며 이때 청랑위의 참장도 귀주성에 예속되었다.[306]

이러한 군관의 설치와 폐지가 반복적으로 발생한 이유는 무엇일까? 물론 전쟁 또는 전투가 상대편의 전략 변화에 따라 다른 한편의 전략이 바뀌는 건 지극히 상식적인 일이다. 그러나 이러한 참장과 수비의 설치와 폐지는 물론, 가정 연간 이후 등장한 위무와 토벌이 명 정부의 구체적인 전략 안에서 이루어진 것은 결코 아니었다. 그런 정책은 소수민족들의 정황 변화에 따라 피동적으로 결정되었다. 따라서 초창기 토사제도에서 명 왕조가 상정한 '이이제이'의 원칙은 명 중엽에 이르러 사실상 그 의미가 퇴색했다.

이런 점에서 만력 연간의 인물인 곽자장의 지적은 매우 상징적이다. 그는 두 성省의 협조 문제와 관련해 융경 원년(1567) 두증이 지적했던 '십편十便'을 그대로 인용하면서 '사위四衛를 귀주성 관할로 둬야한다는 논의는 이미 오래전 등장한 것으로, 자신이 새삼스럽게 제기한 것이 아니라는 점'을 상기시킨 뒤 30년이 지난 지금에도 두증의 지적이 전혀 근거 없는 주장은 아니라고 말했다.

그는 '도리道理', '인정人情', '전량錢糧', '분경紛更', '비척肥瘠', '득실得失'의 측면에서 두 성省의 관계를 논하고 있는데, 그중 '득실'에서, "호광湖廣이 사위四衛를 잃는다 해도 일군一郡을 얻을 수 있으며, 귀주가 일군을 잃는다 해도 사위를 얻을 수 있으니, 누가 영예롭고 누가 치욕적이라 할 수 있겠는가?"라고 물었다. 이는 두 성省 사이의 군사 동원과 관할 문제를 대단히 중립적인 시각에서 파악한 것이다. 다만 그가

---

306 郭子章, 『黔記』 권27, 「公侯伯總兵參將都司守備表」, 4쪽 상~하.

이렇게 말한 이유는 호광과 귀주 두 성 사이의 관할권 행사가 중요한 게 아닌, "졸지에 파주의 반란이나 피림皮林의 반란"이 일어날지 모르는 불안감이 훨씬 더 현실적이기 때문이었다.[307]

이 언급은 명 중엽 이후 소수민족 반란의 보편화로 지역 주민과 관리들이 불안감을 이전보다 훨씬 더 느낀 정황을 적나라하게 밝힌 것이다. 이렇게 볼 때, 이런저런 행정 차원의 변동은 물론, 무관의 설치와 폐지는 거꾸로 호광을 포함한 서남 소수민족 사회의 지배적인 불안감을 대변한 것이다. 나아가 그런 불안감과는 반대로 두 성의 효율적인 행정 관할과 실효성을 지닌 반란 대책이 명대에 끝내 등장하지 못했음을 의미하는 것이다.

널리 알려진 것처럼 호광성과 귀주성의 행정적 관할 문제는 명대가 아닌 청대에 최종적으로 완결되었다. 옹정 5년(1727) 장광사(張廣泗, ?~1749)가 유충묘謬沖苗를 평정한 후 비로소 호광성 관할인 오개위를 개태현開泰縣으로, 역시 호광성 관할의 동고위銅鼓衛를 금병현錦屏縣으로 고쳐 귀주성에 편입시켰다. 이어 옹정 7년 악이태(鄂爾泰, 1677~1745)의 추천으로 장광사가 귀주순무로 부임했다.[308] 말하자면 청 왕조가 압도적인 군사력으로 호광과 귀주 일대의 치안을 안정시키자, 행정 관할권의 행사 문제는 사실상 부차적인 것으로 밀려났다.

그런데 곽자장은 이화룡과 함께 양응룡 반란을 진압한 인물로 널리 알려져 있거니와, 그가 그 사후 대책을 거론하는 과정에서 흥륭興隆, 평월平越, 패양霸陽, 안장安莊 등의 지역에 병력을 주둔시켜야 한다고 주장했으며, 여기에 필요한 경비가 매년 약 3만 5,000냥이지만 귀

---

307 이상의 내용은 郭子章, 「呇兵部總督再議四衛」, 『明經世文編』 권420, 12쪽 하~13쪽 하 참조.
308 道光 『黎平府志』 권2, 「地理志」(1), 256쪽.

주성은 이를 감당할 능력이 없다고 지적했다. 이러한 언급에 뒤이어 그는 다시 귀주성이 본래 척박한 탓에 주민들이 모두 가난하며 그 경제 수준이 내지의 한 현縣에도 미치지 못하는 까닭에 종종 호광과 사천에 세공을 의지한다는 사실을 밝히고 있다.[309] 그렇다면 반란 진압을 위해 동원된 병사들의 군량 공급은 어떻게 이루어졌으며, 그 이면에는 어떤 사실이 내재되어 있을까?

4) 兵餉 공급의 문제

川 · 湖 · 貴 三省의 식량 수급 정황

귀주성은 호광성에 비해 기본적으로 식량이 부족한 지역이었다. 그러므로 굳이 전시가 아니더라도 귀주성은 이웃 성省으로부터 식량 공급이 매우 절실한 형편이었다. 그 이유는 귀주성이 사회경제적으로 낙후된 탓도 있지만, 제도적으로도 세수를 쉽게 거둬들일 정황이 아니었기 때문이다. 영락 11년 귀주성이 설치되었지만 귀주포정사 산하 전지田地는 장량丈量을 통한 명확한 수치가 기재되지 않았으며 세량과 부역은 여전히 토관土官이 임의로 정한 수치를 납부하는 형태였다.[310]

그러므로 유력자들의 겸병兼幷과 영사影射 등과 같은 불법적인 행태가 두루 존재했으며, "전지는 많으나 세량이 적고, 전지는 적지만 세량이 많은 경우뿐 아니라, 심지어 전지가 있되 아예 세량이 없는 경우와 반대로 세량이 있지만 전지가 없는 경우"가 비일비재해서 "아래로

---

309 郭子章, 「播平善後事宜疏」, 『明經世文編』 권419, 9쪽 상~하.
310 이하 내용은 劉庠, 傅順孫, 「丈田疏」, 萬曆 『貴州通志』 권19, 「經略志」(1), 341쪽 참조.

는 일반 백성들이 손해를 보고, 위로는 국가의 재정이 모자라는 지경"
이었다. 이러한 사실을 지적한 순무 유상劉庠과 순안巡按 부순손傅順孫
이 모두 만력 10년(1582)에 귀주성에 부임한 사실을 상기하면 귀주성
의 전제田制가 거의 명말까지도 매우 혼란했다고 할 수 있으며, 이러
한 전제의 문란은 당연히 귀주성의 재정과 식량 사정을 악화시킨 중
요한 요인이었다.

이런 제도상의 문제점과 함께 귀주성의 변사위邊四衛는 지리적으
로 교통이 편리한 곳은 아니었다. 예를 들어 정통 8년(1443) 호광좌참
정湖廣左參政 오존吳存은 호광도사 소속의 편교, 진원, 평계, 청랑의 네
위衛는 극변에 위치한 탓에 진계辰溪, 정주靖州, 상덕常德, 보경寶慶 등
의 지역과 아울러 호남성 남부의 침주郴州와 흥녕興寧, 의장宜章, 계동
桂東, 계양桂陽, 형주부衡州府와 영주부永州府 등으로부터 양향糧餉을 공
급받는다고 지적했다.[311] 뒤에서 언급하겠지만, 변사위 일대 협제를
실물이 아닌 절은折銀으로 시행한 가장 큰 이유는 분명히 교통상의 장
애를 극복하기 위함이었다.

또한 반란이 일어나면 묘인이 공창公倉이나 사창私倉 등을 공격하는
한편 가축들마저 철저하게 도륙하는 경우가 빈번해 경작이 불가능했
으며 아사자가 속출했다.[312] 경태 원년(1450) 편교위 일대 묘인의 반란
으로 식량이 모두 타버렸으며 농사에 필요한 소마저 부족했다.[313] 이
런 경우 대체로 상인들을 초치하거나 주변에서 인부들을 고용해 식량
을 날랐다.[314]

---

311 『明實錄』 권102, 正統 8년 3월 13일.
312 『明實錄』 권181, 正統 14년 8월 19일.
313 『明實錄』 권192, 景泰 元年 5월 7일.
314 각각 『明實錄』 권195, 景泰 元年 8월 14일과 『明實錄』 권263, 景泰 7년 2월 11일 참조.

그렇다면 귀주성은 이웃 호광성과 사천성으로부터 어느 정도의 식량을 공급받았을까? 곽자장의 만력『검기』에 기록된 수치에 따르면 귀주성은 호광성으로부터 10만 2,400석, 사천성으로부터 10만 9,753석을 각각 공급받았다.[315] 위 액수를 은으로 환산하면 호광성과 사천성이 각각 3만 720냥, 3만 7,474냥이었으므로 호광성의 절은 비율은 1석당 3.3냥, 사천은 2.9냥 정도였다.

물론 동일 성省 내에서도 생산력에 따라 귀주성으로 보내는 식량 부담액의 차이가 상당했는데, 이를테면 장사부長沙府가 2만 9,001냥으로 호광성 내에서는 가장 많은 액수를 부담한 반면, 형주부衡州府만 하더라도 1,159냥에 불과했다. 현縣 단위에서도 선화현善化縣이 1,391냥인 데 비해 호남 지역 남부의 의장현은 30냥에 그쳤다. 이러한 정황은 사천성도 동일해서 중경부가 2만 5,281냥을 부담한 반면, 서주부敍州府는 7,938냥이었다.

이처럼 사천성이나 호광성의 부府나 주·현州·縣이 부담한 협제 외에, 각 토사도 협제미를 제공했다. 사천성의 경우 파주선위사의 추량秋糧 1만 625석을 필두로 진주사眞州司, 황평사黃平司, 초당사草塘司, 백니사白泥司, 여경사餘慶司, 중안사重安司의 6개 토사가 모두 1,445석을 제공했다. 만력 29년(1601) 진안주眞安州로 바뀐 진주사 외에 나머지 5개 토사는 황평주黃平州와 여경현餘慶縣, 옹안현甕安縣, 미담현湄潭縣으로 바뀌어 평월부平越府에 예속시켰는데, 이렇게 개류된 이후에도 이전의 전량錢糧 액수를 그대로 부담하도록 했다.

사천성의 경우 위 6개 토사 외에도 오살부, 진웅부, 오몽부, 동천부

---

315 이하 湖廣과 四川의 協濟米 액수와 그 관련 정황은 郭子章, 萬曆『黔記』권19,「貢賦志」(上), 17쪽 하~23쪽 상에 근거했다. 折銀 액수에서 '錢' 단위는 생략했음을 밝힌다.

등도 귀주성에 협제를 했으며, 그 액수는 모두 2만 1,074석이었다.[316] 다만 곽자장의 언급에 의하면, 이 네 부府가 매년 부담한 협제는 규정량의 30%에 불과했다. 따라서 양응룡이 만력 18년(1590)부터 27년 (1599)까지 납부하지 않은 협제 양은糧銀이 약 2만 9,830냥 정도였으며, 매년 700냥의 협제은을 부담한 유양酉陽 역시 만력 19년부터 27년까지 2,960냥을 내지 않았다.

사천성이 귀주성에 제대로 식량을 공급하지 않았지만, 넓은 의미에서 생각하면 사천 지역 토사들조차 이처럼 협제미를 귀주성에 제공한 사실은 거꾸로 호광과 귀주 일대 소수민족 반란 진압에 필요한 군량을 토사들이 마련했다고도 볼 수 있다. 그런데 곽자장은 이 네 부와 유양이 이처럼 협제 양은을 내지 않는 이유로 토사가 습직할 때 귀주성의 통제를 받지 않기 때문이라는 사실을 지적했다. 곽자장은 다음과 같이 언급했다.

다만 네 부府와 유양의 습직襲職이 귀주성을 통해서 이루어지지 않으므로 (귀주성)이 이곳을 관할하지 않는 사실을 충분히 짐작할 수 있는바, 전량錢糧을 제때 납부하지 않아도 봉급을 깎을 수도, 관직을 강등시킬 수도 없습니다. 여러 차례 재촉해도 그때마다 (세금을) 제대로 내지 않고 있지만 도대체 어찌할 수가 없습니다. 신의 어리석은 생각으로는 네 부府와 유양

---

316 이 수치는 萬曆『貴州通志』 권18, 「兼制志」, 334쪽에 나오는 烏撒府의 9,400석, 鎮雄府의 4,924석, 烏蒙府의 3,850석, 東川府의 2,900석을 합한 수치다. 그러나 곽자장은 사천의 오살, 진웅, 동천, 오몽의 네 府가 매년 귀주성에 보내는 협제가 1만 4,324석이라고 밝히고 있으나, 이 수치는 오살부의 9,400석과 진웅부의 4,924석을 합한 수치다. 郭子章, 「播平善後事宜疏」, 『明經世文編』 권419, 10쪽 상 참조. 여기서는 萬曆『貴州通志』에 기재된 수치를 따랐으며, 이하 사천성의 귀주성에 대한 협제 관련 언급은 모두 郭子章의 「播平善後事宜疏」, 10쪽 상~하에 근거한 것이다.

을 떼어내 귀주에 예속시킬 수 없으므로, 습직이나 기복起復의 경우 사천의 무안관撫按官이 귀주 무안관과 만나 비준한 후 습직하도록 한다면 그들이 오히려 두려워하게 될 것입니다.

결국 위 곽자장의 언급은 사천성의 네 부府와 유양의 토사들이 전량을 제대로 납부하지 않는 이유는 귀주성이 그들의 습직에 간여할 권한이 없기 때문이란 점을 알려준다. 따라서 귀주성에 협향을 공급하기 위해 사천성과 귀주성의 무안관들이 합심해 토사들의 습직 문제를 손에 쥐고 전량의 징수를 강요해야 한다는 사실을 이 글은 강조하고 있다. 이런 점에서 협향은 단지 식량이 부족한 귀주성에 식량을 공급하는 문제에 국한된 것은 아니었으며, 삼성三省 지역 토사의 행태와 맞물려 있었다.

한편 곽자장보다 약간 빠른 시기인 만력 4년(1576) 순무도어사巡撫都御史로 부임한 하기명(何起鳴, ?~1590)은 귀주성 개설 후 귀주와 황평黃平 등 20개의 위소 둔량屯糧이 겨우 9만 2,000여 석에 불과해 군관에게 반년 분의 식량 제공도 부족한 지경이라고 언급하면서, 호광과 사천의 협제를 통해 부족한 군향軍餉을 충당한다고 말했다. 이어 하기명은 부족한 식량을 귀주에 공급하는 사천성이 해당 군향을 완벽하게 납부하는 반면, 호광은 그렇지 않다는 사실도 지적했다.

그런데 사천성이 군향을 잘 납부한다는 하기명의 지적은 위 곽자장의 언급과 달리 토사가 아닌 일반 주·현州·縣의 정황을 가리키는 것이다. 그에 따르면 사천성은 사천성 관할 부·주·현이 본래 납부할 세량을 조사해 그 모자란 부분을 채운 다음 포정사에게 보고하는 한편, 세금 징수를 담당하는 특별 관원(차관差官)이 해당 세액을 거둬들여 일괄적으로 납부하는 방식을 채택했다. 그는 이런 방식을 통해 사천성은 그해에 징수해야 할 양을 바로 그해에 한 푼의 누락 없이 모두 완납한다고 언급했다. 반면 호광성은 납부할 액수도 정확하게 파악하지 못했을 뿐 아니라, 차인差人이 그 납부를 담당하는데, 납부 액수가 100냥 이상만 되어도 해호解戶[317]가 그 납부를 위해 직접 멀고 험한 길을 오가야만 했기 때문에 당연히 사천성과 달리 납부가 제대로 이루어지지 않았다.

이런 지적과 함께 하기명은 호광의 장사長沙, 형주衡州, 침주郴州 지역의 귀주성에 대한 협제는 사천의 협제 방식에 따라 포정사와 양저도糧儲道가 협제를 관할하고 각 부·주·현의 인량관印糧官이 정해진 액수의 납부를 재촉하는 한편, 차관差官이 일괄 납부하도록 해야 한다고 주장했다. 하기명의 언급을 다시 한 번 인용하자면 이런 방법을 통해 호광성이 납부할 협제미는 모두 3만 720냥이었다.[318]

하기명의 언급 이면에는 협제미를 공급하는 제도적 측면, 다시 말해 사천성이 협제미만을 전담하는 차관을 둔 반면, 호광성은 협제미의 징수와 운반을 모두 해호의 요역으로 충당하는 탓에 호광성으로부터의 미곡 공급이 제대로 이루어지지 않는다는 사실이 들어 있다. 그렇다면 귀주성에 협제미를 제공하던 명대 호광성의 정황은 어떠했을까?

이런 사실을 설명해 줄 좋은 자료 중 하나가 가정 32년(1553) 진사

---

317 糧長이 주로 稅糧의 운반을 담당한 것과 달리, 解戶란 세량 이외의 각종 징수 물품을 지정된 장소에 운반하는 요역을 담당하는 戶를 말한다. 그러나 기본적으로 세량이 많아 양장과 해호가 동시에 존재했던 江南 지역과 달리, 북중국 같은 경우에는 해호도 전량의 운송을 담당했다. 和田淸 編, 『明史食貨志譯註』(上卷), 東洋文庫, 1957, 246쪽과 255쪽 참조.

318 이상의 내용은 何起鳴, 「嚴催協濟疏」, 萬曆 『貴州通志』 권19, 「經略志」(1), 339쪽 참조.

에 오른 동인부 출신 진산陳珊의 언급이다.[319] 그가 자신의 주장 첫 부분에서 소수민족을 방어하기 위한 첫 번째 조건을 군량이라고 거론하면서 "병력이 용맹하지 않고 식량이 충분하지 않으면 그들을 제어하기 어렵다."고 말한 건 다소 상투적인 표현일 수 있다. 아울러 그가 가정 연간 소수민족 반란을 진압하기 위해 명 왕조가 다른 어떤 지역보다 먼저 영순과 보정, 유양과 평다 토사들의 병력을 동원했던 사실도 이미 여러 번 언급한 적이 있다.

다만 진산은 그러한 병력 동원에서 발생하는 폐단 중 하나가 바로 당시 토사들이 자신의 병사 수효를 부풀려 관官으로부터 더 많은 군량을 받아내는 모향冒餉이라고 지적했다. 이러한 폐단을 당시 다른 관원들도 이미 지적한 바 있지만, 이 관행이야말로 토사제도의 본래 목적인 이이공이以夷攻夷와 전혀 다른 양상으로서 적은 비용으로 소수민족을 통제하고자 한 토사제도의 당초 의도와 달리, 반란 진압을 위해 명 왕조가 많은 재정을 소비한 정황을 의미한다.

더구나 진산은 이러한 언급 뒤에 삼성三省 가운데 묘채苗寨가 가장 많은 지역은 귀주성이나 사천성이 아닌 호광성이라는 사실을 강조하면서 이 때문에 정덕 7년(1512) 당시 병사 운용에 필요한 비용이 호광성에서 가장 많이 소요되었다고 말했다. 진산의 언급대로라면 삼성 가운데 묘채가 가장 많은 호광성이 병향의 수요도 많았을 것이므로 다른 지역에 미곡을 공급하기란 용이하지 않았을 것이다. 반란 진압을 위해 공급된 군량이 다시 반란 당사자의 손에 들어간 정황이야말로 명대 호광 지역 소수민족 반란에 등장한 기묘한 미곡 순환이었다.

---

319 이하 진산의 언급은 陳珊, 「征苗議」, 萬曆 『銅仁府志』 권8, 「兵防志」, 27쪽 상~28쪽 하에 근거한 것이다.

湖廣省의 軍餉 부담과 수송 문제

그렇다면 진산의 언급대로 병향의 부담이 제일 컸던 호광성의 상황을 좀 더 구체적으로 살펴보기로 하겠다. 진산이 정덕 7년(1512)의 예를 들어 호광성의 군향 부담이 크다는 점을 언급했으며 이런 그의 언급이 최소 가정 32년(1553)에 등장한 것으로 보면 호광성의 미곡 부족은 가정 말년 무렵까지 지속되었다고 보는 게 타당하다. 이어 만력 24년(1596) 순무도어사로 부임한 강동지江東之의 언급에 따르면 만력 14년부터 만력 24년까지 10년 동안 호광성은 7만 1,157냥에 달하는 협제미를 공급하지 않았다.

그러므로 이는 진산에서 강동지까지, 다시 말해 정덕 연간부터 만력 연간까지 호광성은 다른 지역에 미곡을 보낼 여유가 없었다는 사실을 의미한다. 더구나 앞에서 거론한 만력 4년(1576) 무렵 하기명의 언급과 달리, 사천성마저도 만력 14년부터 24년 사이 파주가 2만 1,227냥, 오살부가 376냥, 오몽부가 1만 5,054냥, 동천부가 1만 5,630냥을 각각 공급하지 않아 호광과 사천 두 성은 협제액 가운데 미곡 10만 3,296석에 은 12만 3,446냥을 내지 않았다.

더구나 강동지가 두 성省이 모두 협제량을 채우지 못하고 있다는 점을 지적하면서 "세이궤핍勢已匱乏",[320] 다시 말해 그러한 협제량의 부족 추세가 이미 오래전부터 시작되었다고 언급했는데, 이는 결국 가정 연간의 상황을 언급한 진산 이후 만력 연간 강동지로 이어지는 시기에 호광성뿐 아니라 사천성의 협제 능력도 실제로 바닥을 드러냈음

---

[320] 이상 江東之의 언급은 江東之, 「責成川湖協濟疏」, 萬曆 『貴州通志』 권19, 「經略志」 (1), 351쪽 참조.

을 말해 준다.

가정~만력 연간 당시 이처럼 협제량이 절대적으로 부족했던 정황과 비교할 때, 그 이전 시기 호광성의 협제 능력은 현저히 부족한 건 아니었다. 홍희 원년(1425) 공수장관사邛水長官司 관할의 묘인苗人 묘은총苗銀總이 반란을 일으켰을 당시 도독 소수蕭授가 1만 4,000의 병사를 진주와 원주 일대에서 징발하는 한편, 곡식 1만 5,000석을 동시에 청랑위로 운반해 소탕한 명초의 예[321]가 그러하다.

또한 정통 6년(1441) 부총병 오량吳亮의 상주에 의하면 호광의 변사위, 구당위瞿塘衛, 구계위, 영정위 등의 병사들이 녹천麓川의 반란을 진압하기 위해 동원된 데다가 가뭄으로 가을 추수량마저 심하게 감소하자 진주, 상덕, 장사의 창고에 보관된 미곡을 운반하도록 하는 한편, 각 위에 1만 석 이상을 비축하도록 했다. 물론 이 조치는 호광에서 해당 지역으로 가는 교통이 불편하다는 이유로 추량의 반절을 비단으로 받도록 하긴 했다. 그러나 협제량도 그렇거니와 이렇게 받은 미곡 중 1만 냥 이상을 각 위衛에서 저장하도록 했다는 언급으로 미뤄, 분명 상당량의 미곡이 수송되었다.[322] 이어 경태 7년(1456) 장사, 영주, 형주衡州, 형주荊州 네 부府의 미곡 20만 6,000석을 정주靖州와 청랑淸浪에 보낸 예[323]가 있으며, 성화 4년(1468) 귀주순무 진의陳宜의 상주에 의하면 진원부와 여평부는 그 저장된 미곡이 많아서 부패를 걱정할 정도였다.[324]

다른 한편으로 가정~만력 이전에는 변사위의 곡식 비축이 비교적

---

321 『明實錄』 권11, 洪熙 元年 11월 29일.
322 『明實錄』 권79, 正統 6년 5월 17일.
323 『明實錄』 권263, 景泰 7년 2월 15일.
324 『明實錄』 권61, 成化 4년 12월 1일.

넉넉했다는 증거도 존재한다. 홍치 6년(1493) 『명실록』의 기사에 따르면 묘인들의 반란 진압 당시, 호부는 호광과 사천 각지에서 1만 냥을 징발했으며, 그것을 미곡으로 바꿔 편교와 파주로 보내려 했으나, 귀주의 무신撫臣들은 그 수송로가 멀어 미곡이 쉽게 도착할 수 있을지를 염려했다. 따라서 귀주성 관원들은 청랑위와 평계위의 창미倉米 3만 석을 일단 먼저 내보내고, 이후 귀주 부근 진주, 원주, 중경 등의 창량倉糧을 청랑위와 평계위에 보내 해당 미곡을 채우도록 해야 한다고 청하자 황제는 그것을 허락했다.[325]

이 홍치 6년의 기록이 중요한 이유는 무엇보다 변사위 가운데 청랑위와 평계위가 상대적으로 미곡이 풍부해서 필요한 수요 지역에 일단 공급하고 이후 그 액수를 보완했기 때문이라 할 수 있으며, 이러한 정황을 통해 가정~만력 연간 이전 귀주성에 대한 협제가 긴박하지 않았다는 사실을 알 수 있다.

물론 이처럼 호광이 협제를 실시할 때 가장 어려웠던 문제는 당연히 수송이었다. 정통 연간의 기록에 의하면 진원, 편교, 평계, 청랑, 동고, 시주위 등은 변방에 자리해 식량 수송이 어려웠으므로 호광성 죄수들에게 1석당 은 3전을 납부하도록 해 이것을 반년 동안 모은 후 각 위衛에 지급하도록 한 예[326]는 미곡의 수송 문제를 쉽게 해결하기 어려웠다는 사실을 말해 준다. 이런 지리적 험난함 때문에 변육위는 공통적으로 곡물 수송에 어려움을 겪었으며, 오개위 같은 경우에는 이런 문제를 타개하기 위해 하천을 준설하기도 했다.[327]

그러나 하천 중간에 있는 암석과 사탄沙灘 20여 곳을 준설한 오개

---

325 『明實錄』 권74, 弘治 6년 4월 4일.
326 『明實錄』 권45, 正統 3년 8월 29일.
327 『明實錄』 권163, 正統 13년 2월 11일.

위의 소규모 공사에도 500여 명의 인부가 1개월에 걸쳐 작업한 것으로 미뤄 산악 지역의 이러한 공사 시행은 효율적이지 못했다. 따라서 운반상의 어려움을 극복하기 위한 현실적인 방법은 앞에서 말한 것처럼 죄수들에게 납속을 시행하거나 아니면 절은[328]이었다. 특히 절은은 단지 협제뿐 아니라, 위소 군관들의 봉급 지불에도 빈번히 등장한다.

이를테면 정통 8년(1443) 귀주도사貴州都司와 휘하 위소 관원들의 봉급은 30%를 본색本色으로 지급하고 나머지 70%는 절색折色해서 지급하도록 했다. 이 가운데 본색으로 지급된 부분은 호광성 부근 주·현의 세량 중 절징으로 걷은 면포綿布 10만 필을 한 필당 쌀 1석으로 계산해 귀주 진원부로 옮긴 것이었다.[329]

嘉靖 연간 이후 식량 수급의 변화

이런 정황으로 보건대 협제 시행의 이면에는 미곡 수송의 문제가 명백히 도사리고 있었지만 적어도 가정~만력 이전 시기는 상당량의 미곡이 호광 지역에서 귀주성으로 들어갔다. 그렇다면 가정~만력 연간에 이르러 협제에 필요한 미곡량이 급격하게 줄어든 이유는 무엇일까? 무엇보다 가장 큰 이유는 이 시기부터 상서 일대는 물론 귀주성

---

[328] 이러한 折銀의 예는 제법 빈번하게 등장하는데, 衡州, 桂陽, 永州 일대의 미곡을 偏橋 등 四衛로 수송하기 어렵기 때문에 米 4石을 1냥으로 折銀해 官軍의 缺糧에 대비해야 한다는 湖廣 參政 吳存의 上奏가 등장하는 『明實錄』 권102, 正統 8년 3월 13일의 기사가 그중 하나다. 또한 협제에 관련된 것은 아니지만, 辰州와 沅州, 그리고 邊六衛와 靖州 등의 衛所 군관들은 봉급을 永州와 衡州로부터 받았으나 그 길이 멀어 불편했다. 따라서 각 衛所의 存留米를 1석당 銀 2錢으로 환산해 원주와 정주의 官庫에서 지급하도록 했다. 『明實錄』 권267, 景泰 7년 6월 12일조 참조.

[329] 郭子章, 『黔記』 권19, 「貢賦志」(上), 14쪽 상.

동부 지역에 집중적으로 발생한 반란으로 이 지역 일대 식량 생산력이 현저히 약화되었기 때문이다. 그런 점에서 귀주 순안어사 왕염汪琰이 이미 경태 2년(1451)에 올린 다음의 짤막한 상주문을 주의해서 읽어볼 필요가 있다.

　귀주 관할 지역은 여러 차례 묘적苗賊으로부터 약탈을 당해 군인과 일반 백성들이 경작을 할 수 없게 되자, 미가米價가 크게 오르고 있습니다. 청하옵건대 방문을 내려 호광, 사천, 운남 각 지역 주·현의 이전吏典과 부유한 군인·백성들의 가구 중 스스로 백미白米 100석을 마련할 수 있는 자들은 호광성에서는 진원으로, 사천성에서는 파주로, 운남성에서는 보안주普安州로 각각 그 쌀을 운반하도록 권유해야 합니다.[330]

　왕염의 이 언급은 잦은 반란으로 미곡의 가격이 상승한다는 사실을 상기시킨 것으로서, 특히 부유한 가구들이 자신의 소유 미곡 중 일부를 해당 지역에 사실상 헌납하도록 해야 한다는 점을 강조하고 있다. 무엇보다 명 정부가 부유층들로부터 미곡을 이렇게 십시일반의 형태로 모은 건 그만큼 식량 사정이 절박했으며, 미곡이 귀했다는 사실을 의미한다.

　더구나 여러 번 언급한 바와 같이 반란을 진압하기 위해 명 왕조는 정식 관군 외에 토병 등을 동원했는데, 이런 사실과 관련해 가정 22년(1543) 감처호귀도어사勘處湖貴都御史라는 직함을 받은 만당의 다음 언급은 매우 흥미롭다.

---

330 『明實錄』 권201, 景泰 2년 2월 17일.

행량行糧을 균일하게 지급해야 한다. 근래 호광의 반묘叛苗들이 악해져서 병사를 징발해 (호광 지역을) 방어하고 지키는데, 호광은 영순, 보정, 진계鎭溪,[331] 대랄大剌 등 토사土司의 토병土兵을 이용한다. 귀주는 본래 본성本省에서 징발할 병사가 없는 탓에 사천 관할의 유양선무사酉陽宣撫司 및 평다와 읍매장관사의 토병을 이용하며, 사천의 여러 토추土酋들은 (병력 동원을) 다른 성省에 의지하는데, 보통 이들을 객병客兵이라 부른다. 그들은 (참전에 따른) 많은 보상을 요구하는바, 예를 들어 영순과 보정의 토병들은 하루 백미 1승升 5합合을 받는 데 비해, 그들은 하루 3승을 받으며, 그 배를 지급하는 절은의 경우에도 동일하게 (이런 차이가) 난다 …

유양, 평다, 읍매가 비록 사천에 속하지만, 사실상 (그 중심에서) 멀리 있고, 귀주의 동인·평두와는 오히려 매우 가까운 한편, 일찍이 귀주순무가 겸제하는 지방으로 분류된 곳이다. 하물며 사실상 국은國恩을 입어, 작위爵位와 토지(소유)를 향유하며, 군사의 징발 외에는 전혀 다른 부담이 없으니, 설사 스스로 군량을 준비해 변방을 지키고 적들을 죽인다 한들 그것이 당연한 직분이거늘, 감히 사천과 귀주를 둘로 구분지어 객병客兵이라고 자처할 수 있는가?[332]

이외에도 만당은 당시 상서와 귀주 일대 소수민족 관련 다양한 문제를 언급했는데, 병향 문제와 관련이 있는 군사력 증강 등의 주제가 그것이다. 그에 따르면 경태 4년(1453) 정주靖州 일대 묘인이 반복적으로 반란을 일으키자 호광 지역의 위소 군관 1만여 명을 징발해 조별

---

331 병향과 관련해 동일한 내용을 담고 있지만, 훨씬 간략한 만당의 또 다른 글인 萬曆 『貴州通志』 권20, 「經略志」(2), 367쪽의 「議客兵行糧疏」에는 鎭溪라는 지명이 鎭筸으로 표기되어 있는데, 전체적인 의미로 볼 때 鎭筸이라는 지명이 더 정확하다.

332 萬鏜, 「計處地方夷情事略」, 嘉靖 『貴州通志』 권10, 「經略」, 492쪽.

로 방어하자는 총독 왕래(王來, ?~1470)의 상주를 인용한 걸 보면 반란 진압을 위한 병력 증강은 필수적이었으며 그런 경향은 가정 연간에 이르러 더욱 강화되었을 것이다.

이런 와중에 등장한 중요 병력 가운데 하나가 바로 토관이 고용한 일종의 용병인 객병인데, 그들은 참전 비용을 더 높게 요구했다는 사실을 이 글은 잘 보여준다. 결국 관군이나 토병 외에 새로운 종류의 반란 진압군이 합세해 병사 수효 자체가 증가했으나, 반란으로 경작이 제대로 이루어지지 못하는 상황이었으므로 현물이 한층 더 중요해졌다. 절은을 할 때 그 비율을 실제 현물 가격보다 두 배로 환산한다는 만당의 언급은 이러한 현실을 반영한 것이다.

이처럼 증가한 병력 탓에 실제로 식량 부족 사태가 발생한 경우를 가정 40년(1561) 『명실록』 기사에서 확인할 수 있다. 가정 40년 귀주순무로 부임한 조월趙鉞이 진간鎭筸 일대 병란으로 동인부 목용木桶 일대 영초營哨 관군이 증설되어 그 수효가 5,000여 명이나 되었으나 사태가 진정된 후에도 감소시키지 않아 많은 병사들의 양식이 부족하다는 언급이 그 좋은 예다.[333]

그런데 지금까지의 협제와 병향 관련 설명을 보면, 동원된 병사들의 구성도 반란 당사자들과 마찬가지로 매우 다양했는데, 그런 사실이야말로 병향과 식량 문제가 이곳 소수민족 사회와 긴밀한 연관성이 있는 접합점이라고 할 수 있다. 이런 사실을 확인할 수 있는 좋은 자료를 남긴 인물이 바로 가정 29년(1550) 귀주성 우참의右參議에 부임한 유망지劉望之다.

---

333 『明實錄』 권509, 嘉靖 41년 5월 5일.

① 병사를 양성하고 양식을 비축해야 한다. 사주부思州府와 동인부銅仁府를 방어하고 지키는 병사의 수효를 살펴보건대 출병과 개선凱旋을 하기 이전에 이미 의논을 통해 (필요한) 병사 수를 정한다. 현재 그 수효를 개진하지 않은 사주와 석천石阡을 제외한 동인부 인근 안팎 지역의 본래 논의된 병력의 수효는 5,900명이다. 이 안에는 성城을 수비하는 관군 1,200명, 석자영石子營의 향병鄕兵과 타수打手가 모두 1,000명, 목용영木桶營의 토병土兵 700명, 황랍탄黃蠟灘의 토병 500명, 용우龍于의 향병과 타수 500명, 개첨포開添鋪 향병 100명, 평두사平頭司와 48기둔旗屯의 향병 각 500명, 시계사施溪司와 성계사省溪司의 두 토사 300명과 오라관烏羅關·평남관平南關의 향병 각각 300명이 있어, 모두 5,900명이다.

② 본래 (이들에게) 지급할 양식과 상賞의 (양)도 논의하는데, 오직 이전에 징발한 호광의 타수에게만 본래 규정대로 1명당 **월량月糧 4두斗 5승升 외에 별도로 공식은工食銀 6전錢을 지급**했으며, 그 나머지 타수, 향병, 토병 등의 (군사들에게는) 개인당 지급하는 월량 이외에, 어염은魚鹽銀 5푼의 지급만을 승인했다. 만일 평두, 성계, 시계 등의 토사와 48기의 군둔軍屯 및 평남관平南關 등처럼 인근의 각 방어 지역에서 (군사를) 모집해 올 경우, (그들은) 모두 토착 향병이므로 어염은은 지급하지 않고, 단지 월량의 지급만을 승인한다.

③ 이후 사주에 변고가 발생하자 총독 군문軍門이 **영순과 보정 토병 1,800여 명을 더 징발**해서 부성府城 남쪽과 북쪽 관외關外를 나누어 지키도록 했으며, (이미) 논의한 본래의 액수에 관계없이 **월량 외에 다시 1명당 어염은 1전 5푼을 지급**하도록 했다. 이로 말미암아 용우와 개첨開添 등의 지역으로 병사 모집이 확대되지 못해, 외따로 떨어진 (그곳의) 방어가 어렵

게 되자, 용우채의 병사는 패지강壩地岡으로 재배치했으며, 개첨포 병사들은 조계槽溪로 귀속시켰다.

또한 **호광 지역 출신의 타수 800명 때문에 공식은이 지나치게 많이 들고** 지속적인 전량錢糧(공급이) 어려워지자, 이미 해당 본도本道의 참장들이 만나 (타수들을) 원적지로 모두 되돌려 보낸다는 정문呈文을 총독과 순무 아문에 보내고, 병사들을 별도로 모집해서 보충하기로 논의했다. (또한) 사주, 영순, 보정 세 토사의 토병이 명목상으로는 많으나 실질적인 (수효는) 적어 (그 실상을) 자세히 조사하기 어렵지만, 그들 스스로 조를 편성해 번갈아 가면서 (수비하도록) 했으며, 이로 말미암아 (병력의 수효가) 이미 3분의 1로 감소했다. 가정 31년 11월, 본도에서 일일이 조사한 도망자 및 노인·어린아이·삭제된 사람들(개제자開除者) 200명 외에 부성府城 및 석자石子, 목용木桶, 패지, 강개岡凱, 조계槽溪, 황랍탄, 평두, 시계, 성계, 48기, 평남관 등의 지역과 아울러 영순과 보정의 두 토사의 실재 (군사) 수효는 5,357명에 불과해 본래 의논해서 정한 병사의 수효에 미치지 못했다.[334]

유망지의 이 글은 롱허보 반란 여파에 따른 대책을 강구하면서 나온 것임이 분명하다. 제법 장문의 이 글에서 유망지가 가장 관심을 기울인 대목은 작전 수행에 필요한 군량의 확보다. 그런데 그의 주장을 살펴보면 인용문 ①에서 확인할 수 있듯이 반란 진압 병력에 단지 관군만 동원된 것은 아니었다. 명 왕조는 향병, 토병, 타수 등 다양한 명칭을 지닌 진압군을 고용했으며, 그렇게 고용된 병사들에 대한 식량 지급은 차별적이었다. 그러므로 차별적인 지급에서 발생할 여러 갈등과 불만을 잠재우기 위해 명 왕조가 자세한 식량 지급 규정을 아

---

334 劉望之, 「議處銅平事略」, 嘉靖『貴州通志』 권10, 「經略」, 498쪽.

예 처음부터 정해놓은 사실을 다시 인용문 ②에서 확인할 수 있다.

이어 인용문 ②에 등장하는 다음 두 가지 사실은 매우 흥미롭다. 일단, 그 지급 내용과 액수는 다르지만 당시 병사들에겐 식량 외에 공식은이나 어염은과 같은 명목의 별도 금전이 지급되었다는 점이다. 이는 상서, 귀주, 사천 일대에서 군사 작전을 효율적으로 전개하기 위해서는 현물 형태의 식량은 물론, 금전의 확보도 매우 중요했다는 점을 의미한다. 다음 하나는 군사 동원 형태가 상당히 누층적이었으며, 지역에 따라 군량 지급액이 차등적이라는 점이다. 물론 유망지의 이 글이 동인부를 중심으로 작성되었으므로 동인부를 기점으로 본다면 부성府城, 부성 주변 토사의 토병이나 향병, 그리고 영순과 보정토사 순으로 지리적 차별성이 존재했으며 그 거리에 따라 지급된 군량 액수도 달랐다.

그런데 앞서 만당이 언급한 내용을 다시 상기해 보면 호광에서 빈번하게 동원된 영순과 보정의 토병들이 하루 백미 1승 5합을 받는 데 비해, 사천의 객병은 하루 3승을 받았다. 반면 위 유망지의 언급에 따르면 호광의 타수는 1명당 월량 4두 5승과 함께, 별도로 공식은 6전을 받았다. 또한 평두, 성계, 시계 등의 토사와 48기의 군둔 및 평남관 등에서 모집한 군사들은 그들이 모두 토착 향병이라는 이유로 어염은은 지급하지 않았으며, 단지 월량만을 지급했다.

호광토사의 토병에 대한 만당과 유망지의 언급은 자칫 서로 모순된다고 생각할 수 있지만, 유망지가 분명히 호광의 타수라고 언명한 것으로 미뤄 만당의 토병과 유망지의 타수는 전혀 다른 부류의 병사며, 유망지가 말한 타수는 사실상 객병이었다. 결국 유망지의 언급대로 토착 향병, 말하자면 주변 지역에서 모집한 병사들에게는 그 군량의 지급량이 많지 않았으며, 당연히 먼 거리에서 모집한 병사들의 군량 액수는 많았다.

그러므로 유망지 역시 "먼 곳에서 모집한 사람들은 한족과 토인, 그리고 일반인과 병사들을 불문하고 모두 월량 외에 어염은 1전 5푼을 지급해야 한다."고 지적했는데, 이러한 지적의 배후에는 동인부 자체의 관군 수효가 본래 정해진 수효보다 현저히 적어서 주변의 여러 지역으로부터 용병을 모집해야 하는 긴박한 상황이 존재했다. 그럼에도 불구하고 삼성 지역 일대 병사 수효는 정해진 수효보다 훨씬 적었다는 사실을 인용문 ③은 보여준다. 결국 이런 군사적 상황에 대비하기 위해 병사들의 모집이 불가피했지만, 곡물 수요의 증가에 즉각적으로 대처하기 위한 수단은 매우 제한적이라는 게 바로 유망지의 고민이었다.

이런 일련의 정황을 종합한다면 명 왕조와 소수민족은 모두 삼성 일대 이러한 곡물 수요의 증가로 곡물 확보에 대단히 민감할 수밖에 없었다. 그런 정황을 파악할 수 있는 매우 흥미로운 자료 중 하나가 『명실록』 정통 3년(1438)의 기록이다. 물론 시기적으로는 만당이나 유망지의 언급보다 상당히 앞선 기록이지만, 거꾸로 그만큼 이 지역 일대 식량의 움직임에 대해 관원들과 소수민족이 꽤 일찍부터 상당한 관심을 가졌다는 사실을 알려준다.

총병관우도독總兵官右都督 소수蕭授가 상주上奏하기를 "귀주·정주貴州·靖州 일대는 광서廣西와 경계를 접하고 있어 불시에 묘적苗賊이 나타나 노략질을 하는 탓에 영락~선덕 연간 항상 수만 석을 비축해 두었다가 급한 용도에 사용하도록 했으나 해마다 그 비축량이 줄어들었습니다. (이에) 군향을 징발해 운송할 때마다 적들이 (그것을) 미리 알아차리고 먼 곳으로 숨어버리기 때문에 적들을 섬멸할 수가 없습니다. 청하옵건대 청랑과 정주

두 위衛는 군관의 봉량俸糧을 제외하고 각각 5만 석으로 늘려 비축하도록 해 변방 여러 곳의 방비에 동원할 수 있도록 해야 하며, 기밀이 누설되지 않도록 해야합니다."라고 했다.[335]

어떤 면에서는 대단히 역설적인 이 기록은 소수민족의 반란 세력들이 진정으로 무서워한 건 명 왕조 관군의 무력과 무기가 아닌 관군 소유의 식량이었다는 사실을 웅변적으로 말해 준다. 그러므로 만당의 다음 언급은 협제가 호광 지역으로부터 귀주로 단순히 미곡을 실어나르는 것이 아닌, 산악 지역이 지닌 식량 생산의 한계로 말미암아 관군과 소수민족이 공통적으로 겪은 고충의 또 다른 양상이었다는 점을 일깨워준다.

> 묘적들은 항상 다음과 같이 말한다. '(우리는) 관부官府에 병사가 많은 걸 두려워하는 것이 아니라, 관부에 식량이 많은 걸 두려워한다. 대체로 관부의 병사들이 비록 많다고는 하나 산과 숲이 깊고 험해서 무력을 쉽게 행사할 수 없을 것이다. (또한) 식량이 많이 있다 하더라도 장기간 (우리들을) 포위하게 된다면, 그들의 기세가 저절로 꺾일 것이다.' 결국 도로가 험해 식량 운송이 매우 어렵다는 사실을 그들 (묘적은) 명확히 알고 있으므로 이렇게 말하는 것이다. 교활한 묘인들의 (심중을) 이토록 추측하기 어렵다.[336]

당시 소수민족들이 두려워하는 대상은 명 왕조의 무력이 아니라 많은 식량 보유였다는 만당의 언급을 그대로 믿을 수 있다면, 명대 상

---

335 『明實錄』 권38, 正統 3년 正月 18일.
336 萬鏜, 「與中朝人士書」, 『貴州通志·前事志』(2), 261쪽.

서와 귀주성 일대에서 소수민족들이 일으킨 크고 작은 반란은 정치적인 이유가 아닌 사회경제적 이유 때문이었다고 할 수 있다. 식량 생산이 지극히 제한적일 수밖에 없는 산악 지역의 특성상 식량 확보는 소수민족들에게 절대적인 것이었다. 따라서 가정 연간에 활동한 서계가 일찍이 이 지역 묘병苗兵이 말썽을 부리는 중요한 이유가 식량 등의 물자를 본색本色으로 주지 않고 절은해서 주는 데 있다고 말한 건 예리한 지적이다.[337]

이러한 지적에 이어 서계는 별도의 관원을 임명해 그들에게 물건을 조달해 준다면 약탈이 완전히 없어진다는 보장은 할 수 없지만, 최소한 약탈의 양상이 극도로 처참하지는 않을 것이라고 언급했다. 이렇게 볼 때 공급이 용이한 평야 지대와 달리 이런 산악 지역 전투에서 훨씬 더 중요성을 지닌 식량 문제는 명 왕조로서도 쉽게 해결할 수 없는 사안이었으며, 바로 그러한 고충을 소수민족들도 정확히 꿰뚫고 있다는 사실을 만당은 지적한 것이다.

가정 29년(1550) 귀주부사貴州副使로 부임한 조지병趙之屏이 사천과 호광의 세량歲糧을 동평銅平에게 빌려주는 행위는 세 성省이 모두 굶주리는 결과를 가져올지도 모른다고 말한 건[338] 바로 이 지역의 다급한 식량 사정을 대변해 주는 언급이다. 그러므로 명말 상당수 관리가 군사 작전의 무용론과 함께 군사 작전을 금전으로 대체해야 한다고 지적한 건[339] 단순히 묘인들을 군사적으로 정복하기 어렵다는 패

---

337 徐階, 「鄙見十一條」, 『明經世文編』 권245, 20쪽 상~하.

338 趙之屏, 「征苗紀略」, 嘉靖 『貴州通志』 권10, 「經略」, 510쪽.

339 이를테면 앞에서 거론한 蕭端蒙은 鎭筸 苗人의 수효가 3,000여 명에 불과하며 그들에 대한 賞賜에 2만여 냥 정도를 사용한다면, 한 해의 군사 비용으로 苗患을 없앨 수 있다는 점을 강조한 바 있다. 蕭端蒙, 「條陳地方事宜四事疏」, 『明經世文編』 권285, 6쪽 상~하.

배론이 아닌, 이 지역 전체 민생 문제를 해결하는 것이 오히려 묘인들의 반란을 잠재우는 데 효율적이라는 인식 때문이었다. 이런 점에서 협제는 단순히 식량을 사이에 둔 관원 사이의 갈등이 아니라, 삼성三省의 산악 지역에 존재한 소수민족 사회가 공통적으로 직면한 식량의 선점과 쟁탈의 문제였던 셈이다.

제4장

明末淸初 湖廣 지역 소수민족 세력의
저항과 몰락

1. 明末~淸初 湖北 소수민족 지역의 토지 분쟁

1) 명말 容美土司의 세력 확장

청대 이전 자계柘溪, 용미容米 혹은 용양容陽 등으로 불린 용미토사
는 그 판도가 현재 호북성 서남부의 학봉鶴峯, 오봉五峰, 장양長陽, 건
시建始, 파동巴東, 은시현恩施縣 일대와 호남성 석문石門까지 매우 광범
위했다. 사서의 기록에 의하면 용미토사는 당대唐代 전행고(田行皐) →
송대宋代 전사정 · 전숭쇠田思政 · 田崇釗 → 원대元代 전건형田乾亨 → 명
대明代 전광보 · 전세작 · 전구룡 · 전초산 · 전현 · 전패림田光寶 · 田世爵 ·
田九龍 · 田楚産 · 田玄 · 田需霖 → 청대淸代 전기림 · 전감림 · 전순년田旣霖 ·
田甘霖 · 田舜年으로 이어지는 토사들이 대대로 다스린 지역이다. 이른
바 '간사불법奸邪不法'으로 북경에 와서 신문을 받으라는 명령이 전순
년의 아들 전민여田旻如에게 내려졌지만, 이 명령에 따르지 않은 채 옹

정雍正 11년(1733) 그가 자살한 후, 옹정 13년(1735)에 개토귀류改土歸流가 단행되어 이 지역에 학봉주鶴峯州가 설치되었다.[1]

전민여의 불법 행위로 용미토사에 대한 개토귀류를 단행한 예에서 볼 수 있듯이, 대체로 청대 개토귀류 시행의 이면에는 이처럼 토사들의 불법 행위가 존재한다는 게 개토귀류 관련 주된 연구 경향 중 하나다. 물론 왕리계王履階의 주장처럼 소수민족 지역이 지닌 경제적 잠재력을 이용해야 한다는 의견도 개토귀류 시행을 정당화시킨 중요한 근거였다.[2]

다만 개토귀류 당시 전민여와 그 추종자들이 청조 군대에 저항한 사실이 있지만, 처음부터 아예 투헌投獻한 충동안무사忠峒安撫司의 경우에서 알 수 있듯이 악서鄂西 토사에 대한 청조의 개토귀류가 대체로 큰 저항 없이 순조롭게 이루어졌다는 일부 연구[3]는 옹정 연간의 개토귀류를 지나치게 결과론적으로 해석한 것이다. 나아가 이런 결과론적 해석은 토관들의 정치적 부패로 개토귀류를 시행할 수밖에 없었다는 청대 관료들의 한결같은 주장을 추인하는 것이기도 하다. 이런 편향적 시각 외에도 옹정 연간에 단행된 개토귀류를 지나치게 강조한 결과, 오히려 명청교체기 토사들의 실상이 그 안으로 함몰해 버린 점 또한 기존 소수민족 연구의 중요한 공백이다.

그런데 토사의 개토귀류를 강력하게 주장한 대표적인 인물인 악이태(鄂爾泰, 1677~1745)마저 옹정 4년(1726)에 토관土官을 생포하는 게

---

1 이상의 설명은 顧彩 著, 吳柏森 校注, 『容美紀游校注』, 湖北人民出版社, 1999, 260쪽 참조.
2 이런 시각에 대해서는 클로딘 롱바르-살몽 저, 정철웅 역, 『중국적 문화 변용의 한 예—18세기 귀주성』, 세창, 2015, 441~450쪽 참조.
3 張建民, 『湖北通史』(明淸卷), 華中師範大學出版社, 1999, 183쪽.

상책上策이요, 병력을 동원해 그들을 소탕하는 건 하책下策이며, 스스로 투헌投獻하도록 하는 게 상책이며, 강제로 투헌하도록 하는 게 하책이라고 지적한 것을 보면 개토귀류 시행 이전 각 토사들의 존재 양태가 매우 다양했다는 사실을 알 수 있다.[4]

또한 그가 개토귀류의 정당성을 줄기차게 주장했음에도, 다시 옹정 6년(1728)의 상소문에서 "개류改流에 응하는 자가 있으며 개류에 응하지 않는 자도 있고, 개류의 시행이 가능하지만 개류하지 않아도 되는 곳이 있습니다. 또한 개류가 결코 불가능하지만 기필코 개류해야 하는 곳도 있으며, 개류에 기꺼이 응할 수 있는 자라도 그 시행을 완만하게 해야 할 자가 있는가 하면, 개류하지 않아도 되지만 궁극적으로 개류할 곳이 있으니, 때와 형편을 헤아려야 합니다."[5]라고 지적한 이유는 명청시대 소수민족 사회가 그만큼 복잡했기 때문일 것이다.

악이태가 이처럼 유보적인 입장을 견지했지만 그는 분명히 개토귀류를 가장 강력하게 주장한 인물이었는데, 이러한 자신의 의견을 증명이라도 하듯이 옹정 7년(1729)의 상소에서 아직 초무招撫가 되지 않은 원격遠隔 지역은 모르되, 귀주성 단강丹江이나 고주古州 일대는 이미 귀화歸化된 묘인苗人들이 많으며, 용미와 유양酉陽 토사는 굳이 병사를 동원하지 않아도 개토귀류가 가능하다고 언급했다.[6] 그러므로 악이태의 이런 언급을 고려해 보면 당시 옹정제가 다스리던 청 왕조는 전반적으로 소수민족 지역의 상황을 소상히 꿰뚫고 있는 한편, 그만큼 소수민족 지역의 개토귀류 시행에 대한 자신감이 있었다고 할 수 있다.

---

4 鄂爾泰,「改土歸流疏」,『皇朝經世文編』(臺灣國風出版社) 권86,「兵政」(蠻防上), 14쪽 상.

5 鄂爾泰,「正疆界定流土疏」,『皇朝經世文編』 권86,「兵政」(蠻防上), 22쪽 상~하.

6 鄂爾泰,「招撫生苗以安三省疏」,『皇朝經世文編』 권86,「兵政」(蠻防上), 24쪽 하.

그런데 앞의 옹정 6년 악이태의 상소문은 개토귀류의 본격적인 시행에 앞서 소수민족 지역의 토지 경계를 분명히 해야 한다는 주장이 들어 있다. 물론 악이태의 이 상주문은 귀주 지역에 관련된 글이지만 그것을 살펴볼 필요가 있다.

신臣이 하세기(何世琪, 1666~1729)의 주접奏摺 내용을 살펴보니, 하나는 군전軍田의 경계를 바로 해야 하며, 또 하나는 묘민苗民의 관할을 정해야 한다는 사실을 언급하고 있습니다. (그것을) 귀주성을 (예로) 들어 논한다면 모두 실행이 가능합니다. 다만 그 안에는 당연히 형편에 따라 유연하게 할 것이 있으며, 여러 사정에 대응해 완급을 구분해야 할 것이 있으니, 청하건대 그 대략을 말씀드리겠습니다.

전토田土의 경계라는 사안에 근거하자면, 신臣이 한족과 이족夷族 지방을 살펴본바, 많은 곳이 서로 경계가 얽혀 있고 (또한) 멀리 떨어진 곳이 있습니다. 전토에 대해 논하자면, 또한 군전만 (경계를 바로 해야 할 곳도) 아닙니다. 토지가 멀리 떨어져 있거나 (다른 지역에) 속한 경우도 단지 초성楚省만 그런 건 아닙니다. 귀주성을 거론하자면 단지 진원·시병·옥병·청계鎭遠·施秉·玉屛·淸溪만 (그런 것도) 아닙니다. (이런 지역은) 대체로 행정력이 미치지 못하고 서로 일을 미루니 그 조사의 (시행이) 어렵습니다 …

유지諭旨를 받들어 위원委員들이 지역을 분담해 이미 조사를 시행한바, 격성·격부·격주·격현隔省·隔府·隔州·隔縣의 구분없이 모두 (그 경계를) 명확히 조사하도록 해, 가까운 곳으로 개속改屬시킨 한편 일률적으로 만들었으며, 전량錢糧의 징수가 용이하고 간악한 무리들이 함부로 도망가고 숨을 수 없도록 했으므로 (해당) 지방에 커다란 도움이 될 것입니다.

앞서 밝힌 것처럼 이것은 옹정 6년의 상주문이므로 용미토사에 대한 개토귀류 시행 7년 전의 일이다. 실제로 호북성 건시현建始縣에서도 옹정 7년 호북성 관원들이 건시현 일대 토지 경계를 정했다는 사실이 사료에 등장하는 것으로 미뤄 아마도 청 왕조는 옹정 초기부터 개토귀류 시행을 위한 예비책의 하나로 토지 조사를 실시했다고 볼 수 있다.

여기서 다룰 용미토사 지역인 학봉주 역시 그 관할 지역이 넓어 설류設流 초기에 이전의 관리와 인근 마을의 관리들이 합동으로 조사를 시행한 후 토지 경계를 확정했다. 물론 그 이후 학봉주로 몰려온 많은 이주민이 개간을 시행한 결과, 그 경계가 복잡해져 상호간에 쟁송爭訟이 30여 년 동안 계속되었다는 지방지의 설명이 뒤이어 등장하긴 하지만,[7] 아마도 이런 선행 작업 덕분에 건륭 원년(1736) 건시현 일대 토사들의 납토귀성納土歸誠이 자연스럽게 이루어졌을 것이다.[8]

따라서 악이태의 자신감과는 상관없이 소수민족 지역의 복잡한 토지 경계와 그에 따른 토지 분쟁의 해결은 아마도 청 왕조 초기 관리들의 중요한 관심사였을 것이다. 그러므로 호남성 진주부辰州府 일대 강역疆域을 설명하는 이곳의 지방지에 "삼청三廳이 처음으로 열렸으나 아직 정립鼎立이 채 되기 전, 우리가 파악할 수 있는 묘족 지역의 범위는 50리에 그치며 50리 밖은 분간이 어렵다. 수천 년 동안 전쟁이 벌어진 곳이어서 지리地利가 명확하지 않은 게 차라리 타당하다."[9]라는 언급은 오히려 자연스러운 것이며, 나아가 이것이 소수민족 지역의

---

7 道光『鶴峯州志』 권2,「疆域志」, 1쪽 상. 다른 소수민족 지역도 동일하지만, "州設流 以後, 常德澧州及外府之人, 入山承墾者, 甚衆"이라는 이 지방지의 언급으로 미루어 학봉주는 개토귀류 이후 외부로부터 많은 유입민이 들어온 가장 대표적인 지역 중 하나라고 할 수 있다. 道光『鶴峯州志』 권14,「雜述」, 6쪽 상 참조.

8 同治『建始縣志』 권4,「食貨志」(戸口), 2쪽 상.

9 乾隆『辰州府志』 권3,「疆里考」(下), 24쪽 하.

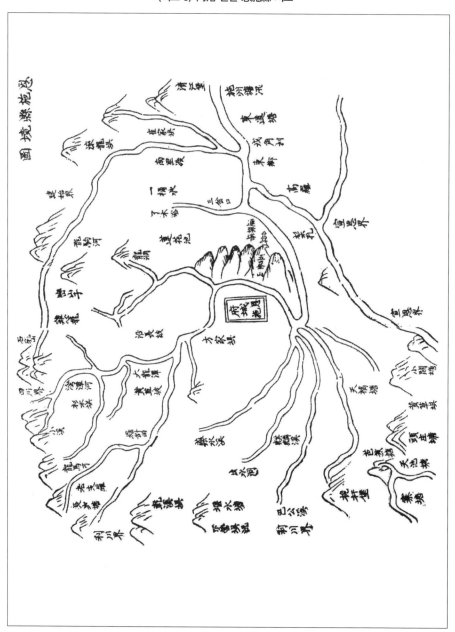

지리에 대한 당시 관료들의 일반적인 시각일 수도 있다. 그리고 그런 언급이 빈번하게 등장할 정도로 소수민족 지역의 지리가 혼란스럽게 얽혀 있어, 그 획정이 대단히 어려웠던 게 명청시대 호광 소수민족 지역의 현실이었다.

용미토사는 청대 개토귀류로 호북성 시남부施南府 학봉주로 편입되었는데, 이 용미토사가 명대 파동巴東 지역 일대를 침략한 기록이 『명실록明實錄』에 처음 등장하는 시기는 홍무 17년(1384)이다.[11] 그 기록에 의하면 장양과 파동이 용미토사와 인접한 탓에, 용미토사의 만인蠻人들이 석주관石柱關을 통해 파동 일대를 약탈하는 일이 빈번했다. 이 당시 토민土民 담천부譚天富가 병사들을 모집해 그들을 격퇴하자, 이 사실을 조정에 알린 호광좌포정사湖廣左布政使 근규靳奎는 용미토사 휘하 병사들이 빈번하게 출몰하는 연천관連天關, 석주관石柱關, 건가원蹇家園 일대에 여러 사람이 따르는 담천부와 같은 인물에게 순검巡檢 직책을 제수해 그가 만인들의 침략을 방어할 수 있도록 해야 한다고 상주했다.

이후 『명실록』에는 용미토사가 석주관 일대를 침략한다는 기사가 등장하지 않지만, 파동현 지방지에는 용미토사와 석주관·연천관 관련 중요한 기사가 등장하는데, 그 내용은 다음과 같다.

① 파동은 만산萬山 가운데 있는데 … 초·촉楚·蜀의 여러 토사와 접해 있어 장강長江의 전함은 그 위세가 강해야 하며 아래로는 형초荊楚의 요충지를 장악할 계책이 있어야 하니 어찌 군사를 거둘 수 있겠는가? (이에) 명 홍무 초 파동읍 서남쪽 500리에 있는 시주 용미사施州 容美司의 20리 밖에

---

10 이 지도는 同治『恩施縣志』卷首, 「圖」, 20쪽 하~21쪽 상을 근거로 만든 것이다.
11 『明實錄』권159, 洪武 17년 正月 18일.

연천관순검사의 설치를 허락해 순검 1인, 궁병弓兵 100명을 두었다. (또한) 읍 남쪽 500리에 있는 초산마노장관사椒山碼磠長官司 20리 밖에 **석주관순검사의 설치**를 허락하고 순검 1인과 궁병 100명을 두었으니, 이 모두는 관애關隘에 (병사를) 주둔시켜 만이蠻夷의 출입을 차단하고 백성을 보호하기 위한 것이다.

② **가정嘉靖 연간**(1522~1566) 초기 지현知縣 주리周鯉[12]는 무산巫山의 육로陸路가 새로 개설되자 부역夫役을 각각 23명으로 줄였으며, 징수한 세금을 보존했다가 부마夫馬[13]의 영송迎送 비용에 충당하도록 했다. 이후 계속해서 연천관이 두 명을, 석주관은 네 명을 감원하자, (이 두) **관關의 세력이 차츰 약화되었다.** (파동)읍 북쪽 120리 밖 귀주歸州, 흥산興山, 파동 세 곳의 경계境界에 묘아관貓兒關[14]을 설치했다가 이내 없앴으며, 특별한 이유 없이 석주관도 없앴다. 또한 (파동)읍 서남쪽 300리 건시현 경계에 야상관野庙關 (야삼관野三關)순검사를 설치해,[15] 순검 1인과 궁병 28명을 두었다.

③ **가정 24년**(1545) 적수賊首 담장군譚將軍 등이 험지를 거점으로 삼아 무리를 결성하고 약탈을 자행해 (그 정황이) 심히 참담했다. 지현知縣 허주許周가 법을 세워 이들을 소탕했다. (허주는) 상부에 보고해서 허락을 받아

---

12 同治『巴東縣志』권7, 「職官志」(職官表), 5쪽 하에 의하면 周鯉의 재임 시기는 嘉靖 연간이 아닌 正德 연간이다.

13 관리가 관할 지역을 여행하거나 손님이 管內를 경유하는 경우, 驛傳의 설비가 없는 지방에서는 里甲이 人夫와 말 등을 제공하는 것을 의미한다.

14 묘아관은 파동현 북쪽의 현재 神農架에 위치한 곳이어서 파동현 남쪽 지역에 위치한 연천관 등과는 상당히 떨어진 곳이다.

15 후술할 鄧天益의 상주문에 따르면 야상관은 가정 13년(1534) 後一都의 노인 譚萬朝의 상주로 만들어졌다.

읍 남쪽 80리 양류황楊柳荒에서 본현本縣 후리後里의 이관二關과 통하는 곳이자 시주·건시施州·建始를 잇는 요로要路에 **소화보召化堡를 설치하고**, 장녕소長寧所의 천호千戶 1인과 기군旗軍 52명 및 본현의 민장民壯 10명을 차출해 방비하도록 했다.[16]

서술의 편의상 번호를 붙여 인용한 위 인용문은 넓게는 명대 토사들의 영토 침범을 차단하기 위한 명 왕조의 노력을 보여주는 한편, 거꾸로 이 일대 토사들이 연천관과 석주관 일대를 지속적으로 침범한 정황을 잘 알려준다. 더구나 적어도 이 인용문만을 토대로 언급하자면 가정 연간(1522~1566) 이후 이 일대에 대한 명 왕조의 군사적 통제가 사실상 무력해진 반면, 이 연천관 일대 토사들은 명말까지 이 지역을 계속 침범해 장악했다는 사실도 이 인용문은 잘 말해 준다.

이러한 사실을 뒷받침하는 중요한 근거는 만력 연간 파동현 지현을 역임한 이광전李光前[17]의 행적과 관련된 기록이다. 그는 만력 41년(1613) 남라순검南邏巡檢 정중달程中達로 하여금 연천관을 중건하도록 했다. 이 중건에 협력한 이 지역 주민 담대공覃大恭이라는 인물이 초루哨樓를 건설하기도 했지만, 이후 연천관은 이 지역 일대 구적寇賊에 의해 결국 파괴되었다.[18]

그런데 담대공이란 인물이 연천루 중건에 적극적으로 협력한 이유는 바로 유씨劉氏라는 이 지역의 토착 수장으로부터 그 자신이 큰 피해를 보았기 때문이다. 이런 사실과 함께 본래 연천관과 홍사보는 이른바 의각지세犄角之勢, 다시 말해 군사적으로 서로 의지하는 형세였

---

16 이상 인용문은 同治『巴東縣志』권9,「兵防志」(兵防), 21쪽 상~하 참조.
17 同治『巴東縣志』권7,「職官志」(職官表), 9쪽 상.
18 同治『巴東縣志』권3,「建置志」(公署), 5쪽 상.

지만 연천관의 쇠락으로 두 군사 시설의 기능이 약화되자 주민들이 금계구金雞口 쪽으로 이주하기 시작했다는 점도 눈여겨볼 필요가 있다. 따라서 보군堡軍들이 고립되는 결과를 가져와 소수민족들이 창궐했으며, 이를 방지하고자 이광전은 연천관의 중건을 시도했다.[19]

이러한 일련의 변화 과정에서 주목할 만한 사실은 위 인용문 ①에서 명 초기 연천관과 석주관이 읍 서남쪽과 남쪽 500리 지점에 있었으나, 인용문 ②에서 알 수 있듯이 가정 연간에 서남쪽 300리까지 후퇴해 야상관을 설치한 점이다. 이는 파동현 입장에서는 분명 대립 전선의 후퇴지만, 파동현보다 훨씬 남쪽에 있던 토사들의 입장에서 본다면 분명히 북으로 전진한 셈이 된다. 지금까지 연천관 일대 정황의 변화를 언급하면서 이 일대의 영토를 침범한 세력을 단지 토사라고 표현했는데, 그 토사란 구체적으로 누구를 가리키는 것일까?

앞서 살펴본 이광전의 관련 행적에서 드러나듯이 연천관은 외부 세력의 침략으로 자주 파괴되었다. 그런데 가정 40년(1561) 용미토사가 장락현長樂縣과 파동현 일대를 자주 침략하자 후일도後一都 주민 등천익鄧天益의 상주로 연천관과 함께 이 지역의 중요 군사 시설인 홍사보가 건설되었다는 기록이 이 당시 정황을 설명한 지방지에 등장한다.[20] 그러므로 연천관 일대를 자주 침략한 장본인은 바로 용미토사임을 알 수 있는데, 위 인용문 ③에 등장하는 소화보의 위치가 파동현 남쪽 80리에 있었다는 사실이야말로 명 중엽 용미토사의 꾸준한 군사적 확장을 말해주는 중요한 증거다.

그런데 가정 40년 등천익이 상주를 올린 후 거의 40년이 지난 즈음

---

19 이상의 설명은 同治『巴東縣志』권15, 「藝文志」(記), 11쪽 하~12쪽 상에 등장하는 李光前, 「重修連天關巡檢司記」참조.

20 同治『巴東縣志』권9, 「兵防志」(兵防), 22쪽 상.

인 만력萬曆 27년(1599) 파동현의 상황을 지방지는 이렇게 전해준다.

만력 27년 파주播州의 소수민족이 반란을 일으키자, 파촉 지역의 경계가 삼엄해졌다. (이 지역) 도원道員의 건의로 지휘指揮 1인 · 천호 · 백호의 관군이 읍 서쪽 20리 서양西瀼에서 각각 훈련을 실시하도록 하는 한편, (그곳) 둔屯에 모여 있도록 했다. 파주 반란이 진압되자, 본래 지역으로 철수했다. **천계~숭정天啓~崇禎 연간, 무비武備가 날로 해이해져 용미선무사 전현田絃이 (경계를) 넘어와 후이도後二都를 점령했는데,** (당시 이곳에는) 담수유覃守儒 등이 배년排年이었으며 부세賦稅가 1,000냥 정도였다. 읍인邑人 등계창鄧繼昌 등은 흥산興山 지현 조원공曹元功, 파동 지현 사상관謝上官[21] 등에게 먼저 가서 함께 (상황을) 조사하도록 무안관撫按官이 격문을 보내야 한다고 상주했으며, 토인土人들은 군중을 결집해 포효하면서 궁병 진사기陳士奇를 화살로 쏘아 사살했다.[22]

지방지의 이 기사는 가정 연간 이래 이 지역의 방어 체제가 무너졌으며, 결국 명말이 되면 지방관이나 이곳의 군인들이 용미토사의 군사적 침략에 효율적으로 대처하기 어려웠던 상황을 잘 말해 준다. 용미 토사의 이러한 도발 여파가 단지 파동현에 국한되지 않고 이웃 흥산현興山縣까지 심각한 영향을 미쳤다는 사실도 짐작할 수 있다.

더구나 명말~청초에는 호북 지역 서남부 일대 다양한 반란 세력들이 출현해 용미토사 지역 일대가 매우 혼란스러웠는데, 이를테면 명

---

21 지방지의 기록에 의하면 謝上官이 巴東縣의 명대 마지막 知縣이었다. 同治『巴東縣志』권7, 「職官表」, 10쪽 하.

22 同治『巴東縣志』권9, 「兵防志」(兵防), 22쪽 상~하. 여기 등장하는 田絃은 보통 田玄으로 표기되어 있다.

숭정 16년(1643) 이자성(李自成, 1605~1645)이 파견한 가짜 지현 왕일항王一恒이 파동현에 이르자, 파동의 모씨牟氏가 이들을 격퇴한다는 미명하에 만인蠻人을 소집해 살인과 약탈을 자행했으며 현치縣治를 불태운 사건이 그 한 예다. 이듬해 장헌충(張獻忠, 1606~1647) 세력이 형주荊州 사람들을 대동하고 사천四川으로 들어가는 와중에 많은 사람이 굶어 죽었으며, 파동현 사람들 1,000여 명이 피랍됐던 사실도 상기할 필요가 있다.

물론 이런 상황에서 용미토사가 거꾸로 피해를 입기도 했다. 섬서陜西 연안延安 출신 유체순劉體純 일당이 용미토사 전감림田甘霖과 그 처자를 생포한 일화가 그 좋은 예다. 지략이 상당히 뛰어났던 그는 순치 9년(1652) 그의 일당 달천보笪天保와 함께 파동 일대를 장악하고 백성들에게 조세를 거둬들이는 한편, 이에 불응하는 자는 바로 처단하는 등의 만행을 저질렀다. 당시 정황을 묘사한 지방지에 의하면, 장강 이북은 유체순과 달천보가, 장강 이남은 순치 5년(1648) 이 지역에 출현해 역시 백성들에게 만행을 저지른 왕광흥王光興 형제가, 그리고 청강淸江 이남은 용미토사 전감림이 각각 차지했다.

이런 상황에서 유체순과 달천보는 정예병 2,000여 명을 이끌고 남하해 전감림과 그의 처자를 생포했으며, 순치 14년(1657) 정월 용미토사는 금은金銀 수만數萬을 주고 그들을 데려왔다. 청 왕조 군대의 공격으로 이들 병력이 궤멸한 후 달천보가 항복하고 유체순이 장풍長豐이란 곳으로 도주한 시기가 강희康熙 2년(1663)이었으므로, 명말 이후 강희 초년까지 사실상 20여 년 이상 용미토사 일대는 서로 다른 군사 세력의 각축장이었던 셈이다.[23]

---

23 이상 명말~청초 이 지역의 군사 상황은 同治『巴東縣志』권14, 「事變志」(寇亂), 1쪽

지금까지 설명을 통해 알 수 있는 중요한 사실은 연천관, 석주관, 홍사보 일대를 용미토사가 계속 침범하자 명 왕조는 그것을 방어하기 위해 노력했지만 가정 연간 이후 파동현의 실질적인 관할 지역이 결국 훨씬 줄어들었다는 점이다. 이어 만력 연간을 지나 명 천계~숭정 연간이 되면 이 지역을 사실상 용미토사가 점유한 상황이 되었다. 이런 과정에서 주목해야 할 것은 일찍이 가정 22년(1543) 등천익이 올린 상주문의 내용이다. 따라서 다음에는 등천익은 물론, 이 지역 지방관들이 올린 상주문을 토대로 토지 분쟁 양상을 살펴보기로 하겠다.

2) 明代~淸初 容美土司 일대 토지 분쟁 양상

명대 連天關과 石柱關 일대 토지 분쟁

연천관 일대 토지 분쟁을 살펴보기 위해 이 지역 토지 분쟁 관련 가장 빠른 시기의 사료인 등천익의 상주문을 일단 들여다보기로 하자. 앞서 홍사보 건설과 관련된 등천익의 상주문이 가정 40년(1561)에 작성된 반면, 연천관 일대와 관련된 그의 상주문은 가정 22년(1543) 작성되었다. 당시 그는 후일도 팔갑八甲의 노인老人이었다.

> 본현本縣의 편호編戶는 8리里이며, 후사리後四里는 동향오로안무사東鄉五路按撫司와 용미선무사의 소수민족 지역과 경계를 이루고 있습니다. 홍무洪武 연간(1368~1398) 이래 석주와 연천 두 관關에 순검사를 설치하고 매관每關에 궁병 100명이 요새를 지키고 있어 백성들은 편안했으며 소수민족

하~3쪽 하에 근거했음.

도 (침입하지) 않았습니다. 정덕 연간(1506~1521) 유지諭旨에 따라 (궁병)을 축소해 그 수효가 겨우 32명에 불과했으며, (이로 말미암아) 병사의 수효가 줄어들자 관리의 (위세)가 낮아져 통제가 불가능하고 각동各洞의 만이蠻夷들이 출몰하여 해를 입게 되었습니다.

가정 13년(1534) **용미선무사 전세작田世爵이 토목土目 전문조田文祖, 장기 張琦, 주만웅周萬雄과 함께** 병사를 이끌고 출경出境해, 본현의 응포應捕 유총劉聰, 화갑火甲 나정서羅廷瑞와 오선구吳鮮九 등 수명을 사살하고 양민 구육丘六, 유영劉榮 등 100여 호戶를 나포했으며 궁병 왕고汪高를 포박해서 본채로 돌아갔습니다. 즉시 보고를 받은 연천관은 각 상사上司에게 (이 사실을) 알리는 한편, 상형남분수도上荊南分守道 강참康參의 의논에 힘입어 법을 제정해 엄히 금지시키자 (다시) 수년간 무사했습니다.

가정 21년(1542) 12월 15일, 졸지에 선무사 전세작이 친히 갑병甲兵 1,000여 명을 통솔해 먼저 장양長陽과 파동 두 현縣의 교계지에 이르러 염정사鹽井寺에 주둔하면서, 토군土軍들로 하여금 각 도都의 백성인 진철陳鐵, 고묘덕高妙德, 호시부胡時富, 왕칠汪七 등 100여 호를 약탈하도록 했으며 (이 일대를) 휩쓸고 동峒으로 돌아갔는데, (이는) **후사리의 민전民田을 점유해 자신들의 토지로 삼으려는 것이었습니다.**

생각하건대 후사리는 그 **이갑里甲 (구성)이 1,000여 호**이며 이곳의 **전량 錢糧은 2,000석** 정도인데, 이 병란을 목도하자 (주민들) 각자가 암곡巖谷으로 숨었으며 처자妻子를 지키지 못하고 있습니다. **선무사 전세작이 관할하는 네 장관사의 (영역은) 천리千里에 이르지만** 세량稅糧이 하나도 없는 탓에, 그들은 오히려 (세량이) 부족하다고 생각하고 있습니다.[24]

---

24 등천익의 상주문은 여러 곳에 등장한다. 同治『巴東縣志』권9, 「兵防志」(兵防), 25쪽 상~하에 기재되어 있으며, 中共鶴峰縣委統戰部編, 『容美土司史料彙編』, 제1부분, 「奏章・文告」, 1984, 1~2쪽과 鄂西土家族苗族自治州民族事務委員會編, 『鄂西少數

등천익의 이 상주문을 얼른 살펴봐도 연천관과 석주관 일대가 명대 이래 주요한 토지 분쟁 대상 지역이었다는 사실을 대번에 알 정도로 그는 당시 정황을 생생하게 언급하고 있다. 그런데 흥미로운 대목은 용미토사의 세량이 하나도 없는 탓에 민전民田을 점유해 그것을 자신의 소유로 만들고자 용미토사가 자주 침범을 한다는 등천익의 지적이다. 그러므로 이런 사실을 염두에 두고 용미토사가 이처럼 지속적으로 이웃 지역을 침범한 정황을 살펴봐야 하는데, 그것을 요약하면 다음과 같다.

첫째, 등천익의 지적대로 당시 토사들은 규정상 일반 백성들로부터 세량을 거둬들이는 것이 불가능했다는 점이다. 기본적으로 토사는 농민들에게 노역을 강제해 자신의 토지를 경작하도록 했지만, 조세를 거둬들이지는 못했다.[25] 물론 이런 규정에도 불구하고 토사 휘하의 백성은 실제 다양한 명목으로 조세를 납부해야만 했다.

매우 단편적인 자료를 보면 용미토사 휘하 백일채白溢寨에 있던 수부帥府가 수전水田 3석 7두, 수진사水盡司가 2석 5두를 납부했으며, 사료에 구체적인 면적이 기재된 장모사長茅司는 20무 정도의 관전을 소유했다. 이 세 곳의 토사가 정부에 납부한 세량이 대두大斗로 11석 2두에 불과했으므로 사실상 토사가 납부하는 세량 자체는 큰 의미가 없었다.[26]

좀 더 자세한 기록이 내려오는 상서湘西 일대의 경우 명대 영순토사

民族史料輯錄』, 1986, 168쪽에도 同治『巴東縣志』에 기록된 내용을 그대로 옮겨 실었다. 다만 同治『巴東縣志』에는 전량이 20석으로 나오는데, 다른 자료는 물론 同治『宜昌府志』권10,「兵防」, 10쪽 상에 모두 2,000석으로 기재되어 있다.

25 高恨非 · 姚祖瑞 · 陳開沛 主編,『宣恩縣民族志』, 中國文聯出版社, 2001, 102~103쪽과 向子鈞 · 周益順 · 張興文 主編,『來鳳縣民族志』, 民族出版社, 2003, 32~33쪽 참조.
26 光緖『長樂縣志』권9,「賦役志」, 9쪽 상~하.

永順土司가 160냥, 보정토사保靖土司가 96냥, 상식토사桑植土司가 24냥을 각각 정부에 납부했다. 그러나 이런 전량도 영순이 화갱전火坑錢이란 명목으로 2전 2푼, 보정은 서두전鋤頭錢이란 이름으로 3~5전, 그리고 상식토사 역시 연화전煙火錢이란 이름으로 휘하 토민들로부터 거둬들인 사실을 감안하면 상서 일대도 액수가 그리 크지 않았다.

토관은 소위 '성숙지전成熟之田'을 그 토지의 비옥한 정도를 헤아려 스스로 경작했으며 그 나머지 땅을 사파舍把나 두인頭人이 다시 경작하는 형태[27]였으므로 토관들 자체의 수입이 있을지언정, 토사의 재정은 대체로 풍족하지 않았다.[28] 그러므로 관할 영역이 넓었지만, 이처럼 생산력이 낮고 세량도 많지 않았기 때문에 용미토사는 영토 확장을 시도할 수밖에 없었다.

둘째, 용미토사의 확대와 발전 과정에서 위 인용문에 등장하는 가정 연간의 선무사 전세작이 상당히 중요한 역할을 했다는 사실이다. 전세작에 관련된 명 정부 측의 자료와 『전씨세가田氏世家』의 기록은 당연히 그 뉘앙스가 다르다. 전세작이 아버지 전수田秀의 서장자庶長子인 백리비百里俾의 음모로 쫓겨나 상식토사에서 성장한 후 용미사로 복귀한 사실은 두 자료에 공통적으로 등장한다. 그러나 지방지에는 그가 토관 향원즙向元楫과의 구원仇怨 때문에 나동토사羅峒土舍 황중黃中 등과 모반했다는 기록이 남아 있다. 전세작이 총독 호종헌(胡宗憲, 1512~1565)을 따라 왜구 정복에 나섰다가 무호蕪湖에서 83세 나이로 사망한 건 결국 명 정부에 충성심을 보여 사죄받기 위한 것이었다고

27 同治『桑植縣志』권2,「賦役志」(田賦), 3쪽 상~하.
28 아마 이 점은 지방 정부와 별도로, 종종 경쟁 관계에 있었던 토사 지역 衛所의 경제 상황과 비교해도 토사의 경제력이 그리 압도적이지 않았다. 陳新立,『淸代鄂西南山區的社會經濟與環境變遷』, 中華書局, 2018, 119~120쪽 참조.

볼 수 있다.[29]

그러나 『전씨세가』와 지방지의 전세작 관련 다음의 짤막한 기록은
상당히 흥미롭다.

비록 문사文事와 무공武功이 전대前代에도 부족하지 않았지만, 이 시기부
터 그 (기세)를 더욱 떨치기 시작했으니, 이른바 이전 (선조의) 업적을 뛰어
넘은 분은 바로 용계공龍溪公(전세작)이시다.

명초 전광보가 사천행성四川行省 (참정參政)이 되었으며, 또한 용미선무사
를 두어 오봉석보五峯石寶, 석량하동石梁下峒, 수진원통탑평水濜源通塔坪, 수
산마노樹山瑪瑙의 네 장관사를 거느리도록 했다. 이후 차츰 만이蠻夷의 풍
속이 변하기 시작했으며, 가정 연간 전세작이 시서詩書를 좋아해 전구령田
九齡 등 형제 8명이 마침내 장양현학長陽縣學의 박사제자博士弟子에 이르게
되었다.[30]

쉽게 짐작할 수 있듯이 앞의 인용문은 전세작 시기에 이르러 용미
토사가 비약적으로 발전하기 시작한 사실을 언급하는데, 오한장吳翰
章이 저술한 다음 인용문에도 전세작 시기에 학문이 발달했다는 사실

---

29 이상 전세작 관련 지방지의 내용은 道光 『鶴峯州志』 권1, 「沿革志」, 3쪽 하~5쪽 상
    참조.
30 전세작 관련 두 인용문의 출처는 각각 『容美土司史料彙編』, 제2부분, 「傳記·碑刻」,
    1984, 88쪽과 吳翰章, 『雙鷄文鈔』, 「容美語略序」, 6쪽 상 참조. 光緒 『興山縣志』는
    특이하게 지방지 후반부에 청말 흥산현 출신의 유명 문인이었던 오한장의 『雙鷄文
    鈔』를 동시에 수록해 편찬했다. 한편, 光緒 『興山縣志』 권19, 「藝文志」, 3쪽 하~4쪽
    하에 등장하는 오한장의 다른 저서 『夷歸外紀』에 대한 설명에 의하면 상·하편으로
    구성된 『夷歸外紀』의 하편이 『雙鷄文鈔』다. 다만 『夷歸外紀』를 소개하는 글의 일부
    가 「容美語略序」에 동일하게 등장한다.

이 등장한다. 널리 알려진 묘동토사卯峒土司 향나오向那吾가 묘동 일대 경제를 진작시키기 위해 부단히 노력한 예를 사료에서 확인할 수 있거니와[31] 분명 당시 토사들은 자신이 다스린 지역의 경제 발전에 깊은 관심을 가졌을 것이다.

불행하게도 전세작이 펼친 구체적인 경제 진흥책을 전해주는 사료를 발견하기는 어렵지만, 개토귀류 이후 장락현으로 바뀐 용미토사 휘하 오봉안무사와 관련된 기록은 전세작 통치 당시 그가 이룬 토지 확장 상황을 잘 말해 준다. 그 시조가 장우부張友富인 오봉안무사는 홍무 6년(1373) 향천부向天富의 반란으로 장관사로 강등되었다. 오봉토사가 안무사 지위를 회복할 수 있었던 건 만력 27년(1599) 장응룡張應龍이 파주 토벌에 공을 세운 덕분이었다. 그런데 여전히 장관사에 머물러 있던 오봉토사 장세영張世瑛의 관련 기록에는 다음과 같은 기사가 등장한다.

장세영이 장관사직을 세습했다. (당시) 전세작의 횡포가 심해지자, 이전의 거주지인 북가평北佳坪(학봉주)을 버리고 세량稅糧이 있는 장양 (지역)의 지마평芝麻坪을 매입해 (그곳을) 관할하면서 거주했다. 그곳은 현재 현서縣署가 있는 곳이다.[32]

위 인용문에 등장하는 장양의 "유량지지마평有糧之芝麻坪"이라는 지방지의 기사는 분명히 이 지역 일대가 상당히 비옥한 곳이라는 점을

---

31 張興文·周益順·田紫雲·張震 注釋, 『卯峒土司志校注』, 民族出版社, 2001, 31~32
    쪽의 向那吾, 「廣墾植告示」참조. 향나오의 이 글은 嘉靖 연간보다 이른 正統~景
    泰 연간 사이에 작성된 것이다.
32 光緖 『長樂縣志』 권4, 「沿革志」, 8쪽 상.

암시하는데, 실제 이곳은 쌀을 비롯해 옥수수 등의 잡량雜糧 경작에 적당했다.[33] 이후 천계天啓 연간(1621~1627)에 용미토사는 지마평이 있는 현치縣治 동쪽 90리의 백년관百年關 일대까지를 합병하기에 이르렀다.[34] 따라서 용미토사가 있던 학봉주를 기준으로 하면 백년관은 동쪽에, 연천관과 석문관은 북쪽에 각각 위치했으므로 명 중엽 이후 용미토사의 영역이 매우 확대된 사실을 충분히 짐작할 수 있다.

연천관·석주관 일대 토지 분쟁과 清朝의 대응

용미토사의 이러한 영토 확장이 청초까지 그대로 이어진다는 점에서 용미토사의 관할 영역 문제는 새롭게 들어선 청 왕조가 시급히 해결해야 할 중요한 과제 중 하나였다. 순치 17년(1660)부터 일시적으로 호광총독湖廣總督이 폐지된 강희 7년(1668)까지 호광총독을 역임한 장장경(張長庚, ?~1681)이 강희 7년(1668) 3월 27일에 내린 「대사마장공격大司馬張公檄」은 그러한 상황을 잘 보여준다.

파동 일대는 토만土蠻(지역)과 매우 근접하고, 명말 법法과 기강紀綱이 해이해져 토사가 거리낌 없이 경계를 넘어 침점侵占하고 있다. 따라서 앞서 (발생한) 서역西逆이 소탕되었으므로 해당 도·부道·府의 면밀한 의논 (결과를) 토대로 **이전 제도의 회복(復舊制)을 요청**하고, 홍사보, 야삼관, 연천관의 각 관보關堡에는 방어 시설을 만들어서 요새를 통제해 **토사의 침략을 차단해야 한다.**

---

33 光緒『長樂縣志』권2, 「疆域志」, 11쪽 상.
34 光緒『長樂縣志』권4, 「沿革志」, 3쪽 상.

아울러 장장경은 주요 군사 시설에 대한 방비가 허술하다고 지적했다. 그는 전감림田甘霖이 실시한 장량丈量 등을 살펴본 후, 이 일대 방어를 위해 사방에서 차출한 관병官兵의 배치가 거짓으로 이루어져 다른 지역을 침월侵越하는 토만土蠻을 차단하지 못한다고 꾸짖었다. 이어 그는 다음과 같이 언급했다.

해당 진鎭은 즉시 **토관 전감림에게 엄히 칙령을 내려** 자신의 분수를 지키도록 하고 경계를 넘어와서 파민巴民을 **침해侵害하지 못하도록 하는** 한편, 각 관보關堡의 방어자들에 대한 국법과 법령에 입각해, 관병들이 모두 주요 요충지에 반드시 실재實在하도록 해야 한다. 의심스러운 자들을 검문하는 한편, 주야로 순찰해서 토인들의 출입으로 인한 많은 피해가 없도록 해야 한다. 만일 (이러한 사항을) 위반하거나 거스르는 자가 있다면 해당 진鎭과 방수防守 관리들을 처벌할 것이다.[35]

장장경의 이 격문은 외견상 그가 관병의 근무 태도를 꾸짖는 데 더 관심을 둔 것처럼 비칠 수 있지만, 이 지역의 안정을 위한 전제 중 하나는 바로 용미토사 전감림의 통제라는 사실을 잘 보여준다. 더구나 그는 '이전 제도를 회복해야 한다.'라고 언급했는데, 이것은 용미토사가 주변 강역을 점령하기 이전 상황으로 되돌아가야 한다는 점을 강조한 것이다. 그리고 구제도를 회복시켜야 한다는 장장경의 언급은 청초 다른 관리들의 언급을 통해 다시 등장한다.

강희 7년(1668)부터 강희 8년까지 호광순무를 역임한 임천경林天擎

---

35 이 「大司馬張公檄」은 同治『巴東縣志』 권9, 「兵防志」(兵防), 25쪽 하~26쪽 상과 『容美土司史料彙編』, 제1부분, 1984, 8~9쪽 참조.

의 강희 7년 4월 비문批文은 연천관과 석주관 일대 토지 분쟁을 언급하면서 한족과 소수민족을 명확히 구분하는 반면, 장장경이 제시한 구제舊制의 준수를 다시 강조하고 있다.

파동과 용미의 땅은 비록 서로 접해 있으나, 한인漢人과 토민은 서로 유별하다. 야삼과 연천의 두 관關과 홍사보의 이전 터가 현존하므로 그 (일대 지역의) 지도를 바꾸기는 어려운 일이다. (그런데) 어찌 이름도 없이 (하찮은) 용미토사의 관리들이 차명借名으로 개간을 하는가? (이는) **한인을 토민으로, 한지漢地를 만지蠻地로 삼으려는 것**이니 그 무법無法이 실로 심하다.

또한 (용미토사가) 영순과 전쟁을 하겠다고 하자, (그것을 중지하라는) 유지諭旨를 여러 차례 내렸으나 중지하지 않으니, (이는) 이전 수서水西와 오암烏巖의 전례가 닥칠 수 있다는 사실을 그들만 생각하지 못하는 것이다. 두 지역의 일개 사파舍把도 안 되는 (용미토사의 관리가) 어찌 스스로 멸망의 화禍를 자초한단 말인가? 바라건대 포정사는 즉시 조사를 실시하고 엄한 명령을 내려 한인과 토인(에 관한) **구제舊制의 준수**에 힘쓰도록 해야 한다.[36]

이런 언급과 더불어 그는 여전히 잘못을 고치지 않고 경계를 침범하거나 새롭게 정착한 백성들을 침해하는 자는 관용을 베풀지 말고 국법으로 다스려야 한다고 덧붙였다. 나아가 장장경과 임천경 모두 파동현과 용미토사 사이의 토지 분쟁을 해결하기 위한 구체적인 방법으로 '한토구제漢土舊制'의 준수를 강조했다는 사실을 알 수 있다. 그렇다면 청초 관원들이 주장한 이전의 제도란 구체적으로 무엇을 의미

---

36 이「大中丞林公批」도 同治『巴東縣志』권9,「兵防志」(兵防), 26쪽 하와『容美土司史料彙編』, 제1부분,「奏章 · 文告」, 1984, 9~10쪽에 각각 등장한다.

할까? 이에 대한 단서를 강희 19~23년(1680~1684) 사이 호광순무를 지낸 왕신명(王新命, ?~1708)이 강희 20년(1681) 8월에 작성한 격문에서 찾아볼 수 있다.

가정 40년 후일도 주민 등천익이 상주한바, 읍 서남쪽 500리의 금계구金鷄口에 홍사보紅砂堡를 설치하고, 원안소遠安所의 천호 1명과 기군旗軍 53명을 뽑아 (그곳을) 방어하도록 했다는 등의 언급은 형주부荊州府가 보내온 총지總志 내에도 (그러한 사실이) 명확하게 기재되어 있으며, 현지縣志와도 일치한다. 이 홍사보와 연천관 등의 지역은 **이전부터 본래 관원과 병사가 설치되어 있었으므로**, 분명히 그곳은 **한지漢地이지 토사土司의 영역이 아니다.** 현재 홍사보 등에 병사를 두어 지키게 하는 것은 **이전 제도의 준수에** 불과할 뿐, 본디 새로운 제도를 창설한 게 아니다.[37]

간단히 말해 청 강희 연간(1662~1722) 관리들의 주장은 명 가정 연간(1522~1566) 이래 이곳에 명 왕조의 군사가 주둔해 있었으므로 자연스럽게 그곳은 청 왕조의 영역이며, 따라서 토사는 이 현실을 그대로 따라야 한다는 것이다.

그렇다면 강희 초년 용미토사의 입장은 어떠했을까? 물론 다음의 내용은 지금까지 언급한 연천관 일대 영토 관할에 관련된 사안을 직접 거론하지는 않았으나 명청교체기 청 왕조와 용미토사와의 관계를 파악하는 데 필요한 중요한 사실을 말해 준다는 점에서 일별할 가치가 있다. 다음은 전감림의 강희 원년(1662) 상주문이다.

---

37 「大中丞王公檄」, 『容美土司史料彙編』, 제1부분, 「奏章·文告」, 1984, 13쪽.

① (변방의 원신遠臣인 저는) 순치 12년(1655) 투성投誠해 (순치) 13년에 인장印章을 바치고, (순치) 14년에 새로운 인장으로 교체받았으며, 구모裘帽와 궁마弓馬를 하사받았습니다 … (제가) 일신의 참화를 당한바, 순치 15년 정월 유이호劉二虎 일당의 기습을 받았으며, (이로 말미암아) 채채寨가 파괴되고 포로가 되었습니다 … 무릇 신의 온 가족과 권속인 및 사파舍把, 군인, 백성 등이 모두 4년 동안 치욕을 당했습니다.

② 현재 (저는) 겨우 목숨을 부지중이며 독무督撫가 석문石門, 자리慈利, 송자松滋, 지강枝江, 장양, 의도宜都 등의 지역에 백성들을 안주시키고 있습니다. 다만 총독 장장경 또한 여러모로 시혜施惠를 시행하고 있으나, 군민軍民들의 가난과 어려움은 어찌할 방도가 없어 울부짖으며 죽을 때를 기다리는 형국입니다. 또한 호구戶口는 사방으로 흩어지고 호강豪强들로부터 (전산田産)을 침탈당하고 있음에도 파동과 귀주歸州의 주민들을 구하기 위한 파격적인 도움은 (아직) 얻지 못했습니다.

③ 신臣에게 인신印信, 칙서勅書 및 감합勘合과 부험符驗, 그리고 각 비정천호소인備征千戶所印 1개, 통탑평부장관사인通塔坪副長官司印 1개, 첩당토경력사인貼堂土經歷司印 1개, 부용토지주인芙蓉土知州印 1개, 통탑평부장관관방인通塔坪副長官關防印 1개, 대리토지주인大里土知州印 1개, 경양수정천호인景陽邃征千戶印 1개를 제작해 하사하라고 명령을 내리셨으며, 오영五營은 각사各司에게 호지號紙를 내려보내도록 하는 한편, 독무도 (이 사실을) 여러 차례 널리 알렸음에도, 여전히 (그것을) 발급받지 못했습니다. 은혜를 베풀어 (이를) 빨리 반포하시어 군민의 단속을 편하게 할 수 있도록 해주시기를 간절히 바랍니다.[38]

여러모로 흥미로운 사실을 전해주는 위 인용문 중 ①의 내용은 앞서 거론한 유체순 일당의 만행에서도 알 수 있듯이, 명청교체기 호광 일대 소수민족 지역의 혼란상을 잘 보여준다. 인용문에 별도로 쓰지는 않았지만 당시 전감림의 휘하 관리 전상림田商霖과 전정田鼎 등이 가산을 팔아 마련한 수만 금을 주고서야 비로소 전감림과 그의 식솔들이 석방되었다는 전감림의 언급이야말로 국가 권력의 공백이 역설적으로 토사들에게 위협이 될 수 있는 정황을 잘 말해 준다.

이런 점에서 위 인용문 ②를 통해 당시 청초 왕조의 권력이 호북 장락현을 기준으로 그 동쪽에 국한되었으며, 용미토사의 본거지인 학봉주와 장락현 일대까지는 여전히 미치지 못했다는 사실을 알 수 있다. 순치 시대까지만 하더라도 용미토사 일대가 군사적으로 매우 혼란했던 정황도 인용문 ②는 말해 준다. 그런데 전감림이 파동과 귀주 일대에 대한 청 정부의 시혜 정책을 간절히 원한 이유는 아마도 순치 연간(1644~1661)까지 이 지역에 대한 통제를 용미토사가 했기 때문일 것이다.

그리고 ③번의 인용문은 그러한 용미토사의 세력이 적어도 강희 연간 중반까지 그대로 존속되었다는 사실을 의미한다. 그러한 사실을 확인시켜 주는 중요한 자료가 현재 호북성 오봉현과 학봉현 교계交界 지역에 현존하는 전순년(田舜年, 1640~1706)의 「백순교비百順橋碑」다.[39]

강희 29년(1690)에 세워진 이 비문碑文은 많은 탈자脫字가 있지만,

---

38 이상 ①~③번의 인용문은 「田甘霖倡義奏疏」, 『容美土司史料彙編』, 제1부분, 「奏章·文告」, 1984, 4~5쪽 참조.

39 이하 百順橋 관련 내용은 田舜年, 「百順橋」, 『容美土司史料彙編』, 제2부분, 「傳記·碑刻」, 1984, 113~117쪽에 근거한 것이다. 이 백순교는 용미 司治 동쪽 80리에 위치하는데 田舜年이 여기에 白鹿堂을 건설한 바 있다. 이 사실은 容美土司文化研究會編, 『容美土司史料文叢』(1輯), 中國文史出版社, 2019, 159쪽 참조.

인용문 ③에 등장하는 비정백호備征百戶, 비정천호備征千戶, 순변경력巡邊經歷, 첩당경력사貼堂經歷司 등의 지위가 당시 용미토사에 엄연히 존재한 사실을 우선 확인시켜 준다. 아울러 등장하는 오영五營이 내중영內中營, 내좌영內左營, 내우영內右營, 내전영內前營, 내후영內後營이라는 점도 확인이 가능하다. 각 지위의 구체적인 업무 내용이나 오영의 관할지역에 대한 확인은 불가능하지만, 아마도 이 비석을 세우는 데 공이 있는 사람들을 기입한 것으로 추정되는 이「백순교비」의 후반부에 기록된 인물들의 면모는 당시 용미토사의 세력 범위를 추정할 수 있는 좋은 단서를 제공해 준다.

이 비문에는 현재 학봉 지역에 해당하는 초산椒山(안무사사安撫使司)·석보石寶(장관사)·하동下峒(평다장관사平茶長官司), 오봉 지역에 해당하는 오봉五峯(안무사사)·수진水盡(안무사사)·대룡평大龍平(장관)·장모관長茅關(지휘사사指揮使司)·백일白溢(부경력副經歷) 일대 토사들이 등장한다. 하지만 주의해서 살펴볼 사안은 학봉과 오봉 지역 외에도, 파동 지역의 금상목소평金廂木梳平(장관사)·마노瑪瑙(장관사)·남단南團(천호)·포룡蒲龍(장관)·도부구挑符口(장관)·연천連天(부장관副長官)·마노두馬老頭(장관)·지동支洞(장관), 건시와 은시 지역의 채룡寨龍(장관사와 지휘사)·대리大里(토지주와 장관長官)·신륭新隆(부장副將)·오화채五花寨(참장)·만홍동蠻紅洞(장사長史)·윤가촌尹家村(참장)·다료茶寮(장관), 장양 지역의 장탄長灘(참장)·지자평支柘平(백호), 끝으로 호남성 석문石門 지역의 심계深溪(장관사) 일대 토사들과 지휘들이 등장한다는 점이다.

여기서는 구체적인 이름까지 적지는 않았지만, 이러한 인명의 등장은 적어도 강희 연간까지 북으로 파동, 서남 지역으로는 건시, 동쪽으로는 장양, 남쪽으로는 석문현 일대까지 용미토사의 세력이 미쳤다는 사실을 말해 준다. 물론 위 전감림의 상주문이 전순년의 비문보다 시기적으로 앞서지만, 강희 연간에 들어서도 용미토사의 세력이 여전했다고 볼 수 있으며, 따라서 전감림의 상소는 그러한 자신의 세력을 인정해 달라는 주장으로 볼 수 있다.

巴東縣 知縣 齊祖望의 주장

강희 7년(1668) 장장경과 임천경이 연천관 일대 토지 분쟁에 대한 글을 남긴 지 10여 년이 지난 즈음인 강희 19년(1680)과 강희 20년, 당시 파동현 지현이던 제조망(1645~1703)[40]은 다시 이 토지 분쟁에 대해 단호한 입장을 내놓았다. 파동현 지방지에는 제조망의 행적을 칭송하는 기사가 등장하는데 실제로 그는 강희 21년 파동현 공서公署를 중건하는 한편, 학궁學宮과 문묘정전文廟正殿의 수리 등이 모두 그의 재임 시에 이루어진 걸로 미뤄[41] 명청교체기의 혼란과 오삼계 반란으로 피폐된 파동현의 부흥에 많은 노력을 기울인 인물임이 분명하다. 이러한 그의 업적 가운데 하나가 바로 야삼관의 중건重建이다. 물론 지방지에는 그 중건의 당사자가 순검巡檢 나병영羅秉瑛으로 되어 있지만,[42] 당시 지현으로 재직하던 제조망이 그 사실을 몰랐을 리만무였다.

이처럼 제조망이 병란兵亂 이후 낙후된 파동현의 진흥에 많은 노력을 기울였다는 점[43]을 생각할 때, 당시 파동현의 현안인 연천관 일대

---

40 그가 파동현 지현으로 부임한 시기는 강희 18년(1679)이다. 同治 『巴東縣志』 권7, 「職官志」(職官表), 12쪽 상.
41 同治 『巴東縣志』 권3, 「建置志」(城池學宮), 1쪽 하~3쪽 하.
42 同治 『巴東縣志』 권3, 「建置志」(建置公署), 5쪽 상.
43 同治 『巴東縣志』 권12, 「名宦志」(名宦), 12쪽 상.

토지 분쟁 문제를 그가 그냥 지나치지 않았을 것이다. 사료의 기재에 의하면 제조망이 해당 자문咨文을 작성한 시기는 강희 19년 7월이었다. 일단 이 자문의 일부를 살펴보기로 하겠다.

용미토사를 '귀사貴司'로, 파동현을 '폐읍敝邑'으로 깍듯하게 격식을 차려 작성된 자문의 전반부는 '귀사와 폐읍'이 토지 경계를 놓고 명대 이래 지금까지 하루도 잠잠할 날이 없다는 상황을 한탄하는 어조로 시작된다. 제조망의 어투로 보아 이미 용미사가 먼저 이 토지 문제에 관련된 문서를 파동현에 보냈으며, 이에 파동현 지현인 제조망이 이 문서에 대한 회신을 용미사에 전달한 것으로 추측된다. 이 회신에 등장하는 용미토사의 주장을 제조망은 다음과 같이 반박했다.

① (자문咨文에 의하면) '본사本司(용미사) 소속의 건시현의 반절 및 파동, 시주, 장양, 의창, 석문, 자리 등의 현縣과 위衛는 (편호編戶)가 많은 경우 1리, 적은 경우 반리半里, 더욱 적은 경우 수호數戶인데 이른바 **군軍은 용미容美에, 부賦는 해당 관청에 소속되어 있어** 관원에게 명령을 내리고 (새로운) 직위를 설치할 경우 군민軍民이라는 두 글자가 (같이) 있는 건 그 때문입니다.'라는 등의 말을 하고 있지만 본현本縣의 생각으로는 (그러한 언급은) 귀사의 지나친 (견해)입니다.

①번의 문장으로 보건대 당시 용미토사는 군軍과 민民 두 계층을 자신들이 지배해야 한다고 생각했음이 틀림없다. 용미토사의 말대로 이것이 토사들의 지위에 종종 '군민'이라는 글자가 들어 있는 이유이기도 하다. 그러나 제조망은 현재 각 부·주·현·위府·州·縣·衛는 모두 세량과 부역을 통일해서 징수하며, 그러한 원칙이 일단 정해진 이상 그 경계를 침범해서는 안 된다고 강조했다. 그러므로 한족과 토

사의 경우도 그 혼란을 용인할 수 없다고 말했다. 이러한 언급은 크게는 호광토사 일대, 작게는 용미토사와 같은 소수민족 지역의 행정 체계가 강희 20년 정도가 되면 대체로 안정적으로 운용되고 있었다는 사실을 말해 준다. 이어 그는 토지 경계 문제를 거론했다.

② 대저 귀사도 본디 부세賦가 있으며, 각 현縣과 위衛의 (경계를) 넘어 그것을 징수할 수 없습니다. 각 현과 위도 본디 백성이 있는데, 귀사는 (그곳을) 침범해 부세賦稅를 취하고 있습니다. (이 문제를) 의논해 보건대, 귀사는 결국 **천자의 내지內地를 함부로 침범**하는 한편, 호적에 등록된 백성들을 핍박해 군오軍伍를 강화하고, 부강富強을 위한 계획을 몰래 세워 (세력)을 확대하려는 마음을 가지고 있으니, (이것이) 귀사가 (관련) 혐의를 피하고 그 손해에서 벗어날 수 없는 이유입니다. 또한 귀사도 일찍이 부세賦라는 글자가 지니는 의미를 석출해 낸 바 있지 않은지요?

부세賦는 토지에 근거한 것이니 하세夏稅와 추량秋糧이 바로 그것입니다. 부세賦는 정丁에 근거한 것이기도 한데, 삼등구칙三等九則이 바로 그것입니다. **부세賦는 해당 관청에 속하는 것인즉, 토지와 백성 모두도 (당연히) 해당 관청에 속하는 것입니다.** 세금 납부를 재촉하고 안무按撫하는 것도 모두 해당 관청에 속한 것으로서, 귀사와는 사실상 아무런 관련이 없습니다.

위 ②번의 인용문을 통해 영토 분쟁의 문제는 곧 세금 징수 문제라는 사실을 분명하게 확인할 수 있다. 특히 이 글에서 제조망은 징세 대상인 토지와 백성은 그것을 관할하는 관청에 속하며 그 관천은 청 왕조가 지휘·통제한다는 점을 명확히 하고 있다. 다음 ③의 언급이야말로 바로 그런 사실을 잘 말해 준다. 다만 ③번의 글에도 용미토사의 주장이 일부 포함되어 있는 점을 염두에 둘 필요가 있다.

③ (귀사는) 자문에서 '홍사보는 본사本司(용미) 지척에 있으며, 순검巡檢의 설치가 언제 시작되었는지 알 수 없다.'고 말했습니다. 또 언급하기를 '강희 11년(1672) 이후 위장군僞將軍 왕봉기王鳳岐는 (농민들의) 전량錢糧 완납 여부를 불문에 부쳤으며, 그는 (오히려) 걸핏하면 (이인과 한인)의 경계를 분명히 한다는 구실로 보채堡寨와 당병塘兵을 설치하곤 했지만,[44] 본사는 또한 (그런 행위)에 딱히 동조하지도 않았습니다.'라고 했습니다.

(제가) 연천관 순검巡檢(司)를 조사해 보니, (그것은) **명초에 설립되었으며 본 왕조(淸朝)가 그것을 그대로 이어받았습니다.** 현재 이부吏部(에서 임명한) 관원이 존재하며, 홍사보는 본디 귀사貴司가 명확하게 언급한 것처럼, 왕봉기는 강희 11년(1672) 이전에 (홍사보에) 광병壙兵을 설치한 바 있는데, (그것은) 본현本縣이 (그 설치를) 신청하자 상급 관청이 (그것을 허락해) 이행移行한 것으로서, 아무런 근거 없이 그렇게 한 것이 아닙니다. 왕봉기란 인물에 대해 말하자면 강희 13년 이후 귀사가 위승은백僞恩伯일 당시, (왕봉기도) 비로소 역도들로부터 장군의 지위를 제수받았지만, 그 일이 있기 전 (왕봉기는) 본디 본조本朝의 유격游擊이었습니다.[45]

이어 이 글의 마지막 부분에는 제조망의 엄한 질책이 들어 있다. "황제가 일단 진노한다면 대대적으로 정벌이 이루어질 것"이며, 정벌

---

44 이 부분의 원문은 "動以淸邊爲說安堡安壙"으로 되어 있는데, 淸邊이란 단어를 주로 산악지역 밖에서 시행한 淸野策으로 해석할 수도 있다고 판단된다. 嚴如煜, 『三省山內風土雜識』(叢書集成初編), 23쪽 참조. 그러나 전체 문맥으로 보아 淸邊은 한족과 소수민족 사이의 지역적 경계를 분명히 한다는 의미로 봐야 할 것이다. 아울러 '壙'이라는 글자는 康熙 『巴東縣志』 권4, 「藝文志」, 26쪽 하에 '塘'으로 나오므로, 전체적으로 '堡'나 '塘'의 군사 시설이나 그런 군사 시설에 존재하는 병사를 의미한다고 볼 수 있다.

45 이상 제조망의 언급은 齊祖望, 「(咨)移明古制」, 『容美土司史料彙編』, 제1부분, 「奏章·文告」, 1984, 10~12쪽에 근거한 것이다.

이 단행될 경우 "인근의 각 토사들마저 사면에서 협격하는 건 물론, 용미사에 원한을 가진 각 토사들이 거꾸로 용미사를 침식해 들어가는 상황"이 전개될 것이라고 말했다. 분을 참지 못하고 성급하게 행동한다면 "누세累世의 기반을 상실하고, 반역의 오명을 쓰며, 멸망지가滅亡之家의 화禍를 당할 수 있다."는 제조망의 언급은 차라리 위협이었다. 1년 뒤인 강희 20년(1681), 제조망의 결정을 따르지 않는 토관들에 대한 자세한 처벌 규정과 함께, 한인들도 외부와 결탁해 재산을 매매하거나 묘채苗寨에 거주하는 자들 중 중범자는 사죄死罪에 처하고 나머지는 변방에 충군充軍한다고 밝혔다.[46]

그런데 앞서 밝힌 바와 같이 제조망의 이처럼 단호한 태도의 이면에는 청 왕조가 차츰 안정을 되찾아 각 지역의 행정력을 정비해 가는 과정도 과정이지만, 제조망의 인용문에 등장하는 왕봉기 등의 반란 세력과 특히 오삼계 군의 반란 과정에서 용미토사가 오삼계 군에 협조한 것을 징계하려는 의도도 있었다.

왕봉기와 양래가楊來嘉 등이 무산巫山을 거점으로 거병한 시기는 제조망이 부임한 강희 18년(1679)으로서 당시 반란 세력이 수만 명이었으나, 서양西瀼에 주둔 중인 관군은 3,000명에 불과했다.[47] 사천 총독 양무훈楊茂勳 등이 강희 19년 정월에 왕봉기를 체포해 경사로 압송했지만, 그해 8월 담홍譚弘이 다시 만현萬縣에서 반란을 일으켰다. 주목할 만한 사실은 왕봉기와 담홍 등의 반란 와중에 시주위에서 이춘유李春儒가, 건시현建始縣에서 장공극張拱極이 각각 다시 반란을 일으켰으며, 이들이 담홍 등과 결탁해 군사적으로 파동이 매우 위험한 처지에

---

46 齊祖望, 「請嚴邊防」, 『容美土司史料彙編』, 제1부분, 「奏章 · 文告」, 1984, 15쪽.
47 이하 王鳳岐 반란 관련 언급은 齊祖望, 「防巴紀略」, 同治『巴東縣志』 권15, 「藝文志」 (略), 29쪽 하~32쪽 상에 근거한 것이다.

놓였다는 점이다.

왕봉기 출현 당시 상급 기관에 알려 그들을 방어하고자 했다는 제조망의 언급은 그 자체로서도 사실이지만, 당시 위소衛所나 파동의 관할 지역인 건시현 등지에서 반란이 일어난 점은 제조망이 적극적으로 영토 분쟁에 나설 수밖에 없었던 중요한 요인이었다. 또한 오삼계 반란 역시 사료의 기록에 의하면 용미토사가 한때 그들 세력과 영합했지만,[48] 강희 19년(1680) 형주에 머물던 오삼계가 자신의 군대를 이끌고 진주辰州에 이르렀을 당시 영순토사는 반대로 그들에게 항거한 바 있다.[49]

3) 連天關 일대 토지 분쟁의 결말

鈕正己의「退贖民屯案略」의 의미

제조망의 단호한 입장에도 불구하고 연천관 일대 토지 분쟁은 결말이 나지 않았다. 그것에 대한 단편적인 증거 중 하나는 3장에서 이미 거론한 대전소大田所 천호 뉴정기鈕正己의 행적이다. 그 부임 시기가 매우 모호한 뉴정기는 제조망의 단호한 입장의 등장이 한참 지난 후인 강희 54년(1715) 당시에도 전토田土 문제가 여전히 불분명한 채로 남아 있으며, 토지 문제와 관련된 쟁안爭案이 100여 건에 이른다고 언

---

48 光緒『長樂縣志』권16,「雜記志」, 4쪽 하. 특히 오삼계가 진압된 이후, 강희 45년에 호광총독 石文晟이 오삼계에게 전순년이 투항했다는 사실을 다시 거론하고 있는 점은 이 문제로 말미암아 용미토사에 대한 부정적 견해가 상당 기간 존속했음을 말해 준다.『淸實錄』권225, 康熙 45년 4월 24일조 참조.

49 湖南省少數民族古籍辦公室 主編,『土家族土司史錄』, 岳麓書社, 1991, 126쪽.

급했다. 물론 뉴정기가 나서서 이러한 분쟁을 처리한 사실이 사료에 아울러 등장하긴 하지만,[50] 그만큼 영토 분쟁이 매우 빈번했다. 이런 점에서 각 지방지와 사료집에 실린 뉴종기의 「퇴속민둔안략退贖民屯案略」은 시사하는 바가 크다.

이 글의 작성 시기는 강희 54년으로 추정되며,[51] 따라서 뉴종기의 토지 분쟁 처리는 강희 후반기의 정황을 담고 있다. 위 「퇴속민둔안략」에는 다음과 같은 언급이 등장한다.

> … 변방 지역의 전지田地가 **목책木册, 산모散毛, 납벽蠟壁, 당암唐巖, 시남 施南 등으로부터 수백 곳 이상 침점侵占을 당해**, 전임 관원들이 날마다 그들과 다퉜지만, (그들이) 교만하고 방자해 (땅을) 내놓지 않으니, (전임 관원들은) 힘이 없는 걸 스스로 부끄러워할 뿐이었다. 깊은 밤 생각해 보니, 이미 내가 이 지역에 부임한 (이상), 죄를 짓고 관직에서 쫓겨날 수는 없다는 생각이 들어, (나는) 번잡함을 마다하지 않고 침전侵田에 대해 모두 퇴속退贖을 단행하도록 했다. 전계田契가 있는 자들은 (해당 토지에 대한) 가격을 계산하도록 하고, (소유) 근거가 없는 자들은 개간 (면적을) 헤아려 (해당 가격을 주고 퇴속시키자), 모든 **토사가 기꺼이 (토지를) 내놓고 추호도 원망하는 자가 없었다.**[52]

---

50 鄂西土家族苗族自治州民族事務委員會編, 『鄂西少數民族史料輯錄』, 1986, 167쪽.

51 제2장에서 인용한 「銘鐘紀案」의 글 후반부에 강희 54년 뉴정기는 土司가 강제로 점령한 땅을 漢民들이 贖取하도록 했다는 언급이 등장한다.

52 동치 『咸豐縣志』 권19, 「藝文志」를 인용했다고 표기되어 있는 『鄂西少數民族史料輯錄』, 1986, 167쪽에는 이 기사의 저자가 張梓로 되어 있으나, 장재는 同治 2년 9월 함풍현 知縣으로 부임한 인물이다. 同治 『咸豐縣志』 권19, 「藝文志」(文), 6쪽 하~8쪽 하에는 이 글의 저자가 뉴정기로 되어 있으므로, 이 글의 저자는 분명히 뉴정기다.

448

이 글이 흥미로운 이유는 용미사 일대 하위 토사들이 침범한 토지에 대해 그곳의 지가地價에 상응한 돈을 받고 본래 주인에게 되돌려주라는 정책을 담고 있기 때문이다. 그는 실제로 각 토사가 차지한 시남사 1곳, 당애사 17곳, 산모사 8곳, 납벽사 10곳에 대한 회속回贖을 단행했다. 그런데 실제 이 글의 작성 시기는 강희 54년이지만, 이 글맨 마지막에는 '임년보량, 병년납부壬年報糧, 丙年納賦'라는 문구가 등장한다. 그러므로 이 일이 강희 51년(壬辰年, 1712)에 추진되어 최종적으로 강희 55년(丙申年, 1716)에 회속된 토지로부터 직접 세량을 받았던 것으로 추측된다.

이렇게 볼 때, 다양한 이유나 무력으로 토사들이 기존에 사점私占한 용미토사 일대 상당 부분 토지가 민전民田으로 전환되어 실제 세량稅糧을 지방 정부가 징수했다고 볼 수 있다. 그러므로 뉴종기의 이러한 정책은 연천관 일대, 나아가 용미토사 일대 토지 분쟁의 성격이 강희 후반기에 이르러 확연히 변화되었다는 사실을 의미한다.

애초 명 가정 연간 등천익의 상주는 단순히 토사들의 무력 침범을 비난하는 성격이 강했으며, 이를 해결하기 위한 강희 연간 초기의 정책은 분쟁 지역에 대해 청 왕조가 행정력을 강화하는 것으로 변화했다. 이어 강희 말년에 이르면 분쟁 지역으로부터 명실상부하게 세량을 징수하기에 이른 것이다.

용미토사 일대 토지 분쟁 양상의 성격이 이처럼 명대 토지 강탈의 저지 → 강희 초년 행정력 복원의 강조 → 강희 후반 세량의 직접 징수로 변화하는 와중에서 마지막 단계에 등장하는 뉴종기의 회속 정책을 통한 세량 징수는 강희 말년에서 옹정 연간에 이르는 사이 제법 보편화되었다. 그러므로 토지 경계를 구분하거나 현縣 관할 지역의 토지를 마구잡이로 침범한 기존의 양상과 달리, 옹정 연간이 되면 다소 다른 정황이 출현한다.

이것을 살펴보기 위해 우선 주목할 사료는 전민여田旻如가 강희 46년(1707)에 속관屬官 당계훈唐繼勛과 같이 건립했다고 알려진 「영원상주비기永遠常住碑記」다. 강희 말년 즈음이 되면 이제 토사들도 거꾸로 자신이 필요한 토지를 매입하는 양상이 등장했기 때문이다.

(당우세唐遇世의) 조부께서 업주業主 고故 왕성王姓이 경작한 곳의 매입 계약을 지난해 간절히 원하셨는데, (그곳은) 8석 5두를 수확할 수 있는 영수전永水田 대소大小 86구丘로서 (모두) 35무畝 7분分과, 업숙육지業熟陸地 대소 25자락으로 된 10무, 그리고 언堰 3구口가 그것이다. 그 (토지의) 위치는 본사本司 암자庵子의 전후좌우에 있으며, 동쪽으로 정씨鄭氏 (토지), 서쪽으로 웅씨熊氏 (토지), 남쪽으로 장씨張氏 (토지), 북쪽으로는 길에 닿아 있는 한편, 암자 안까지 이르는데, (이곳에서) 영원히 경작하며 상주할 것이다.[53]

이 토지를 매입한 실질적 이유는 당계훈唐繼勛이란 인물이 세운 연화암蓮花庵에 시주하기 위한 자금을 마련하는 데 있었다. 그렇다 해도 합법적인 토지 소유를 위한 이러한 종류의 계약이 청초 소수민족 사회에서 제법 일상화되었다는 사실을 위 인용문은 잘 보여준다. 더구나 옹정 원년(1723) 호광총독 양종인(楊宗仁, 1661~1725)의 상주[54]에서 알 수 있듯이 일반인들이 거꾸로 토사 경내에 들어와 거주하고 토사가 그들로부터 불법적으로 세량을 거둬들이는 상황도 발생했다.

---

53 『容美土司史料彙編』, 제2부분, 「傳記‧碑刻」, 1984, 119쪽.
54 『鄂西少數民族史料輯錄』, 1986, 192쪽.

결국 용미토사 일대 토지 분쟁 양상은 그러한 문제가 불거진 명대 중엽만 하더라도 이해 당사자들이 치열한 자기 주장을 통해 소유권을 확보하려 했으나 명 후반기를 거쳐 청초가 되면 단순한 분쟁 차원이 아닌 경작권 확보나 중앙 정부의 징세와 같은 매우 현실적인 사안으로 변모했다. 이러한 양상을 좀 더 확대해서 말하자면 결국 토사들에 대한 청 왕조의 통제가 차츰 확대되고 그들을 서서히 장악해 간 것으로 해석할 수 있다.

「漢土疆界碑」에 등장하는 토지 분쟁 해결 양상

그러한 양상을 잘 보여주는 또 다른 사료가 바로 옹정 3년(1725) 용미토사 전민여와 함께 당시 호북성 지방관 다수가 참여해 세운 「한토강계비漢土疆界碑」다. 한족과 토민 사이의 토지 경계를 분명히 해야 한다는 형주부荊州府 지강현枝江縣 의도영宜都營 수비의 요청으로 작성된 이 글의 일부 내용은 다음과 같은데, 사실상 당시 호광총독인 양종인(楊宗仁, 1661~1725)의 지시가 담겨 있다.

① 강희 49년(1701)의 일을 살펴본바, (당시) 한 · 토漢 · 土(의 토지)를 철저히 조사하고 (해당) 부部는 논의를 통해 **이전에 토사에게 판 전지田地를 모두 회속回贖하도록 승인했으며**, 만일 그 회속에 응하지 않을 경우 그 구체적인 상황을 상부에 고하고, 그 전가田價를 관청에 낸 후 해당 전지田地를 원주인에게 돌려주도록 했다. 이런 지시에 따라 의논에 근거해 (일을 처리한 사실이) 문서에 남아 있음에도, 어찌해서 초산椒山의 토변土弁 유약룡劉躍龍이 강희 61년(1722) 강남江南 14곳의 전지(14계전지契田地)를 다시 개간하려 했는가? (이는) 분명히 이미 정해진 예를 위반하는 것이다.

또한 조사해 보니 각 계약 문서가 세월이 오래되고 관인이 없어 실제 믿기도 어렵다. 아울러 만일 (그 땅이) 오래전부터 경작해 온 곳이라면, 어찌 이전부터 (지금까지) 오랫동안 황폐된 채로 남아 있는가? 강희 49년 한·토의 전지를 자세히 조사할 때 어찌 아무런 말도 하지 않았는가?

(이는) 명백히 경계를 침범해 토지를 점유하려는 탐욕스러운 시도이므로 당연히 해당 현縣 등이 의논해 초산사椒山司가 조사한 강남의 왕가평王家平, 쌍토묘雙土墓, 아아평阿兒平, 토지당土地堂, 채가파蔡家坡, 아경항鵝頸項, 주허저朱墟底, 백과수白果樹, 용평龍平, 저허저褚墟底, 신채평新寨平, 은일갑恩一甲, 왕가평 등 **전지田地의 14개 계약서契約書를 모두 말소시키고, 일체를 장양현長陽縣 주민에게 귀속시켜 이전대로 (장양현 주민들이) 거주하면서 경작하도록 해야 한다** …

위 ①번 인용문에 약간의 설명을 덧붙이면 다음과 같다. 일단 '이전 토사에게 판 전지를 모두 회속하도록 했다.'라는 설명은 확실히 토사가 소유한 토지를 돈을 주고 다시 매입해서 한인 또는 원주인에게 돌려주는 조치를 의미한다. 또한 '회속에 응하지 않은'이라는 설명의 주체는 당연히 토사土司이며, 이런 경우 사안을 조사한 후 해당 전가田價를 관청에 납부한다는 뜻으로 해석할 수 있다.

이 글에서 양종인은 이미 회속을 통해 토지를 원주인에게 돌려줬음에도, 초산사가 이후 새로운 계약을 맺어 그곳의 개간을 시도하려 한 불합리성을 지적했다. 양종인의 ①번 인용문은 「한토강계비」의 거의 처음 부분에 등장하는 "토인은 한족의 토지를 함부로 매입할 수 없으며", 거꾸로 "한족도 토사의 경내를 침범해 경작할 수 없다."는 대원칙을 확실히 천명한 것이다. 그러나 뒤이어 나오는 양종인의 정책은 위 14계전지와 다른 양상을 보여준다.

② 토사土舍의 보고에 의하면, 오직 감자원柑子園과 어시탄漁翅灘 등의 전지는 (토관이) 전년前年에 180냥을 주고 매입했으나 계약서는 이미 유실되고 ...[55] 강희 49년 한족과 토인을 완전히 퇴출시킨 당시의 (정황을) 자세히 살펴보니, (감자원과 어시탄은) 비록 업주業主가 없어도 회속할 수 있도록 했으며, 토관도 (그 조치에) 당연히 응하도록 하는 한편, (해당 토지의) 전매轉賣 (관련 사항을) 자세히 밝히도록 명령을 내렸음에도 어찌해서 개간 사실을 오래도록 숨기고 지금까지 점거한 채 다시 전가田價를 요구하는가?

(그러므로) 당연히 **轉賣한 전지의 회수 예에 의거해 전가田價를 관청에 납부하도록 해야 하지만,** 토인들이 거주하면서 경작한 (덕분에) 간황지가 기름진 땅이 되었으므로, 본사本司(枝江縣)가 그 착오 (여부)를 의논한 후, 전지에 따라 가격을 매기도록 했다. 감자원과 어시탄의 수전水田과 한전旱田은 모두 3석전石田으로 계산해서 (3석전을 생산하는 전지의) 반절에 (해당하는 가격) 90냥을 **장양현長陽縣 유력자들이 속전贖錢하도록 하고, 그들이 관업管業해 세량稅糧을 내도록 하며,** 토인 진기봉陳起鳳 등은 모두 동채洞寨로 되돌아가도록 강제 조치해야 한다. 무릇 감자원과 어시탄 일대 토지를 토인들이 다시 사사로이 매입해 경계를 침월侵越하는 (일 때문에) 조사를 시행하는 일이 발생하지 않아야 한다.

③ 백일白溢과 맥장麥莊 일대의 경우, 강희 27년(1688) 이래 상호간의 (토지) 분쟁 사안이 중첩되었으나, (분쟁 대상이 된) 모든 토지의 경계를 관款에 위임해 조사하도록 했으며, (관련) 상황에 대한 명백한 증거가 있는 까닭에, 명말청초 이래 토인들에게 (이곳을) 점거당했다는 사민土民 전계화田啓華 등의 언급도 실질적인 근거가 없는 것이다 ...

---

55 이하 문장은 "有買管印冊爲□, □經□□□□□得價等語"로 일부 脫字가 있다.

강희 49년 당시 한·토(의 토지 조사) 사안을 살펴보니, **백일과 맥장은 자신들이 대대로 경작을 해온 지역이므로 퇴속退贖의 예例에 따르지 않아도 되는 곳**이라고 모든 토사가 상세히 말한 바 있다. 전임 지부知府 (구씨丘氏) 가 (관련) 정황을 상부에 보고하자 이전 포정사布政使가 (그것을) 비준批准 한 것을 토대로 당시 장양현 지현이 이미 결말을 지어, 장양현 주민들 역 시 (이 문제를) 언급하지 않은 지 이미 10여 년이 지났다. 다만 초산사가 14 계전지를 조사한 탓에 장양현 주민들이 (분쟁에 휘말려 이 사안을) 고발하게 된 것이다.

현재 장양현 주민들과 함께 표수암漂水巖을 지나 백일과 맥장 일대 산천 의 지형을 조사해 보니, 장양과 매우 멀리 떨어져 있으며, 또한 위사衛舍와 묘표墓表를 살펴본즉, 모두 **토관의 옛터일 뿐 아니라, 토인 110여 호가 거 주하면서 경작하고 있으나,** 한민漢民 거주자는 없다. 또한 강희 47년 토인 들은 추량秋糧이 96석[56]이라 보고했다. 백일과 맥장은 이전부터 대대로 토 인들이 경작해 온 곳이며, **전량錢糧을 납부해야 하는 (전지)이므로,** 마땅히 **용미토인들에게 귀속시켜 세량을 완납하도록 해야 하며,** 장양 주민들은 (이 토지에) 간여할 수 없다.[57]

---

56 다소 부정확한 계산이긴 하지만, 중국 학자의 견해에 의하면 세량 96석에 해당하 는 면적은 약 9,000여 畝이며, 이는 용미토사 成熟田地山場 총면적 7.67만 무의 12%에 해당한다. 曾代偉,「"漢土疆界碑"銘文解讀—以法律文化的視覺」,『現代法學』 31권, 6기, 2009, 38쪽.

57 1983년 5월 13일에 초록한 이 비문은 『鄂西少數民族史料輯錄』, 1986, 189~192쪽, 『容美土司史料彙編』, 제2부분,「傳記·碑刻」, 1984, 120~124쪽, 그리고 『容美土司 史料文叢』(2輯), 27~28쪽에 각각 수록되어 있다. 현재 五峯縣 紅漁坪의 漂水巖과 謝家坪 竹橋에 있는 두 비문의 내용은 동일하다. 다만 ①번 인용문에 王家平이란 지명이 두 번 등장하지만 세 자료 모두 그대로 기록하고 있는 것으로 미뤄 해당 비 문에도 그렇게 기록된 것으로 판단된다.

제법 긴 이 비문에는 ①번 문항의 계약 문서가 존재하는 14곳의 전지인 이른바 14계전지, ②에서는 감자원과 어시탄, 그리고 ③에서는 백일과 맥장이라는 성격이 다른 세 종류의 토지가 등장한다. 위 인용문에는 무엇보다 개토귀류 이전 용미토사 일대 토지제도가 어떻게 운용되었는지를 알려주는 좋은 정보가 담겨 있다. 그러므로 각자 그 성격이 다른 토지를 당시 청 정부가 어떻게 해결하려 했는지를 살펴봄으로써 개토귀류 이전 토사 지역의 토지 소유 성격과 이에 따른 청 정부의 다른 태도를 확인할 수 있다.

①번 인용문에서 가장 흥미로운 부분은 당연히 강희 49년(1710) 토지조사를 통해 한족과 소수민족 사이의 토지 소유 경계를 명확히 하기 위한 회속을 단행했다는 사실이다. 앞서 잠깐 언급한 것처럼 여기서 등장하는 회속이란 토사가 구매 등을 통해 이전부터 소유해 온 토지를 토사들에게 돈을 주고 본디 주인에게 되돌려주는 것을 의미한다.

이 일대 토지에 대한 토사의 이러한 토지 매입 관행이 언제부터 시작되었는지는 불분명하지만, 장모사長茅司의 백록장白鹿莊을 용미의 전씨田氏가, 장락현長樂縣 현성縣城 일대를 오봉사五峰司의 장씨張氏가, 백일과 맥장 일대를 수진사水盡司의 당씨唐氏가, 석량石梁은 석량의 당씨唐氏가 매입해 관할했다는 지방지의 기사[58]는 일찍부터 토사들이 주변의 토지를 매입한 정황을 말해 준다. 그리고 이처럼 이전 토사 시절 토사들이 매입한 땅을 모두 한족에게 회속시킨 토지 가운데 하나가 바로 14계전지였다. 아마도 이 일대 토지를 14계전지라고 지칭한 것으로 미뤄 분명히 매매에 관련된 계약서가 존재했으므로 회속 등의 조치를 시행하는 데 큰 문제가 없었을 것이다.

58　同治『長陽縣志』 권7, 「雜記志(3)」, 1쪽 상.

②번 인용문에 등장하는 감자원과 어시탄 일대 토지도 넓은 의미에 서는 14계전지처럼 완전히 회속시켜 한인들의 소유로 만들어야 하지 만, 소수민족들이 다년간 차지하고 있던 탓에 장양 주민들은 세량의 반절에 해당하는 액수를 소수민족에게 주고, 이후 장양 주민들이 그 지역을 경작해 세량을 납부하도록 조치했다.

③번 인용문의 백일과 맥장은 그곳이 장양현 현치縣治와 멀리 있을 뿐 아니라, 이미 다수의 소수민족들이 살면서 경작하는 토지였으므로 용미토사의 소유로 인정했다. 그러나 백일과 맥장의 토지소유 분쟁은 오히려 장양현 주민들이 먼저 제기했다는 사실을 상기한다면 적어도 명 중엽 이후 매입과 강제 점거로 용미토사가 점령해 온 장양현 일대 토지 분쟁을 청 정부가 일거에 해결하기는 어려웠다.

실제로 이처럼 강계비疆界碑를 세워 장양현과 용미토사 사이의 토 지 분쟁이 외견상 해결된 것처럼 보였으나 옹정 4년(1726) 말~옹정 5 년 정월 사이 장양현의 현승縣丞 담일예譚一豫는 용미토사가 백일과 맥장 일대를 다시 침범한다는 상주를 올렸다.[59] 이 내용에 의하면 장 양현 지현이 백성들을 모집해 이곳을 개간 중이었는데, 전민여가 옹 정 4년 금전으로 그들을 회유해 다른 곳으로 멀리 이주하도록 했다. 상주문 말미에 등장하는 "수년 내 용미토사가 다시 침범해 여느 때처 럼 창궐하는 건 되물을 필요가 없다."는 담일예의 언급은 용미토사 일대 토지 분쟁의 해결이 쉽지 않다는 사실을 다시 일깨워준다.

명대 파동현, 그리고 청대 장양현과 용미토사 사이에 이처럼 장기

---

59 이 내용은 『宮中檔雍正朝奏折』에 있는 「湖南北(□)長陽地方土民侵占漢地并請在該 地立界碑及移駐武員折」이라는 주접에 등장하며 여기서는 孟凡松, 「賦役制度與政 區邊界─基于明淸湘鄂西地區的考察」, 『中國歷史地理論叢』 27권, 2기, 2012, 63쪽 에 실린 부분을 재인용했다.

간에 걸친 토지 분쟁이 발생한 이유는 무엇일까? 그 첫 번째 답을 아마도 강희 초년 제조망의 언급에서 찾을 수 있을 것이다. 군권軍權은 토사에게, 그리고 징세권은 현縣과 같은 일반 관청에 있다는 제조망의 말을 그대로 믿을 수 있다면, 토사는 일반 백성에 대한 징세로 재정을 운용하기란 사실상 불가능했다. 그러므로 토사들로서는 영토 확장과 개간을 통한 수입의 증대야말로 자신의 정권을 유지하기 위한 가장 중요한 조건 중 하나였다.

지형상 14계전지는 장양현 현치縣治 서쪽을 흐르는 청강清江 남쪽 일대를 말하며, 여기서 더 나아가면 이웃 장락현 동쪽의 백일과 맥장과 연결되는 지역이다. 장양현 지방지나 다른 자료를 통해 이 지역의 생산성이 어느 정도였는지 가늠하기는 불가능하다. 다만 14계전지의 일부는 미곡과 잡량雜糧 경작에 적당하다는 설명으로 미뤄 다른 지역에 비해 경작이 좀 더 유리했다는 추측은 가능하다.[60]

더구나 백일은 그 지역의 고봉高峯이 2,383미터로 화중華中 지역 일대에서는 신농가神農架 정상 다음으로 높고 험하지만, 산 밑은 하평下坪, 중평中坪, 상평上坪으로 된 대형 평지가 형성되어 용미토사의 전략 요충지이자 역시 중요한 생산 지역이기도 했다.[61]

둘째, 청 정부 입장에서 본다면 명말청초 이 지역의 지속적인 전쟁과 혼란으로 저하된 생산력 회복이 무엇보다 중요했다는 점이다. 토사 관할 지역은 물론이고 청초 용미토사 역시 경제적으로 발달한 곳

---

60 同治『長陽縣志』권1,「地理志(4)」(山水), 12쪽 하~13쪽 상. 일부 지명 확인이 가능한 蔡家坪, 阿兒坪, 그리고 맥장평 등은 모두 쌀과 보리, 수수 등을 경작하기에 적당했다.

61 鄧輝,「白溢坪明清土司時代遺址調查」,『三峽論壇』3기, 2018, 31쪽.

은 아니라 해도,[62] 명대 장양현의 인구가 약 5만여 명이었지만 명말 잔존 인구는 겨우 10분의 1 정도에 불과했다. 그나마 강희 3년(1664) 번유한樊維翰이 장양현 지현으로 부임한 이래 펼친 꾸준한 초무招撫 정책으로 강희 12년(1673) 호수戶數가 1,900이었으며, 이후 다시 10년이 지난 후에야 실제 세량을 납부하는 호수와 정구丁口가 각각 2,771과 5,809로 비로소 증가했다.[63]

그러므로 청 정부 입장에서도 토사 지역에서 발생하는 이러한 종류의 분쟁 해결과 토지 수용을 통한 세수의 증대는 긴요했다. 확대해서 말하면 장양현과 용미토사 양자 사이의 토지 분쟁이었음에도, 당사자인 전민여와 장양현 지현 이순李恂[64] 외에도 당시 호광총독 양종인, 호광순무 납제합納齊哈, 호북포정사 정임륜鄭任鍮, 형주부 지부, 지강현 지현 등이 당사자로 나선 건 청 정부가 분명히 이 사안을 이 지역 개토귀류를 위한 사전 작업의 일환으로 인식했기 때문이다. 장락현이 개토귀류 이후에도 기존 장양현은 물론 석문현 등의 토지 일부를 이른바 발보撥補한 사실이 바로 그러한 정황을 말해 준다.

따라서 명대 이래 지속된 용미토사 일대 토지 분쟁은 강희 초년 강력한 회속 정책으로 마침내 그 해결의 실마리를 찾았다. 용미토사 일대에서 개토귀류가 단행된 옹정 13년(1735) 호북포정사 안도安圖가 전임 포정사인 이세탁(李世倬, 1687~1770)의 정책을 좇아 학봉주와 장락

<hr>

62 이 점에 대해서는 『容美紀游』를 기초로 청초 용미토사의 경제 상황을 개략적으로 서술하고 있는 寧濤, 「淸初容美土司地區社會發展狀況硏究—以《容美紀游》爲中心的考察」, 中南民族大學碩士學位論文, 2015, 22~23쪽 참조. 따라서 장양현의 세량도 中級縣의 10분의 1에도 미치지 못했다. 同治『長陽縣志』 권3, 「田賦志(2)」(稅課), 1쪽 하.

63 同治『長陽縣志』 권3, 「田賦志(1)」(戶口), 5쪽 하.

64 그의 부임 시기는 雍正 2년이다. 同治『長陽縣志』 권4, 「職官志(1)」(文職), 7쪽 하.

현 일대 무주황전無主荒田과 함께, 3월을 기한으로 해당 지역의 주인은 계약서를 토대로 그 소유 경계를 자세히 보고하라는 명령을 내릴 수 있었던 건[65] 적어도 강희 연간의 그러한 회속 정책 덕분이었다.

물론 옹정 연간에 이르러서도 토사가 한족의 토지를 매입한 예는 여전히 등장한다. 일례로 호남성 자리慈利의 애관隘官[66] 당씨唐氏가 주위 30리에 이르는 천금평千金坪 일대 산장山場을 용미토사에게 1,005냥을 받고 팔았지만, 일반 백성들은 소수민족이 한족의 재산을 차지했다는 이유를 들어 관청에 고발하기에 이르렀다. 고발을 접수한 당시 관청이 조사해 보니 이미 해당 애관은 매우 궁핍한 상태여서 용미토사에게 돈을 돌려줄 상황이 못 되었다. 결국 고발 당사자들은 용미토사에게 줄 자금을 마련하기 위해 합과合夥를 실시했다.

이것은 매우 간략한 에피소드다. 위 자리현 애관의 일화가 발생한 시기는 단지 옹정 초년으로만 기술되어 정확한 시기도 알 수 없다. 그러나 이 이야기는 당시 이 일대 토지 매매가 매우 민감한 사안이었음을 암시해 준다. 그 이유는 애관 역시 사실상 토착 세력이라는 점에서 이 토지 매매가 사실상 토사 사이의 거래였음에도 주변 한인들이 문제를 제기하고 나섰기 때문이다.

더 중요한 사실은 애관이 이 땅을 판매했던 당시 이곳은 나무만 무성하고 척박하기 이를 데 없는 곳이었지만, 개간으로 이 일대에서 가장 비옥한 토지로 변모해 이전보다 그 가치가 수백 배나 상승했다[67]는

65 安圖,「立限勘墾議」, 光緖『長樂縣志』 권14,「藝文志」, 7쪽 상~하.

66 元 貞元 원년(1295) 湖廣行省平章 劉國傑이 軍屯을 다시 실시할 당시, 辰州와 澧州의 소수민족 접경 일대에 백성들을 뽑아 군둔을 시행하도록 하는 대신, 요역을 면제해 주고 그들에게 묘족을 방어하도록 했는데, 澧州에 있는 자들을 隘丁, 辰州에 있는 자들을 寨兵이라 불렀다. 乾隆『辰州府志』 권12,「備邊考」, 21쪽 상.

67 이상의 내용은 道光『鶴峯州志』 권14,「雜述」, 10쪽 하~11쪽 상.

점이다. 따라서 당씨唐氏 애관의 사례는 이제 소수민족과 한족 사이의 토지 분쟁이 단순한 침점侵占이나 강탈 문제가 아닌 실질적인 개발의 문제로 전환되었다는 점을 시사해 준다.

2. 淸 康熙 42년(1703) 湘西 지역의 紅苗 반란

1) 康熙 42년 이전 鎭筸 일대의 홍묘 반란

명대 홍묘 반란

역대 호남지역 소수민족 반란을 일목요연하게 정리해 놓은『호남지방지소수민족사료』를 보면, 노계현盧溪縣 주부主簿 손응룡孫應龍이 촌채村寨로 들어가 진계 일대를 초무하고 이곳에 진계군민천호소鎭溪軍民千戶所를 세운 시기가 홍무 30년(1397) 2월이었다. 당시 그는 노계현 상오도上五都의 만민蠻民들을 10리로 나눠 진계소를 설치하고 진주위辰州衛에 편입시키는 한편, 다른 주·현州·縣과 동일하게 10년마다 정구丁口를 보고하도록 했다.[68]

위 사료집에는 또한『호남통지』의 내용을 토대로 홍묘에 대한 설명이 실렸는데, 이 자료에는 여러 묘족들 중 가장 강력하다고 일컫는 홍묘紅苗가 호광, 사천, 귀주 지역 깊숙한 곳에 거주하며, 북쪽으로 영순永順과 보정保靖, 남쪽으로 마양현麻陽縣, 동쪽으로 진주부辰州府, 서쪽으로 평다平茶와 유양토사酉陽土司, 그리고 동남쪽으로 오채사五寨司에

---

68 湖南省少數民族古籍辦公室主編,『湖南地方志小數民族史料』(上), 1991, 50쪽.

그들이 거주하고 있다고 언급되어 있다. 따라서 남북으로는 300리, 동서로는 120리로 그 주변이 1,200리에 이르는 지역에 홍묘가 광범위하게 존재했다.[69]

이처럼 광범위한 지역에 분포한 홍묘를 명대에 가장 적극적으로 통제하려 한 황제는 역시 홍무제였으며, 실제로 홍무제는 지정至正 24년(1364) 오왕吳王으로 등극한 당시 서달(徐達, 1332~1385)이 진주辰州 일대를 정복하자, 진주의 만호부萬戶府를 혁파하고, 진주위를 설치했다. 이와 동시에 간자평동원수부竿子坪洞元帥府를 설치했지만, 바로 폐지했다. 한편 진주위 지휘 유인劉寅이 진주위 위서衛署를 창건한 시기가 지정 26년(1366)이었는데, 이때 야랑평夜郎坪 일대에 숭산위崇山衛를 설치한 걸 보면 홍무제가 이 지역 일대의 묘족과 특히 사납다고 알려진 홍묘의 통제에 일찍부터 관심을 가졌다고 볼 수 있다.[70] 그리고 손응룡은 그러한 홍무제의 의도를 현지에 잘 반영한 인물로 추정된다.

당시 홍무제는 병부兵部에 명령을 내려 귀주 오살위烏撒衛 진아陳牙와 사천 노주위瀘州衛 송귀宋貴를 부천호副千戶로 삼아서 손응룡과 함께 가도록 했으며, 동년 5월 위서衛署를 건설했다. 당시 이 지역의 124

---

69 『湖南地方志小數民族史料』(上), 1991, 5쪽. 홍묘에 대한 좀 더 자세한 설명은 民國 『貴州通志』, 「土司・土民志」(貴州人民出版社, 2008), 179~180쪽에 자세히 등장하는데, 施秉縣이나 銅仁府 일대에서는 홍묘와 생묘를 동일시했다. 다만 吳, 龍, 石, 麻, 白 또는 田씨가 대부분인 그들 중 마씨와 백씨는 호광 근처에, 오씨와 용씨는 사천에, 석씨는 동인과 松桃 부근에 존재한다는 설명으로 미뤄 호광, 사천, 귀주 지역에 광범위하게 분포했다고 생각할 수 있다. 나아가 북으로는 영순과 보정 지역, 남으로는 마양현 경계, 동으로는 辰州府 경계, 서쪽으로는 平茶, 平頭, 酉陽의 토사 지역, 동남으로는 五寨司, 서남쪽으로는 귀주 동인부까지 존재한다는 위 지방지의 설명대로 그들은 상서와 귀주성 동부 지역 일대에 광범위하게 살던 대표적인 소수민족 중 하나였다.

70 이상의 내용은 乾隆『辰州府志』권12, 「備邊考」, 21쪽 하~22쪽 상 참조.

채寨를 10리로 편성하고 거수渠首 양이楊二를 백부장百夫長으로 임명하도록 조치했다. 또한 기령채호畸零寨戶 132명을 토군으로 충당해 전쟁이 발생하면 군인으로 편성하도록 했다.

홍무제가 주변 지역의 인물들까지 차출해 손응룡의 일을 보좌하도록 했다는 점에서 홍무제는 이 지역의 잠재적인 위험성을 일찍부터 간파했다고 볼 수 있으며, 이런 이유 탓에 진계소 설치와 관련된 그의 명령은 제법 상세하다. 그러나 이런 홍무제의 관심과 정책에도 이 지역에 대한 관리와 통제는 쉽지 않았다.[71] 일례로 영락永樂 3년(1405) 진주위 지휘 공능龔能이 간자평 일대 35채의 초유招諭를 계기로 생묘生苗 요표廖彪 등이 입공하자, 그해 7월 간자평장관사를 설치하기에 이르렀지만,[72] 영락 12년(1414) 간자평의 오자니吳者泥가 묘왕苗王을 자칭하며 반란을 일으킨 게 그 좋은 예다.

다음 표 〈4-1〉은 이러한 묘족들의 반란 중 사료에 명확하게 진간과 간자평 일대의 묘족이나 홍묘라고 지칭된 소수민족들이 명대에 일으킨 반란을 정리한 것이다. 짐작할 수 있듯이 지방지 등의 사료에는 소수민족의 반란을 단지 만당蠻黨, 만적蠻賊, 묘적苗賊, 동묘峒苗, 묘 등의 반란으로 표기하는 경우가 대부분이다. 더구나 특정 지방의 이름을 붙여 정주묘靖州苗, 의장묘宜章苗, 요적묘瑤賊苗, 신녕묘新寧苗 등의 이름을 붙이는 경우가 많아서 실제 그들의 종족명을 석출해 내기란 사실상 불가능하지만, 진간 일대를 공격한 경우는 포함시켰다.

---

71 이를테면 손응룡의 초무로 洪武 30년 2월 이 지역 일대에 이갑제가 실시되었지만 다시 진간묘가 반란을 일으켜 총병 楊仲名이 정벌을 단행했다. 沈瓚 編, 伍新福 校點, 『五溪蠻圖志』, 295쪽. 이 진간묘의 반란을 『五溪蠻圖志』는 洪武 40년으로 기록하고 있지만, 이는 분명히 홍무 30년이다.

72 이상의 설명은 乾隆 『辰州府志』 권12, 「備邊考」, 25쪽 상~26쪽 상 참조.

이런 한계에도 여기서 분석하고자 하는 『판묘기략』과 『무묘록』[73]의 내용이 진간진鎭筸鎭 전영前營에 있는 모도당毛都塘 촌채와 봉황청鳳凰廳에 속한 반당와盤塘窩 촌채의 홍묘를 집중적으로 다루고 있으므로 가능한 한 홍묘가 일으킨 반란을 살펴볼 필요가 있다.

〈표 4-1〉 명대 湘西 일대 紅苗 반란

시기	지역	주동자 및 반란 상황	진압자
선덕 5년(1430)	筸子坪	간자평 장관 吳畢郞	총병관 蕭授
선덕 6년(1431)	鎭筸	苗龍三·白大蟲·黃龍虎·石計聘/ 귀주 銅仁 平頭苗와 결합	蕭授, 도어사 吳榮
선덕 8년(1433)	간자평	吳不跳/吳不爾, 黃龍虎 등 590여 명 참수	소수
성화 16년(1480)	麻陽縣	麻陽 縣治 파괴	-
정덕 원년(1506)	辰溪	黃吉/綏寧, 漵浦 침범	靖州 지휘 段輔, 武岡 수비 王翰
정덕 3년(1508)	辰溪所	진계소 洞苗/酉陽宣撫司와 邑梅長官司 공격	-
정덕 6년(1511)	간자평, 진간	龍麻羊 등/川·湖·貴 일대	도어사 楊茂元, 호광순무 劉丙
가정 18년(1539)	간자평, 진계	龍母叟, 龍求兒/得禾沖 등 21채 공격	진간 수비 朱衣

---

73 이 두 권의 저서가 湘西 지구 일대 묘족 관련 기존 연구에서 아직 본격적으로 이용되지 않고 있다는 건 상당히 의외다. 일단 兪益謨가 편집한 것으로 되어 있는 『辦苗紀略』은 강희 42년 11월부터 강희 43년 정월까지 진간 일대 홍묘 반란 진압에 관련된 사안을 집중적으로 담고 있어 그 사료적 가치가 매우 크다. 현재 원본은 北京大學圖書館에 소장되어 있으며, 이를 바탕으로 최근 楊學娟과 田富軍이라는 두 학자가 2018년 上海古籍出版社에서 校點本을 출간했다. 한편 『撫苗錄』의 내용은 강희 51년(1712) 12월부터 강희 52년 5월 사이에 모도당 村寨 등 52寨 808戶의 3,012명과 52년 6~8월 사이 반당와 촌채 683戶의 3,181명이 武昌府로 와서 귀순한 사건에서부터 시작한다. 『撫苗錄』, 2쪽 상 참조. 이 『撫苗錄』은 徐麗華 主編, 『中國少數民族古籍集成』, 四川民族出版社, 2003에 수록된 것을 이용했음을 밝힌다.

시기	지역	주동자 및 반란 상황	진압자
가정 19년(1540)	五寨司	候笿保/간자평 일대 묘족과 합세해 마양 譚家村 등 공격, 진계 亞酉苗 등이 平頭 공격	辰沅兵備 李瑜, 平溪都指揮 高岡鳳
가정 22년 (1543)[74]	진계	龍求兒/稱王	都御史 萬鐘 등
가정 34년(1554)	진간	용허보, 오흑묘/思州府와 결합	영순, 보정 선위
만력 15년(1587)	간자평	지휘 高松喬 살해	–
만력 36년(1608)	진계소, 간자평	沅州 後山鄕과 茅坪 등 약탈	兵備 袁應文
숭정 10년(1637)	진간	鎭篁苗가 마양현 약탈	–
숭정 15년(1642)	진간	鎭篁苗가 沅州·五郞溪 일대 약탈	–
숭정 15년(1642)	漵浦	紅兵 반란	지현 林龍彩
숭정 16년(1643)	진간	진간묘가 마양현부터 沅州 盈口· 新開·懷化 침략	徐達 등

출처: 乾隆『辰州府志』권13,「平苗考」, 29쪽 상~54쪽 하, 그리고『湖南地方志小數民族史料』(上), 1991, 51~72쪽을 기본으로 작성했으나, 두 자료의 내용이 다를 경우 乾隆『辰州府志』를 기준으로 삼았다. 나머지 사건에 대해서는 각주에 별도로 표기했음을 밝힌다.

〈표 4-1〉에 등장하는 명 가정 연간의 반란 양상에 대해서는 이미 3장에서 자세히 언급했다. 다른 한편으로 〈표 4-1〉을 통해 명대에도 홍묘라고 불린 소수민족이 지속적으로 반란을 일으켰다는 사실을 쉽게 확인할 수 있는데, 의외로『명실록』에서만 홍묘 관련 기록이 만력 연간(1573~1620)에 집중적으로 등장한다.

『명실록』에 홍묘의 관련 기사가 처음 등장하는 시기는 만력 33년 (1605)이다. 당시 귀주 동인부銅仁府 평두사平頭司의 백성 심상沈祥 등이 홍묘가 창궐해 관원과 백성들을 살해하니 그들을 진압시켜 달라

---

74 『五溪蠻圖志』, 297쪽.

고 상주했다.[75] 아마도 이러한 정황이 발생한 이유는 앞서 지적한 바와 같이 홍묘의 거주 범위가 호광, 사천, 귀주 지역 일대까지 널리 퍼져 있기도 하지만, 가정 연간의 반란이 사실상 완전하게 진압되지 못한 탓도 있었다.

역시 3장에서 언급한 것처럼 만력 연간에 변장이 설치된 이유는 분명 홍묘의 이러한 반란이 지속되었기 때문이라고 할 수 있는데, 명말에 이르면 홍묘는 진간 일대에 해당하는 진주, 노계盧溪, 원주沅州는 물론 마양까지 그 기세를 확장해 나아갔다. 당시 동인부를 함락한 홍묘들이 지부와 지현 등을 사로잡는 정황까지 발생했다.[76] 특히 만력 연간에 이르러서는 동인, 석천石阡, 사남思南, 사주思州 등지에 이러한 홍묘가 1만여 명에 달했으며, 양응룡 반란의 잔여 세력이 이들 홍묘와 결합해 빈번하게 반란을 일으켰다.[77] 이처럼 명말까지 상서 일대는 물론 그 밑의 동인 지역에까지 홍묘가 창궐할 수밖에 없었던 이유는 무엇일까?

그 중요한 원인을 명 왕조의 진간 지역 일대에 대한 정책을 통해 확인할 수 있다. 홍무 14년(1381) 진계군민천호소를 개설할 당시 홍무제는 가문段文, 진재陳才, 송귀, 웅량熊諒의 네 천호로 하여금 이곳을 10리로 나누어 대대로 지키도록 했다. 그런데 무슨 이유에서인지 천호소의 설치에도 불구하고 진계 관할의 2리, 3리, 4리 등과는 별도로 간자竿子에 있는 홍묘 48채는 간자평장관사가 관할하도록 했다. 이는

---

75 『明實錄』 권409, 萬曆 33년 5월 26일.

76 「苗源」, 俞益謨 編著, 楊學娟·田富軍 點校, 『辦苗紀略』, 上海古籍出版社, 2018, 10쪽. 아울러 만력 10년 이후 동인부 일대에서 홍묘들의 반란이 심해졌다는 증거는 萬曆 『銅仁府志』 권2, 「方輿志」(風俗), 13쪽 하~14쪽 상 참조.

77 『明實錄』 권536, 萬曆 43년 8월 15일.

홍묘를 토사 휘하에 두었다는 의미로서, 간자평장관사는 전량田糧을 징수할 수 있는 휘하 백성이 없는 채로 홍묘만을 관할했다.

정덕 연간 홍묘가 대대적으로 반란을 일으키자, 호광, 귀주, 사천 삼성三省의 순무들이 합세해 이들을 진압했지만, 토벌에 나선 상당수 병사들이 납이산臘爾山 등으로 은닉했으며, 그 반절은 영순과 보정 토사 경계 지역으로 숨어들었다. 이런 상황을 빌미로 영순토사가 진계의 묘인을, 보정토사가 간자의 홍묘를 각각 담당하게 되었지만, 이후 역설적으로 토사나 진간 일대 초병들이 묘인을 진압할 때마다 정부로부터 대가를 받게 된 후, 사실상 반란의 진압 자체보다 진압에 따른 대가에 더 많은 관심을 갖게 되었다.[78]

묘인 1명을 생포한 자에게는 은 5냥, 묘인을 참수한 자에게는 은 3냥을 지급한 예가 바로 그것인데, 앞서 3장에서 지적한 것처럼 반란 세력과 토사의 결합 이면에는 이러한 상금의 하사가 내재되어 있었다. 그러므로 만력 연간 당시 영순선위사 팽원금彭元錦과 보정선위사 팽상건彭象乾이 '음종호묘陰縱湖苗'하면서 홍묘를 돕고 있다는 『명실록』의 기사[79]는 결코 거짓이라고 볼 수 없다. 아마도 영순과 보정토사가 이 지역을 관할하면서 중요한 역할을 담당한 무묘사파撫苗舍把 역시 묘인과 내통하고 생포한 묘인들을 매매하거나, 심지어 초광硝磺을 판매해 자신의 이익을 취하는 데 골몰했다. 청초에 홍묘의 준동을 차단하기 위한 중요한 개혁 방침의 하나로 토사의 혁폐와 함께 사파舍把를 없애야 한다는 언급[80]이 등장한 이유는 바로 이러한 정황 때문이었다.

---

78 이상의 내용은 金應聲, 「鎮篁傳邊錄」, 『辦苗紀略』, 11~12쪽 참조.
79 『明實錄』 권541, 萬曆 44년 정월 26일.
80 劉元, 「紅苗盤踞」, 『辦苗紀略』 권2, 29쪽.

강희 연간 초·중엽의 홍묘 반란

청 정부가 진간 일대 홍묘를 대대적으로 진압하고자 한 중요한 이유는 명대 설치된 변장의 안과 밖 상황이 서로 달랐기 때문이다. 변장의 문제는 강희 42년 반란의 사후 대책을 다룬『무묘록』에서 다시 중요하게 언급되는데 대체로 변장 안쪽은 유관이나 토관의 관할 지역으로서 대부분 숙묘가 살았지만, 귀주성, 사천성, 호광 지역이 서로 연계된 변장 외부야말로 홍묘의 소굴이라는 게[81] 당시 청 정부의 생각이었다. 따라서 청조 일부 관리들은 사천·호광과 귀주성 홍묘의 연계를 차단해야 한다고 강조했는데, 무엇보다 호광 지역의 홍묘를 다른 지역의 홍묘와 차단하지 않는다면 호광의 홍묘가 동인 지역으로 잠입해 결국 동인부가 다시 홍묘의 피해를 입을 것이라고 역설했다.[82]

그런데 지방지의 기록에 따르면 청 왕조가 본격적으로 중국 내지를 통치하기 시작한 순치 연간에도 호광 상서 지역 일대에서는 여전히 크고 작은 병란이 계속 발생했다. 이를테면 순치 4년(1647) 진주부 일대에서는 왕진재王進才, 마정충馬靖忠 등과 함께 우만재牛萬才란 인물이 서포溆浦 일대를 점령해 매우 혼란스러웠다. 이어 순치 6년(1649)에는 왕진재, 마정충, 고필정高必正, 이역심李亦心 등이 다시 원주沅州와 정주靖州를 공격했다. 이어 장남녕張南寧이란 인물은 진주를 공격했으나 성과가 없자 다시 진계辰谿로 들어가 성읍城邑에 대한 화공火攻을 펼쳤으며 노략질을 자행했다. 이러한 틈을 타 요묘獠苗가 활개를 쳤으며, 진주를 침략했다가 별 전과를 거두지 못한 채 물러난 왕진재 일당이

---

81 巴錫,「請設官兵疏」,『辦苗紀略』 권4, 82쪽.
82 巴錫,「請設官兵疏」,『辦苗紀略』 권4, 78쪽.

진계를 재차 공격하기도 했다.[83]

장헌충의 잔여 세력인 손가망(孫可望, ?~1660)이 순치 연간까지 이 지역에서 칭왕稱王하면서 진·원辰·沅 일대를 귀주성으로 편입시키는 등의 행정 개편을 단행한 걸로 미뤄 명말청초 상서 지역은 소수민족에 더해 명말에 흥기한 군사 세력의 활동 무대이기도 했다. 강희 12년(1673)에는 오삼계가 운남에서 상서 지역으로 들어와 진원 일대가 다시 혼란에 빠졌다. 오삼계의 상서 지역 일대 점령으로 하국상夏國相이나 황정경黃正卿 같은 인물이 거짓으로 장군이나 군관을 자칭한 탓에 역시 이 지역 거주민들에게 커다란 피해가 되었으며 지역 사회도 매우 불안정했다.[84]

매우 제한적인 자료지만 상서 일대에서 발생한 명청시대 소수민족 반란을 비교적 일목요연하게 정리해 놓은 도광『봉황청지』나 건륭『진주부지』에 의하면 청대에 들어서서 명확하게 홍묘라고 지칭된 소수민족이 처음 반란을 일으킨 시기는 강희 24년(1685)이다.[85] 그러므로 오삼계가 형주衡州에서 사망한 시기가 강희 16년(1677)이라는 점[86]을 감안하면 사실상 상서 지역은 청 왕조가 들어선 이후에도 지속적인 반란에 시달렸다고 봐야 할 것이다.

강희 24년 당시 홍묘가 진계소를 공격하자 평원순무偏沅巡撫 정사공丁思孔이 부장副將 곽충효郭忠孝를 파견해 반란을 진압시켰다. 강희 24년 홍묘 반란의 규모는 제법 컸다고 판단되는데, 이를테면 진계소

---

83 乾隆『辰州府志』권13,「平苗考」, 42쪽 하~43쪽 상.
84 이상 孫可望과 吳三桂 관련 내용은 乾隆『辰州府志』권13,「平苗考」, 44쪽 상~46쪽 상 참조.
85 이하 강희 연간 홍묘 반란은 道光『鳳凰廳志』권12,「苗防(二)」, 14쪽 하~16쪽 하에 근거했다.
86 乾隆『辰州府志』권13,「平苗考」, 46쪽 하.

의 수비 서진조徐進朝나 분수도分巡道 왕순년王舜年 등과 같은 관군은 물론 병향兵餉을 담당한 지부 유응중劉應中, 그리고 영순과 보정토사의 토병이 동원되어 약 2,700여 명을 참수했던 사실이 그러한 정황을 뒷받침해 준다. 이후 다시 강희 25년 정월에 홍묘가 반란을 일으킨 점으로 미뤄 강희 24~25년(1685~1686)[87]은 청대 홍묘 반란의 중요한 분기점이라고 할 수 있다.

강희 24년 8월 이 지역 일대 홍묘들이 진계소와 어량요魚梁坳 일대를 공격하자, 좌도독左都督 곽충효가 나서 그들을 진압하던 광경을 지방지는 다음과 같이 묘사하고 있다.

수비 서진조가 병사들을 통솔해 그들을 추격하면서 더 깊숙이 보정채補頂寨까지 들어갔지만, 매복을 만나 파총把總 3명, 병사 70명, 변민邊民 수십인이 함정에 빠졌다. (이에) 진주좌도독 곽충효가 병사들을 이끌고 가 (그들을) 토벌하기에 이르렀다. 총독과 순무는 즉시 곽충효를 총통總統으로, 분순도分巡道 왕순년을 감군監軍으로, 지부 유응중을 독운督運으로 삼고, 각 대영大營의 병사를 파견하는 한편 영순과 보정토사의 토병을 징발해 전투를 돕도록 해, 주변의 삼차채三岔寨 등 25채의 생묘와 배나排那 등 13채를 항복시켰다.

(24년) 11월 지량파地良坡 및 폭목영爆木營을 공격해 파괴하고, 묘인苗人 2,700여 명을 참수했다. 더 진격해 보정채를 공격하고 오로람吳老覽 등 15

---

87 이 두 시기에 발생한 홍묘 반란은 지방지마다 약간 그 연도가 달리 나타나는데, 이를테면 副將 郭忠孝가 진압한 홍묘 반란이 道光 『鳳凰廳志』 권12, 「苗防」(2), 14쪽 하에는 강희 24년으로 기록된 반면, 光緒 『乾州廳志』 권8, 「苗防」(2), 12(쪽) 상에는 강희 25년으로 기록되어 있다. 이는 아마도 후자의 강희 25년 '正月初六日苗復聚'라는 기술에서 알 수 있듯이, 두 시기의 반란이 서로 연계되었기 때문일 것이다.

인을 생포하는 한편, 100여 명을 격살했으며 수괴 오이과吳二過와 오로수
吳老叟를 진중陣中에서 처형했다. 12월 (다시) 추격해 타충打蟲 등의 채에 이
르러 200여 명을 참수하고, 21명을 생포했다.[88]

위 인용문을 통해 확인할 수 있듯이 강희 24년 보정채 일대의 반란
으로 참수당하거나 생포된 인원이 3,000여 명에 달했다. 그렇다 해도
이들을 토벌하기 위해 인근 지방관들은 물론 토병까지 총동원된 것으
로 미뤄, 강희 연간 중반까지도 상서 지역 일대의 반란 진압에 여전히
영순과 보정토사의 병력이 동원되었다는 사실을 알 수 있다. 이듬해
정월 이들이 다시 반란을 일으키자, 곽충효가 배나채 일대를 또다시
공격해 많은 묘인이 죽음을 당했다. 사망자가 셀 수 없다는 말은 중
국 사서史書에 흔히 등장하는 상투적인 언급이긴 하나, 유응중과 곽
충효마저도 그들을 가엾게 여겨 결국 초무招撫 정책을 폈을 정도로 이
전투는 참혹했다. 이 일대에 대한 진압이 완결된 건 강희 25년 2월 22
일이었다.

그렇다면 강희 24~25년 홍묘 반란 양상이 명대와 비교해서 다른
점은 무엇일까? 이런 의문과 관련해 당시 진주부 지부 유응중의 글은
다음 두 가지 사실을 확인시켜 준다. 강희 24~25년 당시 홍묘 반란
진압을 자세히 언급한 그의 「평묘기平苗記」를 통해서 보건대, 명 중엽
과는 달리 일부 촌채가 귀순했다는 점을 우선 들 수 있다.[89] 또한 명
대 반란에서 일반적으로 등장하던 문제인 생묘와 숙묘의 차이가 강희
24~25년 홍묘 반란에 이르러 훨씬 약화된 사실도 기억할 필요가 있

---

88 乾隆 『辰州府志』 권13, 「平苗考」, 47쪽 하~48쪽 상.
89 劉應中, 「平苗記」, 道光 『鳳凰廳志』 권11, 「苗防」(1), 26쪽 하.

다. 그러므로 군사적 토벌과 위무 사이의 갈등, 생묘와 숙묘 처리에 대한 고심, 토사의 행태와 같은 문제는 뒷전으로 밀려났는데, 이는 아무래도 청 왕조의 군사적 자신감 때문이었을 것이다.

청 왕조의 이런 군사적 자신감에도 불구하고 청초 관리들은 이 지역에 대한 방비의 중요성을 결코 망각하지 않았다. 「평묘기」라는 제목이 잘 보여주듯 기본적으로 그것은 승리의 기록임이 분명하지만, 유응중은 일련의 전투 과정에서 자연스럽게 이 지역 홍묘 대책을 위한 중요한 시설이 바로 변장이라는 점을 인지했다. 그러므로 그는 변장邊牆의 보수가 아닌 완전한 재건을 주장했다.[90] 그가 변장을 언급하면서 구제도의 회복이라는 표현을 사용한 점으로 미뤄 그 역시 명대 건설된 변장의 중요성을 새삼스럽게 인식했다고 볼 수 있다. 그는 새로운 변장의 건설에 필요한 자금은 국고에서 충당하는 게 당연하지만, 문무관원들이 합심해 기부해야 한다는 강조도 잊지 않았다. 뒤에서 언급할 『무묘록』의 전반부가 변장 관련 내용이라는 점을 감안한다면, 강희 연간 당시 이 지역 관리들은 여전히 변장의 중요성을 인식했다고 볼 수 있다.

유응중은 자신의 「평묘기」에서 명 가정 연간의 묘족 반란 진압에 10만여 명이 동원되고 진압에 수년이 소요된 데 비해 강희 연간의 반란 진압에는 5,000명의 병사로 강희 24년 가을부터 강희 25년 중춘仲春까지 고작 6개월 정도가 소요되었다고 자랑했다. 그리고 이런 자신감 탓에, 청 왕조는 이미 강희 23년 이곳에 주둔하던 협영병協領兵 1,600명을 1,100명으로 줄여, 건주와 마양현 일대 대소大小 당신塘汛 80여 곳을 분담하도록 했다.

---

90 劉應中, 「邊牆議」, 光緒 『乾州廳志』 권7, 「苗防」(1), 14쪽 상.

하지만 청 왕조의 이런 자신감에도 불구하고, 이후 이곳에서는 소수민족들의 반란이 지속적으로 발생했으므로 당시 이 지역 지방관들은 홍묘 대책에 고심할 수밖에 없었다.

수년 이래 묘인들의 인구는 나날이 증가하고 있다 … (이들이) 완강하게 세력을 떨치면서 장악하고 있는 최고 험지 천성채天星寨는 만산萬山 가운데 수백 장丈의 절벽이 있는 곳인데, 겨우 길 하나로만 오를 수 있으며, 여러 묘인이 식량을 저장하는 험요險要다. (그들은) 힘이 약해지면 머리를 숙이고 생명을 구걸하며, 세력이 강해지면 무리를 이끌고 함부로 날뛴다. 병사를 일으켜 그들의 죄를 징벌하고자 하면 깊은 숲속으로 도망해서 은닉하며, (그들과의 대결에서) 승리하고 돌아오면 바로 다시 날뛸 생각을 한다. 대체로 그들은 동굴이나 숲속 촌채村寨에 의지하는 덕분에 식량을 (별도로) 지니고 다닐 필요가 없지만, 우리는 군사 작전 시 군량의 지급이 번거로워, 비록 (우리 군사 행동의) 위세를 한층 떨칠 수는 있으나, 백성들의 부담이 이루 말할 수 없다.[91]

이러한 언급에 뒤이어 원주沅州와 진주辰州의 병력과 영순·보정 두 토사의 병력을 진간에 집결시켰으므로, 변방의 백성들이 안심할 수 있다는 말을 덧붙였다. 하지만 위 인용문에서 잘 나타나듯이 기본적으로 험한 길과 군량 조달 등의 어려움이 여전히 남아 있었으며, 묘인들은 호시탐탐 반란의 기회를 노리고 있었다. 지방지는 명확히 홍묘라고 지칭하지 않았지만, 강희 32년(1693)에는 명칭이 다른 노신채묘勞神寨苗가, 강희 37년에는 단순히 역묘逆苗라고 기록된 묘인 1,000여

---

91 道光『鳳凰廳志』권12,「苗防」(2), 15쪽 하~16쪽 상.

명 등이 연이어 반란을 일으킨 정황은 강희 중반에도 이 지역이 안정되지 않았다는 사실을 다시 한 번 잘 보여준다.

강희 40년(1701) 3월이 되자, 악해鄂海가 저술한 『무묘록』에 등장하는 모도당毛都塘 등의 10여 채가 다시 반란을 일으켰다. 애초 강희 40년 3월 진간진鎭竿鎭 중영中營의 유격遊擊 심장록沈長祿 등이 병사 700여 명을 이끌고 노가채老家寨에 대한 공격을 단행한 바 있다. 이와 동시에 마안산 모도당 등 10여 채가 출동해 수비 허방항許邦恒과 천총 손청孫淸 및 관병 120여 명을 함정에 빠트렸다. 지방지에는 두 사건 사이의 관련성에 대한 정황이 정확히 서술되어 있지는 않지만, 아마도 심장록의 공격이 반란의 빌미가 되었을 것이다.

적어도 이 강희 40년 사건은 『무묘록』에도 등장하는 모도당이라는 촌채 이름이 고스란히 등장한다는 점과 이 사건을 계기로 마양현의 생원生員 이풍李豊과 왕장암王章譜, 그리고 초관哨官 뇌조감雷朝鑒과 호정胡鼎 등이 묘해苗害에 대한 대책을 정부에 상소했다는 점에서 중요한 의의를 지닌다. 마양현 생원이 아닌 호광진간 생원으로 기록된 『청실록』에 의하면 이풍은 진간의 홍묘들이 방자하게 행동할뿐더러 살상을 자행하고 있음에도 지방관들이 구치究治는 물론 상부에 보고조차 하지 않는다고 불평했다. 따라서 청 정부는 이부좌시랑, 공부우시랑, 그리고 당시 절강순무로 있던 조신교에게 호남 지역으로 가서 자세한 상황을 살피고 보고하도록 했다.[92] 이에 관련된 자세한 기록을 지방지를 통해 확인할 필요가 있다.

---

92 『淸實錄』 권209, 康熙 41년 9월 23일. 『淸實錄』의 기록에 의하면 강희 40년 홍묘의 반란은 청 조정에 보고되지 않은 게 사실인 듯하다. 『淸實錄』 권212, 강희 42년 4월 12일조 참조.

호남의 홍묘는 명조 이래 험지에 의거한 채 신복臣服하지 않고 있으며, 지금도 여전히 내 백성들과 가축을 노략질하고 많은 말썽을 일으키고 있다. 그 일대 간민奸民 또한 인명과 가축을 빼앗으며, 사건이 발생한 연후에는 그 죄를 홍묘 탓으로 돌리는 자도 있으니, 홍묘 등이 삼성三省의 접경 지역에서 백성들에게 해를 끼치지 않도록 해야 한다. (그러므로) 광동의 팔배八排 요인猺人들을 (초무招撫한) 예[93]에 따라, 재경在京 대신大臣을 미리 보내 형주荊州 주방駐防 만주滿洲 병사 1,000명을 대동시키도록 함과 동시에, (필요한 병사 수효를) 헤아려 광서, 귀주, 호남 삼성의 병사를 (징발해) 대동하도록 해야 할 것이다. 이 기회를 이용해 군사들은 겨울에 묘혈까지 바로 핍박해 들어가 귀성歸誠을 강제하고 주·현을 설립한다면, 바라건대 백성들이 이와 같은 피해를 보지 않을 것이다.

이러한 유지와 함께 당시 강희제는 무력을 동원해 그들을 엄하게 다스리라고 명령했다.

만약 투성한 묘인이라 할지라도 백성들에게 해를 끼치고 반란을 일으킨 자는 법으로 다스리고, 감히 항거하는 자들은 즉시 진격해 토벌해야 하며, 항거를 하지 않는 홍묘들을 옥석을 가리지 않은 채 모두 처단해서는 안 된다.[94]

---

93 『淸實錄』에는 이 부분과 관련된 언급이 등장하진 않지만, 강희 41년(1702) 連山 일대 八排瑤를 토벌하기 위해 전개한 "三省剿瑤" 작전에서 호광, 광동, 광서 三省의 병사를 징발한 전례를 의미한다. 譚嘉偉, 「淸代連山瑤·壯的源流·分布及相關歷史地理問題研究」, 曁南大學碩士學位論文, 2017, 47쪽.

94 이상 강희제의 두 上諭는 乾隆 『辰州府志』 권13, 「平苗考」, 49쪽 하～50쪽 상 참조. 아마도 이 上諭는 이풍이 상소한 이듬해인 강희 42년 湖廣提督 兪益謨와 偏沅巡撫 趙申喬의 보고에 따른 것으로 판단된다. 『淸實錄』 권213, 康熙 42년 9월 24일조 참

바야흐로 상서의 홍묘 거주 지역 일대에는 전운이 감돌았으며, 청 정부와 관련 재경 대신, 그리고 해당 지방관들이 즉시 홍묘 토벌 작전에 나섰다.

2) 康熙 42년 紅苗 반란의 양상과 진압

진압 작전

앞서 인용한 강희 42년(1703)[95] 9월 24일에 내려진 강희제의 유지諭旨는 홍묘 반란 진압의 시작이었다. 이 작전의 최고 결정자는 당시 이부상서 겸 예부상서인 석이달(席爾達, ?~1703)이었으며, 주요 고위 지방관으로는 호광총독 유성룡(喻成龍, ?~1714), 편원순무 조신교(趙申喬, 1644~1720), 귀주제독 이방술(李芳述, ?~1708), 광서제독 장왕(張旺, ?~1712), 호광제독 유익모(俞益謨, 1653~1713)가 참여했다. 이 밖에 진간총병관 뇌여雷如와 양양총병관襄陽總兵官 장곡정張穀貞이 있었다.[96]

강희 42년 진압 작전 관련 사료를 일별해 보면, 작전에 참여한 대다수 문무관리들은 사전에 홍묘의 근거지 일대를 직접 탐사했음을 알 수 있다. 호광제독 유익모의 주소奏疏를 살펴보기로 하자.

홍묘는 다른 묘족이나 요족猺族과 비교해 훨씬 교활하고 사나우며, 해마다 여러 차례 (번갈아서) 토벌(剿)과 위무(撫)를 시행했지만, 반란의 재발

조. 한편 조신교는 강희 41년 정월에 잠시 절강순무로 있다가 그해 12월부터 편원순무로 부임해 강희 49년까지 재직했다.

95 이하 본문에서 특별한 표기가 없는 한, 月日은 모두 강희 42년임.

96 「出師文武官員銜名」, 『辦苗紀略』 권8, 180~182쪽.

에 때가 없습니다. 신臣이 호광에 도착한 이래, 유의해서 여러 사람을 만나 의견을 물었으나 사람마다 의견이 달라, (그들의) 억측을 신뢰하기는 어려 웠으며, (신이) 직접 그 지역을 돌아보고 그 형세를 (참작해) 계획하는 것만 못했습니다 … 신이 관병官兵을 대동하고 건량을 준비해, 진간으로 내달려 군대 주둔지와 변방 지역을 두루 살피는 한편, 폐하의 위엄을 선양하고 성 덕聖德을 널리 전파했습니다.[97]

위 유익모의 상주는 7월 2일자로 기록되어 있는데 강희제가 홍묘 를 초무招撫하라는 명령과 함께 편원순무 조신교를 대동해 군사들이 형주에 도달하게 되면 편원순무인偏沅巡撫印을 사용하라는 유지가 10 월 6일에 내려졌으므로 유익모는 그에 앞서 현장을 시찰한 셈이 된 다. 이런 명령에 따라 진압 관련 고위 대신들이 10월 7일 북경을 출발 해 형주荊州에 도착한 때는 10월 25일이었다.[98]

그러나 지휘관들이 형주에 도착하기 전인 10월 19일에 이미 일종 의 탐색 성격을 지닌 선발대를 홍묘 지역에 파견했다. 당시 기마병과 보병 550명을 진간으로 보내 형세를 살피도록 했으며, 향도와 숙묘 를 물색해 척후로 삼았다. 이 작전을 주도한 유성룡이 '선무후초先撫 後剿', 다시 말해 먼저 홍묘를 달래는 정책을 펼친 후, 군사 진압 정책 을 주장했다는 점에서 일단은 홍묘들의 동정을 살펴 군사 작전의 범 위와 강도를 탐색했다고 볼 수 있다. 유성룡은 홍묘들이 비록 어리석 다고는 하나, 기본적으로 인성을 갖추고 있으므로 향화向化의 마음이 졸지에 생겨날 수도 있다는 가능성과 함께 그들이 완강하게 버틴다면

97　俞益謨, 「請巡筭邊疏」, 『辦苗紀略』 권3, 47쪽.

98　趙申喬, 「恭報起程赴荊疏」, 『辦苗紀略』 권3, 49쪽.

응징할 수밖에 없다는 두 가능성을 동시에 언급했다는 사실은 분명히 묘인들의 태도에 따라 군사 작전의 강도를 달리할 수 있다는 의미일 것이다.[99]

〈지도 7〉 天星寨圖[100]

　이 작전의 최고지휘자인 석이달이 10월 7일 북경을 출발해 진간에 도착한 시기는 11월 12일이었다. 따라서 본격적인 작전은 11월 12일

<hr />

99　喩成龍,「恭報起程赴筸疏」,『辦苗紀略』권3, 49쪽. 이와는 별도로 10월 28일 2,500
　　명의 병정을 대동하고 桂林과 全州를 경유해 호남성에 도착한다는 보고를 광서제
　　독 張旺이 10월 19일에 상주했다. 張旺,「恭報會剿起程疏」,『辦苗紀略』권3, 51쪽
　　참조.
100　俞益謨,『辦苗紀略』권1, 5쪽.

이후부터 전개된 것으로 판단할 수 있는데,[101] 당시 전투 상황을 자세히 기록한 그의 글을 좀 더 자세히 살펴볼 필요가 있다.[102]

「공보삼성관병찰립영반소恭報三省官兵扎立營盤疏」(1)와 「공보무초홍묘정형소恭報撫剿紅苗情形疏」(2)라는 제목으로 된 그의 두 상소문 가운데 분량이 적은 상소문 (1)은 많은 홍묘들이 황제의 은덕에 감화되어 귀성자가 많다는 언급으로 시작된다. 이런 상투적인 지적에 이어, 천성채天星寨, 마안산馬鞍山, 모도당毛都塘, 칠두수七兜樹, 타랑채打郞寨, 미량채湄亮寨, 노가채老家寨, 양두양兩頭羊, 나당산糯塘山, 노왕산老枉山으로 나누어 진격해 각각 천성채 사면에 입영지를 설치한 사실을 보고했다. 이로 미뤄 당시 천성채는 매우 중요한 공격 대상으로 추정되는데, 〈지도 7〉을 통해서도 보듯이 사방이 거의 절벽에 가까운 그곳의 공략은 매우 어려웠을 것으로 추측된다.

상주문 (2)는 제법 장문의 글로서, 당시 작전 전개 상황을 소상히 밝히고 있다는 점에서 소수민족 촌채의 정복 과정을 알려주는 자료다. 따라서 주요 내용을 자세히 살펴볼 필요가 있다.

석이달의 상주문 (2)는 작전이 전개된 후, 홍묘의 301채가 귀성했지만, 앞에서 언급한 10개 촌채는 여러 차례의 초무招撫에도 불구하고 완강하게 저항하고 있다는 말로 시작된다. 따라서 그는 "만일 위무에 감히 저항한다면 즉시 공격해 그들을 없애라."는 강희제의 명령에 따

---

101 다른 한편으로 11월 27일에 유익모가 殺苗坪, 火麻營, 上麻沖, 地良坡, 白菓窯, 爆木營 일대에 도착해 주요 거점을 장악했으며 軍糧 등을 점검하고, 招撫에 응한 촌채에 대한 단속과 저항하는 촌채에 대한 정황을 살폈다. 俞益謨, 「恭報率師回常疏」, 『辦苗紀略』 권3, 62쪽.

102 이하 내용은 특별한 표기가 없는 한, 석이달, 「恭報三省官兵扎立營盤疏」(1), 『辦苗紀略』 권3, 53~54쪽과 동, 「恭報撫剿紅苗情形疏」(2), 『辦苗紀略』 권3, 54~61쪽에 근거했다. 다만 두 편의 상소를 구분하기 위해 편의상 번호를 붙였다.

라 위 10개 촌채에 대한 공격을 단행했다.

그가 팔기병과 녹영병을 대동하고 본진이 설치된 폭목영㰕木營에서 홍묘의 주된 거주지 중 하나인 용교동龍蛟洞으로 출발한 시기는 12월 10일이며 지형이 험준한 천성채에 대한 공격을 단행한 시기가 12월 13일이었다. 석이달의 상주문 (2)는 23일까지 10일 동안의 전승 기록을 남기고 있는바, 아래 〈표 4-2〉는 그 내용을 정리한 것이다.

〈표 4-2〉의 내용으로 미뤄, 호광제독 유익모가 천성채, 용교동, 배육량排六梁을, 귀주제독 이방술이 나당산 일대를, 광서제독 장왕이 마안산과 노왕산 일대를, 진간총병 뇌여가 모도당, 미량채, 칠두수, 노가채, 양투양兩投陽 일대를 각각 나누어 공격했음을 알 수 있다.[103] 특히 광서제독 장왕의 보고를 통해 짐작할 수 있듯이, 일부 지역을 점령했지만 홍묘들이 험한 지역으로 다시 숨어들어 그들의 종적을 찾기 어려웠던 탓에, 특정 지역에서 수색과 전투가 반복적으로 전개되었다. 당시 일부 전투 상황을 통해 그러한 사실을 짐작할 수 있다. 다음은 15일에 실시한 수색이 성과 없이 끝난 후, 다시 16일에 노왕산 일대에서 홍묘를 공격한 뒤, 다음날인 17일의 정황을 언급한 장왕의 글이다.

계림부장桂林副將 왕국용王國用에게는 산(馬鞍山)의 동쪽으로, 전주참장全州參將 왕순王順에게는 산의 남쪽으로, 평락平樂의 수비守備 진의陳義 등에게는 산의 서쪽으로, 본표本標 전영前營의 유격遊擊 유복진劉伏振에게는 산의 북쪽으로 각각 변병弁兵을 대동해 진격하도록 은밀히 명령을 내렸으며, 저

---

103 이 부분은 乾隆 『辰州府志』 권13, 「平苗考」, 50쪽 상~52쪽 하에도 동일하게 등장한다.

는 관병을 대동해 산 정상에 그들을 나누어 포진시킨 뒤 그들을 지원할 수 있도록 했습니다. (그리고) 새벽이 오기를 기다려 골짜기로 바로 내려가 함께 모이기로 했습니다.

그들의 행적을 찾아보니 깊은 동굴이 보였으며, 그 안에는 묘적苗賊의 흔적이 있었습니다. 또한 묘족 여인들의 울음소리가 들려 바로 관병들을 독려해 차례로 들어가도록 했습니다. (하지만) 그 동굴이 매우 어두운 탓에 들어갈 수 없어 병사들에게 나무와 풀을 베어 오도록 해 불을 질러 연기를 피우도록 했는데, 그 연기로 사망한 자가 얼마인지 모를 지경이었습니다. 다시 네 곳에서 크고 작은 동굴을 차례로 수색하자, 창과 돌에 맞아 죽은 묘인들의 시신이 수없이 많았으며, 철로 된 투구, 잡량雜糧, 면화 등을 노획했습니다. 이어 사방을 수색해 묘인들을 체포하자, 묘인들의 흔적을 다시 찾아볼 수 없었습니다.[104]

위 장왕의 언급으로 미뤄, 당시 홍묘 진압 작전이 집요하게 이루어졌으며, 매우 처참했다는 사실을 쉽게 짐작할 수 있다. 이런 전쟁의 참혹상을 알 수 있는 가장 직접적인 증거는 아무래도 진압으로 희생된 묘인들의 수효일 것이다. 일단 〈표 4-2〉에 표기된 수치만 해도 사망자가 정확히 4,070명이며, 생포자가 150명, 생포된 부녀자는 46명이었다. 이외에도 위 장왕의 언급에서 등장하는 것처럼, 사망자가 셀 수 없을 정도로 많다는 기록과 함께 생포자들을 법에 따라 조치한 사실을 염두에 둔다면 당연히 이 수치보다 훨씬 많은 묘인들이 이 진압으로 사망했을 것이다.

---

104 席爾達, 「恭報撫剿紅苗情形疏」, 『辦苗紀略』 권3, 58쪽.

〈표 4-2〉 康熙 42년 鎭篁 일대 紅苗 반란 진압 상황

진압 시작 시기	지휘자	보고자/ 보고 일시	진압 종료 시기	공격 지역	사살/생포(명)
12월 13일	長沙 副將 高一靖 외 3명 등	湖廣提督 俞益謨/24일	12월 21일	天星寨	사살: 493
					생포: 8
12월 13일	銅仁 副將 孫成龍, 유격 吳明 등	貴州提督 李芳述/25일	12월 17일	糯塘山, 上・下葫蘆/5로로 나누어 진격, 15일 飛岩地까지 진격	참수: 700
					생포: 37
12월 16일*	12월 13일과 상동	貴州提督 李芳述/25일	12월 17일	17일 蜂箐岩 도착	사살: 500
					생포: 29
12월 13일	桂林 副將 王國用 등	廣西提督 張旺/29일	12월 23일	13일: 馬鞍山, 打郞寨	참수: 450
					14일: 동일 지역 진격	사살: 50
				15일: 수색 및 체포	–
				16일: 수색 및 체포	사살: 204
				17일: 동일 지역 진격	–
				18일: 老家寨 일대	사망자 다수
				19일: 눈비로 進兵不可	–
				20일: 至官峒 일대	사살: 33
				21일: 진격 작전	사살: 170
					생포: 37
12월 13일	官兵 및 保靖土司 彭澤虹	鎭篁總兵 雷如/29일	12월 20일	13일: 毛都塘	사살: 520
					생포: 17
				15일: 毛都塘	사살: 600
					생포: 22
					생포 부녀: 31
				16일: 糯塘山 復進, 兩頭羊	사살: 115
					생포 부녀: 6
				20일: 狗喇岩	참수: 235
					생포 부녀: 9

* 12월 16일 작전은 12월 13일 작전의 연장임(復行搜剿).

출전: 席爾達,「恭報撫剿紅苗情形疏」,『辦苗紀略』권3, 55~60쪽.

묘인들이 매우 처참한 대우를 받았던 사실은 칠도수七都樹와 노가당채 등의 홍묘들이 공격을 받은 후 일단 나당산과 노왕산 숲속에 숨어들었다가, 다시 장소를 옮겨 구라암狗喇岩 일대 동굴과 숲속으로 은닉하자 유격 사찬史讚과 호련瑚璉, 그리고 보정토사 병정들이 이들을 쫓았던 20일의 기록을 통해 알 수 있다. 당시 참수한 묘인들의 수효가 235명이었으며, 생포한 묘인 부녀자는 9명이었는데, 이 여자들을 병정들에게 상賞으로 나눠줬다고 장왕은 기록하고 있다.[105]

기존의 한 연구에 따르면, 청 왕조가 중국 본토를 점령하면서 남녀 모두에게 만주식 복장과 머리 모양을 강제했지만, 상대적으로 여성들에게는 가혹한 조치를 시행하지 않았다. 청 정부의 그러한 호의의 이면에는 여성들이 기본적으로 정치에 간여하지 않았을 뿐 아니라 대중들 앞에 등장하는 경우도 많지 않은 탓에, 만주족 여성들의 중국식 복장이 일반 대중들에게 미치는 정치적 영향이 제한적이라는 이유가 존재했다.[106]

그러므로 장왕의 묘족 여인들에 대한 조치는 청 정부의 여성들에 대한 전반적인 유화 정책이 소수자에게까지 보편적으로 적용되지 않았다는 점을 여실히 보여준다. 더구나 소수민족은 물론 소수민족 여인들에 대한 대우를 적어도 다른 사료에서는 찾아보기 어렵다는 점에서 강희 42년 당시 청 정부가 저지른 잔인한 광경에 대한 언급은 분명 역사적 가치를 지닌 사실이라고 할 수 있다.

또 하나 중요한 점은 진압이 성공적으로 이루어진 뒤, 사망자와 생

---

105 席爾達, 「恭報撫剿紅苗情形疏」, 『辦苗紀略』 권3, 60쪽.

106 Susan Mann, "Women, Families, and Gender Relations," in Denis Twichett and John K. Fairbank, *The Cambridge History of China*, vol. 9, Cambridge University Press, 2002, pp. 438~439 참조.

포자들의 수효와 함께 기록된 묘인들로부터 노획한 다양한 물자다. 그러한 노획물의 대부분은 당연히 장창長槍, 조창鳥槍, 투구, 환도環刀 등과 같은 무기와, 말이나 면포와 같은 일종의 군수 물자였는데, 이 가운데 주목할 만한 무기가 바로 화포다. 화포와 관련해 당시 진압군에 참여한 공기현龔起賢의 언급은 중요한 사실을 지적하고 있다.

① 본조本朝(청조)의 창포槍砲 제도는 이전에는 (볼 수 없는) 드문 것이다. 만약 이러한 부류와 보정사保靖司 부근 구리九里의 이인彝人(소수민족)이 그 것을 은닉해 파는 한편, 나아가 (기술을) 가르치고 연습을 반복해 기술자 (철장鐵匠)가 된 (후) 그들이 (이인彝人들의) 소굴로 깊이 들어가 묘인들을 대신해 창포를 제조한다면, 이야말로 대적시對敵時 관병官兵이 상해를 입을 수밖에 없는 사실을 명확히 입증해 준다. 초광硝磺과 화약火藥은 내지內地에서 나는 것인데, 만약 이들 무리가 몰래 감췄다가 전매轉賣해 많은 돈을 획득할 수 있다면 이야말로 홍묘들이 쉽게 (화약을 입수할) 수 있어 변방에서 악행을 저지를 때 우위를 차지할 수 있다는 명확한 증명이 될 것이다.

② 포획한 사람들 모두에 대해 홍묘들은 어떤 사람이 가난한지를 암암리에 파악해 그들로부터 약간의 속전贖錢을 받으며, 또 어떤 사람이 부유한지를 파악해 그들로부터도 약간의 은을 강제로 받아낸다. 가격의 고하高下는 전적으로 홍묘가 결정하며, 아인牙人들 (역시 자신들의) 위세를 빌미로 다시 돈을 강제로 얻어낸다. 속전으로 얻어낸 돈을 사방의 촌채에 분배해 (촌채는) 살이 찌지만, 해를 입은 가족은 몸만 존재할 뿐, 재산은 완전히 사라져버린다.[107]

---

107 龔起賢, 「紅苗爲患」, 『辦苗紀略』 권2, 36쪽.

위 공기현의 문장은 두 가지 중요한 사실을 말해 준다. 첫째, ①의 인용문을 통해서 보듯이 소수민족들 자체의 기술력과 상호 협조 체제다. 공기현도 지적하듯이 화포 기술이야말로 청 왕조가 자랑하는 대표적인 무기였음에도, 소수민족들 역시 해당 기술을 조련했을 뿐 아니라, 직접 제조까지 한 정황을 확인할 수 있다. 이는 당시 소수민족들이 외부로부터의 침입에 충분히 대항할 수 있는 능력과 나름의 경제적 토대를 갖추었다는 의미다.

둘째, ②번의 문장은 아마도 한족의 시각에서 소수민족을 파악했던 탓에, 그들의 약탈성을 강조하는 의미로 파악할 수도 있다. 그러나 다른 관점에서 본다면, 소수민족 내부에 일정 정도 경제력을 분배하는 체제가 존재했음을 알려준다. 사실상 ①의 인용문에서도 그런 정황이 확인되는데, 이런 경제적 유대 관계야말로 그들 내부의 결속력을 보여주는 중요한 상징[108]이라고 할 수 있으며, 이러한 결속력은 청 정부와의 대항에서 확실히 중요한 역할을 했다고 볼 수 있다.

셋째, 오히려 제일 중요한 사안은 ①번의 인용문에서 단순히 '이러한 부류'로 표기된 묘인들이다. 위 인용문 바로 앞에서 공기현은 영순永順과 정주靖州 일대에 "묘족도 아니고 한족도 아니며, 반적반민半賊半民과 같은 간악한 무리"가 존재한다는 사실을 상기시켰는데, 그들이야말로 홍묘와 합세해 변방 지역의 치안을 어지럽히는 부류였다. 공기현은 그들이 홍묘의 거주 지역과 가까운 곳에 거주하면서 홍묘와 혼인 관계를 맺는 한편, 작당이나 기밀 누설 등의 불법을 자행한다고 강조했다. 이러한 그의 언급은 호광 지역 소수민족 사회가 특히 청대

---

108 이런 점에서 홍묘들은 楊氏 성을 지닌 이른바 白帝大王의 숭배 신앙으로 남녀노소가 일치단결하고 있다는 공기현의 지적을 상기할 필요가 있다. 龔起賢, 「紅苗爲患」, 『辦苗紀略』 권2, 37쪽.

에 이르러 단지 소수민족만으로 이루어지지 않았던 사실을 잘 말해주는 것으로서 앞 장에서 확인한 명 가정 연간 이래 소수민족 지역의 사회 구성이 매우 복잡해진 정황을 다시 한번 확인시켜 준다.

앞서 언급했듯이 이 작전은 석이달이 진간 지역에 도착한 강희 42년 11월 12일에 전개되어 실질적인 진압 작전은 동년 12월 16일에 종료되었다. 홍묘 300여 채寨를 초무한 이 작전의 결과를 당시 예부상서 석이달이 조정에 보고한 건 강희 43년 정월이었으며, 사안이 종결되어 재경대신들이 회경回京한 시기는 강희 43년 3월이었다.[109]

그런데 이 작전에 참여한 문무관원들과 특히 홍묘 측의 협조자들의 면면을 살펴볼 필요가 있다.[110] 참여자들의 면면은 이 작전의 규모를 가늠할 중요한 지표이자, 실질적인 작전 수행의 어려움을 역설적으로 보여줄 수 있으며, 특히 작전에 협조한 홍묘들은 다음에 살펴볼 악해의 초무책에도 중요한 인물로 등장하기 때문이다.

작전에 참여한 인물 모두를 거명하는 건 무익한 일이지만, 일단 당시 이부상서 겸 예부상서 석이달이 총 책임자였으며 부도통 2명, 정백기, 정황기, 정람기, 정홍기, 양황기, 양람기, 양백기의 참령參領과 과란대窠蘭大 등 총 26명과 함께 파아라擺牙喇 40명이 참여했다. 이 외에 거명할 수 있는 고위 관리로는 이미 언급한 호광총독 유성룡, 편원순무 조신교, 호광제독 유익모, 귀주제독 이방술, 광서제독 장왕, 그리고 진간총병 뇌여와 양양총병 장곡정이 등장한다.

이하 부장副將 4명, 참장參將 5명, 유격遊擊 13명, 도사都司 3명, 수

---

109 각각 『淸實錄』 권215, 康熙 43년 정월 28일조와 『淸實錄』 권215, 康熙 43년 3월 3일조 참조.

110 이하 참여 명단과 참여 병력 수효는 『辦苗紀略』 권8, 180~191쪽에 기재되어 있는 「出師文武官員銜名」과 「出征各標鎭協營兵丁數目」에 근거했다.

비수비備 17명, 천총千總 53명, 파총把總 72명을 비롯해 외위무관外委武官 421명이 역시 진압 작전에 참여했다. 각 표標, 진鎭, 협協, 영營의 병력은 모두 1만 9,048이었는데 이 수치는 형주荊州 주방팔기군駐防八旗軍 1,000, 귀주의 마병馬兵과 보병 5,000, 광서의 마병과 보병 2,500, 영순의 토병 1,000, 보정의 토병 800이 포함된 것이다. 물론 이외에도 운량을 담당한 악주岳州, 황주黃州, 형주부荊州府 등의 지부, 동지同知, 통판通判, 천성채의 파총把總과 외위外委, 그리고 초무된 촌채에 있었던 부장이나 유격 등도 존재했다. 따라서 형주, 귀주, 광서의 군대가 주력 부대와 함께 사실상 2만여 명 이상의 병력이 홍묘 진압 작전에 동원되었다.

이처럼 동원된 병력 가운데 이미 초무된 묘채를 담당한 관원들을 주목할 필요가 있다. 이 안에는 마양현麻陽縣 지현 장오복張五福, 원주협 천총沅州協千總 황자청黃子淸 등과 함께 간자사算子司의 토관 전인심田仁心과 순검 전홍인田弘印이 있었으며, 아울러 이 지역의 초무를 담당한 무변撫弁 33명, 초관哨官 13명, 묘파苗把 19명이 전투에 참여한 인물로 기록되어 있다. 그런데 무변 가운데 담세인譚世仁, 전홍도田弘道, 장홍임張弘任, 장홍섬張弘暹, 진일미陳一美, 초관 가운데 궐세신闕世信, 오동관吳董管, 묘파 가운데 용로육龍老六은 뒤에서 언급할 악해가 홍묘를 초무할 당시 주도적인 역할을 했던 인물로서 이들이 초무 정책 전개 당시 어떤 역할을 했는지를 눈여겨볼 필요가 있다.

事後對策(1): 토벌과 위무

군사 정벌의 성공으로 묘인의 촌채 301채가 귀성했으며 다량의 무기를 노획하는 전과를 올린 한편으로, 무수한 살상자를 본 홍묘들 역시 청군의 군사적 위세에 적지 않은 공포심을 느꼈을 것이다. 그러나 상서 지역의 홍묘 사회를 단지 청 왕조의 무력만으로 안정시킬 수 있는 상황은 당연히 아니었다. 앞서 잠깐 언급했듯이 홍묘 반란과 그 진압 과정에서 숙묘와 생묘 같은 구분이 확실히 희석되었지만, 상서 지역에 효율적인 행정 체제를 단번에 이식시키는 건 여전히 쉽지 않았다. 이런 점에서 강희 42년 홍묘 진압 당시 진간진좌영鎮竿鎮左營 유격遊擊이던 화운승火運升의 언급은 제법 유용하다.

> 대체로 묘인들은 본래 토사土司에 예속되어 있지만 숙묘熟苗가 불법을 자행해도 토사는 그들을 처분할 조항이 없으며, 생묘生苗가 규칙을 지키지 않아도 (토사는) 그것을 교묘하게 남의 탓으로 돌린다. **生生과 熟熟의 (구분은) 허명虛名이며** 사실 (그 둘 때문에) 상황만 어려운데, 생묘는 숙묘 때문에 (불법에) 휘말렸다 하고, 숙묘는 생묘의 성원에 의지한다. 이 외에 간민奸民이 존재하는데, (그들은) 변방에서 태어나고 자란 (덕분에) 험준한 산속을 빨리 달리는 데 능하며 만·묘어蠻·苗語를 능숙하게 번역한다. (이들은) 무역을 빌미로 (소수민족 지역을) 몰래 들고나며 서로 혼인 관계로 연결되어 있는데, **일반 백성도, 묘인도 아니다.**[111]

화운승의 언급에는 명대를 거치면서 소수민족 사회가 어떻게 변해 갔는지를 알려주는 중요한 단서가 들어 있는데, 두말할 나위 없이 그것은 생묘와 숙묘의 구분이 무익하다는 언급이요 다른 하나는 소수민족 지역에서 민족적 구분이 애매해진 점이다. 더구나 앞서 인용한 공기현의 언급을 재확인시켜 주는 정황이기도 하다. 이런 상황에서

---

111 火運升, 「樹德莫如」, 『辨苗紀略』 권2, 26쪽.

청 정부는 정책의 초점을 어디에 두어야 했을까? 더구나 2만여 명이 넘는 군사들이 진간 일대[112] 수만 명이 거주하는 소수민족 촌채를 단기간에 공격한 까닭에 이 지역의 안정을 회복시키는 건 애초에 쉽지 않은 일이었다. 따라서 이 지역에 대한 사후 안정책이야말로 오히려 군사 작전보다 더 시급한 사안이었다.

홍묘 진압에 대한 논공행상은 강희 49년(1710)에 이루어졌으며, 이듬해 편원순무 반종락(潘宗洛, 1657~1717)이 사직의 뜻을 밝히자, 강희제는 독무督撫의 책무에 관한 언급과 함께, 홍묘는 내지의 백성과 동일시할 수 없으므로 최선책은 그들을 위무하는 것이라는 말을 덧붙인 건 분명 이런 정황 때문이었다.[113] 따라서 『판묘기략』의 여러 상주문에는 다양한 종류의 사후 대책이 등장하지만, 다른 한편으로 당시 관료들은 이 지역을 안정시키는 게 결코 쉽지 않다고 인식했음을 알 수 있다. 이런 점에서 당시 호광제독 유익모의 상주문[114]은 많은 사실을 암시해 준다.

그는 진압을 담당한 사람은 묘인들을 초무招撫해 그러한 전투가 일단락되기를 희망하지만, 그러한 희망은 간묘 투성投誠이 습관화된 것이라는 점을 모르며, 병력이 철수하면 자연스럽게 초무로 이어진다는 잘못된 생각을 지니고 있다고 지적했다. 유익모의 이러한 언급은 분명히 병력의 철수 이후에 오히려 더 많은 관심을 가져야 한다는 사실을 상기시킨 것이다. 그럼에도 진압이 종료되면 독무나 관련 관리들

---

112 「准總督咨行長沙九谿辰州等官兵檄」, 『辦苗紀略』 권7, 151쪽.

113 『清實錄』 권245, 康熙 50년 3월 26일. 潘宗洛은 변방에 거주하고 있는 紅苗를 內地의 백성과 동일시해서는 안 되며, 오직 그들을 撫綏하는 게 최선이라고 강조했다.

114 이하 유익모의 언급은 俞益謨, 「湖廣提督俞益謨奏陳所屬苗民情況及撫剿之法摺」, 『辦苗紀略』, 「附錄(1)」, 239~242쪽에 근거한 것이며, 유익모의 이 글은 강희 47년 윤3월 15일에 작성된 것이다.

은 다양한 선후책을 생각하고 관서의 설립이나 이동을 고려하는 반면, 문관들은 그저 단순하게 묘인들의 교화만을 생각할 뿐이라고 말했다.

바로 이런 이유 때문에 "역묘逆苗들은 겉으로는 판적版籍과 전량錢糧 징수에 응하지만, 내심으로는 다시 장비를 갖춰 호시탐탐 반격할 기회를 엿본다."고 주장했다. 더구나 홍묘 인근 지역의 간민奸民들이 홍묘의 눈과 귀가 되어 당병塘兵의 많고 적음과 순시 시간을 알고 있으므로 홍묘들은 사실상 자신이 어떻게 행동해야 하는지를 일일이 꿰뚫고 있다고 파악했다. 따라서 유익모는 다음과 같이 단정했다.

신은 이 때문에 위무慰撫와 방비防備가 모두 좋은 방법이 아니라고 생각합니다. 그렇다면 진압(剿) 아니면 (정말) 공功이 없다고 할 수 있겠는지요? '진압(剿)'의 (의미는) 동일하지 않습니다. 소위 조초雕剿는 해당 지역 진장鎭將들이 특정 촌채 묘인들의 불법 행위를 잘 파악하고 있다가, 졸지에 출동해 그들을 박멸하는 것으로서, 마치 매가 (먹이를) 취하는 것과 동일합니다. 옛날 순치 14년(1657) 부장副將 오장춘吳長春이 이 방법으로 묘인들을 제압한 적이 있는데, 그의 임기가 끝날 때까지 묘인들이 감히 범법을 저지르지 못했으니, (이는) 대체로 (조초를 시행할 적절한) 사람이 있었던 덕분입니다. 만약 적절한 사람을 얻지 못한 경우, 수비守備 서진조徐進朝가 강희 24년(1685)에 조초를 한 번 단행했다가 사로잡혔던 (상황이) 발생합니다 ...

진병眞兵이 왜 묘인들을 대적하지 못하겠습니까? 그 이유는 간민들이 미리 (관병의) 정황을 알려주기 때문입니다. 병사들이 아직 출격도 하기 전에, 묘인들은 이미 매복하고 있으므로 (우리 병사들은) 이미 매복 (한) 가운데로 들어가는 (형상이) 되니 어찌 패배하지 않겠습니까? 이러한 간민의 무리를 없애지 않고는 조초는 결코 시행할 수 없습니다. 병사들을 함부로

움직여서는 안 되며, 그 규칙이 삼엄해야 합니다. 조사해 본바, 강희 8년
(1669) 부장副將 왕웅王雄이 조초를 단행해 (그들의) 허물을 밝히고 법을 바
로 세운 뒤, 서로 간의 경계警戒가 엄정해져 전량錢糧을 납부하지 않던 당
시의 묘인들이 이제는 전량을 납부하게 되었습니다. 당시 전량을 납부하
지 않는 묘인을 죽이는 건 오히려 법을 바로 세우는 일이었지만, 현재 전
량을 납부하고 있는 묘인을 죽인다면 어찌 그 죄를 우려하지 않겠습니까?
폐하의 은혜로운 조칙을 받든다는 (구실로), 그 죄를 용서받을 수는 있으
나, 결국 임시방편의 계책일 뿐 항구적이며 안정적인 도리는 아닙니다.

　제법 길게 유익모의 상주문을 인용한 이유는 이 글에 홍묘 지역 사
후 대책에 대한 당시 황제와 관료들의 생각이 들어 있기 때문이다. 이
글에 등장하는 조초란 강희 초년 진간 일대에서 묘인들을 공격하기
위해 자주 사용한 방법이라고 짐작되는데, 아마도 명 중엽 이후 전면
적인 진압 정책과 함께 기습 작전의 일환으로 빈번하게 사용되었다고
판단된다.[115] 그 단어가 의미하듯이 결국 조초는 단시간 내에 전개된
진압 작전을 말한다.
　유익모가 애써 조초의 시행을 반대한 이유는 명백히 그 효과가 매
우 제한적일 뿐 아니라, 실제로 조초의 실패를 해당 지역 관군들이 상
부에 보고하지 않은 폐단이 있는 한편, 조초의 실패로 인해 오히려 묘
인들의 군사 공격이 더 빈번해진 이전의 경험 때문이었다.[116] 유익모

---

115 이를테면 가정 연간 귀주와 호광 진간 일대 묘족들이 반란을 일으켰을 당시, 귀주
　　순무 王學益은 大兵의 연합 작전과 기습 작전인 조초를 동시에 전개한다면 戰功을
　　탐하는 무리들이 조초의 명목을 빌려 함부로 묘인을 살해하는 경우를 경계해야 한
　　다고 언급한 바 있다. 『明實錄』 권315, 嘉靖 25년 9월 19일.
116 이 점에 대해서는 「民苗啓釁由」, 『辦苗紀略』 권1, 16쪽 참조.

도 강조하듯이 단기간의 기습 작전으로는 묘족 사회에 보편적인 일종의 강력한 네트워크를 차단하기란 불가능했기 때문이었다. 앞서 홍묘 진압 명령을 내릴 때 보인 강희제의 단호한 태도도 그러한 정황을 어느 정도 파악했기 때문이라고 할 수 있다.

다른 한편 이 글에서 강조된 중요한 사안은 오히려 묘인 자체보다 그 주변의 이른바 간민奸民의 문제였으며, 궁극적으로 간민과 묘인이 연결되어 있는 탓에 조초가 실패할 수밖에 없다고 유익모는 파악했다. 이어 유익모는 전량의 납부를 거절하는 묘인들의 처단을 정당하게 생각했지만, 거꾸로 전량을 납부하는 묘인을 처단하는 것 또한 죄를 짓는 일이라고 역설했는데, 이 언급은 당연히 이중적인 고민을 담고 있다. 즉 전량을 일률적으로 납부시키는 게 가장 이상적이지만, 간민과 양민의 구분이 그리 용이하지 않았기 때문이다. 유익모로서는 이런 고민의 해결책은 자명했다.

이제 말씀을 올리자면 오로지 위무慰撫(에만 의지하는 건 좋은) 계책이 아닙니다. 굶주린 매와 굶주린 호랑이는 결국 잡아 가두기 어렵기 때문입니다. 또한 전적인 진압(剿) 또한 좋은 계책이 아닙니다. 피(불순분자)와 잘 익은 벼(양민) 모두를 도끼와 낫으로 다 베어버릴 수 없기 때문입니다. 신이 말씀드리는바 진압을 (사용해) 위무를 한다는 것은 (폐하의) 위엄의 올바름을 널리 알려 황상의 은혜를 선양하는 것입니다. 이것이 곧 황상皇上의 성유聖諭지만, (성유로는) 삼성三省 접경 지역의 안정을 기할 수 없습니다. 그러므로 (천지)를 울리는 황상皇上의 위엄 없이, 단지 순종하는 자는 초무招撫하고 항거하는 자는 죽인다는 것만을 보여준다면, 위무 대상자는 유지諭旨를 청해 안주安住할 수 있으나, 주살당한 자는 자손이 (한 명도) 남아 있지 않을 것입니다. (이는) 칼을 들고 파리를 쫓아내는 것일 뿐 아니라, 결

국 말은 많은데 일은 성사되지 못하는 (형국)입니다.[117]

위 유익모의 언급을 단지 황제에 대한 의례적인 언사로만 해석할 수는 없다. 그가 초무와 토벌이 모두 상책은 아니라고 전제했지만, 궁극적으로 황상의 위엄과 은덕을 강조했던 건 오히려 진압 이후 사태를 더 걱정했기 때문이었다. 따라서 그는 이 글의 말미에 강희 42년 홍묘 토벌 당시 홍묘가 이후 그러한 반란을 반드시 다시 일으킬 것이라는 점을 충분히 인지하고 있었다는 언급과 함께, 초무招撫 시행 이전에 유념해야 할 사안을 담은 서신인 「치총통독무제공전致總統督撫諸公箋」과 초무 시행 후 필요한 「계묘조약戒苗條約」과 「철병고시撤兵告示」의 두 글을 남겼다.

事後對策(2): 軍制 개편과 錢糧 징수

따라서 사후 대책의 방향과 관련해서는 「계묘조약」이나 「철병고시」보다 오히려 「치총통독무제공전」[118]의 내용이 좀 더 중요하다고 볼 수 있는데, 그는 이 글에서 다음과 같은 사항을 제시했다. 첫째, 점령 지역 주민들을 강제로 헌상하게 할 것, 둘째, 반란의 우두머리를 체포해 압송시킬 것, 셋째, 치발과 함께 그들의 장식물을 제거하도록 할 것, 넷째, 그들의 병장기를 받아 압송할 것, 다섯째, 촌채를 조사해 호구를 편성시킬 것, 여섯째, 이 지역을 감시하기 위해 영오營伍를 더 설치해야 한다는 6개 조항을 언급했다.

---

117 『辦苗紀略』, 「附錄(1)」, 240쪽.
118 『辦苗紀略』 권8, 197~198쪽.

그는 이 중 하나라도 준수되지 않는다면 초무 대책을 허락하지 않아야 한다고 강조했다. 나아가 그는 현재 황상의 위엄이 크게 빛나고 병력이 이토록 강력하니 만약 그들을 군사적으로 굴복시키지 못한다 하더라도 그들을 향화向化시킬 수 있다고 주장했다. 이런 그의 언급으로 미뤄 그는 외양은 물론 묘인들이 마음 깊숙이 청조에 굴복하기를 원한 이상주의자였음이 분명하다.

그가 제시한 6개 조항 중 앞의 4개 조항은 다분히 승전의 기세를 강조한 것이라 볼 수 있는 반면, 5항과 6항은 이 지역의 사회·군사적 질서의 회복을 위한 조치다. 당시 다른 관료들이 제시했던 이 지역 사후 대책도 바로 유익모의 5항과 6항을 구체화한 것이라는 점에서 유익모의 정책은 당시 관료들에게 나름대로 호응을 얻었다고 볼 수 있다. 그렇다면 호구의 등재와 군영 설치의 증가가 어떻게 이루어졌는지 살펴보기로 하자.

유익모와 더불어 많은 관료가 거론한 대표적인 사후책인 진간 일대에 대한 경비의 강화는 석이달의 주장에 구체적으로 등장한다. 석이달은 아마도 진압 작전이 완료된 시점에서 올린 상소에서 이미 다음과 같은 사항을 건의한 바 있다.[119] 우선 귀주의 동인부는 호광 진간과 서로 인접해 있으며 방수防守의 요지要地일 뿐 아니라, 홍묘의 소굴이기 때문에 현재 주둔 중인 수병守兵 640명에 560명을 더해 모두 1,200명으로 증원해야 한다고 주장했다.

또한 호광 진간총병 휘하 네 영쑬의 병력이 현재 2,100명인데, 그 방어 지역이 희작영喜鵲營부터 정자관亭子關까지 380여 리에 달해 너무 넓으니, 지역의 민간인 900명을 뽑아 3,000명으로 증가시켜야 한다고

---

119 席爾達, 「請增黔楚官兵善後疏」, 『辦苗紀略』 권3, 61~62쪽.

역설했다. 다만 위에서 언급한 귀주와 인접 지역의 병사들은 진간총 병관 관할하에 두되, 희작영 일대에 증가시킨 900명은 호광성 내 방 어의 수요가 긴급하지 않은 지역에서 뽑아 보충한 후, 진간 일대가 안 정되면 원래 지역으로 되돌려 보낼 수 있다는 말을 덧붙였다. 병사의 수효를 증가시킴과 동시에 동지同知 1명을 둬 묘인 관련 업무를 처리 하도록 해야 한다고 말했다.

이어 이런 일련의 군사력 증강과 함께 당시 관료들이 관심을 가졌 던 사안은 편호編戸와 전량錢糧의 징수였다. 이 점과 관련해 유성룡은 다음과 같이 상소했다.

이곳이 안정되는 때를 기다려 협영協營의 방병防兵 1,000명을 철수시킨 다는 보고를 올렸습니다. 신臣 등은 다시 상유上諭를 받들어 묘인들의 소 굴을 확인·시찰해 본바, 산은 많고 전田은 적어 전량錢糧을 징수해 운반 하기가 어려우므로 마땅히 주·현의 설치는 정지해야 한다는 사실을 알게 되었습니다. 진·원·정辰·沅·靖 도원道員을 진간鎮筆으로 이주시키고, 다 시 건주乾州에 동지同知 1명을 더 설치하는 한편, 봉황영鳳凰營에는 통판通 判 1명을 더 설치해 그들로 하여금 지역을 나누어 묘민을 관리하도록 해야 합니다. 해당 동지와 통판 밑에는 호광 지역의 현재 순검巡檢과 이목吏目 가운데 각각 1명을 뽑아 이들 동지나 통판 등과 협조하면서 (순검과 이목) 이 순찰과 조사를 하도록 하고, 이들 관원은 모두 진·원·정도 관할에 둬 야 합니다.

위 유성룡의 언급에서 우선 흥미로운 부분은 그가 진간 일대에 새 로운 주·현 설치를 반대했다는 점이다. 그 정확한 이유를 설명하지 는 않았으나, 아마도 이곳이 산악 지역인 탓에 사실상 전량의 액수가 그리 많지 않다는 점을 고려했을 가능성이 크다. 그러므로 호구조사와 편호編戶는 이 지역의 행정 체제를 확립하려는 의도보다는 역시 지역 안정책의 일환이었음을 짐작할 수 있다. 그렇다 해도 봉황청과 건주청이 홍묘 반란이 진압된 직후인 강희 43년(1704)에 동시에 설치되었으며, 동지와 통판 역시 휘하에 속관을 설치했다는 점에서 사실상 정식 행정 구획이라고 할 수 있다.[120] 이어 유성룡은 다음과 같이 언급했다.

비록 이곳 묘인에게 전량을 징수하기 어렵지만 양미糧米를 반드시 거둬 납부하도록 해야 하는데, (그것은) 호구戶口를 기준으로 징수하도록 하되, 해당 독무에게 (내용)을 전달하면 (독무는) 정해진 (전량 액수)를 명확하게 조사해 모두 보고하도록 해야 합니다.

또한 묘채 안에서 각각 **채장寨長 1명을 뽑아서** 설치해 양미를 납부하도록 독촉해야 하며, 아울러 **토백호를 설치해 채장을 단속하도록 해야 합니다.** 이렇게 채장과 백호가 설치된 곳 또한 해당 독무와 제독에게 (내용을) 전달하고, 독무와 제독은 묘인이 따르는 인물을 묘인 중에서 선발한 후, (사안을) 헤아려 그에게 위임해야 합니다.[121]

이 상소를 올린 시기는 강희 43년(1704) 3월 10일이며, 이에 대한 강희제의 유지가 내려온 때는 3월 23일이었다. 이 유지에 따라 당시 건주동지乾州同知 철이긍哲爾肯, 봉황영 통판 마회장馬懷璋,[122] 형주협衡

---

120 陸韌, 凌永忠, 『元明清西南邊疆特殊政區研究』, 人民出版社, 2013, 278쪽, 281쪽, 365쪽 참조.

121 이상 유성룡의 두 인용문은 喩成龍, 「題定善後條款疏」, 『辦苗紀略』 권4, 84쪽 참조.

122 哲爾肯은 건주현 동지로 부임하기 전에는 天柱縣 知縣으로 있었으며, 馬懷璋도 본

州協 파총把總 진붕陳鵬, 오채사五寨司 이목吏目 심종도沈宗道가 이미 초무가 단행된 301채에 대한 편호 및 전량 액수를 결정했다. 당시 301채는 4,523호에 정수丁數는 8,448정丁이었으며, 장정壯丁 1인당 잡량雜糧 2승卅을 징수해 징수액은 모두 168석 9두 6승이었다.

또한 진압 작전 당시 모도당과 마안산 등 묘채의 홍묘들이 심산계곡으로 숨어들어 가 초무에 응하지 않던 지역도 진붕, 전인심田仁心, 양상옥楊象玉 등이 들어가 초무招撫한 결과 모두 12채가 이에 응해, 12채 204호의 성정成丁 369명에 대한 판적版籍과 함께 전량 징수가 이루어졌다. 이곳 역시 장정 1인당 잡량 2승을 징수해 모두 7석 3두 8승을 거둬들였다.[123] 아마도 악해가 강희 50년 당시 큰 무리없이 초무를 할 수 있었던 건 이러한 사전 작업을 통해 편호와 납세량이 정해졌기 때문일 것이다.

유익모나 유성룡이 이러한 일련의 사후 대책을 거론하면서 언급하지 않은 문제는 상서와 귀주 두 지역 홍묘의 연계를 차단하는 일이었다. 그러나 소수민족들이 연합해서 관군에 대항하던 전례는 이미 명대부터 제기돼 온 문제점이기 때문에 명청시대 내내 상서 일대 소수민족 지역을 안정적으로 통치하기 위해 당시 관원들이 많은 관심을 기울인 사안이다. 이 문제를 매우 자세히 거론한 당시 운귀총독 파석巴錫의 언급을 들어보기로 하겠다.

조사해 본바, 동인銅仁은 귀주성 변방에 위치해 … 성회省會인 귀양貴陽

래 黃州府에 있다가 그 직급을 낮춰 봉황영 통판으로 온 관원으로서, 유성룡의 요청에 따라 모두 묘족과 그 지역 일대 사정에 밝은 인물들을 의도적으로 선발했다. 喻成龍, 「題請設官疏」, 『辦苗紀略』 권4, 71쪽.

123 喻成龍, 「題定善後條款疏」, 『辦苗紀略』 권4, 85쪽.

및 제독提督이 주둔 중인 안순安順과도 매우 멀리 떨어져 있습니다. 동인부

성城을 20~30리만 벗어나면 모두 홍묘紅苗의 소굴입니다. 그 동쪽 일대는

모두 초묘楚苗 지역으로, 성지聖旨를 받들어 초무剿撫를 단행한 홍묘들입니

다. 그 서쪽은 모두 천묘川苗입니다. 그 명칭으로는 초楚, 검黔, 천川의 구

분이 있으나 실제로는 모두 한 부류로서, 호광에 거주하는 자를 초묘, 귀

주와 사천에 거주하는 자를 검묘黔苗와 촉묘蜀苗라 할 뿐이며 모두 순·역

順·逆의 구분이 없고, 서로를 구분하는 경계도 없습니다. 사방으로 분산되

어 잡처雜處하고 있으나 촌채끼리 (서로) 연계되어 있으며, 토지는 전량 징

수 대상에 포함되지 않고, 사람들도 편호가 되지 않은 상태여서 지방의 문

무 관원들이 조사할 수 없으니, (그들을) 제어하는 방법은 오직 상을 내리

는 것입니다.[124]

따라서 파석은 진간 일대와 귀주, 사천 등지의 묘족들을 단일한 부

류로 파악했다. 특히 그는 이 지역 일대가 명대 변장邊牆이 존재하던

곳으로서, 명대에는 많은 병력이 이 지역을 방어했지만, 현재는 그렇

지 못해 방어에 취약하다고 역설했다. 따라서 그는 이 지역의 기존

640명의 병사에 560명을 증가시켜 모두 1,200명으로 하고, 유격 2명,

수비 1명, 천총 2명, 파총 2명을 설치하는 한편, 하나밖에 없는 영營

을 둘로 나눠 하나는 성城 안의 일을 담당하고 하나는 홍묘의 소굴인

정대영正大營을 담당하도록 해야 한다고 역설했다.[125]

이러한 주장과 함께, 단지 진간 일대에만 주·현을 설치하고 단속

하는 건 오히려 동인부가 그들 은닉처로 전환될 수 있으므로 홍묘의

---

124 巴錫, 「請設官兵疏」, 『辦苗紀略』 권4, 75쪽.
125 巴錫, 「請設官兵疏」, 『辦苗紀略』 권4, 76쪽.

피해가 이제 동인 지역으로 확대되지 않을까 우려했다. 그러나 실제로 홍묘 반란 진압 직후 봉황청과 건주청이 설치된 데 비해 영수청永綏廳과 송도청松桃廳은 옹정 8년(1730)에야 비로소 설치된 사실[126]을 고려하면, 이러한 파석의 생각을 청 정부가 심각하게 고려했던 것처럼 보이진 않는다.

단기간에 진간진 서쪽의 영수청 일대와 납이산, 천성채, 정대영 일대를 집중적으로 토벌한 강희 42년의 군사 작전은 대체로 성공적이었다. 일단 군사적으로 이 지역 일대에 경비를 강화하기 위한 구체적인 계획이 실행에 옮겨졌다. 아울러 봉황청과 건주청이라는 새로운 지역 행정 단위가 등장했다.

지금까지 살펴본 홍묘의 반란 경과와 진압 상황은 앞서 거론한 명대 가정 연간 소수민족 반란 양상과 사뭇 다르다는 사실을 알 수 있다. 무엇보다 반란의 중심이 토사가 아닌 홍묘로 단순화된 점을 들 수 있다. 이는 명대 토사가 소수민족 통치 과정에서 창과 방패라는 이중적인 성격을 지닌 반면, 청대에 이르면 사실상 토사가 형식적으로만 잔존했다는 사실을 의미한다. 따라서 토사와 정부의 대결이 아닌 특정 소수민족 단위와 청 정부와의 대결 양상으로 압축되었다. 더구나 명대 토사와는 달리, 사후 대책에서 중요한 역할을 하던 토백호와 채장이 청 정부에 적극적으로 협조한 사실이야말로 서서히 대토사 세력이 거세되어 가던 정황을 잘 말해 준다.

그러므로 청 정부가 진간 일대에서 편호를 실시하고 토백호土百戶와 채장寨長 등을 임명한 이유는 소수민족 통치의 근간을 토사에서 소수민족 사회의 유력자로 전환하려 했기 때문이다. 그리고 청 정부는 강

---

126 陸韌, 凌永忠, 2013, 277쪽과 282쪽.

희 42년 홍묘에 대한 무력 진압을 통해서 그러한 목표를 달성했다. 그런데 이러한 편호 과정을 자세히 언급한 사료의 기록에 중초中哨의 토백호 궐세신闕世信과 채장 용로육龍老六, 하초下哨의 토백호 진일미陳一美와 장홍임張弘任 등의 이름이 등장한다.[127] 그들이야말로 바로 강희 50년 악해가 홍묘 지역을 초무할 때 주도적인 역할을 한 인물이라는 사실은 대단히 흥미롭다. 따라서 악해가 저술한 『무묘록』을 자세히 살펴볼 필요가 있다.

3) 鄂海의 『撫苗錄』에 등장하는 紅苗 대책

악해에 관한 『청사고淸史稿』의 짤막한 내용에 의하면 내각중서內閣中書와 종인부宗人府 낭중郎中 등의 벼슬로 관직을 시작한 그가 섬서포정사陝西布政使를 제수받은 시기는 강희 37년(1698)이었다. 이어 강희 49년(1710) 호광총독직을 제수받은 그는 대표적인 반란 지역이던 모도당 일대 소수민족들을 귀화시켰다. 강희 52년(1713) 천섬총독川陝總督으로 자리를 옮겨 감숙성 대산大山과 사천 양산凉山의 생번生番 등을 귀화시키는 한편, 윤제允禵(1688~1755)가 몽골을 토벌할 당시 평량平凉, 공창鞏昌, 영하寧夏 일대 창곡倉穀을 동원해 병향兵餉을 공급하는 등 주로 변방 지역에서 많은 공을 쌓았다.[128]

악해의 『무묘록』은 일부 날짜가 뒤섞인 경우도 보이지만, 대체로 날짜순으로 기록되었으며, 강희 50년(1711) 7월부터 시작해 가장 늦은 시기의 기록은 강희 51년 10월이다. 이 책의 전반부는 주로 변장 축조

---

127 「招撫上中下哨苗寨」, 『辦苗紀略』 권8, 215~216쪽.
128 『淸史稿』 권276, 「列傳」(63), 10080쪽.

에 관한 내용이지만, 후반부는 특히 모도당 일대 촌채의 귀성歸誠 과
정을 언급하기 때문에, 단지 편호 수효와 대상 촌채만을 기록한『판
묘기략』의 내용을 보완할 수 있다.

乾州 일대 군사 시설의 수리

운귀총독 파석이 귀주 홍묘와 진간 일대 홍묘의 연계를 걱정하면서
명대 변장의 존재를 상기시킨 바 있지만,[129] 그는 축조에 관한 주장을
구체적으로 내놓지는 않았다. 그러나 진압 작전에 참여한 원주협도사
沅州協都司 우사두牛射斗가 진간과 건주 일대 명대 변장이 380여 리에
걸쳐 존재했던 사실을 상기시키면서 현재 이 변장이 모두 무너진 상
황이므로 국고國庫나 연납捐納을 통해 변장을 축조해야 한다고 주장
한 걸 보면,[130] 진압 당시에도 문무관원들은 변장 재건의 필요성을 깨
닫고 있었던 것처럼 보인다.

악해 역시 호광 지역에 부임한 이후 분명히 변장 재건의 필요성을
절감했다고 볼 수 있는데, 그가 이전 시기에 간행된『진주부지』를 직
접 읽고 명대 변장의 길이가 380여 리이며 높이는 8척에 넓이는 5척
으로 된 토장土牆으로서 당시 건설 비용이 4만여 냥에 달했다는 사실
을 확인한 게 그 좋은 예다. 강희 50년 7월에 작성된 이 글에서 악해
가 호남과 호북의 문무관원 외에 독무督撫 이하 주·현 이상의 관료
봉급이 약 5만여 냥에 이른다는 사실을 지적하면서 이들 관료의 봉급
을 연납해 축조 비용으로 사용할 수 있다는 언급은 상당히 이채롭다.

---

129 巴錫,「請設官兵疏」,『辦苗紀略』권4, 75쪽.
130 牛射斗,「訪察苗情」,『辦苗紀略』권2, 31쪽.

악해는 또한 이 상소에서 강희 51년(1712) 봄에 공사를 시작해 2년 내 완수할 것이라는 언급도 덧붙였다.[131]

이처럼 관원들의 봉급을 연납해서라도 악해가 변장을 재건하려 한 이유는 다음 두 가지 때문이었다. 첫째, 이미 강희 초년이 되면 사실 상 변장은 그 흔적만 겨우 남아 있는 정도였지만, 당시에도 여전히 이 변장이 내지와 소수민족 지역을 구분하는 기준이었다는 점이다. 내지에 거주하는 백성들이 변장 밖의 10리 혹은 20~30여 리까지 나가 경작하고 있다는 악해의 언급[132]은 변장이 비록 형체만 남았다 하더라도 그것이 묘족과 일반 백성들의 거주 지역을 가르는 심리적 경계선이었다는 사실을 짐작하게 해준다.

둘째, 강희 42년(1703) 홍묘들의 반란을 진압했음에도, 진간 일대 상황이 여전히 불안정했기 때문이다. 악해 역시 현장을 방문해 이곳의 정세를 자세히 살폈으며, 이 지역의 노인, 병사와 백성들에게 묘인의 정황을 자주 묻기도 했다. 악해의 이러한 물음에 대한 이 일대 주민들의 대답은 거의 동일했는데, 단적으로 변장 일대 일부 내지의 거주자와 숙묘는 사실상 한통속이어서 변장 외부에 존재하는 홍묘와 결탁해 갖은 악행을 저지른다는 것이었다. 악해는 변장을 건설해 이런 상황을 차단하고자 했다.

이제 이 변장의 20리 혹은 40리마다 그 지세地勢에 따라 각각 문애門隘를 설치하고 관병을 파견해 지키도록 해야 하며, 경내境內 백성들이 변장 밖으로 경종耕種하러 갈 경우 반드시 무리를 결성하도록 하고 자세히 조사

---

131 『撫苗錄』, 3쪽 하~4쪽 상.

132 『撫苗錄』, 12쪽 상~하. "今會看邊牆一帶, 舊日墻基係在民地之內, 墻基之外, 尚有內地人民耕種之田地甚多, 或十餘里及二三十里."

한 (後) 내보내며, 저녁이 되면 그들을 다시 점검한 후 (경내)로 들어오도록 해야 할 것입니다. 만일 숙묘가 경내로 들어올 경우, 반드시 그 명확한 사정을 물어본 후 비로소 진입하도록 해야 합니다.

각 문밖에 시장을 개설할 경우 5일 혹은 10일에 한 번씩 모이도록 해야 하며 백성과 묘민苗民이 이곳에 동시에 모여 교역하도록 하고 관병이 순찰해 조사하도록 한다면, 범법자들이 몰래 달아날 길이 없어지고 다른 사람에게 불법을 부추겨서 말썽을 일으키는 무리도 조사해 체포할 수 있을 것입니다.[133]

악해가 언급하는 것처럼 실제 이 지역에는 매월 12일과 15일에 시장이 개설되었으며, 교역할 경우 해당 묘인을 관할하는 백호와 해당 지역 신汛의 변목弁目이 병정들을 대동해 그들을 감독하도록 하는 한편, 진시辰時(오전 7시~9시)에 시장을 열고 오시午時(오전 11시~ 오후 1시)에 닫도록 했다. 물론 교역 품목도 소금, 쌀, 의복과 식료품과 같은 생활필수품으로 한정시켰다.[134] 악해가 이 지역의 출입을 엄격히 감시해야 했던 이유는 시장 개설에서 알 수 있듯이 변장 안과 밖의 교류가 활성화됨에 따라 크고 작은 사건들이 빈번해졌기 때문이다.

악해의 위 상소는 강희 50년(1711) 11월로 되어 있는데, 이는 그가 강희 50년 9월 19일 진간 지역에 도착해 동년 10월 1일까지 그 지역 일대를 직접 살피고[135] 그 정황을 강희제에게 보고한 것이다.

물론 악해는 명대 변장을 애초부터 대대적으로 다시 축조할 생각

---

133 『撫苗錄』, 19쪽 상~하.

134 『撫苗錄』, 23쪽 하~24쪽 상.

135 『撫苗錄』, 16쪽 상. 그의 언급에 의하면 악해는 10월 1일 鎭筸에서 출발해 10월 24일 武昌府에 도착했다.

은 없었던 것처럼 보인다. 악해가 실질적으로 변장을 수리하려고 한 지역은 명대 변장의 시작점인 전당箭塘부터 건주 지역 일대까지였으며, 그렇게 장소를 한정시킨 이유는 역시 이 지역 일대 주민들이 그곳에서 경작을 많이 하고 있었기 때문이다. 그의 언급에 따르면 주민들이 경작하는 지역의 넓이는 남쪽으로 10~20ㆍ30여 리, 동서로는 약 200여 리에 걸쳐 있는 지역이었다.

이곳은 백성들의 둔장이 존재하고 숙묘와 백성들이 뒤섞여 살던 지역이기도 했는데, 문제는 명대 변장의 터를 기준으로 다시 변장을 수축한다면 백성들의 경작지가 변장 밖에 존재하게 된다는 점이었다. 이는 분명히 세월이 지나면서 변장의 기능이 사실상 무력해졌으며, 많은 사람이 변장 밖으로 나가 경작 등을 영위한 증거이기도 하다.

그러므로 당시 백성들이 경작하는 지역을 중심으로 변장을 축조하는 게 가장 이상적이었지만, 해당 경작지 일대는 산이 험악하고 높낮이가 일정하지 않아 축조가 매우 어려웠다. 이런 이유로 악해와 당시 총병관 장곡정이 선택한 차선책은 관병을 백성들의 경작지 밖으로 재배치하고 그곳에 영방營房을 구축하는 것이었다. 물론 여기에는 진간과 건주 일대 변장을 수리한다는 계획도 포함되어 있었다.[136]

악해는 이런 정황을 고려해 관병의 이동 장소를 구체적으로 지적했는데, 진계소 서북쪽의 평랑平郎과 계두鷄頭 일대와 건주청 서쪽 강호채强虎寨 일대의 18곳으로 관병들을 이주시켜 새롭게 조성한 영방을 지키도록 했다.[137] 변장에 대해서는 이미 앞에서 거론했지만, 이 일대 지역은 명대부터 소수민족들의 저항이 활발했던 곳으로서, 동쪽으로

---

136 이상의 내용은 『撫苗錄』, 21쪽 상~하 참조.
137 『撫苗錄』, 26쪽 상.

노계현盧溪縣, 서쪽으로 오라烏羅, 남쪽으로 마양현, 북쪽으로 영순과 보정에 닿고 서북쪽으로는 유양, 석야石耶, 읍매, 그리고 서남쪽으로는 동인부와 닿아 행정적으로도 복잡했다. 따라서 명대 이 지역 일대에 14개의 초哨, 4개의 영營, 1개의 소所가 설치되었는데, 초가 설치된 지역이 바로 묘민苗民이 뒤섞여 거주하던 대표적인 곳이었으며,[138] 악해가 집중적으로 변장을 수리한 곳 역시 초哨가 설치된 지역이었다.

악해는 영방營房 설치에 4,200냥, 그리고 변장 보수에 5,000냥이 각각 필요하다고 말했는데,[139] 앞서 언급한 바와 같이 그는 이 자금을 국고가 아닌 관원들의 연납으로 충당할 계획이었다. 그러나 일단 영방의 설치가 더 긴급하므로 영방 설치 비용 4,200냥은 호북과 호남의 번고은藩庫銀을 사용해 강희 51년에 바로 공사를 하도록 했지만, 변장 보수 비용인 5,000냥은 이듬해 지정전량地丁錢糧을 거둬들여 충당하기로 최종 결정되었다.

악해의 『무묘록』에는 이 공사에 관련된 구체적인 사항은 더 이상 등장하지 않는다. 그렇다 해도 공사 비용과 관련된 최종 결정이 내려진 시기가 강희 51년 9월이었으므로 적어도 강희 51년 후반기 무렵 영방의 건설이 시작되었다고 볼 수 있다. 다른 한편 건주 일대 변장의 축조는 아마도 이듬해에 이르러서야 겨우 착수했을 것이다.

그런데 강희 19년(1680)부터 강희 28년(1689)까지 진주부 지부를 지낸 유응중이 강희 25년 홍묘 반란 직후 이전의 제도를 회복하고자 한다면 사실상 변장을 새로 만들어야 하며 단순한 보수로는 안 된다고 언급한 바 있다.[140] 물론 유응중의 언급은 악해가 본격적으로 변장의

---

138 侯加地, 「邊哨疆域考」, 光緒 『乾州廳志』 권7, 「苗防」(1), 5쪽 상.

139 『撫苗錄』, 25쪽 하.

140 劉應中, 「邊牆議」, 光緒 『乾州廳志』 권7, 「苗防」(1), 14쪽 상.

축조를 논의하기 이전이긴 하지만, 유응중의 언급도 홍묘 반란 진압 이후 등장한 점을 고려하면, 그 역시 이 지역의 방비를 염두에 두고 이런 언급을 했을 것이다.

따라서 좁게는 당시 이 지역의 관리는 물론 넓게는 청 정부도 이 지역에 새로운 군사 시설의 축조를 적극적으로 검토하지는 않았다고 볼 수 있다. 그 원인에 대한 대답이 다음에서 언급할 이 지역 홍묘들의 귀성歸誠이다. 홍묘들의 대대적인 귀성 덕분에 청 정부는 이곳이 차츰 안정을 되찾아 간다고 인식하게 되었으며, 다른 한편으론 소수민족 지역을 자신 있게 통치할 수 있다고 생각했다.

紅苗의 歸誠

앞서 『판묘기략』을 통해, 강희 42년 반란 진압 당시 이미 초무된 301개 촌채와 홍묘 잔당이 숨어들어 간 모도당 일대 12개 촌채에 대한 편호가 일단락되었다는 사실을 언급했다. 그런데 『무묘록』 중 홍묘들의 귀성을 다룬 부분이 모도당에 은닉 중인 묘인과 아직 귀성하지 않은 홍묘들을 초무했다[141]는 언급으로 시작하는 걸로 미뤄, 반란 진압 이후에도 이 지역에는 여전히 청 정부에 저항하거나 초무에 응하지 않은 묘인들이 존재했음을 알 수 있다. 아울러 이 지역의 치안을 불안하게 만든 일련의 사건이 이미 강희 50년 초부터 발생한 사실도 확인된다.[142]

---

141 『撫苗錄』, 39쪽 상.

142 여기서는 자세히 다루지 않았지만, 강희 49년 배루량채에서 홍묘의 공격으로 관병이 부상을 당했으며, 동년 모도당의 홍묘 吳天星 등이 箭塘의 백성 楊正鳳을 사로잡은 사건이 발생했다. 또한 사건의 발생 시기가 정확히 기록되어 있지는 않지만,

당시 호광총독이던 악해가 올린 이러한 내용의 보고가 『무묘록』에 처음 등장하는 시기는 강희 50년 12월 12일로서, 이 보고에는 당시 진간진鎭竿鎭 총병관總兵官 장곡정,[143] 진주부 지부 지단遲端, 봉황영 통판 황주黃澍 등의 주도로 토백호 궐세신 등을 모도당채로 보내 모도당채에서 다른 지역으로 숨어들어 간 홍묘를 초무招撫하는 한편, 이미 초무가 이루어졌지만 항량抗糧을 한 묘채도 계속해서 이른바 '수성향화輸誠向化'했다는 내용이 들어 있다.

강희 50년 12월 12일부터 시작된 홍묘들의 투성이 대체로 비슷한 절차를 밟아 이루어졌으므로 악해가 주도한 홍묘들의 첫 번째 투성 과정을 살펴볼 필요가 있다. 투성 과정에서 내내 중요한 역할을 한 백호 궐세신에게 차위差委라는 지위가 주어졌는데, 그는 투성한 묘인을 무창성武昌城까지 데려오는 일을 담당했다. 이어 모도당 채장묘인寨長苗人이라고 표기된 오로화吳老化, 오로계吳老季, 오로육吳老六, 오로후吳老때 등이 무창성에 직접 당도해 머리를 조아리는 게 투성의 일반적인 형식이었다. 강희 42년 반란을 무력으로 진압할 당시에도 무관이 해당 지역을 직접 들어가 상황을 본 것처럼 악해도 진간으로 직접 들어가서 묘인들의 향화를 위해 노력했다. 그런데 강희 51년 5월에 올린 상주문에서 악해는 이렇게 말했다.

주청奏請을 드리는바, 진간鎭竿으로 먼저 가서 변계邊界를 살펴보니, 이

강희 50년 3월 24일 새벽 涼水井寨에서 생포한 稞龍이 苗人 37명을 살해하고 滾岩의 묘인 14명을 살상하는 한편, 官兵 12명에게 부상을 입혔던 사건 등에서 알 수 있듯이 대대적인 귀성이 이루어지기 전, 이 지역의 치안은 여전히 불안정했다. 『撫苗錄』, 100쪽 상~102쪽 하.

143 그는 강희 50년 말에 雲南提督으로 자리를 옮겼다. 『淸實錄』 권248, 강희 50년 11월 16일.

전에 귀순한 홍묘 외에 모도당 묘인이 가장 강하고 사나워, 귀순했다고 말은 하지만 아직 납량納糧을 하지 않은 채 지역에서 말썽을 일으키고 깊은 산중에 숨어 있다고 들었습니다. 순무와 제독을 대동하고 모도당에 미리 이르러 부근 촌채에서 차인差人을 채채로 들여보내 묘두苗頭를 소환했으나, 묘두 오로철吳老鐵은 병을 핑계로 나오지 않았으며, 그의 아우 오로한吳老漢과 아들 오로삼吳老三이 와서 (신臣 앞에) 머리를 조아리며 엎드려 죄를 빌었습니다.[144]

이 글에서 역시 흥미로운 대목은 관원의 소환에도 묘두라 지칭된 오로철이란 인물이 출두하지 않고 있는 점일 것이다. 이는 강희 42년(1703) 홍묘에 대한 대규모 무력 진압에도 불구하고 불만 세력들이 여전히 존재했다는 사실을 보여주는 단적인 예다. 또한 악해의 언급처럼 일부 홍묘들은 채가 있는 곳보다 더 깊은 산중에 은닉 중이어서 언제든지 다시 반란이 발생할 수 있었기 때문에 청 정부로서는 귀성歸城 정책이 상당히 절실했다. 〈표 4-3〉은 『무묘록』에 등장하는 1차 귀성 상황이다. 물론 악해는 홍묘들의 귀성을 1차와 2차로 나누지는 않았지만, 시기와 규모를 따져 1차와 2차로 구분했다.

〈표 4-3〉 康熙 50년 12월~51년 5월 毛都塘 일대의 1차 歸誠 상황

시기	百戶	투항 寨長	開報 인원	투항 촌채
50년 12월 12일	闞世信	吳老化 등 4명	60호/105명	毛都塘寨
51년 2월 2일	陳一美	石桐禾 등 4명	18호/112명	犵老寨, 亡腦寨
51년 2월 18일	譚世仁	吳老八 등 2명	13호/60명	夯柳寨

---

144 『撫苗錄』, 42쪽 상~하.

시기	百戶	투항 寨長	開報 인원	투항 촌채
51년 3월 17일	關世信	龍老化 등 5명	12호/30명	老家寨
			80명	**猿猴寨·岩板井寨***
51년 4월 13일	侯國選·向大禮	吳老鐵 등 8명	50호/170명	**都蘇寨, 上·下楓木坪寨, 盤若寨**
51년 4월 24일	田弘道 등 5명	吳老爾 등 46명	609호/2,190명	**上·下雀兒寨** 등 6채/中麻冲 등 4채/龍朋科甲 등 29채
51년 5월 7일	吳正先·吳正貴	龍老二 등 7명	40호/265명	**葫蘆寨** 등 2채/五頭寨, **毛岡寨, 岩蠟寨, 板櫈寨, 池河營**

출전: 『撫苗錄』, 39쪽 상~42쪽 상.
* 굵은 글씨로 표기된 부분은 新撫, 즉 새롭게 초무된 村寨를 의미함.

〈표 4-3〉에 등장하는 백호百戶는 귀성한 채장寨長을 호송한 사람들이다. 악해는 귀부한 촌채의 수효가 52채이며, 모두 802호의 대소大小 인구 3,012명이 귀부했다고 여러 번 밝혔는데,[145] 〈표 4-3〉에 등장하는 수치와 그의 언급은 놀랄 만큼 정확하게 일치한다. 그리고 이 안에는 13개의 새롭게 귀성한 촌채인 신무묘채新撫苗寨가 포함되어 있다. 그런데 마지막 5월 7일의 기록에 의하면 이전에 이미 초무된 촌채(오두채五頭寨), 새롭게 초무한 촌채(호로채葫蘆寨와 모강채毛岡寨), 마지막으로는 본래 초무된 촌채(암랍채岩蠟寨 등)의 구분이 있는 것으로 미뤄, 초무가 매우 계획적으로 이루어졌다고 할 수 있다.

그러므로 특히 본래 초무가 완성된 촌채가 포함되었다는 점에서 악해가 언급한 귀부 촌채와 묘인들의 수치는 다소 작위적이라고 할 수도 있지만, 귀부한 묘인들에 대한 사후 조치는 상당히 세심했다. 당시 지방관들이 제일 염려한 사안은 귀부에도 불구하고, 세금을 내지

---

145 『撫苗錄』, 43쪽 상~하.

않은 채 여전히 깊은 산속에 은거하면서 말썽을 부릴지도 모른다는 점이었다.

앞서 언급한 바와 같이, 악해가 순무와 제독을 대동하고 홍묘 중 가장 사나운 모도당채에 들어가 묘두 오로철을 불렀지만, 병을 핑계로 나오지 않은 점으로 미뤄 지방관들의 이러한 염려는 단순한 기우가 아니었을 것이다. 따라서 당시 청 정부는 그들에게 은패銀牌와 의포衣布는 물론, 심지어 이동 비용을 지급해 그들이 본래 촌채로 되돌아가 본업에 종사하도록 했는데,[146] 실제로 묘두에게 신발 제작에 필요한 옷감과 옷 한 벌,[147] 세포 15필, 은패 하나, 그리고 여비로 20냥이 지급되었다.

이처럼 실질적인 일종의 상금 지급[148]과 더불어 그들에 대한 통제책의 일환으로 홍묘들의 호구책戶口冊을 작성했다. 이를 위해 토백호 단독으로 현장에 가는 경우, 홍묘 지역이 워낙 넓으며 지형이 험한 탓에 자세한 조사가 불가능하므로 묘두에게도 비용을 지급해서 두 사람이 함께 호구를 조사하도록 했다.[149]

『무묘록』의 내용으로 보아, 당시 초무를 단계별로 실시했다고 판단되는데, 진간총병관 한영걸韓永傑[150]의 강희 51년 5월 24일 보고를 토대로 기록한 악해의 강희 51년 8월의 기록이 그것을 입증해 준다. 이

---

146 『撫苗錄』, 39쪽 하.
147 『撫苗錄』, 43쪽 하. 본문은 "緶衣一套"로 되어 있다. 하라는 글자는 본디 신발을 의미하나, 아마도 여기서는 신발을 만들 때 감싸는 면포를 의미하는 것으로 판단된다.
148 이러한 사실은 龔起賢, 「紅苗爲患」, 『辦苗紀略』 권2, 37쪽에도 잘 드러나 있다.
149 『撫苗錄』, 44쪽 상.
150 湖廣 九溪 副將으로 있던 한영걸이 鎭箪總兵官이 된 시기는 강희 50년 12월이다. 『淸實錄』 권248, 康熙 50년 12월 11일.

를테면 악해는 비록 3,000여 명에 대한 초무가 성공적으로 이루어졌다고는 하나, 홍묘가 기본적으로 깊은 산중에 거주하는 탓에, 완전한 초무가 이행되지 않는다면 다시 사단이 발생할 가능성을 염려했다.[151] 따라서 강희 51년 5월 말부터 51년 8월까지 다시 대대적인 초무 정책이 시행되었다.

〈표 4-4〉康熙 51년 5월~51년 8월 毛都塘 일대의 2차 歸誠 상황

시기	百戶	투항 채장	開報 인원	투항 촌채
51년 5월 24일	吳董官	吳老化 등 12명	27호/ 120명	盤塘窩, 上·下岩口, 太平山寨
51년 7월 13일	侯觀音, 侯國選	吳老柯 등 7명	31호/ 117명	上鬼疑溪, 米坨寨, 麻粟灣
51년 7월 15일	向大禮	吳老寅(九寨) 등 15명	95호/ 327명	九寨, 黃老坪, 桐木寨, 廟陽寨, 重寨, 岩板寨, 新坮寨, 上龍蛟洞, 排路良
51년 7월 15일	譚世仁	吳老二 (下龍蛟洞) 등 8명	26호/ 149명	下龍蛟洞, 磨湏寨, 岩洞寨
51년 7월 15일	王占魁	龍五十(竹山坡上寨) 등 5명	24호/ 120명	竹山坡上·下寨, 田冲寨
51년 7월 15일	向大禮, 王占魁, 滕元海	龍老六(香爐坡) 등 15명	61호/ 240명	香爐坡, 撫苗坪, 歇場坳, 上·下茶山, 硬寨, 苗路寨, 大頭坡, 中麻冲, 九寨
51년 7월 26일	張弘暹	石老傘 등 24명	110호/ 361명	岩柯寨, 沙黑寨, 朋井寨, 排燒寨, 得者寨, 鵝栗樹, 構皮寨, 百耕寨, 喇鷄寨, 排邦寨, 果打寨, 墨戈寨
51년 8월 3일	吳貴三	石德鮓 등 5명	100호/ 271명	打草坡, 高一寨, 雀兒寨, 斜桶寨, 螃蟹寨, 岩板寨, 補腦寨, 木寨, 老爲田, 岔勒寨, 豹子寨, 鬼溪, 打沙寨, 打沙下寨, 坡脚寨, 約冲寨, 董怕寨, 溪口寨

---

151 『撫苗錄』, 56쪽 상.

시기	百戶	투항 채장	開報 인원	투항 촌채
51년 8월 3일	張弘任, 吳貴三, 陳一美, 田養世, 胡景葵	龍計保 등 31명	102호/ 290명	排門寨, 雷公洞, 龍洞寨, 水孔寨, 牛角寨, 桂廟寨, 得壞寨, 破口上·中寨, 蠻物寨, 岩塢寨, 排楚寨, 夯補酉
51년 8월 9일	梁正高, 田仁順, 田弘道	龍黨溜 등 23명	62호/ 185명	旗都寨, 略順寨, 東排寨, 排糯寨, 補使寨, 白菓樹, 小地良坡, 上羊官冲, 彼犵寨

출처: 『撫苗錄』, 56쪽 상~62쪽 상.

〈표 4-4〉에 등장하는 2차 투항을 주도한 인물은 새로 부임한 진간 총병관 한영걸과 진주부 지부 지치遲熾, 그리고 이 지역 사정에 밝은 관료가 필요하다는 상주에 따라 유임이 결정된 봉황영의 통판 황주黃澍였다. 그러나 1차 투항에 비해 2차 투항은 다소 다른 양상이 드러나는데, 우선 1차 시기에 비해 반당와盤塘窩 지역의 투항에는 이른바 신무新撫 묘채가 거의 대다수를 차지한다는 점이다. 이는 강희 51년 5월 이후 초무 지역이 확대되었다는 사실을 말해 준다. 지역적으로 보면 건주를 중심으로 서북쪽의 배나채排糯寨부터 거의 정서正西 쪽의 배방채排邦寨 지역까지 청 왕조의 권력이 침투했음을 알 수 있다.

강희 42년 진압 작전 당시 귀주제독 이방술은 주요 전투 지역이던 천성채, 나당산, 상·하호로채胡蘆寨 일대 홍묘들이 현재까지도 아직 귀성하지 않고 있으나 진격을 하지 않은 채 그들의 개심改心을 기다리는 중이라고 언급한 바 있다. 이는 이방술의 말대로 홍묘들의 동향을 지켜본 후 진격 여부를 결정한다는 것이었지만, 궁극적으로 이 지역에 대한 군사 작전을 포기한 걸 보면[152] 이곳을 군사적으로 정복하는

---

152 李芳述, 「恭報領兵回汛疏」, 『辦苗紀略』 권4, 68쪽.

게 그만큼 어려웠음을 말해 준다. 이처럼 군사 작전의 전개가 힘들 정도로 험준한 지역의 홍묘들이 귀성했다는 점에서 청 왕조의 권력이 이 귀성을 계기로 상서 일대 깊숙한 지역으로 확대되었다고 할 수 있다.

둘째, 2차 귀성 수효는 638호의 2,180명이었는데 투항을 주도한 토백호의 수효가 1차 시기에 비해 더 많아졌으며, 1차 시기 투항을 주도한 인물들의 일부가 2차 투항에도 등장한다는 사실이다. 담세인, 전홍도田弘道, 후국선侯國選, 향대례向大禮, 장홍임 등이 대표적인데, 이러한 백호들이야말로 2차 투항이 좀 더 광범위한 지역에서 이루어질 수 있도록 청 왕조를 도운 중요한 인적 자원이었다.

그러므로 1차 시기에 토백호로 등장한 담세인, 진일미, 후국선侯國選, 향대례向大禮, 전홍도田弘道, 오정선吳正先, 오정귀吳正貴와 더불어 2차 시기에 등장하는 토백호의 면면을 잠깐 살펴볼 필요가 있다. 이 가운데 1차 시기의 토백호 담세인, 진일미, 전홍도, 그리고 2차 시기의 토백호 장홍임, 장홍섬張弘暹, 양정고梁正高는 초무묘채招撫苗寨의 무변撫弁이라는 직함으로 기록되어 있다. 한편 1차와 2차 시기에 각각 토백호로 등장하는 궐세신과 오동관吳董官은 초관哨官으로, 2차 시기에 백호로 등장하는 전양세田養世는 연총練總이라는 직함을 가진 인물이었다. 나아가 투항 채장으로 분류된 2차 시기 용로육龍老六은 묘파苗把였다.[153]

또한 5월 24일 용천보龍天保·오로정吳老正(반당와), 오로리·오로만吳老利·吳老晩(상·하암구上·下岩口), 용정국龍正國(태평산채太平山寨), 7월 13일 용로사龍老史·오로궁吳老窮(상괴의계上鬼疑溪), 석로승石老塍·석로유石老柳(미타채米坨寨), 석타육石打六(마속만麻粟灣), 7월 15일 오로보吳老

---

153 이상 백호들의 지위에 대해서는 『辦苗紀略』 권8, 189쪽 참조.

保를 포함한 15명 등 모두 25명의 향도嚮導가 2차 시기에 등장하는 점도 흥미롭다. 2차 시기 귀성 대상 지역이 대부분 새로 초무된 촌채라는 사실을 염두에 두면, 이 향도들이 말 그대로 앞장서 해당 지역의 안내를 담당했을 것이다. 결론적으로 2차 시기에 더 많은 촌채가 귀성할 수 있었던 이유는 분명히 청 정부에 협력한 토백호의 수효가 증가했을 뿐 아니라, 향도를 다시 고용하게 된 덕분이다.

셋째, 매우 체계적으로 이루어진 홍묘에 대한 초무 정책에도 불구하고, 일부 촌채나 특정인은 반복적으로 그러한 초무 정책에 반기를 들었던 사실도 확인된다. 앞서 언급한 바와 같이, 이 일대 촌채는 이미 앞서 초무가 된 지역, 새롭게 초무된 지역, 그리고 본래 초무된 상태의 촌채로 나뉜다. 더구나 1차 초무 과정에서도 초무는 이미 되었지만 항량抗糧을 한 기록이 등장하는데, 이런 사실을 2차 투항은 좀 더 명확하게 확인해 준다. 강희 51년 7월 15일 신무新撫 지역인 구채九寨는 투항 당시 이미 초무된 지역이었으나 '항량한' 배로량채排路良寨의 묘인 용로만龍老晚이란 언급의 등장이 그 좋은 예다.[154]

그러한 사실과 관련된 또 다른 예는 과거에 초무된 인물들도 다시 무창성으로 와서 귀성한 걸 보면 홍묘 촌채의 묘인들의 귀성이 일률적으로 이루어지지 않았다는 사실을 짐작하게 해주는데, 악해는 2차 투성의 촌채와 인원수를 밝히면서 다음과 같이 언급했다.

이상 지속적으로 위무된 (수효는) 83채의 638호이며 (이를 모두 합친) 남녀노소 2,181명 가운데, 무창성으로 와 투성한 묘인 용천보龍天保 등 108명과 초무묘인招撫苗人 오로가吳老柯 등 80명 각자에게 '이전 초무할 당시

---

154 『撫苗錄』, 57쪽 하. "原撫後抗糧之排路良苗人龍老晚."

무슨 연유로 한꺼번에 투성投誠하지 않고 차인差人이 다시 갈 때를 기다려 서야 비로소 투성을 했느냐.' 하고 신臣이 물었습니다. (이에) 그들은 '저희 는 모두 **진간진 극변極邊의 대산大山에 있는 숭산위崇山衛** 및 귀주 변방 경계 지역에 사는 탓에, 이전 시기 초무 묘인(전차무묘인前次撫苗人)들이 (한꺼번에) 올 수 없었습니다. 저희 거주지 근처의 새롭게 귀순한 묘인(신순묘인新順苗 人)은 산을 넘어 (이곳에) 당도했습니다.'라고 말했습니다.[155]

이 글로 미뤄 당시 묘인들은 귀성의 의사가 있었지만, 이동의 불편 함 때문에 미처 초무에 응하지 못했다는 걸 알 수 있다. 그러나 그들 이 동시에 투성하지 않은 이유가 반드시 지리적 험난함 때문이 아니 라는 점은 앞서 지적한 것처럼 초무가 되었어도 여전히 항량한 사실 을 통해서도 쉽게 짐작할 수 있다.

2차 투항에서도 청 정부는 투성한 묘목苗目 용천보 등 108명과 초무 한 묘인 오로가吳老柯 등 80명에게는 1차 시기와 마찬가지로 하포緞布 와 의복 1벌, 세포細布 15필, 이동 비용 20냥을 지급했다. 또한 토백호 오동관 등 17명에게는 하포 2필과 은 10냥을 지급했다.

강희제는 홍묘의 귀성에 힘쓴 악해 등의 공로를 가상하게 여김과 동시에 해당 지역의 지방관들은 홍묘가 안정적으로 생업에 종사할 수 있도록 힘써야 한다고 강조했다. 물론 강희제는 홍묘를 내지內地 사람 들과 별도로 취급하거나 그들의 지역에서 침해를 일삼는 자들은 해당 독무督撫가 중죄로 다스려야 한다는 명령도 빼놓지 않았다.[156]

홍묘 반란을 진압하기 위해 청 정부가 2만여 명의 군사를 동원한

155 『撫苗錄』, 62쪽 상~하.
156 『撫苗錄』, 65쪽 하.

강희 42년부터 이 지역에 대대적인 초무를 단행해 편호編戶가 완성된 강희 51년까지 정확하게 10년의 기간은 옹정 연간 개토귀류 이전 호광 지역의 소수민족 상황과 청 정부의 대책을 생생하게 확인할 수 있는 중요한 정황을 알려준다.

무엇보다 중요한 사실은 일련의 정복 과정에서 사실상 토사의 존재가 사라지고 있다는 점이다. 이미 명대 소수민족 반란에서 확인했듯이, 명대만 하더라도 각 소수민족 사회의 유력자, 위소 군관, 그 출신이 불분명한 간민奸民, 한인漢人 등이 반란에 얽혀 있었으며, 대체로 이웃 지역과 연계해서 반란을 일으켰다. 이런 반란의 와중에 토사가 중심을 차지했으며, 일단 반란이 진압된 후에도 그 불씨는 쉽게 꺼지지 않았지만, 강희 연간은 청 정부와 각 촌채 사이의 대결로 압축되었다.

물론 전략적 측면에서도 명대의 무력 진압은 단발적 기습 형태인 조초雕剿였지만, 강희 연간의 진압은 호광, 사천, 귀주 삼성의 대병력이 동원된 보초普剿라는 점도 달랐다.[157] 군사 작전이 이렇게 변화한 이유는 적어도 명 중엽 이후 토사제도가 서서히 와해되면서 소수민족들이 촌채 단위로 재편되었기 때문이며, 이런 이유로 청 왕조의 전선이 확대될 수밖에 없었다. 그러므로 영순과 보정토사가 이 지역의 묘인들을 담당해 초무하던 모습[158]은 이미 강희 연간에 사라졌으며, 이런 상황은 옹정 연간에 개토귀류를 실시할 수 있었던 중요한 전제였다.

또한 초무 과정에서 중요한 역할을 한 토백호의 등장에 유념할 필요가 있다는 사실을 들 수 있다. 기본적으로 위소에는 지휘사指揮使 1

---

157 雕剿와 普剿에 대한 설명은 각각 金應聲, 「民苗啓釁由」, 『辦苗紀略』 권1, 16쪽과 張得功, 「紅苗狡悍」, 『辦苗紀略』 권2, 28쪽 참조.

158 田英産, 「邊邑慘受」, 『辦苗紀略』 권2, 24쪽. "至於永保二司, 嘉靖年間曾具甘結擔承撫苗, 永無犯順朝廷, 是以寢兵."

인, 동지 2인, 첨사 4인과 함께 그 밑에 정천호 1인과 부천호副千戶 2인이 존재했으며, 순찰, 수수戍守, 험군驗軍, 둔전屯田 등 매우 광범위한 업무를 담당했다.[159] 위소의 이러한 관원들을 크게 유관流官과 세관世官으로 나눌 수 있지만 적어도 무관의 수효가 10만여 명에 달한 명 중·후기에 이르면 이들 무관은 이미 엄청난 규모의 세습무관 집단으로 변질되어 있었다.[160] 더구나 지휘와 같은 군관을 제외하고는 백호나 천호들은 일찍부터 세습이 이루어졌다고 볼 수 있으며, 대체로 강희 연간 진간 지역 일대의 토백호들은 이 지역의 실질적인 토착 세력이었다.

이미 앞에서 확인했듯이, 악해가 실시한 위무가 총독이나 총병관과 같은 고위 지방관의 주도로 토백호 → 채장 → 묘인 순으로 이어졌다는 점에서 채장을 장악하고 있던 토백호의 역할이 매우 중요했으며, 당시 청 정부는 이러한 토백호를 통해 이 지역을 안정시키려 했다. 그러므로 강희 42년 진압 당시 진압 이후 사후 대책을 논하면서 "각 묘채 내에서 채장寨長 1명을 선발해 전량錢糧 납부를 담당하도록 하는 한편, 다시 토백호를 설치해 채장을 단속하고 불순분자들을 수색하며 전량을 수납하도록 해야 한다."[161]는 석이달의 언급은 청 정부의 그러한 의도를 잘 보여준다.

『무묘록』의 강희 51년 12월 기록에 등장하는 악해의 의견은 당시 토백호의 역할과 그 위상을 알려준다는 점에서 주의 깊게 살펴볼 필요가 있다.

---

159 楊洪林·陳文元,「論明末淸初施州衛的政治選擇及其歷史影響」,『西南民族大學學報』(人文社會科學版), 5기, 2014, 222쪽.

160 梁志勝,『明代衛所武官世襲制度硏究』, 中國社會科學出版社, 2012, 94~95쪽.

161 席爾達,「請增黔楚官兵善後疏」,『辦苗紀略』권3, 62쪽.

진간의 숙묘 등이 (사는) 묘채苗寨를 살펴보건대, 이전에 건주와 봉황에
설치한 바 있는 토백호 30명이 각자 20~30채 정도를 나누어 관할하도록
하고, 현재 귀순한 신묘新苗 135채 역시 원래 초무된 토백호 등이 교대로
나누어 관할하도록 해 (신묘를) 단속하도록 해야 합니다. 묘인에 대한 **세금
납부의 독촉, 묘인에 관련된 업무의 처리, 묘인 범법자의 조사·체포**는 차
역에 응하는 예에 의거해 관할 토백호를 촌채로 파견해야 하지만, 그들은
이름만 묘인을 관할하는 백호百戶(관묘백호管苗百戶)일 뿐, 평민과 동일합니
다. 따라서 관품官品과 명예가 없으므로 묘인들에게 경시당하기 쉬워 (묘인
들을) 단속하기 어렵습니다. 또한 백호는 식량과 경비가 지급되지 않아, 끼
니 해결 등 모두를 (스스로) 부담하며, 자신이 이동 비용을 대고 (여러) 차
역을 담당해, (그들이) 마음을 다하지 못하고 있습니다.[162]

이런 악해의 요청에 따라 강희제는 토백호들에게 9품 정대頂帶의
하사와 식량의 지급을 허락했다. 따라서 강희 42년 진압과 이후 강희
50년 귀성을 계기로 소수민족 통치에 토백호를 적극적으로 이용한 사
실[163]은 청 정부가 그들을 토사의 대안으로 생각했음이 틀림없다. 나
아가 청 정부는 이 토백호를 이용해 소수민족 사회를 재편하려는 의
도를 지니고 있었다.[164]

---

162 『撫苗錄』, 71쪽 상~하.
163 앞으로 많은 사례 연구가 축적되어야 일반화가 가능하겠지만, 사천의 康定, 瀘定,
雅江, 九龍, 道孚, 丹巴縣 일대 역시 歸誠 이후 토백호직을 하사했다는 연구가 있
는 걸 보면, 토백호 설치가 강희 연간 소수민족 통치의 중요한 몫을 차지했다고 해
야 할 것이다. 李宗放, 「淸代四川明正土司所轄49員土千百戶今地考述」, 『西南民族
大學學報』, 11기, 2009, 255쪽.
164 최근 한 연구는 강희 연간에 설치된 토백호 체제가 청 중엽에 이르러 다시 파행을
겪자, 이른바 苗弁制度를 설립했다고 주장한 바 있다. 토백호도 묘변제도도 모두
기존의 토사제도를 대체한다는 점에서 이 부분에 관한 연구가 앞으로 더 진척되어

3. 改土歸流 前夜의 容美土司와 淸 王朝

1) 明末淸初 용미토사

明末 용미토사의 상황

서론에서 이미 밝혔듯이 이 책이 다루려는 시기는 명 왕조에서 시작해 청대 호광 지역에서 개토귀류가 단행된 옹정 13년(1735)까지다. 따라서 여기서는 명청시대 호광토사 가운데 비교적 사료가 풍부하게 남아 있는 호북 지역 용미토사를 대상으로 명말청초 토사들의 존재 양태 및 정치적 행정을 살펴볼 예정이다. 또한 이 시기 호광 지역 관리들의 상주문을 통해 지역의 토사에 대한 인식과 아울러 당시 관료들이 소수민족 지역을 어떻게 통치하려 했는지를 언급할 예정이다.

용미토사의 전승 관계는 이미 앞에서 언급한 바 있으며, 1장에 그 자세한 세계世系를 기록했다. 다만 여기서는 서술에 필요한 그 일부 행적을 자세히 살펴볼 예정이다. 기록에 따르면 마지막 용미토사 전민여田旻如는 옹정 11년(1733) 12월 11일 자신의 죄를 두려워한 나머지 자살로 일생을 마감했다.[165] 그의 자살로 전광보田光寶부터 시작된 호광 지역 용미토사의 세계世系는 18대 전민여에 이르러 중단되었다.

이미 앞에서 간략하게 언급한 바 있는 전광보는 명 건국 이전인 지정 26년(1366) 자신의 동생 전광수田光受를 보내 원元 왕조로부터 받은 인장을 바치자 주원장이 사천행성四川行省 참정으로 임명한 인물이었

야 할 것이다. 譚衛華, 「乾嘉之後湘西苗疆苗弁制度與基層社會控制探析」, 『民族論壇』, 3기, 2018 참조.

[165] 「原題部文」, 『容美土司史料文叢』(1輯), 제1부분, 2019, 33쪽.

다. 이어 오 원년(1367)에 이 용미동처군민선무사를 황사정안마료등처군민선무사黃沙靖安麻寮等處軍民宣撫司로 고치고 여전히 전광보를 그 수장으로 임명하도록 했다.[166]

이러한『명실록』의 기록만으로 본다면 용미토사가 명 시기 역사 무대에 처음 등장한 건 전광보부터지만,『전씨세가』에는 약간 다른 양상이 등장한다. 세계世系로는 전씨田氏 토사의 3대에 해당하는 전광보 관련 기록을『전씨세가』는 다음과 같이 적고 있다.

전광보는 용미군민도총관容美軍民都總管 전건종田乾宗의 아들이다. 건종의 전대前代 사람들은 여러 세대에 걸쳐 모두 도총관都總管이었는데, 명이 발흥한 홍무 초년 전광보와 선위동지宣慰同知[167] 팽건사彭建思 등이 원元 왕조로부터 받은 고칙誥勅과 인장印章을 주원장의 행재行在로 가서 상납하고 그것의 교체를 청하자, 비로소 용미등처군민선위사容美等處軍民宣慰使를 제수했다. 선위사라는 명칭이 이때부터 시작되었다.[168]

무엇보다 이 인용문에 등장하는 전광보의 지위는 선무사라고 기록한『명실록』과는 달리 선위사로 되어 있는 점이 우선 다르다. 특히『명실록』에는 전광보를 사천행성 참정에 임명했다는 기록이 등장하지만,『전씨세가』에 등장하는 위 인용문에는 그러한 내용이 전혀 등장하지 않는다는 점도 주목할 필요가 있다.

선무사보다 선위사가 상위직이지만, 명 왕조 측의 사료와 전씨 일

---

166 이 두 내용은『明實錄』권19, 丙午年 2월 15일과 권22, 吳元年 정월 5일조 참조.
167 이 부분도『明實錄』에는 '宣慰同知'로 표기되어 있으나,『田氏世家』를 사료집에 전사하는 과정에서 실수했을 가능성도 배제할 수 없다.
168 『容美土司史料彙編』제2부분,「傳記·碑刻」, 1984, 84쪽.

가의 사료를 비교할 때 전자가 전씨의 지위를 굳이 낮게 표기한 사실과 더불어 다시 오吳 나라 원년(1367)에 용미容美라는 이름을 삭제하고 황사정안마료등처군민선무사로 개칭해 그 수장으로 전광보를 임명[169]한 걸로 미뤄 명초 용미토사의 위세가 그리 강력하지 않았다는 사실을 말해 준다. 이런 점에서 호광성의 다른 토사와 마찬가지로 용미토사도 그 지위가 빈번히 바뀌었는데, 그 첫 단계는 위 인용문에서 확인하듯이 원元 지정至正 11년(1351) 설치된 사천용미동군민총관부였다.

이어 홍무 5년(1372) 전광보가 자신의 아들 답곡십용荅谷什用을 조정에 보내 조공을 하자 명 왕조는 전광보 등에게 문기文綺 등의 선물을 하사하는 한편, 용미군민선무사를 장관사長官司로 고치고 전광보를 장관長官으로 임명했다.[170] 용미군민선무사를 장관사로 낮춘 이유에 대해 명대 사료는 침묵하고 있으며, 『전씨세가』에도 이 부분과 관련된 명확한 기록은 등장하지 않는다. 다만 홍무 5년 아들을 보내 조공을 바칠 무렵, 용미 일대 동만洞蠻들이 향천부向天富를 중심으로 반란을 일으키자[171] 이 일대 토사들의 지위를 모두 장관으로 낮췄다는 기록으로 미뤄 장관사로의 지위 하강은 이 사건에 대한 징벌 차원에서 이 일대 토사들에게 일률적으로 적용되었을 가능성이 크다.

홍무 7년 용미토사가 잠깐 선위사로 승격되었으나 이내 폐지되었다[172]는 언급이 등장하고 10년이 지난 홍무 17년(1384) 용미 휘하 여러

---

169 『明實錄』 권22, 吳元年 5월 5일.

170 『明實錄』 권72, 洪武 5년 2월 14일.

171 龔蔭, 『中國土司制度』, 雲南民族出版社, 1992, 1272쪽.

172 『土家族土司史錄』, 1991, 41쪽에는 홍무 7년 용미토사가 宣慰司로 승격되었다가 폐지되었다고 기록되어 있지만, 실제 『明實錄』 권94, 洪武 7년 11월 26일의 기사에 따르면 선위사가 아닌 宣撫司를 설치하도록 명령했다. 家鄕寨五里, 自崖, 椒山瑪瑙, 水濾原通塔坪, 石梁下洞, 五峯石寶의 여섯 長官司를 설치한 시기도 홍무 7년이다.

동만들이 석주향동石柱響洞을 경유해 파동巴東 일대를 침략한 사건이 발생했으며, 다시 홍무 18년에 역시 용미토사가 반란을 일으켜 토사 지역 일대가 황폐해지자 장관사를 폐지했다는 기록이 지방지에 등장한다.[173]

이런 일련의 사건으로 볼 때 명 왕조 초기에는 용미토사와 그 휘하의 여러 소규모 토사 세력들이 명 왕조와 세력 다툼을 전개했을 가능성도 크다. 영락 4년(1406)에 다시 선무사로 그 지위를 올려주고,[174] 영락 연간에 비로소 석량하동石梁下洞, 추산마노楸山瑪瑙, 수진원통水瀘源通의 세 장관사를 용미토사 휘하에 두도록 허락했다는 점[175]에서 홍무 연간 이래 빚어진 용미와 명 왕조 사이의 밀고 당기는 싸움은 영락 연간에 이르러 비로소 안정되었다고 볼 수 있다.

명초 용미토사의 지위가 이처럼 빈번하게 바뀌긴 했지만 초기 전광보의 행적을 기록한 『전씨세가』에는 명초 호광 지역 일대 한산동(韓山童, 1310~1351), 서수휘(徐壽輝, 1320~1360), 진우량(陳友諒, 1320~1363), 명옥진明玉珍 등처럼 외람되게 칭제稱帝하는 무리들이 많았음에도 그런 부류에 동조하지 않았다는 칭찬이 등장한다. 물론 족보의 성격상 조상의 업적을 한결같이 찬양할 수밖에 없지만, 이러한 설명 이면에는 원말명초 군웅할거 당시 용미토사의 전씨 세력이 궁극적으로 주원장을 택한 토사 세력이었다는 사실이 들어 있다. 그렇지만 "자한력당自漢歷唐, 세수용양世守容陽"이라는 용미토사 일족의 주장[176]에도 불

173 홍무 17년 사건은 『明實錄』 권159, 洪武 17년 正月 11일조에 등장하며 홍무 18년 사건은 光緒 『長樂縣志』 권4, 「沿革志」, 3쪽 하에 등장하지만 두 시기의 사건은 동일하거나 연관된 사건일 가능성이 크다.

174 『土家族土司史錄』, 1991, 41쪽.

175 光緒 『長樂縣志』 권4, 「沿革志」, 3쪽 상~하.

176 龔蔭, 1992, 1243쪽.

구하고 송대 이전 그들의 기록은 거의 남아 있지 않으며 원말명초에야 비로소 그들에 대한 명확한 기록이 등장한다는 점으로 미뤄 전씨 세력들이 오히려 원대 이후 이 지역의 유력자로 부상했을 가능성이 크다.

이런 용미토사가 특히 가정 연간부터 자신의 영역을 확대했으며, 이 과정에서 명대 지방 정부와 빚은 갈등에 대해서는 이미 4장 1절의 토지 분쟁 양상을 통해 언급했거니와, 확실히 용미토사는 명 중엽 이후 그 세력이 급속하게 신장했다.[177] 아마도 명 중엽 이후 세력이 신장된 용미토사의 행적과 그 정치적 영향력은 명말까지 그대로 유지되었다고 볼 수 있는데, 다음 두 사례는 그러한 정황을 입증해 주는 좋은 예다.

첫째, 명말 장헌충(張獻忠, 1606~1647)과 이자성(李自成, 1606~1645) 반란 진압에 용미토사가 적극적으로 나섰으며, 이때 휘하 소토사들의 병력도 동시에 징발했다는 점이다. 이를테면 숭정 12년(1639) 용미선위사 전원田元은 토병土兵 7,000여 명을 이끌고 나아가 장헌충과 이자성 반란군을 무찌른 바 있다.

둘째, 이런 병력 동원 외에 명말까지도 주변 소토사들을 군사적으로 압도할 정도로 정치적 위세와 실질적인 군사력을 지니고 있었다는 점이다. 다음 일화의 발생 시기가 명말이 아닌 청초지만, 그것이 청초의 사건이라는 점에서 오히려 명말의 위세가 청초까지 유지되었다는 사실을 말해 준다. 그것은 수진안무사水瀘安撫使 당진방唐鎭邦 일가와 용미토사와의 관계로서, 당시 수진안무사의 안무사 당진방에게는 아

---

177 따라서 일부 지방지에는 호광 지역의 四大土司인 永順, 保靖, 桑植, 容美 가운데 용미가 최강이라는 언급이 등장한다. 光緒『長樂縣志』권4, 「沿革志」, 4쪽 하~5쪽 상.

들 세 명이 있었는데, 큰아들이 당세순唐世淳, 둘째가 당계훈唐繼勛으로 당계훈의 본명은 당세희唐世熙였다.[178]

큰아들 당세순이 적에게 살해당하자 유자遺子 당원훈唐元勛과 당계훈으로 이름을 다시 바꾼 당세희는 장자長子의 자리를 차지하려는 음모를 꾸몄다. 마침내 아버지와 형이 반란 세력에게 사살당했으며, 이러한 음모를 알고도 상부에 고하지 않은 당계훈을 용미토사 전기림田既霖이 붙잡아 신문했다. 이 사건을 계기로 용미토사는 수진안무사로 앉힐 수 있는 적절한 인물이 없다는 보고를 올리자 결국 당공렴唐公廉이란 인물과 전기림 사이에 전투가 벌어지게 되었다.

당시 당공렴을 무찌르기 위해 용미토사 전기림은 장락현 일대 군인들을 소집하는 한편, 남편들을 살해하고 부녀자들을 내다 팔았는데 그 수효가 만여 명을 넘었으며 그 일대 수백 리가 사실상 사람이 살지 않는 곳으로 변해버렸다. 좀 더 구체적인 상황을 말해 주는 사료는 발견하기 어렵지만, 이 이야기를 통해 용미토사가 휘하 소토사를 말 그대로 철저하게 응징했던 사실을 쉽게 짐작할 수 있다. 그런 점에서 흔히 거론되는 영순, 보정, 상식, 용미의 네 토사 중 용미가 최강이라는 사실[179]이 명말까지 그대로 유지되었다고 보는 게 큰 무리는 아닐 것이다.

---

178 여기에 등장하는 인명은 이 사건을 기록하고 있는 사료집이나 지방지에 따라 약간씩 차이가 난다. 龔蔭, 1992, 1279쪽에는 당계훈이 당진방의 아들로만 소개되어 있으나, 『鄂西少數民族史料輯錄』, 1986, 80쪽에는 唐鎭邦의 큰아들이 唐世熙, 셋째 아들이 唐繼勛으로 등장한다. 다만 여기서는 光緖 『長樂縣志』 권4, 「沿革志」, 13쪽 하~14쪽 상과 가장 최근에 발간된 용미토사 관련 사료집인 『容美土司史料文叢』(1輯), 2019, 136쪽의 내용을 토대로 기술했음을 밝힌다.

179 光緖 『長樂縣志』 권4, 「沿革志」, 4쪽 하~5쪽 상.

容美宣慰使 田玄과 田霈霖

앞서 언급한 명말 용미토사 관련 정황은 분명 왕조 교체기에 따른 혼란상이라고 할 수 있는데, 이런 점에서 명 천계 연간(1621~1627)과 숭정 연간(1628~1644) 용미토사 상황을 잠깐 살펴볼 필요가 있다. 용미토사 제7대 선무사 전구룡田九龍이 83세로 사망한 시기가 만력 37년(1609)이었다. 그러므로 뒤이어 선무사에 오른 그의 적장손嫡長孫 전초산田楚産의 활동 시기는 대략 만력 말엽~천계 초엽 시기와 일치한다. 전초산이 비록 전구룡의 적장손이었다고는 하나 그의 습직 과정과 재임 기간 동안의 행적은 토사들 사이의 정권 쟁탈이 치열했다는 사실을 다시 한 번 확인시켜 준다.[180]

전초산은 이처럼 천신만고 끝에 선무사를 습직했지만, 다른 한편으론 많은 선정을 베푼 인물로도 유명하다.[181] 아마도 전초산의 이런 선정 덕분에 당시 용미토사는 계속해서 동쪽으로 진출할 수 있었으며, 그 결과 용미토사의 경계가 이전 시기보다 훨씬 확대되었다.[182] 전초산이 51세로 사망한 뒤, 천계 5년(1625) 그의 아들인 전현(田玄, 1582~1646)이 부친의 이러한 과업을 물려받아 완성했다고 볼 수 있는

---

180 간략하게 해당 사실을 설명하자면 전구룡은 나이가 들자 아들 田宗愈에게 政事를 맡겼으나 불행하게도 전종유는 바로 사망했다. 이에 전구룡은 다시 田楚産에게 정사를 위임시켜 습직에 대비하도록 했다. 그러자 이번에는 庶長子 田宗元이 자신의 아우 田宗愷 등을 규합하는 한편, 전초산의 아버지 전종유는 서출이기 때문에 전초산은 嫡長孫이 아니라 하면서 그를 관가에 고발했다. 이 때문에 전초산은 처자식과 함께 忠峒土司에서 10여 년 동안 머물러야 했다. 이후 전구룡이 사망하고, 전종원도 여러 사람으로부터 공분을 사게 되자 總督이 전초산을 다시 충동사로 불러들여 습직시켰다. 『鄂西少數民族史料輯錄』, 1986, 77쪽.

181 『容美土司史料彙編』, 제2부분, 「傳記·碑刻」, 1984, 93쪽.

182 『容美土司史料文叢』(1輯), 2019, 230쪽.

데 『전씨세가』에 등장하는 그의 업적 일부를 간추리면 다음과 같다.

우선 그는 산모선무사 담중소覃中霄의 대전소大田所 약탈과 영순선위사 팽원근彭元瑾의 불법적인 용포龍袍 제작을 황명皇命을 받들어 엄히 다스리는 한편, 자신의 아들과 아우 전규田圭 및 전섬田贍 등을 보내 장헌충과 이자성 반란을 진압하도록 했다. 또한 죽산竹山과 방현房縣의 적들을 소탕했으며, 양양위襄陽衛와 등주위鄧州衛를 도와 친왕부를 호위하는 등, 이런 종류의 출정을 6~7차례 단행했다.[183]

전현은 이런 공로로 이 시기부터 비로소 선무사에서 선위사로 승격되었으며, 용미토사 휘하의 추산, 오봉, 적량, 수진의 네 장관사는 안무사로, 마노, 석보, 하동, 통탑의 부장관사는 장관사로 각각 승격되었다. 전현이 이룩한 이런 업적과 위용 때문에 상식안무사桑植安撫使 향일관向一貫은 임종 시 자신의 아들에게 "용양容陽과 나 사이의 원한이 깊지만, 너는 그의 적수가 되지 못하니 내가 죽으면 너는 매우 신중하게 그를 방어해야 할 것이다."라는 유지를 남길 정도였다.

더욱 놀랄 만한 일은 이러한 향일관의 유언을 전해 들은 전현은 그동안 자신이 품었던 원한을 모두 풀고 그가 사실상 강탈한 고죽패苦竹壩 일대의 토지와 이 지역 거주민들을 상식안무사에게 돌려보냈다는 점이다. 다른 한편으로 그는 수백 금金을 원조해 향일관의 아들이 습직하도록 도운 바 있는데, 이러한 일련의 행태는 당시로서는 쉽게 보기 어려운 광경이었음이 틀림없다.[184] 물론 전초산과 전현이 명말에 이처럼 대대적으로 자신의 세력을 확장하고 그 명성을 날릴 수 있었던 건 명 왕조가 이제 서서히 몰락해 가는 시점 때문이기도 하지만,

---

183 『容美土司史料彙編』, 제2부분, 「傳記·碑刻」, 1984, 95쪽.
184 이상 田玄에 관한 내용은 『容美土司史料彙編』, 제2부분, 「傳記·碑刻」, 1984, 94~95쪽 참조.

이 두 사람이야말로 명말 용미토사가 자신의 세력을 주변에 떨치도록 한 중요한 인물임이 틀림없다.[185]

용미토사를 전현이 통치할 당시 이룩한 이러한 세력 신장에도 불구하고 청조의 등장은 용미토사로서도 당연히 쉽게 대응할 수 있는 상황은 결코 아니었다. 더구나 청조라는 새로운 왕조가 등장했지만, 특히 순치 연간 호북 지역 일대는 일부 강력한 군사 세력의 영향력이 여전히 매우 컸다. 이를테면 당시 호북과 천동川東 일대에서는 이금李錦(이적심李赤心)이나 유체순劉體純 등의 세력이 연합하는 한편, 특히 순치順治 2년(1645) 명대 총독 하등교(何騰蛟, 1592~1649)와 순무 도윤척堵允錫이 이금을 항복시킨 이후로는 명말 명 왕조에 충성하는 무리들의 세력이 크게 증가했다.

그러나 순치 3년(1646) 이후 이들이 청 군사들에게 여러 차례 패배해, 결국 악주岳州나 형주荊州 일대에서 호북 지역 서쪽으로 후퇴했으며, 결정적으로 순치 4년(1647) 형주를 공격하다 패배한 이금이 용미토사 경내로 들어왔다. 그러므로 순치 4년 무렵 시주위와 용미토사 일대를 사실상 청군이 압박했으며, 더구나 순치 8년(1651) 영순과 보정 토사가 청군에게 항복하자 같은 해 전패림田霈霖[186]은 울분에 못이겨 사망했다.

용미토사가 직면한 결정적인 어려움은 이런 군사적인 측면보다 오히려 경제적 부담이었다. 그 정확한 시기를 알 수 없지만, 이미 전현

---

185 『容美土司史料文叢』(1輯), 2019, 231쪽.
186 전현이 1646년 사망하자 뒤를 이어 선위사에 오른 전현의 큰아들이다. 南明 정권에 가담해 청 왕조와 끝까지 싸운 인물로 유명한 文安之(1592~1659)가 永曆 5년(1651) 전현을 만난 일은 그리 알려져 있지 않은 사실이다. 『容美土司史料文叢』(1輯), 2019, 232쪽.

은 충동안무사忠峒安撫司 전초정田楚楨이 전초상田楚詳으로부터 피해를 입은 한편, 습직 자격이 있는 전귀방田貴芳이 인장을 가지고 영순으로 도주한 사건을 손수 해결하기 위해 이미 1만여 금 이상을 소비했다.[187]

뒤이어 선위사에 오른 전패림도 장헌충과 이자성 군대를 무찌르기 위해 무원撫院의 당휘唐暉와 방공소方孔炤, 그리고 치원治院의 왕영오王永敖 등의 군사 징발 요청에 부응해 자신의 속관屬官 당진방唐鎮邦, 당승조唐承祖, 유기패劉起沛, 숙부 전규田圭와 전섬田贍, 그리고 동생 전기림과 전소림田蘇霖과 함께 묘인苗人 군사 1만여 명을 거느리고 방현과 죽산 일대 정벌에 나섰다. 이외에도 광화光化, 곡성穀城 등의 지역을 정벌했으며 형주위荊州衛 수비에도 가담한 점[188]을 고려하면 전현 이후 용미토사의 전쟁 비용 부담을 쉽게 짐작할 수 있다.

다른 한편 1644년 명이 멸망하자 전패림과 각별한 사이였던 명말 유신 문안지文安之를 비롯한 유민들이 용미토사 일대 고산高山 지역으로 피난 오자 전현은 이들에게 식량 등을 지원하기 위해 역시 많은 금전을 소비했다. 또한 전감림田甘霖이 명말 유구 세력들에게 포로가 되자 금은 수만을 들여 속환贖還시킨 사실도 있다. 이러한 일련의 정황으로 미뤄 보건대 전현 이후 용미토사의 재정은 분명히 그리 넉넉하지 않았을 것이다.[189]

淸初 호광토사의 歸附 상황

명에서 청으로 왕조 교체가 이루어진 소위 명말청초 시기 중국은

---

187 『容美土司史料彙編』, 제2부분, 「傳記·碑刻」, 1984, 94쪽.
188 『容美土司史料彙編』, 제2부분, 「傳記·碑刻」, 1984, 99쪽.
189 『容美土司史料文叢』(1輯), 2019, 236~237쪽.

여러 면에서 당연히 혼란스러웠으며 그런 혼란 상황으로부터 호광 일대 토사들도 결코 자유롭지 못했다. 그러한 혼란상은 토사 자체의 중대한 모순이나 그릇된 정치 상황에서 비롯된 경우가 있는가 하면, 새롭게 들어선 청 왕조가 토사들을 징벌하기 위해 물리적인 군사력을 행사했기 때문에 발생하기도 했다. 더구나 명말청초 무렵 명 왕조는 왕조 말년의 전형적인 무능력을 드러냈으며, 청 왕조도 중국 내지를 아직은 안정적으로 통치할 상황이 안 되었던 탓에 호광 일대 소수민족 지역의 토사나 위소, 그리고 유력자들의 행태는 매우 다양했다.

그러므로 호광 지역의 개토귀류가 옹정 13년에 일률적으로 이루어졌다고 말하기는 대단히 어려우며, 나아가 개토귀류가 실시된 이후에도 여전히 토사 세력이 잔존한 경우도 쉽게 확인할 수 있다. 이런 점에서 호광성 일대 토사들의 개토귀류를 첫째, 토지와 백성들의 자발적인 헌납, 둘째, 범법犯法을 저지른 토사들에 대한 징벌, 마지막으로 용미토사의 전민여의 경우처럼 무력을 사용해 저항하다가 개토귀류를 당한 세 유형으로 나누는 건[190] 그 나름대로 설득력이 있지만, 개토귀류 과정을 지나치게 청 왕조의 입장에서만 파악한 것이다.

개토귀류를 단행해야만 하는 이유를 가장 설득력 있게 주장한 왕리계의 언급에도 결국 청 왕조나 한족의 일방적인 입장이 강하게 반영되어 있지만, 그가 소수민족 지역의 자원에 관심을 기울였다는 점에서 개토귀류의 정당성을 청 왕조의 경제적 확장에서 찾은 사실은 기억할 필요가 있다. 하지만 개토귀류 실시의 원인이 무엇이든지 간에 개토귀류 자체를 단순한 사건으로만 이해하는 건 분명히 명대 이래 시행된 토사제도와 소수민족 사회를 지나치게 단선적으로 파악하

---

190 張建民, 『湖北通史』(明淸卷), 華中師範大學出版社, 1999, 182쪽.

는 것이다.

말하자면 옹정 연간의 개토귀류는 여러 사건이 복수로 중첩된 결과의 산물로서 사실상 토사들마다 개토귀류에 대한 입장이 전혀 달랐다. 물론 개토귀류에 대한 각 토사들의 입장을 사안별로 살펴보는 건 사실상 불가능한 일이긴 하다. 무엇보다 그럴 정도의 사료가 존재하지 않는 게 가장 중요한 원인이지만, 일단 용미토사에 대한 개토귀류가 단행된 옹정 13년(1735)의 정황을 보여주는 다음 글은 꽤 의미심장하다.

> 옹정 13년(1735) 각 토사에 이미 모두 유관이 설치되자, (병)부는 논의를 통해 각 소관所官과 애관隘官이 (지닌) 방어의 책임을 없앴으며 또한 군민軍民을 단속團束해야 할 임무도 없어졌으므로, (본래 설치할 관직의) 폐지를 청했다. (이에) 옹정제는 (그들) 조상들의 뚜렷한 공적을 굽어살펴 차마 그 지위를 폐지하지 못하고, 천총千總이나 파총把總의 직함을 그들에게 나누어 상으로 하사하는 한편 그 자손들이 영원토록 세습할 수 있도록 허락했다. 건륭 3년(1738) 자리현慈利縣 소속 산양애山羊隘 50리 이내의 땅을 분리시켜 학봉鶴峯에 귀속시키고, 각각의 세습직은 귀주歸州 관할에 속하도록 했으며, 승습承襲 문제가 발생할 경우에는 호남성 주·현의 예에 따라 판별하도록 했다.[191]

지방지의 이 기록은 분명히 개토귀류 당시 청 왕조를 비롯해 개토귀류를 직접 시행한 옹정제의 너그러운 조치를 찬양하기 위한 것이라 할 수 있다. 그리고 위 인용문으로 미뤄 분명히 옹정제는 어떤 면에서

---

191 道光『鶴峯州志』권14, 「雜述志」, 4쪽 상~하.

토사들에게 가혹한 정책을 펼치지 않았다고 볼 수 있다. 그렇다 해도 개토귀류의 가장 핵심적인 요소가 토관의 세습을 무너뜨리고 중앙에서 관료를 일률적으로 파견한 것이라는 점을 감안하면 옹정제의 조치는 선뜻 이해하기 어렵다.

결국 개토귀류 단행 이전 각 토사들의 입장과 그들이 처한 상황이 달랐던 탓에 청 정부의 대응도 달라질 수밖에 없지 않았을까? 더구나 왕조교체라는 정치적 격변기에 호광 지역의 각 토사들은 자신의 생존을 위해 분명히 다양한 방법을 모색하고 있었을 것이다. 또한 토사뿐 아니라 각 지역에 새로운 세력이 등장해 토사에 의한 통치가 무색해진 상황도 등장했다고 가정할 수 있는데, 이런 일련의 가정이야말로 개토귀류 시행을 좀 더 폭넓은 시각으로 볼 수밖에 없는 중요한 전제다.

또한 명대와 청대에 존재한 토사가 다른 경우도 있는데, 『명사』와 『청사고』를 비교할 경우 두 기록에 등장하는 토사가 동일하지 않다.[192] 이를테면 『명사』에 등장하지 않는 사계안무사沙溪安撫司의 황씨黃氏 일가가 그러한 예다. 물론 일부 지방지에 이러한 토사들의 세계世系가 나와 있긴 하지만 그것을 완전히 신뢰할 수는 없으며, 더구나 그 주된 내력이 명말청초 시기에 집중되어 있는 점[193]에서 개토귀류 직전 토사

---

[192] 장황하지만, 해당 15개 토사는 忠峒宣撫司, 散毛宣撫司, 忠路宣撫司, 忠孝安撫司, 高羅安撫司, 木冊安撫司, 大旺安撫司, 金峒安撫司, 蠟壁安撫司, 東流安撫司, 唐崖安撫司, 龍潭安撫司, 沙溪安撫司, 卯峒長官司, 漫水長官司로 선무사가 셋, 안무사가 열, 장관사가 둘이었다. 아울러 토사의 존재와 관련해 『明史』와 『淸史稿』를 비교해보면 『明史』에는 沙溪安撫司, 卯峒長官司, 漫水長官司가 등장하지 않으며, 『淸史稿』에는 搖把峒長官司, 上·下愛茶峒長官司, 鎭南長官司, 鎭遠蠻夷長官司, 隆奉蠻夷長官司가 기재되어 있지 않다는 사실을 밝히고 있다. 위 두 사항 모두 同治 『增修施南府志』 권2, 「沿革」, 26쪽 하~27쪽 하 참조.

[193] 묘동사와 사계사에 대해서는 『土家族土司史錄』, 1991, 각각 58쪽과 63쪽 참조.

의 존재양태에 대한 규명도 필요하다.

다른 한편 호북 지역에 18토사土司가 존재했다는 기술이 이 지역 지방지에 등장하는데, 그 가운데 동향안무사東鄕安撫司, 충건선무사忠建宣撫司, 시남선무사施南宣撫司는 죄를 지어 토사가 일찍부터 폐지된 사실도 확인할 수 있다. 더구나 18개 토사 가운데 이 세 토사를 제외한 15개 토사가 '귀류歸流 이후에도 각자의 자손들이 지위를 세습했다.' 라는 언급이 지방지에 등장한다는 점에서 개토귀류 이후 토사들의 운명에도 관심을 기울일 필요가 있다.[194] 다만 여기서는 이런 토사들 가운데 첫 번째 경우에 해당되는 '선귀부先歸附, 후납토後納土'를 한 토사들을 먼저 정리했다.

〈표 4-5〉淸初 湖廣土司 歸附와 納土 상황

土司	歸附 시기/귀부 시 土官	納土 시기/납토 시 土官	縣名
金峒安撫司	淸初/?	?/覃邦舜	咸豐縣
忠峒安撫司	淸初/田楚珍	雍正 12년/田光祖	宣恩縣
散毛宣撫司	淸初/覃勳麟	雍正 13년/覃烜	來鳳縣
忠路安撫司	康熙 원년/覃承國	雍正 13년/覃楚梓	利川縣
忠孝安撫司	–	雍正 13년/田璋	恩施縣
古羅安撫司	順治/田飛龍	雍正 13년/田昭	宣恩縣
木冊長官司	淸初/田經國	雍正 13년/田應鼎	宣恩縣
大旺安撫司	康熙 초/田永封	雍正 13년/田正元	來鳳縣
唐崖長官司	淸初/覃宗禹	雍正 13년/賈梓桂	咸豐縣
龍潭安撫司	淸初/?	雍正 13년/田貴龍	咸豐縣

---

194 충동, 충효, 용담 등 호광토사 상당수는 대체로 孝感과 漢陽 일대로 이주시키고 천총이나 파총의 지위를 부여했다. 胡撓, 劉東海, 『鄂西土司社會槪略』, 四川民族出版社, 1993, 111쪽.

土司	歸附 시기/귀부 시 土官	納土 시기/납토 시 土官	縣名
卯峒長官司	–	雍正 13년/向舜	來鳳縣
臘惹峒長官司	順治 4년/田仕朝	雍正 5년/向中和	永順縣
麥著黃峒長官司	順治 4년/黃甲	雍正 5년/黃正乾	永順縣
驢遲峒長官司	順治 4년/向光胄	雍正 5년/向錫爵	永順縣
施溶溪長官司	順治 4년/汪世忠	雍正 5년/汪文珂	永順縣
白巖峒長官司	順治 4년/張四教	雍正 5년/張宗略	龍山縣
田家峒長官司	順治 4년/田興祿	雍正 5년/田蓋臣	古丈坪
上下峒長官司	康熙 2년/向九鸞, 向日葵	雍正 13년/向玉衡,向良佐	桑植縣
茅岡長官司	順治 4년/覃祚昌, 覃蔭祚	雍正 12년/覃純一	石門, 慈利, 安福

출전: 『淸史稿』 권512, 「列傳299」(土司1), 14209~14215쪽.

〈표 4-5〉를 통해 약간의 예외는 있지만, 호광토사의 소위 납토 시기는 옹정 5년(1727)과 옹정 13년(1735)의 두 시기로 크게 나눌 수 있으며, 귀부 시기는 순치 4년(1647)과 강희 초년에 집중적으로 발생했음을 알 수 있다. 이 책이 다루는 시기가 기본적으로 개토귀류 직전까지며, 호광 지역 대토사의 개토귀류 과정도 별도의 자세한 논의가 필요하다는 점에서 대토사는 〈표 4-5〉에 포함시키지 않았다.

개토귀류 실시 과정을 기준으로 〈표 4-5〉에 등장하는 토사를 세 부류로 나눌 수 있는데, 그 첫 번째는 충효토사처럼 아예 처음부터 토사가 자발적으로 개류를 요청한 경우다. 충효토사는 일찍이 가정 연간 파사把事 전방자田方者라는 인물이 수십 명의 입공 인원을 대동해 상경하다가 많은 소란을 일으킨 것으로 유명하며, 아마도 이런 탓에 본래 안무사가 있던 이곳을 명 왕조는 장관사로 강등시켰다.

이 충효토사가 다시 안무사의 지위를 회복한 시기는 강희 8년(1669)이었으며 이 당시 전영풍田永豊의 아들 전경田京이 습직했다. 충효사

전이모田耳毛의 제10대손에 해당하는 전경은 여러 차례 총병직을 제수 받은 것으로 미뤄,[195] 강희 연간을 전후로 군공을 세웠다고 판단된다. 옹정 12년 개류를 요청해 이곳을 은시현으로 편입시켰으나, 옹정 13년 다시 이천현에 예속시켰는데, 당시 안무사는 전장田璋이었다.

한편 충로토사의 경우, 단지 그들의 납토 사실을 간단하게 기록한 『청사고』와는 달리, 충효토사와 동일하게 옹정 12년(1734) 충로토사의 요청으로 개류가 단행되었다는 지방지의 서술을 기준으로 판단한다면, 충로토사의 개류도 실제 자발적으로 이루어졌을 가능성이 크다. 이처럼 소토사들이 자발적으로 개류의 시행을 요청한 좀 더 구체적인 예를 충동안무사를 통해 확인할 수 있다. 도광 『시남부지施南府志』에 등장하는 세계世系에 따르면 충동안무사 전씨는 1대 전초진田楚珍을 시작으로 옹정 12년 납토를 청한 4대 전광조田光祖에서 끝나는 단명의 토사다. 이곳에 명옥진이 연변계동안무사沿邊溪峒安撫司를 설치했으나, 명초에 폐지되었고, 영락 4년(1406) 그것을 충동안무사로 고쳐 충건선무사에 예속시켰다.[196]

바로 이 충동안무사는 청초 전초진이 파주播州를 정복하는 데 공을 세운 바 있어 그의 습직襲職을 허락했는데, 전광조가 15토사를 규합해 납토와 귀류를 요청하는 정문呈文을 올리자 개토귀류를 시행했다. 따

---

195 『土家族土司史錄』, 1991, 54쪽. 忠孝安撫司 田氏의 世系圖는 다음과 같다. 田耳毛 → 田敬 → 田子春 → 田英 → 田興虎(전영의 둘째 아들) → 田國 → 田自輔 → 田錄 → 田永豐 → 田京 → 田呂祚 → 田璋(전여조의 둘째 아들).

196 『土家族土司史錄』, 1991, 61쪽과 『淸史稿』 권512, 「列傳299」(土司1), 14210쪽 참조. 홍무 4년 명 왕조가 田璽玉에게 선무사를 담당하도록 명령했다는 『淸史稿』의 기술로 보건대, 충동선무사의 세계도 최소 명대부터는 분명하게 확립되었다고 볼 수 있으나 확인할 수 있는 자료가 존재하지 않으며, 田楚珍은 청 강희 연간의 인물이다. 忠峒安撫使 田氏의 세계도는 田楚珍 → 田桂芳 → 田雨公 → 田光祖로 이어진다.

라서 충로사나 충동사 외에도 금동안무사, 모강장관사는 청 왕조에 납토를 자천해 개토귀류가 시행되었다.

둘째, 귀부 당시 단번에 청 왕조에 귀부한 것이 아닌 일련의 반항 끝에 귀부를 결정한 토사들을 들 수 있다. 물론 〈표 4-5〉에서도 확인할 수 있듯이 상당수 호광 지역 토사들은 청초에 비교적 순탄하게 개토귀류를 받아들이거나 거꾸로 청 왕조의 의도대로 움직였다고 생각할 수 있다. 그러나 다음의 예는 납토 과정이 단순한 요청과 승인 과정으로만 유연하게 이루어지지 않았으며 납토 이후에도 토사의 존속이 일률적이지 않았다는 사실을 알려준다.

이를테면 동향오로안무사의 경우 청초에 이미 귀부했지만, 옹정 10년(1732) 담수춘覃壽椿의 큰아들이 죄를 지어 강제로 개류를 단행한 끝에 해당 지역을 은시현에 편입시켰다.[197] 더구나 금동안무사의 경우 지방지와 『청사고』의 내용이 다소 다르게 서술되어 있는데, 그 전후 맥락으로 미루어 이 지역 역시 손쉽게 귀부가 이루어진 곳은 아니었던 듯하다. 이곳은 지라백호소支羅百戶所가 있던 곳으로서 이미 융경隆慶 5년(1571) 담벽覃壁이 자신의 형을 살해하고 반란을 일으키자 명 정부가 반란을 평정한 후 그 지위를 동장으로 강등시킨 전례가 있다.

금동안무사는 강희 3년(1664)에 일찌감치 귀순했지만, 강희 13년(1674) 오삼계가 운남에 머물던 당시 금동안무사는 오삼계 휘하에 있었다. 이후 강희 19년(1680) 다시 청 왕조에게 귀순했으며, 옹정 13년(1735)에 비로소 개류했다고 지방지는 기록하고 있다. 특히 지방지에는 개류 당시 안무사가 담방순覃邦舜이었다고 언급되어 있다.[198] 그러

---

197 『土家族土司史錄』, 1991, 50쪽.
198 民國 『咸豐縣志』에 기재된 내용으로서, 『土家族土司史錄』, 1991, 55쪽에서 재인용한 것임.

나 『청사고』에는 "금동안무사가 청초에 귀부했다. 강희 43년(1704) 담세영覃世英이 세습했으며, 아들 담방순이 개류를 요청해 그 지역을 함풍현으로 삼았다."라고 간략하게 기록되어 있다.[199]

금동안무사 관련 지방지와 『청사고』의 기술에서 가장 차이가 나는 점은 오히려 그 세계世系와 관련된 언급으로서 지방지에는 마지막 안무사 담방순이 옹정 연간의 인물로 기록된 반면, 『청사고』에는 강희 연간으로 등장한다는 점이다. 물론 『청사고』의 토사 관련 기록이 『명사』와 비교하면 현저히 간략하지만, 담방순의 생존 연대의 이러한 차이는 분명 귀부가 순조롭게 이루어진 게 아닌 강압적 수단으로 이루어졌다는 사실을 암시해 준다. 금동사의 담씨 일가가 청초 오삼계 세력에 가담한 사실이 그러한 정황을 한층 더 명확하게 해준다.

그리고 마지막으로는 토사들의 학정으로 토사를 폐지하거나 개토귀류를 단행한 언급이 명확하게 사료에 등장하는 토사를 들 수 있다. 그 단적인 예 가운데 하나를 청초 보정토사에서 확인할 수 있다. 옹정원년(1723) 보정토사 팽택홍彭澤虹 사망 당시 그의 아들 팽어빈彭御彬이 아직 어린아이인 까닭으로 팽택교彭澤蛟가 습직을 시도하는 한편, 팽어빈은 잠시 습직의 길이 차단되었다. 마침내 팽어빈이 선위사에 올랐으나 지나친 학정으로 숙부 팽택규彭澤虬와 팽택교가 힘을 합쳐 팽어빈을 내쫓으려 했지만 실패했으며, 결국 진간참장鎭篁參將 양개楊凱가 병사를 이끌고 와 겨우 사태가 진정되었다.

그러나 2년이 지난 여름 팽어빈은 팽택교 사안을 다시 파헤친다는 명목으로 용미사의 전민여, 상식사의 향국동向國棟 등과 연합해 보정토민土民과 객민客民 1,000여 명을 약탈하는 한편, 빼앗은 물건을 팔

199 『淸史稿』, 권512, 「列傳(299)」(土司1), 14210쪽.

아 나누어 가지는 횡포를 부렸다. 결국 옹정 5년 개토귀류가 시행되고 팽어빈은 요양遼陽으로 귀양 갔다.[200] 이 팽어빈의 사례는 개토귀류의 시행이 토사들의 학정 때문이라는 가장 전통적인 견해를 잘 보여주는 것이라고 할 수 있으나, 다른 한편에서는 이러한 학정을 반드시 개토귀류 시행의 전제로만 볼 수도 없는 게 사실이다. 바로 이런 이유 때문에 가장 강력한 토사이기도 했으며, 그나마 좀 더 자세한 사료가 남아 있는 용미토사의 예를 면밀히 고찰할 필요가 있다. 그리고 그 주인공은 바로 앞에서도 등장하는 전민여와 그의 아버지 전순년이다.

2) 容美宣慰使 田舜年과 康熙帝

용미선위사 전순년

간단한 정리를 위해 용미토사의 명말청초 무렵 전씨 일가는 숭정 연간(1628~1644)에 선위사를 지낸 전원田元을 시작으로 전패림 → 전기림 → 전감림 → 전순년 → 전민여로 이어졌으며 앞서 언급했듯이 전민여의 자살과 함께 옹정 13년(1735) 용미토사에 대한 개토귀류가 단행되어 이 지역 일대가 학봉주로 변경되었다. 그러므로 용미토사가 개토귀류로 가는 길목에 존재한 전순년과 전민여의 행적을 좀 더 자세히 살펴볼 필요가 있다.

아마도 용미토사 가운데 그 문명文名으로 가장 이름을 날린 전순년의 지위와 위세를 쉽게 짐작할 수 있는 좋은 자료 중 하나는 현재 호

---

200 羅維慶 · 羅中編, 『土司制度與彭氏土司歷史文獻資料輯錄』(下), 民族出版社, 2014, 400쪽.

북성 학봉현鶴峯縣 용미진容美鎭에 남아 있는 그의 묘와 묘비명墓碑銘이
다. 그 묘비명에는 "황청고봉용미등처군민선위사사선위표기장군좌도
독정일품가삼급현고전공구봉부군지묘皇淸誥封容美等處軍民宣慰使司宣慰
驃騎將軍左都督正一品加三級顯考田公九峯府君之墓"라는 매우 긴 직함이 새겨
져 있다.[201] 그의 호가 구봉九峯이라는 사실은 널리 알려져 있지만 청
왕조가 내린 고봉誥封에 표기장군이란 직함이 들어 있는 게 상당히 이
채롭다. 한漢 무제武帝 때 설치된 표기장군이란 지위는 대장군 다음의
무관武官으로서 녹봉 만석萬石을 받는 고위직이었으나, 명청시대에는
산계散階로 변질된 사실상의 허위 직함이었다.

그렇다 해도 표기장군은 물론 청대에 이르러서는 역시 큰 의미가
없는 직함인 도독 명칭의 존재는 그의 군사 활동을 상징적으로 보여
주는 한편, 그가 편찬한 것으로 알려진 『용양세술록容陽世述錄』, 『이십
일사찬요二十一史纂要』는 물론, 특히 『전씨일가언田氏一家言』은 한족 문
화에 그의 깊은 이해를 알려주는 증거이기도 하다. 하지만 다른 각도
에서 보면 전순년의 행적은 단지 한족 문화에 익숙한 매우 세련된 지
식인의 면모만을 말하고 있는 건 결코 아니다. 전순년에서 전민여로
이어지는 습직 과정은 물론 앞에서 언급한 수진사 외에도 주변의 소
토사들을 적극적으로 병합했던 사실이 전순년의 또 다른 면모를 잘
말해 주는데, 이 점을 좀 더 자세히 살펴보기로 하자.

전순년의 가계를 보면 그에게는 전경년田慶年이라는 포제胞弟가 있
었으며, 전경년은 앞서 언급한 당계훈 사건 당시 당공렴이라는 인물
이 전순년에게 살해당한 후 석량안무사를 습직했다. 그러므로 당공렴
을 끝으로 이후 석량사石梁司를 전씨田氏들이 습직했으며, 실제로 석량

---

201 「田舜年墓碑」, 『容美土司史料文叢』(2輯), 2019, 30쪽.

안무사는 전경년 이후 그의 아들 전곤여田焜如로 습직되었다.[202] 다른 한편 전순년은 큰아들 전병여田丙如를 필두로 둘째 전민여, 셋째 전요여田耀如, 넷째 전완여田琬如, 다섯째 전관여田琯如, 여섯째 전염려田琰呂까지 모두 여섯 명의 아들을 두었다.[203]

당공렴의 일화에서 알 수 있듯이 전순년은 석량사의 당씨 일족을 멸망시키고 그것을 전씨로 대체했는데, 오봉안무사에서도 장동초張彤貎를 제거하고 자신의 셋째 아들 전요여를 강희 30년(1691) 오봉안무사의 자리에 앉혔다. 석량사의 일화도 그러하거니와 오봉안무사를 용미토사가 청초에 장악한 일화는 청초 용미토사의 선위사인 전순년의 영토 확장 의욕과 정치적 야망을 확인시켜 주는 중요한 증거다.

앞에서 설명한 대로, 애초 오봉안무사가 홍무 6년(1373) 용미 일대 동만을 규합해 반란을 일으킨 향천부 탓에 일률적으로 토사의 지위를 격하시켰다. 이후 『명실록』에 "오봉석보장관사五峰石寶長官司를 '다시' 설치해 호광도사湖廣都司에 예속시켰는데, 당초 대군大軍이 만족蠻族을 정복하자, 만민蠻民들이 모두 숨어버려 이전 장관사가 폐지되었다."라는 영락 5년(1407) 당시 기록으로 미뤄 아마도 홍무 6년 이후 이 지역 일대에는 제법 큰 규모의 반란이 발생했던 것처럼 보인다. 이 무렵 명대 첫 번째 장관사 장중산張仲山이 아들 장재무張再武 등과 함께 다시 장관사의 회복을 청하자 명 왕조는 그의 요청에 따라 장관사를 다시 설치하고 장재무를 장관사에 앉혔다.[204]

오봉사의 명대 초기 상황을 이처럼 자세히 소개한 이유는 장재무 이후 장영충張永忠을 지나 장관사에 오른 장호張昊가 용미토사 중 유

---

202 『容美土司史料文叢』(1輯), 2019, 128쪽과 135쪽 참조.
203 『容美土司史料文叢』(1輯), 2019, 129쪽.
204 『明實錄』 권64, 永樂 5년 2월 21일.

명한 인물 가운데 한 사람인 백리비를 도와 용미토사의 습직에 간여한 적이 있기 때문이다. 그는 결국 백리비에 이어 용미선위사에 오른 전세작에게 살해당한 비운의 주인공이 되었다. 장호에 이어 장관사에 오른 장세영張世瑛의 경우에는 전세작의 심한 횡포 때문에, 앞서 언급했듯이 그가 당시 살던 북가평北佳坪을 버리고 장양長陽의 지마평芝麻坪으로 이주를 할 정도였다. 명대 오봉사의 마지막 안무사[205]인 장복겸張福謙은 명말 호북 지역 용미 일대의 중요 반란 세력 중 하나인 유체순에게 사로잡혀 고초를 겪은 바 있는데, 장헌충에게 오봉사의 관서가 소실된 정황은 용미 일대 역시 명말 정치적 혼란에서 결코 예외일 수 없었다는 사실을 다시 한 번 확인해 준다.

이런 탓인지 명말 오봉사의 혼란을 수습한 건 장복겸[206]이 아닌 그의 숙부 장육겸張六謙이며, 오봉사의 안무사직을 습직한 인물은 장육겸의 아들 장동초로서 그가 청대 첫 번째 오봉안무사였다. 그러나 강희 13년(1674) 전순년은 전세작이 거병한 틈을 타 오봉장관사 지역을 습격했으며 장동초의 아들 장굉도張宏道, 그의 숙조叔祖 장사겸張嗣謙, 숙부 장동정張彤庭 및 오봉사 백성들을 용미사로 보내도록 하는 한편, 결국 장사겸과 장동정을 감금하기에 이르렀다. 또한 용미토사는 장동초의 외조부 유사원劉思遠과 수진사의 당세륭唐世隆 역시 팽가만彭家灣에 감금시켰다.

이런 적대적 관계와 달리 청초 용미토사가 거꾸로 오봉토사를 도와

---

205 오봉사는 9대 張應龍에 이르러 파주토사 진압에 참여한 공로를 인정받아 다시 안무사의 지위를 회복했다. 참고로 오봉사의 世系는 張仲山 → 張再武 → 張永忠 → 張昊 → 張世瑛 → 張朋 → 張庭玉 → 張彬 → 張應龍 → 張之綱 → 張福謙 → 張彤貂 → 田召南 → 張彤柱로 이어지며 장동초부터 청대 시기에 해당한다.

206 실제로 張福謙은 劉體純에게 사로잡힌 바 있으며, 숙부 張之儒가 그를 回贖시켰다.『容美土司史料文叢』(1輯), 2019, 133쪽.

준 경우도 물론 존재했다. 시사詩社를 만들어 문인들과 교류를 즐긴 것으로 유명한 제10대 오봉안무사 장지강張之綱은 초산안무사 유종방劉宗邦과 함께 전초산이 용미토사를 습직할 수 있도록 도와줬으며 이 과정에서 장지강은 초지일관 완강하게 전초산의 편을 들었다. 이 점을 가상히 여긴 전초산은 자신의 아들 전규田圭를 그의 사위로 보냈다. 이후 이 사위의 후손이 없자 장지강의 지위를 동생이 이어받았는데, 이러한 정황은 거꾸로 용미토사가 하위 소토사를 도운 예다.[207]

이런 양면성이 존재하긴 하지만 결국 용미토사는 대토사라는 지위를 이용해 주변 소토사들을 병합하거나 심지어 토사를 죽이는 일이 빈번했는데 청초 전순년은 이런 일련의 정황을 주도한 장본인이었다. 물론 전순년의 이러한 행위를 단순하게 그의 탐욕 탓으로만 돌릴 수는 없으며, 오히려 대토사와 소토사 사이의 이러한 행태는 결국 청초에 이르러서도 국가 권력의 개입이나 통제와는 별도로 호광 지역 토사들 사이에 치열한 경쟁 구도가 자리했다는 사실을 말해 주는 것이다. 나아가 그러한 경쟁 구도에서 용미토사가 궁극적으로 살아남았을 뿐 아니라 가장 강력한 세력을 구축한 점이야말로 전순년의 중요한 정치적 결실이라고 할 수 있다. 앞의 오봉사와 수진사 등의 상황도 당연히 그러한 경쟁의 일환으로 파악해야 할 것이다.

토사 사이에 전개된 치열한 각축전의 좋은 실례 중 하나는 강희 연간 용미토사와 상식토사 사이에 벌어진 전쟁이다. 전순년은 강희 33년(1694) 병사를 이끌고 상식토사를 침범했는데 당시 상식토사는 당부인唐夫人이 토사 내 정사政事를 소홀히 한 탓에 전순년을 대적할 능

---

207 지금까지의 용미토사와 전순년 관련 내용은 『容美土司史料文叢』(1輯), 2019, 132~135쪽을 근거로 한 것이다.

력을 갖추지 못했다. 이 침략에서 상식토사를 압도한 용미토사는 남녀 수천 명을 포로로 잡아 갔다.[208]

강희 33년에는 전순년이 이처럼 승리했지만, 강희 37년(1698)에는 반대로 상식토사가 승리했다. 강희 37년 무렵 상식선위사桑植宣慰使 향장경向長庚은 자신 관할과 경계를 이루는 지역의 치안이 불안정하다고 판단해 군사력을 강화하는 한편, 제반 업무의 효율성을 높이기 위해 노력한 결과 그 위세를 크게 떨칠 수 있게 되었다. 이 무렵인 강희 37년 전순년이 병사를 이끌고 상식토사를 공격했으나 크게 패했으며, 결국 이듬해 전순년이 화해를 청해 두 토사가 다시 평화롭게 지낼 수 있었다.[209]

명대 호광 소수민족의 여러 세력 사이에 전개된 각축을 고려하면 청초 토사들 사이의 이러한 경쟁 관계는 오히려 당연하다고 치부할 수도 있다. 나아가 명말청초라는 미증유의 정치적 격변 탓에 토사들은 자신의 생존 문제를 한층 더 심각하게 생각할 수밖에 없었을 것이다. 그러므로 이처럼 불안하고 극심한 혼란의 와중에서 호광토사들은 중앙 정부와 관계를 돈독하게 유지하기 위해 명 중엽보다 훨씬 더 치열하게 노력했을 텐데, 전순년의 아버지인 전감림이 솔선해서 청 왕조에 일찍이 귀부한 사실이 그 좋은 예다.[210]

전순년도 예외는 아니어서 글자 그대로 해석한다면 자신의 한결같

---

208 『容美土司史料文叢』(1輯), 2019, 183쪽.

209 寧濤, 「淸初容美土司地區社會發展狀況硏究—以『容美紀游』爲中心的考察」, 中南民族大學碩士學位論文, 2013, 36쪽.

210 『容美土司史料文叢』(3輯), 2019, 2쪽에 기재된 『容美紀游』에서 재인용. 전감림이 청에 귀부한 시기는 순치 12년(1655)이다. 여기서 田舜年을 설명하면서 "荊襄諸司, 亦有保據僭號者. 君之父甘霖, 奉先歸附於我朝"라고 표현하는 것으로 미뤄 용미토사가 귀부한 중요한 원인 가운데 하나는 명말청초 혼란한 정국 때문이었다.

은 충성심을 낱낱이 드러내 보여준다는 의미의 「피진충적소披陳忠赤疏」를 이미 강희 20년(1681)에 올렸다. 그는 이 글에서 대병大兵이 남쪽에서 넘어온다는 소리를 듣자마자 자신의 큰아들인 도독첨사都督僉事 전병여[211]와 포제인 융기관사戎旗管事 전경년田慶年과 함께 40여 곳에서 징발한 병사들을 대동하고 방어에 나섰다는 사실을 애써 강조하고 있다. 이런 일이 있은 지 벌써 3년이 지났다는 전순년의 언급으로 미뤄, 여기서 말하는 대병이란 분명히 오삼계의 군사를 의미하는데, 그는 자신의 귀성歸城 이후 많은 역도逆徒들이 현재까지도 자신에 대해 깊은 원한을 가지고 있다는 사실을 상기시킨 뒤, 다음과 같이 언급했다.

신臣은 초·촉楚·蜀의 인후咽喉에 주둔하고 있는데, (이곳은) 북으로 사천의 기주夔州와 통하며, 남쪽으론 운남과 귀주에 접해 구적寇賊들과 매우 가까이 있습니다. 수년 이래 대의大義라는 명분(을 지키기 위해) 병사들은 무기를 놓고 있지 않으며, 말에서는 안장을 내려놓지 않고, 먹을 것을 (목으로) 넘기지 않은 채 무리를 이끌고 (적들을) 차단하고 있으니 조정은 화살 한 자루, 곡식 한 톨도 낭비할 필요가 없습니다.[212]

거의 아첨에 가까운 전순년의 이런 상소문은 앞서 지적처럼 명말청초 혼란기에 자신의 영토와 백성들을 보존하기 위한 보신책의 일환이라고 할 수 있지만, 다른 측면에서는 명 왕조와 유지한 조공 체제와

---

211 전순년의 큰아들 田丙如의 표기는 사료마다 약간씩 달리 등장하는데 「披陳忠赤疏」에서는 田炳如로 표기되어 있다.

212 이상의 내용과 아래 인용문은 田舜年, 「披陳忠赤疏」, 『容美土司史料文叢』(1輯), 2019, 12쪽 참조.

마찬가지로 토사들이 이번에는 청 왕조의 정치적 권위를 빌려 자신의 정치적 영향력을 확대하기 위한 것이라고 할 수 있다.

이 상소문의 말미에 전순년은 격외格外로 '용미등처군민초토도사사容美等處軍民招討都使司'라는 직위의 인장 하사를 요청했다. 그는 이 인장을 하사해 준다면 "온몸이 부서져라 (충성을 다해도) 높은 하늘과 두터운 대지와 같은 은혜를 갚기 어려울 것이며 자신의 휘하에 있는 부락도 신臣을 좇아서 적을 방비하는 데 모든 노력을 쏟는 한편, 험지와 죽음도 불사할 것"이라고 강조했다. 더구나 토사 관원들에게 봉급을 주지 않는 대신 인장의 하사로 실효를 거둘 수 있다는 사실도 덧붙였다.

물론 군민초토도사사라는 관직의 명칭 자체는 아마도 전순년의 발상에서 비롯되었겠지만, 요체는 전순년이 만일 청 왕조로부터 이런 인장을 받아낼 수 있다면 그의 말대로 자신이 거느리는 다른 소토사들을 통솔하는 데 훨씬 유리했을 것이라는 점이다. 이런 연유로 전순년은 최소한 강희 20년(1681)부터 자신은 물론이고 조상들에 대한 봉증封贈을 지속적으로 요청했다. 전순년의 이러한 요청을 확인할 수 있는 최초의 시기는 강희 23년(1684) 9월이며 이러한 정황은 강희 26년 당시 호북포정사인 호대인胡戴仁의 글에 잘 드러나 있다.

호대인은 강희 23년 9월 24일 전순년의 봉증 요청에 대한 언급을 통해 전순년은 변방에서 신하의 임무를 수행하는 토사라는 점을 상기시키면서 이제 청 왕조가 역대 가장 융성한 나라이므로 마땅히 그 승낙을 요청해야 한다고 주장했다. 그러므로 호대인은 전순년의 봉작 요구에 상당히 호의적이었던 것으로 판단되는데, 그는 정삼품의 선위사는 2대에 걸쳐 봉증할 수 있으며 토사가 비록 변신邊臣이라 할지라도, 무직武職이므로 봉증의 자격이 충분하다고 말했다. 물론 당시에는 토사에게 봉증한 예가 없다는 이유로 전순년의 요구는 받아들여지지 않았으나[213] 결국 강희 27년(1688) 5월 29일자로 전순년에게 표기장군의 봉작封爵이, 아버지 전감림에게는 좌도독左都督, 어머니 가씨賈氏에게는 일품부인一品夫人 등의 증작贈爵이 행해졌다.[214]

이 봉증 후, 전순년이 북경에 와서 조근朝覲할 수 있다는 허가가 강희 28년 8월 27일에 내려졌으며,[215] 마침내 황제를 알현한 후 자신이 느낀 벅찬 감정을 강희 29년(1690) 5월 그는 다음과 같이 표현했다.

곰곰이 살펴보니 신臣은 한낱 보잘것없는 토직土職(을 담당하고 있는 사람)에 불과합니다. 본 왕조의 세조장황제世祖章皇帝(順治帝)께서 중원中原에 나라를 세우고 도읍을 정하셨으며, 신의 아버지가 처음으로 귀부歸附를 선도해 천하의 토사 가운데 맨 먼저 폐하에 대한 진정한 충성심을 (보여드리자), 은혜롭게도 최상의 등급을 내리셔서 수천 금이 넘는 상금을 하사하신 바 있습니다. 신臣의 아버지는 충성심 때문에 해를 당했으나, 은혜롭게도 폐하께서는 적영賊營에 있는 (아버지를) 속취贖取하라고 독신督臣에게 명령을 내리셨으며, 이 사안을 해당 부部의 문건에서 모두 확인할 수 있으므로 (굳이) 신이 감히 언급할 (필요)가 없습니다. 폐하의 등극 이래 신의 아버지에게 칙서勅書를 더해 내리셨으며, 황상께서 저에게도 이전대로 칙서를 내려주신 한편, 조부祖父와 저에 이르는 삼대三代에 걸쳐 고봉誥封을 하사하셨습니다.[216]

---

213 「布政司胡詳撫院張」(康熙 26년 6월 11일), 『容美土司史料文叢』(1輯), 2019, 15~16쪽.
214 「兵部執照」, 『容美土司史料文叢』(1輯), 2019, 18쪽. 이 「兵部執照」는 「田氏族譜」에서 발췌된 것이다.
215 「湖廣總督部院丁來知照」(康熙 28년 11월 12일), 『容美土司史料文叢』(1輯), 2019, 19쪽.
216 「謝陛見」(康熙 29년 5월), 『容美土司史料文叢』(1輯), 2019, 19쪽. 이 「謝陛見」은 「田氏族譜」에서 발췌된 것이다.

전순년의 전체적인 행적을 토대로 생각한다면 왕조가 바뀐 이후 그가 명대 토사와 차별적인 행동을 했다고 판단하기는 어렵다. 자신의 정치적 힘을 이용해 주변의 토사를 합병하는 한편, 새롭게 들어선 청 왕조와도 가능한 한 좋은 관계를 유지하려 노력했다는 사실을 쉽게 확인할 수 있다. 강희 20년(1681)에 올린 「피진충적소」는 당시 전순년이 수장으로 있던 용미토사가 청 왕조의 인정을 받기 위해 얼마나 노력했는지를 잘 보여주는 중요한 증거다. 이런 노력과 병행해 전순년이 용미토사가 지닌 전략적 중요성을 강조하는 모습도 눈여겨볼 필요가 있는데, 이는 분명히 서남 지역 일대에서 용미토사의 위세와 역할을 은근히 강조해 자신들의 입지를 강화시키기 위한 전략의 일환이었을 것이다.

전순년이 황제 알현에 대한 감사의 글을 작성한 시기가 강희 29년 5월이었으며, 알현의 인가는 강희 28년 8월 27일에 내려졌다. 인가가 내려지기 이전인 강희 28년 8월 25일 당시 전순년의 황제 알현 요청을 병부가 허락하지 않자 강희제는 "명조실록明朝實錄을 살펴보니 토사가 조근한 예가 있으니 전순년을 북경으로 불러 알현하도록 하라." 하고 명령했다.[217] 이 예로 보건대 전순년의 황제 알현은 전적으로 강희제의 결단으로 이루어졌다고 볼 수 있다. 따라서 강희제는 전순년 등의 토사에게 특별한 반감을 갖지 않았다고 판단된다. 시기상으로 훨씬 후의 일이긴 하지만 다음의 일화를 통해 그런 강희제의 면모를 확인할 수 있다.

강희 45년 4월 24일 대학사 마제(馬齊, 1652~1739) 등에게 "토사 전순년 관련 사안을 그대들은 이미 자세히 의논했는가?"라는 강희제의

---

217 中國第一歷史檔案館整理, 『康熙起居注』 3冊, 中華書局, 1984, 1894쪽.

물음에 마제는 "신臣들은 내일 그 문제를 의논해 결정하려고 합니다. 모레 상주를 올릴 것입니다."라고 대답하자, 강희제는 다시 이렇게 언급했다.

옛날 오삼계 반란 당시 전순년은 거의 움직이지 않았으니, 이것만으로도 매우 가상하다고 할 수 있다. 전순년이 지방관과 서로 협조하지 않고 있는 것 또한 진실일 것이다. 다만 이 사건은 전순년과 지방관 모두에게 당연히 공평하도록 (처리되어야 하며) 단연코 말썽이 발생해서는 안 된다. 하물며 전순년과 홍묘紅苗 일당의 (정황을) 살펴보면 홍묘 지역과 전순년의 거주 지역이 서로 간섭하지 못할 정도로 (멀리 있다) 하더라도, 그곳에서는 무고誣告가 발생할 수밖에 없을 것이다.[218]

강희제의 이 언급은 분명히 전순년이 오삼계 군대에 협력하지 않은 점을 상당히 높이 평가했다는 사실을 의미한다. 그러나 한편으로는 이미 거론한 바와 같이 강희 42년(1703) 홍묘들이 반란을 일으킨 사실을 의식한 탓인지 전순년과 홍묘에 대한 인식이 차별적인 점도 제법 흥미롭다. 여하간 이 문장으로 보면 강희제는 홍묘를 여전히 위험한 존재로 파악한 반면, 전순년에 대해서는 확실히 각별한 호의를 가지고 있었다고 봐야 할 것이다.

여기에서 그치지 않고 이 언급 말미에 강희제는 이광지(李光地, 1642~1718)에게 전순년의 아들 하나가 직예直隸의 지방관으로 있다고 말하면서 그 인물됨을 물어보았다. 이에 대해 이광지는 전순년의 아

---

218 『康熙起居注』 3冊, 中華書局, 1984, 1970쪽.

들이 현재 통주通州 주판州判으로 있으며,[219] 총명하다고 대답했다. 이런 이광지의 대답에 강희제는 다시 "그대는 전순년의 아들을 불러 시험 삼아 그에게 이런저런 질문을 던져보는 게 어떤가?"라는 말을 덧붙였다.

여기서 강희제가 거론한 전순년의 아들은 바로 전순년에 이어 용미선위사에 오른 전민여를 가리킨다. 이어 이광지와 이런 대화를 주고받은 지 정확히 닷새가 지난 강희 45년 4월 29일 대학사 마제, 이광지 등은 용미토사 전병여의 혁직을 요구한 호광총독 석문성(石文晟, ?~1720)의 제본題本에 대해 황제가 명령을 내려줄 것을 청했다. 앞서 말했듯이 강희 45년인 1706년이야말로 전순년이 사망한 해이기 때문에 자연스럽게 습직을 둘러싼 문제도 부상했다고 볼 수 있는데, 앞의 인용문에서 강희제가 언급한 사건이란 또 무엇일까? 그러므로 전순년의 뒤를 이은 선위사의 습직 문제와 강희제가 언급한 전순년 관련 사건을 살펴볼 필요가 있다.

전순년 사건

앞서 서술했듯이 마지막 용미선위사 전민여는 전순년의 둘째 아들이다. 그러므로 토사 습직이 기본적으로 적장자로 이어진다는 점을

---

219 전민여가 通州 州同으로 있다가 토사직을 물려받았다는 지방지의 기록으로 미뤄 강희제가 언급한 田舜年의 자식은 분명 田旻如다. 光緒 『長樂縣志』 권4, 「沿革志」, 5쪽 하. 전민여를 이광지는 州判으로, 지방지는 州同으로 각각 표기하고 있다. 이 두 지위가 知州를 보좌하는 직책이라는 점은 동일하지만 엄격한 의미에서 보면 주판보다 주동이 상위 직급이다. Ch'ü T'ung-tsu, *Local Government in China under the Ch'ing*, Harvard University Press, 1962, p. 8. 그러나 두 자료에 등장하는 지위의 차이는 그리 큰 의미는 없을 것이다.

고려하면 전순년은 당연히 자신의 큰아들인 전병여에게 일찍부터 선위사 자리를 물려주려고 했을 것이다. 그러나 마지막 선위사직은 결국 전민여에게 돌아갔으므로 전순년과 전병여 사이에는 심각한 갈등이 존재했다고 볼 수밖에 없지만, 이 문제에 관해 용미토사 관련 사료는 침묵하고 있다.

다만 『용미기유容美紀游』 강희 42년 3월 6일자 기록에 "(전순년)의 큰아들 병여昞如의 자字는 대별大別이며 이미 선위사를 습직했다."라고 쓰여 있으므로[220] 전병여가 아예 선위사 자리에 오르지 못한 건 아니다. 더구나 전순년이 자신의 큰아들인 전병여에 대한 습직을 요청하자 그것을 승인해 준 시기가 강희 42년 4월 23일[221]로 『청실록』에 기록된 걸로 미뤄, 전병여는 확실히 한때 선위사 지위에 있었다. 그러나 전순년이 나이가 많아 은퇴했음에도 여전히 그가 인장을 지니고 있다는 『용미기유』 언급으로 추측하건대, 선위사 자리는 물려줬지만 실질적인 권한은 사실상 전순년에게 있었다고 보는 게 옳다.

여하튼 강희 42년 무렵에는 선위사가 전병여에서 전민여로 바뀐 것은 분명하지만 전순년이 애초부터 전병여를 탐탁하게 여기지 않았던 점도 확실해 보인다. 그것에 대한 증거를 다음 두 사실을 통해 확인할 수 있다. 그 첫 번째는 조금 전 설명처럼 강희 42년 전병여 대신 전민여를 선위사로 습직시켜 달라는 요청에 앞서 전순년은 이미 강희 40년(1701) 자신의 장손 전의남田宜男을 선위사 자리에 습직하겠다는 보고를 관청에 올린 사실이 있다는 점이다. 물론 불행하게도 얼마 지나지 않아 장손이 병사해[222] 이 시도는 무산되었다.

---

220 顧彩 著, 吳柏森 校注, 『容美紀游校注』, 湖北人民出版社, 1999, 298쪽.

221 『淸實錄』 권212, 康熙 42년 4월 23일.

222 이 부분은 『淸實錄』 권225, 康熙 45년 4월 29일조와 『康熙起居注』, 1971쪽 참조.

둘째, 일찍이 전순년은 "큰아들(전병여)을 끔찍하게 아낀 한편으로 그의 잘못은 미처 인지하지 못한 탓에, 그의 습직을 (황상께) 요청한 바 있지만, 전병여가 선위사가 된 이후 그의 악행이 낱낱이 드러나 토사 인장을 빼앗고 그를 구금시켰다."[223]고 상주를 올린 일이 있다는 점을 들 수 있다. 이런 전순년의 언급으로 미뤄 전병여가 심각한 비위를 저질렀을 가능성을 배제할 수 없다.

그런데 이처럼 전순년이 자신의 큰아들 전병여를 감금했다고 상주한 강희 45년(1706) 4월 24일 호광총독 석문성의 주접奏摺에는 불법으로 궁전을 건설하고, 폭악과 간음을 저지르는 한편, 법을 지키지 않는다는 전순년의 비위가 동시에 등장한다.[224] 말하자면 전순년이 아들 전병여를 비난하던 다른 와중에 청조 관리들은 전순년을 비난하고 있었던 셈이다.

전순년을 향한 석문성의 이러한 비난은 계속되었으며 여기에 편원 순무 조신교와 호광제독 유익모 등이 가세했다. 다만 강희 45년 9월 28일조 석문성의 상소를 보면 이 시기에 전순년은 이미 사망했음을 알 수 있다.[225] 그렇다면 석문성 등의 청조 대신들이 강희 45년 4월 24일 전순년의 죄를 고발한 이후부터 동년 9월 28일까지 약 5개월 동안 청조 대신들이 언급한 소위 '전순년일사田舜年一事'의 구체적인 내용은 무엇일까?

그것은 전순년이 전병여 대신 자신의 손자 전의남을 습직시키기 위해 이미 사망한 손자를 마치 살아 있는 것처럼 거짓으로 둘러대고 태연스럽게 손자 전의남의 습직을 요청한 사건이다. 그리고 당시 대신

---

223 『淸實錄』 권212, 康熙 45년 5월 15일.
224 『淸實錄』 권225, 康熙 45년 4월 24일.
225 『淸實錄』 권226, 康熙 45년 9월 28일.

들은 전순년의 그러한 행태에 대한 죄를 물어야 한다고 주장했다.[226] 전순년의 이러한 죄상에 대한 처벌 논의가 강희 45년 9월에 등장하는데 그 내용이 꽤 흥미롭다.

물론 당시 관리들은 단지 전순년에 대한 죄상만이 아닌 전민여의 죄상도 아울러 고발했으며, 황제는 당시 도찰원좌도어사都察院左都御史 매현梅鋗과 내각학사 이격二鬲에게 호광총독 석문성이 올린 이 안건을 조사하라고 명령했다. 이에 대해 매현은 "용미토사 전민여의 포악한 행적은 그 증거가 있으므로 혁직해야 하며, 이미 사망한 용미토사 전순년은 묘인들을 출정시킬 때 거짓으로 칭병稱病하고 규정을 회피하는 등의 사안에 대한 구체적인 증거도 있으므로 생전의 직위를 혁직革職해야 한다."고 상주했다. 그러나 전순년이 불법으로 궁전을 짓고 음란한 행동을 했다는 여러 사안에 대해서는 구체적인 증거가 없으므로 당연히 재논의가 필요 없다고 덧붙였다.

말하자면 전순년의 뒤를 이어 선위사 지위를 이어받은 전민여는 그 포악한 행적을 고려하건대 혁직해야 하고 전순년 역시 살아생전 출정 당시 법규를 어긴 사실이 있기 때문에 내린 벼슬을 거둬들여야 한다고 주장했지만, 묘하게도 전순년의 폭정은 그 구체적인 증거가 없다는 이유를 들어 불문에 부쳤다. 그런데 매현의 이런 주장과 별도로 전순년 휘하로 있는 당세갑唐世甲 등이 전순년 부자가 모두 악한 인물이라고 고발하는 한편, 자신들은 진정으로 납량과 차역을 부담하기를 원하니 황제의 재가를 바란다는 사실을 당시 호광총독 석문성이 상주했다.

더 놀라운 일은 대학사 이격이 상주를 올려 용미토사 사안에는 20여 명의 사람들이 관련되어 있으나 아직 조사가 이루어지지 않았으

---

226 『淸實錄』 권225, 康熙 45년 4월 29일.

며, 심지어 전순년의 병을 돌본 의생醫生과 검시관檢屍官 및 지현 홍국주洪國柱의 보고가 아직 도착하지 않아 전순년의 죽음 여부마저도 아직 명백하게 밝혀지지 않았다는 사실을 거론하고 있다는 점이다. 그가 우려했던 건 자칫 이 사안을 대충 조사해 완결시킨다면 토사들이 진정으로 복종하지 않을 수 있다는 점이었다.[227]

지금까지의 논의를 종합한다면 전순년 사안이란 결국 그가 전병여 대신 손자 전의남을 선위사로 습직시키기 위해 이미 사망한 손자를 버젓이 살아 있는 것처럼 속여 조정에 보고한 일과 전순년이 폭정을 행사했다는 것이다. 그러나 증거가 불충분하므로 명확하게 단안을 내리기 어려웠을 뿐 아니라 심지어 전순년의 사망 자체에 대한 의심마저 제기되었다는 점에서 당시 청 왕조로서도 전순년 사안에 대한 정확한 조사가 필요했다.

따라서 강희제는 대학사 합납哈納, 이부시랑 장정추(張廷樞, ?~1728), 병부시랑 소영조(蕭永藻, 1644~1729) 등에게 전순년 사건의 전모를 조사하라는 명령이 강희 45년 10월 18일에 내려졌으며, 10월 23일 강희제는 위 세 사람에게 이 사건이 토사는 물론 지방총독과 제독에게도 관련이 있음을 상기시킨 뒤, "전순년 사건의 본말本末을 정확히 조사하지 않은 채 그 시비를 가린다면 여러 사람이 복종하지 않을 것이다."라는 말과 함께 관련 총독은 물론 토사가 이 사건에 연루되었는지를 조사해야 하며 "오직 공평公平만이 사람들을 저절로 복종시킬 수 있다."고 언급했다.[228]

강희 46년 정월 도찰원좌도어사 매현이 전순년 사건과 관련해 사

---

227 『淸實錄』 권226, 康熙 45년 9월 28일.
228 이 두 사실은 각각 『淸實錄』 권227, 강희 45년 10월 18일과 『淸實錄』 권227, 강희 45년 10월 23일조 참조.

실을 보고하지 않았다는 이유로 파직된 점[229]으로 미뤄, 강희제는 이 사건을 가능한 한 철저하게 파헤치려고 마음먹고 있었다. 이어 그 결말을 강희 46년 2월 28일 병부兵部의 상주문을 통해 확인할 수 있다.

전순년田舜年이 분수를 모르고 함부로 음란한 행위를 한 사실을 탄핵하고자 올린 상소는 모두 거짓이니 재론할 필요가 없습니다. 어린 손자의 나이를 날조해 명부를 만들어 병부에 보고하고, (그 손자의) 승습을 도모한 한편, 불법으로 그의 아들 전곤여田睭如를 본래 석량토사 전혼田焜이라고 모칭冒稱해 그를 토사로 습직시키고 동전을 주조했으며, 함부로 살상을 저지른 일 모두는 사실이므로 마땅히 죄로 다스려야 합니다. 다만 전순년이 이미 사망했으므로 그 (처벌에 대한) 논의 역시 불필요합니다.[230]

이런 상주문과 함께, 총독 석문성은 전순년 관련 사건을 자세히 조사하지 않은 채 대충 보고했다는 이유로 3등급이 강등되었으며, 순무 유전형劉殿衡과 조신교 및 제독 유익모도 사건을 자세히 살피지 않은 죄목으로 한 등급을 강등시켰다. 석문성 또한 3등급 강등시켰지만, 관용을 베풀어 유임시켰다. 한편 용미토사 습직에 대해서는 전순년의 아들 전민여, 전요여田耀如, 전창여田暢如, 전섬여田睒如의 차례로 그 순서를 정하고, 궁극적으로는 전민여가 승습하도록 허락했다. 이리하여 마침내 용미토사의 마지막 선위사가 탄생하게 되었다.

이렇게 해서 선위사 습직 문제는 일단락되었다. 그러나 전순년의 폭정을 고발한 당세갑의 경우에서 알 수 있듯이 전순년의 폭정이 불

---

229 『淸實錄』 권228, 강희 46년 정월 21일.
230 『淸實錄』 권228, 강희 46년 2월 28일.

거져 나온 건 분명히 용미토사에 대한 개토귀류 단행의 중요한 이유가 될 사안이었지만, 증거가 없다는 조사 결과 때문에 개토귀류의 정당성을 더 이상 주장하기 어려웠다. 더구나 강희제는 개토귀류의 전반적인 시행에 조심스러웠다는 점에서 더욱 그러했다.

그렇다 해도 용미토사에게 강희 46년(1707)은 일대 전환점이었다. 우선 전순년 사안과 관련해 그의 죄상을 명확하게 밝혀내지 못한 청조 관원들에게 용미토사 자체가 상당히 부담스러운 존재였다. 둘째, 전순년에 이어 선위사에 오른 전민여도 폭정 등의 문제에서 결코 자유롭지 못했다는 점도 향후 용미토사의 운명에 중요한 영향을 미쳤다. 끝으로 용미토사는 여전히 주변의 대토사들과 종종 대립했으며, 그런 대립에서 확고한 우위를 차지하지는 못했는데, 이런 전순년 시대의 유산에서 전민여는 결코 자유스럽지 못했다.

3) 雍正 연간의 田旻如와 容美土司

최후의 容美宣慰使 田旻如

이런 유산을 물려받은 전민여가 위의 정황을 극적으로 개선했다고 보기는 어렵다. 그가 용미토사의 마지막 선위사인 탓인지 그의 행적에 관한 기록이 그리 풍부하지는 않다. 다만 『청실록』 옹정 12년 4월 2일조 기사에는 그가 자살했으며 그의 자제子弟들 역시 선한 부류가 아니므로 승습을 허락하기는 어렵기 때문에 용미토사를 개토귀류해야 한다는 매주(邁柱, 1670~1738)의 상주문이 등장한다.[231]

---

231 『淸實錄』 권142, 雍正 12년 4월 2일. 전민여는 현재 鶴峯縣 容美鎭 屛山村 서북쪽

외견상 용미토사의 개토귀류를 가장 강력하게 주장해 온 인물 중 하나인 매주의 옹정 12년 5월 4일 『청실록』의 기록이 전민여 관련 비교적 구체적인 기록인데, 이 기록을 끝으로 『청실록』에는 사실상 그에 대한 기록이 등장하지 않는다. 여기서 매주는 전민여를 '간탐잔폭姦貪殘暴', 즉 '간악하고 탐욕스러우며 잔인할 뿐 아니라 폭력적인' 인물이라고 언급하면서 그가 시남사 동고산銅鼓山에 불법으로 지름길을 만들어 바로 용미토사와 연결될 수 있도록 했을 뿐 아니라, 인부를 강제로 징발해 쌀을 운반하도록 하는 한편 불법으로 포대를 은닉했다고 상소했다.[232]

　　이처럼 정사류正史類에는 그에 대한 기록이 제한적이지만 일부 다른 자료에 등장하는 전민여 관련 기록의 상당수는 의외로 상식선위사와 연관된 것이다. 강희 46년 사망한 상식선위사 향장경과 향장경을 습직한 큰아들 향국주와 관련된 사건이 그러한 예 가운데 하나다. 이 사건의 전말은 소수민족끼리의 갈등이 명대와 다름 없이 청초에도 그대로 전개되었던 사실을 보여준다는 점에서 상당히 흥미롭다.[233] 향장경이 사망하고 향국주가 습직하자 토경력土經歷 당종성唐宗聖은 당종정唐宗靖 등을 몰래 내세워 향장경의 사위 향국병向國柄이 습직하도록 하는 한편 휘하의 남북기군南北旗軍을 선동해 반란을 일으켰다.

에 위치한 萬全洞(何家洞이라고도 불린다)에서 자살한 것으로 알려져 있다. 일찍이 전순년이 만전동에 관련된 글을 썼을 뿐 아니라, 그 동굴 안에도 그의 글이 새겨져 있는 점을 생각하면 이곳에서 전민여가 자살했다는 사실은 역사의 아이러니라고 할 수밖에 없다. 『容美土司史料文叢』(2輯), 2019, 22~23쪽에 등장하는 전순년의 「平山萬全洞記」와 「萬全洞記」 참조.

232 『淸實錄』 권143, 雍正 12년 5월 4일.

233 이하 용미토사 田旻如와 桑植土司와의 관계, 그리고 下峒長官司에 대한 공격 관련 언급은 『容美土司史料文叢』(1輯), 2019, 184~185쪽에 근거한 것이다.

강희 53년(1714) 다시 당종성이 왕명흥王明興 등을 사주해 총리 손선선孫宣을 살해하고, 2개월 후에는 향국주를 살해하는 한편, 향국동마저 살해하려고 시도했지만, 운운雲과 선先 두 기두旗頭인 견대서甄大緒와 당계선唐啓先 등의 보호로 요행히 살아남았다. 이후 친족親族, 기장旗長, 사파舍把 등은 논의를 거쳐 왕명흥과 왕명성王明成 일당을 사로잡아 참수했다. 바로 이 둘의 반란을 평정하는 데 전민여가 병사를 파병했으며 반란 가담자 당종정, 당삼黨三, 무승고武勝高, 담계풍覃啓風 등을 사로잡아 용미사로 압송했다.

청초 상식토사의 계승을 둘러싼 이러한 분쟁 자체도 매우 흥미롭지만, 이 사건에 전민여가 깊숙이 개입해 파병과 함께 가담자들을 용미토사의 사치司治로 압송한 사실도 자못 인상적이다. 앞서 전순년이 상식토사와 서로 일진일퇴했던 양상을 잠깐 언급한 바 있는데, 그러한 양상은 전민여 시대에 들어서도 변하지 않았던 것으로 보인다.

실제로 위 향장경 관련 이야기를 담고 있는 사료의 또 다른 곳에서는 전민여가 강희 47년(1708) 하동장관사下峒長官司를 공격한 기록이 등장한다. 아마도 전민여의 이 공격이 상당히 드셌던 것으로 보이며, 이런 탓에 당시 장관사 향정성向鼎成과 그의 숙부 향영창向營昌이 인장을 들고 영순토사로 도피하기에 이르렀다.

강희 47년 2월 26일 용미토사의 공격으로 시작된 이 전투는 동년 3월 21일 거의 한 달여 만에 용미토사의 패배로 종식되었다. 당시 하동장관사 중군中軍 향정진向鼎珍이 각 관애關隘의 기장旗長에게 몰래 기별을 넣어 강희 47년 3월 18일 심야에 사방으로 진격해 전민여 병사를 포위 공격하기로 결정했다. 이 전투는 용미토사의 대패로 3월 21일 끝났지만, 사료의 기록으로 미뤄 두 토사 사이의 이러한 전투가 최소 수년간 전개된 탓에 전지田地가 황폐화되고 휘하 토민土民들의 고충이 막대했다. 결국 전민여는 강희 59년(1720) 상식토사로 사신을 파견해 화의를 요청했으며, 상식토사 경내의 대암옥大岩屋이란 곳에서 휴전을 맺었다.

두 토사가 결국 휴전했지만, 그렇다고 청초 전민여가 다스린 용미 토사의 위세가 하락한 건 결코 아니었다. 따라서 호광 지역의 용미, 영순, 보정의 세 토사 가운데 용미사의 개토귀류가 가장 늦은 이유 도 어떤 점에서는 청 왕조가 용미토사의 그런 위용을 쉽사리 손대기 가 어려웠기 때문이다. 그러므로 용미토사는 일찍이 자발적으로 내부 內附를 요청하고 이에 따라 바로 유관이 설치되었으며, 개토귀류를 시 행할 수 있는 분위기가 자연스럽게 고조된 영순이나 보정과는 그 분 위기가 사뭇 달랐다.[234]

이런 분위기 탓인지 당시 호광성 관리들이 고발한 전민여의 죄상은 전순년의 그것과 전혀 다른 성격을 띠고 있는데, 그의 죄상을 통해 역 설적으로 호북지역 일대에서 전민여가 지녔던 정치적 위상을 확인할 수 있다. 옹정 7년 6월 21자로 작성된 전민여 관련 상주 안에는 사천 제독四川提督 황정계(黃廷桂, 1690~1759)가 이미 조사해서 올린 용미토 사 일가와 전민여의 죄상이 들어 있는데, 일단 그 내용을 살펴보기로 하겠다.

그것은 전민여의 조상들은 청 왕조가 수립된 이후 황제의 은혜를 받아왔으나 전민여는 강희 19년(1680) 사천 주민 향계홍向繼洪에게, 강 희 49년(1710)에는 향세명向世明에게, 옹정 5년에는 향중건向中虔에게 각각 유격游擊 위패委牌를 줬다고 언급하면서 용미토사의 관할이 아

---

234 楊菊麗, 「雍正時期永順土司"自請改流"的動機探析」, 『民族史研究』 15집, 2020, 193~194쪽.

닌 사천 주민들에게 전민여가 이처럼 위패의 지급을 남발하고 있다고
꾸짖는 내용이다. 여기서 말하는 위패는 토사들이 임의로 백성들에게
일정 지위를 내려주고 그것을 토대로 해당 백성들이 일종의 강제력을
행사할 수 있는 권한을 주는 것이었다.

또한 황정계가 올렸던 상주에는 전민여가 토민土民들로부터 사화絲
花를 강제로 거둬들였다는 죄상도 들어 있는데, 용미토사가 사천성에
가까이 있으며 건시현建始縣 소속의 속곡패粟穀壩 등과 근접한 탓에 매
년 토목土目 등을 자주 보내 춘화春花를 강제로 거둬들이는 것이었다.
전민여가 자신의 죄상을 해명하기 위해 인용한 황정계의 상주 내용을
다시 한 번 인용하자면 이러한 명목의 세금을 거둬들이기 위해 전민
여는 부장副將이나 천총 또는 파총을 파견하는 한편 마음대로 행정 경
계를 벗어나 말썽을 부린다고 말했다.

위패 지급의 남발과 사화 등의 명목으로 세금을 강제 징수한 사실
을 고발한 당시 관료들의 언급에 대해 전민여는 그것이 명대 이래의
관행이라고 대답했다. 이를테면 토사土司의 구습舊習에는 본래 위패를
하사하는 관례가 있으며, 휘하 인관印官에게 지위를 내릴 때는 상부에
호지號紙를 요청하지만, 그 나머지 일반 묘인들에게 두령頭領과 파목
把目 등의 지위를 하사해 소수민족 지역을 다스릴 경우에는 그들도 나
름의 지위가 있어야 통치가 가능하므로 지위의 중요성을 따져 토관이
그들에게 호지에 해당하는 위패를 주어 소수민족을 통치한다는 것이
었다.

또한 사화의 강제 징수에 대해서도 건시와 파동의 전사리前四里 및
후사리後四里는 모두 명대 이래 사화를 용미토사에게 지급해 왔으므
로, 이것 역시 이전의 구례를 답습한 것에 불과하다고 역설했다. 아울
러 전민여는 사천성 경계 지역의 속곡패는 물론 이가패李家壩 및 혁담

패革潭堨 일대 지역이 자신의 조상들이 마련한 재산임에도 현재 토가족과 묘족이 그곳에 안주하고 있다는 사실을 언급하면서 그 부당성을 주장했다. 상주문의 내용으로 보면 전민여가 차지한 이 일대에서 주민들을 철수시킨 것처럼 보이지만,[235] 위패의 지급과 경작지의 점거는 청초 용미토사가 청 왕조의 의도와 달리 명대와 마찬가지로 토사 관할 영역에서 자의적으로 행동했다는 사실을 말해 준다.

이러한 황정계의 고발에 대해 당시 옹정제는 청 왕조가 들어선 이후 용미토사가 자못 공손했으며, 오삼계 반란 당시 그것을 진압한 공이 크다는 점을 들어 전민여의 죄를 용서하려 했다. 특히 옹정제는 전민여의 과실이 무지에서 비롯된 것일 뿐 그의 교만방자한 마음에서 비롯된 것은 아니라는 점을 강조했다. 그러므로 매주 등에게 전민여를 타일러 일깨워주는 것이야말로 자신이 바라는 점이라는 사실을 애써 상기시켰다.

앞서 언급처럼 강희제가 전민여를 특별히 기억하고 배려했으며, 매우 아꼈던 건 분명하다. 전민여가 지강현枝江縣 현학縣學의 감생監生으로 들어간 후 통판으로 임명된 강희 42년(1703), 그가 선위사를 습직한 강희 46년(1707)과 그 이듬해인 강희 47년, 그리고 강희제가 회갑을 맞이한 강희 51년(1712)에 각각 강희제를 알현했다는 사실[236]은 다른 토사들이 쉽게 가질 수 없는 기회로서 그에 대한 강희제의 각별한

---

235 이상의 내용은 「田旻如奏」(雍正 7년 6월 21일), 『容美土司史料文叢』(1輯), 2019, 20~21쪽.

236 范植清, 「容美改土歸流新議」, 『中央民族學院學報』 6기, 1990, 19쪽. 실제 전민여의 上奏에도 자신이 강희제를 세 번 알현했다는 언급이 자세히 등장하며, 이 상주문에서 전민여는 자신의 정치적 권위를 드높이기 위해 강희제에게 御翎의 하사를 요청하고 있다. 「田旻如奏」(雍正 2년 9월 25일), 『鄂西少數民族史料輯錄』, 1986, 188~189쪽.

관심을 보여주는 좋은 증거다. 전민여에 대한 강희제의 이러한 관심과는 별도로, 위 옹정제의 태도로 미뤄 옹정제 역시 전민여에 대해 특별한 반감을 갖지 않았던 것처럼 보인다.

옹정제는 이처럼 관대한 태도를 보였지만 당시 호광성 지방관들의 입장은 달랐으며, 특히 전민여에 대한 호광총독 매주의 불신은 매우 컸다. 따라서 매주가 올린 옹정 7년(1729) 15일자 상주문에 따르면 전민여를 성성省城으로 불러야 마땅하나 그가 교활한 인물이므로 분명히 날짜를 차일피일 미룰 우려가 있다는 점을 걱정했다. 마침내 매주는 해당 지역의 정황을 잘 아는 성실한 관원을 골라 용미토사 지역에 파견해야 한다고 생각했으며, 이런 고민 끝에 매주가 선발한 인물이 바로 상형남도上荊南道 고기高起였다.[237]

다시 전민여의 옹정 7년 6월 21일자 상주에는 고기가 용미 사치司治에 도착한 시기가 옹정 7년 6월 14일로 기록되어 있으므로 매주는 상주문을 올리기 얼마 전 전민여 관련 문제를 상의하기 위해 이친왕怡親王(윤상胤祥, 1686~1730) 등을 만난 6월 2일 무렵 이미 고기를 용미토사에 보내려 마음먹었다고 볼 수 있다.

하지만 옹정 7년 전민여의 상주문과 매주의 행태로는 개토귀류 직전 전민여의 행적을 소상하게 파악하기가 어렵다. 불행하게도 옹정 7년부터 호광 일대 개토귀류가 단행된 옹정 13년(1735) 사이 전민여의 행적을 알려주는 사료는 매우 제한적이며 관련 내용의 일부가 오히려 매주의 상주문에 등장하는 정도다. 그러나 옹정 초년부터 옹정 13년 사이 호광총독 매주를 포함한 호광 지역의 여타 지방관들의 상주문에 있는 내용은 잠시 뒤에서 살펴보기로 하고 일단은 옹정 11년(1733)으

---

237 「湖廣總督邁柱奏」(雍正 7년 7월 15일), 『容美土司史料文叢』(1輯), 2019, 20쪽.

로 기록된 전민여의 상주문을 먼저 살펴보기로 하자.

『용미토사사료문총』 제1집에 등장하는 전민여의 옹정 11년 상주문은 10월 4일과 11월 7일에 각각 작성된 두 개가 있는데 그 가운데서도 11월 7일자로 된 상주문의 내용은 매우 흥미롭다. 특히 11월 7일 상주문에 등장하는 사건의 전말은 전순년 시대 용미토사의 위상은 말할 것도 없거니와 호광의 용미, 영순, 보정토사 가운데 궁극적으로 용미토사의 개토귀류가 더 늦어질 수밖에 없었던 원인을 쉽게 짐작할 수 있다. 물론 용미의 개토귀류가 단순한 습직 문제 때문에 이루어진 것이 아니라는 점을 알려주고 있다는 점에서 더욱 그러하다.

황제의 은혜에 감사한다는 상주문 첫머리의 의례적인 언급 뒤에 전민여는 자신의 억울하고 고통스러운 정황을 황제에게 알리지 못한다면 어디에도 그 억울함을 호소할 곳이 없다는 말로 상주문을 시작하고 있다. 이어 전민여는 자신의 관할 지역에서 발생한 사건을 다음과 같이 언급했다.

> … 은시현의 지현 뉴정기鈕正己와 미리 공모해 이릉彝陵의 진신鎭臣 야대웅冶大雄으로 하여금 칠영七營의 병정兵丁을 동원해서 파동을 거쳐 신臣의 사치司治로 들어와 (사치를) 공격할 것이라는 요언謠言과 공갈을 공공연하게 퍼트리고 (이 소식을 들은) 신臣의 변지邊地 백성들이 은밀하게 서로 연락해 사방으로 흩어지게 만들 줄 누가 알았겠습니까? 또한 여러 토사들을 공격해 멸망시키려 했으며 뉴정기를 지부로 삼는다고 보장해 주는 한편, 여러 토사를 개류改流해 현縣으로 고치려는 논의를 했습니다.[238]

---

[238] 「田旻如奏」(雍正 11년 11월 7일), 『容美土司史料文叢』(1輯), 2019, 25~26쪽.

전민여는 이 사건의 발생 시기를 옹정 11년 10월 15일로 기록했지만, 이 사건의 주모자는 명확히 밝히지 않았다. 다만 전민여는 10월 17일의 보고를 근거로 여러 지역의 백성들이 작당해 항량抗糧을 전개하고, 사파舍把 전문여田文如와 두목頭目 향옥向玉 등을 포박하는 한편 당옥호唐玉虎, 담문영覃文榮, 김조金爪 등이 살해당했다고 말하고 있다. 그러므로 전민여의 상주문은 굳이 관련 주모자를 밝히지 않았지만 용미토사 관내 일반 백성들이 일으킨 난동을 가리키는 게 분명하다.

이어 전민여는 이 사건이 10월 15일에 발생했는데, 10월 25일 귀주歸州 참장이 병사 800명을 대동하고 홍사보紅砂堡에 도착한 사실을 매우 의아스럽게 생각했다. 전민여의 설명에 따르면 오양관烏羊關의 하천을 건너면 바로 사천성의 당신塘汛이 있으며, 이 당신에서 20리를 가면 바로 홍사보인데 귀주 참장이 홍사보와 귀주영 사이를 약 10여 일 만에 도착한 게 이상하다는 것이었다. 그의 말대로라면 홍사보와 귀주의 왕복 시간은 말을 타지 않는 이상 당병塘兵이 밤새 달려도 험준한 지형 탓에 최소 반달이 걸리는 거리였다. 그럼에도 참장이 그렇게 빨리 도착한 건 용미 지역의 사건 주모자들과 사천 사람들이 미리 내통한 탓이며, 그런 점에서 사건의 주모자와 공모자들이 반드시 용미토사를 멸망시키려고 작정했다는 것이 전민여의 주장이었다.

여러 의미에서 매우 중요한 사안이 틀림없는 옹정 11년 10월 15일의 이 사건을 계기로 전민여가 자살했지만, 의외로 이 사건의 구체적인 진상을 알려주는 사료가 풍부하지 않다. 다만 옹정 원년(1723) 당시 호광총독인 양종인의 상주를 통해 이 사건 발생의 단서를 확인할 수 있을 뿐이다.[239]

---

239 이하 설명은 「湖廣總督楊宗仁奏」(雍正 元年 4월 20일), 『鄂西少數民族史料輯錄』,

양종인의 이 상주문 내용은 크게 두 부분으로 나뉘는데, 그 첫 번째는 수비 유천주喻天柱라는 인물이 전민여가 형법을 엄히 실행하는 한편 초석硝石을 강제로 징수하고 상강霜降에는 군인들을 지나치게 많이 소집해 군사 훈련을 시킨다는 사실을 양종인에게 몰래 보고하는 내용이다. 이 보고에는 오봉사五峯司가 많은 사람을 규합해 제사를 올린다는 내용도 함께 들어 있다.

용미토사의 이런 불온한 움직임에 대한 보고가 올라오자 다시 그 진위를 살펴보기 위한 정탐이 이루어졌다. 그리고 정탐병은 용미토사가 기본적으로 법령을 두려워해 함부로 잔혹한 짓을 하지 않을 것이며 군사 훈련, 대중들을 규합해 신에게 올리는 맹서, 그리고 세금의 징수 등은 본래 토사들이 행해오던 구례舊例에 불과하다고 보고했으며, 그의 말을 믿은 양종인은 용미토사의 움직임을 황제에게 보고하지 않았다.

두 번째 내용이 바로 전민여가 옹정 11년 10월 15일에 발생했다고 말한 사건과 관련되어 있다. 두삼杜森[240]이란 인물의 옹정 원년 윤 7월 보고가 그것인데, 여기서 등장하는 지명 중 하나가 앞서 옹정 7년 상

1986, 192~193쪽을 근거로 했다. 아울러 양종인의 이 상주문은 『鄂西少數民族史料輯錄』의 것을 전재해서 게재한 『容美土司史料文叢』(1輯), 2019, 46쪽에 다시 등장한다. 그리고 위 두 자료 모두 이 상주문의 출처가 『雍正硃批諭旨』라고 밝히고 있으나, 이 『雍正硃批諭旨』에 등장하는 雍正 元年 4월 20일자 호광총독 양종인의 상주문은 위 내용과 전혀 다른 내용이다. 더구나 4월 20일자로 된 상주문 안에 6월과 7월에 발생한 일이 등장한다는 점도 매우 의심스럽다. 그러므로 두 사료집의 편집자들은 양종인 상주문의 출처를 잘못 적은 게 분명하지만, 현재로서는 이 상주문의 정확한 출처를 확인하기 어렵다. 이런 의문에도 불구하고 옹정 원년 양종인의 상주문에 들어 있는 내용의 상당 부분이 옹정 7년 황정계의 상주문에 다시 등장한다는 점에서 사천과 용미토사 사이의 갈등이 존재했다는 점은 분명하다.

240 양종인의 상주에 그가 鎭臣으로 표기되어 있으므로 아마도 彝陵鎭總兵官을 가리키는 것으로 판단된다. 『清實錄』 권53, 雍正 5년 2월 21일조 참조.

주문에서 황정계黃廷桂가 거론한 속곡패다. 좀 더 내용을 살펴보면 용미토사는 옹정 11년 사건이 발생하기 이전에 이미 사천의 건시현과 용미토사 접경 지역인 혁담패의 주민 네 가구, 이가패李家壩의 주민 한 가구, 하백사下白沙의 속곡패와 금려당金麗堂의 주민 열다섯 가구를 강제로 편입시킨 바 있다.

해당 사료 자체의 출처가 매우 부정확하지만 양종인의 상주문에 있는 용미사의 이런 행패가 다시 황정계의 상주문에도 등장하는데, 그의 상주문에는 이 지역에 사는 거주민들은 각 가구마다 2~3전에서 7~8전 사이의 은을 토사에게 바쳤으며 이를 춘화이사春花二絲라 불렀다[241]는 내용이 등장한다. 결국 용미토사는 외부 주민들을 강제로 자신의 관할 지역에 이주시키는 한편, 불법적으로 세수를 거둬들인 중대한 범죄를 저질렀던 것이다.

이런 고발에 대해 용미토사는 형남도荊南道를 경유해서 용미사로 내려온 청 황제의 유지諭旨를 받들어 용미토사가 사천 주민에게 징수하던 '춘화이사'를 금지시켰다고 주장했다. 아울러 용미토사는 예의에 벗어나거나 분수에 맞지 않는 일이 있다면 이미 개혁하거나 철거하고 법도를 준수하고 있다는 말도 덧붙였다. 끝으로 용미토사는 속곡패와 혁담패 등의 주민들은 본래 용미토사의 전호佃戶로서 대대로 내려온 토군이나 토민에 해당되며, 사천성과 호북성에 거주하는 한족 주민이 아니라고 말했다.

결국 기주부夔州府의 보고와 용미토사의 주장이 이처럼 서로 차이가 나자 양종인은 사천 및 호광 지역 관리들과 함께 자세한 조사가 필요

---

241 양종인이 거론한 내용의 일부가 황정계의 상주문 안에 들어 있다. 『硃批諭旨』(『四庫全書』本) 권218(하), 12쪽 상~하 참조.

하다고 주장했다. 이에 대해 옹정제는 자신이 아는 한 전민여가 불법 행위를 저지를 사람은 아니라는 점을 먼저 상기시켰다. 다만 함부로 여러 사안을 믿는 나머지 경거망동해서는 안 되니, 당시 총독으로 부임한 매주의 지시에 따라 행동하도록 해야 한다는 비답批答을 내렸다.

그러므로 전민여가 실제 자신 관할 지역 주민들에게 횡포를 부렸는지의 여부는 명확하지 않다. 그런데 역대 전씨 토사들의 행적을 기록한 『용미토사전씨역대제공사실고容美土司田氏歷代諸公事實考』에 의하면 전민여는 일찍이 강희 52년(1713) 조신교로부터 탄핵을 받았으나 용서를 받은 적이 있으며, 다시 옹정 11년 호광총독 매주의 탄핵을 받아 북경으로 올라와 심문을 받아야만 하는 처지에 놓이게 되었다.[242]

매주가 열거한 전민여의 죄상은 일의 처리가 간교하고, 타고난 천성이 난폭하며, 함부로 지위를 하사하는 한편, 멋대로 징세를 한다는 것 등이었는데, 이러한 죄상이야말로 명청 두 왕조가 토사를 비난할 때 사용하던 상투적인 용어였다. 어쨌든 이런 죄를 범한 전민여는 북경으로 올라가서 심문을 받아야 했으나 그는 이런저런 핑계를 대면서 끝내 북경에서의 신문에 응하지 않았다.

그러나 이 무렵 전민여의 또 다른 상주문[243]을 보면 옹정 11년 5월부터 9월까지 용미토사 지역 일대에 발생한 홍수로 추수가 사실상 불가능한 상황이어서 하루도 편하게 지내는 날이 없으며 사천과 호북의 접경 지역에서는 도둑들의 약탈이 발생해 그것을 진압하는 데 여념이 없다는 사실을 애써 강조했다. 바로 이런 이유로 전민여 자신이 곧바로 북경을 갈 수 없다는 의미일 텐데 전민여의 이러한 언급은 물론 진

---

242 『容美土司史料彙編』, 제4부분, 「史料摘抄」, 1984, 375쪽. 이 부분에 관련된 시기가 『淸實錄』에는 옹정 12년으로 기록되어 있다. 『淸實錄』 권142, 雍正 12년 4월 2일조 참조.
243 『容美土司史料文叢』(1輯), 2019, 27쪽

실일 수도 있으며, 다른 한편으론 북경을 가지 않기 위한 변명일 수도 있다. 여하간 전민여의 이러한 태도에 대해 옹정제는 스스로의 책임을 다시 전가한다면 그것은 항위의 죄에 해당되므로 더 이상 관용은 불가능하다고 언급했다. 이런 탓인지 전민여는 결국 마음의 압박을 견디지 못해 옹정 11년 12월 11일 목을 매달아 자살했다. 용미토사가 사실상 막을 내린 순간이었다.

容美土司의 최후 저항

어찌 생각하면 매우 극적인 전민여의 자살에 대한 청조 측의 기록에는 그가 백성들의 압박을 견디지 못하고 자살한 것으로 묘사된 자료도 있지만, 전민여의 자살은 역설적으로 청 왕조의 의도대로 용미토사가 움직이지 않았다는 의미로 해석할 수도 있다. 물론 전민여 사망 후 그의 동생들이나 주요 관원들이 줄줄이 항복한 정황[244]은 충분히 납득할 수 있긴 하다. 그러나 매주가 자신의 상주문에서 호광성 일대 다른 토사들이 자발적으로 개토귀류를 원한다고 밝힌 것[245]과 달리, 전민여는 죽음을 택함으로써 청 왕조에 저항했다고 할 수 있다.

적어도 용미토사의 현실이 이러했다면 개토귀류 전야 호광성 관리들의 용미토사에 대한 인식은 어떠했으며, 그 처리 방법은 어떻게 생각했을까? 물론 옹정 연간 호광 지역 개토귀류 전야의 상황을 일률적으로 언급하는 건 불가능하지만, 전민여가 간악한 행위를 저지른다는 옹정 11년(1733) 8월 29일자 호광총독 매주의 상주문[246]에 대해 옹정제는

---

244 「四川總督黃廷桂奏」(雍正 12년 정월 17일), 『容美土司史料文叢』(1輯), 2019, 28쪽.
245 「湖廣總督邁柱奏」(雍正 12년 5월 15일), 『容美土司史料文叢』(1輯), 2019, 29쪽.
246 「湖廣總督邁柱奏」(雍正 11년 8월 29일), 『容美土司史料文叢』(1輯), 2019, 24쪽.

이미 자신이 전민여를 관용한다는 유지를 내린 바 있다고 언급했다.

　반면 매주는 현재 용미토사의 악행이 여러 가지가 있으며 사실상 지방의 해가 되므로 마구잡이로 관용을 베풀기는 상당히 어렵다고 전제하면서, "개토귀류에 응하도록 해 토민들 모두 승평의 복을 누리도록 해야 하지만, 반드시 타협을 거쳐 시행해 다른 토사들의 동요가 없도록 해야 한다."고 말했다. 매주가 이처럼 완강한 태도를 견지했음에도 옹정제는 "현재 크게 범법을 저지른 사실이 없는 토사를 반드시 일률적으로 개류하자고 요청할 필요는 없다."고 대답했다.

　옹정제는 매주와 의견이 달랐지만, 기본적으로 옹정 연간 당시 호광 지역 관리들이 전민여는 물론이려니와 소수민족 수장들에 대한 깊은 불신과 함께 악행을 고발하는 일이 사실상 보편적이었다는 점은 쉽게 확인할 수 있다. 옹정 11년 용미토사를 직접 공격한 야대웅은 물론 역시 옹정 7년 황정계의 상주문 등에서 전민여를 대놓고 비난하는 언급[247]을 쉽게 찾아볼 수 있다.

　그것이 어느 정도 사실일지라도 용양당谷陽堂『전씨족보田氏族譜』에는 거꾸로 야대웅이 말(馬)을 팔러 용미로 와 갖은 악행을 저질렀으며, 오히려 전민여가 사망한 이듬해 조정에서는 전민여는 무고한 반면, 야대웅이 적법한 절차를 거치지 않고 마음대로 정복한 죄를 지었다고 기록하고 있다. 물론 족보 편찬 목적이 당연히 조상의 업적을 선양하는 데 있지만, 야대웅의 행적은 전민여가 옹정 11년 언급한 그의 행적과 정확히 일치한다.

　그러므로 당시 호광성 관리들의 용미토사에 대한 인식의 문제는 정

247　각각 『硃批諭旨』 권156, 17쪽 상의 冶大雄 上奏와 권218(하), 13쪽 하의 黃廷桂 上奏 참조.

도의 차이는 있을지언정 명청시대 한족이 소수민족을 보는 시각과 크게 다르지 않다. 물론 이런 가운데 강희 61년(1722)~옹정 3년(1725) 호광총독을 지낸 양종인과 같은 인물이 옹정 원년 5월 22일 올린 상주문을 통해 "토관들이 비록 묘만苗蠻에 속하지만, 그들의 마음은 본래 내지內地 사람들과 동일하다."[248]라고 주장하기도 했지만 말이다.

양종인이 이러한 언급을 한 목적은 사랑과 증오 혹은 편애와 같은 감정은 누구에게나 보편적이며, 이런 점에서 토관들도 자식에 대한 사랑이 차별적일 수 있으므로 토사들의 자식들에게 내리는 지위도 일률적이 아닌 차별적으로 해야 한다고 주장하기 위해서였다. 간단하게 말해 인간이 지닌 감정은 보편적이라는 게 양종인 언급의 요체라고 하겠으나, 반대로 민족 간의 엄연한 차별을 강조하거나 상호 교류를 금지해야 한다는 주장을 펼친 관리들도 당연히 압도적으로 많았다.[249]

그러나 앞에서 등장한 전순년과 전민여 관련 사안에 대한 당시 관료들의 언급 속에는 인간 심성의 동일성에 대한 환기나 민족적인 차이에 근거한 상호 교류의 금지와 같은 다소 추상적인 언급은 찾아보기 어렵다. 대신, 토사들의 비난에 필요한 매우 현실적인 근거가 구체적으로 등장한다는 점을 주목할 필요가 있다. 그런 점에서 제법 장기간 호광 일대 총책임자로 머물면서 개토귀류 시행까지 호광토사의 사정을 직접 목도하고 남긴 매주의 상주문은 물론, 옹정 연간 호광 지역의 순무 등의 상주문은 중요한 가치를 지니는데, 그 이유는 무엇보다 호광 지역 개토귀류의 전제를 확인할 수 있기 때문이다.

결국 이런 종류의 상주문에 등장하는 상식토사에 대한 전민여의 지

---

248 「湖廣總督楊宗仁奏繳御批并請准土官分襲摺」, 『雍正朝漢文硃批奏摺彙編』 제1책, 446쪽.
249 「湖南巡撫王朝恩奏陳苗猺州縣緝推行保甲摺」, 『雍正朝漢文硃批奏摺彙編』 제1책, 928쪽.

속적인 침략이나, 무엇보다 사천성과의 교계 지역에서 그들이 묘민들에게 특정 지위를 하사한다는 의미를 지닌 위패委牌를 정부의 허락없이 발부한 사실이야말로 청 정부가 토사 철폐를 위해 동원한 중요한 근거이자 그들의 악행을 입증하는 중요한 증거였다.

이런 점에서 매우 주목할 만한 사건은 전민여가 옹정 9년 12월 무렵 토민 사희대謝希大란 인물을 몰래 진간鎭竿 용각동龍角洞에 보내 묘인苗人 마노축麻老丑을 용미토사로 데려오도록 하고 묘인들을 규합해 용미토사 일대에 주둔 중인 관병들을 공격하도록 한 일이다. 물론 이일은 마노축이 응하지 않아 성사되지 않았지만, 매주의 언급대로 "전민여의 반역 의지가 만천하에 드러나 산택山澤으로 도피해야 마땅한 처지임에도 소환에 응하지 않은 채 관병에 항거했으므로 법률상 참형으로 다스려야 할 죄였다."[250]

명 중엽 여러 차례에 걸쳐 발생한 반란에 대한 언급을 통해 토사끼리의 결탁은 물론 소수민족 사회의 여러 유력 세력들이 반란에 깊이 간여한 사실을 이미 확인한 바 있지만, 용미토사의 행위는 국가를 상대로 한 소위 '반역'이라는 점에서 명대의 그것과는 성격이 판이하게 다른 것이다. 물론 명 만력 연간 파주 지역의 양응룡 반란에 대한 기억과 그 규모를 생각하면 전민여의 시도는 오히려 단순 사건에 불과한 것일 수도 있다.

그러나 청조가 이 사건을 처리하는 과정에서 드러난 수많은 관련 인물들의 면면은 청초 토사들 사이의 조직이 매우 긴밀했던 정황을 충분히 확인할 수 있다. 이 음모는 전민여의 자살 사건 이후 관련자들을 문초하는 과정에서 밝혀졌는데, 해당 자료는 이 반역 사건 가담

---

250 「原題部文」(雍正 13년 2월 8일), 『容美土司史料文叢』(1輯), 2019, 33쪽.

자들에 대한 처벌과 전민여 사후 드러난 죄상에 관련된 자를 별도로 구분하지 않은 채 그 처벌 내용을 밝히고 있다.

관련 자료에 의하면 향일방向日芳, 유태안劉太安, 전창여田暢如, 전염려田琰呂, 전안남田安南, 향호向虎, 유모劉冒, 인수仁壽, 사동동史東東 등 다수의 인물이 처벌되었다. 이들 가운데 전창여와 전염여는 전민여의 동생이며, 유모, 인수, 사동동은 당시 용미토사의 환관이었다. 또한 전민여의 명령에 따라 움직인 원기신袁起臣, 참여 병사들의 명단을 작성한 진화상陳和尙, 서판書辦이라는 직함의 섭패聶珮란 인물은 모두 전민여의 행위를 사전에 알았음에도 불구하고 고하지 않았다는 죄목으로 장 100대를 맞고 천리 밖으로 유배되었다.

특히 이 가운데 사희대, 섭패, 원기신은 물론 향응시向應時, 장홍모張弘謨, 향지고向志高, 왕학王學, 향병도向丙韜 등의 인물은 진간 일대 사람들이라는 점도 특기할 만하다.[251] 사료에 등장하는 인물을 좀 더 나열하자면 전민여의 처자妻子는 공신 집안의 노비로 삼았으며 전민여의 부모와 조손祖孫, 그리고 형제들은 모두 오라烏喇로 유배시켰다. 이러한 정황이야말로 명대를 지나 청초까지도 각 토사들끼리 다투는 예가 빈번했음에도 불구하고, 청대에 이르러서는 그들이 일치단결해 청 왕조를 겨냥한 거사를 도모했던 사실을 잘 보여준다.

改土歸流를 향해

순치 원년(1644) 청 왕조가 중국 본토를 점령한 후 전민여가 반역을 모의한 옹정 9년(1731)까지 약 90년의 세월이 흐르는 동안 청 왕조가

---

251 「原題部文」(雍正 13년 2월 8일), 『容美土司史料文叢』(1輯), 2019, 36쪽.

비록 강희 42년(1703) 상서 지역의 홍묘 반란을 성공적으로 진압했다 하더라도, 거꾸로 용미토사에 대한 실질적인 통제는 명대와 크게 달라진 게 없다는 사실을 당시 청초 관리들도 정확히 인식하고 있지 않았을까? 청초 호북지역 관리들의 이런 조바심을 더욱 부채질한 사건이 바로 명대에 이어 청초에도 여전히 지속된 토지 분쟁이라는 점은 상당히 흥미롭다. 이미 용미토사 주변 토지 분쟁과 그 해결 방법에 대해서는 앞 4장 1절에서 제법 자세하게 언급했거니와 옹정 연간 즈음이 되면 명 왕조에 비해서 확실히 명확한 해결책을 청 왕조는 제시하고 있다.

그러나 옹정 5년 호북순무 헌덕憲德의 상주에서 확인할 수 있듯이, 앞에서도 이미 자세히 거론한 감자원柑子園과 어시탄漁翅灘 일대의 명대 토지 분쟁이 청초에 다시 등장한다는 사실을 청 관리들은 어떻게 받아들였을까? 이미 청조 측에서 180냥을 주고 매입해 장양현 주민들에게 나눠줬으나 해당 대금이 여전히 지급되지 않아 아직 갈등이 완전히 해소되지 않았다고 밝히고 있다.[252] 결국 옹정 4년(1726) 3월 토인 향채向彩 등이 무리를 이끌고 건가원蹇家園 등 일대를 점거하자 장양현 지현 이순李恂이 파총 단사장段士章 등을 대동해 향채 일당을 체포하기에 이르렀다.

이 문제를 해결하기 위해 호광의 독무督撫는 형주도荊州道 고순高淳, 형주부荊州府 지부 왕경고王景皐, 황피현黃陂縣 지현 기규의紀逵宜 등을 보내 해당 사건을 조사하도록 했는데, 당시 발생한 홍수로 이들이 현장에는 도착하지 못했으며 기주蘄州 지주知州 왕개王玠가 공금 180냥을 내놓아 감자원과 어시탄 일대 토지를 회속할 수 있도록 했다. 결국 이 지역에 거주하면서 경작한 토인들이 다른 곳으로 이주해 결말

---

252 「湖廣湖北巡撫憲德奏」(雍正 5년 정월 19일), 『容美土司史料文叢』(1輯), 2019, 48쪽.

이 났으며, 이러한 결말에 대해 모든 사람이 기꺼이 승복했다고 헌덕
은 밝히고 있다.

지방관들의 노력으로 전민여의 동생 전곤여田琨如 등이 감자원과
어시탄에서 물러나는 대신 그들에게 은 180냥을 주며, 그곳에서 거주
하면서 경작하던 사람들은 모두 이사를 함으로써 토지 분쟁은 일단
락되었다. 또한 건가원 지역의 경우 이 지역 일대를 조사한 후, 한족
과 토인들이 한데 어울려 살도록 해 그들 모두가 순순히 승복하도록
조치했다.

그런데 사실상 동일한 사안을 언급한 옹정 5년(1727) 3월 16일 호
북총독 부민傅敏 등은 감자원과 어시탄 일대 토지 분쟁이 일단락된 사
실을 다시 한 번 환기시키는 한편, 지방 관원은 전민여가 그 결정을
수용하도록 압력을 가해야 한다고 상주했다.[253] 나아가 전민여가 이
런 결정을 다행히 수긍한다면 그것이야말로 자신의 복을 스스로 찾는
일이 될 터이지만, 만일 고집을 부린다면 부민 등의 관원들이 그 죄의
경량을 따질 수밖에 없다고 언급했다. 이는 사실상 전민여에 대한 일
종의 협박이었는데, 바로 이런 언급을 하면서 부민 등은 전민여의 혁
직과 함께 개토귀류라는 말을 거론했다.

부민의 상주문이 한층 더 의미심장한 이유는 용미토사에 대한 개토
귀류의 시행을 암시하는 한편, 상식과 보정 두 토사에 대해 '현재 개
토귀류 시행을 논의하고 있다.'는 언급이 동시에 등장하기 때문이다.
부민 등은 상식과 보정토사에 대한 개류 논의가 진행 중이기는 하나,
용미토사와의 토지 경계 문제의 해결이 늦어질 것 같으므로 한꺼번에
개류를 시행하는 건 다소 불편할 수 있다고 언급했다.

---

253 「署湖北總督傅敏等奏」(雍正 5년 3월 16일), 『容美土司史料文叢』(1輯), 2019, 49쪽.

다시 부민 등의 관리들이 올린 다른 상주문을 보면 적어도 옹정 연간 중기부터는 여러 관원이 조심스럽게 호광 지역 토사들에 대한 개토귀류를 모색하는 정황[254]이 등장하며 실제 이들은 개토귀류 관련 사안을 비밀스럽게 개진한다는 의미의 '밀진개토귀류사密陳改土歸流事'라는 용어를 사용했다.[255] 부민, 포란태布蘭泰, 주강朱綱이 합동으로 올린 옹정 5년 7월 9일 상주문에서 상식토사 향국동은 대대로 흉악할 뿐아니라, 묘민들을 학살해 왔으므로 민심이 이미 배반해 개토귀류의 시행이 용이하다고 지적했다.

이 세 명의 관원들은 상식토사가 용미토사에 복속되어 있는 점을 걱정했으나 감히 상식토사가 용미토사라는 악의 세력을 돕지는 않을 것이라는 점을 들어 개토귀류를 은밀히 추진하려 했다. 이 세 명의 관리들은 이 지역 일대 토사들의 개토귀류가 중대한 일이므로 치밀한 계획을 세워 진행해야 한다고 말했는데, 일단 그들의 말을 그대로 옮긴다면 "이릉彝陵 일대는 여러 토사들의 전로前路요, 구계九溪는 여러 토사들의 후로後路"라는 그들의 전제는 그러한 조심성을 잘 보여주는 대목이다. 이들이 말한 이릉 일대는 용미토사를, 구계 일대는 분명 상식토사를 의미한다. 그만큼 용미토사와 같은 강력한 토사를 일거에 개토귀류시키는 건 청 왕조로서도 모험이었을 것이며, 이는 청초의 시각에서도 여전히 용미토사가 건재하다는 사실을 의미하는 것이다.

결국 청초 관료들에게 가장 중요한 사안은 말썽 없이 용미토사를

---

254 호북의 이런 정황과 비교하면 귀주성의 개토귀류는 초기 논의 과정에서는 다소 조심스러운 부분이 있었으나 실제 시행은 매우 가혹하게 진행되었다. 정지호, 「청대 黔東南 지역의 改土歸流와 苗族 사회의 변화」, 『동북아역사논총』 58호, 2017, 115쪽 참조.

255 이하 내용은 「湖南桑植保靖改土歸流事宜折」(雍正 5년 7월 9일), 『容美土司史料文叢』(1輯), 2019, 52~53쪽 참조.

개류한 이후, 그런 개류의 분위기를 호광 지역 전체 토사들에게 자연스럽게 확산시키는 것이었다. 그러므로 이른바 전로에 해당하는 이릉 지역의 경우 이릉진舞陵鎭 총병관에게 몰래 명령을 내려 병사들을 준비하도록 해야 한다고 주장하는 한편, 후로의 경우 형주衡州의 부장副將 주일덕周一德에게 잠정적으로 구계의 정무를 담당하도록 하고 병마兵馬를 정비하도록 해야 한다고 말했다. 아울러 예주澧州와 영정永定 두 군영軍營을 통제해 다른 토사들이 감히 움직이지 못하도록 한다면 용미토사가 잔꾀를 부릴 수 없다고 말했다.

이렇게 볼 때 호광 지역 개토귀류 시행에서 제일 중요한 관건은 용미토사를 폐지하는 것이었으며, 혹은 위 세 관원의 지적을 빌린다면 용미토사의 손발을 묶는 것이었다. 바로 이런 정황을 매주는 옹정 11년 5월 22일 다음과 같이 상주했다.

어찌 전민여는 황은皇恩을 입었음에도 감격할 줄 모르며, 입으로는 참회한다고 말하고 있으나 여전히 이토록 간악한지요? 그가 믿는 바는 여러 토사가 (자신을) 돕고 있다는 것으로서, 여러 토사들은 전민여를 우두머리로 생각하고 있습니다. 이전에는 토사들 사이에 생긴 원한으로 전쟁이 발생하면 모두 용미의 명령을 받았습니다. 현재 범법을 저지른 토민과 한족의 간민奸民들은 대부분 용미容美에 숨어 있으므로, 이 때문에 각 토사들 관련 (사건이) 겹겹이 쌓여 있으나, 결국 완전한 해결이 어렵습니다. 전민여는 사실상 토사 가운데 제일 많은 죄를 지은 수괴이며 토민들에게 커다란 해가 되는 (자로서), 하루라도 (빨리) 그를 제거하지 않으면, 여러 토민들은 하루도 편히 잠을 잘 수가 없을 것입니다.[256]

---

256 「湖廣總督臣邁柱奏」(雍正 11년 5월 22일), 『容美土司史料文叢』(1輯), 2019, 62쪽 참조.

위 인용문의 첫 문장에서 매주가 전민여를 간악한 인물로 묘사하고 있긴 해도,[257] 위 인용문의 전체적인 분위기 자체는 용미토사의 전민여를 단순히 도덕적으로 비난만 하는 건 아니다. 오히려 위 인용문은 당시 용미토사의 위용을 충분히 보여줄 뿐 아니라, 그 통제 수단마저도 대단히 제한적이라는 암시가 내포되어 있음을 보여준다. 전민여의 자살 일시가 옹정 11년 12월 11일이라는 점을 다시 한 번 상기한다면 전민여가 자살 직전까지도 가장 강력한 토사로 남아 있었다는 사실은 확실히 청 왕조에게 커다란 부담이었을 것이다.

용미토사의 이러한 실질적인 권한과 더불어 매주는 동향사의 토관 담초소覃楚昭와 시남사의 토관 담우정覃禹鼎은 모두 전민여의 사위와 외삼촌인데, 이 둘이 용미의 호위를 받으면서 '다른 토사'에게 온갖 악행을 저지른다는 사실을 상기시켰다. 3장에서 소수민족 반란을 설명하면서 적어도 명 중엽 이래 소수민족 사회가 다층적으로 되어갔다는 사실을 이미 지적한 바 있다. 나아가 용미토사가 다른 하위 토사를 감싸고 있다는 매주의 언급은 그런 다층적 사회 구조를 넘어 청초가되면 토사들 사이에 계서가 명확히 확립되었다는 점을 웅변적으로 증명해 준다.

---

257 이마저도 다른 호북성 관리들은 달리 표현하고 있다는 점을 고려할 필요가 있는데, 「署理湖北巡撫印務布政使臣徐鼎奏」(雍正 7년 7월 22일), 『容美土司史料文叢』(1輯), 2019, 57쪽에서 서정은 "호북 소속 토사 중 용미가 가장 크다고 하지만, 근래 漢族과 土民이 서로 편안히 지내고 있으며 전민여 역시 皇恩에 감사하고 있다."고 언급하고 있다.

행정 분할의 구상

 따라서 다양한 계층들이 존재했음에도 다른 한편에서는 그것을 획일적으로 통제하고 관할하는 새로운 권위가 출현했다는 점은 분명 청왕조에게 커다란 위협으로 다가왔을 것이다. 이런 점에서 개토귀류를 구체적으로 실행에 옮길 경우 행정 개편의 요체는 청조 병력이 이미 통제 중인 기존의 토사 영역은 물론이려니와 토사가 여전히 통제 중인 드넓은 영역을 가능한 한 분할하는 데 있었다. 이런 점은 다시 호광총독 매주의 옹정 13년 4월 28일 상주문에 들어 있는 내용을 통해 확인이 가능한데, 우선 용미토사 일대를 그가 어떻게 구획하려 했는지를 살펴보기로 하겠다.

 용미 지방의 폭원幅員은 1,500여 리에 달해 주州와 현縣으로 나누지 않는다면 그 지역을 제대로 통치하기 어렵습니다. 현재 용미토사의 옛날 사치司治를 조사해 보니 인구가 많으므로 이곳에는 마땅히 지주知州 1명과 이목吏目 1명을 두어야 합니다. 오리평五里坪은 이전 사치와 다소 떨어져 있으나 자리현과는 하천을 사이에 두고 서로 가깝게 있기 때문에 주동州同 1명을 두어야 한다고 생각합니다. (또한) 북가평北佳坪은 북쪽의 요충지이기 때문에 주판州判 1명을 두어야 하는데, 이들 모두를 새로 설치한 주州 관할에 두어야 합니다. 오봉사五峯司가 있던 곳은 그 지세가 넓게 트이고 석량石梁, 수진水盡, 장모長茅 등의 여러 토사가 모여 있는 지역이기 때문에 그곳에 마땅히 지현知縣 1명과 전사典史 1명을 두어야 합니다.[258]

---

[258] 이 글은 「原題部文」, 『容美土司史料文叢』(1輯), 2019, 37쪽과 道光 『鶴峯州志』 권1, 「沿革」, 12쪽 상~하에 등장한다.

용미토사는 사실상 두 번에 걸쳐 귀류가 단행된 곳으로서 일단 은시현으로 편입되었다가 이후 다시 학봉주를 설치해 그곳 관할로 두었다. 은시현이 시남부에 속한 반면, 초기 학봉주는 의창부 관할이었는데, 청 왕조가 용미토사를 은시현에 편입시킨 시기가 옹정 6년(1728)이며, 학봉주의 설치 시기가 옹정 13년(1735)이므로[259] 이 매주의 상소문이 분명히 개토귀류 당시 또는 그 직전 시기에 작성된 것이라고 할 수 있다.[260]

매주의 상소문에서 '폭원 1,500여 리'라는 표현이 등장하는바, 학봉 지역『전씨족보田氏族譜』의 서술을 빌려 용미토사의 경계를 좀 더 명확하게 살펴보면 동남으로 400리를 가면 마료소麻寮所에, 동북으로 500리를 가면 석량과 오봉사의 두 토사 지역 및 연첨평連添坪, 장양長陽, 어양관漁洋關에, 북쪽으로 600리를 가면 파동현에, 서북으로 300리를 가면 동향리東鄕里에, 서쪽으로 300리를 가면 충동忠峒과 상식현桑植縣 경계에, 서남쪽으로 400리를 가면 산양애山羊隘의 경계에, 남쪽으로 300리를 가면 구녀애九女隘의 경계에 다다르는 강역[261]을 자랑하고 있었다. 물론 물리적으로도 용미토사의 강역이 매우 넓다는 사실을『전씨족보』는 잘 보여주지만, 이처럼 용미토사의 주변이 이 일대 주요 토사나 전략 요충지와 맞닿아 있는 사실이야말로 납토 이후 이 지역에 대한 행정 운용을 어렵게 만드는 요소였다.

아마도 이런 탓에 매주는 일찍부터 이 지역 일대 행정 구획과 관리 충원의 문제를 심사숙고했던 것처럼 보인다. 이미 그는 옹정 6년(1728) 상소를 통해 형주부荊州府의 관할 지역이 지나치게 넓다는 사실

---

259 『土家族土司史錄』, 1991, 42쪽.
260 이 내용과 비슷한 매주의 상주문이『淸實錄』권153, 雍正 13년 3월 9일조에 등장한다.
261 『土家族土司史錄』, 1991, 42쪽에서 재인용.

을 상기시킨 뒤, 당시 형주 관할이던 귀주歸州, 파동, 흥산, 장양, 시주위, 대전소 가운데 귀주는 직예주直隸州로 승격시키는 한편, 시주위가 관할하던 15토사는 모두 현縣 관할에 두어야 한다고 주장했다. 아울러 파동, 흥산, 장양을 귀주에 예속시키고 위소에 본래 설치된 유격과 파총은 남겨두되, 위衛에 있는 수비, 천총, 수어소천총守禦所千總은 모두 없애야 한다고 역설했다.

이어 그는 귀주에는 주판州判 1명을, 그리고 새롭게 설치되는 신현 新縣에는 지현 1명, 전사 1명, 순검 1명을 각각 설치해야 하며 위교수 衛敎授는 교유敎諭로 바꿀 것을 아울러 주장했는데, 이 모든 것은 사실상 은시현 설치에 따른 매주의 구상이었다.[262] 매주는 이처럼 용미토사 주변에 대한 구상은 물론 용미토사 경내 주요 요충지에 대한 치밀한 행정 관리의 배치도 생각했는데, 일단 앞서 설명한 것처럼 용미사의 구치舊治에는 지주知州 1명과 이목 1명을, 오리평五里坪에는 주동州同 1명을, 북가평北佳坪에는 주판州判 1명을 각각 설치하도록 했으며, 오봉사에는 지현 1명과 전사 1명을 두도록 했다.

그렇다면 경비를 담당하는 군사의 배치는 어떻게 이루어졌을까? 이 점과 관련해 본래 은시현의 도정리 및 시남, 충효, 충로, 사계沙溪, 건남建南의 다섯 토사 지역에 해당하는 지역인 이천현利川縣의 군사 개편 내용은 자못 흥미롭다. 다른 위소 지역에서 확인할 수 있듯이 이 일대 역시 일찍부터 토착민과 외부 이주민 사이의 갈등이 꽤 심한 지역이었다.[263] 이런 탓에 명 영락 연간 초엽 형주荊州, 구당, 구계, 영정, 시주를 순회하면서 방비하는 수비를 두었으며, 그중 1명을 시

---

262 『淸實錄』 권72, 雍正 6년 8월 11일.
263 光緒 『利川縣志』 권7, 「戶役志」, 1쪽 상~하.

주에 주둔하도록 했다. 이곳 일대가 본격적으로 군제가 개편된 시기
는 가정 44년(1565)으로서, 지라동장支羅峒長 황중이 반란을 일으키자
그것을 진압한 후 형주·구당·구계·영정·시주위의 반절 정도의 지
역을 할애해 소所를 세우는 한편 백호 두 명을 둬서 그 일대를 방비하
도록 했다.

융경 원년(1567) 금동안무사 담벽이 인장을 강탈하고 살생을 자행
하는 한편 자동磁峒이 부당하게 사천 일대를 관장하게 되자 형주와
구당의 수비를 남평南坪으로 옮긴 바 있는데, 이 남평이야말로 이 일
대에 설치한 24보堡 중 하나가 있던 지역으로서 관군이 민장民壯과 쾌
수快手 등과 함께 방어하던 요충지였다.[264] 이러한 일련의 정황은 소
수민족 지역에서 치안이나 방비를 위협하는 사건이 발생할 때마다 명
왕조가 병력을 재배치했다는 사실을 말해 준다.

그런데 이 일대 정황은 물론 명대 군사 배치 상황을 적고 있는 광
서『이천현지』의 기록에 의하면 남평 일대는 여러 도로의 요충지이자
각 보堡가 모두 결집된 형세를 띠고 있는 곳으로 주변의 시주위와 구
당위 두 위소에서 지휘와 천호를 차출해 남평으로 보내도록 했다. 이
러한 보의 군량 역시 인근의 보에서 시주위에 납부한 군량의 일부를
따로 떼어내 바로 지급하게 함으로써 그들이 멀리 이동해 식량을 직
접 받는 번거로움이 없도록 했다. 이런 일련의 정책을 통해 명 왕조는
위소를 중심으로 한 지역 방어 체제를 구축하는 한편, 지휘나 천호들
이 위소를 떠나 전략 요충지에 장기간 주둔하도록 한 정황을 확인할
수 있다.

하지만 적어도 이천현 일대에서는 앞서 상서 지역 소수민족들의 귀

---

264 光緒『利川縣志』권10,「武備志」, 1쪽 상~하.

성귀誠과 통제에 중요한 역할을 하던 백호들이 청 왕조가 들어선 이후 폐지된 사실을 알 수 있다. 강희 3년(1664) 이천현은 지휘와 천·백호를 폐지하는 대신, 시주영施州營을 설치하고, 유격 1명, 수비 1명, 천총 2명, 파총 4명을 두었는데, 이 네 명의 파총 가운데 한 명을 지라에 주둔시켰다.[265] 외견상 이러한 변화는 명대 시주위를 시주영으로 바꾼 것에 불과하지만, 옹정 13년(1735) 개토귀류 당시 시주영을 다시 시주협施州協으로 고치고 좌우左右 이영二營을 둔 점을 고려하면, 소수민족 지역에 대한 청 왕조의 군사제도 설치는 명대의 중요한 전략 요충지를 그대로 수용했다고 볼 수 있다.

물론 이러한 경향은 용미토사 일대에도 예외가 아니어서 구사치舊司治에 병사 260명, 만담灣潭에 100명, 오봉사에 50명, 오리평에 20명, 오양관鄔陽關에 20명, 기봉관奇峯關에 20명, 북가평에 16명, 산양애에 15명의 병사를 주둔시켰다. 아울러 중요한 전략 요충지에는 당신塘汛 30곳을 설치하고 매 당신마다 병사 5명을 두어 모두 195명을 배치했다. 또한 용미사와 자리현 경계 지역에 있는 대암관大岩關 바깥쪽에는 순검 1명을 설치하는 대신 기존의 토백호 1명은 폐지했다.[266]

본격적으로 개토귀류가 단행된 이후 행정과 군사 개편은 주요 지휘관의 주둔지를 옮기는 등의 전혀 다른 차원을 고려했다고 가정할 수 있지만, 개토귀류 직전 행정 개편은 매주의 언급대로 광활한 토사 영역을 세분하는 방향으로 이루어진 한편, 군사 개편은 명대의 전략 요충지를 그대로 계승했음을 알 수 있다.[267] 나아가 행정 개편과 군사 시

---

265 光緒『利川縣志』권10, 「武備志」, 3쪽 상~하.
266 이상 용미 일대 행정과 군사 개편 내용은 「原題部文」, 『容美土司史料文叢』(1輯), 2019, 38쪽 참조.
267 청 왕조가 이처럼 토사 지역의 중심지와 변방 지역을 구분해서 별도의 정책을 펼친

설의 설치가 모두 토사 관할 지역의 이른바 중심 지역과 변방 지역을
고려해서 이루어졌다는 사실도 분명히 알 수 있다.

점에 대해서는 楊偉兵, 董嘉瑜, 「資控馭而重地方: 淸代四川總督對九姓土司政治地
理的整合」, 『歷史地理』 2기, 2017, 100~101쪽 참조.

결론

    이 연구의 목표는 명明 왕조 성립부터 청 옹정雍正 연간(1723~1735)에 시행된 개토귀류改土歸流 직전 시기까지 호광湖廣 토사土司와 국가 사이에 전개된 다양한 역학 관계와 함께 토사가 지배한 명청시대 소수민족 사회가 다른 지역이나 한족漢族 사회 못지않게 매우 다의적 성격을 지닌 채 작동했다는 사실을 보여주기 위한 것이다.

    이런 목적을 위해 제1장에서는 그 기초 작업의 하나로 호광 지역의 물리적 자연 환경과 호광토사의 구성을, 제2장에서는 소수민족 사회에 대한 명 왕조의 대표적인 통치 방법은 토사제도土司制度라는 일반론 대신에 위소제도衛所制度와 이갑제里甲制의 운용과 실시 상황을 언급함으로써 호광 소수민족 지역에서 시행된 국가 권력의 다양성을 살폈다. 이어 제3장에서는 명대 발생한 소수민족 반란을 단순히 소수민족과 국가 사이의 대립으로 보는 시각에서 벗어나 소수민족 자체 내에서도 끊임없는 이합집산이 발생했던 양상과 반란의 이면에 등장한 소수민족 사회의 역동성을 묘사했다. 마지막 제4장에서는 호광 토사 중 가장 강력했다고 알려진 용미토사容美土司의 성장과 몰락을 통해 개토귀류 실시 이전 청초淸初 소수민족 정책의 특징을 조명했는데, 이는 명대 토사제도 운용과의 암묵적인 비교뿐 아니라 청대 개토귀류 시행의 전제 조건을 살피기 위한 것이기도 하다.

따라서 이런 서술 흐름에 맞춰 몇 가지 주요한 사항을 짚어보기로 하겠다. 『명사明史』「토사전土司傳」에는 소수민족에 대한 통치의 요체가 그들을 위무慰撫해 그 마음을 얻는 데 있으며, 은전과 위엄을 동시에 사용해야 그들이 전력을 다해 왕조에 협력한다고 기록되어 있다.[1] 「토사전」의 이러한 논조는 명 왕조가 운용한 토사제도의 기본 성격이 매우 수동적이었다는 사실을 말해 주는 것인데, 1장의 소수민족 지역의 자연 환경에 관련된 서술은 그것을 명확히 확인시켜 준다.

호광의 소수민족 지역은 장기瘴氣가 만연했을 뿐 아니라 벌레와 독충이 들끓는 한편 기후에 대한 적응이 쉽지 않았으며 당연히 교통도 불편했다. 따라서 지금도 쉽게 접근하기 어려운 험준한 산악 지역에 소수민족이 거주했다는 점은 명청 왕조는 물론 다른 왕조도 소수민족 지역을 일사불란하게 통치할 수 없도록 한 중요한 원인이었다.

그러므로 소수민족 반란 진압에 나선 명청 두 왕조가 겪은 대부분의 어려움이 오히려 자연 환경에서 비롯되었다는 점은 전혀 놀랄 만한 일이 아니다. 거꾸로 호광토사가 험한 산악 지역에 존재한 사실은 소수민족에게 전략적으로 매우 유리하게 작용했음이 분명하다. 소수민족들은 사람이 살기 어려운 자연 환경에서 사는 탓에 의리를 모를 수밖에 없다는 청 중엽 인물 당감唐鑑의 언급을 단순한 '환경결정론'으로 치부할 수 없는 이유가 바로 여기에 있다.

---

1 『明史外國傳譯註·5—土司傳·上—』, 동북아역사재단, 2013, 43쪽.

그런데 이런 지형적 어려움의 대척점에는 호광 소수민족 지역이 지닌 놓칠 수 없는 자원이 있었으니 그것은 바로 목재였다. 목재의 존재는 명 왕조가 운용한 수동적 성격의 토사제도, 그리고 다른 한편으로 소수민족 수장들이 자신의 권력을 공고히 하기 위해 적극적으로 수행한 조공이라는 두 제도를 연결해 주는 정치적 매개물이자 두 권력 주체가 시소게임을 전개할 수 있었던 중요한 상품이었다. 나아가 더 적극적으로 말하자면 호광 소수민족 지역에서 산출된 목재야말로 명 왕조와 정치적 관계에서 호광 소수민족의 토사가 주도권을 쥘 수 있는 훌륭한 조공품이었다. 일부 사료를 통해 명확히 확인할 수 있는 것처럼 토사들이 목재를 이용해 명 왕조와 전개한 정치적 흥정은 다른 지역 소수민족 사회에서는 찾아볼 수 없는 호광 지역 토사만의 장점이자 독특함이었다.

명 중엽 이후 호광을 비롯한 사천이나 귀주 지역 지방관들이 황목皇木 규격에 맞는 삼목杉木과 남목楠木 등을 더 이상 찾기 어렵다는 아우성이 커질수록, 호광 지역 토사들에게는 오히려 그것이 자신의 지위를 격상시키거나 정치적 폐단을 무마시킬 좋은 수단이 되었다. 채목과 그 수송에 엄청난 경비가 소요될 뿐 아니라, 지방관들과 인근 주민에게 과다한 부담이던 목재 공급을 호광 지역 토사들에 의지하는 건 명 정부로서도 결코 손해가 아니었다. 이런 점에서 용미지목容美之木, 시주지목施州之木, 영순지목永順之木, 묘동지목卯峒之木 등의 명칭은 목재를 토대로 한 호광 지역 토사들만이 지닐 수 있는 경제적·정치적 특권의 상징이었다.

토사제도의 운용과 조공이 소수민족과 명 왕조 사이의 정권 관계를 규정해 주는 중요 단어라면 여러 성씨姓氏와 토사들이 중층적으로 존재한 소수민족 사회를 규정하고 규제하는 장치는 무엇이었을까?

바로 이 문제에 부응하기 위해 고안된 장치가 위임 통치와 이이제이以
夷制夷라는 원칙을 근간으로 한 토사제도다. 이는 현대인들이 흔히 사
용하는 리모트 컨트롤과 그 기능이 정확히 일치하는 것으로서 명 왕
조로서는 험한 지역에 거주하는 소수민족을 직접 통치하는 수고를 덜
어주는 매우 경제적이면서도 이상적인 제도였다. 당연히 토사로서도
자신의 권한을 유지하고 확대할 수 있는 장치이기도 했다.

　문제는 토사제도의 시행이 애초 새로운 수장을 소수민족 지역에 세
우는 게 아닌, 기존의 토착 세력에 대한 인정에서 출발했다는 점이다.
토사제도 자체가 명 왕조의 창조적 산물이 아니라는 점을 감안하면,
명 왕조도 토사제도가 지닌 한계를 잘 알고 있었을 것이다. 그럼에
도 명 왕조가 소수민족의 강력한 토착성土着性 혹은 재지성을 혁파하
지 않은 채 원대元代의 제도를 그대로 시행한 건 정책상 중대한 착오
였다. 결국 명 왕조는 소수민족의 재지적 특성을 간과했거나, 아니면
아마도 일부러 무시했다고 볼 수 있는데, 명 왕조는 토사제도의 그런
본질적 모순을 왕조 내내 결코 극복하지 못했다.

　이런 구조적 모순 상황의 구체적 실상을 2장에서 확인할 수 있다.
2장에서는 명대 토사제도와 사실상 별도의 제도인 위소제도와 이갑
제가 소수민족 사회에서 구체적으로 어떻게 작동되었는지를 거론했
는데 성격상 이 두 제도는 위임 통치가 기본인 토사제도와 전혀 상반
된다. 이는 방임의 성격을 지닌 토사제도로 소수민족을 다스린다는
대원칙을 명 왕조가 스스로 무너뜨린 결과를 가져왔다. 이러한 제도
의 실시는 토사제도에 기반한 단일적 통치 체제를 명 왕조 스스로 파
기하고 호광 소수민족 사회를 다층적 사회로 만든 계기가 되었으며,
명 왕조의 당초 의도와 달리 소수민족 사회가 토사, 위소, 그리고 향
촌鄕村 질서를 유지하기 위해 내지內地에서 시행된 이갑제라는 세 축

으로 움직일 수밖에 없는 결과를 낳았다.

재지 세력을 그대로 흡수해 위소를 운용한 예는 호광 지역에서 가장 강력한 위衛였던 시주위施州衛에서 찾아볼 수 있다. 단적으로 시주위는 중앙 정부가 임명한 군관이 통치한 곳이 아닌 기존부터 호북 지역에 존재해 온 다양한 유력 세력의 연합체였다. 그러므로 위소의 책임자인 지휘指揮는 중앙에서 파견된 관리였지만, 실질적으로 위소를 움직이는 하부 구조는 토사와 성격이 동일한 토착 계층이었다. 또한 위衛 하부의 천호千戶와 백호百戶는 물론, 애隘의 수장인 애관隘官도 몇백 년 이상 해당 지역에서 실력자로 있던 사람들을 임명했으므로, 위소 군관과 하위 병사들 사이에서도 종종 대립 관계가 형성되었다.

특히 학봉현鶴峯縣 산양애山羊隘 『향씨족보向氏族譜』에 등장하는 여러 애관, 석문현石門縣의 10애, 마료소麻寮所의 10애 등에서 확인할 수 있듯이 애관과 애정隘丁 모두 한 지역에서 몇백 년 이상을 거주한 토착민이었다. 그러므로 위衛의 하부 구조는 물론이려니와 세월이 흐르면서 지휘 등의 상부 군관들 역시 상당수는 토착화되어 갔다는 점에서 위소의 관군과 병사들이 토사들과 결합 또는 경쟁 관계에 놓이게 된 건 오히려 자연스러운 일이었다. 이처럼 위소의 책임자마저 재지의 유력자들을 임명한 정황은 장기간에 걸쳐 엄연히 재지 세력으로 존재한 토사를 한편에 두고, 다른 편에 또 다른 재지 세력을 추인했다는 사실을 의미한다.

위소는 본래 토사 지역뿐 아니라 수도를 제외한 전국의 군사적 통제를 목적으로 설치한 군사 기구로서 명 왕조가 일률적으로 시행한 제도 중 하나다. 그러므로 그 수장과 구성원들은 정부의 통제를 받는 것이 원칙이었지만, 그것이 소수민족 사회의 토착 세력으로 변질되면서 마침내 또 다른 종류의 토사로 자리매김했다. 결국 명 정부의 의도와 달리 토사와 위소의 대립이 등장해 위소가 토사의 영역을 차지하고, 반대로 토사가 위소 지역을 침범하는 사례가 빈번히 발생했다. 다만 명대 호광토사의 병력이나 재력을 염두에 둔다면 이러한 상호 대립에서 우위를 차지한 건 단연코 토사 세력이었다. 여하한 경우라도 토사는 지방 내의 독립적인 통치 기구라는 점에서 그들은 자의적으로 징세를 하는 한편, 병력과 인력을 동원할 수 있었으며 명 왕조로부터 그 정치적 권위를 인정받던 존재였다.

그러나 위소는 그런 권한을 사실상 갖지 못했을 뿐 아니라, 식량 해결을 주변의 주·현州·縣에 의지해야만 하는 상황이었다. 물론 둔전屯田이 있었지만, 자리현의 예에서 알 수 있듯이 그 실질적인 효용성은 대단히 낮았다. 휘하에 많은 토사를 거느리던 시주위 역시 말 그대로 휘하 토사를 효율적으로 통제하지 못했다. 시주위 관할이던 호북 은시현恩施縣 일대 정황이 그것을 잘 말해 준다. 결국 위소의 행태도 자신의 경제적 어려움을 극복하기 위해 약탈하거나 남의 땅을 강제로 점령하는 것이었으며 이런 상황의 연장 중 하나가 바로 상서湘西 지역의 대규모 반란이었다.

다른 한편, 명 왕조가 호광성 대부분의 소수민족 지역에 일찍부터 이갑제를 실시했던 건 사실상 모순이었다. 이것이야말로 위임 통치의 근간을 흔들 수 있는 명 왕조의 전형적인 지방 통치 정책이기 때문이다. 명대 호광 소수민족 지역의 이갑제 상황을 보면 명 왕조는 내지의 일반 향촌에 적용한 이갑제를 가능한 한 원칙 그대로 소수민족 지역에도 동일하게 적용하려고 노력했음이 분명하다. 그러므로 토사가 다스린 지역은 물론, 위소 지역도 사실상 편리編里를 단행했다.

명대 호광 소수민족 지역의 편리에 관한 사료가 풍부하게 남아 있지 않지만, 명대 이갑제는 분명히 토사제도를 보완하는 성격을 지녔다. 그러므로 명 왕조는 이갑제 실시를 통해 소수민족 사회의 관민官民을 한곳으로 결합하는 효과를 기대했지만 둔적屯籍과 이적里籍, 향적鄕籍의 명칭에서 알 수 있듯이 이갑제의 통일적인 시행은 사실상 불가능했다. 더구나 토사土司, 위소衛所, 유관流官의 관할 지역이 서로 달랐던 장양현長陽縣의 예는 이갑제 시행이 불가능했던 정황을 넘어, 여느 향촌 사회 못지않게 호광 소수민족 지역에서 다양한 세력이 각축했던 사실을 다시 한 번 말해 준다. 더구나 이런 지역마저 강력한 소수민족 세력의 존재로 결국 토사 관할로 귀속된 사실이야말로 명대 소수민족 지역에서의 이갑제 실시가 형식에 그쳤다는 중요한 증거다.

한편 이갑제 실시의 또 다른 목적은 명대에도 소수민족 지역에서 세수를 징세하기 위한 것이었다. 그리고 마양현麻陽縣의 예가 잘 보여 주듯 청 왕조 역시 명대부터 실시된 호광 소수민족 지역의 이갑제를 유지하고 완비하려는 노력을 기울였는데, 이는 개토귀류 이전 청 왕조의 목적도 이갑제를 통해 지역을 안정시키고 세수를 공평하게 하는 데 있었다는 사실을 말해 준다. 그러나 군둔과 민전 사이의 대립으로 요약할 수 있는 마양현 이갑제 논쟁에서 알 수 있듯이 이곳 소수민족 사회의 권력 주체들이 다양했기 때문에 일반적인 행정제도의 시행이 어려웠다.

이처럼 다양한 권력 주체가 존재한 호광 소수민족 지역에서 토사제도의 주체인 토관들은 명 왕조의 의도와 달리, 오히려 자신의 세력 강화와 주변 지역의 침탈을 일삼았다. 호광 지역의 대표적인 토사인 용미容美, 영순永順, 보정토사保靖土司는 다른 지역 토사와 달리 일찍부터 명 왕조의 정책에 순응했으며 명 초기만 하더라도 명 정부의 강력한 통제하에 있었다. 따라서 명초 호광 지역 토사들의 이런 순응성은 다른 소수민족 지역과 매우 대비되는 현상이지만, 이후 호광 지역 토사들 사이에 치열한 각축이 전개되었으며 차츰 명 정부의 권위에 도전하기에 이르렀다.

토사들의 명 정부에 대한 이러한 도전 양상을 3장에서 구체적으로 언급했다. 명대 내내 위소 군인들이 혁혁한 군사적 업적을 남긴 예는 매우 드물거니와 오히려 그들의 세력이 토착화되고 군사력도 토사에 비해 약화되었다. 그러나 명 가정 연간 소수민족들의 대대적인 반란 원인은 이런 위소 군인들의 군사력 약화 내지 이른바 왕조의 쇠락 주기에 있던 명 왕조 자체의 취약성 때문이 아니라 토사들의 군사력과 경제력이 비약적으로 성장했기 때문이었다.

왜구 정벌에 나섰던 영순과 보정의 군사력은 그들의 그러한 위세를 확인할 수 있는 좋은 증거다. 또한 홍치弘治 연간(1488~1505)을 기점으로 실질적인 의미를 지닌 조공 횟수는 현저히 감소하는 한편, 거꾸로 명 왕조가 그들의 요구를 빈번히 수용한 사실도 명 중엽 이후 토사들의 세력 신장을 확인시켜 주는 예다. 더구나 앞서 언급한 목재를 매개로 한 명 왕조와 토사의 거래는 토사들이 자신의 권력을 어떻게 확대해 갔는지를 여실히 보여준다.

그러므로 가정嘉靖 연간(1522~1566) 이후 상서 지역에서 대대적으로 일어난 반란은 토사를 중심으로 한 단일적 세계가 다층적 세계로 변모하면서 발생한 호광 소수민족 사회 내부의 충돌이었으며, 반대로 중앙 정부에 직접 도전하고자 하는 정치적 의도는 사실상 존재하지 않았다. 두말할 나위 없이 다층적 세계의 주인공은 기존의 토관, 토착 유관流官, 위소 군관과 병사, 위소 하위에 존재한 애관, 외부에서 들어온 한인漢人들이었다. 따라서 호광 소수민족 지역에서 발생한 일련의 군사 행동은 '반란'이 아닌 호광 소수민족 사회에 오래전부터 온존해 오면서 세력을 신장시킨 다양한 유력자들 사이의 '세력 다툼'이라고 규정하는 게 옳다.

물론 그렇다 해도 명 왕조 입장에서는 소수민족 유력자들 사이에 발생한 그러한 갈등이 왕조의 권위와 지역 안정을 해칠 수 있다는 점에서 수만 명의 병력을 동원해 진압할 필요는 있었을 것이다. 하지만 놀랍게도 명 왕조의 반란 진압 방식은 수장을 생포하거나 사살하는 것으로 결말이 났을 뿐, 그 지역을 새롭게 편성하려는 시도는 하지 않았다.

이런 일련의 정황을 고려하면 명대 호광 지역 소수민족의 지역사地域史에서 명 가정 연간(1522~1566)은 중요한 역사적 분기점이었다. 특정 지역에서 발생한 반란이 각 지역 토사들과 연계해 수년간 지속되었을 뿐 아니라, 토관과 위소 군인은 반란 진압을 뒤로한 채 사익私益을 채우는 데 급급했다. 아울러 이이제이라는 원칙에 따라 소수민족을 동원해 소수민족을 제압하고자 했던 명 왕조의 의도는 무참히 무너졌다. 이런 상황을 고려하면 후대로 내려올수록 토벌보다 위무 정책이 우선시된 건 오히려 자연스러운 일이었다.

그러나 가정 연간이 호광 소수민족 역사에서 중요한 분기점이 되는 이유는 이러한 피상적 현상 때문만은 아니다. 오히려 중요한 첫째 양상은 대부분의 반란 주도자들이 토사제도의 정점에 있는 선위사宣慰使나 선무사宣撫使 등이 아닌 단순한 묘추苗酋 또는 매우 일반적인 소수민족 집단의 수장首長이라는 사실이다. 이런 현상이 발생하게 된 가장 큰 이유는 바로 가정 연간 무렵 소위 호광 지역의 대토사大土司들의 권위가 현저히 약화된 반면에 그 밑의 소수민족 유력자들이 강력하게 부상했기 때문이다.

둘째, 바로 이런 이유로 가정 연간 이후 호광 소수민족 사회는 토사가 아닌 개별적 수장 체제로 전환되었으며, 명 왕조는 기존의 토사 외에 다양한 유력자들을 개별적으로 위무하거나 정벌할 수밖에 없는 상황이 전개되었다. 이는 분명히 명 왕조 초기에 마련된 토사제도의 붕괴를 의미한다. 가정 18년(1539) 롱모수隴母叟가 반란을 일으키게 된 원인을 제공한 전흥작田興爵이나, 역시 가정 18년과 가정 22년 롱구아 隴求兒 반란 진압에 나선 전응조田應朝의 행태가 그것을 잘 보여준다. 이제 명 정부가 기존 토사뿐 아니라 다른 유력자에게도 호광 지역 소수민족들의 통치를 위임할 수밖에 없었던 상황은 명대 토사제도의 일대 전환점이었으며, 그 본격적인 발단이 바로 가정 연간이었다.

명 중엽 이후 관리들이 전형적인 토사가 아닌 소수민족 사회의 유력자들에게 빈번하게 시행한 상사償賜를 비판했지만, 명 정부가 그것을 시행한 이유는 토사제도 틀만으로는 소수민족 지역을 안정시킬 수 없기 때문이었다. 군비와 행정에 필요한 경비를 절감한다는 취지의 토사제도가 와해되어 이제는 명 정부의 부담이 오히려 증가하는 결과를 낳았다. 소수민족 통치의 요체는 아예 방임하는 것이라는 만력萬曆 연간(1573~1620) 강동지江東之의 지적은 명 정부가 직면한 소수민족 통치의 한계를 고백한 말이다. 역시 만력 연간에 채복일蔡復一이 쌓은 변장邊牆은 변장 밖에 존재하는 소수민족에 대한 통제를 포기한 것이다. 따라서 변장은 한족과 소수민족의 대립에서 한족의 방어선이 내지 쪽으로 훨씬 후퇴했다는 사실을 의미한다.

소수민족 사회의 유력자가 여럿으로 나뉜 사실이 명 왕조에게만 부담이 된 건 결코 아니었다. 이러한 다양한 세력들의 등장으로 대토사들의 권한도 자연스럽게 약화한 점을 눈여겨볼 필요가 있다. 청 왕조가 들어선 이후 다시 상서 지역에서 발생한 대대적인 반란을 통해 명대 형성된 다층 사회의 모순을 다시 한 번 확인할 수 있지만, 반란의 주도자는 물론이요 반란 지역을 진정시키기 위해 나선 인물들 모두가 토백호土百戶라는 사실은 명초 웅장한 세력을 지녔던 대토사가 이제 사라졌다는 의미다.

그러므로 4장에서 거론되는 두 가지 주제를 통해 명 가정 연간 이후 이런 변화를 실질적으로 확인할 수 있는 동시에 옹정 연간 개토귀류 실시 원인에 대한 일종의 추론이 가능하다. 그 첫 번째 주제는 당연히 개토귀류 이전까지 청 왕조와 영토를 사이에 두고 대등하게 대립한 용미토사에 관련된 것이며, 둘째는 강희 42년(1703) 홍묘 반란에 대한 청 정부의 대응 방식이다.

먼저 용미토사의 경우 앞에서 언급한 것처럼 명 가정 연간 이후 대토사들의 세력이 현저히 약화된 사실을 염두에 두면 청초까지 강력한 세력으로 온존한 용미토사는 확실히 예외적인 경우이며 앞으로 이 점은 중요한 연구 주제라 할 수 있다. 그리고 그러한 작업은 가정 연간 이후 호광 소수민족 사회에서 발생한 변화의 지역적 차이를 규명하는 일이 될 것이다.

용미토사가 그렇게 버틸 수 있었던 이유는 분명히 상서와 호북 지역 토사의 존재 양태가 달랐기 때문이다. 현 연구 단계에서 생각해 본다면 그 중요한 이유 가운데 하나는 아마도 명대 호북 지역에서는 상서 지역에 버금가는 대규모 반란이 없었기 때문이라 할 수 있다. 더구나 명대 사료만을 기준으로 보면 용미토사에 대한 중앙 정부의 병력 동원 요청이 영순이나 보정토사에 비해 많지 않았다는 점도 고려할 필요가 있다.

명 중엽 이후 용미토사와 관련된 토지 분쟁의 사례는 확실히 호광 토사 가운데 용미토사의 정치적 힘이 온존했다는 점을 잘 확인시켜 준다. 용미토사는 군사적 우위를 앞세워 주변 지역을 활발하게 점령했을 뿐 아니라, 주변의 토지를 매입한 경우도 빈번했다. 본문을 서술하면서 내내 강조한 바와 같이 전쟁의 수행은 근본적으로 물적 토대 없이는 불가능하다는 사실을 상기하면 토지의 점령이나 군사 행동은 말 그대로 용미토사의 위용을 상징하는 중요한 예다.

잘 알려진 것처럼 명말청초는 정치적으로 매우 혼란한 시기였지만, 다른 한편에서는 용미토사가 강력하게 온존했다. 이런 와중에 강희 42년 홍묘 반란 진압에 나선 청 왕조의 군사력은 일단 규모 면에서 명대의 그것을 압도한 게 사실이다. 상서 일대 반란을 진압한 명말의 관리나 장수들은 전쟁을 포기할 정도로 식량 등의 군수 물자 보급이 제한적이었기 때문에 오히려 소수민족과의 직접 대결을 회피했다면, 청 왕조의 군사 작전은 확실히 거침이 없었다. 이는 이제 막 본토를 점령한 새로운 왕조의 활력이라고도 치부할 수 있지만, 사후 대책에 등장하는 정교한 편호編戶 시행은 청 왕조가 단지 군사적 무력만으로 이 지역을 압도하려 하지 않았음을 잘 보여준다.

홍묘 반란이 발생하고 8년이 지난 즈음 악해鄂海가 이 지역 일대 묘인을 성공적으로 초무할 수 있었던 건 강희 42년 당시 진압 작전이 이처럼 무력 일변도가 아니었기 때문인데, 이런 일련의 과정에서 중요한 역할을 한 계층이 바로 토백호였다는 점은 명대 이후 청초까지 호광 소수민족 사회에서 볼 수 있는 가장 중요한 변화라 할 수 있다. 특히 악해가 실시한 초무 대책의 선봉에 섰던 계층이 토백호라는 점도 기억할 필요가 있다. 이후 개토귀류 과정에서 청 왕조가 다시 이 토백호를 폐지한 사실이야말로 역설적으로 명 중엽 이후 이들의 역할이 증대되었다는 사실을 잘 보여주는 대목이다.

소수민족 사회의 새로운 정치 세력으로서 토백호라는 계층의 등장을 인정할 수 있다면 결국 강력한 대토사인 용미토사와 토백호 사이의 대립이나 갈등도 상정할 수 있지 않을까? 이런 상황에서 청초까지 온존한 용미토사는 상서 일대 토사와 달리 주변 지역의 장관사나 위소 군관들을 통제하고 있었다. 나아가 용미토사는 자신의 정치적 권위와 사회·경제적 실력을 바탕으로 청 왕조와 토지 분쟁을 전개하는 한편, 전순년田舜年과 전민여田旻如는 여전히 다른 소토사를 병합하거나 침략했다.

강희제가 개토귀류를 주저한 이면에는 용미토사의 이러한 실력을 경계한 측면도 있지 않았을까? 도덕적 기준으로만 판단할 수 없는 전순년과 전민여의 여전한 악행, 반복적인 토지 분쟁, 부당한 승습을 노린 전순년의 행태, 토사들 사이의 잦은 다툼은 확실히 토사 문제가 동어반복적일 수밖에 없다는 인상을 청 왕조에 강력하게 심어줬던 게 틀림없다. 나아가 명말청초에 이르러 용미토사와 주변 지역이나 소토사와의 관계가 단지 경제적 문제로 축소되고 있는 걸 보면 대토사를 통해 소수민족 사회나 소토사를 통제한다는 토사제도 본연의 색채는 이미 퇴색했다. 물론 여기서는 개토귀류를 다루지 않았지만 이런 일련의 정황이야말로 옹정雍正 연간(1723~1735) 호광 지역 소수민족 사회에 대대적인 개토귀류를 시행할 수 있었던 중요한 전제였다.

지금까지 내린 결론에 대한 일반화는 당연히 명청시대 서남 지역의 다른 소수민족 사회와의 비교를 통해서만 가능할 것이다. 그러나 현재까지도 호북 지역이나 상서 지역에는 여전히 명청시대 세력을 떨쳤던 대토사들의 후예가 산다는 점에서 개토귀류 이후에도 그들이 지역 사회에서 여전한 영향력을 발휘했을 것이라는 가정은 얼마든지 가능하며, 이 점은 앞으로 호광 지역은 물론 전체 소수민족 연구의 커다란 주제일 것이다. 나아가 여기서 주장한 것처럼 소수민족 사회 내부가 여러 계층으로 분화되었다는 점도 앞으로 정치한 연구가 필요한 분야다. 그러나 확실한 건 명청시대 '호광 소수민족 사회'에 등장한 다양한 종류의 집단 가운데 한족의 위상은 거꾸로 '소수자'에 머물렀다는 사실이다. 한족은 명청시대 내내 그런 역설적인 현실을 효율적으로 극복하지 못했으며, 그런 한계야말로 오늘날 여전히 생명력을 유지하고 있는 호광 지역 소수민족의 반사경이 아닐까?

참고문헌

1. 史料 및 史料集

1) 地方志

乾隆『開泰縣志』(方志出版社, 2014)

同治『建始縣志』

光緒『乾州廳志』

雍正『黔陽縣志』

同治『黔陽縣志』

嘉靖『貴州通志』(貴州人民出版社, 2015)

萬曆『貴州通志』(貴州大學出版社, 2010)

民國『貴州通志』(貴州省文史研究館 點校本, 貴州人民出版社, 2008)

雍正『瀘溪縣志』

光緒『古丈坪廳志』

康熙『九溪衛志』(成文出版社, 2014)

同治『來鳳縣志』

萬曆『銅仁府志』(『日本藏罕見地方志叢刊』, 書目文獻出版社, 1992)

康熙『麻陽縣志』(『日本藏罕見地方志叢刊』, 書目文獻出版社, 1991)

同治,『保靖縣志』

道光『鳳凰廳志』

嘉慶『四川通志』

同治『桑植縣志』

民國『漵浦縣志』

嘉慶『石門縣志』

光緒『石門縣志』

同治『宣恩縣志』

同治『新修麻陽縣志』

道光『黎平府志』(方志出版社, 2014)

同治『永順府志』

乾隆『永順縣志』

民國『永順縣志』

康熙『永定衛志』(2015년 翻印版)

嘉慶『沅江縣志』

同治『沅陵縣志』

乾隆『酉陽州志』(故宮博物院編, 『古宮珍本叢刊』, 海南出版社, 2001),

同治『恩施縣志』

同治『宜昌府志』

萬曆『慈利縣志』(『天一閣藏明代地方志選刊』, 上海古籍書店, 1961~1966)

同治『續修慈利縣志』

民國『慈利縣志』

光緒『長樂縣志』

同治『長陽縣志』

同治『增修施南府志』

道光『辰溪縣志』

乾隆『鎮遠府志』

乾隆『辰州府志』

康熙『巴東縣志』

同治『巴東縣志』

道光『鶴峰州志』

同治『咸豊縣志』

嘉靖『湖廣圖經志書』(『日本藏罕見地方志叢刊』, 書目文獻出版社, 1991)

萬曆『湖廣總志』(『四庫全書存目總書』, 齊魯書社, 1996)

光緒『湖北輿地記』

民國『湖北通志』(上海古籍出版社, 1990)

向子均 等, 『來鳳縣民族志』(民族出版社, 2003)

湖北省地方志編纂委員會編, 『湖北通志』(湖北人民出版社, 1997)

湖北省鶴峰縣史志編纂委員會編, 『鶴峰縣誌』(湖北人民出版社, 1990)

道光『晃州廳志』

2) 사료집

동북아역사재단 엮음, 『明史外國傳譯註‧5—土司傳‧上—』, 동북아역사재
    단, 2013

동북아역사재단 엮음, 『明史外國傳譯註‧5—土司傳‧中—』, 동북아역사재
    단, 2013

동북아역사재단 엮음, 『明史外國傳譯註‧6—土司傳‧上—』, 동북아역사재
    단, 2014

동북아역사재단 엮음, 『明史外國傳譯註‧6—土司傳‧中—』, 동북아역사재
    단, 2014

동북아역사재단 엮음, 『明史外國傳譯註‧6—土司傳‧下—』, 동북아역사재
    단, 2014

貴州省文史研究館 校勘, 『貴州通志‧前事志』(2), 貴州人民出版社, 1987

羅維慶‧羅中 編, 『土司制度與彭氏土司歷史文獻資料輯錄』(下), 民族出版社,

2014

唐立·楊有賡·武內房司 主編,『貴州苗族林業契約文書彙編』(1763~1950)(3卷), 東京外國語大學國立亞非語言文化研究所, 2001, 2002, 2003

『苗疆屯防實錄』(岳麓書社, 2012)

方顯 著, 馬國君 等 審訂,『平苗紀略研究』, 貴州人民出版社, 2008

四川黔江地區民族事務委員會編,『川東南少數民族史料輯』, 四川大學出版社, 1996

『湘西土司輯略』, 岳麓書社, 2008

石啓貫,『湘西苗族實地調查報告』, 湖南人民出版社, 2008

鄂西土家族苗族自治州民族事務委員會編,『鄂西少數民族史料輯錄』(내부 발행), 1986

鄂西土家族苗族自治州民族事務委員會編,『鄂西土家族苗族自治州民族志』, 四川民族出版社, 1993

陽盛海 編,『湘西土家族歷史文化資料』, 湖南人民出版社, 2009

吳遠干·戴楚洲·田波 選編,『慈利縣土家族史料彙編』, 岳麓書社, 2002

王自强 等編,『中國古地圖輯錄·湖北省輯』(上, 下), 星球地圖出版社, 2003

龍文和·龍紹訥 編著, 龍澤江 點校,『苗族土司家譜: 龍氏家乘迪光錄』, 貴州大學出版社, 2018

容美土司文化研究會 編著,『容美土司史料文叢(1~3輯)』, 中國文史出版社, 2019

張應强·王宗勛 主編,『清水江文書』(1~3輯), 廣西師範大學出版社, 2007~2009

張興文·周益順·田紫雲·張震 注釋,『卯峒土司志校注』, 民族出版社, 2001

張浩良,『綠色史料箚記』, 雲南大學出版社, 1990

中國第一歷史檔案館編,『雍正朝漢文硃批奏摺彙編』, 江蘇古籍出版社, 1991~1993

中國第一歷史檔案館整理,『康熙起居注』(1~3册), 中華書局, 1984

中共鶴峰縣委統戰部編,『容美土司史料彙編』(내부 발행), 1984

鶴峰縣民族事務委員會編,『容美土司史料續編』(내부 발행), 1993

湖南省少數民族古籍辨公室主編,『湖南地方志少數民族史料』(上·下), 岳麓
　　書社, 1991, 1992

湖南省少數民族古籍辨公室主編,『土家族土司史錄』, 岳麓書社, 1991

湖北省人民政府文史硏究館, 湖北省博物館 編,『湖北文徵』(권4), 湖北人民出
　　版社, 2000

和田淸 編,『明史食貨志譯註』(上卷), 東洋文庫, 1957

3) 개인 문집 및 政典類

江東之,『瑞陽阿集』(『四庫全書存目叢書』, 齊魯書社, 1997)

顧祖禹,『讀史方輿紀要』, 中華書局, 2005

顧彩 著, 吳柏森 校注,『容美紀游校注』, 湖北人民出版社, 1999

谷應泰,『明史紀事本末』, 三民書局, 1956

郭子章, 萬曆『黔記』(『中國地方志集成(貴州府縣志輯)』)

羅汝懷,『湖南文徵』, 岳麓書社, 2008

段汝霖 撰, 伍新福 校點,『楚南苗志』, 岳麓書社, 2008

談遷,『北游錄』, 中華書局, 1981

『大明一統志』

『明史』(경인문화사 영인본)

『明實錄』(국사편찬위원회)

毛奇齡,『蠻司合誌』(『史料總編』, 廣文書局, 1966)

徐珊,『卯洞集』

『宋史』(경인문화사 영인본)

申時行,『明會典』, 中華書局, 1989

沈瓚 編, (淸)李涌 重編, (民國)陳心傳 補編, 伍新福 校點,『五溪蠻圖志』, 岳
　　麓書社, 2012

鄂海,『撫苗錄』(徐麗華 主編,『中國少數民族古籍集成』, 四川民族出版社, 2003
　　所收)

嚴如熤,『苗防備覽』(『中華文史叢書』)

嚴如熤,『三省山內風土雜識』(『叢書集成初編』)

吳翰章,『雙鷄文鈔』(光緒『興山縣志』所收)

『雍正硃批諭旨』(『文淵閣四庫全書』)

王士性,『廣志繹』, 中華書局, 1997

俞益謨 編集, 楊學娟・田富軍 點校,『辦苗紀略』, 上海古籍出版社, 2018

『元史』(경인문화사 영인본)

魏源,『聖武記』, 中華書局, 1984

陸次雲,『峒溪纖志』(『叢書集成初編』)

張岳,『小山類稿』(『文淵閣四庫全書』)

趙爾巽 等,『淸史稿』(中華書局, 1998)

陳子龍 編,『皇明經世文編』, 中華書局, 1997

蔡復一,『遯菴全集』(『四庫禁毁書叢刊』, 北京出版社, 1997)

『淸實錄』(국사편찬위원회)

彭宗孟,『楚臺疏略』

賀長齡 編,『皇朝經世文編』(臺灣國風出版社)

胡宗憲,『籌海圖編』(『中國兵書集成』, 解放軍出版社・遼沈書社, 1990)

2. 저서

김광억 외,『종족과 민족』, 아카넷, 2005

정철웅,『자연의 저주―명청시대 장강 중류 지역의 개발과 환경』, 책세상, 2012

최소자교수정년기념논총간행위원회,『동아시아 역사 속의 중국과 한국』, 서해문집, 2005

강상중(姜尙中) 저, 임성모 역,『내셔널리즘』, 이산, 2004

다바타 히사오(田畑久夫) 등 저, 원정식・이연주 역,『중국소수민족입문』,

현학사, 2006

마크 엘빈(Mark Elvin) 저, 정철웅 역, 『코끼리의 후퇴』, 사계절, 2011

베네딕트 앤더슨(Benedict Anderson) 저, 윤형숙 역, 『상상의 공동체: 민족주의 기원과 전파에 대한 성찰』, 나남, 2002

왕가(王柯) 저, 김정희 역, 『민족과 국가: 중국 다민족통일국가 사상의 계보』, 고구려연구 재단, 2005

클로딘 롱바르–살몽(Claudine Lombard-Salmon) 저, 정철웅 역, 『중국적 문화 변용의 한 예: 18세기 귀주성』, 세창, 2015

패트릭 J. 기어리(Patrick J. Geary) 저, 이종경 역, 『민족의 신화, 그 위험한 유산』, 지식의 풍경, 2004

프래신짓트 두아라(Prasenjit Duara) 저, 한석정 역, 『주권과 순수성—만주국과 동아시아적 근대』, 나남, 2008

한스 울리히 벨러(Hans-Ulrich Wehler) 저, 이용일 역, 『허구의 민족주의』, 푸른 역사, 2007

허핑티(Ho Ping-ti, 何炳棣) 저, 정철웅 역, 『중국의 인구』, 책세상, 1994

高恨非 · 姚祖瑞 · 陳開沛 主編, 『宣恩縣民族志』, 中國文聯出版社, 2001

瞿州蓮 · 瞿宏州, 『金石銘文中的歷史記憶—永順土司金石銘文整理研究』(1), 民族出版社, 2014

龔蔭, 『中國土司制度』, 雲南民族出版社, 1992

龔蔭, 『中國民族政策史』(下冊), 雲南大學出版社, 2014

魯衛東, 『永順土司金石錄』, 岳麓書社, 2015

段超, 『土家族文化史』, 民族出版社, 2000

唐文雅 · 葉學齊 · 楊寶亮, 『湖北自然地理』, 湖北人民出版社, 1980

鄧鐵濤 主編, 『中國防疫史』, 廣西科學技術出版社, 2006

馬琦, 『國家資源: 清代滇銅黔鉛開發研究』, 人民出版社, 2013

保靖縣民族事務局編, 『保靖縣民族志』, 民族出版社, 2015

傅慧平, 『錦屏加池苗寨文書的社會人類學考察』, 知識産權出版社, 2019

成臻銘, 『清代土司: 一種政治文化的歷史人類學觀察』, 中國社會科學出版社,

2008

成臻銘,『土司家族的世代傳承—永順彭氏土司譜系研究』, 民族出版社, 2014

蕭洪恩,『土家族哲學通史』, 人民出版社, 2009

梁方仲,『梁方仲經濟史論文集』, 中華書局, 1989

梁志勝,『明代衛所武官世襲制度研究』, 中國社會科學出版社, 2012

余貽澤,『明代土司制度』, 學生書局, 1968

伍新福,『湖南民族關系史』(上), 民族出版社, 2006

伍新福 主編,『湖南通史』(古代卷), 湖南人民出版社, 2008

吳永章,『中國土司制度淵源與發展史』, 四川民族出版社, 1988

吳永章,『中南民族關系史』, 民族出版社, 1992

溫春來,『從"異域"到"舊疆"—宋至清貴州西北部地區的制度·開發與認同』,
　　社會科學文獻出版社, 2019

王瑞明·雷家宏,『湖北通史』(宋·元卷), 華中師範大學出版社, 1999

王宗勛 主編,『鄉土錦屏』, 貴州大學出版社, 2008

龍令洌,『錦屏文書: 走向世界的杉鄉記憶』, 錦屏縣檔案局(館), 2015

龍子建 外,『湖北苗族』, 民族出版社, 1999

牛平漢 編著,『明代政區沿革綜表』, 新華書店, 1997

游俊·李漢林,『湖南少數民族史』, 民族出版社, 2001

游俊 主編,『土司研究新論—多重視野下的土司制度與民族文化』, 民族出版
　　社, 2014

劉芝鳳,『中國土家族民俗與稻作文化』, 人民出版社, 2001

陸韌·凌永忠,『元明清西南邊疆特殊政區研究』, 人民出版社, 2013

魏斌 主編,『古代長江中游社會研究』, 上海古籍出版社, 2013

林榮琴,『清代湖南的礦業: 分布·變遷·地方社會』, 商務印書館, 2014

張建民,『湖北通史』(明·清卷), 華中師範大學出版社, 1999,

張朋園,『湖南現代化的早期進展, 1860-1916』, 岳麓書社, 2002

張應强,『木材之流動—清代清水江下游地區的市場,權力與社會』, 三聯書店,
　　2006

張正明·劉玉堂,『湖北通史』(先秦卷), 華中師範大學出版社, 1999

田敏, 『土家族土司興亡史』, 民族出版社, 2000

周琼, 『淸代雲南瘴氣與生態變遷硏究』, 中國社會科學出版社, 2007

朱炳祥, 『土家族文化的發生學闡釋』, 中央民族大學出版社, 1999

朱興茂, 『土家族的傳統倫理道德與現代轉型』, 中央民族大學出版社, 1999

朱羲農·朱保訓, 『湖南實業志』, 湖南人民出版社, 2008

中國科學院北京天文臺主編, 『中國地方志聯合目錄』, 中華書局, 1985

陳湘鋒·趙平略, 『田氏一家言詩評注』, 中央民族大學出版社, 1999

陳新立, 『淸代鄂西南山區的社會經濟與環境變遷』, 中華書局, 2018

祝光强·向國平, 『容美土司槪觀』, 湖北長江出版集團, 2006

土家族簡史編寫組編, 『土家族簡史』, 民族出版社, 2009

馮祖祥·漆根深·趙天生, 『湖北林業史』, 中國林業出版社, 1995

向子鈞·周益順·張興文 主編, 『來鳳縣民族志』, 民族出版社, 2003

胡炳章, 『塵封的曲線—溪州地區社會經濟硏究』, 民族出版社, 2014

胡撓·劉東海, 『鄂西土司社會槪略』, 四川民族出版社, 1993

溝口雄三 外編, 『アジアから考える6: 長期社會變動』, 東京大學出版會, 1994

Ch'ü T'ung-tsu, *Local Government in China under the Ch'ing*, Harvard University Press, 1962

Denis Twichett and John K. Fairbank, *The Cambridge History of China*, vol. 9, Cambridge University Press, 2002

Ge Zhaoguang, *What is China: Territory, Ethnicity, Culture, and History*, The Belknap Press of Harvard University Press, 2018

Harold J. Wiens, *China's March Toward the Tropics*, Shoe String Press, 1954

Jodi L. Weinstein, *Empire and Identity in Guizhou: Local Resistance to Qing Expansion*, University of Washington Press, 2014

John E. Herman, *Amid the Clouds and Mist: China's Colonization of Guizhou, 1200~1700*, Harvard University Press, 2007

Leo K. Shin, *The Making of the Chinese State: Ethnicity and Expansion on the Ming Borderlands*, Cambridge University Press, 2006

Mary Rack, *Ethnic Distinctions, Local Meanings: Negotiating Cultural Identities in China*, Pluto Press, 2005

Michael Szonyi, *The Art of Being Governed: Everyday Politics in Late Imperial China*, Princeton University Press, 2017

Stevan Harrell(ed.), *Cultural Encounters on China's Ethnic Frontiers*, University of Washington Press, 1995.

3. 논문

권인용, 「明末淸初 徽州 里役의 朋充」, 『明淸史硏究』 16집, 2002

김홍길, 「명대 彝族 정권과 토사」, 최소자교수정년기념논총간행위원회, 『동아시아 역사 속의 중국과 한국』, 서해문집, 2005 所收

김홍길, 「명대 皇木採辦과 木商」, 『歷史敎育』 125집, 2013

김홍길, 「苗糧에서 苗牆으로—明代 後期 苗族의 저항과 明朝의 대책—」, 『明淸史硏究』 48집, 2017

김홍길, 「명대 귀주성의 설치와 토착민의 저항」, 『동북아역사논총』 58호, 2017

이서현, 「明代 土司制度 운용의 실상—鎭雄府의 改土歸流와 革流歸土를 중심으로—」, 『明淸史硏究』 51집, 2019

이성규, 「동양사학회 오십년과 동양사학」, 『東洋史學硏究』 133집, 2015

이승수, 「淸代 貴州省 錦屛縣의 少數民族社會와 裁手—淸水江文書의 林業 租佃契約을 중심으로」, 『明淸史硏究』 49집, 2018

정지호, 「청대 黔東南 지역의 改土歸流와 苗族 사회의 변화」, 『동북아역사논총』 58호, 2017

정철웅, 「"陽順陰逆, 乘隙出劫"—明 嘉靖 연간 湘西 지역의 苗族 반란과 국가권력」, 『동북아역사논총』 58호, 2017

정철웅, 「明代 소수민족 통치의 一面─黔東南 邊六衛 운용의 실상과 五開 衛 款軍의 반란─」, 『東洋史學研究』 143집, 2018

정철웅, 「淸代 錦屛縣 加池寨의 經濟的 有力層과 少數民族 社會─『淸水江 文書』의 加池寨 斷賣 文書를 중심으로─(1)」, 『明淸史研究』 52집, 2019

정철웅, 「淸代 錦屛縣 加池寨의 經濟的 有力層과 少數民族 社會─『淸水江 文書』의 加池寨 斷賣 文書를 중심으로─(2)」, 『明淸史研究』 54집, 2020

葛政委, 「容美土司土舍階層研究」, 『銅仁學院學報』 16卷, 1期, 2014

關文發, 「試論明代督撫」, 『武漢大學學報』(社會科學版) 6期, 1989

瞿州蓮·瞿宏州, 「從土司通婚看土司之間的關系變化」, 『雲南師範大學學報』 (哲學社會科學版) 44卷, 2期, 2012

羅運勝, 「明代沅水流域的人口變遷」, 『武陵學刊』 5期, 2014

藍勇, 「明淸時期的皇木采辦」, 『歷史研究』 6期, 1994

寧濤, 「淸初容美土司地區社會發展狀況研究─以《容美紀游》爲中心的考察」, 中南民族大學碩士學位論文, 2013

譚嘉偉, 「淸代連山瑤·壯的源流·分布及相關歷史地理問題研究」, 暨南大學 碩士學位論文, 2017

譚慶虎·田赤, 「明代土家族地區的皇木采辦研究」, 『湖北民族學院學報』(哲學 社會科學版) 29卷, 2期, 2011

譚必友, 「苗疆邊牆與淸代湘西民族事務的深層對話」, 『中南民族大學學報』(人 文社會科學版) 1期, 2007

唐莉, 「明代貴州省建置研究」, 中央民族大學博士學位論文, 2016

戴楚洲, 「淺論湖南土家族地區的土司和衛所制度」, 『民族論壇』 4期, 1992

戴楚洲, 「湘鄂川黔土家族地區衛所制度初探」, 『湖北民族學院學報』(社會科學 版) 12卷, 3期, 1994

戴楚洲, 「元明淸時期張家界地區土司及衛所機構初探」, 『民族論壇』 1期, 1995

戴楚洲, 「元明淸時期澧水流域土家族土司機構述論」, 游俊 主編, 『土司研究 新論─多重視野下的土司制度與民族文化』, 民族出版社, 2014 所收

杜志明, 「明代民壯層級管理體制初探」, 『前沿』 357 · 358期, 2014

鄧輝, 「白溢坪明清土司時代遺址調查」, 『三峽論壇』 3期, 2018

馬大正, 「深化中國土司制度研究的幾個問題」, 游俊 主編, 『土司研究新論─多重視野下的土司制度與民族文化』, 民族出版社, 2014 所收

孟凡松, 「澧州地區衛所變遷初探─明清湖廣衛所變遷個案研究」, 陝西師範大學碩士學位論文, 2006

孟凡松, 「明洪武年間湖南衛所設置的時空特徵」, 『中國歷史地理論叢』 卷22, 4期, 2007

孟凡松, 「賦役制度與政區邊界─基于明清湘鄂西地區的考察」, 『中國歷史地理論叢』 2期, 2012

方濤, 「"兩江口事件"與明代永順 · 保靖土司管區的變化」, 『文藝探究』 8期, 2016

方鐵, 「蒙元經營西南邊疆的統治思想及治策」, 『中國邊疆史地研究』 12卷, 1期, 2002

范植清, 「試析明代施州衛所世襲建制及其制約機制之演變」, 『中南民族學院學報』(哲社版) 3期, 1990

范植清, 「容美改土歸流新議」, 『中央民族學院學報』 6期, 1990

范植清, 「明代施州衛的設立與漢族 · 土家族的融合」, 『華中師範大學學報』(哲社版) 5期, 1991

謝曉輝, 「延續的邊緣─從宋到清的湘西」, 香港中文大學歷史系博士學位論文, 2007

謝曉輝, 「只愿賊在, 豈肯滅賊?─明代湘西苗疆開發與邊牆修築之再認識」, 魏斌 主編, 『古代長江中游社會研究』, 上海古籍出版社, 2013 所收

成臻銘, 「論湖南元明時期的土司─兼與新添葛蠻安撫司在湖南論者商榷」, 『民族研究』 5期, 1996

成臻銘 · 張連君, 「舍把身份初探」, 『湖北民族學院學報』(哲學社會科學版) 19卷, 2期, 2001

成臻銘, 「論明清時期的土舍」, 『民族研究』 3期, 2001

成臻銘, 「明清時期湖廣土司自署官職初探」, 『吉水大學學報』(社會科學版) 23

卷, 4期, 2002

孫兵・王宏斌,「明前期"相對寬松"的築城政策探論—以湖廣地區爲例」,『中國歷史地理論叢』30卷, 2輯, 2015

施劍,「試論明代巡檢司之性質」,『歷史長廊』11期, 2013

楊菊麗,「雍正時期永順土司"自請改流"的動機探析」,『民族史研究』15輯, 2020

楊晨宇,「明中後期的衛所"民化"」,『三峽論壇』1期, 2014

楊偉兵・董嘉瑜,「資控馭而重地方: 清代四川總督對九姓土司政治地理的整合」,『歷史地理』2期, 2017

楊洪林・陳文元,「論明末清初施州衛的政治選擇及其歷史影響」,『西南民族大學學報』(人文社會科學版) 5期, 2014

黎小龍,「明代西南總督與民族社會衝突調控」,『民族研究』4期, 2005

伍新福,「明代湘黔邊"苗疆""堡哨""邊牆"考」,『貴州民族研究』21卷, 3期, 2001

吳才茂,「明代衛所制度與貴州地域社會形成研究」, 西南大學博士學位論文, 2017

吳展淵,「明代貴州基層社會變遷與改土歸流」,『黔南民族師範學院學報』5期, 2009

吳春宏,「五開衛建置研究」,『銅仁學院學報』16卷, 3期, 2014

吳海麗,「明代貴州督撫的設立及其區域軍事調控研究」, 西南師範大學碩士學位論文, 2003

姚金泉,「明清統治者對湘黔邊苗民的政策及其影響」,『中央民族大學學報』(哲學社會科學版) 29卷, 3期, 2002

李良品・羅婷,「論明清時期西南民族地區巡檢制度」,『三峽論壇』4期, 2015

李宗放,「清代四川明正土司所轄49員土千百戶今地考述」,『西南民族大學學報』11期, 2009

任柳,「略述洪武二十二年湖廣練兵與貴州部分衛所旗軍來源」,『貴州文史叢刊』1期, 2017

林芊,「清初清水江流域的"皇木采辦"與木材貿易—清水江文書・林契研究」,

『原生態民族文化學刊』8卷, 2期, 2016

張萬東,「明清王朝對渝東南土司統治研究」, 吉林大學博士學位論文, 2016

張振興,「從哨堡到邊牆: 明代對湘西苗疆治策的演遞—兼論明代治苗與土司
    制度的關系」,『吉首大學學報』(社會科學版) 35卷, 2期, 2014

張應强,「邊牆興廢與明清苗疆社會」,『中山大學學報』(社會科學版) 41卷, 2期,
    2001

田敏,「論明代中後期鄂西土司的反抗與明朝控制策略的調整」,『湖北民族學
    院學報』(哲學社會科學版) 17권, 4期, 1999

田敏,「元明清時期湘西土司的設置與變遷」,『中南民族大學學報』(人文社會科
    學版) 31卷, 1期, 2011

趙岡,「中國歷史上的木材消耗」,『漢學研究』12卷, 2期, 1994

鍾鐵軍,「釋明代貴州之"州衛同城"」,『中國歷史地理論叢』19卷, 1輯, 2004

朱聖鍾,「明清鄂西南土家族地區民族的分布與變遷」,『中國歷史地理論叢』17
    卷, 1期, 2002

陳文元,「在國家和土司之間: 衛所制度的變遷與轉型—對鄂西南施州衛的再
    認識」,『武陵學刊』42卷, 5期, 2017

陳廷亮,「土司時期湘西土家族地區社會經濟形態簡論」,『吉首大學學報』(社會
    科學版) 2期, 2006

曾代偉,「"漢土疆界碑"銘文解讀—以法律文化的視覺」,『現代法學』31卷, 6
    期, 2009

祝國超,「明代中央政權對土司的政治控制探析—以土家族土司爲例」,『社會
    科學家』11期, 2009

彭立平,「明清九溪衛變遷研究」, 吉首大學碩士學位論文, 2015

彭武一,「明清年間湘西的土家與苗家—初論土家族苗族歷史上的和睦友好關
    系」,『吉首大學學報』(社會科學版) 1期, 1987

彭春芳,「明清時期湘西苗疆"邊牆"研究」, 廣西師範大學碩士學位論文, 2010

馮祖祥 · 張萊特 · 姜元珍,「明代采木之役及其弊端」,『北京林業大學學報』7
    卷, 2期, 2008

上田信,「中國における生態システムと山區經濟—秦嶺山脈の事例から」, 溝
口雄三 外編,『アジアから考える6: 長期社會變動』, 東京大學出版會,
1994 所收

David A. Bello, "To Go Where No Han Could Go for Long: Malaria
and the Qing Construction of Ethnic Administrative Space in
Frontier Yunnan," *Modern China*, vol. 31, no. 3, 2005

Nicolas Tapp, "Cultural Accommodations in Southwest China: The "Han
Miao" and Problems in the Ethnography of the Hmong," *Asian
Folklore Studies*, vol. 61, 2002

Norma Diamond, "Defining the Miao: Ming, Qing, and Contemporary
Views," in Stevan Harrell(ed.), *Cultural Encounters on China's
Ethnic Frontiers*, University of Washington Press, 1995.

Susan D. Blum, "Margins and Centers: A Decade of Publishing on
China's Ethnic Minorities," *The Journal of Asian Studies*, vol. 61,
no. 4, 2002

Susan Mann, "Women, Families, and Gender Relations," in Denis
Twichett and John K. Fairbank(ed.), *The Cambridge History of
China*, vol. 9, Cambridge University Press, 2002

Zhang Ning, "Entre 《loi des Miao》 et loi sur les Miao: le cas du trafic
d'être humains dans le Guizhou au XVIII siècle," *Extrême-Orient
Extrême-Occident*, no. 40, 2016

찾아보기

정철웅

숭실대학교 사학과를 졸업하고 프랑스 스트라스부르(Strasbourg) II대학과 사회과학고등연구원(Ecole des Hautes Etudes en Sciences Sociales)에서 각각 석사와 박사학위를 받았다. 『역사와 환경—중국 명청시대의 경우』(책세상, 2002), 『자연의 저주—명청시대 장강 중류 지역의 개발과 환경』(책세상, 2012) 등의 저서와 『18세기 중국의 관료제도와 자연재해』(민음사, 1995), 『코끼리의 후퇴—3000년에 걸친 장대한 중국 환경사』(사계절, 2011), 『중국적 문화변용의 한 예—18세기 귀주성』(세창출판사, 2015) 등의 역서가 있다. 명청 시대 장강 중류 지역 일대의 사회경제사와 환경사 분야의 논문을 지속적으로 발표해 왔으며, 지금은 명청 시대 서남 지역의 소수민족에 대한 역사를 공부하고 있다. 현재 명지대학교 사학과 교수로 재직 중이다.

明·淸 시대 湖廣 소수민족 지역의 土司와 국가 권력, 1368~1735

대우학술총서 632

1판 1쇄 찍음 | 2021년 4월 27일
1판 1쇄 펴냄 | 2021년 5월 20일

지은이 | 정철웅
펴낸이 | 김정호

책임편집 | 이하심
디자인 | 이대응

펴낸곳 | 아카넷
출판등록 | 2000년 1월 24일(제406-2000-000012호)
주소 | 10881 경기도 파주시 회동길 445-3
전화 | 031-955-9510 (편집) · 031-955-9514 (주문)
팩시밀리 | 031-955-9519
www.acanet.co.kr

© 정철웅, 2021

Printed in Seoul, Korea.

ISBN 978-89-5733-730-1 94910
ISBN 978-89-89103-00-4 (세트)